本書の構成・もくじ

  2022年度実施日程、教科等 4
  2021～2017年度結果概要 6
  出題分野一覧 8
  出題傾向と学習対策 10
  2021年度第2日程　問題・解答
  英語　リスニング 21
  英語　リーディング 51

▶解答・解説編◀

リスニング
  2021年度 第1日程 87

リーディング
  2021年度 第1日程 119
  2020年度 本試験 165 追試験 199
  2019年度 本試験 237 追試験 273
  2018年度 本試験 311 追試験 347
  2017年度 本試験 387 追試験 425
  2016年度 本試験 469
  2015年度 本試験 511
  2014年度 本試験 551
  2013年度 本試験 587
  2012年度 本試験 627

2022年度　実施日程、教科等

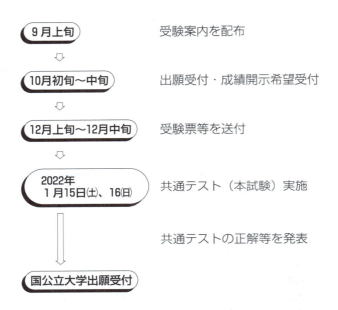

> 「実施日程」は、本書発行時には未発表であるため2021年度の日程に基づいて作成してあります。また、「2022年度出題教科・科目等」の内容についても2021年3月1日現在大学入試センターが発表している内容に基づいて作成してあります。2022年度の詳しい内容は大学入試センターホームページや2022年度「受験案内」で確認して下さい。

2022年度出題教科・科目等

　大学入学共通テストを利用する大学は、大学入学共通テストの出題教科・科目の中から、入学志願者に解答させる教科・科目及びその利用方法を定めています。入学志願者は、各大学の学生募集要項等により、出題教科・科目を確認の上、大学入学共通テストを受験することになります。

　2022年度大学入学共通テストにおいては、次表にあるように6教科30科目が出題されます。

河合塾
SERIES

2022 大学入学
共通テスト
過去問レビュー
英語

河合出版

はじめに

　初めての大学入学共通テスト（以下、共通テスト）は、「新型コロナウイルス感染症の影響に伴う学業の遅れに対応できる選択肢を確保する」（大学入試センターによる）ため、2021年1月16日・17日（第1日程）に加え、1月30日・31日（第2日程）と、2回の本試験が実施されました。

　その出題内容は、大学入試センターから提示されていた、問題作成の基本的な考え方、各教科・科目の出題方針に概ね則したものでした。

　共通テストでは、大学入試センター試験（以下、センター試験）に比べて、身につけた知識や解法を様々な場面で活用できるか — 思考力や判断力を用いて解けるか — を問われる傾向が強くなっていました。また、読み取る資料の量が増加し、試験時間をより意識して取り組む必要もありました。

　こうした出題方針は、これからも引き継がれていくことでしょう。

　一方で、センター試験での出題形式を踏襲した問題も見られました。

　近年のセンター試験自体、「思考力・判断力・表現力」を求める問題が少しずつ増えていて、それが共通テストに引き継がれたのは、とても自然なことでした。

　センター試験の過去問を練習することは、共通テスト対策の道筋が見えることになるとも言えましょう。

　本書に収録された問題とその解説を十分に活用してください。みなさんの共通テスト対策が充実したものになることを願っています。

教 科	グループ・科目		時間・配点	出 題 方 法 等	
国語	『国語』		80分 200点	「国語総合」の内容を出題範囲とし、近代以降の文章、古典(古文、漢文)を出題する。	
地理歴史	「世界史A」 「世界史B」 「日本史A」 「日本史B」 「地理A」 「地理B」	10科目のうちから最大2科目を選択・解答。 同一名称を含む科目の組合せで2科目を選択することはできない。 受験する科目数は出願時に申し出ること。	1科目選択 60分 100点 2科目選択 130分 (うち解答時間120分) 200点	『倫理,政治・経済』は、「倫理」と「政治・経済」を総合した出題範囲とする。	「同一名称を含む科目の組合せ」とは、「世界史A」と「世界史B」、「日本史A」と「日本史B」、「地理A」と「地理B」、「倫理」と『倫理,政治・経済』及び「政治・経済」と『倫理,政治・経済』の組合せをいう。
公民	「現代社会」 「倫理」 「政治・経済」 『倫理,政治・経済』				
数学	数学① 「数学Ⅰ」 『数学Ⅰ・数学A』 2科目のうちから1科目を選択・解答。		70分 100点	『数学Ⅰ・数学A』は、「数学Ⅰ」と「数学A」を総合した出題範囲とする。ただし、次に記す「数学A」の3項目の内容のうち、2項目以上を学習した者に対応した出題とし、問題を選択解答させる。 (場合の数と確率、整数の性質、図形の性質)	
	数学② 「数学Ⅱ」 『数学Ⅱ・数学B』 『簿記・会計』 『情報関係基礎』 4科目のうちから1科目を選択・解答。 科目選択に当たり、『簿記・会計』及び『情報関係基礎』の問題冊子の配付を希望する場合は、出願時に申し出ること。		60分 100点	『数学Ⅱ・数学B』は、「数学Ⅱ」と「数学B」を総合した出題範囲とする。ただし、次に記す「数学B」の3項目の内容のうち、2項目以上を学習した者に対応した出題とし、問題を選択解答させる。 (数列、ベクトル、確率分布と統計的な推測) 『簿記・会計』は、「簿記」及び「財務会計Ⅰ」を総合した出題範囲とし、「財務会計Ⅰ」については、株式会社の会計の基礎的事項を含め、財務会計の基礎を出題範囲とする。 『情報関係基礎』は、専門教育を主とする農業、工業、商業、水産、家庭、看護、情報及び福祉の8教科に設定されている情報に関する基礎的科目を出題範囲とする。	
理科	理科① 「物理基礎」 「化学基礎」 「生物基礎」 「地学基礎」	8科目のうちから下記のいずれかの選択方法により科目を選択・解答。 A 理科①から2科目 B 理科①から1科目	2科目選択 60分 100点	理科①については、1科目のみの受験は認めない。	
	理科② 「物 理」 「化 学」 「生 物」 「地 学」	C 理科①から2科目及び理科②から1科目 D 理科②から2科目 受験する科目の選択方法は出願時に申し出ること。	1科目選択 60分 100点 2科目選択 130分(うち解答時間120分) 200点		
外国語	『英語』『ドイツ語』 『フランス語』『中国語』 『韓国語』 5科目のうちから1科目を選択・解答。 科目選択に当たり、『ドイツ語』、『フランス語』、『中国語』及び『韓国語』の問題冊子の配付を希望する場合は、出願時に申し出ること。		『英語』 【リーディング】 80分 100点 【リスニング】 60分(うち解答時間30分) 100点 『ドイツ語』 『フランス語』 『中国語』 『韓国語』 【筆記】 80分 200点	『英語』は、「コミュニケーション英語Ⅰ」に加えて「コミュニケーション英語Ⅱ」及び「英語表現Ⅰ」を出題範囲とし、【リーディング】と【リスニング】を出題する。 なお、【リスニング】には、聞き取る英語の音声を2回流す問題と、1回流す問題がある。 リスニングは、音声問題を用い30分間で解答を行うが、解答開始前に受験者に配付したICプレーヤーの作動確認・音量調節を受験者本人が行うために必要な時間を加えた時間を試験時間とする。	

1. 「 」で記載されている科目は、高等学校学習指導要領上設定されている科目を表し、『 』はそれ以外の科目を表す。
2. 地理歴史及び公民並びに理科②の試験時間において2科目を選択する場合は、解答順に第1解答科目及び第2解答科目に区分し各60分間で解答を行うが、第1解答科目及び第2解答科目の間に答案回収等を行うために必要な時間を加えた時間を試験時間とする。
3. 外国語において『英語』を選択する受験者は、原則として、リーディングとリスニングの双方を解答する。

2021～2017年度結果概要

本試験科目別平均点の推移　　（注）2021年度は第1日程のデータを掲載

科目名（配点）	2021年度	2020年度	2019年度	2018年度	2017年度
国語（200）	117.51	119.33	121.55	104.68	106.96
世界史A（100）	46.14	51.16	47.57	39.58	42.83
世界史B（100）	63.49	62.97	65.36	67.97	65.44
日本史A（100）	49.57	44.59	50.60	46.19	37.47
日本史B（100）	64.26	65.45	63.54	62.19	59.29
地理A（100）	59.98	54.51	57.11	50.03	57.08
地理B（100）	60.06	66.35	62.03	67.99	62.34
現代社会（100）	58.40	57.30	56.76	58.22	57.41
倫理（100）	71.96	65.37	62.25	67.78	54.66
政治・経済（100）	57.03	53.75	56.24	56.39	63.01
倫理, 政治・経済（100）	69.26	66.51	64.22	73.08	66.63
数学I（100）	39.11	35.93	36.71	33.82	34.02
数学I・数学A（100）	57.68	51.88	59.68	61.91	61.12
数学II（100）	39.51	28.38	30.00	25.97	25.11
数学II・数学B（100）	59.93	49.03	53.21	51.07	52.07
物理基礎（50）	37.55	33.29	30.58	31.32	29.69
化学基礎（50）	24.65	28.20	31.22	30.42	28.59
生物基礎（50）	29.17	32.10	30.99	35.62	39.47
地学基礎（50）	33.52	27.03	29.62	34.13	32.50
物理（100）	62.36	60.68	56.94	62.42	62.88
化学（100）	57.59	54.79	54.67	60.57	51.94
生物（100）	72.64	57.56	62.89	61.36	68.97
地学（100）	46.65	39.51	46.34	48.58	53.77
英語［リーディング］（100）	58.80	－	－	－	－
英語［筆記］（200）	－	116.31	123.30	123.75	123.73
英語［リスニング］（100）	56.16	－	－	－	－
英語［リスニング］（50）	－	28.78	31.42	22.67	28.11

※2021年度は得点調整後の数値

本試験科目別受験者数の推移　（注）2021年度は第1日程のデータを掲載

科目名	2021年度	2020年度	2019年度	2018年度	2017年度
国語	457,305	498,200	516,858	524,724	519,129
世界史A	1,544	1,765	1,346	1,186	1,329
世界史B	85,690	91,609	93,230	92,753	87,564
日本史A	2,363	2,429	2,359	2,746	2,559
日本史B	143,363	160,425	169,613	170,673	167,514
地理A	1,952	2,240	2,100	2,315	1,901
地理B	138,615	143,036	146,229	147,026	150,723
現代社会	68,983	73,276	75,824	80,407	76,490
倫理	19,955	21,202	21,585	20,429	22,022
政治・経済	45,324	50,398	52,977	57,253	54,243
倫理, 政治・経済	42,948	48,341	50,886	49,709	50,486
数学Ⅰ	5,750	5,584	5,362	5,877	6,156
数学Ⅰ・数学A	356,493	382,151	392,486	396,479	394,557
数学Ⅱ	5,198	5,094	5,378	5,764	5,971
数学Ⅱ・数学B	319,697	339,925	349,405	353,423	353,836
物理基礎	19,094	20,437	20,179	20,941	19,406
化学基礎	103,074	110,955	113,801	114,863	109,795
生物基礎	127,924	137,469	141,242	140,620	136,170
地学基礎	44,320	48,758	49,745	48,336	47,506
物理	146,041	153,140	156,568	157,196	156,719
化学	182,359	193,476	201,332	204,543	209,400
生物	57,878	64,623	67,614	71,567	74,676
地学	1,356	1,684	1,936	2,011	1,660
英語[リーディング]	476,174	518,401	537,663	546,712	540,029
英語[リスニング]	474,484	512,007	531,245	540,388	532,627

志願者・受験者の推移

区分		2021年度	2020年度	2019年度	2018年度	2017年度
志願者数		535,245	557,699	576,830	582,671	575,967
内訳	高等学校等卒業見込者	449,795	452,235	464,950	473,570	471,842
	高等学校卒業者	81,007	100,376	106,682	103,948	99,118
	その他	4,443	5,088	5,198	5,153	5,007
受験者数		484,114	527,072	546,198	554,212	547,892
内訳	本試験のみ	(注1)482,624	526,833	545,588	553,762	547,391
	追試験のみ	(注2)1,021	171	491	320	299
	本試験＋追試験	(注2)407	59	102	94	80
欠席者数		51,131	30,627	30,632	28,459	28,075

（注1）2021年度の本試験は、第1日程及び第2日程の合計人数を掲載

（注2）2021年度の追試験は、第2日程の人数を掲載

出題分野一覧〔英語（リーディング）〕

問	形式・内容	06センター試験	07センター試験	08センター試験	09センター試験
第1問	出題形式・内容	A アクセント／B 文強勢	A 発音／B アクセント／C 発話の強調の意図	A 発音／B アクセント／C 発話の強調の意図	A 発音／B アクセント／C 発話の強調の意図／D 文強勢
第2問	出題形式・内容	A 文法語法／B 対話完成文／C 語句整序	A 文法語法／B 対話完成文／C 語句整序	A 文法語法／B 対話完成文／C 語句整序	A 文法語法／B 対話完成文／C 語句整序
第3問	出題形式・内容	A 空所補充／B 問1問2・文整序／C 文補充	A 問1問2・意味類推／B 意見の要約の／C 文補充	A 問1問2・意味類推／B 意見の要約の／C 文補充	A 問1問2・意味類推／B 意見の要約の／C 文補充
第4問	出題形式・内容	ヴィジュアル読解問題／A 空所補充／B 内容一致	ヴィジュアル読解問題／A グラフ／B 広告	図表問題／A 内容一致（図表）／B 内容一致（広告）	図表問題／A 内容一致（図表）／B 内容一致（書類）
第5問	出題形式・内容	会話形式ヴィジュアル総合問題	A 会話形式ヴィジュアル総合問題	ヴィジュアル問題／A 内容一致（絵）／B 内容一致（絵）／C 内容一致（4コマ漫画）	ヴィジュアル問題／A 内容一致（絵）／B 内容一致（絵）／C 内容一致（4コマ漫画）
第6問	出題形式・内容	長文総合／A 設問／B 内容一致	長文総合／A 設問／B 内容一致	長文総合／内容一致	長文総合／内容一致

問	形式・内容	10センター試験	11センター試験	12センター試験	13センター試験
第1問	出題形式・内容	A 発音／B アクセント	A 発音／B アクセント	A 発音／B アクセント	A 発音／B アクセント
第2問	出題形式・内容	A 文法語法／B 対話完成文／C 語句整序	A 文法語法／B 対話完成文／C 語句整序	A 文法語法／B 対話完成文／C 語句整序	A 文法語法／B 対話完成文／C 語句整序
第3問	出題形式・内容	A 問1問2・意味類推／B 意見の要約の／C 文補充	A 問1問2・意味類推／B 意見の要約の／C 文補充	A 問1問2・意味類推／B 意見の要約の／C 文補充	A 問1問2・意味類推／B 意見の要約の／C 文補充
第4問	出題形式・内容	図表問題／A 内容一致（図表）／B 内容一致（スケジュール表）	図表問題／A 内容一致（図表）／B 内容一致（広告）	図表問題／A 内容一致（図表）／B 内容一致（広告）	図表問題／A 内容一致（図表）／B 内容一致（広告）
第5問	出題形式・内容	ヴィジュアル問題／・絵の選択／・内容一致	ヴィジュアル問題／・絵の選択／・内容一致	ヴィジュアル問題／・絵の選択／・内容一致	ヴィジュアル問題／・絵の選択／・内容一致
第6問	出題形式・内容	長文総合／内容一致	長文総合／内容一致	長文総合／A・B 内容一致	長文総合／A・B 内容一致

14〜17センター試験

問		14センター試験 A	B	C	15センター試験 A	B	C	16センター試験 A	B	C	17センター試験 A	B	C
第1問	出題形式・内容	発音	アクセント		発音	アクセント		発音	アクセント		発音	アクセント	
第2問	出題形式・内容	文法語法	語句整序	応答完成	文法語法	語句整序	応答完成	文法語法	語句整序	応答完成	文法語法	語句整序	応答完成
第3問	出題形式・内容	問1 問2 意味類推	不要文選択	意見の要約	対話完成	不要文選択	意見の要約	対話完成	不要文選択	意見の要約	対話完成	不要文選択	意見の要約
第4問	出題形式・内容（図表問題）	内容一致（図表）	内容一致（広告）		内容一致（図表）	内容一致（広告）		内容一致（図表）	内容一致（広告）		内容一致（図表）	内容一致（広告）	
第5問	出題形式・内容	ヴィジュアル問題 ・絵の選択 ・内容一致			長文総合（メール） 内容一致			長文総合（物語） 内容一致			長文総合（物語） 内容一致		
第6問	出題形式・内容（長文総合）	内容一致	内容一致		内容一致	内容一致		内容一致	内容一致		内容一致	内容一致	

18〜20センター試験／21共通テスト 第1日程

問		18センター試験 A	B	C	19センター試験 A	B	C	20センター試験 A	B	C	21共通テスト 第1日程 A	B
第1問	出題形式・内容	発音	アクセント		発音	アクセント		発音	アクセント		ビジュアル読解問題 携帯メール	ウェブサイト
第2問	出題形式・内容	文法語法	語句整序	応答完成	文法語法	語句整序	応答完成	文法語法	語句整序	応答完成	ビジュアル読解問題 評価表，コメント	読解問題 オンライン掲示板
第3問	出題形式・内容	不要文選択	意見の要約		不要文選択	意見の要約		不要文選択	意見の要約		ビジュアル読解問題 ウェブサイト上のQ&A	読解問題 学校新聞
第4問	出題形式・内容（図表問題）	内容一致（図表）	内容一致（広告）		内容一致（図表）	内容一致（広告）		内容一致（図表）	内容一致（広告）		ビジュアル読解問題 Eメールのやり取り（表，グラフ）	
第5問	出題形式・内容	長文総合（物語） 内容一致			長文総合（物語） 内容一致			長文総合（物語） 内容一致			ビジュアル読解問題 ニュース記事（プレゼン用スライド）	
第6問	出題形式・内容（長文総合）	内容一致	内容一致		内容一致	内容一致		内容一致	内容一致		ビジュアル読解問題 記事，ポスター	論説文，グラフ

出題傾向と学習対策〔英語(リーディング)〕

出題傾向

　1990年以来31年の長きにわたって毎年１月に実施されてきた「大学入試センター試験」が2020年１月の実施をもって終了となり，2021年１月からは「大学入学共通テスト」が始まって，英語のリーディング試験にも出題形式と出題内容に変化がありました。１月16日(土)に行われた第１日程の試験は，以下のような内容と形式でした。

第１問	A	ビジュアル読解問題（携帯メールのやりとり）
	B	ビジュアル読解問題（ウェブサイト）
第２問	A	ビジュアル読解問題（評価表，コメント）
	B	読解問題（オンライン掲示板）
第３問	A	ビジュアル読解問題（ウェブサイト上のQ&A，ホテルまでの案内図）
	B	読解問題（学校新聞）
第４問		ビジュアル読解問題（Ｅメールのやりとり，表・グラフ・イラスト付き）
第５問		ビジュアル読解問題（ニュース記事，プレゼンテーション用のスライド）
第６問	A	ビジュアル読解問題（記事，ポスター）
	B	ビジュアル読解問題（論説文，グラフ）

　センター試験には，発音・アクセント，文法・語法，語句整序，および対話文完成という，いわゆる「英語の知識を試す問題」がありましたが，共通テストではその種の問題はまったく出題されず，すべて読解問題となりました。試験時間は，センター試験と同じ80分ですが，読まなければならない英語の総語数は，共通テストが約5,500語で，センター試験の約4,300語を1,000語以上上回っています。また，センター試験のように「一問一答」の問題ばかりでなく，複数の選択肢を選ぶ問題も出題されています。

　共通テストでは，単に「知識を蓄える力＝記憶力」ではなく，「知識を有効に使って思考する・判断する・表現する力」を様々な種類のテクスト(＝読み物)の読解力を試すことを通じて測ることを意図した問題が出題されています。

　テクストを読んで，概要や要点を把握する力や，必要な情報を的確に見つける力を使って，問題を解かなければなりません。また，「本文と図表の情報を組み合わせて解答する問題」「複数の文章の情報を読み取って解答する問題」「事実(fact)と意見(opinion)を区別する問題」「読み取った情報から推測をする問題」などが出題されますから，センター試験よりハードルの高い試験となっていますので，入念な準備を行いましょう。

学習対策

　学習対策としては，「共通テスト」の形式にぴったり合った問題集に取り組む前に，夏休みまでは過去のセンター試験で出されていた類似問題を用いて，基本的な読解力を身につけましょう。

　論説文の読解問題が根本的に苦手な人は，まずは300語程度の短めの文章をしっかり読んで内容一致問題に答えられる力を身につけましょう。1990年度から1996年度のセンター試験で出題されていた第5問がよい練習材料になります。要は，「本文のどこに設問を解くための情報が書かれているか」を突き止める力を養うのです。この長さの論説文をこなせるようになったら，長年にわたってセンター試験の第6問で出されていた550語～700語程度の本格的な論説文に取り組み，内容一致問題の解き方をさらに深めてください。

　グラフや表を含む読解問題と，ウェブサイトの情報を読み取る問題に慣れるためには，過去十数年にわたって出題されていたセンター試験の第4問を用いて，「グラフや表の正しい読み方」と「設問を解くのに重要な情報の見つけ方」の基本を学びましょう。

　今年の共通テストでは「2つの文章を読んで設問に答える問題」が第2問Bと第4問で出題されましたが，これに類似した問題が2010年度から2015年度のセンター試験の第5問で出題されています。センター試験の方が共通テストよりやや解きやすいので，やはりよい練習材料になるでしょう。

　ただし，忘れてほしくないことが1つあります。「思考力・判断力・表現力」の3つの力を十分に発揮するためには，「知識の蓄積」を基盤に据えなければなりません。あからさまな文法・語法・語句整序などの問題が出題されないからといって，その種の問題演習をまったく無視して英語の知識を蓄えなかったら，結局は「英語の知識を使いながら英文を読む」というしっかりとした読解力は身につきません。君たちの読解力が「砂上の楼閣」にならないよう，市販の代表的な文法・語法の問題集を1冊，最低2回解くことによって「知識による基礎固め」を怠らないでください。

　受験生の皆さんが，来年の「共通テスト英語（リーディング）試験」に十分に対処できるようになることを願ってやみません。

　Keep studying!

（河合塾英語科講師　杉山俊一）

出題傾向と学習対策（リスニング）

出題傾向　難易度（2021年度）：普通（平均点56.16点／100点）

　2021年度共通テスト（第1日程）は，解答時間30分，読み上げ総語数1,528words，設問総語数571words，読み上げ平均速度137wpm*，読み上げ合計時間671秒であった。各問題の読み上げ平均速度は一様ではなく，読み上げ速度が最も速かった問題は，第1問A問1の200wpmで，最も遅かった問題は第5問で出題されたやや長い講義の109wpmであった。また，読み上げの話者はアメリカ人を中心に，イギリス人，オーストラリア人，そして日本人と思われる話者が含まれていた。音声を正確に聴き取り，聴き取った情報を他の表現に言い換える力，選択肢を素早く読み取り，情報を整理する力，さらに図表やワークシートなどを正しく読み取り，聴き取った情報と重ね合わせて判断する力，すなわち**「読む」技能と「聞く」技能を統合させる力**が求められていた。単に英語を聴き取るだけでなく，**目的に応じた思考力・判断力が求められる問題**であった。

　2020年度センター試験と比較すると，大問数が2題増え，6題構成となりマーク数が12増えて37になった。それに伴い，読み上げ総語数は387words，読み上げ合計時間は144秒増加したが，設問（質問と選択肢）総語数は26words減少した。センター試験は聴き取り英文が短い対話文と比較的長い対話・会話文とモノローグで構成されていたのに対し，共通テストはそれらに加え，状況を説明する短文の聴き取りや講義を聴いてワークシートに概要を整理させたり，イラストや図表を用いたりした問題も大幅に増加し出題形式が多岐に渡った。センター試験では第1問で「時間」と「金額」をベースにしたやや複雑な計算を絡めた問題が出されていたが，共通テストでは数字や数量表現は出題されたものの，やや複雑な計算を絡めた問題は姿を消した。また，**読み上げ回数は第1問・第2問が2回読み**，問題形式が多岐にわたる**第3問から第6問が1回読み**であった。また，配点も設問により1点から4点と多様で，選択肢を複数回用いてもよい問題や完答を求める問題もあった。なお，リスニングの配点はセンター試験の50点から100点に変更され，リーディングと同等に扱われることになった。

*words per minute「毎分ワード数」

第1問A　短文発話内容一致問題
読み上げ英文の分量：15words程度／1問
読み上げ平均速度（2021年度）：176wpm
　　形式：短文を聴き，その内容に最もよく合っているものを，英語で書かれた4つの選択肢から1つ選ぶ形式。
　　ねらい：身の回りの事柄に関して平易な英語で話される短い発話の聴き取りを通じて，情報を把握する力を問うことをねらいとしている。
　　特徴：聴き取った英文内容を1文で**言い換え**たり，1つの発話内容から状況を把握

— 12 —

したり，直接表現はしていないがその意味を内蔵している**含意関係**を考えたり，状況を１文で**要約**したりすることで，聞こえてくる発話内容を把握する力を問うている。平易な英語だが，音声の同化などが生じることで，より自然な発話の聴き取りが求められている。

攻略法 音声を聴く前に選択肢に目を通し，場面状況を予測しながら，選択肢の違いを押さえておこう。聴き取りの際は，聞こえてくる順に情報を処理し，聞こえてきた表現が選択肢では**別の表現で言い換え**られている場合があるので注意しよう。

第１問B　短文発話イラスト選択問題

読み上げ英文の分量：15words 程度／１問
読み上げ平均速度(2021年度)：179wpm

　形式：短文を聴き，その内容に最もよく合っているものを４つのイラストから１つ選ぶ形式。

ねらい：身の回りの事柄に関して平易な英語で話される短い発話を聴き，それに対応するイラストを選ぶことを通じて，発話内容の概要や要点を把握する力を問うことをねらいとしている。

　特徴：「**情報伝達の基本となる文法・語法**」の理解度をリスニングで評価する問題。**語彙の正確な理解**を音声で問うことで，発話内容の概要を把握する力が求められている。また，平易な英語ではあるが，音声の**同化**，**連結**，**脱落**などの英語音の法則を用いた，より自然な発話になっている分，第１問Ａ同様，自然な発話の聴き取りが求められている。

攻略法 音声を聴く前に選択肢にあるイラストに目を通し，選択肢の違いを押さえておこう。聴き取りの際は，**取捨選択**，**主体と客体の認識**に加えて，**出来事の順序**，**感情表現**，**慣用表現**などにも注意するとよい。

第２問　対話文イラスト選択問題

読み上げ英文の分量：30words 程度／１問
読み上げ平均速度(2021年度)：168wpm

　形式：短い対話とそれについての問いを聴き取り，その答えとして最も適切なイラストを選ぶ形式。

ねらい：身の回りの事柄に関して平易な英語で話される短い対話を，場面の情報とイラストを参考にしながら聴き取ることを通じて，必要な情報を把握する力を問うことをねらいとしている。

　特徴：物の形状，位置関係，物の機能，持ち物などについて，MWMW（男/女/男/女），または WMWM（女/男/女/男）の４発話を聴き取り，**含意関係**を理解したり，**情報を取捨選択**したりする力が求められている。なお，それぞれ**場面状況が日本語で記されている分**，聴き取りにおける状況把握の負担は軽減されている。

攻略法 音声を聴く前に選択肢のイラストに目を通し，その違いを押さえ，聴き取り

のポイントを予測しておこう。聴き取りの際は複数の情報を基に，選択肢を絞り込んだり，場合によっては**消去法**を用いたりすると効果的であるので試してみるとよい。

第3問　対話文質問選択問題

読み上げ英文の分量：50words 程度／1問
読み上げ平均速度(2021年度)：150wpm

　形式：短い対話を聴き取り，日本語で書かれた対話の場面を参考にして，問いの答えとして最も適切な選択肢を選ぶ形式。

ねらい：身の回りの事柄に関して平易な英語で話される短い対話を，場面の情報を参考にしながら聴き取ることを通じて，概要や要点を目的に応じて把握する力を問うことをねらいとしている。

　特徴：仕事や日常生活での出来事に関し**場面状況が日本語で記されている**ので，それをヒントにしながら MWMWMW（男／女／男／女／男／女），またはWMWMWM（女／男／女／男／女／男）の4から6発話の対話文を聴き取り，対話内容の概要や要点を理解することが求められている。

攻略法　音声を聴く前に対話の場面と質問・選択肢に素早く目を通し，対話のポイントを予測しておこう。対話で**聞こえてくる音**を使って誤答の選択肢がつくられていたり，**聞こえてこない音**で正答の選択肢がつくられていたりすることがあるので注意するとよい。

第4問A　モノローグ型図表完成問題

読み上げ英文の分量：90words 程度／1問
読み上げ平均速度(2021年度)：130wpm

　形式：読み上げられる説明を聴き取り，図表を見ながら空所を埋めるのに最も適切な選択肢を選ぶ形式。

ねらい：必要な情報を聴き取り，図表を完成させたり，分類や並べかえをしたりすることを通じて，話し手の意図を把握する力を問うことをねらいとしている。

　特徴：読み上げられる説明を聴き取り，図表を見ながら空所を埋めていく問題。**数字や数に関連した表現を**，必要に応じてメモを活用しながら聴き取る力や，説明を聴いて表を完成させる力などが求められている。

攻略法　音声を聴く前に指示文にある場面状況と，図表から聴き取るべき情報を押さえおき，音声を聴きながら図表にメモを書き込んでいくとよい。数の聴き取りでは**数をメモしておき，必要に応じて聴き取りの後で計算**をすると情報の聞き逃しと計算ミスを防ぐことができるので試してみるとよい。

第4問B　モノローグ型質問選択問題

読み上げ英文の分量：160words 程度
読み上げ平均速度(2021年度)：148wpm

　形式：4人の説明を聴き取り，問いの答えとして最も適切な選択肢を選ぶ形式。

— 14 —

ねらい：複数の情報を聞き，最も条件に合うものを選ぶことを通じて，状況・条件に基づき比較して判断する力を問うことをねらいとしている。

特徴：複数の情報を聴き取り，その情報を状況・条件に基づき**比較し判断する力**や**取捨選択する力**が求められている。

攻略法　音声を聴く前に指示文にある状況・条件を素早く読み，音声を聴きながら図表に○×を書き込んでいくと効率よく解答ができる。なお，発話者がアメリカ人，イギリス人だけでなく**多国籍**になる傾向にあるのでさまざまな音声に慣れておくとよい。

第5問　モノローグ型長文ワークシート完成・選択問題

読み上げ英文の分量：280words 程度／40words 程度

読み上げ平均速度(2021年度)：110wpm ／120wpm

形式：講義を聴き取り，問いの答えとして最も適切な選択肢を選び，さらに図から読み取れる情報と講義全体の内容から最も適切な選択肢を選ぶ形式。

ねらい：身近な話題や知識のある社会的な話題に関する講義を聴きメモを取ることを通じて，概要や要点をとらえる力や，聴き取った情報と図表から読み取れる情報を組み合わせて判断する力を問うことをねらいとしている。

特徴：講義を聴き取り，メモを取ることで，要点を把握する。問27〜31では，**ワークシートの完成**が求められている。問33では，講義から聴き取った内容とグラフから読み取れる情報を重ね合わせて要点を把握する**技能統合**が求められている。

攻略法　音声を聴く前に，状況と選択肢を素早く読み，ワークシートの内容をできるだけ素早く理解し，講義の**テーマと展開**を予測しよう。

第6問A　対話文質問選択問題

読み上げ英文の分量：180words 程度

読み上げ平均速度(2021年度)：156wpm

形式：2人の対話を聴き取り，それぞれの話し手についての問いの答えとして最も適切な選択肢を選ぶ形式。

ねらい：身近な話題や馴染みのある社会的な話題に関する対話や議論を聴き，話し手の発話の要点を選ぶことを通じて，必要な情報を把握する力や，それらの情報を統合して要点を整理，判断する力を問うことをねらいとしている。

特徴：発話全体から，**話し手の発話の要点を把握する力**が求められている。

攻略法　音声を聴く前に対話の状況と質問・選択肢に目を通し，対話のポイントを予測しておこう。**繰り返し述べている主張**を意識しながら聴き取ることで，論点を把握することができるだろう。

第6問B　会話長文意見・図表選択問題

読み上げ英文の分量：190words 程度

読み上げ平均速度(2021年度)：125wpm

形式：4人の会話を聴き取り，話し手の意見として最も適切な選択肢を選ぶ形式。
および，ある特定の話し手の意見を最もよく表している図表を選ぶ形式。

ねらい：身近な話題や馴染みのある社会的な話題に関する会話や議論を聴き，それぞれの話し手の立場を判断し，意見を支持する図表を選ぶことを通じて，必要な情報を把握する力や，それらの情報を統合して要点を整理，判断する力を問うことをねらいとしている。

特徴：それぞれの話し手が議論の内容に対して**賛成の立場か反対の立場かを判断する力**と，意見に合う**図表を判断する力**が求められている。

攻略法　発話数の多い長めの会話が予測されるので，音声を聴く前に会話の状況と選択肢と図表に目を通し，ポイントを予測し，図表の概要を素早く読み取っておくと聴き取りに余裕が持てる。誰の発言なのか，議論のテーマに対して賛成なのか反対なのかを正確に聴き取り，**複数情報を比較したり判断したりすること**が求められるので，複数情報の聴き取りを繰り返し練習するとよいだろう。

2021年度共通テスト（第1日程）リスニング　出題内容一覧

21本試	分野	配点	読み上げ回数	語数(本文/設問)	テーマ		難易度
第1問	A：短文発話内容一致問題	4	2	9/27	問1	飲み物が欲しい	易
		4		13/32	問2	週末にビーチに行くのはどう？	易
		4		15/22	問3	来週から仕事が始まる	やや難
		4		15/32	問4	アイスはもうあげたよ	やや難
	B：短文発話イラスト選択問題	3		10/0	問5	帽子を被っている人の数	やや易
		3		16/0	問6	購入したいTシャツの柄	易
		3		9/0	問7	誰が誰の絵を描いている？	易
第2問	対話文イラスト選択問題	4		30/5	問8	水筒の形状	易
		4		29/9	問9	どのロボットに投票する？	易
		4		30/5	問10	地域清掃	易
		4		29/4	問11	エレベーターはどこ？	普通
第3問	対話文質問選択問題	3		49/22	問12	ミュージカルの上演に来て？	易
		3		50/10	問13	夫婦で食料品の収納	難
		3		50/38	問14	会議の中止連絡	易
		3		49/45	問15	英国在住の弟の東京訪問	やや難
		3		48/35	問16	野球のチケット購入	易
		3		50/31	問17	俳優と人違い	普通
第4問	A：モノローグ型図表完成問題	4（完答）	1	89/10	問18	学校外での時間の過ごし方	易
					問19		普通
					問20		やや易
					問21		やや易
		1		74/6	問22	DVDの値下げ	やや難
		1			問23		易
		1			問24		普通
		1			問25		易
	B：モノローグ型質問選択問題	4		161/35	問26	どのミュージカルにする？	やや難

第5問	モノローグ型長文ワークシート完成・選択問題	3	1	283/69	問27	「世界幸福度調査報告」	普通
		2(完答)			問28		普通
		2(完答)			問29		普通
					問30		普通
		4			問31		普通
		4		49/49	問32		普通
					問33		やや易
第6問	A 対話文質問選択問題	3		182/85	問34	フランス留学での滞在先	やや難
		3			問35		普通
	B 会話長文意見・図表選択問題	4		189/0	問36	レシートの電子化	難
		4			問37		普通
合　計		100		1,528/571			

— 18 —

学習対策

　2021年度から導入された大学入学共通テスト英語（リスニング）では，選択肢を素早く読み取り，情報を整理する力に加え，図表やワークシートなどを正しく読み取り，聴き取った情報と重ね合わせて判断する力が求められている。

　高得点を取るためには，普段から英語の音声に親しみ，模擬試験などを用いた繰り返しの練習は欠かせない。以下に学習対策の設問別ポイントを記しておく。

- ■第1問A　直接表現はしていないが，その意味を内蔵している含意関係を考えたり，状況を1文で言い換えたりする練習。
- ■第1問B　語彙の正確な意味や「時制」，「比較」などの基礎的な文法を音声で理解する練習。
- ■第2問　　場面の情報を参考にし，イラストを見ながら必要な情報を聴き取る練習。
- ■第3問　　場面の情報を参考にしながら，概要や要点を目的に応じて把握する練習。
- ■第4問A　数字や数の表現を聴き取り比較したり，数字を聴き取り単純な計算をしたりする練習。
- ■第4問B　複数の情報を聴き，状況・条件に基づき比較し判断する練習。
- ■第5問　　社会的な話題に関する英文を聴き，聴き取った情報を図表から読み取った情報と組み合わせて判断する練習。
- ■第6問A　必要な情報を把握し，それらの情報を統合して要点を整理し判断する練習。
- ■第6問B　複数の発話者の意見を比較検討し，賛成や反対，類似点や相違点を判断する練習。

　聴き取り練習では，まずスクリプトを見ずに読み上げられる英文の音声に注意を集中し，**話の流れが理解できる**まで繰り返し聴いてみよう。慣れてきたら，今度はスクリプトを見ながら読み上げられる音声に自分の音声をかぶせるように読んでいく**オーバーラッピング**や正確に速く復唱する**シャドーイング**を試してみるとよい。また，ポイントとなる箇所を書き取る**ディクテーション**などを練習に取り入れると効果的な学習ができる。

　「全部，完璧に聴き取れなければならない」と思う必要はない。英語の音を怖がらず，繰り返し英語を聴き，声に出す練習をすることが大切である。

（河合塾講師　小森　清久）

英語（リスニング）の音声は，本書に付属している CD のほかに，ダウンロードして利用いただくことができます。

音声のダウンロードについて

パソコンから下記のURLにアクセスしてください。

http://www.kawai-publishing.jp/onsei/03/index.html

※ホームページより直接スマートフォンへのダウンロードはできません。パソコンにダウンロードしていただいた上で，スマートフォンへお取り込みいただきますよう，お願いいたします。

・ファイルは ZIP 形式で圧縮されていますので，解凍ソフトが必要です。
・ファイルは，MP3 形式の音声です。再生するには，Windows Media Player やiTunes などの再生ソフトが必要です。
・01〜70，1A，2A の全72ファイル構成となっています※。
　　※01〜70のファイルは，CD のトラック番号と同じ内容ですが，テスト 1 回分を通して流す場合は 1A，2A のファイルを利用してください。
・掲載されている音声ファイルのデータは著作権法で保護されています。データを使用できるのは，ダウンロードした本人が私的に使用する場合に限られます。
・本データあるいはそれを加工したものを譲渡・販売することはできません。

お客様のパソコンやネット環境により，音声を再生できない場合，当社は責任を負いかねます。ご理解とご了承をいただきますよう，お願いいたします。

英　　語
（リスニング）

（2021年1月実施）

受験者数　1,682

平　均　点　55.01

2021　リスニング　第2日程

☆音声問題を用い30分間で解答を行うが，解答開始前に受験者に配付した IC プレーヤーの作動確認，音量調節を受験者本人により行うため，試験時間は60分です。

☆付録の CD およびダウンロードする MP 3 ファイルは大学入試センターから公表された音声を河合出版が独自に編集したものです。

2

$\left(\text{解答番号}\ \boxed{1}\ \sim\ \boxed{37}\ \right)$

第1問 (配点 25) **音声は2回流れます。**

第1問はAとBの二つの部分に分かれています。

$\boxed{A}$ 　第1問Aは問1から問4までの4問です。英語を聞き，それぞれの内容と最もよく合っているものを，四つの選択肢（①～④）のうちから一つずつ選びなさい。

問1 　$\boxed{1}$

① The speaker wants to know how many members will come.

② The speaker wants to know how often the club meets.

③ The speaker wants to know the club's room number.

④ The speaker wants to know the time of the meeting.

問2 　$\boxed{2}$

① The speaker has only one blue tie.

② The speaker has only one red tie.

③ The speaker has blue ties.

④ The speaker has red ties.

$\boxed{4}$

2021年度　リスニング　第2日程　3

問 3　　3

① The speaker is asking Kevin for an email.

② The speaker is reading an email from Kevin.

③ The speaker knows Kevin's email address.

④ The speaker wants Kevin's email address.

問 4　　4

① The speaker will finish baking a cake for Yoko.

② The speaker will finish wrapping a present for Yoko.

③ Yoko will not get a cake.

④ Yoko will not receive a present.

これで第1問Aは終わりです。

4

B 第1問Bは問5から問7までの3問です。英語を聞き，それぞれの内容と最もよく合っている絵を，四つの選択肢(①～④)のうちから一つずつ選びなさい。

問5

問 6　6

6

問 7

①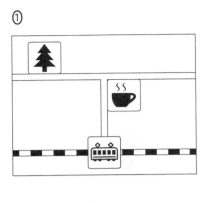

②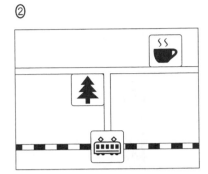

③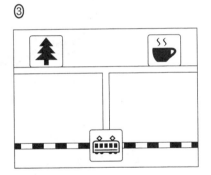

④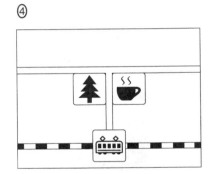

これで第1問Bは終わりです。

第2問 (配点 16) **音声は2回流れます。**

　第2問は問8から問11までの4問です。それぞれの問いについて，対話の場面が日本語で書かれています。対話とそれについての問いを聞き，その答えとして最も適切なものを，四つの選択肢(①〜④)のうちから一つずつ選びなさい。

問8　部屋の片付けをしています。　8

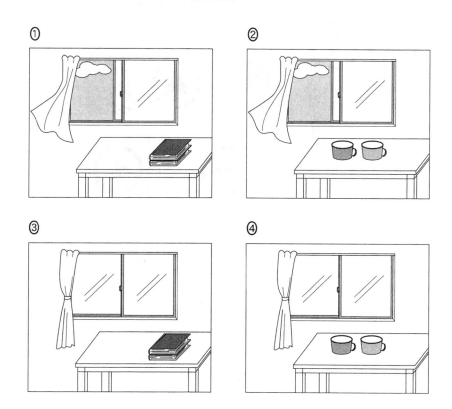

8

問 9 家族旅行で泊まるホテルの話をしています。 9

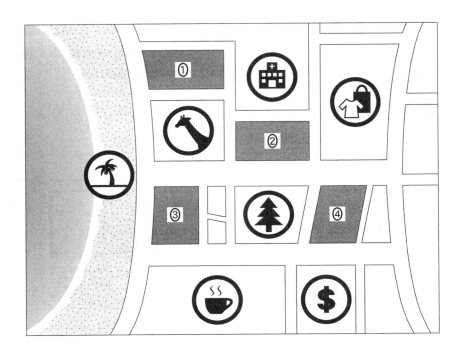

問10 ランチセットを選んでいます。 10

10

問11 Ayakaの家族の写真を見ながら，友人が質問をしています。　11

① ② ③ ④

これで第2問は終わりです。

2021年度　リスニング　第2日程　11

第3問　(配点 18)　**音声は1回流れます。**

　第3問は**問12**から**問17**までの6問です。それぞれの問いについて，対話の場面が日本語で書かれています。対話を聞き，問いの答えとして最も適切なものを，四つの選択肢(①~④)のうちから一つずつ選びなさい。(問いの英文は書かれています。)

問12　友人同士が将来のことについて話をしています。

　　What do both friends plan to do?　　12

　　① Look for jobs abroad
　　② Save money to travel
　　③ Work to earn money
　　④ Write for a magazine

問13　教室で Karen が Paul と話をしています。

　　What is Paul likely to do first after this conversation?　　13

　　① Add a new post to his blog
　　② Comment on Karen's blog
　　③ Delete the photo from his blog
　　④ See the photo on Karen's blog

問14　夫婦が販売店で車を選んでいます。

　　Which car does the woman prefer?　　14

　　① The black one
　　② The blue one
　　③ The green one
　　④ The white one

13

— 31 —

12

問15 カフェで Jane が Mike と話をしています。

Which is true according to the conversation? 15

① Jane and Mike graduated four years ago.

② Jane and Mike were classmates before.

③ Jane had difficulty recognizing Mike.

④ Mike's hairstyle has changed a little.

問16 大学生が授業で使うテキストについて話をしています。

What does the girl need to do after this? 16

① Ask Peter to lend her his textbook

② Contact Alex to ask for the book

③ Find another way to get the textbook

④ Take the same course once again

問17 男性がホテルのフロント係と話をしています。

What will the man do before getting a room? 17

① Call the hotel before 3:00 p.m.

② Cancel his previous hotel reservation

③ Have some lunch at the hotel

④ Spend some time outside the hotel

これで第3問は終わりです。

第 4 問 (配点 12) 音声は 1 回流れます。

第 4 問は A と B の二つの部分に分かれています。

A 第 4 問 A は問 18 から問 25 の 8 問です。話を聞き，それぞれの問いの答えとして最も適切なものを，選択肢から選びなさい。**問題文と図表を読む時間が与えられた後，音声が流れます。**

問18～21 あなたは，授業で配られたワークシートのグラフを完成させようとしています。先生の説明を聞き，四つの空欄 18 ～ 21 に入れるのに最も適切なものを，四つの選択肢(①～④)のうちから一つずつ選びなさい。

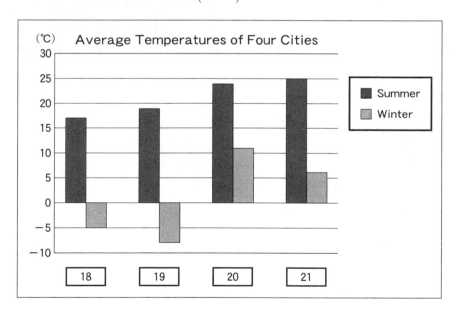

① Columbus
② Hopeville
③ Lansfield
④ Rockport

14

問22〜25　あなたは，海外を旅行中に，バスターミナルでバスの時刻表の変更につ
いての説明を聞いています。話を聞き，下の表の四つの空欄 | 22 | 〜
| 25 | に入れるのに最も適切なものを，六つの選択肢(①〜⑥)のうちから一
つずつ選びなさい。選択肢は2回以上使ってもかまいません。

Bus	Destination	Scheduled departure	Scheduled arrival	Current status
A 2	City Center	10:10	11:00	< 22 >
A 6	City Center	10:40	11:40	< 23 >
B 7	Eastern Avenue	10:30	11:05	< DELAYED > New departure time: 24
C 10	Main Street	10:10	11:00	< ADDITIONAL STOP > Arrival time at City Center: 25

① 10:10

② 11:00

③ 11:10

④ 11:35

⑤ CANCELED

⑥ ON TIME

これで第4問Aは終わりです。

16

B 　第4問Bは問26の1問です。話を聞き，示された条件に最も合うものを，四つの選択肢（①〜④）のうちから一つ選びなさい。下の表を参考にしてメモを取ってもかまいません。**状況と条件を読む時間が与えられた後，音声が流れます。**

状況

　あなたは，夏休み中にインターンシップ（internship）に参加します。

　インターン（intern）先を一つ決めるために，条件について四人から説明を聞いています。

あなたが考えている条件

　A．コンピューターの知識を生かせること

　B．宿泊先が提供されること

　C．2週間程度で終わること

Internship	Condition A	Condition B	Condition C
① Hotel			
② Language school			
③ Public library			
④ Software company			

問26　You are most likely to choose an internship at the 　26　 .

① hotel

② language school

③ public library

④ software company

これで第4問Bは終わりです。

第5問 (配点 15) 音声は1回流れます。

第5問は問27から問33の7問です。

最初に講義を聞き，問27から問32に答えなさい。次に続きを聞き，問33に答えなさい。状況・ワークシート，問い及び図表を読む時間が与えられた後，音声が流れます。

状況

あなたはアメリカの大学で，生態系 (ecosystem) 保全についての講義を，ワークシートにメモを取りながら聞いています。

ワークシート

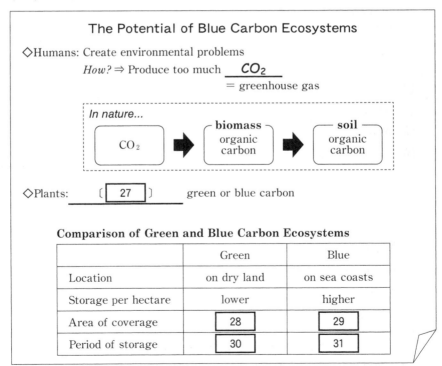

問27 ワークシートの空欄 | 27 | に入れるのに最も適切なものを，四つの選択肢 (①～④)のうちから一つ選びなさい。

① Break down organic carbon called

② Change carbon to CO_2 called

③ Produce oxygen and release it as

④ Take in CO_2 and store it as

問28～31 ワークシートの空欄 | 28 | ～ | 31 | に入れるのに最も適切なもの を，六つの選択肢(①～⑥)のうちから一つずつ選びなさい。選択肢は2回以上 使ってもかまいません。

① larger   ② smaller   ③ equal

④ longer   ⑤ shorter   ⑥ unknown

問32 講義の内容と一致するものはどれか。最も適切なものを，四つの選択肢 (①～④)のうちから一つ選びなさい。 | 32 |

① Necessary blue carbon ecosystems have been destroyed and cannot be replaced.

② Ocean coastline ecosystems should be protected to prevent further release of CO_2.

③ Recovering the ecosystem of the entire ocean will solve climate problems.

④ Supporting fish life is important for improving the blue carbon cycle.

第5問はさらに続きます。

問33 講義の続きを聞き，**下の図から読み取れる情報と講義全体の内容から**どのようなことが言えるか，最も適切なものを，四つの選択肢(①〜④)のうちから一つ選びなさい。 33

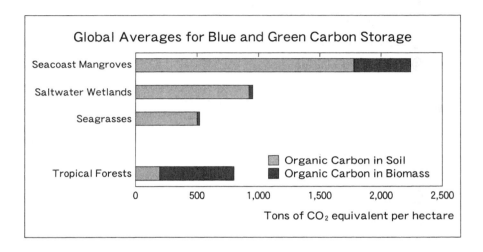

① Saltwater wetlands release CO_2 more easily from soil than from biomass.
② Seacoast mangroves release less CO_2 from layers of mud than from biomass.
③ Seagrasses offer more efficient long-term carbon storage in soil than in biomass.
④ Tropical forests are ideal for carbon storage due to their biomass.

これで第5問は終わりです。

2021年度　リスニング　第2日程　19

第6問 (配点 14) 音声は1回流れます。

第6問はAとBの二つの部分に分かれています。

A 第6問Aは問34・問35の2問です。二人の対話を聞き，それぞれの問いの答えとして最も適切なものを，四つの選択肢（①～④）のうちから一つずつ選びなさい。（問いの英文は書かれています。）状況と問いを読む時間が与えられた後，音声が流れます。

状況

Carol が Bob と手紙を書くことについて話をしています。

問34　What is Carol's main point?　34

① Emails are cold and not very personal.

② Handwriting is hard to read.

③ Letter writing with a pen is troublesome.

④ Letters show your personality.

問35　Which of the following statements would Bob agree with?　35

① Letter writing is too time-consuming.

② Typing letters improves your personality.

③ Typing letters is as good as hand writing them.

④ Writing a letter by hand is a heartfelt act.

これで第6問Aは終わりです。

21

20

B 　　第6問Bは**問36・問37**の2問です。会話を聞き，それぞれの問いの答えと
して最も適切なものを，選択肢のうちから一つずつ選びなさい。下の表を参考
にしてメモを取ってもかまいません。**状況と問いを読む時間が与えられた後，**
音声が流れます。

状況
　　四人の学生(Brad, Kenji, Alice, Helen)が，選挙の投票に行くことについ
　て意見交換をしています。

Brad	
Kenji	
Alice	
Helen	

問36　会話が終わった時点で，選挙の投票に行くことに**積極的でなかった人**は四人
のうち何人でしたか。四つの選択肢(**①～④**)のうちから一つ選びなさい。
　　　　[36]

① 　1人
② 　2人
③ 　3人
④ 　4人

22

— 40 —

問37 会話を踏まえて，Helen の意見を最もよく表している図表を，四つの選択肢(①〜④)のうちから一つ選びなさい。 37

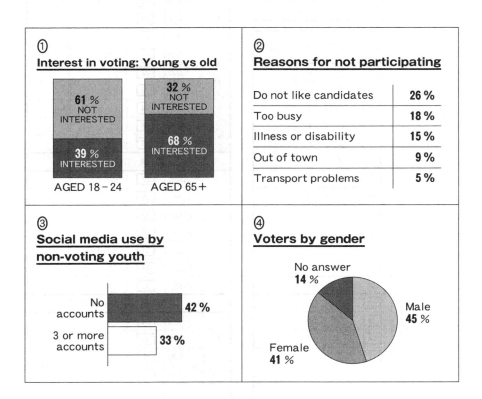

これで第6問Bは終わりです。

英　語（リスニング）

解答・採点基準　　(100点満点)

問題番号(配点)	設問		解答番号	正解	配点	自己採点
第1問(25)	A	問1	1	④	4	
		問2	2	③	4	
		問3	3	④	4	
		問4	4	②	4	
	B	問5	5	②	3	
		問6	6	④	3	
		問7	7	②	3	
第1問　自己採点小計						
第2問(16)		問8	8	①	4	
		問9	9	②	4	
		問10	10	④	4	
		問11	11	④	4	
第2問　自己採点小計						
第3問(18)		問12	12	③	3	
		問13	13	③	3	
		問14	14	②	3	
		問15	15	②	3	
		問16	16	③	3	
		問17	17	④	3	
第3問　自己採点小計						

問題番号(配点)	設問		解答番号	正解	配点	自己採点
第4問(12)	A	問18	18	①	4 *	
		問19	19	④		
		問20	20	②		
		問21	21	③		
		問22	22	⑤	1	
		問23	23	⑥	1	
		問24	24	②	1	
		問25	25	③	1	
	B	問26	26	①	4	
第4問　自己採点小計						
第5問(15)		問27	27	④	3	
		問28	28	①	2 *	
		問29	29	②		
		問30	30	⑤	2 *	
		問31	31	④		
		問32	32	②	4	
		問33	33	③	4	
第5問　自己採点小計						
第6問(14)	A	問34	34	③	3	
		問35	35	④	3	
	B	問36	36	①	4	
		問37	37	①	4	
第6問　自己採点小計						
自己採点合計						

（注）　＊は，全部正解の場合のみ点を与える。

2021年度　リスニング　第2日程〈スクリプト〉　23

英語（リスニング）　スクリプト

※ ㊱ 〜 ㊀ は CD のトラック番号（MP 3 のファイル名）を示しています。

㊱　これからリスニングテストを始めます。

この試験では，聞き取る英語が2回流れる問題と1回流れる問題があります。第1問と第2問は2回，第3問から第6問は1回です。なお，選択肢は音声ではなく，すべて問題冊子に印刷されています。

では，始めます。4ページを開いてください。

㊲　第1問　第1問はAとBの二つの部分に分かれています。

第1問A　第1問Aは問1から問4までの4問です。英語を聞き，それぞれの内容と最もよく合っているものを，四つの選択肢（①〜④）のうちから一つずつ選びなさい。

㊳　Question No. 1

M：When does our club get together today?　At three?

㊴　Question No. 2

M：I'd like to wear a red tie to work, but I only have blue ones.

㊵　Question No. 3

M：Would you tell me Kevin's email address, please?

㊶　Question No. 4

M：I baked Yoko's birthday cake, but I haven't finished wrapping her present yet.　So I'll be late for her party.

これで第1問Aは終わりです。次の問題に進みます。

㊷　第1問B　第1問Bは問5から問7までの3問です。英語を聞き，それぞれの内容と最もよく合っている絵を，四つの選択肢（①〜④）のうちから一つずつ選びなさい。

では，始めます。

㊸　Question No. 5

W：This sign says you can swim here, but you can't camp or barbecue.

㊹　Question No. 6

W：The chef is telling the waiter to take both plates to the table.

㊺　Question No. 7

W：The park is not as far from the station as the café is.

これで第1問Bは終わりです。次の問題に進みます。

— 43 —

24

㊻ 第2問　第2問は問8から問11までの4問です。それぞれの問いについて，対話の場面が日本語で書かれています。対話とそれについての問いを聞き，その答えとして最も適切なものを，四つの選択肢(①～④)のうちから一つずつ選びなさい。

では，始めます。

㊼ Question No. 8

W : Can you take the cups off the table and put the books there instead?

M : Done! Shall I close the window?

W : Umm, leave it open.

M : Yeah, we need some fresh air.

Question :

Which picture shows the room after the conversation?

㊽ Question No. 9

M : Let's stay near the beach.

W : But I'd rather be near the shopping mall.

M : What about the hotel between the zoo and the mall?

W : Great, and it's across from the park.

Question :

Where will they stay?

㊾ Question No. 10

W : How about the hamburger lunch?

M : Actually, I'm trying to save money this month.

W : Umm, perhaps the chicken lunch is better, then.

M : Well, I don't want salad, so this one's perfect!

Question :

Which meal will the man most likely choose?

㊿ Question No. 11

M : Who's the boy with the dog, Ayaka?

W : My nephew. Next to him is his twin sister.

M : Is the woman next to her your sister?

W : No, she's my aunt, Tomo.

Question :

Which person in the photo is Tomo?

これで第2問は終わりです。次の問題に進みます。

— 44 —

2021年度　リスニング　第2日程〈スクリプト〉　25

51　第3問以降では，聞き取る英語は1回流れます。

第3問　第3問は問12から問17までの6問です。それぞれの問いについて，対話の場面が日本語で書かれています。対話を聞き，問いの答えとして最も適切なものを，四つの選択肢（①〜④）のうちから一つずつ選びなさい。

では，始めます。

52　Question No. 12

M：What would you like to do after graduation?

W：Travel! But first I'm going to deliver newspapers until I save enough to go around the world. And you?

M：I want to be a famous writer someday, but right now, I need money, too. Maybe I can work for a magazine!

53　Question No. 13

W：Hey, Paul. I saw the funny photo you posted on your blog yesterday.

M：What? I posted that by mistake, but I thought I deleted it.

W：No, you didn't. It's still on your blog.

M：Are you serious, Karen? That's really embarrassing. I don't want people to see that photo of me.

54　Question No. 14

M：I like both the blue one and the black one. How about you?

W：I see the blue car, but where's the black one? Do you mean that dark green one with the white seats?

M：Yes. Do you like that one?

W：Well, it's OK, but I like the other one better.

55　Question No. 15

W：You're Mike Smith, aren't you?

M：Hey, Jane Adams, right?

W：Yes! I haven't seen you for ages.

M：Wasn't it five years ago, when our class graduated?

W：Yes, almost six.

M：Well, I'm glad you recognized me. I haven't changed?

W：No, I recognized you immediately. You haven't changed your hairstyle at all.

56　Question No. 16

W：The textbook is sold out at the bookstore. Do you know where I can get one?

M：Actually, I didn't buy mine. I got it from Peter. He took the same course last year.

— 45 —

26

W : So, who else took that course?

M : Alex!

W : Yeah, but I know he gave his book to his sister.

57 Question No. 17

M : Good morning. My flight's been cancelled. I need to stay another night. Is there a room available?

W : Yes, but not until this afternoon. If you come back later, we'll have one ready for you.

M : What time?

W : About 3 o'clock?

M : OK. I'll go out for lunch and come back then.

これで第3問は終わりです。次の問題に進みます。

58 第4問　第4問はAとBの二つの部分に分かれています。

第4問A　第4問Aは問18から問25の8問です。話を聞き，それぞれの問いの答えとして最も適切なものを，選択肢から選びなさい。問18から問21の問題文と図を，今，読みなさい。

では，始めます。

59 Questions No. 18 to 21

Here are the average summer and winter temperatures of four cities in North America: Columbus, Hopeville, Lansfield, and Rockport. The temperature of Lansfield in the summer was much higher than I expected — the highest in fact. By comparison, Rockport had a much cooler summer than Lansfield and experienced the coldest winter among the four cities. Columbus was a bit cooler than Rockport in the summer, while its winter was a few degrees warmer. Hopeville changed the least in temperature and was just a bit cooler than Lansfield in the summer.

次の問題に進みます。

60 問22から問25の問題文と表を，今，読みなさい。

では，始めます。

61 Questions No. 22 to 25

Attention, please! There are some changes to the regular bus schedule. The A2 bus leaving for City Center is canceled. Those passengers going to City Center should now take the C10 bus to Main Street. It'll continue on to City Center after leaving Main Street, which takes 10 additional minutes. The A6 bus, which goes to City Center, is running normally. Finally, the B7 bus to Eastern Avenue will leave half an hour late. We're sorry for any inconvenience.

— 46 —

2021年度　リスニング　第2日程〈スクリプト〉　27

これで第4問Aは終わりです。次の問題に進みます。

62 第4問B　第4問Bは問26の1問です。話を聞き，示された条件に最も合うものを，四つの選択肢（①〜④）のうちから一つ選びなさい。状況と条件を，今，読みなさい。
では，始めます。

63 Question No.26
① Our hotel's internship focuses on creating a new website. The work will be done in late August. Interns will help set up the website, which should take about half a month. You can stay at our hotel or come from home.
② The internship at our language school starts in early summer when the exchange program starts. Many international students visit us, so we need to help these students get around. Interns should stay at the dormitory for about ten days while assisting with the program.
③ Public library interns help with our reading programs. For example, they prepare for special events and put returned books back on the shelves. Interns must work for more than two weeks. You can join anytime during the summer, and housing is available.
④ We're a software company looking for students to help develop a smartphone application. They are required to participate in brainstorming sessions, starting on the 15th of July, and are expected to stay until the end of August. Participants should find their own place to stay.
これで第4問Bは終わりです。次の問題に進みます。

64 第5問　第5問は問27から問33の7問です。最初に講義を聞き，問27から問32に答えなさい。次に続きを聞き，問33に答えなさい。状況・ワークシート，問い及び図表を，今，読みなさい。
では，始めます。

65 Questions No. 27 to 32
OK. What is blue carbon? You know, humans produce too much CO_2, a greenhouse gas. This creates problems with the earth's climate. But remember how trees help us by absorbing CO_2 from the air and releasing oxygen? Trees change CO_2 into organic carbon, which is stored in biomass. Biomass includes things like leaves and trunks. The organic carbon in the biomass then goes into the soil. This organic carbon is called "green" carbon. But listen! Plants growing on ocean coasts can also take in and store CO_2 as organic carbon in biomass and soil — just like trees on dry land do. That's called "blue" carbon.

Blue carbon is created by seagrasses, mangroves, and plants in saltwater

— 47 —

wetlands. These blue carbon ecosystems cover much less surface of the earth than is covered by green carbon forests. However, they store carbon very efficiently — much more carbon per hectare than green carbon forests do. The carbon in the soil of the ocean floor is covered by layers of mud, and can stay there for millions of years. In contrast, the carbon in land soil is so close to the surface that it can easily mix with air, and then be released as CO_2.

Currently the blue carbon ecosystem is in trouble. For this ecosystem to work, it is absolutely necessary to look after ocean coasts. For example, large areas of mangroves are being destroyed. When this happens, great amounts of blue carbon are released back into the atmosphere as CO_2. To avoid this, ocean coasts must be restored and protected. Additionally, healthy coastline ecosystems will support fish life, giving us even more benefits.

第5問の音声がさらに流れます。

66 Question No. 33

Look at this graph, which compares blue and green carbon storage. Notice how much organic carbon is stored in each of the four places. The organic carbon is stored in soil and in biomass but in different proportions. What can we learn from this?

これで第5問は終わりです。次の問題に進みます。

67 第6問　第6問はAとBの二つの部分に分かれています。

第6問A　第6問Aは問34と問35の2問です。二人の対話を聞き、それぞれの問いの答えとして最も適切なものを、四つの選択肢(①〜④)のうちから一つずつ選びなさい。状況と問いを、今、読みなさい。

では、始めます。

68 Questions No. 34 and 35

Carol：What are you doing, Bob?

　Bob：I'm writing a letter to my grandmother.

Carol：Nice paper! But isn't it easier just to write her an email?

　Bob：Well, perhaps. But I like shopping for stationery, putting pen to paper, addressing the envelope, and going to the post office. It gives me time to think about my grandma.

Carol：Uh-huh. But that's so much trouble.

　Bob：Not really. Don't you think your personality shines through in a handwritten letter? And it makes people happy. Plus, it has cognitive benefits.

Carol : What cognitive benefits?

Bob : You know, handwriting is good for thinking processes, like memorizing and decision making.

Carol : Really? I'm a more fluent writer when I do it on a computer.

Bob : Maybe you are, but you might also sacrifice something with that efficiency.

Carol : Like what?

Bob : Well, mindfulness, for one.

Carol : Mindfulness?

Bob : Like taking time to do things with careful consideration. That's being lost these days. We should slow down and lead a more mindful life.

Carol : Speaking of mindful, I wouldn't mind some chocolate-chip ice cream.

これで第6問Aは終わりです。次の問題に進みます。

69 第6問B　第6問Bは問36と問37の2問です。会話を聞き，それぞれの問いの答えとして最も適切なものを，選択肢のうちから一つずつ選びなさい。状況と問いを，今，読みなさい。
では，始めます。

70 Questions No.36 and 37

Brad : Hey, Kenji. Did you vote yet? The polls close in two hours.

Kenji : Well, Brad, who should I vote for? I don't know about politics.

Brad : Seriously? You should be more politically aware.

Kenji : I don't know. It's hard. How can I make an educated choice? What do you think, Alice?

Alice : The information is everywhere, Kenji! Just go online. Many young people are doing it.

Kenji : Really, Alice? Many?

Brad : Either way, you should take more interest in elections.

Kenji : Is everybody like that? There's Helen. Let's ask her. Hey Helen!

Helen : Hello, Kenji. What's up?

Kenji : Are you going to vote?

Helen : Vote? We're only twenty. Most people our age don't care about politics.

Alice : Being young is no excuse.

Helen : But unlike older people, I'm just not interested.

Brad : Come on, Helen. Let's just talk. That might change your mind.

Alice : Brad's right. Talking with friends keeps you informed.

Kenji : Really? Would that help?

Brad : It might, Kenji. We can learn about politics that way.

— 49 —

30

Alice：So, Kenji, are you going to vote or not?

Kenji：Is my one vote meaningful?

Alice：Every vote counts, Kenji.

Helen：I'll worry about voting when I'm old. But do what you want!

Kenji：OK, I'm convinced. We've got two hours. Let's figure out who to vote for!

これで，問題を聞く部分は終わりです。

この後は，監督者の「解答やめ」の指示があるまで，解答を続けることができます。

では，イヤホンを耳から外し，静かに机の上に置いてください。

英　　語
（リーディング）

（2021年1月実施）

2021 第2日程

受験者数　1,693

平　均　点　56.68

2

各大問の英文や図表を読み，解答番号 | 1 | ～ | 47 | にあてはまるものとして
最も適当な選択肢を選びなさい。

第1問 (配点 10)

A You have invited your friend Shelley to join you on your family's overnight
camping trip. She has sent a text message to your mobile phone asking some
questions.

> Hi! I'm packing my bag for tomorrow and I want to check
> some things. Will it get cold in the tent at night? Do I need
> to bring a blanket? I know you told me last week, but just to
> be sure, where and what time are we meeting?

> Shelley, I'll bring warm sleeping bags for everyone, but
> maybe you should bring your down jacket.   Bring
> comfortable footwear because we'll walk up Mt. Kanayama
> the next day. We'll pick you up outside your house at 6 a.m.
> If you're not outside, I'll call you. See you in the morning!

> Thanks! I can't wait! I'll bring my jacket and hiking boots
> with me. I'll be ready! ☺

— 52 —

問 1　Shelley asks you if she needs to bring [1] .

① a blanket

② a jacket

③ sleeping bags

④ walking shoes

問 2　You expect Shelley to [2] tomorrow morning.

① call you as soon as she is ready

② come to see you at the campsite

③ pick you up in front of your house

④ wait for you outside her house

B You have received a flyer for an English speech contest from your teacher, and you want to apply.

The 7th Youth Leader Speech Contest

The Youth Leader Society will hold its annual speech contest. Our goal is to help young Japanese people develop communication and leadership skills.

This year's competition has three stages. Our judges will select the winners of each stage. To take part in the Grand Final, you must successfully pass all three stages.

The Grand Final

GRAND PRIZE
The winner can attend
The Leadership Workshop
in Wellington, New Zealand
in March 2022.

Place: Centennial Hall

Date: January 8, 2022

Topic: *Today's Youth, Tomorrow's Leaders*

Contest information:

Stages	Things to Upload	Details	2021 Deadlines & Dates
Stage 1	A brief outline	Number of words: 150-200	Upload by 5 p.m. on August 12
Stage 2	Video of you giving your speech	Time: 7-8 minutes	Upload by 5 p.m. on September 19
Stage 3		Local Contests: Winners will be announced and go on to the Grand Final.	Held on November 21

Grand Final Grading Information

Content	Gestures & Performance	Voice & Eye Contact	Slides	Answering Questions from Judges
50%	5%	5%	10%	30%

> You must upload your materials online. All dates and times are Japan Standard Time (JST).
> You can check the results of Stage 1 and 2 on the website five days after the deadline for each stage.

For more details and an application form, click *here*.

問 1 To take part in the first stage, you should upload a ▢3▢.

① completed speech script
② set of slides for the speech
③ summary of your speech
④ video of yourself speaking

問 2 From which date can you check the result of the second stage? ▢4▢

① September 14
② September 19
③ September 24
④ September 29

問 3 To get a high score in the Grand Final, you should pay most attention to your content and ▢5▢.

① expressions and gestures
② responses to the judges
③ visual materials
④ voice control

6

第2問 (配点 20)

A You are reading the results of a survey about single-use and reusable bottles that your classmates answered as part of an environmental campaign in the UK.

Question 1: How many single-use bottled drinks do you purchase per week?

Number of bottles	Number of students	Weekly subtotal
0	2	0
1	2	2
2	2	4
3	3	9
4	4	16
5	9	45
6	0	0
7	7	49
Total	29	125

Question 2: Do you have your own reusable bottle?

Summary of responses	Number of students	Percent of students
Yes, I do.	3	10.3
Yes, but I don't use it.	14	48.3
No, I don't.	12	41.4
Total	29	100.0

— 56 —

Question 3: If you don't use a reusable bottle, what are your reasons?

Summary of responses	Number of students
It takes too much time to wash reusable bottles.	24
I think single-use bottles are more convenient.	17
Many flavoured drinks are available in single-use bottles.	14
Buying a single-use bottle doesn't cost much.	10
I can buy drinks from vending machines at school.	7
I feel reusable bottles are too heavy.	4
My home has dozens of single-use bottles.	3
Single-use bottled water can be stored unopened for a long time.	2
(Other reasons)	4

問 1 The results of Question 1 show that ⬚ 6 ⬚ .

① each student buys fewer than four single-use bottles a week on average

② many students buy fewer than two bottles a week

③ more than half the students buy at least five bottles a week

④ the students buy more than 125 bottles a week

問 2 The results of Question 2 show that more than half the students ⬚ 7 ⬚ .

① don't have their own reusable bottle

② have their own reusable bottle

③ have their own reusable bottle but don't use it

④ use their own reusable bottle

8

問 3　One **opinion** expressed by your classmates in Question 3 is that ☐ 8 ☐ .

① some students have a stock of single-use bottles at home

② there are vending machines for buying drinks at school

③ washing reusable bottles takes a lot of time

④ water in unopened single-use bottles lasts a long time

問 4　One **fact** stated by your classmates in Question 3 is that single-use bottles are ☐ 9 ☐ .

① available to buy at school

② convenient to use

③ light enough to carry around

④ not too expensive to buy

問 5　What is the most likely reason why your classmates do not use reusable bottles? ☐ 10 ☐

① There are many single-use bottled drinks stored at home.

② There is less variety of drinks available.

③ They are expensive for your classmates.

④ They are troublesome to deal with.

— 58 —

B You need to decide what classes to take in a summer programme in the UK, so you are reading course information and a former student's comment about the course.

COMMUNICATION AND INTERCULTURAL STUDIES

Dr Christopher Bennet
bennet.christopher@ire-u.ac.uk
Call: 020-9876-1234
Office Hours: by appointment only

3-31 August 2021
Tuesday & Friday
1.00 pm − 2.30 pm
9 classes − 1 credit

Course description: We will be studying different cultures and learning how to communicate with people from different cultures. In this course, students will need to present their ideas for dealing with intercultural issues.

Goals: After this course you should be able to:

− understand human relations among different cultures

− present solutions for different intercultural problems

− express your opinions through discussion and presentations

Textbook: Smith, S. (2019). *Intercultural studies*. New York: DNC Inc.

Evaluation: 60% overall required to pass

− two presentations: 90% (45% each)

− participation: 10%

Course-takers' evaluations (87 reviewers) ★★★★★ (Average: 4.89)

Comment

☺ Take this class! Chris is a great teacher. He is very smart and kind. The course is a little challenging but easy enough to pass. You will learn a lot about differences in culture. My advice would be to participate in every class. It really helped me make good presentations.

問 1　What will you do in this course?　11

① Discuss various topics about culture

② Visit many different countries

③ Watch a film about human relations

④ Write a final report about culture

問 2　This class is aimed at students who　12　.

① are interested in intercultural issues

② can give good presentations

③ like sightseeing in the UK

④ need to learn to speak English

問 3　One **fact** about Dr Bennet is that ☐13☐ .

① he has good teaching skills

② he is a nice instructor

③ he is in charge of this course

④ he makes the course challenging

問 4　One **opinion** expressed about the class is that ☐14☐ .

① it is not so difficult to get a credit

② most students are satisfied with the course

③ participation is part of the final grade

④ students have classes twice a week

問 5　What do you have to do to pass this course? ☐15☐

① Come to every class and join the discussions

② Find an intercultural issue and discuss a solution

③ Give good presentations about intercultural issues

④ Make an office appointment with Dr Bennet

12

第3問 (配点 15)

A Your British friend, Jan, visited a new amusement park and posted a blog about her experience.

Sunny Mountain Park: A Great Place to Visit

Posted by Jan at 9.37 pm on 15 September 2020

Sunny Mountain Park finally opened last month! It's a big amusement park with many exciting attractions, including a huge roller coaster (see the map). I had a fantastic time there with my friends last week.

We couldn't wait to try the roller coaster, but first we took the train round the park to get an idea of its layout. From the train, we saw the Picnic Zone and thought it would be a good place to have lunch. However, it was already very crowded, so we decided to go to the Food Court instead. Before lunch, we went to the Discovery Zone. It was well worth the wait to experience the scientific attractions there. In the afternoon, we enjoyed several rides near Mountain Station. Of course, we tried the roller coaster, and we weren't disappointed. On our way back to the Discovery Zone to enjoy more attractions, we took a short break at a rest stop. There, we got a lovely view over the lake to the castle. We ended up at the Shopping Zone, where we bought souvenirs for our friends and family.

Sunny Mountain Park is amazing! Our first visit certainly won't be our last.

— 62 —

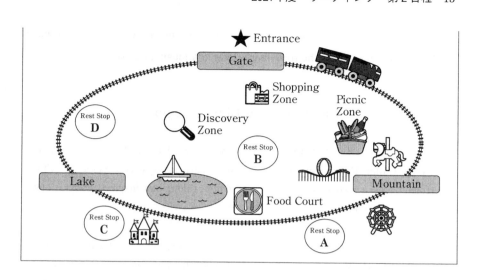

問 1 From Jan's post, you learn that 16 .

① Jan skipped going to the Shopping Zone for gifts
② Jan waited for a while to enjoy the scientific attractions
③ the Food Court was more crowded than the Picnic Zone
④ the roller coaster did not meet Jan's expectations

問 2 At which rest stop did Jan and her friends take a break in the afternoon?
 17

① Rest Stop **A**
② Rest Stop **B**
③ Rest Stop **C**
④ Rest Stop **D**

B Your friend in the UK introduced her favourite musician to you. Wanting to learn more, you found the following article in a music magazine.

Dave Starr, a Living Legend

At one time, Black Swan were the biggest rock band in the UK, and their dynamic leader Dave Starr played a large part in that achievement. Still performing as a solo singer, Dave's incredible talent has inspired generations of young musicians.

When he was a little boy, Dave was always singing and playing with toy instruments. He was never happier than when he was playing his toy drum. At age seven, he was given his first real drum set, and by 10, he could play well. By 14, he had also mastered the guitar. When he was still a high school student, he became a member of The Bluebirds, playing rhythm guitar. To get experience, The Bluebirds played for free at school events and in community centres. The band built up a small circle of passionate fans.

Dave's big break came when, on his 18th birthday, he was asked to become the drummer for Black Swan. In just two years, the band's shows were selling out at large concert halls. It came as a shock, therefore, when the lead vocalist quit to spend more time with his family. However, Dave jumped at the chance to take over as lead singer even though it meant he could no longer play his favourite instrument.

In the following years, Black Swan became increasingly successful, topping the music charts and gaining even more fans. Dave became the principal song writer, and was proud of his contribution to the band. However, with the addition of a keyboard player, the music gradually changed direction. Dave became frustrated, and he and the lead guitarist decided to leave and start a new group. Unfortunately, Dave's new band failed to reach Black Swan's level of success, and stayed together for only 18 months.

問 1 Put the following events (①～④) into the order in which they happened.

 18 → 19 → 20 → 21

① Dave became a solo artist.
② Dave gave up playing the drums.
③ Dave joined a band as the guitarist.
④ Dave reached the peak of his career.

問 2 Dave became the lead singer of Black Swan because 22 .

① he preferred singing to playing the drums
② he wanted to change the band's musical direction
③ the other band members wanted more success
④ the previous singer left for personal reasons

問 3 From this story, you learn that 23 .

① Black Swan contributed to changing the direction of rock music
② Black Swan's goods sold very well at concert halls
③ Dave displayed a talent for music from an early age
④ Dave went solo as he was frustrated with the lead guitarist

第4問 (配点 16)

You are preparing a presentation on tourism in Japan. You emailed data about visitors to Japan in 2018 to your classmates, Hannah and Rick. Based on their responses, you draft a presentation outline.

The data:

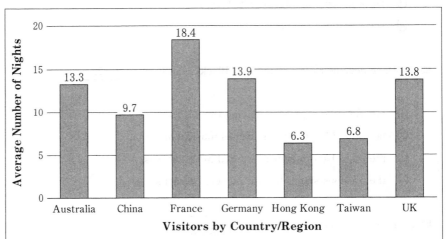

Figure 1. Length of stay in Japan.

(国土交通省観光庁による平成30年統計資料の一部を参考に作成)

Table 1

Average Amount of Money Spent While Visiting Japan

Visitors by country/region	Food	Entertainment	Shopping
Australia	58,878	16,171	32,688
China	39,984	7,998	112,104
France	56,933	7,358	32,472
Germany	47,536	5,974	25,250
Hong Kong	36,887	5,063	50,287
Taiwan	28,190	5,059	45,441
UK	56,050	8,341	22,641

(yen per person)

(国土交通省観光庁による平成30年統計資料の一部を参考に作成)

The responses to your email:

Hi,

Thanks for your email! That's interesting data. I know that the number of international visitors to Japan increased previously, but I never paid attention to their length of stay. I assume that visitors from Asia come for shorter stays since they can go back and forth easily.

Also, the table shows that Asian visitors, overall, tend to spend more on shopping compared to visitors from Europe and Australia. I guess this is probably because gift-giving in Asian cultures is really important, and they want to buy gifts for friends and family. For example, I have seen many Asian tourists shopping around Ginza, Harajuku, and Akihabara. Perhaps they don't have to spend so much money on accommodations, so they can spend more on shopping. I'd like to talk about this.

However, I've heard that visitors from Asia are now becoming interested in doing some other things instead of shopping. We may see some changes in this kind of data in the near future!

Best,
Hannah
P.S. This message is going to Rick, too.

18

Hi,

Thanks for sending your data! This will help us prepare for our presentation!

I notice from the data that Australians spend the most on entertainment. I'll present on this.

Also, the other day, on Japanese TV, I saw a program about Australian people enjoying winter sports in Hokkaido. I wonder how much they spend. I'll look for more information. If you find any, please let me know. This could be good for a future project.

In addition, I agree with Hannah that there seems to be a big difference in the length of stay depending on the country or region the visitor is from.

What about you? Do you want to talk about what Hannah found in relation to the spending habits? I think this is very interesting.

All the best,

Rick

P.S. This message is going to Hannah, too.

The presentation draft:

Presentation Title: _____ 24 _____

Presenter	Topic
Hannah:	25
Rick:	26

me: <u>Relation to the length of stay</u>

Example comparison:

People from 27 *stay just over half the time in Japan compared to people from* 28 *, but spend slightly more money on entertainment.*

Themes for Future Research: _____ 29 _____

問 1 Which is the best for ⌐ 24 ⌐?

① Money Spent on Winter Holidays in Hokkaido

② Shopping Budgets of International Tourists in Tokyo

③ Spending Habits of International Visitors in Japan

④ The Increase of Spending on Entertainment in Japan

問 2 Which is the best for ⌐ 25 ⌐?

① Activities of Australian visitors in Japan

② Asian visitors' food costs in Japan

③ Gift-giving habits in European cultures

④ Patterns in spending by visitors from Asia

20

問 3　Which is the best for ⬚ 26 ⬚ ?

① Australian tourists' interest in entertainment

② Chinese spending habits in Tokyo

③ TV programs about Hokkaido in Australia

④ Various experiences Asians enjoy in Japan

問 4　You agree with Rick's suggestion and look at the data.　Choose the best for ⬚ 27 ⬚ and ⬚ 28 ⬚.

① Australia

② China

③ France

④ Taiwan

問 5　Which is the best combination for ⬚ 29 ⬚ ?

A : Australians' budgets for winter sports in Japan

B : Future changes in the number of international visitors to Tokyo

C : Popular food for international visitors to Hokkaido

D : What Asian visitors in Japan will spend money on in the future

① A, B

② A, C

③ A, D

④ B, C

⑤ B, D

⑥ C, D

第 5 問 (配点 15)

You are going to give a talk on a person you would like to have interviewed if they were still alive. Read the following passage about the person you have chosen and complete your notes.

Vivian Maier

This is the story of an American street photographer who kept her passion for taking pictures secret until her death. She lived her life as a caregiver, and if it had not been for the sale of her belongings at an auction house, her incredible work might never have been discovered.

It was 2007. A Chicago auction house was selling off the belongings of an old woman named Vivian Maier. She had stopped paying storage fees, and so the company decided to sell her things. Her belongings—mainly old photographs and negatives—were sold to three buyers: Maloof, Slattery, and Prow.

Slattery thought Vivian's work was interesting so he published her photographs on a photo-sharing website in July 2008. The photographs received little attention. Then, in October, Maloof linked his blog to his selection of Vivian's photographs, and right away, thousands of people were viewing them. Maloof had found Vivian Maier's name with the prints, but he was unable to discover anything about her. Then an Internet search led him to a 2009 newspaper article about her death. Maloof used this information to discover more about Vivian's life, and it was the combination of Vivian's mysterious life story and her photographs that grabbed everyone's attention.

Details of Vivian's life are limited for two reasons. First, since no one had interviewed her while she was alive, no one knew why she took so many photographs. Second, it is clear from interviews with the family she worked

"film negative"

"printed image"

for that Vivian was a very private person. She had few friends. Besides, she had kept her hobby a secret.

Vivian was born in 1926 in the United States to an Austrian father and a French mother. The marriage was not a happy one, and it seems her mother and father lived apart for several years. During her childhood Vivian frequently moved between the US and France, sometimes living in France, and sometimes in the US. For a while, Vivian and her mother lived in New York with Jeanne Bertrand, a successful photographer. It is believed that Vivian became interested in photography as a young adult, as her first photos were taken in France in the late 1940s using a very simple camera. She returned to New York in 1951, and in 1956 she moved to Chicago to work as a caregiver for the Gensburg family. This job gave her more free time for taking photographs.

In 1952, at the age of 26, she purchased her first 6 × 6 camera, and it was with this that most of her photographs of life on the streets of Chicago were taken. For over 30 years she took photos of children, the elderly, the rich, and the poor. Some people were not even aware that their picture was being taken. She also took a number of self-portraits. Some were reflections of herself in a shop window. Others were of her own shadow. Vivian continued to document

Chicago life until the early 1970s, when she changed to a new style of photography.

An international award-winning documentary film called *Finding Vivian Maier* brought interest in her work to a wider audience. The film led to exhibitions in Europe and the US. To choose the photographs that best represent her style, those in charge of the exhibitions have tried to answer the question, "What would Vivian Maier have printed?" In order to answer this question, they used her notes, the photos she actually did print, and information about her preferences as reported by the Gensburgs. Vivian was much more interested in capturing moments rather than the outcome. So, one could say the mystery behind Vivian's work remains largely "undeveloped."

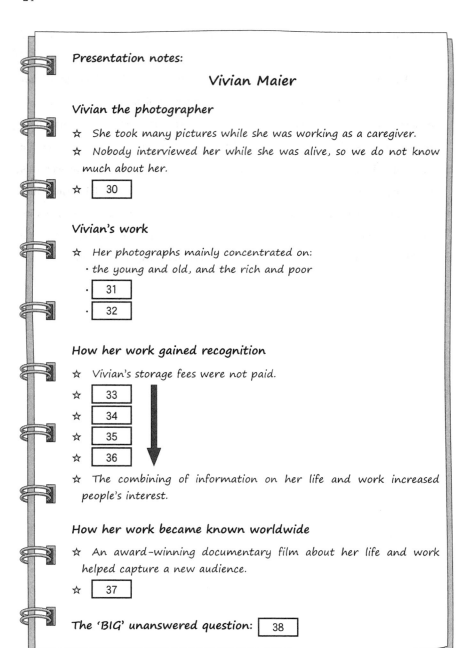

問 1 Choose the best statement for ⬜30⬜.

① Her work remained undiscovered until it was sold at auction.

② She is thought to have become attracted to photography in her thirties.

③ She took her camera wherever she went and showed her pictures to others.

④ The majority of her photos were taken in New York.

問 2 Choose the two best items for ⬜31⬜ and ⬜32⬜. (The order does not matter.)

① documentary-style pictures

② industrial landscapes

③ natural landscapes

④ pictures of herself

⑤ shop windows

問 3 Put the following events into the order in which they happened. ⬜33⬜ ~ ⬜36⬜

① A buyer linked his blog to some of her pictures.

② A report on Vivian's death was published in a newspaper.

③ An auction company started selling her old photographs and negatives.

④ Her work was published on the Internet.

26

問 4 Choose the best statement for ☐ 37 ☐ .

① Exhibitions of her work have been held in different parts of the world.

② Her photography book featuring street scenes won an award.

③ She left detailed instructions on how her photographs should be treated.

④ The children of Vivian's employers provided their photographs.

問 5 Choose the best question for ☐ 38 ☐ .

① "What type of camera did she use for taking photos?"

② "Where did she keep all her negatives and prints?"

③ "Why did she leave New York to become a caregiver?"

④ "Why did she take so many photos without showing them to anyone?"

第6問 (配点 24)

A You are an exchange student in the United States and you have joined the school's drama club. You are reading an American online arts magazine article to get some ideas to help improve the club.

Recent Changes at the Royal Shakespeare Company

By John Smith

Feb. 20, 2020

We are all different. While most people recognize that the world is made up of a wide variety of people, diversity—showing and accepting our differences—is often not reflected in performing arts organizations. For this reason, there is an increasing demand for movies and plays to better represent people from various backgrounds as well as those with disabilities. Arts Council England, in response to this demand, is encouraging all publicly funded arts organizations to make improvements in this area. One theater company responding positively is the Royal Shakespeare Company (RSC), which is one of the most influential theater companies in the world.

Based in Stratford-upon-Avon in the UK, the RSC produces plays by William Shakespeare and a number of other famous authors. These days, the RSC is focused on diversity in an attempt to represent all of UK society accurately. It works hard to balance the ethnic and social backgrounds, the genders, and the physical abilities of both performers and staff when hiring.

During the summer 2019 season, the RSC put on three of Shakespeare's comedies: *As You Like It, The Taming of the Shrew,* and *Measure for Measure.* Actors from all over the country were employed, forming a 27-member cast, reflecting the diverse ethnic, geographical, and cultural population of the UK today. To achieve gender balance for the entire season, half of all roles were given to male actors and half to female actors. The cast included three actors with disabilities (currently referred to as "differently-abled" actors)—one visually-impaired, one hearing-impaired, and one in a wheelchair.

Changes went beyond the hiring policy. The RSC actually rewrote parts of the plays to encourage the audience to reflect on male/female power relationships. For example, female and male roles were reversed. In *The Taming of the Shrew*, the role of "the daughter" in the original was transformed into "the son" and played by a male actor. In the same play, a male servant character was rewritten as a female servant. That role was played by Amy Trigg, a female actor who uses a wheelchair. Trigg said that she was excited to play the role and believed that the RSC's changes would have a large impact on other performing arts organizations. Excited by all the diversity, other members of the RSC expressed the same hope—that more arts organizations would be encouraged to follow in the RSC's footsteps.

The RSC's decision to reflect diversity in the summer 2019 season can be seen as a new model for arts organizations hoping to make their organizations inclusive. While there are some who are reluctant to accept diversity in classic plays, others welcome it with open arms. Although certain challenges remain, the RSC has earned its reputation as the face of progress.

問 1　According to the article, the RSC ⬚ 39 ⬚ in the summer 2019 season.

① gave job opportunities to famous actors
② hired three differently-abled performers
③ looked for plays that included 27 characters
④ put on plays by Shakespeare and other authors

2021年度　リーディング　第2日程　29

問 2　The author of this article most likely mentions Amy Trigg because she 40 .

① performed well in one of the plays presented by the RSC

② struggled to be selected as a member of the RSC

③ was a good example of the RSC's efforts to be inclusive

④ was a role model for the members of the RSC

問 3　You are summarizing this article for other club members.　Which of the following options best completes your summary?

[Summary]

The Royal Shakespeare Company (RSC) in the UK is making efforts to reflect the population of UK society in its productions.　In order to achieve this, it has started to employ a balance of female and male actors and staff with a variety of backgrounds and abilities.　It has also made changes to its plays.　Consequently, the RSC has 41 .

① attracted many talented actors from all over the world

② completed the 2019 season without any objections

③ contributed to matching social expectations with actions

④ earned its reputation as a conservative theater company

問 4　Your drama club agrees with the RSC's ideas.　Based on these ideas, your drama club might 42 .

① perform plays written by new international authors

② present classic plays with the original story

③ raise funds to buy wheelchairs for local people

④ remove gender stereotypes from its performances

— 79 —

B You are one of a group of students making a poster presentation for a wellness fair at City Hall. Your group's title is *Promoting Better Oral Health in the Community*. You have been using the following passage to create the poster.

Oral Health: Looking into the Mirror

In recent years, governments around the world have been working to raise awareness about oral health. While many people have heard that brushing their teeth multiple times per day is a good habit, they most likely have not considered all the reasons why this is crucial. Simply stated, teeth are important. Teeth are required to pronounce words accurately. In fact, poor oral health can actually make it difficult to speak. An even more basic necessity is being able to chew well. Chewing breaks food down and makes it easier for the body to digest it. Proper chewing is also linked to the enjoyment of food. The average person has experienced the frustration of not being able to chew on one side after a dental procedure. A person with weak teeth may experience this disappointment all the time. In other words, oral health impacts people's quality of life.

While the basic functions of teeth are clear, many people do not realize that the mouth provides a mirror for the body. Research shows that good oral health is a clear sign of good general health. People with poor oral health are more likely to develop serious physical diseases. Ignoring recommended daily oral health routines can have negative effects on those already suffering from diseases. Conversely, practicing good oral health may even prevent disease. A strong, healthy body is often a reflection of a clean, well-maintained mouth.

Maintaining good oral health is a lifelong mission. The Finnish and US governments recommend that parents take their infants to the dentist before the baby turns one year old. Finland actually sends parents notices. New

Zealand offers free dental treatment to everyone up to age 18. The Japanese government promotes an 8020 (Eighty-Twenty) Campaign. As people age, they can lose teeth for various reasons. The goal of the campaign is still to have at least 20 teeth in the mouth on one's 80th birthday.

Taking a closer look at Japan, the Ministry of Health, Labour and Welfare has been analyzing survey data on the number of remaining teeth in seniors for many years. One researcher divided the oldest participants into four age groups: A (70-74), B (75-79), C (80-84), and D (85+). In each survey, with the exception of 1993, the percentages of people with at least 20 teeth were in A-B-C-D order from high to low. Between 1993 and 1999, however, Group A improved only about six percentage points, while the increase for B was slightly higher. In 1993, 25.5% in Group A had at least 20 teeth, but by 2016 the Group D percentage was actually 0.2 percentage points higher than Group A's initial figure. Group B increased steadily at first, but went up dramatically between 2005 and 2011. Thanks to better awareness, every group has improved significantly over the years.

Dentists have long recommended brushing after meals. People actively seeking excellent oral health may brush several times per day. Most brush their teeth before they go to sleep and then again at some time the following morning. Dentists also believe it is important to floss daily, using a special type of string to remove substances from between teeth. Another prevention method is for a dentist to seal the teeth using a plastic gel (sealant) that hardens around the tooth surface and prevents damage. Sealant is gaining popularity especially for use with children. This only takes one coating and prevents an amazing 80% of common dental problems.

Visiting the dentist annually or more frequently is key. As dental treatment sometimes causes pain, there are those who actively avoid seeing a dentist. However, it is important that people start viewing their dentist as an important ally who can, literally, make them smile throughout their lives.

Your presentation poster:

Promoting Better Oral Health in the Community

1. Importance of Teeth

A. Crucial to speak properly
B. Necessary to break down food
C. Helpful to enjoy food
D. Needed to make a good impression
E. Essential for good quality of life

2. [44]

Finland & the US: Recommendations for treatment before age 1

New Zealand: Free treatment for youth

Japan: 8020 (Eighty-Twenty) Campaign (see Figure 1)

[45]

Figure 1. The percentage of people with at least 20 teeth.

3. Helpful Advice

[46]
[47]

問 1 Under the first poster heading, your group wants to express the importance of teeth as explained in the passage. Everyone agrees that one suggestion does not fit well. Which of the following should you **not** include? 43

① A
② B
③ C
④ D
⑤ E

問 2 You have been asked to write the second heading for the poster. Which of the following is the most appropriate? 44

① National 8020 Programs Targeting Youth
② National Advertisements for Better Dental Treatment
③ National Efforts to Encourage Oral Care
④ National Systems Inviting Infants to the Dentist

問 3 You want to show the results of the researcher's survey in Japan. Which of the following graphs is the most appropriate one for your poster? 45

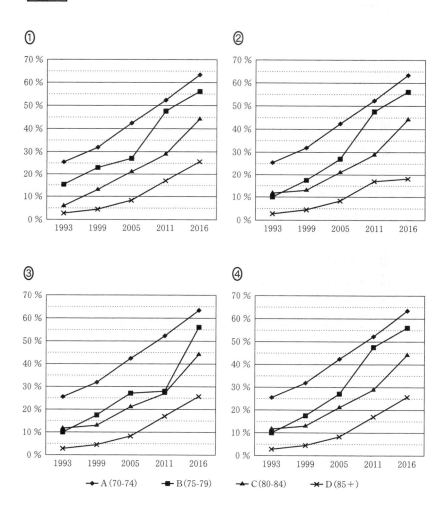

2021年度　リーディング　第2日程　35

問 4 Under the last poster heading, you want to add specific advice based on the passage. Which two of the following statements should you use? (The order does not matter.)　46　・　47

① Brush your teeth before you eat breakfast.
② Check your teeth in the mirror every day.
③ Make at least one visit to the dentist a year.
④ Put plastic gel on your teeth frequently.
⑤ Use dental floss between your teeth daily.

英語（リーディング）

解答・採点基準　　（100点満点）

問題番号(配点)	設問		解答番号	正解	配点	自己採点
第1問 (10)	A	問1	1	①	2	
		問2	2	④	2	
	B	問1	3	③	2	
		問2	4	③	2	
		問3	5	②	2	
第1問　自己採点小計						
第2問 (20)	A	問1	6	③	2	
		問2	7	②	2	
		問3	8	③	2	
		問4	9	①	2	
		問5	10	④	2	
	B	問1	11	①	2	
		問2	12	①	2	
		問3	13	③	2	
		問4	14	①	2	
		問5	15	③	2	
第2問　自己採点小計						
第3問 (15)	A	問1	16	②	3	
		問2	17	②	3	
	B	問1	18	③	3 *	
			19	②		
			20	④		
			21	①		
		問2	22	④	3	
		問3	23	③	3	
第3問　自己採点小計						

問題番号(配点)	設問		解答番号	正解	配点	自己採点
第4問 (16)		問1	24	③	3	
		問2	25	④	3	
		問3	26	①	3	
		問4	27	②	2	
			28	③	2	
		問5	29	③	3	
第4問　自己採点小計						
第5問 (15)		問1	30	①	3	
		問2	31 - 32	①-④	3 *	
		問3	33	③	3 *	
			34	④		
			35	①		
			36	②		
		問4	37	①	3	
		問5	38	④	3	
第5問　自己採点小計						
第6問 (24)	A	問1	39	②	3	
		問2	40	③	3	
		問3	41	③	3	
		問4	42	④	3	
	B	問1	43	④	3	
		問2	44	③	3	
		問3	45	④	3	
		問4	46 - 47	③-⑤	3 *	
第6問　自己採点小計						
自己採点合計						

（注）　＊は，全部正解の場合のみ点を与える。
　　　　－（ハイフン）でつながれた正解は，順序を問わない。

英語 （リスニング）

（2021年1月実施）

受験者数　474,484

平均点　　56.16

2021 リスニング　第1日程

※解説の **3** ～ **35** は CD のトラック番号（MP 3 のファイル名）を示しています。

英　語（リスニング）

解答・採点基準　　（100点満点）

問題番号（配点）	設問		解答番号	正解	配点	自己採点
第1問 (25)	A	問1	1	②	4	
		問2	2	④	4	
		問3	3	③	4	
		問4	4	②	4	
	B	問5	5	②	3	
		問6	6	①	3	
		問7	7	③	3	
第1問　自己採点小計						
第2問 (16)		問8	8	②	4	
		問9	9	④	4	
		問10	10	①	4	
		問11	11	①	4	
第2問　自己採点小計						
第3問 (18)		問12	12	①	3	
		問13	13	②	3	
		問14	14	③	3	
		問15	15	④	3	
		問16	16	①	3	
		問17	17	②	3	
第3問　自己採点小計						

問題番号（配点）	設問		解答番号	正解	配点	自己採点
第4問 (12)	A	問18	18	①	4 *	
		問19	19	②		
		問20	20	③		
		問21	21	④		
		問22	22	①	1	
		問23	23	②	1	
		問24	24	①	1	
		問25	25	⑤	1	
	B	問26	26	②	4	
第4問　自己採点小計						
第5問 (15)		問27	27	②	3	
		問28	28	①	2 *	
		問29	29	②		
		問30	30	⑤	2 *	
		問31	31	④		
		問32	32	④	4	
		問33	33	①	4	
第5問　自己採点小計						
第6問 (14)	A	問34	34	③	3	
		問35	35	③	3	
	B	問36	36	①	4	
		問37	37	②	4	
第6問　自己採点小計						
自己採点合計						

（注）　＊は，全部正解の場合のみ点を与える。

第1問A　短文発話内容一致問題

問1　1　②

❸《読み上げられた英文》

M：**Can I have some more juice?** I'm still thirsty.

《英文の訳》

男性：**もう少しジュースをいただけますか。** まだのどが渇いているんです。

《選択肢の訳》

① 話し手はジュースをまったく欲しがっていない。
② 話し手はジュースを少しくれるように頼んでいる。
③ 話し手はジュースを少し注いでいる。
④ 話し手はジュースをまったく飲まない。

▶解説◀

〈ポイント〉 「許可(お願い)」の聴き取りと表現の**言い換え**。

　Can I have some more juice? を聴き取り，男性がもう少しジュースを欲しがっていることを理解する。I'm still thirsty. は最初の発話の理由であり，答えを導く直接の要素にはなっていない。なお，Can I have ...? が選択肢❷では is asking for ... に言い換えられ，話し手が**「許可(お願い)」**をしている状況であることを理解する。

問2　2　④

❹《読み上げられた英文》

M：Where can we go this weekend? Ah, I know. **How about Sunset Beach?**

《英文の訳》

男性：この週末はどこへ行こうか。あ，そうだ。**サンセットビーチはどうかな？**

《選択肢の訳》

① 話し手はビーチを見つけたがっている。
② 話し手はビーチについて知りたがっている。
③ 話し手はビーチの地図を見たがっている。
④ 話し手はビーチを訪れたがっている。

▶解説◀

〈ポイント〉 **「提案」**の聴き取り。

　How about Sunset Beach? を聴き取り，話し手がサンセットビーチに行きたがっていることを理解する。I know は名案が浮かんだ際に用いる表現で I know what. と同意で「いい考えがあるんだ」という意味。なお，How about ...? は**「提案」**を表す表現

4

であることを押さえておこう。

問3 ③ ③

❺ 《読み上げられた英文》

M：**To start working in Hiroshima next week**, **Yuji moved from Chiba** the day after graduation.

《英文の訳》

男性：**来週から広島で働き始めるため**，**ユウジは卒業した次の日に千葉から引っ越した。**

《選択肢の訳》

① ユウジは千葉に住んでいる。
② ユウジは千葉で勉強している。
③ ユウジは来週から仕事を始める。
④ ユウジは来週卒業する。

▶解説◀

〈ポイント〉 「**時制**」の聴き取りと表現の**言い換え**。

　To start working in Hiroshima next week を聴き取り，来週から広島で仕事を始めることを理解する。続けて聞こえてくる Yuji moved from Chiba から，ユウジが千葉から広島に引っ越したことを押さえた上で「**時制**」に注意し選択肢を判断する。その際，To start working が選択肢③では will begin his job に言い換えられている。なお，最後に聞こえてくる after graduation に惑わされて④ Yuji will graduate next week. を選ばないように注意しよう。

問4 ④ ②

❻ 《読み上げられた英文》

M：**I won't** give David any more ice cream today. **I gave him some after lunch.**

《英文の訳》

男性：今日はデイビッドにはもうアイスクリームをあげ**ない**よ。**昼食後にあげたじゃない。**

《選択肢の訳》

① デイビッドは今日，話し手にアイスクリームをあげた。
② デイビッドは今日，話し手からアイスクリームをもらった。
③ デイビッドは今日，話し手からアイスクリームをもらうだろう。
④ デイビッドは今日，話し手にアイスクリームをあげるだろう。

▶解説◀

〈ポイント〉 「否定」と「時制」の聴き取り。

　I gave him some after lunch. を聴き取り，昼食後に話し手がデイビッドにすでにアイスクリームをあげたことを理解する。won't の「否定」の聴き取りと「時制」に注意して選択肢を選ぶ。

第1問B　短文発話イラスト選択問題

問5　⑤　②

❽《読み上げられた英文》
W：**Almost everyone** at the bus stop **is wearing a hat**.

《英文の訳》

> 女性：バス停にいるほとんど全員が帽子を被っている。

①

②

③

④

▶解説◀

〈ポイント〉**almost** の聴き取り。

　almost の聴き取りがカギとなる。almost はある基準に大変近いが100パーセントではないことを表し「もう少しで」という意味なので，almost everyone「ほぼ全員」が帽子を被っていることを理解し，選択肢では1人だけが帽子を被っていないイラストを選ぶ。

問6　6　①

9　《読み上げられた英文》

W：Nancy already **has a lot of striped T-shirts and animal T-shirts**. Now she's **buying another design**.

《英文の訳》

> 女性：ナンシーはすでにストライプ柄のTシャツと動物が描かれたTシャツをたくさん持っている。今回は他のデザインのものを1枚買おうとしている。

①

②

③

④

▶解説◀

〈ポイント〉情報の**取捨選択**。

　前半で聞こえてくる has a lot of striped T-shirts and animal T-shirts を聴き取り，後半で聞こえてくる buying another design からナンシーが買おうと思っているTシャツの柄を**取捨選択**する。

問7　7　③

🔟 《読み上げられた英文》
W：The girl's **mother is painting a picture of herself**.
《英文の訳》

> 女性：少女の母親は自分自身の絵を描いている。

① 　②

③ 　④

▶解説◀

〈ポイント〉**a picture of herself** の聴き取り。

　mother is painting a picture of herself を聴き取り，絵を描いているのは母親で，さらに母親が自分自身を描いている絵を選ぶ。なお，a picture of herself は「自分自身の絵」という意味で，ここでは「母親自身の絵」のこと。

8

第2問　対話文イラスト選択問題

問8　[8]　②

⑫《読み上げられた英文》

M：Maria, let me get your water bottle.

W：OK, **mine has a cup on the top**.

M：**Does it have a big handle on the side?**

W：**No**, but **it has a strap**.

Question：

Which water bottle is Maria's?

《対話と質問の訳》

> 男性：マリア，君の水筒を持って来てあげるよ。
> 女性：わかったわ，私のは上にカップがあるのよ。
> 男性：水筒の横に大きな取っ手がついているやつかい？
> 女性：いいえ，ストラップがついているの。
> 質問：マリアの水筒はどれか。

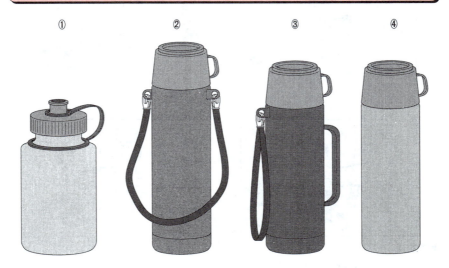

▶解説◀

〈ポイント〉「物」の形状の聴き取り。

　女性が最初の発話で mine has a cup on the top と言ったことに対して，男性が Does it have a big handle on the side? と尋ねたところ，女性が No と返答し，続けて it has a strap と言っていることを聴き取り，上にカップがあって横に取っ手がなく，ストラップがついている**水筒の形状**を特定する。

問9 9 ④

⑬《読み上げられた英文》
W：What about this animal one?
M：It's cute, but robots should be able to do more.
W：That's right. **Like the one that can clean the house.**
M：**Exactly. That's the best.**
Question：
Which robot will the man most likely vote for?

《対話と質問の訳》

> 女性：この動物のロボットはどう？
> 男性：それ，かわいいけど，ロボットならもっと多くのことができるべきだね。
> 女性：そうね。**家を掃除できるロボットとか。**
> 男性：**その通りだね。それ，最高だね。**
> 質問：男性が投票する可能性が最も高いのはどのロボットか。

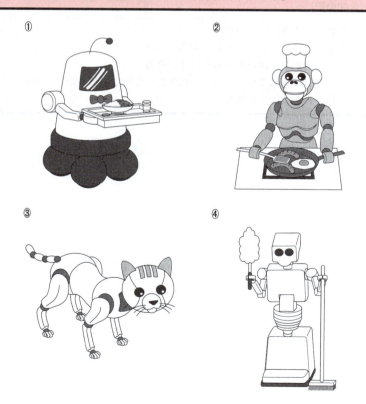

10

▶解説◀

〈ポイント〉聴き取った情報に基づくイラスト選択。

　女性の2回目の発話にある Like the one that can clean the house. と，それに対する男性の応答 Exactly.　That's the best. を聴き取り，男性が投票する可能性が最も高いロボットを特定する。

問10　10　①

⑭《読み上げられた英文》

M：**Don't you need garbage bags?**

W：**No**, they'll be provided.　But maybe I'll need these.

M：Right, **you could get pretty dirty**.

W：And **it's sunny today**, so I should take this, too.

Question：

What will the daughter take?

《対話と質問の訳》

男性：**ゴミ袋はいらないのかい？**
女性：**そうよ**，それは提供されるわ。でも，おそらくこれらは必要かもね。
男性：そうだね，**かなり汚れるかもしれないなあ。**
女性：それに**今日は晴れている**ので，これを持って行ったほうがいいわ。
質問：娘は何を持って行くだろうか。

— 96 —

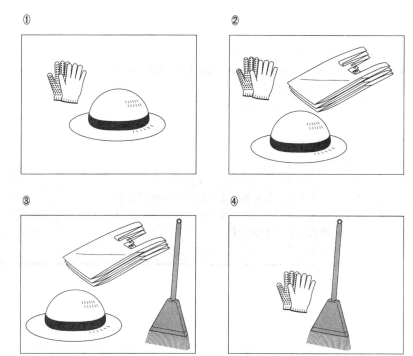

▶解説◀

〈ポイント〉**含意関係**の聴き取り。

　男性が最初の発話で Don't you need garbage bags? と言ったのに対し，女性が No と応答していることを聴き取り，ゴミ袋はいらないことを押さえる。次に男性の 2 回目の発話にある you could get pretty dirty と女性の 2 回目の発話にある it's sunny today を聴き取り，前者が「手袋」，後者が「帽子」を**含意**していることを理解し，地域清掃に出かける際の持ち物を特定する。

12

問11 ┃ 11 ┃ ①

⑮《読み上げられた英文》

M：Excuse me, where's the elevator?

W：**Down there, next to the lockers across from the restrooms.**

M：Is it all the way at the end?

W：That's right, **just before the stairs.**

Question：

Where is the elevator?

《対話と質問の訳》

男性：すみません，エレベーターはどこですか。
女性：**この先で，トイレの向かい側にあるロッカーの隣です。**
男性：ずっと先の突き当りのところですか？
女性：そうです。**階段のすぐ手前です。**
質問：エレベーターはどこか。

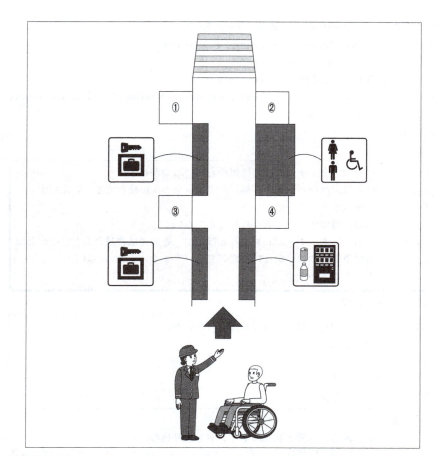

▶解説◀

〈ポイント〉 「位置」の聴き取り。

　女性の最初の発話 Down there, next to the lockers across from the restrooms. と 2 回目の発話にある just before the stairs を聴き取り，エレベーターの**位置**を特定する。前置詞の聴き取りでは，英語と日本語の語順が異なるので注意が必要。英語の場合は「前置詞＋名詞」であるが，日本語の場合は「名詞＋前置詞」となり，語順が逆になるので，聴き取りの際には気をつけよう。

第 3 問　対話文質問選択問題

問12　12　①

⑰《読み上げられた英文》

14

M：Hello, Tina. What are you doing these days?

W：Hi, Mr. Corby. I'm busy rehearsing for a musical.

M：Really? When's the performance?

W：**It's April 14th, at three.** Please come!

M：I'd love to! Oh ... no, wait. **There's a teachers' meeting that day, and I can't miss it.** But good luck!

W：Thanks.

《対話の訳》

男性：こんにちは，ティナ。この頃は何をしているのかな？
女性：こんにちは，コービー先生。私，今ミュージカルの稽古で忙しいんです。
男性：へえ，そうか？　上演はいつ？
女性：**4月14日3時です。**どうぞいらしてください！
男性：是非とも！　あ，ダメだ。ちょっと待って。**その日は職員会議だ。その会議を欠席するわけにはいかないんだ。**でも，うまくいくといいね！
女性：ありがとうございます。

《質問と選択肢の訳》

問12　先生は4月14日に何をしなければならないか。
①　会議に出席する
②　下稽古をする
③　生徒たちに会う
④　ミュージカルを見る

▶解説◀

〈ポイント〉　**質問内容**から聴き取りの**ポイントを絞り込む。**

　女性（元教え子）が男性（恩師）を，自分が出演するミュージカルに誘う場面で，女性が2回目の発話で男性に，ミュージカルの上演が It's April 14th, at three. であると言ったことに対して，男性が There's a teachers' meeting that day, and I can't miss it. と応答していることを聴き取り，4月14日の男性の予定を特定する。

問13　[13]　②

⑱《読み上げられた英文》

M：**Where do these boxes go?**

W：**Put them on the shelf,** in the back, and then put the cans in front of them, because we'll use the cans first.

M：How about these bags of flour and sugar?

W：Oh, just leave them on the counter. I'll put them in the containers later.

— 100 —

2021年度　リスニング　第1日程〈解説〉　15

《対話の訳》

> 男性：**この箱はどこに置くの？**
> 女性：**それを棚の上に置いて**，後ろの方に。それから缶詰をその前に置いて。缶詰を先に使うから。
> 男性：この小麦粉と砂糖の袋はどうする？
> 女性：あ，カウンターの上に置いておくだけでいいわ。あとで容器に移すから。

《質問と選択肢の訳》

> **問13**　何を最初に片付けるか。
> ①　袋
> ②　箱
> ③　缶詰
> ④　容器

▶解説◀

〈ポイント〉　「順序」の聴き取り。

　男性(夫)が最初の発話で女性(妻)に Where do these boxes go? と言っているのに対して，女性が Put them on the shelf ... と言っているのを聴き取り，最初に片付けるものを特定する。なお女性の2回目の発話にある we'll use the cans first の first の音に惑わされて③Cans を選ばないように注意すること。

問14　14　③

⑲《読み上げられた英文》

W：I didn't know the meeting was canceled. Why didn't you tell me?

M：Didn't you see my email?

W：No. Did you send me one?

M：I sure did. Can you check again?

W：Just a minute .... Um ... **there's definitely no email from you**.

M：Uh-oh, **I must have sent it to the wrong person**.

《対話の訳》

> 女性：会議が中止になったなんて知らなかったわ。どうして教えてくれなかったの？
> 男性：僕のメールを見なかったのかい？
> 女性：うん，見なかったわ。私にメールしてくれた？
> 男性：確かにしたよ。もう一度チェックしてくれるかな？
> 女性：ちょっと待って…うーん…**あなたからのメールは1通も届いていないわ**。
> 男性：あれれ，**それ，きっと君だと思い違いした別の人に送信してしまったんだ**。

16

《質問と選択肢の訳》

問14　会話によれば，どれが正しいか。
① 男性はＥメールを間違わなかった。
② 男性は女性にＥメールを送信した。
③ 女性は男性からＥメールを受信しなかった。
④ 女性は間違ったＥメールを受信した。

▶解説◀

〈ポイント〉対話の**内容真偽**の聴き取り。

　会議の中止を知らせるメールを男性から受け取っていないと主張する女性に，男性がメールを再度チェックするように求めると，女性が3回目の発話で there's definitely no email from you と言い，それに対して男性が I must have sent it to the wrong person と言っているのを聴き取り，男性がメールの送信相手を間違えたことを理解する。

問15　15　④

⑳《読み上げられた英文》

M：I've decided to visit you next March.
W：Great! That's a good time. **The weather should be much warmer by then.**
M：That's good to hear. I hope it's not too early for the cherry blossoms.
W：Well, you never know exactly when they will bloom, but **the weather will be nice.**

《対話の訳》

男性：来年の3月にお姉さんのところを訪れることにしたよ。
女性：いいわね！　それ，いい時期よ。**その頃までには気候はずっと暖かくなっているはずよ。**
男性：それはよかった。桜の花が咲く時期には早すぎることがないことを願うよ。
女性：えーっと，桜がいつ咲くのか正確なことは誰にもわからないけど，**気候はいいはずよ。**

《質問と選択肢の訳》

問15　女性は弟の計画についてどう思っているか。
① 彼は自分の訪問の時期を決める必要はない。
② 彼は桜の花を見るためにもっと早く来た方がよい。
③ 彼が来る頃には，桜の木は花をつけているだろう。
④ 彼が来る頃には，気候はそれほど寒くないだろう。

▶解説◀

〈ポイント〉質問内容からの聴き取り**ポイントの絞り込み**と表現の**言い換え**。

－ 102 －

2021年度　リスニング　第1日程〈解説〉　17

　　3月に女性(姉)のところを訪問する予定の男性(弟)について，女性が最初の発話で The weather should be much warmer by then. と言い，さらに最後の発話で the weather will be nice と言っているのを聴き取り，男性の計画に対する女性の意見を理解する。なお，should be much warmer が選択肢④では won't be so cold に言い換えられていることに注意。

問16 16 ①
㉑《読み上げられた英文》
W：Hey, did you get a ticket for tomorrow's baseball game?
M：Don't ask!
W：Oh no! You didn't? What happened?
M：Well ... when I tried to buy one yesterday, **they were already sold out**. I knew I should've tried to get it earlier.
W：I see. **Now I understand why you're upset.**

《対話の訳》

> 女性：ねぇ，明日の野球の試合のチケット買った？
> 男性：聞かないでくれる！
> 女性：まさか！　買わなかったの？　どうしたの？
> 男性：えーと…昨日買おうとしたとき，**すでに売り切れていたんだ。**もっと早く買うようにすべきだったと思った。
> 女性：なるほど，**これでなぜあなたがショックを受けているのかわかったわ。**

《質問と選択肢の訳》

> **問16**　男性はなぜ機嫌が悪いのか。
> ①　彼はチケットを買うことができなかった。
> ②　彼はあまりにも早くチケットを買った。
> ③　女性は彼のチケットを買わなかった。
> ④　女性は彼が買う前にチケットを買った。

▶解説◀
〈ポイント〉質問内容からの聴き取り**ポイントの絞り込み**と**因果関係**の聴き取り。
　　野球の試合のチケットを買ったかどうか女性が尋ねると，男性が2回目の発話で they were already sold out と応答し，女性が最後の発話で Now I understand why you're upset. と言っているのを聴き取り，男性の不機嫌な**理由**を理解する。

問17 17 ②
㉒《読み上げられた英文》
W：Look! **That's the famous actor** — the one who played the prime minister in that

— 103 —

film last year. Hmm, I can't remember his name.

M：You mean Kenneth Miller?

W：Yes! Isn't that him over there?

M：**I don't think so. Kenneth Miller would look a little older.**

W：**Oh, you're right. That's not him.**

《対話の訳》

> 女性：見て！　**あの人，有名な俳優よ。**昨年例の映画で首相の役を演じた俳優。
> 　　　うーん，名前が思い出せないわ。
> 男性：ケネス・ミラーのこと？
> 女性：そう！　あそこにいる彼，そうじゃない？
> 男性：**そうは思わないな。ケネス・ミラーだったら，もう少し老けた顔をしている**
> 　　　**と思うよ。**
> 女性：**あ，そうね。あれは彼じゃないわね。**

《質問と選択肢の訳》

> 問17　女性は何をしたか。
> ①　彼女は首相の名前を忘れた。
> ②　彼女は男性を他の人と間違えた。
> ③　彼女は男性に俳優の名前を教えた。
> ④　彼女は最近昔の映画を見た。

▶解説◀

〈ポイント〉**質問内容**から聴き取りの**ポイントを絞り込む。**

　女性が最初の発話で That's the famous actor と言ったのに対し，男性が２回目の発話で I don't think so. Kenneth Miller would look a little older. と言い，女性が最後の発話で Oh, you're right. That's not him. と言っているのを聴き取り，男性の発話に同意していることから，女性が人違いしていたことを理解する。

第４問A　モノローグ型図表完成問題

問18　18　①　　　問19　19　②　　　問20　20　③　　　問21　21　④
㉔《読み上げられた英文》

　One hundred university students were asked this question: How do you spend most of your time outside of school? They were asked to select only one item from five choices: "going out with friends," "playing online games," "studying," "working part-time," and "other." ⒅**The most popular selection was "going out with friends," with 30 percent choosing this category.** ㉑**Exactly half that percentage of students**

— 104 —

selected "working part-time." ⒆"playing online games" received a quarter of all the votes. ⒇The third most selected category was "studying," which came after "playing online games."

《英文の訳》

> 100人の大学生が次のような質問をされました。「学校外の大半の時間をどのように過ごすか」彼らは「友達と出かける」「オンラインゲームをする」「勉強をする」「アルバイトをする」「その他」の5つの選択肢から1つだけ選ぶように求められました。⒅最も多くの学生が選択したのは「友達と出かける」で，30％がこの項目を選びました。㉑この割合のちょうど半分の学生が選んだのは「アルバイトをする」でした。⒆「オンラインゲームをする」はすべての投票のうち4分の1の票を獲得しました。⒇3番目に多く選ばれた項目は「勉強をする」で，それは「オンラインゲームをする」の次でした。

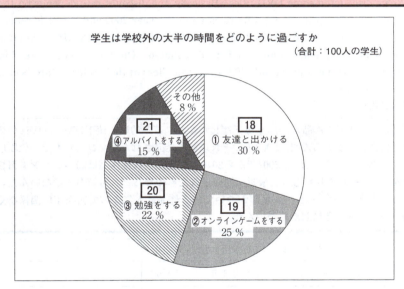

《選択肢の訳》

① 友達と出かける
② オンラインゲームをする
③ 勉強をする
④ アルバイトをする

▶解説◀

〈ポイント〉 **数字や数の表現**の聴き取り。

聴き取った情報をワークシートのグラフ中にあるパーセントと重ね合わせながら，

— 105 —

20

グラフを完成する。まず，The most popular selection was "going out with friends," with 30 percent choosing this category. から30％の $\boxed{18}$ が①Going out with friends であることがわかる。次に，Exactly half that percentage of students selected "working part-time." からここでの **that** が**30**を指していることに注意して，15％の $\boxed{21}$ が④Working part-time であることを理解する。さらに，"playing online games" received a quarter of all the votes から **a quarter**「**4分の1**」，つまり25％の $\boxed{19}$ が②Playing online games であることを特定する。最後に聞こえてくる The third most selected category was "studying," から3番目，つまりグラフの22％の $\boxed{20}$ が③Studying であることを理解してグラフの各項目を完成する。

問22 $\boxed{22}$ ①　　問23 $\boxed{23}$ ②　　問24 $\boxed{24}$ ①　　問25 $\boxed{25}$ ⑤

㉖《読み上げられた英文》

　We've discounted some DVD titles. Basically, the discount rate depends on their release date. The price of any title released in the year 2000 and before is reduced 30%. ㉓**Titles that were released between 2001 and 2010 are 20% off.** ㉕**Anything released more recently than that isn't discounted.** Oh, there's one more thing! ㉒㉔**The titles with a star are only 10% off, regardless of their release date**, because they are popular.

《英文の訳》

　　私たちはDVD作品の一部を値下げしたんだ。基本的に，値下げ率はDVDの発売年によって変わるんだ。2000年とそれ以前に発売された作品はどれもその値段は30パーセント引きだよ。㉓**2001年から2010年に発売された作品は20パーセント引きなんだ。**㉕**それよりももっと最近に発売されたものならどれも値引きはないんだ。**あっ，もう1つあった！㉒㉔**星印がついている作品は人気なので発売年に関係なく10パーセント引きにしかしないんだ。**

	タイトル	発売年	割引		
	ギルバートの覚えておくべき1年	1985			
★	2匹の犬と1人の少年	1997	$\boxed{22}$	①	10パーセント
	その間私を忘れないで	2003	$\boxed{23}$	②	20パーセント
★	私の庭のサル	2007	$\boxed{24}$	①	10パーセント
	別の世界への旅	2016			
	記憶の中で凍った瞬間	2019	$\boxed{25}$	⑤	割引なし

2021年度　リスニング　第1日程〈解説〉　21

《選択肢の訳》

① 10パーセント　② 20パーセント　③ 30パーセント　④ 40パーセント
⑤ 割引なし

▶解説◀

〈ポイント〉**数字**の聴き取りと**説明の理解**。

　最後に聞こえてくる The titles with a star are only 10% off, regardless of their release date を聴き取り，星印がついている 22 ，24 は10パーセント割引となることを押さえる。前半で聞こえてくる Titles that were released between 2001 and 2010 are 20% off. から，23 は20パーセントの割引となることを理解する。次に聞こえてくる Anything released more recently than that isn't discounted. の that が 2010を指していることを理解し，25 は2019年に発売された作品なので⑤ no discount であることを求める。

第4問B　モノローグ型質問選択問題

問26　26　②

㉘《読み上げられた英文》

① 　I love *It's Really Funny You Should Say That!* I don't know why it's not higher in the rankings. I've seen a lot of musicals, but none of them beats this one. It's pretty serious, but it does have one really funny part. **It's performed only on weekdays.**

② 　You'll enjoy *My Darling, Don't Make Me Laugh.* **I laughed the whole time.** It's only been running for a month but **already has very high ticket sales**. Actually, that's why **they started performing it on weekends, too.**

③ 　If you **like comedies**, I recommend *Sam and Keith's Laugh Out Loud Adventure.* **My friend said it was very good. I've seen some good reviews about it, too**, but plan carefully because it's only on at the weekend.

④ 　Since you're visiting New York, don't miss *You Put the 'Fun' in Funny.* It's a romance with a few comedy scenes. For some reason, it hasn't had very good ticket sales. **It's staged every day of the week.**

《英文の訳》

① 　僕は *It's Really Funny You Should Say That!* 『君からそう言われるのは不思議だ』が大好きなんだ。どうしてこれがランキングでもっと上位じゃないのかわからないなあ。僕はたくさんのミュージカルを見てきたけど，その中のどれもこれには敵わないよ。かなりシリアスだけど，本当におもしろい場面が1つあるんだ。**平日のみの上演なんだ。**

② 　*My Darling, Don't Make Me Laugh* 『ねえ，あなた，ばかなこと言わないで』は

— 107 —

楽しめると思うよ。**僕はずっと笑いっぱなしだったよ。**上演は始まってわずか1か月だけど，**すでにチケットの売り上げはかなり良いんだ。**実は，そういうわけ**で週末にも上演を始めたんだ。**

③　**コメディーが好きなら，**私は *Sam and Keith's Laugh Out Loud Adventure*『サムとキースの爆笑大冒険』を薦めるわ。**私の友達がとても良いって言っていたの。**私もそれについての良いレビューをいくつか見たけど，週末だけしかやっていないので，計画を立てるときは注意してね。

④　ニューヨークに来ているんだったら，*You Put the 'Fun' in Funny*『笑ってしまうほど楽しい』を見逃さないで。それはコメディーシーンがいくつかある恋愛ものなの。どういうわけか，チケットの売り上げはあまり良くないけど，**毎日上演しているわ。**

《選択肢の訳》

①　君からそう言われるのは不思議だ
②　ねえ，あなた，ばかなこと言わないで
③　サムとキースの爆笑大冒険
④　笑ってしまうほど楽しい

▶解説◀

〈ポイント〉条件の照合と情報の取捨選択。

②　*My Darling, Don't Make Me Laugh* に関して，I laughed the whole time.（条件A），It's ... already has very high ticket sales.（条件B），they started performing it on weekends, too.（条件C）を聴き取り，3つの条件をすべて満たしていることを理解する。

①　*It's Really Funny You Should Say That!* は，条件Cを満たしているが，条件A，Bを満たしていない。

③　*Sam and Keith's Laugh Out Loud Adventure* は，条件A，Bを満たしているが，条件Cを満たしていない。

④　*You Put the 'Fun' in Funny* は，条件Cを満たしているが，条件A，Bを満たしていない。

聴き取った条件を表にまとめると次のようになる。

ミュージカルの演目	条件A	条件B	条件C
①　君からそう言われるのは不思議だ	×	×	○
②　ねえ，あなた，ばかなこと言わないで	○	○	○
③　サムとキースの爆笑大冒険	○	○	×
④　笑ってしまうほど楽しい	×	×	○

2021年度　リスニング　第1日程〈解説〉　23

第5問　モノローグ型長文ワークシート完成・選択問題

問27　27　②　　問28　28　①　　問29　29　②　　問30　30　⑤
問31　31　④　　問32　32　④

30《読み上げられた英文》

What is happiness? Can we be happy and promote sustainable development?
(27)Since 2012, the *World Happiness Report* has been issued by a United Nations organization to develop new approaches to economic sustainability for the sake of happiness and well-being. The reports show that Scandinavian countries are consistently ranked as the happiest societies on earth. But what makes them so happy? In Denmark, for example, leisure time is often spent with others. That kind of environment makes Danish people happy thanks to a tradition called "hygge," spelled H-Y-G-G-E. Hygge means coziness or comfort and describes the feeling of being loved.

This word became well-known worldwide in 2016 as an interpretation of mindfulness or wellness. Now, hygge is at risk of being commercialized. But hygge is not about (28)**the material things** we see (30)**in popular images like candlelit rooms and cozy bedrooms with hand-knit blankets**. (31)**Real hygge happens anywhere** — in public or in private, indoors or outdoors, with or without candles. The main point of hygge is (29)**to live a life connected with loved ones** while making ordinary essential tasks meaningful and joyful.

Perhaps Danish people are better at appreciating the small, "hygge" things in life because they have no worries about basic necessities. Danish people willingly pay from 30 to 50 percent of their income in tax. (32)**These high taxes pay for a good welfare system that provides free healthcare and education.** (32)(33)**Once basic needs are met, more money doesn't guarantee more happiness.** While money and material goods seem to be highly valued in some countries like the US, (32)(33)**people in Denmark place more value on socializing**. (33)**Nevertheless, Denmark has above-average productivity according to the OECD.**

《英文の訳》

幸福とは何だろうか。私たちは幸福になり，持続可能な開発を推進できるだろうか。(27)**2012年以来，「世界幸福度調査報告」は幸福と健康を目的として経済的持続可能性への新しい取り組みを策定するために国連機関によって発行されている。**その報告によれば，スカンジナビア諸国は一貫して地球上で最も幸福な社会としてランク付けされている。しかし，そのような諸国はなぜそれほど幸福なのか。たとえ

— 109 —

ば，デンマークでは，余暇を他人と過ごすことがよくある。そうした環境は，H-Y-G-G-E と綴って「ヒュッゲ」と呼ばれる伝統のおかげで，デンマーク人を幸福にしている。hygge は居心地の良さと快適さを意味し，愛されているという気持ちを表すのである。

この言葉は気遣いや健康を解釈したものとして，2016年に世界的に有名になった。現在，hygge は商品化されるというリスクがある。しかし，hygge は，㉚ローソクの明かりに照らされた部屋や手編みの毛布がある居心地の良いベッドルームのような一般的なイメージの中に見る㉘物質的なものではない。㉛本当の hygge はどこでも，たとえば人前であろうと内々であろうと，屋内であろうと屋外であろうと，ローソクがあろうとなかろうと，㉛起こるものなのだ。hygge の主要な点は，通常の基本的な仕事を有意義で楽しいものにしながら，㉙愛する人たちとつながりのある生活を送ることである。

ひょっとするとデンマークの人たちは，基本的生活必需品について心配する必要が全くないので，人生においてささやかな「hygge 的な」ものを楽しむことがより上手なのかもしれない。デンマークの人たちは，収入の30～50％を納税することをいとわない。㉜こうした高い税金は無料の医療と教育を提供する優れた福祉制度に充てられる。㉜㉝いったん最低限必要なものが満たされると，より多くのお金がより多くの幸福を保証するとは限らなくなる。お金や物品はアメリカのような一部の国では高く評価されているように思えるが，㉜㉝デンマークの人たちは人との交流により多くの価値を置いている。㉝それにもかかわらず，OECD（経済協力開発機構）によると，デンマークは平均以上の生産性があるのだ。

ワークシート

○　世界幸福度調査報告
・目的：幸福と健康〔　27　〕　②　～を支える持続可能な経済を推進すること
・スカンジナビア諸国：（2012年以来）一貫して世界で最も幸福
　　なぜ？　⇒　デンマークの『hygge 式』ライフスタイル
　　　　　　⬇　2016年に世界中に広まる
○　hygge の解釈

	一般的なヒュッゲのイメージ	デンマークの実際のヒュッゲ
なに	28 ① 物品	29 ② 関係
どこで	30 ⑤ 屋内で	31 ④ どこでも
どのように	特別な	普通の

2021年度　リスニング　第1日程〈解説〉　25

問27

《選択肢の訳》

①	〜を超えた持続可能な開発目標
②	〜を支える持続可能な経済
③	〜ための持続可能な自然環境
④	〜に挑戦する持続可能な社会

▶解説◀

〈ポイント〉講義の内容を聴き取り，**概要を把握**。

　講義の冒頭にある Since 2012, the *World Happiness Report* has been issued by a United Nations organization to develop new approaches to economic sustainability for the sake of happiness and well-being. を聴き取り，世界幸福度調査報告の目的を理解する。

問28〜問31

《選択肢の訳》

①	物品
②	関係
③	仕事
④	どこでも
⑤	屋内で
⑥	屋外で

▶解説◀

〈ポイント〉講義の内容を聴き取り，**要点を把握**。

　This word became well-known worldwide in 2016 as an interpretation of mindfulness or wellness. の後に語られる内容を聴き取り，ワークシートの Interpretations of Hygge「hygge の解釈」の表に適するように整理して，埋めていく。まず，the material things を聴き取り　28　に①goods を，次に in popular images like candlelit rooms and cozy bedrooms with hand-knit blankets を聴き取り，　30　に⑤indoors を埋める。それから，Real hygge happens anywhere を聴き取り，　31　に④everywhere を，最後に to live a life connected with loved ones を聴き取り，　29　に②relationships を埋めていく。聞こえてくる情報が表の番号どおりの順ではないので注意する。

問32

《選択肢の訳》

①	デンマーク人は，生活水準を維持するために高い税に反対している。
②	デンマーク人は，人との付き合いに比べ，基本的必需品にお金をかけない。
③	デンマーク人の収入は，贅沢な生活を後押しするほど多い。

— 111 —

④ デンマーク人は福祉制度のおかげで有意義な生活を送ることができる。

▶解説◀

〈ポイント〉聴き取った内容を選択肢に**重ね合わせて真偽を判断**。

　These high taxes pay for a good welfare system that provides free healthcare and education. Once basic needs are met, more money doesn't guarantee more happiness. と people in Denmark place more value on socializing を聴き取り,「デンマークの人は福祉制度のおかげで人との交流により多くの価値を置くことができる」と言った内容を理解し, 適切な選択肢を選ぶ。

問33　33　①

③《読み上げられた英文》

　Here's a graph based on OECD data. People in Denmark value private life over work, but it doesn't mean they produce less. **The OECD found that beyond a certain number of hours, working more overtime led to lower productivity.** What do you think?

《英文の訳》

> ここに OECD のデータを基にしたグラフがある。デンマークの人は, 仕事よりもプライベートな生活に価値を置いているが, 生産する量が少ないわけではない。**OECD の調べでは, 一定時間を超えて残業が増えると, 生産性が低下することがわかった。** あなたたちはどう思うか。

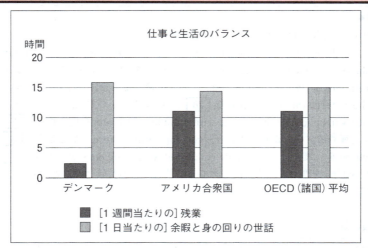

《選択肢の訳》

① デンマークの人は生産性を維持する一方で残業時間はより少ない。

② デンマークの人は，たとえ収入が保証されても，より多く仕事をして楽しむ。

③ OECD 諸国の人は残業時間がより多いので，生産性がより高い。

④ アメリカ合衆国の人は贅沢な暮らしをしているが，余暇に最も多くの時間をかけている。

▶解説◀

〈ポイント〉聴き取った内容とグラフから読み取れる情報を**重ね合わせて要点を把握**。

グラフのタイトルにある Work-Life Balance「仕事と生活のバランス」を講義全体に重ね合わせて，最初の講義の Once basic needs are met, more money doesn't guarantee more happiness. と people in Denmark place more value on socializing. Nevertheless, Denmark has above-average productivity according to the OECD. さらに講義の続きの The OECD found that beyond a certain number of hours, working more overtime led to lower productivity. とグラフから，デンマークの人は，アメリカ合衆国や OECD 諸国の人と比べ，残業時間は少ないが，生産性を維持していることを理解し，選択肢を特定する。

第6問A　対話文質問選択問題

問34　34　③　　問35　35　③

㉝《読み上げられた英文》

Jane：Are you all right, Sho? What's wrong?

　Sho：Hey, Jane. It turns out a native French-speaking host family was not available ... for my study abroad program in France.

Jane：₍₃₅₎**So you chose a host family instead of the dormitory, huh?**

　Sho：₍₃₅₎**Not yet. I was hoping for a native French-speaking family.**

Jane：Why?

　Sho：Well, I wanted to experience real spoken French.

Jane：Sho, there are many varieties of French.

　Sho：I guess. But with a native French-speaking host family, I thought I could experience real language and real French culture.

Jane：What's "real," anyway? France is diverse. Staying with a multilingual family could give you a genuine feel of what France actually is.

　Sho：Hmm. You're right. But ₍₃₅₎**I still have the option of having a native speaker as a roommate**.

Jane：In the dormitory? That might work. But ₍₃₄₎**I heard one student got a roommate who was a native French speaker, and they never talked**.

　Sho：Oh, no.

Jane：Yes, and ₍₃₄₎**another student got a non-native French-speaking roommate who**

— 113 —

was really friendly.

Sho：₍₃₅₎**Maybe it doesn't matter if my roommate is a native speaker or not.**

Jane：₍₃₄₎**The same applies to a host family.**

《対話の訳》

ジェーン：	大丈夫，ショウ？ どうしたの？
ショウ：	ねえ，ジェーン。フランス語を母語として話すホストファミリーが見つからなかったんだよ…僕のフランス留学プログラムでね。
ジェーン：	₍₃₅₎**なるほど，あなたは寮の代わりにホストファミリーを選んだってわけね。**
ショウ：	₍₃₅₎**まだ選んだわけじゃないんだ。僕はフランス語を母語として話す家庭を希望していたんだ。**
ジェーン：	どうして？
ショウ：	そうだね，話されている本物のフランス語に触れてみたかったんだ。
ジェーン：	ショウ，フランス語にはたくさんの種類があるのよ。
ショウ：	そう思うよ。でも，フランス語を母語として話すホストファミリーと一緒なら，本物の言葉と本物のフランス文化に触れることができると思ったんだ。
ジェーン：	ところで，「本物」って何？ フランスは多様性に富んでいるわ。多数の言語を使いこなせる家族のところに滞在すれば，フランスが実際にどういうものかという本当の感覚をあなたに教えてくれるかもしれないわ。
ショウ：	うーん。そのとおりだ。でも₍₃₅₎**まだ僕にはフランス語を母語として話す人をルームメイトにするという選択肢があるからね。**
ジェーン：	寮で？ それはうまく行くかもしれないわ。でも，₍₃₄₎**私は聞いたことがあるわ。ある学生がフランス語を母語として話すルームメイトをもったのに，全く話さなかったって。**
ショウ：	まさか。
ジェーン：	本当よ。それから₍₃₄₎**もう一人の学生はフランス語を母語としてはいなかったけど，本当に仲よくできるルームメイトをもったのよ。**
ショウ：	₍₃₅₎**ひょっとすると，ルームメイトがフランス語を母語として話す人かどうかなんて重要じゃないかもしれないな。**
ジェーン：	₍₃₄₎**同じことがホストファミリーにも言えるわ。**

《質問と選択肢の訳》

問34 ジェーンの主な論点は何か。

① フランス語を母語として話すホストファミリーが最高の体験をさせてくれる。

② 寮でのルームメイトがフランス語を母語としていない場合の方がより勉強になる。

③ フランス語を母語とする人と一緒に暮らすことを優先事項にすべきではない。
④ 寮は最も良い言語経験を提供してくれる。

▶解説◀

〈ポイント〉話し手の発話の**要点を把握**。

「フランス語を母語として話すホストファミリーやルームメイト」にこだわっているショウに対して，ジェーンは 6 回目の発話で I heard one student got a roommate who was a native French speaker, and they never talked，7 回目の発話で another student got a non-native French-speaking roommate who was really friendly，さらに最後の発話で The same applies to a host family. と言っている。これらを聴き取り，フランス語を母語とする人と一緒に暮らすことを必須の条件にすべきではないというのがジェーンの主張であることを理解する。

《質問と選択肢の訳》

問35　ショウはどの選択をする必要があるか。
① 言語プログラムを選択するか，それとも文化プログラムを選択するか。
② 留学プログラムを選択するかどうか。
③ ホストファミリーのところに滞在するか，それとも寮に滞在するか。
④ フランス語を母語として話す家族のところに滞在するかどうか。

▶解説◀

〈ポイント〉発話内容から話し手の**次の展開を推測**。

フランスの留学プログラムについて話しているショウに対し，ジェーンが 2 回目の発話で So you chose a host family instead of the dormitory, huh? と言い，ショウが Not yet. I was hoping for a native French-speaking family. と答え，また 5 回目の発話で I still have the option of having a native speaker as a roommate と言っていることを押さえる。さらにジェーンの話を聞いた後で，ショウが最後の発話で述べた Maybe it doesn't matter if my roommate is a native speaker or not. を聴き取り，ショウが今後何を選択する必要があるかを理解する。

第 6 問B　会話長文意見・図表選択問題

問36　36　①　　問37　37　②

㉟《読み上げられた英文》

Yasuko：Hey, Kate! You dropped your receipt. Here.

Kate：Thanks, Yasuko. It's so huge for a bag of chips. What a waste of paper!

Luke：Yeah, but look at all the discount coupons. You can use them next time you're in the store, Kate.

Kate：Seriously, Luke? Do you actually use those? ㊱**It's so wasteful. Also,**

30

receipts might contain harmful chemicals, right Michael?

Michael：Yeah, and that could mean they aren't recyclable.

Kate：See? ㊱**We should prohibit paper receipts.**

Yasuko：I recently heard one city in the US might ban paper receipts by 2022.

Luke：Really, Yasuko? But how would that work? I need paper receipts as proof of purchase.

Michael：Right. I agree. What if I want to return something for a refund?

Yasuko：If this becomes law, Michael, shops will issue digital receipts via email instead of paper ones.

Kate：Great.

Michael：Really? Are you OK with giving your private email address to strangers?

Kate：Well ... yes.

Luke：Anyway, ㊱㊲**paper receipts are safer, and more people would rather have them**.

Yasuko：㊱**I don't know what to think**, Luke. You could request a paper receipt, I guess.

Kate：㊱**No way! There should be NO paper option.**

Michael：㊱**Luke's right. I still prefer paper receipts.**

《会話の訳》

ヤスコ：ちょっと，ケイト！ レシートを落としたわよ。はい。

ケイト：ありがとう，ヤスコ。それって，ポテトチップス1袋にしてはかなり大きいわね。何て紙の無駄なの！

ルーク：そうだね，でもすべての割引クーポンを見てみなよ。次回君が店に来たときにそれを使うことができるんだよ，ケイト。

ケイト：本気で言っているの，ルーク？ あなたは実際にそれらを使っているの？ ㊱それ，とても無駄よ。それにレシートには有害な化学物質が含まれている可能性があるわ，そうでしょ，マイケル？

マイケル：うん，それにつまりリサイクルできないっていうことになるかもね。

ケイト：ほらね？ ㊱紙のレシートは禁止すべきだわ。

ヤスコ：私，最近聞いたんだけど，アメリカのある都市が2022年までに紙のレシートを禁止するかもしれないんだって。

ルーク：本当，ヤスコ？ でもそれはどういう仕組みになってるの？ 僕は，紙のレシートは購入証明として必要だな。

マイケル：そうだね。同感だ。何かを返品して返金してもらいたい場合，どうなるんだろう？

ヤスコ：もしこのことが法律になれば，マイケル，お店は紙のレシートの代わりにメールを介してデジタルレシートを発行することになるわ。

— 116 —

2021年度　リスニング　第1日程〈解説〉　31

> ケイト：すばらしいわ。
> マイケル：本当？　個人的なEメールアドレスを知らない人に教えて大丈夫なの？
> ケイト：まあ…大丈夫よ。
> ルーク：いずれにしても，㊱㊲**紙のレシートの方が安全だし，紙のレシートをもらいたいと思っている人の方が多いんじゃないの。**
> ヤスコ：㊱**どう考えればよいのかわからないわ**，ルーク。紙のレシートを求めることもできるんじゃないの。
> ケイト：㊱**絶対だめよ！　紙っていう選択肢はなしにすべきよ。**
> マイケル：㊱**ルークが正しいね。僕は依然として紙のレシート派だね。**

問36

▶解説◀

〈ポイント〉それぞれの発話から**賛成か反対**かを判断。

　ヤスコの意見は4回目の発話からレシートの電子化に賛成とも反対とも言えないと判断。電子化に一貫して賛成しているのはケイトであり，反対しているのはルークとマイケルとなることを理解する。4人の意見をまとめると以下のようになる。

ヤスコ	4回目の発話にある I don't know what to think からレシートの電子化に賛成とは言えない。
ケイト	2回目の発話：It's so wasteful. Also, receipts might contain harmful chemicals 3回目の発話：We should prohibit paper receipts. 6回目の発話：No way! There should be NO paper option. レシートの電子化に賛成。
ルーク	3回目の発話にある paper receipts are safer, and more people would rather have them からレシートの電子化に反対。
マイケル	4回目の発話 Luke's right. I still prefer paper receipts. からレシートの電子化に反対。

— 117 —

問37

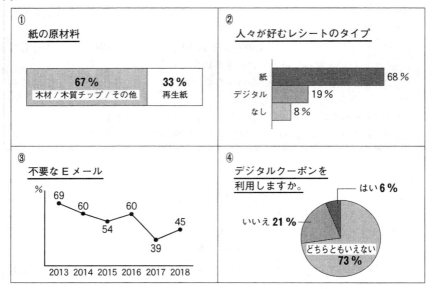

▶解説◀

〈ポイント〉話し手の意見に合う**図表を判断**。

　ルークの3回目の発話にある paper receipts are safer, and more people would rather have them を聴き取り，ルークの意見が人々が好むレシートのタイプに関係していることを理解し，適切な図表を選択する。

英　語
（リーディング）

（2021年1月実施）

2021　第1日程

受験者数　476,174

平　均　点　　58.80

英語（リーディング）

解答・採点基準　　(100点満点)

問題番号(配点)	設問		解答番号	正解	配点	自己採点
第1問 (10)	A	問1	1	①	2	
	A	問2	2	②	2	
	B	問1	3	④	2	
	B	問2	4	④	2	
	B	問3	5	③	2	
第1問　自己採点小計						
第2問 (20)	A	問1	6	②	2	
	A	問2	7	②	2	
	A	問3	8	①	2	
	A	問4	9	③	2	
	A	問5	10	⑤	2	
	B	問1	11	④	2	
	B	問2	12	④	2	
	B	問3	13	②	2	
	B	問4	14	②	2	
	B	問5	15	①	2	
第2問　自己採点小計						
第3問 (15)	A	問1	16	③	3	
	A	問2	17	②	3	
	B	問1	18	④	3 *	
			19	②		
			20	①		
			21	③		
	B	問2	22	②	3	
	B	問3	23	②	3	
第3問　自己採点小計						

問題番号(配点)	設問		解答番号	正解	配点	自己採点
第4問 (16)		問1	24	①	2	
			25	⑤	2	
		問2	26	②	3	
		問3	27	②	3	
		問4	28	②	3	
		問5	29	④	3	
第4問　自己採点小計						
第5問 (15)		問1	30	③	3	
		問2	31	④	3	
		問3	32	④	3 *	
			33	③		
			34	⑤		
			35	①		
		問4	36 - 37	①-③	3 *	
		問5	38	①	3	
第5問　自己採点小計						
第6問 (24)	A	問1	39	④	3	
	A	問2	40	③	3	
	A	問3	41	④	3	
	A	問4	42	②	3	
	B	問1	43	③	3	
	B	問2	44	③	3	
	B	問3	45 - 46	③-⑤	3 *	
	B	問4	47	④	3	
第6問　自己採点小計						
自己採点合計						

(注)　＊は，全部正解の場合のみ点を与える。

－(ハイフン)でつながれた正解は，順序を問わない。

第1問

A

【全訳】

あなたの寮のルームメートのジュリーが，頼み事を書いたメッセージをあなたの携帯電話に送ってきました。

> 助けて！！！
> 昨日の晩，歴史の宿題をUSBのメモリースティックに保存したの。今日の午後，大学の図書館でプリントアウトするつもりだったんだけど，そのUSBを持って来るのを忘れちゃった。宿題のコピーを今日の午後4時までに先生に渡す必要があるわ。私のUSBを図書館に持って来てもらえない？　机の歴史の本の上にあると思うわ。本は必要ない，USBだけお願い。♡

> ごめん，ジュリー，見つからなかったわ。歴史の本はあったけど，USBのメモリースティックはなかった。机の下まで，あらゆる場所を探したわ。本当に持って行ってないの？　念のために，あなたのラップトップコンピュータを持って行くわ。

> あなたの言うとおりだった！　ちゃんと持っていたわ。バッグの底にあったの。安心したわ！
> いずれにしてもありがとう。☺

【語句】

◆指示文◆

- ・dormitory「寮」
- ・text message「携帯メッセージ」
- ・mobile phone「携帯電話」

◆本文◆

- ・save O「O（データなど）をコンピュータに保存する」
- ・USB memory stick「USB メモリースティック」　コンピュータに接続してデータの読み書きをするための装置。

— 121 —

4

・on top of A「Aの上に」

・look for A「Aを探す」

・just in case「念のために」

・did＋動詞の原形「ちゃんと／たしかに」　did は動詞を強調している。

・at the bottom of A「Aの底に」

・What a relief!「安心したわ！」

・Thanks anyway.「いずれにしてもありがとう」　相手の親切が無駄になったとき
などに，相手へのねぎらいとして用いる。

【設問解説】

問1　1　①

　　　ジュリーの頼み事は何だったか。1

①　彼女の USB のメモリースティックを持って来ること。

②　歴史の宿題を提出すること。

③　彼女に USB のメモリースティックを貸すこと。

④　歴史の宿題をプリントアウトすること。

　　　ジュリーの最初のメッセージより，彼女の頼み事は「歴史の宿題を保存した USB
のメモリースティックを図書館まで届けてもらうこと」だとわかるので，正解は①。

問2　2　②

　　　ジュリーの2回目のメッセージに対して，あなたは何と返信するか。2

①　心配ないわ。見つかるわ。

②　それを聞いて本当にうれしいわ。

③　もう一度，バッグの中を見てみて。

④　きっとがっかりしたでしょうね。

　　「探したけど，USB のメモリースティックが見つからなかった」というあなたの
メッセージに対して，ジュリーは「ちゃんと持っていたわ。バッグの底にあったの。
安心したわ！　いずれにしてもありがとう」と言っているので，あなたは「それを
聞いて本当にうれしいわ」と返信するのが自然である。よって，正解は②。

B

【全訳】

　　あなたの大好きなミュージシャンが日本でコンサートツアーをする予定で，あなた
はファンクラブに入会しようと考えています。あなたはファンクラブの公式サイトを
閲覧します。

タイラークイック　ファンクラブ

　　タイラークイック（**TQ**）ファンクラブの会員になると楽しいことがいっぱいで
す！　最新のニュースをいつでも知ることができ，たくさんあるファンクラブ会員

— 122 —

の楽しいイベントに参加することができます。新たに会員になる方は全員，新規会員パックを受け取ります。パックには会員証，無料のサイン入りポスター，**TQ**の3枚目のアルバム*「スピーディングアップ」*1枚が含まれています。ファンクラブへご入会後に，新規会員パックがあなたのご自宅へ発送され，1週間ほどで到着します。

　TQは世界中で愛されています。どの国からも入会でき，会員証は1年間有効です。**TQ**ファンクラブはペイサー，スピーダー，ズーマーの3つのタイプの会員形態があります。

　以下の会員オプションから選んでください。

特典(♫)	会員オプション		
	ペイサー (20ドル)	スピーダー (40ドル)	ズーマー (60ドル)
定期発行のEメールとオンラインマガジンのパスワード	♫	♫	♫
コンサートツアー日程の先取り情報	♫	♫	♫
TQの週刊ビデオメッセージ	♫	♫	♫
月1度の絵はがき		♫	♫
TQファンクラブカレンダー		♫	♫
特別サイン会への招待			♫
コンサートチケットの20%割引			♫

　◇5月10日までに入会すると，会員費が10ドル割引になります！
　◇新規会員パックには1つにつき4ドルの配達費用がかかります。
　◇入会後1年すると，更新または会員のランクアップが50%割引で行えます。

ペイサー，スピーダー，ズーマーのどの会員の方も，**TQ**ファンクラブの活動を楽しむことでしょう。詳しい内容をお知りになりたい方，ご入会希望者は<u>こちら</u>をクリックしてください。

【語句】
◆指示文◆
・think of *doing*「～しようと考える」
・official「公式の」

6

◆本文◆

- ・keep up with A「A（情報など）に遅れないでついていく」
- ・latest「最新の」
- ・take part in A「Aに参加する」
- ・contain O「Oを含む」
- ・free「無料の」
- ・a copy of A「A（CD・本など）の1枚［冊］」
- ・deliver O「Oを発送する」
- ・〜 or so「〜かそこら」
- ・date「日程」
- ・invitation to A「A（イベントなど）への招待」

【設問解説】

問1　3　④

　新規会員パックは　3　。

①　TQ の1枚目のアルバムを含んでいる

②　5月10日に配達される

③　配達費用が10ドル必要である

④　**到着までおよそ7日間かかる**

　第1段落最終文「ファンクラブへご入会後に，新規会員パックがあなたのご自宅へ発送され，1週間ほどで到着します」より，正解は④。

問2　4　④

　新規のペイサー会員の特典は何か？　4

①　コンサートチケットの割引とカレンダー

②　定期発行のEメールとサイン会への招待

③　ツアー情報と毎月のはがき

④　**ビデオメッセージとオンラインマガジンの利用**

　表のペイサーの列には，「定期発行のEメールとオンラインマガジンのパスワード」と「TQ の週刊ビデオメッセージ」に♫の記号があるため，正解は④。

問3　5　③

　ファンクラブ会員になって1年経つと，　5　ができる。

①　50ドルの料金でズーマーになること

②　4ドルで新規会員パックをもらうこと

③　**半額で会員の更新をすること**

④　無料で会員のランクアップ

　表の下に「◇入会後1年すると，更新または会員のランクアップが50％割引で行えます」とあることから，正解は③。

— 124 —

第2問

A
【全訳】
　英国の学校祭のバンドコンテストを担当する学生として，あなたはランキングを理解し説明するために，3人の審査員の点数とコメントをすべて調べています。

審査員の最終平均点				
項目 バンド名	演奏 (5.0)	歌 (5.0)	曲のオリジナル性 (5.0)	合計 (15.0)
グリーンフォレスト	3.9	4.6	5.0	13.5
サイレントヒル	4.9	4.4	4.2	13.5
マウンテンペア	3.9	4.9	4.7	13.5
サウザンドアンツ	(棄権)			

審査員の個別のコメント	
ホッブス氏	サイレントヒルは演奏がうまく，また聴衆と本当につながっているようでした。マウンテンペアのボーカルは素晴らしかったです。私はグリーンフォレストの独創的な曲が気に入りました。すごく良かったです！
レイさん	サイレントヒルは素晴らしい演奏を見せてくれました。聴衆が彼らの音楽に反応している様子は信じられないほどでした。サイレントヒルはきっと人気が出ると思います！　マウンテンペアは素晴らしい歌声でしたが，ステージはあまり興奮するものではありませんでした。グリーンフォレストは素敵な新しい曲を披露してくれましたが，もっと練習が必要だと思います。
ウェルズさん	グリーンフォレストは新しい曲で，私はとても気に入りました！大ヒットするのではないかと思います！

8

審査員の総合評価(ホッブス氏の要約)

　各バンドの合計点は同じですが，それぞれのバンドは非常に異なっています。レイさんと私はバンドにとっては演奏が最も大切なポイントだということで意見が一致しました。ウェルズさんもそれに賛同しました。そのため，1位は簡単に決定されます。

　2位と3位を決めるのに，ウェルズさんは曲のオリジナル性が歌のうまさよりも重要視されるべきだと言いました。レイさんと私はこの意見に賛同しました。

【語句】
◆指示文◆
　・in charge of A「Aの担当の」
　・competition「コンテスト／競技会」
　・judge「審査員」
◆本文◆
　・connected with A「Aとつながった」
　・amazing「素晴らしい／驚くべき」
　・incredible「信じられない」
　・audience「(コンサートの)聴衆」
　・respond to A「Aに反応する」
　・first place「1位」
　・determine O「Oを決定する」

【設問解説】
問1　 6 　②
　　審査員の最終平均点によると，歌が一番うまかったのはどのバンドか。 6
①　グリーンフォレスト
②　**マウンテンペア**
③　サイレントヒル
④　サウザンドアンツ
　　審査員の最終平均点の「歌」の項目では，マウンテンペアが5点中4.9点を取っていて最高点なので，正解は②。

問2　 7 　②
　　好意的なコメントと批判的なコメントの両方を述べたのはどの審査員か。 7
①　ホッブス氏
②　**レイさん**
③　ウェルズさん
④　彼らの誰でもない
　　レイさんは「マウンテンペアは素晴らしい歌声でしたが，ステージはあまり興奮するものではありませんでした。グリーンフォレストは素敵な新しい曲を披露して

くれましたが，もっと練習が必要だと思います」など，好意的コメントと批判的コメントの両方を述べているので，正解は②。

問3 8 ①

審査員の個別のコメントの中の1つの**事実**は 8 ということである。
① すべての**審査員がグリーンフォレストの曲をほめた**
② グリーンフォレストはもっと練習する必要がある
③ マウンテンペアは歌がとても上手である
④ サイレントヒルは将来有望である

ホップス氏の「私はグリーンフォレストの独創的な曲が気に入りました」，レイさんの「グリーンフォレストは素敵な新しい曲を披露してくれました」，ウェルズさんの「グリーンフォレストは新しい曲で，私はとても気に入りました！」というコメントより，審査員全員がグリーンフォレストの曲をほめているので，正解は①。なお，他の選択肢はすべて事実ではなく意見なので，不可。

問4 9 ③

審査員のコメントと総合評価の中の1つの**意見**は 9 というものである。
① 評価された各バンドは同じ合計点であった
② オリジナル性についてのウェルズさんの提案は賛同された
③ **サイレントヒルは聴衆と本当につながっていた**
④ 審査員のコメントがランキングを決定した

ホップス氏の「サイレントヒルは演奏がうまく，また聴衆と本当につながっているようでした」というコメントより，正解は③。①，②はいずれも意見ではなく事実なので，不可。④はコメントだけで決定したわけではなく，また意見ではないので，不可。

問5 10 ⑤

審査員の総合評価によると，最終ランキングは次のうちのどれか。 10

	1位	2位	3位
①	グリーンフォレスト	マウンテンペア	サイレントヒル
②	グリーンフォレスト	サイレントヒル	マウンテンペア
③	マウンテンペア	グリーンフォレスト	サイレントヒル
④	マウンテンペア	サイレントヒル	グリーンフォレスト
⑤	**サイレントヒル**	**グリーンフォレスト**	**マウンテンペア**
⑥	サイレントヒル	マウンテンペア	グリーンフォレスト

「レイさんと私はバンドにとっては演奏が最も大切なポイントだということで意見が一致しました。ウェルズさんもそれに賛同しました。そのため，1位は簡単に決定されます」より，審査員の最終平均点の「演奏」が4.9点で最も高かったサイレントヒルが1位である。また，「2位と3位を決めるのに，ウェルズさんは曲のオリジナル性が歌のうまさよりも重要視されるべきだと言いました。レイさんと私はこの意見に賛同しました」より，「曲のオリジナル性」が5.0点のグリーンフォレスト

10

が2位で，4.7点のマウンテンペアが3位である。よって，正解は⑤。

B

【全訳】

あなたは自分が今，交換留学生として勉強している英国の学校の方針の変更について耳にしました。オンラインフォーラムで方針に関する議論を読んでいます。

新しい学校の方針 ＜2020年9月21日に投稿＞
宛先：P. E. バーガー
投稿者：K. ロバーツ

バーガー博士へ
　すべての生徒を代表して，セント・マークス・スクールへのご就任を歓迎します。先生はビジネス経験のある初めての校長先生だと聞いていますので，先生のご経験が当校の力になることを望んでいます。
　私は，先生が放課後の活動スケジュールについて提案しておられる変更についての懸念を表明したいと思います。エネルギーの節約は重要ですし，これから暗くなるのがだんだん早くなることもわかっております。こういう理由で，先生は活動スケジュールを1時間半短くされたのですか。セント・マークス・スクールの生徒は勉学と放課後の活動のどちらにも，とても真剣に取り組んでいます。これまでと同じように午後6時まで学校に残りたい，という希望が多くの生徒からありました。そのため，この突然の方針の変更について考え直していただくようお願いします。

よろしくお願いします。
ケン・ロバーツ
生徒代表

2021年度　第1日程〈解説〉　11

件名：新しい学校の方針 ＜2020年9月22日に投稿＞
宛先：K. ロバーツ
投稿者：P. E. バーガー

ケン君へ

　心のこもった投稿，本当にありがとう。君は特にエネルギー費用と学校活動に関する生徒の意見について，いくつかの重要な懸念を述べていますね。

　新しい方針はエネルギーの節約とは関係ありません。この決定は2019年の警察の報告に基づいてなされました。報告によると，大きな犯罪が5％増えたことによって，私たちの都市は前よりも安全ではなくなっています。私は生徒たちを守りたいと思っているために，彼らに暗くなる前に帰宅してもらいたいのです。

よろしく。
P. E. バーガー
校長

【語句】
◆指示文◆
・policy「方針」
・exchange student「交換留学生」
◆本文◆
・post O「Oを投稿する」
・on behalf of A「Aを代表して」
・concern about A「Aについての懸念」
・Is this why 〜?「こういう理由で〜なのですか」
・take A seriously「Aに真剣に取り組む／Aを真面目に考える」
・a number of A「多くのA／いくらかのA」
・as they have always done「これまでずっとそうしてきたように」
・think again about A「Aについて考え直す」
・many thanks for A「Aを本当にありがとう」
・especially「特に」
・have nothing to do with A「Aとは関係がない」
・due to A「Aが原因で」

－129－

【設問解説】

問1 11 ④

　　ケンは新しい方針が 11 と考えている。

① 生徒をもっと勉強させることができる

② 学校の安全を高めるかもしれない

③ 直ちに導入されるべきだ

④ **放課後の活動時間を減らす**

　　ケン・ロバーツからの投稿の第2段落第1〜3文「私は，先生が放課後の活動スケジュールについて提案しておられる変更についての懸念を表明したいと思います…こういう理由で，先生は活動スケジュールを1時間半短くされたのですか」より，新しい方針は放課後の活動時間を減らすものであるとわかる。よって，正解は④。

問2 12 ④

　　フォーラムへのケンの投稿で述べられている1つの**事実**は 12 というものである。

① この方針についてもっと多くの議論が必要である

② 校長の経験が学校を良くしつつある

③ 学校は生徒の活動について考えるべきだ

④ **新しい方針を歓迎しない生徒がいる**

　　ケンの投稿の第2段落第5文「これまでと同じように午後6時まで学校に残りたい，という希望が多くの生徒からありました」より，正解は④。他の選択肢はすべて事実ではなく意見であるため，不可。

問3 13 ②

　　方針の目的がエネルギーを節約することだと考えているのは誰か。 13

① バーガー博士

② **ケン**

③ 市

④ 警察

　　ケンの投稿の第2段落第2〜3文「エネルギーの節約は重要ですし，これから暗くなるのがだんだん早くなることもわかっております。こういう理由で，先生は活動スケジュールを1時間半短くされたのですか」より，正解は②。

問4 14 ②

　　バーガー博士は 14 という**事実**に基づいて新しい方針を立てている。

① 早く帰宅することは重要である

② **市内の安全性が低下した**

③ 学校は電気を節約しなければならない

④ 生徒は保護が必要である

　　バーガー博士の投稿の第2段落第2〜3文「この決定は2019年の警察の報告に基づいてなされました。報告によると，大きな犯罪が5％増えたことによって，私た

ちの都市は前よりも安全ではなくなっています」より，正解は②。なお，①と④は
事実ではなく意見であるため，不可。

問 5　15　①

　ケンが新しい方針に反対するのを助けるために，あなたは何について調査するだ
ろうか。15

①　犯罪率とそれの地元の地域との関係
②　エネルギー予算と学校の電力費用
③　学校の活動時間の長さ対予算
④　放課後の活動をする生徒の勉強時間

　校長のバーガー博士が学校の方針を変更したのは「エネルギーの節約」のためで
はなく，「増加する犯罪から生徒を守りたい」ためであるため，ケンが新しい方針に
反対する助けとなるには「犯罪率とそれの地元の地域との関係」について調査する
のがよいとわかる。よって，正解は①。

第 3 問

A

【全訳】

　あなたは英国のホテルに滞在する予定です。旅行のアドバイスに関するサイトの
Q&A 欄で役に立つ情報を見つけました。

私は2021年3月に，キャッスルトンのホーリートゥリーホテルに滞在しようと考え
ています。このホテルはお勧めですか，また，バクストン空港からそこまでは簡単
に行けますか。　　　　　　　　　　　　　　　　　　　　　　　　　　　（リズ）

回答
はい，ホーリートゥリーホテルはすごくお勧めです。そこには 2 回宿泊しました。
値段は高くなく，サービスは素晴らしかったです！それに，素敵な朝食が無料でつ
いています。（アクセス情報についてはこちらをクリックしてください）

そこへ行ったときの私自身の経験をお話しします。

1 度目の訪問のとき，私は地下鉄を利用しましたが，安くて便利です。電車は 5 分
ごとに出ます。空港からは，レッドラインに乗ってモスフィールドまで行きまし
た。ヴィクトリア行きのオレンジラインへの乗り換えは通常はおよそ 7 分なのです
が，行き方がはっきりわからなかったので，余分に 5 分かかりました。ヴィクトリ
アからは，ホテルまでバスで10分で行けました。

2度目は，ヴィクトリアまで急行バスで行ったので，乗り換えの心配はありませんでした。ヴィクトリアでは，2021年の夏まで道路工事をやっているという掲示がありました。市バスは10分ごとに来ますが，現在は市バスだとホテルまでは通常の3倍の時間かかります。歩くこともできますが，天気が悪かったのでバスを利用しました。

楽しいご滞在を！

(アレックス)

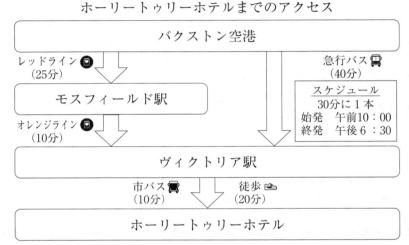

【語句】
◆本文◆
- consider *doing*「〜しようと考える」
- recommend O「Oを勧める」
- brilliant「素晴らしい」
- experience of *doing*「〜した経験」
- underground「地下鉄」
- every five minutes「5分ごとに」
- transfer to A「Aへ乗り換える」
- take O「O(時間)かかる」
- direction「(ある場所への)行き方／方向」
- extra「余分の」
- express bus「急行バス」
- notice「掲示」
- say (that) SV ...「…だと書いてある」

・it takes A times as 〜 as usual to *do*「…するのにいつものA倍(時間が)かかる」

【設問解説】
問1　16　③

　　アレックスの回答から，アレックスは　16　とわかる。

①　ホテルの便利な位置を評価している
②　キャッスルトンへの最初の訪問ではヴィクトリア駅で道に迷った
③　ホテルが値段の割に価値があると考えている
④　2回とも空港から同じルートを利用した

　　回答の第1段落第3〜4文「値段は高くなく，サービスは素晴らしかったです。それに，素敵な朝食が無料でついています」より，正解は③。

問2　17　②

　　あなたは2021年3月15日の午後2時に，空港から公共交通機関で出発しようとしている。ホテルまで最も早く行く方法はどれか。　17

①　急行バスと市バス
②　急行バスと徒歩
③　地下鉄と市バス
④　地下鉄と徒歩

　　「ホーリートゥリーホテルまでのアクセス」によると，バクストン空港からヴィクトリア駅までは急行バスで40分，ヴィクトリア駅からホーリートゥリーホテルまでは徒歩で20分かかり，合計で60分でホテルまで行ける。これが最も早い行き方であるため，正解は②。①は，**回答**の第4段落より，市バスは2021年の夏までは道路工事のため通常の3倍，つまり30分かかり，40＋30で70分になるため，不可。また，③の地下鉄は，レッドラインとオレンジラインを足すと35分だが，アレックスは第3段落で乗り換えに7分に加えて余分に5分，つまり12分かかったと言っている。初めてそこを訪れるリズも同様に，空港からヴィクトリア駅まで35＋12で47分かかる可能性がある。さらに，市バスだと通常の3倍の30分かかり，合計で47＋30で77分になるため，不可。④は地下鉄で47分，徒歩で20分かかり，合計で67分になるため，不可。

16

B

【全訳】

　あなたのクラスメートが，学校の会報の中の，英国から来た交換留学生が書いた次のメッセージを見せてくれました。

ボランティア求む！

　みなさん，こんにちは。私はロンドンから来た交換留学生のセーラ・キングです。今日は，ある大事なことをみなさんにお伝えしたいと思います。

　みなさんはサクラ国際センターについて聞いたことがあるかもしれません。そこでは，日本人と外国人の住民がお互いのことを知る貴重な機会を提供しています。料理教室やカラオケコンテストなど，人気のある催しが毎月行われています。ところが，深刻な問題があります。建物が老朽化しつつあり，高額の修理が必要なのです。センターを維持する資金を募る助けとなるために，多くのボランティアが必要です。

　私はこの問題について数か月前に知りました。町で買い物をしているとき，何人かの人たちが募金活動をしているのを見かけたのです。活動リーダーのケイティーに話しかけると，状況を説明してくれました。私がいくらかのお金を寄付すると，彼女は感謝してくれました。町長に資金援助を頼んだのですが，彼らの要請は断られたと彼女は話しました。そのため，募金を始めるしか仕方がなかったのです。

　先月，私はセンターでアートに関する講義を受けました。そこでもまた人々が寄付金を集めようとしていたので，私も協力することに決めました。私が彼らに加わって通行人に寄付を求めると，彼らは喜びました。私たちは一生懸命やりましたが，多くのお金を集めるには私たちだけでは足りませんでした。ケイティーはあの建物はもうあまり長くは利用できないだろうと，涙ながらに私に話しました。私はもっと何かをする必要があることを感じました。そのとき，協力するのをいとわない学生が他にもいるかもしれないという考えが浮かんだのです。ケイティーはこれを聞いて喜びました。

　さあ，みなさん，サクラ国際センターを救うための募金活動に加わってくださいませんか。今日，私にEメールをください！　交換留学生としての私の日本での時間は限られていますが，私はそれを最大限に活かしたいのです。協力し合うことによって，本当に違いを生み出すことができるのです。

3Aクラス
セーラ・キング(sarahk@sakura-h.ed.jp)

セーラ・キング

— 134 —

【語句】
◆指示文◆
　・following「次の」
　・newsletter「会報」
◆第1段落◆
　・A wanted「A求む」　広告で用いられる表現。
　・share A with B「AをBに伝える／AをBと共有する」
◆第2段落◆
　・hear of A「Aのことを聞く／耳にする」
　・provide O「Oを提供する」
　・resident「住民」
　・A such as B「(例えば)BのようなA」
　・hold O「Oを催す」
　・require O「Oが必要である」
　・raise O「O(お金)を集める」
　・fund「資金」
　・maintain O「Oを維持する」
◆第3段落◆
　・take part in A「Aに参加する」
　・fund-raising campaign「募金活動」
　・donate O「Oを寄付する」
　・ask A for B「AにBを求める」
　・town mayor「町長」
　・financial assistance「資金援助」
　・reject O「Oを断る」
　・have no choice but to *do*「〜するしか仕方がない」
◆第4段落◆
　・passer-by「通行人」
　・donation「寄付」
　・be willing to *do*「〜するのをいとわない」
　・be delighted to *do*「〜して嬉しい」
◆第5段落◆
　・limited「限られている」
　・make the most of A「Aを最大限に利用する」
　・make a difference「違いを生み出す」
【設問解説】
問1　18 ④　19 ②　20 ①　21 ③
　　以下の出来事(⓪〜④)を起きた順に並べよ。

— 135 —

18

① セーラはセンターの催しに出席した。
② セーラはセンターにお金を寄付した。
③ セーラはケイティーに提案をした。
④ 活動家たちは町長に助けを求めた。

　第3段落第4〜5文に「私がいくらかのお金を寄付すると，彼女は感謝してくれました。町長に資金援助を頼んだのですが，彼らの要請は断られたと彼女は話しました」より，最初は④，次に②が来る。同段落第5文の they had asked ... は過去完了時制になっていることから，第4文の I donated some money より以前の出来事であることに注意。次に，第4段落第1文「先月，私はセンターでアートに関する講義を受けました」とあり，その後，同段落第7〜8文に「そのとき，協力することをいとわない学生が他にもいるかもしれないという考えが浮かんだのです。ケイティーはこれを聞いて喜びました」とあるため，①と③が続く。よって，正解は④→②→①→③。

問2　22　②

　セーラのメッセージより，サクラ国際センターは 22 とわかる。

① 外国の住民に金銭的援助をしている
② 友情を育てるための機会を提供している
③ 地域社会向けの会報を発行している
④ 交換留学生を英国に派遣している

　第2段落第2文「そこ（＝サクラ国際センター）では，日本人と外国人の住民がお互いのことを知る貴重な機会を提供しています」より，正解は②。

問3　23　②

　あなたはセーラのメッセージを読んで，活動に協力しようと決めた。まず初めに何をすればよいか。23

① センターの催しについて宣伝する。
② より詳しい情報を得るためにセーラと連絡をとる。
③ 学校でボランティア活動を組織する。
④ 新しい募金活動を始める。

　セーラは第5段落第1文で「さあ，みなさん，サクラ国際センターを救うための募金活動に加わってくださいませんか」と述べた後，次の文で，「今日，私にEメールをください！」と言っているので，正解は②。

第4問

【全訳】

　あなたの英語の先生であるエマは，姉妹校からやって来る生徒たちをもてなすための一日のスケジュールの計画を立てる手伝いを，あなたとクラスメートのナツキに頼みました。あなたはスケジュールの草稿を書くことができるように，ナツキとエマの

— 136 —

Eメールのやり取りを読んでいます。

こんにちは，エマ先生

来月12人のゲストと出かける日のスケジュールについて，アイデアと質問がいくつかあります。先生が言われたように，どちらの学校の生徒も，午前10時からわが校の集会場でプレゼンテーションを行うことになっています。そのため，私は添付の時刻表を見ています。ゲストのみなさんは午前9時39分にアズマ駅に到着して，そこからはタクシーを拾って学校まで行くのですか。

私たちはまた午後の活動についても話し合っています。何か科学に関係のあるものを見学してはどうでしょうか。案は2つありますが，もし3つ目の案が必要なら知らせてください。

来月，ウエストサイド水族館で行われる特別展示についてお聞きになりましたか。海のプランクトンから作る新しいサプリメントに関するものです。それが良い選択だと思います。人気のある展示なので，訪問に最適の時間は一番混んでいないときでしょう。水族館のホームページで見つけたグラフを添付します。

イーストサイド植物園では，地元の大学と共同して，植物から電気を作る興味深い方法を開発しています。運よく，担当教授がその日の午後の早い時間にそれについての短い講演を行うのです！　行きませんか？

ゲストのみなさんは何かお土産が欲しいでしょうね。ヒバリ駅の隣のウエストモールが最適だと思いますが，一日中お土産を持ち歩きたくはないですね。

最後に，アズマを訪問する人は誰もが，私たちの学校の隣のアズマ・メモリアルパークの，町のシンボルである像を見るべきだと思いますが，スケジュールがうまく行きません。また，昼食の予定がどうなっているか教えてもらえませんか。

よろしくお願いします。
ナツキ

こんにちは，ナツキ

Eメールをありがとう！　すごく頑張ってくれていますね。あなたの質問に答えると，彼らは午前9時20分に駅に到着して，そこからはスクールバスに乗ります。

午後の2つのメインの行き先の水族館と植物園は，どちらの学校も科学教育に力を入れているし，このプログラムの目的は生徒の科学の知識を高めることなので，良いアイデアです。しかし，念のために，3つ目の提案を用意しておく方が賢明でしょうね。

お土産は一日の最後に買いましょう。モールに午後5時に着くバスに乗ればいいわ。そうすれば，買い物に1時間近くかけられるし，それでもなお，ゲストのみなさんは夕食のために午後6時半までにホテルに戻ることもできます。ホテルはカエデ駅から歩いてほんの数分のところですから。

昼食については，学校のカフェテリアがお弁当を用意します。あなたが書いていた像の下で食べられます。雨だったら，屋内で食べましょう。

提案を出してくれて本当にありがとう。あなたたち2人でスケジュールの原案を作ってもらえますか？

よろしくね。
エマ

添付された時刻表：

電車の時刻表
カエデ駅 — ヒバリ駅 — アズマ駅

駅	電車番号			
	108	109	110	111
カエデ駅	8:28	8:43	9:02	9:16
ヒバリ駅	8:50	9:05	9:24	9:38
アズマ駅	9:05	9:20	9:39	9:53

駅	電車番号			
	238	239	240	241
アズマ駅	17:25	17:45	18:00	18:15
ヒバリ駅	17:40	18:00	18:15	18:30
カエデ駅	18:02	18:22	18:37	18:52

添付されたグラフ：

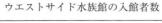

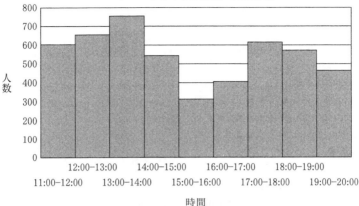

【語句】
◆指示文◆
- help O do「Oが〜するのを手伝う」
- host O「Oをもてなす／Oの接待をする」
- sister school「姉妹校」
- exchange「やり取り／交換」
- so that S can do「〜できるように」
- draft O「Oの草稿を書く」

＜ナツキからエマへのEメール＞
◆第1段落◆
- day out「出かけること／遠足」
- be supposed to do「〜することになっている」
- assembly hall「集会場」
- attached「添付された」
- timetable「時刻表」

◆第2段落◆
- How about *doing*?「〜してはいかがでしょうか」
- related to A「Aに関係のある」
- let O know「Oに知らせる」

◆第3段落◆
- exhibition「展示／展覧会」
- aquarium「水族館」
- food supplement「サプリメント」

22

- ・choice「選択」
- ・least 〜「最も〜でない」
- ・attach O「Oを添付する」

◆第4段落◆
- ・botanical garden「植物園」
- ・local「地元の」
- ・professor「教授」
- ・in charge「担当している」
- ・give a talk「講演[スピーチ]をする」
- ・Why don't we *do*?「〜しませんか？」

◆第5段落◆
- ・souvenir「土産」
- ・next to A「Aの隣の」
- ・carry around O / carry O around「Oを持ち歩く」
  - ［例］　She always **carries around** her smartphone.
    　　　　彼女はいつもスマートフォンを持ち歩いている。
- ・all day「一日中」

◆第6段落◆
- ・statue「像」
- ・work out O / work O out「Oを何とかする」

＜エマからナツキへのEメール＞

◆第1段落◆
- ・in answer to A「Aに答えて」

◆第2段落◆
- ・place emphasis on A「Aを重要視する」
- ・improve O「Oを高める／改善する」
- ・just in case「念のために」

◆第3段落◆
- ・allow O「O（時間）の余裕を与える」
- ・〜 minutes' walk from A「Aから歩いて〜分のところ」

◆第4〜5段落◆
- ・mention O「Oについて述べる」
- ・draft「原案／草稿」

【設問解説】

問1　24 ①　25 ⑤

　　姉妹校からのゲストは 24 番の電車で到着し，25 番の電車に乗ってホテルに戻る。

　① 109

— 140 —

② 110
③ 111
④ 238
⑤ **239**
⑥ 240

　ナツキからエマへのEメールの第1段落最終文より，ゲストはアズマ駅に到着することがわかる。エマからナツキへのEメールの第1段落最終文「あなたの質問に答えると，彼らは午前9時20分に駅に到着して，そこからはスクールバスに乗ります」より，アズマ駅に9時20分に到着するのは109番の電車なので， 24 　の正解は①。同じEメールの第3段落第2～最終文「モールに午後5時に着くバスに乗ればいいわ。そうすれば，買い物に1時間近くかけられるし，それでもなお，ゲストのみなさんは夕食のために午後6時半までにホテルに戻ることもできます。ホテルはカエデ駅から歩いてほんの数分のところですから」より，ヒバリ駅を18時に出発してカエデ駅に18時22分に到着する239番の電車に乗ればよいので， 25 　の正解は⑤。なお，④の238番はヒバリ駅を17時40分に出発し，買い物に1時間かけることができないため，不可。

問2　 26 　②

　草稿のスケジュールを最も良く完成させるのはどれか。 26
A：水族館　　　　　　　B：植物園
C：モール　　　　　　　D：学校
① D→A→B→C
② **D→B→A→C**
③ D→B→C→A
④ D→C→A→B

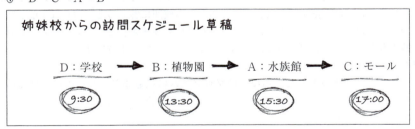

　ナツキからエマへのEメールの第1段落第2文「先生が言われたように，どちらの学校の生徒も，午前10時からわが校の集会場でプレゼンテーションを行うことになっています」より，最初が「学校」である。第4段落第2文には，イーストサイド植物園に関して「運よく，担当教授がその日の午後の早い時間にそれについての短い講演を行うのです！」とあるので，2番目が「植物園」である。第3段落第4文には，ウエストサイド水族館に関して，「人気のある展示なので，訪問に最適の時

間は一番混んでいないときでしょう」とあり，添付された「ウエストサイド水族館の入館者数」のグラフによると，最も入館者が少ないのは15〜16時なので，3番目が「水族館」である。そして，エマからナツキへのEメールの第3段落第1〜2文に「お土産は一日の最後に買いましょう。モールに午後5時に着くバスに乗ればいいわ」とあるので，最後が「モール」である。よって，正解は②。

問3 27 ②

　雨天でない限り，ゲストは昼食を 27 で食べることになる。

① 　植物園
② 　学校の隣の公園
③ 　駅の隣の公園
④ 　校庭

　ナツキからエマへのEメールの第6段落第1文の「最後に，アズマを訪問する人は誰もが，私たちの学校の隣のアズマ・メモリアルパークの，町のシンボルである像を見るべきだと思います」と，エマからナツキへのEメールの第4段落「昼食については，学校のカフェテリアがお弁当を用意します。あなたが書いていた像の下で食べられます。雨だったら，屋内で食べましょう」より，正解は②。

問4 28 ②

　その日，ゲストは 28 移動し**ない**。

① 　バスで
② 　タクシーで
③ 　電車で
④ 　徒歩で

　ナツキからエマへのEメールの第1段落最終文「ゲストのみなさんは午前9時39分にアズマ駅に到着して，そこからはタクシーを拾って学校まで行くのですか」に対して，エマは，第1段落最終文で「あなたの質問に答えると，彼らは午前9時20分に駅に到着して，そこからはスクールバスに乗ります」と答えているし，これ以外でもタクシーを利用するとは述べられていないので，正解は②。

問5 29 ④

　3つ目の選択肢として，あなたのプログラムに最もふさわしいのはどれだろうか。 29

① 　ヒバリ・アミューズメントパーク
② 　ヒバリ美術館
③ 　ヒバリ城
④ 　ヒバリ・スペースセンター

　エマからナツキへのEメールの第2段落第1文に「どちらの学校も科学教育に力を入れているし，このプログラムの目的は生徒の科学の知識を高めることなので，良いアイデアです」とあることから，3つ目の訪問先の案は科学に関係のある場所がふさわしい。よって，正解は④。

第5問

【全訳】

　あなたは，国際ニュースレポートを利用して，英語のオーラルプレゼンテーションコンテストに参加する予定です。あなたのプレゼンテーションの準備のために，以下のフランスのニュース記事を読みなさい。

　　5年前，サビーネ・ロウアス夫人は自分の馬を失った。馬が老齢で死ぬまで，彼女はその馬と20年を過ごした。そのとき，彼女は別の馬を所有することは二度とできないだろうと感じた。寂しい気持ちから，彼女は何時間ものあいだ，近くの乳牛牧場で牛を見て過ごした。そしてある日，彼女は農場主に牛の世話の手伝いをしてもよいかと尋ねた。

　　農場主は同意し，サビーネは働き始めた。彼女はすぐに牛たちの1頭と友情をはぐくんだ。その牛が妊娠すると，他の牛たちよりも多くの時間をその牛とともに過ごした。牛の赤ん坊が生まれると，赤ん坊はサビーネのあとをついて回るようになった。あいにく，農場主は雄牛 ― オスの牛 ― を乳牛牧場で飼うことに興味がなかった。農場主は309と名付けたその赤ん坊の雄牛を肉市場に売ろうと計画していた。サビーネはそういうことにならないようにしようと決めて，雄牛とその母親を買ってもよいかと農場主に尋ねた。農場主は同意し，彼女は2頭を買った。それから，サビーネは309を町まで散歩に連れていくようになった。およそ9か月後，ついに牛たちを移してもよいという許可が出ると，牛たちはサビーネの農場に移った。

　　それから間もなく，サビーネはポニーを買わないかと持ちかけられた。初め彼女はその馬を手に入れたいかどうか，自分でもわからなかったが，以前飼っていた馬の記憶はもはや辛いものではなくなっていたため，そのポニーを買いとってレオンと名付けた。それから昔やっていた趣味を再びやってみることに決め，障害飛越の訓練を彼に行い始めた。彼女は309をアストンと改名し，アストンは時間のほとんどをレオンと過ごし，この2頭は本当に親しい友達になった。ところが，サビーネはレオンとの日々の決まった訓練にアストンが特別の注意を払うとは予期していなかったし，アストンが芸をいくつか覚えるとも期待していなかった。若い雄牛はすぐに命令に従って歩いたり，ギャロップで駆けたり，立ち止まったり，後ろ向きに歩いたり，振り返ったりできるようになった。彼はまさに馬のように，サビーネの声に反応した。そして，体重が1300キロもあったにもかかわらず，サビーネを背中に乗せて1メートルの高さの障害の飛び越え方を覚えるのにたった18か月しかからなかった。アストンはレオンを見ていなければ，そういったことは覚えなかったかもしれない。さらに，アストンは距離感をつかみ，飛ぶ前にステップを調節することができた。彼はまた自分の欠点に気付き，サビーネの助けがなくてもそれを正した。それは最も優れたオリンピック級の馬だけができることである。

　　今や，サビーネとアストンは彼の技能を披露するために，ヨーロッパ中の週末の

市や馬の品評会に行っている。サビーネは語る。「お客さんの受けはいいです。たいてい，人々はすごくびっくりし，アストンの体が大きく，馬よりもずっと大きいので，最初は少し怖がることがあります。たいていの人は角の生えた雄牛にあまりに近づくのを嫌がります。でも，いったん彼の本当の性質を知り，芸をするのを見ると，『うわー，本当にすごく美しいですね』としばしば言ってくれます」

「見てください！」と言って，サビーネはスマートフォンのアストンの写真を見せる。そして，続けてこう述べる。「アストンがまだ幼いころ，人間に慣れるようにと，私はよく，犬のように彼にリードを付けて散歩させたものでした。おそらくは，そのために彼は人間を嫌がらないのでしょう。彼はとてもおとなしいので，特に子どもは彼を見て，近づく機会を持つのが本当に好きなのです」

この数年のあいだに，障害飛越をする大きな体の雄牛のニュースは急速に広まり，オンラインのフォロワーはどんどん増えていて，今やアストンは大きな呼び物になっている。アストンとサビーネはときには家から200から300キロも旅をする必要があるが，それは宿泊をしなければならないことを意味する。アストンは馬小屋で寝なければならないのだが，そこは実際，彼には十分な大きさがない。

「彼はそれが気に入りません。だから，小屋で一緒に寝てやらねばならないのです」とサビーネは言う。「でも，ほら，目が覚めて体の位置を変えるときなど，私を押しつぶしてしまわないようとても気を付けてくれるのですよ。本当に思いやりがあるのです。アストンはときには寂しくなって，レオンとあまりに長く離れていることを嫌がります。でも，それ以外はとても満足しています」

プレゼンテーション用スライド

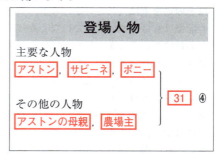

有名になる前の物語

サビーネの馬が死ぬ
↓

32 ④ サビーネが近所の農場に働きに行く。
↓

33 ③ サビーネが309とその母親を買う。
↓

34 ⑤ サビーネが309を散歩に連れ出す。
↓

35 ① アストンがジャンプを覚える。
↓

アストンとサビーネが品評会に出かけるようになる

アストンの能力

アストンができること：
・ただレオンの訓練を見ているだけで覚える
・サビーネの指示に従って歩き，ギャロップし，止まる
・距離感をつかんで，ステップを調整する
・**36** ① 自分で誤りを正す。
・**37** ③ 乗り手を背中に乗せて跳躍する。

現在のアストン

アストンは今：
・障害飛越をする雄牛である。
・サビーネとともに市やイベントに出かける。
・**38** ① どんどん多くのファンができている。

【語句】

◆指示文◆

・take part in A「Aに参加する」
・following「以下の」
・in preparation for A「Aの準備のために」

◆第1段落◆

・lose O「Oを失う」
・spend A with B「BとともにA（時間）を過ごす」
・die of A「A（原因）で死ぬ」
・own O「Oを所有する」
・out of loneliness「寂しい気持ちから」
・spend O *doing*「〜してO（時間）を過ごす」

［例］ She often **spends** the weekend **playing** tennis with her friends.
　　　彼女はよく週末は友達とテニスをして過ごす。

・nearby「近くの」
・milk farm「乳牛牧場」
・ask O if SV ...「Oに…かどうか尋ねる」
・help *do*「〜するのを手伝う」

— 145 —

・look after A「Aの世話をする」

◆**第2段落**◆

・quickly「すぐに」
・develop a friendship with A「Aとの友情をはぐくむ」
・pregnant「妊娠している」
・be born「生まれる」
・follow around O / follow O around「Oのあとをついて回る」
・unfortunately「あいにく／残念ながら」
・be interested in A「Aに興味がある」
・keep O「O（動物）を飼う」
・bull「雄牛」
・male「オスの／男性の」
・sell A to B「AをBに売る」
・meat market「肉市場」
・decide (that) SV ...「…だと決める」
・let O *do*「Oに～させる」 let that happen の that は「農場主が309を肉市場に売ること」を指す。
・take O for walks「Oを歩かせる／散歩させる」
・～ later「～後に」
・at last「ついに／とうとう」
・permission to *do*「～してもよいという許可」
・move O「Oを移す」
・move to A「Aに移る／引っ越す」

◆**第3段落**◆

・soon after「それから間もなく」
・offer A B「A（人）にBを買わないかと持ちかける／申し出る」
・pony「ポニー／小型の馬」
・at first「初めは」
・be not sure if SV ...「…かどうかわからない」
・memory「記憶／思い出」
・no longer「もはや～ない」
・painful「辛い」
・accept O「Oを受け入れる」
・name O C「OをCと名付ける」
・return to A「Aに戻る」
・train A for B「A（人・動物）にBの訓練を行う」
・show jumping「（馬の）障害飛越」
・rename O C「OをCと改名する」

- close friend「親しい友達／親友」
- expect O to *do*「Oが〜すると予期する」
- pay close attention to A「Aに特別の[細心の]注意を払う」
- routine「日々の決まり事／日課」
- nor＋倒置の語順「また〜でもない」 she had expected ... という文が，had she expected ... という倒置の語順になっている。

［例］ I have never been abroad, **nor do I want to**.
　　　 私は海外に行ったこともないし，行きたいとも思わない。

- pick up O / pick O up「O（技術など）を覚える／身につける」

［例］ Children quickly **pick up** new things.
　　　 子どもは新しいことを覚えるのが早い。

- master O「Oができるようになる／Oを習得する」
- gallop「（馬などが）ギャロップで駆ける」
- backwards「後ろへ」
- turn around「振り返る」
- on command「命令に従って」
- respond to A「Aに反応する」
- despite A「Aにもかかわらず」
- weigh C「重さがCである」
- it takes A B to *do*「Aが〜するのにB（時間）かかる」
- leap over A「Aを飛び越える」
- with A on *one's* back「Aを背中に乗せて」
- might never have *done* without *doing*「〜しなかったら…しなかったかもしれない」 仮定法過去完了。
- moreover「さらに」
- distance「距離」
- adjust O「Oを調節する」
- fault「欠点」
- correct O「Oを正す／訂正する」
- the very best A「まさに最高のA」
- Olympic-standard「オリンピック級の」

◆第4段落◆
- show off O / show O off「Oを披露する／見せびらかす」

［例］ Bob always wants to **show off** his new car.
　　　 ボブはいつも買ったばかりの車を見せびらかしたがる。

- reaction「反応」
- mostly「たいてい」
- surprised「驚いて」

30

- ・a bit 〜「少し〜」
- ・scared「怖がる」
- ・much＋比較級「ずっと〜」
- ・get close to A「Aに近づく」
- ・horn「角」
- ・once SV ...「いったん…すると」
- ・nature「性質」
- ・see O *doing*「Oが〜しているのを見る」

◆第5段落◆

- ・continue「続ける」
- ・used to *do*「よく〜したものだ」
- ・on a lead「リードを付けて」
- ・so that S will［can］*do*「〜する［できる］ように」
  - ［例］ Write the passage clearly **so that** everybody **can** understand it.
    誰もが理解できるように，文章をわかりやすく書きなさい。
- ・get used to A「Aに慣れる」
  - ［例］ I have not yet **got used to** my smartphone.
    私はまだスマートフォンに慣れていない。
- ・that's why SV ...「そういうわけで…」
- ・mind O「Oを嫌がる」
- ・calm「おとなしい／落ち着いた」
- ・in particular「特に」
- ・be close to A「Aに近づく」

◆第6段落◆

- ・massive「巨大な」
- ・spread「(ニュースなどが)広まる」
- ・rapidly「急速に」
- ・major「(重要度などが)大きな」
- ・attraction「(ショウなどの)呼び物」
- ・growing number of A「どんどん増え続けるA」
- ・follower「フォロワー」
- ・stay overnight「宿泊する／外泊する」
- ・〜 enough for A「Aにとって十分〜な」

◆第7段落◆

- ・you know「ほら〜」
- ・wake up「目が覚める」
- ・be careful not to *do*「〜しないよう気を付ける」
- ・crush O「Oを押しつぶす」

・gentle「思いやりがある／優しい」
　　・other than A「A以外は」
　　〔例〕　He sometimes gets angry, but **other than** that, he's good-natured.
　　　　　　彼はときには腹を立てることもあるが，それ以外は性質の良い人だ。

◆スライド◆
　　・Who's Who?「登場人物」　言葉通りには「誰が誰であるか」という意味。
　　・pre-fame「有名になる前の」

【設問解説】
問1　30　③
　　あなたのプレゼンテーションの最も良いタイトルはどれか。30
　　①　動物好きな人がポニーの命を救う
　　②　アストンの夏の障害飛越ツアー
　　③　**馬のように振る舞う雄牛，アストンに出会おう**
　　④　農場主と牛の関係
　　この記事は，ある雄牛がまるで馬のように障害飛越をして人々を驚かせるように
　なった出来事についてであるため，正解は③。

問2　31　④
　　「**登場人物**」のスライドに入る組み合わせとして最適なものはどれか。31

　　　　　主要な人物　　　　　　　　　　　　その他の人物
　　①　309，アストン，農場主　　　　　　サビーネ，ポニー
　　②　アストン，アストンの母親，サビーネ　　309，農場主
　　③　アストン，レオン，農場主　　　　　アストンの母親，サビーネ
　　④　**アストン，サビーネ，ポニー**　　　　**アストンの母親，農場主**

　　サビーネと，彼女が飼っている雄牛のアストンとポニーがこの話の主要な登場人
　物である。アストンの母親と農場主は物語の前半に登場するだけなので，主要な人
　物とは言えない。よって，正解は④。

問3　32　④　33　③　34　⑤　35　①
　　「**有名になる前の物語**」のスライドを完成させるために，4つの出来事を起きた順
　番に選べ。32　～　35
　　①　**アストンがジャンプを覚える。**
　　②　サビーネとアストンが一緒に何百キロも旅する。
　　③　**サビーネが309とその母親を買う。**
　　④　**サビーネが近所の農場に働きに行く。**
　　⑤　**サビーネが309を散歩に連れ出す。**

　　第1段落には，サビーネが自分の馬を失った寂しさから近所の乳牛牧場で牛を見
　て過ごし，そこの農場主に牛の世話の手伝いをしてもよいか尋ねたことが書かれて
　いる。そして，第2段落第1文には「農場主は同意し，サビーネは働き始めた」と
　あるため，32　には④が入る。同段落第6～8文「農場主は309と名付けた赤ん坊

― 149 ―

の雄牛を肉市場に売ろうと計画していた。サビーネはそういうことにならないようにしようと決めて，雄牛とその母親を買ってもよいかと農場主に尋ねた。農場主は同意し，彼女は2頭を買った」より，33 には③が入る。同段落第9文「それから，サビーネは309を町まで散歩に連れていくようになった」より，34 には⑤が入る。第3段落第8文「そして，体重が1300キロもあったにもかかわらず，サビーネを背中に乗せて1メートルの高さの障害の飛び越え方を覚えるのにたったの18か月しかかからなかった」より，35 には①が入る。なお，第4段落第1文「今や，サビーネとアストンは彼の技能を披露するために，ヨーロッパ中の週末の市や馬の品評会に行っている」と第6段落第2文の「アストンとサビーネはときには家から200から300キロも旅をする必要がある」より，②は「アストンとサビーネが品評会に出かけるようになる」より後の出来事なので，不可。

問4 36 ・ 37 ①・③

「**アストンの能力**」のスライドに入る最も適切な2つの項目を選べ。（順不同。）
36 ・ 37

① 自分で誤りを正す
② ポニーと並んで跳躍する
③ 乗り手を背中に乗せて跳躍する
④ 馬より早く芸を覚える
⑤ 写真のためにポーズをとる

第3段落第11文「彼はまた自分の欠点に気付き，サビーネの助けがなくてもそれを正した」より，①と，第3段落第第8文「そして，体重が1300キロもあったにもかかわらず，サビーネを背中に乗せて1メートルの高さの障害の飛び越え方を覚えるのにたったの18か月しかかからなかった」より，③が正解。

問5 38 ①

「**現在のアストン**」のスライドを最も適切な項目で完成させよ。 38

① どんどん多くのファンができている
② サビーネをとても裕福にした
③ とても有名なので，もはや人を怖がらせることはない
④ 一年のほとんどの夜を馬用のトレーラーで過ごす

第6段落第1文「この数年のあいだに，障害飛越をする大きな体の雄牛のニュースは急速に広まり，オンラインのフォロワーはどんどん増えていて，今やアストンは大きな呼び物になっている」より，正解は①。

— 150 —

第6問

A

【全訳】

　あなたはスポーツにおける安全についてのクラスでのプロジェクトに取り組んでいて，次の記事を見つけました。あなたはそれを読んで，見つけたことをクラスメートに発表するためにポスターを作っています。

アイスホッケーをより安全にする

　アイスホッケーはさまざまな人々によって，世界中で楽しまれているチームスポーツである。このスポーツの目的は「パック」と呼ばれる固いゴムのディスクをホッケースティックで運び，相手チームのネットに入れることだ。それぞれのチームが6人の選手からなる2つのチームが，この急速なペースのスポーツを，固くて滑りやすい氷のリンクで行う。選手は時速30キロに達することもあるスピードで滑りながら，パックを空中に飛ばす。こうしたペースでは，選手とパックのどちらも深刻な危険の原因になり得る。

　このスポーツはスピードが速く，また，氷のリンクの表面も滑りやすいため，選手が転倒したりお互いにぶつかり合ったりして，さまざまなケガにつながりやすい。選手を保護するために，ヘルメットやグラブ，そして肩，ひじ，脚を守るパッドなどの用具がここ何年かで導入されている。これらの努力にもかかわらず，アイスホッケーでは脳震とうを起こす率が高い。

　脳震とうは脳の機能の仕方に影響を及ぼす脳への損傷であり，頭や顔や首またはその他の部分への直接または間接の衝撃によって引き起こされ，ときには一時的な意識の喪失を招くこともある。あまり深刻でない場合は，しばらくのあいだ，選手はまっすぐに歩けなかったり，はっきり物が見えなかったりし，また，耳鳴りを生じることもある。軽い頭痛がするだけだと思い込んで，脳に損傷が起きたことに気づかない者もいる。

　ケガの深刻さに気づかないことに加えて，選手はコーチがどう思うかを気にしがちだ。昔は，コーチは痛くてもプレーするタフな選手をより好んでいた。言い換えれば，負傷した選手がケガの後でプレーをやめるのは理にかなっているように見えるだろうが，多くの選手はそうしなかった。ところが最近では，脳震とうは一生続く深刻な影響を及ぼすおそれがあることがわかっている。脳震とうの病歴のある人は集中したり眠ったりすることに困難を伴うことがある。さらに，そういう人は憂うつや気分の変化などの心理的問題に苦しむことがある。場合によっては，選手は嗅覚障害や味覚障害を患うこともある。

　ナショナルホッケーリーグ（NHL）はカナダとアメリカ合衆国のチームで構成さ

れていて，脳震とうに対処するためのより厳しい規則やガイドラインを設けている。例えば2001年には，NHL はシールド — 顔を守るためにヘルメットに取り付ける透明のプラスチック板 — の着用を導入した。最初，それは任意で，多くの選手が身に着けなかった。ところが，2013年からは義務づけられた。それに加えて，2004年には，NHL は故意に別の選手の頭にぶつかった選手には，一時出場停止や罰金などより厳しいペナルティーを課し始めた。

　NHL はまた2015年に，脳震とう監視者システムを導入した。このシステムでは，ライブストリーミングや録画によるリプレーを見ている NHL の審判員が，それぞれの試合中に目で見てわかる脳震とうの兆候がないか見ている。最初は，医療訓練を受けていない2人の脳震とう監視者が，競技場で試合を監視していた。次の年には，医療訓練を受けた1人から4人の脳震とう監視者が加えられた。彼らはニューヨークのリーグ本部から，それぞれの試合を監視した。選手が脳震とうを起こしたと監視者が判断した場合，その選手は試合から外され，医者による診察を受けるために「安静室」に運ばれる。その選手は医者の許可が出るまで試合に戻ることを許されない。

　NHL はアイスホッケーをより安全なスポーツにするために，多くの進歩を遂げてきた。脳震とうが起こる原因とその影響についてより多くのことがわかってきているので，NHL は必ずや選手の安全を確保するためのさらなる対策を取ることだろう。安全が高まることによって，アイスホッケーの選手とファンが増えることにもつながるだろう。

アイスホッケーを安全にする

アイスホッケーとは何か。
- 選手は相手チームのネットに「パック」を入れることによって点を獲得する
- それぞれのチームに6人の選手
- 速いスピードで氷の上で行われるスポーツ

主な問題点：脳震とうが起こる割合の高さ

脳震とうの定義
脳の機能の仕方に影響を及ぼす脳への損傷

影響

短期的影響	長期的影響
・意識の喪失	・集中力の問題
・まっすぐ歩くことの困難さ	・ 40 ③ 睡眠障害
・ 39 ④ 不明瞭な視力	・心理的問題
・耳鳴り	・嗅覚，味覚障害

解決策

ナショナルホッケーリーグ（NHL）は
- シールド付きヘルメットを義務づける
- 危険な選手に厳しいペナルティーを与える
- 41 ④ 脳震とうの兆候を示す選手を特定する ための脳震とう監視者を導入した

要約
アイスホッケーの選手は脳震とうを起こすリスクが高い。
そのため，NHL は 42 ② 新しい規則やガイドラインを履行している。

36

【語句】
◆指示文◆
- ・work on A「Aに取り組む」
- ・following「以下の」
- ・present O「Oを発表する」

◆第1段落◆
- ・a (wide) variety of A「さまざまなA／多様なA」
- ・object「目的」
- ・rubber「ゴムの」
- ・engage in A「Aを行う／Aに携わる」
- ・fast-paced「急速なペースの／急展開の」
- ・slippery「滑りやすい」
- ・reach O「Oに達する」
- ・〜 kilometer per hour「時速〜キロ」
- ・send O into the air「Oを空中に飛ばす」
- ・both A and B「AとBのどちらも」
- ・cause「原因」
- ・serious「深刻な」

◆第2段落◆
- ・surface「表面」
- ・make it easy for A to *do*「Aが〜しやすくする」
  - ［例］ The many illustrations **make it easy for** children **to read** the book.
    図解がたくさんあるので，その本は子どもに読みやすい。
- ・fall down「転倒する」
- ・bump into A「Aにぶつかる」
- ・each other「お互い」
- ・result in A「結果としてAに至る」
- ・injury「ケガ／損傷」
- ・in an attempt to *do*「〜するために／〜しようとして」
- ・equipment「用具／器具」
- ・A such as B「例えばBのようなA」
- ・introduce O「Oを導入する」
- ・despite A「Aにもかかわらず」（＝in spite of A）
  - ［例］ They went for a walk **despite** the rain.
    彼らは雨にもかかわらず散歩に出かけた。
- ・effort「努力」
- ・rate「率／割合」
- ・concussion「脳震とう」

— 154 —

◆第3段落◆
- affect O「Oに影響を及ぼす」
- function「機能する」
- impact to A「Aへの衝撃」
- elsewhere「他のどこかへの」
- temporary「一時的な」
- consciousness「意識」
- ringing in the ears「耳鳴り」
- slight「わずかな／少しの」
- injure O「Oに損傷を与える」

◆第4段落◆
- in addition to A「Aに加えて」
- realize O「Oに気づく」
- tend to *do*「～しがちだ／～する傾向がある」
- prefer O「Oをより好む」
- in other words「言い換えれば」
- logical「理にかなった／論理的な」
- get hurt「ケガをする」
- many did not＝many players did not stop playing
- have ～ effect「～な影響を及ぼす」
- last「続く」

［例］　The meeting **lasted** five hours.
　　　　会合は5時間続いた。

- a lifetime「一生のあいだ」
- history「病歴」
- have trouble *doing*「～するのに困難を伴う／～するのに苦労する」
- concentrate「集中する」
- suffer from A「A（病気など）に苦しむ」
- depression「憂うつ」
- mood「気分」
- develop O「O（病気）になる／かかる」
- disorder「障害」

◆第5段落◆
- the National Hockey League「ナショナルホッケーリーグ」　アメリカ合衆国とカナダのプロホッケー選手のリーグ。
- consist of A「Aで構成されている」

［例］　The committee **consists of** 12 members.
　　　　その委員会は12人のメンバーで構成されている。

38

- strict「(規則などが)厳しい」
- deal with A「Aに対処する」
- A attached to B「Bに取り付けられたA」
- at first「最初は」
- optional「任意の」
- choose to *do*「～することを選ぶ」
- require O「Oを義務づける」
- suspension「一時出場停止」
- fine「罰金」
- deliberately「故意に／わざと」

◆第6段落◆

- spotter「監視者」＜spot O「Oを監視する」
- official「審判員」
- with access to A「Aを利用できる」
- live「ライブの／(放送などが)生の」
- watch for A「Aがないかと見る／Aを監視する」
- visible「目で見てわかる」
- indication of A「Aの兆候」
- medical training「医療訓練」
- monitor O「Oを監視する」
- add O「Oを加える」
- head office「本部／本社」
- suffer O「O(苦痛・損害など)を受ける」
- remove A from B「AをBから取り除く」
- quiet room「安静室」
- examination「診察／検査」
- allow O to *do*「Oが～することを許可する」

［例］　You **are** not **allowed to smoke** in this area.
　　　　この地域での喫煙は禁じられている。

- permission「許可」

◆第7段落◆

- make progress「進歩を遂げる」
- take measures to *do*「～するための対策を取る」
- ensure O「Oを確実にする」
- lead to A「Aにつながる」

［例］　Careless driving may **lead to** a serious accident.
　　　　不注意な運転は重大事故につながることがある。

— 156 —

2021年度　第1日程〈解説〉　39

【設問解説】

問1 39 ④

　　ポスターの 39 に入れるのに最適な選択肢を選べ。
① 攻撃的な振る舞い
② 思考障害
③ 人格の変化
④ **不明瞭な視力**

　　第3段落第2文「あまり深刻でない場合は，しばらくのあいだ，選手はまっすぐに歩けなかったり，はっきり物が見えなかったりし，また，耳鳴りを生じることもある」より，正解は④。

問2 40 ③

　　ポスターの 40 に入れるのに最適な選択肢を選べ。
① 視力の喪失
② 記憶力の問題
③ **睡眠障害**
④ 不安定な歩き方

　　第4段落第5文「脳震とうの病歴のある人は集中したり眠ったりすることに困難を伴うことがある」より，正解は③。

問3 41 ④

　　ポスターの 41 に入れるのに最適な選択肢を選べ。
① 選手が試合に戻ることを許可する
② 脳震とうを起こした選手を診察する
③ 脳震とうを引き起こした選手に罰金を課す
④ **脳震とうの兆候を示す選手を特定する**

　　第6段落第2文「このシステムでは，ライブストリーミングや録画によるリプレーを見ている NHL の審判員が，それぞれの試合中に目で見てわかる脳震とうの兆候がないか見ている」などより，正解は④。

問4 42 ②

　　ポスターの 42 に入れるのに最適な選択肢を選べ。
① 選手がもっとタフになることを期待している
② **新しい規則やガイドラインを履行している**
③ コーチに医療訓練を施した
④ シールドの着用を任意とした

　　第5段落第1文「ナショナルホッケーリーグ(NHL)はカナダとアメリカ合衆国のチームで構成されていて，脳震とうに対処するためのより厳しい規則やガイドラインを設けている」より，正解は②。

― 157 ―

B

【全訳】

　あなたは保健の授業で栄養の勉強をしています。様々な甘味料についてもっと知るために，教科書の次の文章を読むところです。

　ケーキ，キャンディー，ソフトドリンクなど，私たちのほとんどが甘いものが大好きだ。実際，若い人たちは英語で，何かが「良い」という意味で「スィート！」と言う。甘味について考えるとき，私たちはサトウキビやテンサイなどの植物から採る普通の白砂糖を想像する。ところが，科学の発見によって，甘味料の世界は変化した。現代では他の多くの植物から砂糖を取り出すことができる。最もわかりやすい例がトウモロコシである。トウモロコシは豊富で安く，加工がしやすい。高果糖液糖(HFCS)は普通の砂糖よりおよそ1.2倍甘いが，カロリーが非常に高い。科学をさらに一歩進めて，過去70年のあいだに科学者は様々な人工甘味料を開発した。

　最近の米国国民健康栄養調査では，平均的アメリカ人のエネルギー摂取量の14.6％は「添加糖類」からのものであると結論づけた。添加糖類とは，自然食品から得られるのではない砂糖を指す。例えばバナナは自然食品だが，クッキーには添加糖類が含まれている。添加糖類のカロリーの半分以上は甘味飲料やデザートから摂取するものだ。多くの添加糖類は過度の体重の増加やその他の健康問題を含む，身体に良くない影響を及ぼすおそれがある。こうした理由から，多くの人は飲み物やお菓子やデザートには低カロリーの代用品を選ぶのである。

　白砂糖に代わる自然の物にはブラウンシュガー，蜂蜜，メープルシロップなどがあるが，これらもまたカロリーは高くなりがちだ。そのため，多くの場合，人工化合物である代替の「低カロリー甘味料」(LCS)が人気となっている。今日最も一般的なLCSはアスパルテーム，アセスルファムカリウム，ステビア，スクラロースである。すべてのLCSが人工というわけではなく，ステビアは植物の葉からとれるものだ。

　代替の甘味料は，熱することができないものもあるし，たいていは白砂糖よりもはるかに甘いので，料理では使いにくいことがある。アスパルテームとアセスルファムカリウムは砂糖の200倍の甘さだ。ステビアは300倍甘く，スクラロースはステビアの倍の甘さである。新しい甘味料の中にはさらに甘さの強烈なものもある。日本のある会社が最近「アドバンテーム」というものを開発したが，これは砂糖の2万倍の甘さである。何かを甘くするには，この物質がほんの少しあればいいのだ。

　甘味料を選ぶときには，健康に関する点を考慮することが大切だ。例えば，白砂糖を多く含むデザートを作ることは，体重の増加をもたらすおそれのある高カロリーの食べ物を生む結果になる。まさにこういう理由でLCSの方をより好む人もいる。ところが，カロリーは別にして，人工的なLCSを摂取することを他の様々な

健康に関する懸念と結び付けている研究もある。LCS の中にはがんを発生させる疑いのある強い化学物質を含むものあるが，一方，記憶力や脳の発達に影響を及ぼすことが示されているものもあり，それらは特に幼い子どもや妊婦，そして高齢者には危険である可能性がある。キシリトールやソルビトールのように低カロリーの，比較的自然な代替となる甘味料も少しある。ただ残念ながら，これらは体内を極めてゆっくり移動するので，大量に摂取すると胃の問題を引き起こすおそれがある。

　人々は何か甘いものが欲しいときには，たとえあらゆる情報がある場合でも一般的なよりカロリーの高い砂糖のような甘味料に固執するか，それとも LCS を使うべきかを決めることは難しい。現在では多くの種類のガムやキャンディーには１つかそれ以上の人工甘味料が含まれているが，それにもかかわらず，熱い飲み物に人工甘味料を入れないような人であっても，そういう商品を買うこともあるだろう。個々の人が選択肢を慎重に検討し，自分の必要性と状況に最もよく合った甘味料を選ぶ必要がある。

【語句】
◆指示文◆
　・nutrition「栄養」
　・passage「文章」
　・sweetener「甘味料」
◆第１段落◆
　・Sweet!「いいねえ！／すごい！」
　・sweetness「甘味／甘さ」
　・sugar cane「サトウキビ」
　・sugar beet「テンサイ／サトウダイコン」
　・extract A from B「BからAを取り出す／抽出する」
　・obvious「わかりやすい／明らかな」
　・abundant「豊富な」
　・process O「Oを加工する」
　・high fructose corn syrup「高果糖液糖」　トウモロコシを原料として作られる高カロリー甘味料。
　・A times＋比較級＋than B「BよりA倍〜な」
　・regular「普通の」
　・be high in A「Aが豊富である」
　・take A one step further「Aをさらに一歩進める」
　・a wide variety of A「様々なA」
　・artificial「人工的な」
◆第２段落◆

42

- US National Health and Nutrition Examination Survey「米国国民健康栄養調査」
- conclude that SV ...「…だと結論づける」
- intake「摂取（量）」
- added「添加された」
- refer to A「Aのことを指す」
- be derived from A「Aから得られる／Aに由来する」

［例］　These words **are derived from** German.
　　　　これらの語はドイツ語に由来する。

- whole food「自然食品」
- contain O「Oを含む」
- more than A「A以上／Aを超えた」
- sweetened「甘味の」
- have 〜 effect on A「Aに〜な影響を及ぼす」
- negative「良くない／否定的な」
- including A「Aを含む」
- excessive「過度の」
- gain「増加」
- substitute for A「Aに代わるもの」

◆第3段落◆
- alternative to A「Aに代わるもの」
- include O「Oを含む」
- consequently「その結果」
- chemical「化学的な」
- not all A ...「すべてのAが…とは限らない」
- leaves＜leaf「葉」の複数

◆第4段落◆
- sweetener「甘味料」
- far＋比較級「はるかに〜」
- twice the A of B「Bの2倍のA」
- even＋比較級「さらに〜」
- intense「強烈な」
- a tiny amount of A「少量のA」
- substance「物質」
- require O「Oを必要とする」

◆第5段落◆
- issue「点／問題」
- result in A「Aという結果を生む」

［例］　The accident **resulted in** injuries to those involved.

その事故によって巻き込まれた人が負傷した。

- lead to A「Aにつながる／Aをもたらす」
- prefer O「Oをより好む」
- for this very reason「まさにこういう理由で」
- apart from A「Aを別にして」
- link A with B「AをBと結び付ける」

［例］　The police found new evidence **linking** him **with** the crime.
　　　　警察は彼を犯罪と結び付ける新たな証拠を見つけた。

- consume O「Oを摂取[消費]する」
- concern「懸念／心配」
- chemical「化学物質」
- suspected of *doing*「〜する疑いのある」
- especially「特に」
- pregnant「妊娠している」
- relatively「比較的」
- unfortunately「残念ながら」
- move through A「Aの中を移動する」
- extremely「極めて」
- stomach「胃／腹」

◆**第6段落**◆

- whether to *do* 〜 or to *do* ...「〜すべきか，それとも…すべきか」
- stick to A「Aに固執する／こだわる」

［例］　He **sticks to** his cause.
　　　　彼はあくまでも自分の主義に固執している。

- many varieties of A「多くの種類のA」
- nonetheless「それにもかかわらず」
- item「商品／品物」
- weigh O「Oを慎重に検討する」
- option「選択肢」
- suit O「Oに合う」
- circumstance「状況」

【設問解説】

問1　43　③

　　あなたは　43　によって，現代科学が甘味料の世界を変えたことを学ぶ。

① 　いくつかの種類の新しくて，より甘い白砂糖を発見すること
② 　アメリカ人のエネルギー摂取を測定すること
③ 　**様々な新しい選択肢を提供すること**
④ 　自然環境から多くの新たに開発された植物を使うこと

— 161 —

第1段落第4，5文「ところが，科学の発見によって，甘味料の世界は変化した。現代では他の多くの植物から砂糖を取り出すことができる」と，同段落最終文「科学をさらに一歩進めて，過去70年のあいだに科学は様々な人工甘味料を開発した」などより，正解は③.

問2　44　③

あなたはたった今勉強した情報を要約しています。表はどのように完成するべきか。44

甘さ	甘味料
高い	アドバンテーム
	(A)　スクラロース
	(B)　ステビア
	(C)　アセスルファムカリウム，アスパルテーム
低い	(D)　HFCS

① (A)　ステビア　　　　　　　　　　　　　　(B)　スクラロース
　 (C)　アセスルファムカリウム，アスパルテーム　　(D)　HFCS
② (A)　ステビア　　　　　　　　(B)　スクラロース
　 (C)　HFCS　　　　　　　　　　(D)　アセスルファムカリウム，アスパルテーム
③ (A)　スクラロース　　　　　　　　　　　　(B)　ステビア
　 (C)　アセスルファムカリウム，アスパルテーム　　(D)　HFCS
④ (A)　スクラロース　　　　　　(B)　ステビア
　 (C)　HFCS　　　　　　　　　　(D)　アセスルファムカリウム，アスパルテーム

第4段落第2，3文「アスパルテームとアセスルファムカリウムは砂糖の200倍の甘さだ。ステビアは300倍甘く，スクラロースはステビアの倍の甘さである」より，甘味の高いものから，スクラロース，ステビア，アスパルテームとアセスルファムカリウムの順になることがわかる。また，第1段落第8文の「高果糖液糖(HFCS)は普通の砂糖よりおよそ1.2倍甘い」より，これらの中で最も甘さの低いものがHFCSとわかる。よって，正解は③。

問3　45 ・ 46　③・⑤

あなたが読んだ記事によると，次のうちのどれが正しいか。（2つの選択肢を選べ。順不同。）45　46

① 代替の甘味料は体重の増加を引き起こすと証明されている。
② アメリカ人は代替の甘味料からエネルギーの14.6%を得ている。
③ 植物から代替の甘味料を得ることは可能だ。
④ ほとんどの人工甘味料は料理に使いやすい。
⑤ キシリトールやソルビトールのような甘味料は素早く消化されない。

第3段落最終文「すべてのLCSが人工というわけではなく，ステビアは植物の葉

— 162 —

からとれるものだ」などより，③と，第5段落第6，7文「キシリトールやソルビトールのように低カロリーの，比較的自然な代替となる甘味料も少しある。ただ残念ながら，これらは体内を極めてゆっくり移動するので，大量に摂取すると胃の問題を引き起こすおそれがある」より，⑤が正解。

問4 　47　④

筆者の立場を述べるために，最も適切なものは次のうちのどれか。　47

① 　筆者は，飲み物やデザートに人工甘味料を使うことに反対である。

② 　筆者は，人工甘味料は従来の甘味料に取って代わることに成功していると信じている。

③ 　筆者は，将来利用するためにずっと甘い製品を考案することが大切だと述べている。

④ 　筆者は，人々が自分にとって理にかなった甘味料を選ぶことを重視することを提案している。

最終段落，特に最終文で筆者は「個々の人が選択肢を慎重に検討し，自分の必要性と状況に最もよく合った甘味料を選ぶ必要がある」と述べているので，正解は④。

MEMO

英　語

（2020年1月実施）

受験者数　518,401

平　均　点　116.31

2020 本試験

英　語

解答・採点基準　　(200点満点)

問題番号(配点)	設問		解答番号	正解	配点	自己採点
第1問(14)	A	問1	1	②	2	
		問2	2	③	2	
		問3	3	④	2	
	B	問1	4	②	2	
		問2	5	①	2	
		問3	6	①	2	
		問4	7	②	2	
第1問　自己採点小計						
第2問(47)	A	問1	8	③	2	
		問2	9	①	2	
		問3	10	③	2	
		問4	11	③	2	
		問5	12	①	2	
		問6	13	①	2	
		問7	14	①	2	
		問8	15	④	2	
		問9	16	②	2	
		問10	17	①	2	
	B	問1	18	④	4 *	
			19	②		
		問2	20	④	4 *	
			21	③		
		問3	22	⑤	4 *	
			23	②		
	C	問1	24	③	5	
		問2	25	①	5	
		問3	26	③	5	
第2問　自己採点小計						

問題番号(配点)	設問		解答番号	正解	配点	自己採点
第3問(33)	A	問1	27	②	5	
		問2	28	②	5	
		問3	29	②	5	
	B		30	③	6	
			31	③	6	
			32	④	6	
第3問　自己採点小計						
第4問(40)	A	問1	33	④	5	
		問2	34	④	5	
		問3	35	②	5	
		問4	36	④	5	
	B	問1	37	①	5	
		問2	38	①	5	
		問3	39	②	5	
		問4	40	④	5	
第4問　自己採点小計						
第5問(30)		問1	41	①	6	
		問2	42	④	6	
		問3	43	④	6	
		問4	44	②	6	
		問5	45	②	6	
第5問　自己採点小計						
第6問(36)	A	問1	46	①	6	
		問2	47	③	6	
		問3	48	②	6	
		問4	49	④	6	
		問5	50	②	6	
	B		51	②	6 *	
			52	④		
			53	③		
			54	①		
第6問　自己採点小計						
自己採点合計						

(注)　＊は，全部正解の場合のみ点を与える。

第1問 発音・アクセント

A 発音

問1 `1` ②

① scarce /skéərs/「乏しい」/sk/
② **scenery** /síːnəri/「景色」/s/
③ scratch /skrætʃ/「ひっかく」/sk/
④ scream /skríːm/「金切り声を上げる」/sk/

したがって，②が正解。

問2 `2` ③

① arise /əráız/「起こる」/z/
② desire /dızáıər/「強く望む」/z/
③ **loose** /lúːs/「ゆるんだ」/s/
④ resemble /rızémbl/「似ている」/z/

したがって，③が正解。

問3 `3` ④

① accuse /əkjúːz/「非難する」/júː/
② cube /kjúːb/「立方体」/júː/
③ cucumber /kjúːkʌmbər/「キュウリ」/júː/
④ **cultivate** /kʌ́ltəvèıt/「耕す」/ʌ/

したがって，④が正解。

B アクセント

問1 `4` ②

① allergy /ǽlərdʒi/「アレルギー」第1音節
② **objective** /əbdʒéktıv/「客観的な」第2音節
③ physical /fízıkl/「身体の」第1音節
④ strategy /strǽtədʒi/「戦略」第1音節

したがって，②が正解。

問2 `5` ①

① **alcohol** /ǽlkəhɔ̀ːl/「アルコール飲料」第1音節
② behavior /bıhéıvjər/「ふるまい」第2音節
③ consider /kənsídər/「熟慮する」第2音節
④ magnetic /mægnétık/「磁石の」第2音節

したがって，①が正解。

問3 `6` ①

① **canal** /kənǽl/「運河」第2音節

— 167 —

4

② instance /ínstəns/「例」第1音節

③ island /áɪlənd/「島」第1音節

④ workshop /wə́ːrkʃɑ̀ːp/「作業場／ワークショップ」第1音節

したがって，①が正解。

問4　7　②

① administer /ədmínəstər/「管理する」第2音節

② **beneficial** /bènəfíʃəl/「有益な」第3音節

③ competitor /kəmpétətər/「競争相手」第2音節

④ democracy /dɪmáːkrəsi/「民主主義」第2音節

したがって，②が正解。

第2問　文法・語法空所補充問題・語句整序問題・応答文完成問題

A　文法・語法

問1　8　③

雨のせいで，我々の試合のできばえは完璧にはほど遠いものだった。

【ポイント】

イディオム be far from A

be far from A は「Aにはほど遠い／まったくAでない」という意味を表す。Aは形容詞または名詞である。

［例］　His essay **was far from** satisfactory.

彼の小論文はまったく満足のゆくものではなかった。

【他の選択肢】

① be apart from A で「Aから離れている」という意味を表す。本問では不可。

② be different from A で「Aと異なる」という意味を表す。本問では不可。

④ be free from A で「A（心配など）のない」という意味を表す。本問では不可。

・perfect「完璧な」　形容詞である。

問2　9　①

非常扉はこの廊下の両端に見つかる。

【ポイント】

形容詞 both

both＋複数名詞で「両方の〜／どちらの〜も」という意味を表す。

［例］　There are bus stops on **both** sides of the street.

通りの両側にバス停がある。

— 168 —

【他の選択肢】

② each＋単数名詞で「それぞれの～」という意味を表す。本問では不可。

③ either＋単数名詞で「片方の～／どちらの～も」という意味を表す。本問では不可。

④ neither＋単数名詞で「どちらの～も…ない」という意味を表す。本問では不可。

・emergency door「非常扉」

問3　10　③

　私の留学の計画は奨学金をもらえるかどうか次第だ。

―【ポイント】――――――――――――――――――――――――――――――

接続詞 whether

　whether SV ... で「…かどうか」という意味を表す。

［例］　I don't know **whether** he likes the plan.

　　　　彼がその計画を気に入っているかどうかは分からない。

――――――――――――――――――――――――――――――――――――――

【他の選択肢】

① that は接続詞で，that SV ... は前置詞の後ろに置くことができない。本問では不可。

② what は関係代名詞で，要素の欠けた不完全な文が続く。本問では不可。

④ which は関係代名詞で，which の前に先行詞となる名詞が必要である。本問では不可。

・depend on A「A次第だ／Aによる」

・scholarship「奨学金」

問4　11　③

　ノリコはスワヒリ語を話せるし，マーコも話せる。

―【ポイント】――――――――――――――――――――――――――――――

so＋助動詞［be動詞］＋S

　so＋助動詞［be動詞］＋S の形で，前の肯定文に対して，「Sもそうである」という意味を表す。前に否定文がある場合は，neither＋助動詞［be動詞］＋S となる。

［例］　Robert likes reading books and **so does** his brother.

　　　　ロバートは本を読むのが好きで，弟もそうだ。

［例］　Meg isn't good at math and **neither are** all her friends.

　　　　メグは数学が得意でないし，また彼女の友達もみんなそうだ。

――――――――――――――――――――――――――――――――――――――

問5　12　①

　毎日ジョギングするつもりだと言うのと，実際にそうするのとは違うことだ。

― 169 ―

6

【ポイント】

代名詞 another

another は「別のこと／もう 1 つのもの」という意味だが，A is one thing, but B is another で「A は 1 つのことだが，B は別のことだ」，つまり，「A と B は違うことだ」という意味を表す。

［例］　To know is **one thing** but to teach is **another**.
　　　　知っていることと教えることは別物である。

【他の選択肢】

② 　one another は「お互い」という意味を表す。本問では不可。

③ 　the other は「（2 つのうちで）もう 1 つ」という意味を表す。本問では不可。

④ 　the others は「（3 つ以上のうちで）他の全て」という意味を表す。本問では不可。

問6　 13 　①

　　私たちの上司は勤勉な人だが，気難しいことがある。

【ポイント】

イディオム get along with A

get along with A で「A とうまくやる」という意味を表す。本問では，主語の Our boss が get along with の意味上の目的語になっていて，but 以下は「（私たちの上司と）うまくやることは難しいことがある」が直訳。

［例］　It is important to **get along** well **with** your neighbors.
　　　　隣近所とうまく付き合うことは大切なことだ。

【他の選択肢】

② 　get around to A は「A をする余裕を見つける」という意味を表す。本問では不可。

③ 　get away with A は「A（悪事など）をうまくやってのける」という意味を表す。本問では不可。

④ 　get down to A は「A（仕事など）にとりかかる」という意味を表す。本問では不可。

問7　 14 　①

　　アヤノが私の家に来たとき，うちにはたまたま誰もいなかった。

【ポイント】

It happens that SV ...

It happens that SV ... は「たまたま…である」という意味を表す。

［例］　**It happens that** I know why he left his job.
　　　　彼がなぜ仕事を辞めたのかを私はたまたま知っている。

― 170 ―

問8 | 15 | ④

道がすいていさえすれば，私たちは時間通りに家に着くことができるだろう。

┌─【ポイント】──────────────────────────
│ **1．接続詞 as long as**
│　as long as SV ... は接続詞で，「…でありさえすれば／もし…なら」という意味を
│表す。
│［例］　Any book is fine **as long as** it's interesting.
│　　　　面白ければどんな本でもかまいません。
│ **2．形容詞 clear**
│　clear は「(道が)すいていて／妨げるもののない」という意味を表す。なお，
│blocked は「ふさがれた」の意味なので不可。
│［例］　The roads were **clear** except for a few cars.
│　　　　道路はすいていて，数台の車しかなかった。
└──────────────────────────────────

　【他の選択肢】

　　①，②は，as far as SV ... で「…する限り」という意味を表す。本問では不可。
　［例］　**As far as** I'm concerned, I have no complaint.
　　　　私に関する限り不満はありません。

問9 | 16 | ②

君が運動会に来ないと言ったのは知っていますが，重要な催しだから，もう一度
考え直してくれませんか。

┌─【ポイント】──────────────────────────
│ **イディオム give A a second thought**
│　give A a second thought で「Aを考え直す／Aについて改めて考える」という意
│味を表す。
│［例］　He suggested to me that I **give** it **a second thought**.
│　　　　彼は私にもう一度考え直した方がよいのではないかと言った。
└──────────────────────────────────

問10 | 17 | ①

後ろの列に座っていた2人を除いては，どの客も誰だか分からなかった。

┌─【ポイント】──────────────────────────
│ **1．代名詞 any**
│　any は否定文で「(3人[3つ]以上のうちで)誰も[何も]…ない」という意味を表
│す。「後ろの列に座っていた2人」とあることより，客は3人以上いることが分か
│る。
│［例］　I have not finished **any** of the assignments.
│　　　　私はまだその宿題のどれも終えていない。
│ **2．except for A**
│　except for A は「Aを除いて」という意味を表す。

8

[例] We had a very pleasant time **except for** the accident.
その不測の出来事を除いては，私たちはとても楽しい時を過ごした。

【他の選択肢】

③，④の either は，否定文で「（2人［2つ］のうちで）どちらも…ない」という意味を表す。本問では不可。

[例] I will not vote for **either** of these candidates.
私はこれらの候補者のどちらにも投票しません。

②，④は，A rather than B で「B というよりむしろ A」という意味を表す。本問では不可。

・in the back row「後ろの列に」

B 語句整序問題

問1 ┃18┃ ④ ┃19┃ ②

トニー：ホールのあの飾り付け，素敵ですね。予定通りに完成して嬉しいです。
メイ：ええ，本当にありがとうございます。あなたの助けがなかったら，今日の午後にお客さんがみんな到着するまでに準備は終わっていなかったでしょう。

── 【正解】 ──
Without your help, the preparations would not have been completed by
　　　　　　　　　　　　　　　　　　⑥　　　 ④　　①　　　③　　　②

the time all the guests arrive this afternoon.
⑤

── 【ポイント】 ──

1．仮定法過去完了

would have + 過去分詞は，過去の事実に反する仮定を表して「（もし～なら）…だっただろう」という意味を表す。本問では，Without your help が if-節の代用表現となり，「あなたの助けがなかったら」という意味を表す。

[例] Without his support, I **would** never **have** succeeded.
彼の支援がなければ，私は決して成功しなかっただろう。

2．接続詞 by the time

by the time SV ... で「…するまでに」という意味を表す。

[例] **By the time** he had walked four miles, he was exhausted.
4マイルも歩かないうちに彼はくたくたになった。

問2 ┃20┃ ④ ┃21┃ ③

イチロー：スミスさんには学校に通っている娘さんが2人いらっしゃるんだよね？

ナターシャ：実は 3 人いて，一番若い娘さんはロンドンで音楽を勉強していらっしゃるのよ。あなたは彼女にまだ会ったことはないと思うわ。

【正解】

Actually, he has three, the youngest of whom is studying music in London.
⑥ ④ ⑤ ② ③ ①

【ポイント】

関係代名詞 A of whom

A of whom は「人」を表す先行詞を受けて，「その人のうちの A」という意味を表す。A には many，most などの代名詞や，形容詞の最上級などがくる。本問は，最上級がきて the youngest of whom で「（3 人の娘のうちで）最も若い人」の意味になっている。

［例］ Mike had three sons, **the oldest of whom** I married.
　　　マイクには息子が 3 人いて，私はその一番年上と結婚したのです。

問 3 22 ⑤ 23 ②

ピーター：今週末には雨が降るかもしれないが，それでも公園でクラスのバーベキューをすべきだろうか？

ヒカル：そうだね，予定通り行うか，それとも来週のいつかの日まで延期するかを今決めなければいけないね。雨が降るかもしれないってことを考えておくべきだったよ。

【正解】

Yeah, we have to decide now whether to hold it as planned or put it off until
① ⑤ ④ ⑥ ② ③

some day next week.

【ポイント】

1．as planned

as planned は「予定通り」という意味を表す。

［例］ The concert will go ahead **as planned**.
　　　コンサートは予定通りに開かれる。

2．イディオム put off A / put A off

put off A / put A off は「A（催しなど）を延期する」の意味を表すが，A が代名詞のときは put A off の語順になることに注意。本問では，put off it は不可。

［例］ The event was scheduled to be held on Monday, but they had to **put it off** until Thursday.
　　　そのイベントは月曜日に開催される予定だったが，木曜日まで延期しなければならなくなった。

・whether to-不定詞「～すべきか」

10

・chance of A「Aが起こる可能性」

C　応答文完成
問1　 24 　③

　　チサト：近所に新しい遊園地が出来るんですってね。
　　ルーク：ほんと？　この地域の子どもにはいいことだね。
　　チサト：ええ，でも家の近くの交通量が増えるのを喜ぶ人は誰もいないわ。
　　ルーク：でも，専門家によると，これによって若者の仕事が増えるそうだよ。そ
　　　　　　うすればきっと僕らの市にも好ましい経済的効果があるだろうね。

┌─【正解】─────────────────────────────────
│
│　But │according to the experts,│ │it will create more jobs│ │for│ young people.
│　　　　　　　　(A)　　　　　　　　　　　　(B)　　　　　　(A)
│
└──

┌─【ポイント】───────────────────────────────
│
│ **1．according to A**
│　according to A は「A（人・新聞など）によると」という意味を表す。なお，thanks
│ to A は「Aのおかげで」という意味で，対話の内容に合わない。
│ 〔例〕　**According to** a survey, more than half of Japanese men have given up
│　　　　smoking.
│　　　　ある調査では，日本人男性の半分以上がタバコをやめたということだ。
│ **2．動詞 create**
│　create は「（仕事）を創出する／（作品など）を創造する」の意味を表す。it will
│ create more jobs for ～ は「～のためにより多くの仕事を作ることになるだろう」
│ の意味。中列の(A)は「騒音が少なくなる」の意味で，後ろの文の内容に合わない。
│ 〔例〕　The new office building will **create** more jobs for the local people.
│　　　　新しく出来るオフィスビルは地元の人々にさらなる雇用を創出するだろう。
│
└──

【解法のヒント】
　　近所に新しい遊園地が出来ることについての会話。チサトが「家の近くの交通量
が増えるのを喜ぶ人は誰もいない」と言ったのに対して，ルークは「でも～」と言っ
ており，チサトとは反対の考えを述べていると分かるし，後ろで「好ましい経済的
効果がある」と言っているため，「専門家によると，これによって若者の仕事が増え
るそうだよ」と続けるのが自然である。したがって，③が正解。

問2　 25 　①

　　ユウ：エマはフルタイムの仕事を辞めるつもりだってね。
　　リー：うん，自分で会社を興すつもりだよ。
　　ユウ：うわー！　新しい家のためにお金が必要だから，ご主人は怒っているにち
　　　　　がいないね。

— 174 —

リー：ほんと，そうだよ。でも，すごく戸惑ってるけど，エマの計画に反対はしていないよ。結局は，いつもお互いを支え合っているからね。

【正解】

But althougth | he is quite upset, | he doesn't object | to Emma's plan.
    (A)   (A)   (A)

【ポイント】

1. 接続詞 although

although SV ... で「…だけれど」という意味を表す。because SV ...「…なので」は，対話の内容に合わない。

〔例〕 **Although** it was raining, Bob went fishing.
　　　雨が降っていたのに，ボブは釣りに出かけた。

2. 動詞 object

object to A で「Aに反対する」という意味を表す。

〔例〕 No one **objected to** the plan.
　　　その計画に異を唱える者は誰もいなかった。

【解法のヒント】

　エマが今の仕事を辞めて新しく会社を始めようとしていることについての会話。ユウが「ご主人は怒っているにちがいないね」と言ったのに対して，リーは「まったくそうだよ」と認めたうえで，「でも〜」と続けていることから，「すごく戸惑ってるけど，エマの計画に反対はしていないよ」と続けるのが自然である。したがって，①が正解。

問3 26 ③

　　ケンジロウ：どうして学校の前に消防車が停まっているんですか？
　　坂本先生：午前中に火災訓練が予定されているからよ。
　　ケンジロウ：またですか？　前の学期にもやったばかりですよね。何をすべきかはもう分かってます。
　　坂本先生：たとえあなたがそう思っていても，災害のときにお互いを助け合うことができるために訓練はとても大切よ。真剣にとらえなければいけないわ。

【正解】

Even if you think you do, the drill is essential | so that | we can | help each other
in case of a disaster.   (A)   (B)   (A)

【ポイント】

1. 形容詞 essential

essential は「きわめて大切な／不可欠な」という意味を表す。なお，meaningless

は「無意味な」という意味で，対話の内容に合わない。

［例］　If you're going walking in the mountains, strong boots are **essential**.

　　　　もし山歩きをするつもりなら，頑丈なブーツが不可欠だ。

２．接続詞 so that

　so that S can 〜 で「〜できるために／〜できるように」という意味を表す。なお，even so は「そうだとしても」という意味を表すが，副詞句なので文同士を接続することはできない。

［例］　We left early **so that** we **could** catch the first train.

　　　　一番列車に間に合うように，私たちは早く出発した。

【解法のヒント】

　午前中に行われる予定の火災訓練についての会話。「火災訓練は前の学期にやったばかりだから不要だ」と言うケンジロウに対して，坂本先生は「たとえあなたがそう思っていても〜」と言っているので，「災害のときにお互いを助け合うことができるために訓練はとても大切よ」と続けるのが自然である。したがって，③が正解。

・fire drill「火災訓練」

第3問　不要文選択問題・意見要約問題

A　不要文選択問題

問1　27　②

【全訳】

　北アメリカ最大のプロバスケットボールリーグである NBA の初期の歴史において，しばしば試合の点数が低く，その結果，必ずしもわくわくする試合ではないことがあった。①典型的な例は1950年のレイカーズ対ピストンズの試合であった。試合の結果は19対18でピストンズの勝ちだった。これらの試合は当時のファンをいらいらさせ，このことが，試合での点数を上げるために，1回のシュートに対して24秒の制限を設けるという新しいルールを導入する大きな動機づけとなった。②時間の制限の圧迫があるため，選手はシュートをミスすることが多くなった。③大いに議論がなされたのちに，そのルールは1954年10月30日のある公式試合で初めて用いられた。④それ以来ずっと，個々のチームは1試合で100点を超す点を取ることが多くなった。この単純な変更によって，試合はよりわくわくするものになり，リーグは救われたのだ。

【語句】

・as a result「その結果」

・frustrate「（人）をいらいらさせる」

・A of the day「当時のA」

・motivation to-不定詞「〜するための動機づけ」

・cause A to-不定詞「Aに〜させる」

［例］ His lack of preparation **caused** him **to fail** the oral exam.

　　　彼は準備不足だったので口答試験に落ちた。

・ever since「それ以来ずっと」

・individual「個々の」

【解法のヒント】

　このパラグラフは，「NBA のルール変更の歴史」について書かれたものである。①「1950年のある試合について」，②「24秒の時間制限によるシュートのミスの増加」，③「1954年の新ルールの導入」，④「100点を超す試合が増えたこと」について述べられている。②の前には，「点数が増えずファンがいらいらしたので，1回のシュートに対して24秒の時間制限を設けた」とあるのに，②には「時間制限のためにシュートのミスが増えた」と書かれており文脈的に矛盾している。②を取り除くと，③，④に「そのルールが公式試合で用いられて以来，100点を超す試合が多くなった」という文が続き，自然な流れになる。したがって，②が正解。

問2 　28 　②

┌【全訳】┐

　これまでに「背筋を伸ばして座りなさい，さもないと腰痛になりますよ」と言われたことがあるかもしれない。だが，これは本当だろうか？　人々はこれまで長い間，腰痛には姿勢が何らかの役割を果たしていると思い込んでいた。驚いたことに，姿勢と腰痛を結びつける調査による証拠は弱いかもしれない。①私たちの背中は生まれつきカーブしていて，横から見るとS字形になっている。②個々の人には，体型を決める独自の骨の大きさがある。③よい姿勢とはそのカーブをある程度まっすぐにすることだと考えられていた。④医者の意見を調べるある研究によると，適切な姿勢について誰もが認めるただ1つの標準はないということが分かった。ある研究者は，腰痛を防ぐためには，特に座っているときに，しばしば姿勢を変えることの方が重要だとさえ言う。腰痛の主な原因は座り方ではなく，ストレスや睡眠不足かもしれない。

【語句】

・backache「腰痛」

・posture「姿勢」

・play 〜 role in A「Aにおいて〜な役割を果たす」

［例］ Forests **play** an important **role in** water circulation.

　　　森は水の循環において重要な役割を担っている。

・link「結びつける」

・straighten out A「Aをまっすぐにする」

・agreed-upon「誰もが認める」

・lack of A「Aの不足」

14

【解法のヒント】

　このパラグラフは「腰痛の原因」について書かれたものである。①「背中は元々S字形にカーブしている」，②「体型を決める独自の骨の大きさ」，③「よい姿勢についての従来の考え方」，④「ある決まった適切な姿勢はないこと」が述べられている。全体としては，「従来は，背筋を伸ばして座ることが腰痛の予防に役立つと考えられていたが，実際にはそれよりも姿勢を頻繁に変えることや，ストレス，睡眠不足などが関係している」という流れであるが，②は「骨の大きさ」について述べられていて，全体の内容に合わない。②を取り除くと，①で述べられているS字形のカーブについて，続けて③でも述べられていることになり，自然な流れである。したがって，②が正解。

問3 ~~29~~ ②

【全訳】

　文明の発達において最も重要な特徴の1つは食べ物の保存であった。ポークの足をハムにして保存することはそうしたことの1例である。今日では，世界の多くの国でハムを作っているが，それはいつ，どこで始まったのだろうか？　①多くは生のポークを塩漬けにすることを最初に記録したのは中国人であるとしているが，ヨーロッパの西部に住んでいた古代人のガリア人を引き合いに出す人もいる。②もう1つの一般的な調味料は胡椒で，これもまた食べ物の保存には同じくらい効果的である。③それがローマ時代までには確立されたやり方になっていたことはほとんど確かなようだ。④早くも紀元前160年に，古代ローマのある有名な政治家が「ハムの塩漬け」について広範囲に書き記している。起源はどうであれ，ハムのような保存食は人間の文化が発達するのに役立ってきたし，歴史の中に深く根差しているのだ。

【語句】

・preservation「保存」
・credit A with B「AにBの功績があると考える」
　［例］　Who **is credited with** inventing the radio?
　　　　　ラジオを発明したのは誰だとされていますか？
・salt「塩漬けにする」
・cite「引用する」
・seasoning「調味料」
・work「効果的である／うまくいく」
・just as well「ちょうど同じくらいうまく」
・well-established「確立された」
・as early as ～「早くも～に」
・regardless of A「Aはどうであれ／Aには関係なく」
・be deeply rooted in A「Aに深く根差している」

— 178 —

2020年度　本試験〈解説〉　15

【解法のヒント】

　このパラグラフは，「食べ物の保存が文明の発達に役立ったこと」について書かれたものである。①「生のポークの塩漬けの起源」，②「胡椒という調味料」，③「ローマ時代に確立されたやり方」，④「ハムの塩漬けについての文献」が述べられている。②には Another common seasoning「もう１つの調味料」とあるが，①には，「最初にポークを塩漬けにした記録があるのは中国人だと考える人がいる」と書かれているが，「調味料」については書かれていないため，文の流れに矛盾する。②を取り除くと，③の２つ目の it が①の salting raw pork「生のポークを塩漬けにすること」を指すことになり，自然な流れとなる。したがって，②が正解。

B　意見要約問題

30　③

【全訳】

アキラ：やあ，みんな。立ち寄ってくれてありがとう。今日，みんなにここに集まってもらったのは，毎年恒例の慈善活動のためにお金を工面する方法についてのアイデアを考えてもらうためなんだ。できるだけ多くのお金を稼ぐために，この夏はおよそ１か月間ある。何か考えはある？

テレサ：近所で何か臨時の仕事をやるのはどうかしら？

アキラ：それ何？　聞いたことがないけど。

ジェナ：ええ，多分ここ日本では一般的ではないわね。ほら，どんな仕事でもいいんだけど，芝生を刈ったり，窓をきれいにしたり，ガレージの片付けをしたりとか，いろいろと家の用事をすることよ。私はアメリカで高校生のころに，近所の庭仕事をしてひと夏で300ドル稼いだわ。それに，ときにはクリーニングを取ってくるとか，食料品の買い物とかを頼まれて町を走り回ることもあるわ。これは若者が余分にいくらかのお金を稼ぐためのかなり典型的なやり方ね。

アキラ：じゃあ，ジェナ，君は③無作為に仕事をするのがお金を稼ぐ１つの方法だと言っているんだね。

【語句】

・drop in「立ち寄る」

・come up with A「A（アイデアなど）を考える／思いつく」

〔例〕 I couldn't **come up with** any good ideas.

　　　何もいい案が浮かばなかった。

・raise「（お金）を集める／募る」

・earn「（お金）を稼ぐ」

・as 〜 as S can「できるだけ〜」

・odd「臨時の」

— 179 —

16

- stuff「こと／もの」
- pick up A / pick A up「Aを取ってくる／回収する」
- pretty「とても」
- extra「余分の」

【解説】
① 庭の掃除はとても価値のある仕事だ
② 家族のあいだで家事を分担するのが一番よい
③ **無作為に仕事をするのがお金を稼ぐ1つの方法だ**
④ アメリカでは庭仕事がたしかに儲かるだろう

　ジェナはテレサが言った odd jobs「臨時の仕事」について，第2文で「ほら，どんな仕事でもいいんだけど，芝生を刈ったり，窓をきれいにしたり，ガレージの片付けをしたりとか，いろいろと家の用事をすることよ」と説明し，そのあとで「クリーニングの回収」や「食料品の買い物」にも触れているので，③が正解。

31 ③

【全訳】

ジェナ：ええ。それは日本でもうまくいくと思うわ。

ルーディー：ここでは，地元の会社でバイトをする学生がたくさんいるだろ。レストランやコンビニで働く人もいるかもね。臨時の仕事はそれとは違う。どちらかと言えば，ヘルパーという感じだよ。気楽な働き方なんだ。会社じゃなくて，手伝いをしてあげた人から直接お金をもらう。そして，どんな仕事をやりたいかは自分で決めることができるんだ。

マヤ：でも，危険じゃない？　たいてい，人々は知らない人の家に入るのは気が進まないわ。それに，お金を払ってもらえなかったら，どうなるの？　稼いだお金をどうやってもらうことができるの？

ルーディー：家の中の仕事ばかりじゃないよ。自分にとって心地よい仕事の種類を選ぶことができるんだ。僕の経験では，だまされたことは一度もないよ。基本的に，自分の住んでいる地域の人のために働くから，多少はその人たちのことを知っているとも言える。近所に長いこと住んでいる年配の人であることが多いよ。それに，僕はいつも現金でもらっていたから，使えるお金があってわくわくしたものさ。

テレサ：この地域にはお年寄りがたくさんいるわ。誰かに大変な仕事をやってもらったり，ただ友情のこもった顔を近くで見たりするだけでも，きっと嬉しいと思うわ。私たちをだますなんてことするとは思わないわ。一般的には，ほとんどの人は正直で親切だと思わない？

アキラ：③自分の住んでいる地域で働くのはほとんど危険がないから，あまり心配しすぎない方がいいようだね。

― 180 ―

2020年度　本試験〈解説〉　17

【語句】
- a kind of A「一種のA」
- be unwilling to-不定詞「～するのに気が進まない」
- be comfortable with A「Aを心地よいと感じる」
- sort of ～「多少は～」
- heavy lifting「大変な仕事」
- take advantage of A「Aをだます／Aにつけ込む」

［例］　Some people **take advantage of** your kindness.
　　　　人の親切につけ込む人がいます。

【解説】
① 　お年寄りは私たちの仕事を不安に感じる
② 　近所の人に仕事を欲しいと頼むのは恥ずかしい
③ 　**自分の住んでいる地域で働くのはほとんど危険がない**
④ 　町の会社で働くのなら安全だ

　近所で臨時の仕事をやることについて，ジェナは「それは日本でもうまくいくと思うわ」と言い，ルーディーは「基本的に，自分の住んでいる地域の人のために働くから，多少はその人たちのことを知っているとも言える。近所に長いこと住んでいる年配の人であることが多いよ」，そして，テレサは「誰かに大変な仕事をやってもらったり，ただ友情のこもった顔を近くで見たりするだけでも，きっと嬉しいと思うわ。私たちをだますなんてことするとは思わないわ」と言っていて，近所で臨時の仕事をすることは心配でないということで意見が一致している。したがって，③が正解。

32 ④

【全訳】
ダン：ボランティアの仕事でお金をもらってもいいのかい？　お年寄りのためには心からの親切で働くべきじゃないかな？　人々を助けることそのものがほうびだと思うよ。

カナ：最初から，慈善活動のためのお金を集めていると，私たちの目的をはっきり説明したら，人々は喜んで協力してくれると思うわ。それに，一時間あたり5千円を請求するわけじゃないのよ。一時間500円を提案したらどうかしら？　どこかの会社にその仕事をやってもらうように頼むよりはずっと手頃な額だわ。

マヤ：税金はまったく払わなくていいのかしら？　お役所に見つかったらどうなるかしら？

ジェナ：私たち，どんな法律も犯していないと思うわ。ともかく，アメリカではそんな風でうまくいくわ。ただ，念のために，市の税務署の誰かに尋ねてみましょう。

アキラ：そうだね，いろいろと素敵なアイデアを出してくれてありがとう。これで

— 181 —

かなり前に進んだと思うよ。今日なされた提案に従えば，僕たちが次にやるべきことは，④地元の地域の役に立つ計画を考え出すことだ。そうだろ？

ジェナ：よさそうね。

【語句】

- ・reward「ほうび」
- ・charge「請求する」
- ・Why don't we ～?「～してはどうか？」
- ・reasonable「(金額が)手頃な」
- ・break「(法律)を犯す」
- ・That's the way SV ...「…はそんな風だ」
- ・to be on the safe side「念のために」
- ［例］ We'd better think of a next best plan, just **to be on the safe side**.
  念のために，次善の策を考えておいた方がいい。
- ・it looks like SV ...「…のようだ」

【解説】

① お互いに対してまったく正直でいようと考える
② 賃金の高いアルバイトを探す
③ 役に立つサービスを無料で近所の人に提供する
④ 地元の地域の役に立つ計画を考え出す

　ダンが「ボランティアの仕事でお金をもらってもいいのかい？」と尋ねるのに対して，カナは「最初から，慈善活動のためのお金を集めていると，私たちの目的をはっきり説明したら，人々は喜んで協力してくれると思うわ」と答え，マヤは「税金はまったく払わなくていいのかしら？」と税金のことを問題にしているが，それに対してジェナは「念のために，市の税務署の誰かに尋ねてみましょう」と答えており，全体として，臨時の仕事を始める方向に話がまとまっているので，この先は「地元の地域の役に立つ計画を考え出す」ことが必要になると考えられる。したがって，④が正解。

第4問　図表・広告問題

A　図表問題

【全訳】

　スポーツのコーチや選手は，成果を高めるためには訓練プログラムをどのように計画すればよいかに興味がある。練習の順番は，練習量を増やさないで，学習の結果を向上させる可能性がある。様々な訓練スケジュールが，物を投げたときの成果にどのように影響を及ぼすかを調べるために，ある研究が行われた。

この研究では，床に置かれた的に向かって小学生がテニスボールを投げた。彼らは的から３，４，５メートルという距離の３つの投球位置からボールを投げた。的は中心（幅が20センチ）と，それより大きな９個の外輪からなっていた。それらは投球の正確さを示す区域としての役割を果たした。もしボールが的の中心に落ちれば，100ポイントが与えられた。もしボールが外の区域の１つに落ちた場合は，その位置にしたがって90，80，70，60，50，40，30，20，あるいは10ポイントが記録された。ボールが的の外に落ちた場合は，ポイントは与えられなかった。ボールが２つの区域を分割する線の上に落ちた場合は，より高い方の点が与えられた。

　生徒は「ブロック」，「ランダム」，「コンバイン」の３つの練習グループの１つに割り当てられた。全ての生徒が上手投げの動きを使って，ボールで的の中心に当てようとするよう指示された。この研究の１日目には，１人１人が全部で81回の練習投球を終えた。ブロックグループの生徒は，３つの投球位置の１つから27回投げ，次の位置から27回投げ，最後の位置から27回投げて練習を終えた。ランダムグループでは，１人１人の生徒は研究者が決めておいた投球位置の順に81回ボールを投げた。このグループは，同じ位置から続けて２回より多く投げることは許されなかった。コンバイングループでは，生徒はブロックグループのスケジュールから始めて，徐々にランダムグループのスケジュールへと移った。次の日には，全ての生徒が12回投げる成果テストを終えた。

　その結果は，81回の投球練習の間，ブロックグループは他の２つのグループよりも悪い成績だった。成果テストの点数もまた分析された。コンバイングループは３つのグループの中で一番良い成績で，次にランダムグループ，その次にブロックグループが続いた。大人の場合，ボウリング，野球，バスケットボールで見られるような，他の投球行為の訓練プログラムでも，同じような結果が得られるかどうかはまだ分からない。このことは次の節で扱う。

（出典：エスマイル・サエミ他(2012)*文脈干渉の連続に則った練習：小学校の体育における３つの練習スケジュールの比較*の一部を参考に作成）

【語句】

◆第１段落◆

・be interested in A「Aに興味がある」

・enhance「高める」

・order「順番」

・facilitate「促す／容易にする」

◆第２段落◆

・distance「距離」

・consist of A「Aから成る」

［例］　The committee **consists of** 50 members.

　　　　委員会は50人のメンバーから構成されている。

20

- ・serve as A「Aの役割を果たす」
- ・indicate「示す」
- ・accordingly「それにしたがって」
- ・separate「分割する／分ける」

◆第3段落◆

- ・assign A to B「AをBに割り当てる」

［例］　More than ten detectives **were assigned to** the investigation.
　　　　10人を超える刑事がその調査に割り当てられた。

- ・instruct A to-不定詞「Aに〜するよう指示する」
- ・each「1人1人が／それぞれが」
- ・followed by A「その後Aが続く」
- ・in the order of A「Aの順に」
- ・no more than A「Aより多く〜ない」
- ・consecutive「連続した」
- ・shift to A「Aに移る」

◆第4段落◆

- ・analyze「分析する」
- ・similar「同じような」
- ・obtain「得る」
- ・address「(問題など)を扱う」

【解説】

問1　33　④

　　この図では，5回投げて得られたスコアの合計はどれだけか？　33

① 　200点
② 　210点
③ 　220点
④ 　230点

　　図では，ボールは50点と30点の区域にそれぞれ1つずつあり，80と70の間，50と40の間，20と10の間にボールがそれぞれ1つずつあるが，第2段落最終文「ボールが2つの区域を分割する線の上に落ちた場合は，より高い方の点が与えられた」とあるので，それぞれ80点，50点，20点が与えられたことになる。よって，50＋30＋80＋50＋20＝230となる。したがって，④が正解。

問2　34　④

　　実験について当てはまるものは次の文のどれか？　34

① 　ブロックグループでは，最初の同じ投球位置から81回ボールが投げられた。
② 　コンバイングループでは，実験の間じゅう的からの距離は変わらなかった。
③ 　コンバイングループでは，同じ位置からの一連の投球には様々な投げ方が含まれていた。

— 184 —

④ ランダムグループでは，同じ位置から続けて3回以上投げることはルールに反していた。

第3段落第6文「このグループ（＝ランダムグループ）は，同じ位置から続けて2回より多く投げることは許されなかった」より，④が正解。

問3 ┃35┃ ②

結果について当てはまるものは次の文のどれか？ ┃35┃

① ブロックグループは，練習と成果テストのどちらにおいても一番良い点をとった。

② ブロックグループは，成果テストでは3つのグループの中で最も悪い点数であった。

③ 成果テストで，コンバイングループはランダムグループより正確さが低かった。

④ ランダムグループは，練習と成果テストのどちらにおいても正確さが一番低かった。

成果テストについては，最終段落第3文に「コンバイングループは3つのグループの中で一番良い成績で，次にランダムグループ，その次にブロックグループが続いた」と述べられているので，②が正解。

問4 ┃36┃ ④

この報告では次に論じられる可能性が最も高いのは何か？ ┃36┃

① 下手投げのメンタルイメージ訓練

② もっと幼い生徒の動きについての観察

③ 目を閉じて行う上手投げ

④ 様々な種類の投球モーション

最終段落の最後の2文には「大人の場合，ボウリング，野球，バスケットボールで見られるような，他の投球行為の訓練プログラムでも，同じような結果が得られるかどうかはまだ分からない。このことは次の節で扱う」と述べられているので，この後には，いろいろなスポーツにおける様々な投球モーションについて述べられると考えられる。したがって，④が正解。

B　広告問題

【全訳】

グリーンリー　秋のフリーマーケット

ただ今，グリーンリー・スポーツセンター，秋のフリーマーケットへのお申し込みを受け付け中です！　中古または手作りの品物をお持ちください。スペースは限られた数しかなく，お申し込みの順に受け付けますので，今すぐメールでお申し込みください。こちらはペットの持ち込みもできるマーケットですが，ペットを持ち込む予定の方は屋外のスペースにお申し込みください。屋外のスペースでは，追加料金なしで管理者がテントの設営をお手伝いします。品物の搬送が必要な方には，追加料金でトラックをお貸しすることができます。

	10月3日（土） （13：00〜17：00）	10月4日（日） （10：00〜15：00）
屋内スペース （2×2メートル）	8ドル	10ドル
屋外スペース （4×4メートル）	9ドル	11ドル

➤ 屋内スペースでは水道がご利用できます。
➤ 土曜日と日曜日の両方に申し込まれる場合は，それぞれの日に対して2ドルずつの割引があります。

ご注意
1．スペースの場所は管理者が決定します。場所の希望や変更は受け付けできません。
2．開始と終了時間の変更がある場合は，2日前にお知らせします。
3．お申し込みを取り消す場合は，料金全額の80％を払い戻します。
4．ごみはそれぞれの日の最後に分別して，所定のごみ収集箱に捨ててください。
5．火気とガス機器の使用は禁止します。

2020年度　本試験〈解説〉　23

【語句】
- flea market「フリーマーケット／のみの市」中古品などを安価で売るマーケット。
- limited「限られた」
- in order of arrival「申し込み順に／到着順に」
- pet-friendly「ペットに優しい」
- apply for A「Aに申し込む／志願する」
  〔例〕　An estimated one hundred people have **applied for** the job.
　　　　　その仕事には推定100人の応募があった。
- for no extra charge「追加料金なしで」
- for additional fees「追加料金で」
- discount「割引」
- A in advance「A（期間）前に」
- refund「払い戻す」
- garbage「ごみ」
- prohibit「禁じる」

【解説】
問1　37　①

　フランは手作りの宝石を両方の日に売るつもりだ。彼女が必要としているのはほんの少しのスペースである。料金はいくらになるか。37
① 　14ドル
② 　16ドル
③ 　18ドル
④ 　20ドル

　ほんの少しのスペースが必要とあるため，２×２メートルの屋内スペースを借りればよい。２日間では 8 ＋10＝18で，18ドルになるが，表の下に，「土曜日と日曜日の両方に申し込まれる場合は，それぞれの日に対して２ドルずつの割引があります」とあるので，18－（２＋２）＝14となる。したがって，①が正解。

問2　38　①

　パットは冷蔵庫を含む大きな家財道具をいくつか売りたいので，屋外スペースが必要である。彼女が利用できるのはどのサービスか？　38
① 　テント設営の無料のお手伝い
② 　キャンセルの際の現金による全額払い戻し
③ 　自分のスペースの場所の選択
④ 　無料の大型トラックの貸し出し

　表の上に，「屋外のスペースでは，追加料金なしで管理者がテントの設営をお手伝いします」と述べられているので，①が正解。

— 187 —

問3 　39 　②

　　マークはハーブ入り石鹸とロウソクを作っている。彼は屋内スペースを選んだ。彼がすることを許されるのは次のうちのどれか？　39

① 　水道が使いやすいように流しの近くのスペースを選ぶこと
② 　客が石鹸を試してみるために水の入ったボウルを置いておくこと
③ 　飼育ケースに入ったペットのハムスターを自分のブースに置いておくこと
④ 　客に試供品のロウソクのいくつかに火を点けさせること

　　表の下に「屋内スペースでは水道がご利用できます」と述べられているので，②が正解。

問4 　40 　④

　　このフリーマーケットに当てはまるのは次のうちのどれか？　40

① 　手作りの物を売ることは禁止である。
② 　同じゴミ箱にどんな物を捨ててもよい。
③ 　管理者が両方の日に申し込みをする申し込み者を選ぶ。
④ 　管理者は予定の変更についての情報を提供する。

　　「ご注意」の2に「開始と終了時間の変更がある場合は，2日前にお知らせします」と述べられているので，④が正解。

第5問　長文読解問題（物語）

---【全訳】---

　　数週間前，私が犬をつれて山を歩いていたら，ある予期しない出来事が起こって，私は彼の姿を見失ってしまった。必死に探し回ったが彼を見つけることはできなかった。彼はあまりにも長い間私とともにいたので，それはまるで自分の魂の一部を失ってしまったようだった。

　　その日以来ずっと，私には奇妙な感覚があった。それは悲しみを越えた，よく理解できない感覚で，まるで何かが私をその山へと引き戻しているかのようだった。そのため私は機会あるごとに，バックパックをひっつかんで，山が何らかの安心感を与えてくれるかどうかを確かめに出かけた。

　　ある晴れた朝，私はその山のふもとに立った。この日は何かが違って感じられた。「どうか私を許して」と私は大きな声で言った。「必ずあなたを見つけ出すわ！」私は深く息を吸い込んで歩き始めたが，この不思議な，引かれるような感覚は強まるばかりだった。自分ではよく知っているはずの道を通って行くと，私はどういうわけか見覚えのない場所に出たことに気づいた。少し気が動転し，足を滑らせて転倒した。するとどこからともなく1人の老人が私の方へ走ってきて，助け起こしてくれた。

　　優しく微笑んでいる彼の顔を見て，私は安らぎを感じた。その老人は山の頂上にたどり着く道を探しているのだと言ったので，私たちは一緒に登ることにした。

間もなく道は再び，見慣れたものに感じられてきた。私たちは私の犬のことを含めて，いろいろなことについて話した。私は老人に，その犬はジャーマンシェパードだったと言った。犬は若いころ，少しのあいだ警察犬として務めていたが，ケガのために辞めなければならなくなった。男性は，自分も少しのあいだ警察官をしていたが辞めたと言って，声を出して笑った。なぜ辞めたかは言わなかった。その後，彼は長いあいだボディーガードをした。彼もまたルーツがドイツだった。私たちはこれらの共通点に笑った。

ふと気がつくと，私たちは広い空き地にたどり着き，休憩をとった。私は男性に自分の犬に何が起こったかを話した。「彼はクマを追い払うために首輪に小さな鈴をつけていたんです。私たちはまさにこの場所に来て，1頭のクマに出会いました。クマは私たちを見返していました。私は彼を抑えているべきでした，というのも彼は危険を感じてクマの後を追いかけていったからです。その後，彼を見つけることはできませんでした。もっと注意すべきだったのです」

私がその話をしていると，男性の表情が変わった。「あなたのせいではありません。あなたの犬はただあなたを危険な目に合わせたくなかっただけですよ」と彼は言った。「きっとトモはあなたにこう言いたいと思います。それに，あきらめないでありがとうとね」

トモは私の犬の名前である。このことは男性に話しただろうか？　老人の言葉が<u>ある印象を残した。</u>

私が尋ねるより先に，男性は山の頂上に急ぎましょうと言った。数週間前には，私の犬とともにこうするつもりだったのだ。さらに2時間歩くと，私たちは頂上にたどり着いた。私はバックパックを下ろし，私たちは座って素晴らしい眺めに見入った。老人は私を見て言った。「山は本当に神秘的な経験を与えてくれますね」

私は休む場所を探してあたりを見回した。おそらくひどく疲れていたにちがいない，というのはすぐに眠ってしまったからだ。目が覚めると，老人がいなくなっているのに気がついた。私は待ったが，彼は二度と現れなかった。

突然，太陽の光の中で，何かが私の目をとらえた。そちらへ歩いて行くと，バックパックのそばに金属の小さな札が見えた。それは元々私の両親が犬に付けてくれたのと同じ銀の名札だった。そこには「トモ」と書いてあった。

まさにそのとき，後ろで聞きなれた音が聞こえた。それは小さな鈴の鳴る音だった。私は振り向いた。そのとき見たものは，私にさまざまな感情を起こさせた。

しばらくして，山の頂上で，私は古い友達に名札を付け，山の贈り物を傍らに家路を注意深くたどった。私の魂はすっかり完全になったように感じた。

【語句】

◆第1段落◆

・unexpected「予期しない」

・lose sight of A「Aを見失う」

26

　　［例］　We **lost sight of** the boy in the forest.
　　　　　　私たちは森の中で少年を見失った。
　　・be missing「～がない／～を欠いている」
◆第2段落◆
　　・as if SV ...「まるで…であるかのように」
　　・see if SV ...「…かどうか確かめる」
　　［例］　He looked around to **see if** anyone was about.
　　　　　　彼は近くに誰かいるか確かめようと見回した。
　　・sense of relief「安心感」
◆第3～4段落◆
　　・at the foot of A「Aのふもとに」
　　・take a deep breath「深く息を吸い込む／深呼吸する」
　　・pull「引かれるような感覚」
　　・unfamiliar「見慣れない」
　　・lose *one's* footing「足を滑らせる」
　　・from out of nowhere「どこからともなく」
　　・sense of ease「安らぎ／安心感」
◆第5～6段落◆
　　・including A「Aを含めて」
　　・serve as A「Aとして務める」
　　［例］　He **served as** principal of our school for many years.
　　　　　　彼は長年，わが校の校長を務めた。
　　・due to A「Aのために／Aのせいで」
　　・let out a laugh「声を出して笑う」
　　・roots「(自分・祖先の)ルーツ／故郷」
　　・collar「首輪」
　　・scare away A / scare A away「Aを追い払う」
　　・this very A「まさにこのA」
　　・should have＋過去分詞「～すべきだった」
◆第7～9段落◆
　　・fault「(誤りの)責任」
　　・keep A＋形容詞「Aを～にしておく」
　　・ring in the air「空気中で鳴る」ここでは「(老人の言葉が)ある印象を残す」という
　　　意味を表す。
　　・propose (that) S＋動詞の原形「…することを提案する」
　　・magnificent「素晴らしい」
　　・magical「神秘的な」

◆第10〜13段落◆

・look around「見回す」
・pretty＋形容詞[副詞]「かなり〜／とても〜」
・fall asleep「眠る／眠りに落ちる」
・catch *one's* eye「目にとまる」

［例］ The flier happened to **catch my eye**.
　　　そのチラシにふと目がとまった。

・originally「元々／最初に」
・*Tomo* it said.「そこには『トモ』と書かれていた」It said *Tomo*. の *Tomo* が強調
　されて前に出されている。
・turn around「振り向く」
・cause A to-不定詞「Aに〜させる」
・rush over A「A（人）に起こる」
・attach A to B「BにAを付ける」
・make *one's* way home「家路をたどる」
・the mountain's gift「山の贈り物」ここでは「私の犬」のこと。

【解説】

問1　41　①

　　筆者が何度も山に戻ったのは，41　からだ。

① 　説明することのできない衝動を感じた
② 　その老人に会うつもりだった
③ 　魔法をかけることができると思っていた
④ 　クマのことについて知りたいと思った

　　第1段落には「筆者が自分の犬を山で見失ってしまったこと」が述べられていて，
第2段落第1，2文には「その日以来ずっと，私には奇妙な感覚があった。それは
悲しみを越えた，よく理解できない感覚で，まるで何かが私をその山へと引き戻し
ているかのようだった」と述べられているので，①が正解。

問2　42　④

　　筆者のもっとも最近の旅で，最初に起こったのは次のうちのどれか？　42

① 　広い空き地に着いた。
② 　山の頂上まで登った。
③ 　クマが走り去るのを見た。
④ 　ある老人に助けられた。

　　第3段落には，筆者が「見覚えのない場所に出て，足を滑らせて転倒したこと」
が述べられているが，その段階の最終文に「するとどこからともなく1人の老人が
私の方へ走ってきて，助け起こしてくれた」と述べられているので，④が正解。

問3　43　④

　　筆者の犬と老人の間のどんな共通点について述べられていたか。　43

— 191 —

28

① どちらも仕事場でケガをした。
② どちらも最近，家族の親しい友人を失った。
③ どちらも筆者の知り合いであった。
④ どちらも人々を守る助けをするために働いた。

　第5段落によると，筆者の犬は「若いころ警察犬をしていたこと」と，老人は「少しのあいだ警察官をしていたこと」が分かるので，④が正解。

問4 44 ②

　本文で用いられている，下線を引いた表現 rang in the air に意味が最も近いのは次のうちのどれか？ 44

① 幸せをもたらした
② ある印象を残した
③ 大きな音を立てた
④ 不快に思えた

　The old man's comment rang in the air. という文は，言葉通りには「老人の言葉は空中で鳴った」という意味である。その前で，老人が筆者の犬を「トモ」と呼んだことに対して，筆者は，「犬の名前を老人に話しただろうか」，といぶかしんでいるという場面であるため，この文は「老人の言葉がある印象を残した」という意味だと考えられる。したがって，②が正解。

問5 45 ②

　最後の山歩きの間に筆者の気持ちはどのように変化したか？ 45

① 落ち込んでいて，その後さらに悲しくなった。
② 決意していて，その後慰められた。
③ 希望に満ちていたが，ホームシックになった。
④ 惨めな気持ちだったが，楽しい気持ちになった。

　筆者は山で犬を見失ってしまうが，第3段落第4文で「『必ずあなたを見つけ出すわ！』」と決意を表明する。そして，最後には犬と再会し，最終文では「私の魂はすっかり完全になったように感じた」とあり，慰めを得ていると分かる。したがって，②が正解。

第6問　長文読解問題（論説文）

【全訳】

(1) 自販機は日本では非常にありふれたものなので，ほとんどどこへ行っても見つかる。これらの機械の中には列車の切符や食事券を売るものもあれば，お菓子や飲み物を売るものもある。自販機は何かを素早く便利に手に入れたい人々に特に役に立つ。

(2) 今では自販機は日本じゅうで見つかるが，元々は日本で開発されたものではない。最初の自販機はおよそ2,200年前に，ギリシャ人の数学の教師によって作られ

— 192 —

たと一般には信じられている。この機械は礼拝堂のお祈りで使われる特別な水を売っていた。この水を買いたい人々が硬貨を入れると，硬貨は紐に取り付けられた金属のレバーに当たる。そして，硬貨の重さによってある特定の量の水が，硬貨が下に落ちるまで流れ出た。これによって，人々は必ず，等しい一人分の量の特別な水を受け取ることができた。

(3)　およそ1,000年前には，鉛筆を売る自販機が中国で開発された。その後，1700年代には，コイン式のタバコ販売用ボックスが英国のバーで登場した。人々がこれらのボックスの1つで売られている製品を欲しいときには，硬貨を入れてレバーを回す。すると，製品が落ちてきて，客はそれを拾うというものだった。ところが，自販機が世界中に広まったのは1880年代になってからやっとのことだった。1883年，イギリス人のある発明家がハガキや紙を売る自販機を作った。これが人気を博し，間もなく紙や切手やその他の物を売る自販機が多くの国で現れた。1904年には，日本で自販機が使われるようになった。1926年には技術がすでに進んでいて，値段の異なる製品を売るよう機械を設定することができるようになった。その後，さらに様々な製品が売られるようになった。このことが起きたとき，自販機産業は急速に拡大したのだ。

(4)　拡大するなかで世界の自販機産業が直面した最大の問題は硬貨の使用ではなく，紙幣だった。これは難題であった，というのは不正を働く人が機械をだますことのできるお金を作ることは簡単だと分かったからだ。これによって，自販機産業はより優れた発見方法を確立せざるを得なくなり，またこれが，偽造することの難しいお金を諸国が開発するための措置をとる1つの理由となった。今では，自販機は技術的に進歩しており，現金の問題を防止できるだけではなく，またクレジットカードやもっと最近の電子決済方法にも対応できるようになった。

(5)　自販機が一番広まったのは日本においてである。現在，日本には420万台を超える自販機があり，そのおよそ55％はお茶，コーヒー，ジュースなどの飲み物を売っている。日本が世界でも有数の自販機王国になっている主な理由の1つは，国全体の安全性の高さである。窃盗を防ぐために自販機を監視しなければいけない多くの場所と違って，日本ではほとんどどこにでも自販機を設置することができる。こうした公共での並外れた安全性は，手に入る製品の範囲の広さとともに，驚くべきことだと訪問者に考えられている。観光客はしばしば，バナナ，生卵，袋入りの米など思いもよらない製品を売る機械の写真を撮る。訪問者が自販機を日本文化特有の1つの側面だと考えるのはうなずけることである。

(6)　自販機の人気と有用性を考えると，近い将来のいつかそれらが消えるなどとは考えられない。自販機は，店員を必要としないで様々な商品を売ることができる場所を提供する。今度，寒い日に温かい飲み物を買いたいと思ったときには，少なくとも日本では，おそらくすぐ近くに自販機があることを思い出すがよい。

【語句】

◆第1段落◆

- vending machine「自販機／自動販売機」
- so + 形容詞［副詞］+ that SV ...「非常に～なので…」
- especially「特に」

◆第2段落◆

- It is believed that SV ...「…だと信じられている」
- construct「作る」
- prayer「祈り」
- A attached to B「Bに取り付けられたA」
- pour out「流れ出す」
- ensure that SV ...「…を確実にする」

  ［例］　Please **ensure that** all the doors are locked before you leave the room.
  　　　　部屋を出る前に，必ず全てのドアに施錠をしてください。

- a portion of A「一人分のA」

◆第3段落◆

- insert「入れる」
- it is not until ～ that SV ...「…するのは～になってやっとのことである」

  ［例］　**It was not until** 11 p.m. **that** the boy came back home.
  　　　　少年が帰宅したのは午後11時になってやっとのことだった。

- inventor「発明家」
- come into service「使われるようになる」
- advance「（技術などが）進む」
- a wide variety of A「様々なA」

◆第4段落◆

- challenge「難題」
- prove + 形容詞「～だとわかる」
- fool「だます」
- force A to-不定詞「Aが～せざるを得なくする」

  ［例］　He **was forced to act** against his will.
  　　　　彼は自分の意志に逆らって行動させられた。

- detection「発見／検知」
- take a step to-不定詞「～するための措置をとる」
- counterfeit「偽造する」
- not only A but also B「AだけではなくBもまた」

◆第5段落◆

- with A ～ing「Aが～していて」　付帯状況。
- beverage「飲み物」

2020年度　本試験〈解説〉　31

・capital of A「Aの中心地」
・theft「窃盗／盗み」
・virtually「ほとんど／事実上」
・extraordinary「並外れた／異常な」
・available「手に入る」
・see A as B「AをBとみなす」

◆第6段落◆
・given A「Aを考えると／考慮に入れると」
［例］　**Given** his inexperience, he has done well.
　　　　彼が未経験であることを考えると，彼はよくやった。
・the next time SV ...「今度…するときには」
・at least「少なくとも」
・just around the corner「すぐ近くに」

【解説】

A

問1　46　①
　　第2段落によると，最初の自販機ができたことは何だったか？　46
①　**人々がある決まった量の液体を手に入れることができるようにすること**
②　古代ギリシャの数学の原理についての書物を提供すること
③　訪問者が祈りたいときに礼拝堂に入ることができるようにすること
④　自販機を作った人に決まった収入を提供すること
　　最初の自販機については，第3文に「この機械は礼拝堂のお祈りで使われる特別な水を売っていた」と述べられているので，①が正解。

問2　47　③
　　第3段落によると，自販機についての次のどの文が正しいか？　47
①　イギリス人発明家の自販機は商品を様々な値段で売っていた。
②　価値の高い硬貨が現れたときに，自販機による売上が増加した。
③　**自販機の技術は何世紀も前のアジアに見つけられた。**
④　18世紀までに自販機は世界でありふれたものになっていた。
　　第1文「およそ1,000年前には，鉛筆を売る自販機が中国で開発された」より，③が正解。

問3　48　②
　　第4段落の下線を引いた語 <u>counterfeit</u> の意味に最も近いものは次のうちのどれか？　48
①　違法の小切手を受け付ける
②　**認可されていない偽物を作る**
③　無認可の技術を制限する

— 195 —

④　不必要な援助を取り消す

　　下線部の単語を含む文は「またこれが，counterfeit の難しいお金を諸国が開発するための措置をとる１つの理由となった」という文だが，その前には，「にせの紙幣を作って自販機をだますことが簡単だと分かった」ということが述べられているので，counterfeit とは「（お金を）偽造する／偽物を作る」という意味だと分かる。したがって，②が正解。

問4　49　④

　　第５段落によると，日本の自販機に当てはまるのはどれか？　49
① 　外国の観光客は自販機で物を買うのにちゅうちょする。
② 　自販機の４分の３以上が様々な飲み物を売っている。
③ 　自販機で売られているきわめて安全な製品が客を魅了する。
④ 　商品の多様性によって自販機は世界でも独特のものとなっている。

　　最後の２文に「観光客はしばしば，バナナ，生卵，袋入りの米など思いもよらない製品を売る機械の写真を撮る。訪問者が自販機を日本文化特有の１つの側面だと考えるのはうなずけることである」と述べられているので，④が正解。

問5　50　②

　　この文章に最も適切なタイトルは何か？　50
① 　日本社会における自販機の文化的な利点
② 　歴史的観点から見た自販機の発展
③ 　国際的比較による自販機の経済的影響
④ 　現代の技術による自販機の国際化

　　この文章は，「最初の自販機がいつ，どこで作られ，それがどのような商品を売るものであったか」から始まり，「偽札の使用に対する対策」，そして，「現在，世界の中でも特に日本で自販機が最も人気があること」について述べられている。したがって，②が正解。

2020年度　本試験〈解説〉　33

B

51　②　52　④　53　③　54　①

段落	内容
(1)	導入
(2)	51　②
(3)	52　④
(4)	53　③
(5)	54　①
(6)	結論

① 　自販機がある１つの国で広く普及することを可能にしているある要因
② 　１つの自販機の発明と，その機械がどのように使われていたかについての記述
③ 　異なる形態のお金が導入された後の，自販機を作ることの難しさ
④ 　過去の様々な場所で売られていた自販機商品の種類

　　第２段落は「最初の自販機が礼拝堂の祈りのための水を売るものであったこと」について述べており，これは②「１つの自販機の発明と，その機械がどのように使われていたかについての記述」に相当する。第３段落は「中国，イギリス，日本で自販機が使われていたことと，それが扱っていた商品」について述べており，これは④「過去の様々な場所で売られていた自販機商品の種類」に相当する。第４段落は「偽造紙幣や，クレジットカード，電子決済への自販機の対応」について述べており，これは③「異なる形態のお金が導入された後の，自販機を作ることの難しさ」に相当する。第５段落は「並外れた安全性のために日本では多くの自販機が設置されていること」について述べており，これは①「自販機がある１つの国で広く普及することを可能にしているある要因」に相当する。したがって，51　②，52　④，53　③，54　①が正解である。

— 197 —

MEMO

英　語

（2020年 1 月実施）

追試験
2020

英 語

解答・採点基準　（200点満点）

問題番号(配点)	設問		解答番号	正解	配点	自己採点
第1問 (14)	A	問1	1	③	2	
		問2	2	①	2	
		問3	3	①	2	
	B	問1	4	④	2	
		問2	5	④	2	
		問3	6	③	2	
		問4	7	①	2	
第1問　自己採点小計						
第2問 (47)	A	問1	8	④	2	
		問2	9	②	2	
		問3	10	①	2	
		問4	11	④	2	
		問5	12	③	2	
		問6	13	④	2	
		問7	14	②	2	
		問8	15	①	2	
		問9	16	④	2	
		問10	17	②	2	
	B	問1	18	⑥	4 *	
			19	④		
		問2	20	②	4 *	
			21	①		
		問3	22	④	4 *	
			23	⑤		
	C	問1	24	⑥	5	
		問2	25	③	5	
		問3	26	④	5	
第2問　自己採点小計						

問題番号(配点)	設問		解答番号	正解	配点	自己採点
第3問 (33)	A	問1	27	③	5	
		問2	28	③	5	
		問3	29	④	5	
	B		30	④	6	
			31	④	6	
			32	③	6	
第3問　自己採点小計						
第4問 (40)	A	問1	33	②	5	
		問2	34	②	5	
		問3	35	③	5	
		問4	36	①	5	
	B	問1	37	②	5	
		問2	38	③	5	
		問3	39	②	5	
		問4	40	②	5	
第4問　自己採点小計						
第5問 (30)		問1	41	②	6	
		問2	42	④	6	
		問3	43	①	6	
		問4	44	④	6	
		問5	45	④	6	
第5問　自己採点小計						
第6問 (36)	A	問1	46	④	6	
		問2	47	④	6	
		問3	48	③	6	
		問4	49	④	6	
		問5	50	②	6	
	B		51	②	6 *	
			52	①		
			53	③		
			54	④		
第6問　自己採点小計						
自己採点合計						

（注）　＊は，全部正解の場合のみ点を与える。

第1問 発音・アクセント

A 発音

問1 <u>1</u> ③
① clear /klíər/「明らかな」/íər/
② disappear /dìsəpíər/「消える」/íər/
③ **heard** /hə́:rd/「聞こえた」/ə́:r/
④ nearly /níərli/「ほとんど」/íər/
したがって，③が正解。

問2 <u>2</u> ①
① **chamber** /tʃéɪmbər/「部屋」/b/
② debt /dét/「借金」/φ/
③ subtle /sʌ́tl/「微妙な」/φ/
④ tomb /túːm/「墓」/φ/
したがって，①が正解。

問3 <u>3</u> ①
① **browse** /bráʊz/「見て回る」/z/
② collapse /kəlǽps/「崩壊する」/s/
③ false /fɔ́ːls/「誤った」/s/
④ tense /téns/「張りつめた」/s/
したがって，①が正解。

B アクセント

問1 <u>4</u> ④
① accident /ǽksədənt/「事故」第1音節
② generous /dʒénərəs/「寛大な」第1音節
③ justify /dʒʌ́stəfàɪ/「正当化する」第1音節
④ **substantial** /səbstǽnʃəl/「かなりの」第2音節
したがって，④が正解。

問2 <u>5</u> ④
① career /kəríər/「キャリア」第2音節
② degree /dɪgríː/「程度」第2音節
③ evolve /ɪvɑ́ːlv/「進化する」第2音節
④ **measure** /méʒər/「測定(する)」第1音節
したがって，④が正解。

問3 <u>6</u> ③
① disappoint /dìsəpɔ́ɪnt/「失望させる」第3音節

— 201 —

38

② interrupt /ìntərʌ́pt/「じゃまをする」第 3 音節

③ **prejudice** /prédʒədəs/「偏見」第 1 音節

④ underneath /ʌ̀ndərníːθ/「下に」第 3 音節

したがって，③が正解。

問4　7　①

① **academic** /æ̀kədémɪk/「学問の」第 3 音節

② apologize /əpáːlədʒàɪz/「謝罪する」第 2 音節

③ particular /pərtíkjələr/「特定の」第 2 音節

④ significance /sɪɡnífɪkəns/「重要性」第 2 音節

したがって，①が正解。

第2問　文法・語法空所補充問題・語句整序問題・応答文完成問題

A　文法・語法

問1　8　④

夕食のとき子どもにテレビを見せることに反対している親もいる。

> **―【ポイント】―**
>
> **イディオム be opposed to ～ing**
>
> 　be opposed to ～ing は「～することに反対している」という意味を表す。to は前置詞なので，be opposed to-不定詞にはならない。
>
> ［例］　He **is opposed to** carrying out the plan.
>
> 　　　　彼はその計画を実行することに反対している。

問2　9　②

どんなに大変そうに思えても，私たちはその仕事をやらなければならない。

> **―【ポイント】―**
>
> **however＋形容詞［副詞］＋SV ...**
>
> 　however＋形容詞［副詞］＋SV ... で「どんなに…しようとも」という意味を表す。
>
> ［例］　**However cold** it is outside, she keeps the windows open.
>
> 　　　　どんなに外が寒くても，彼女は窓を開けたままにしている。

【他の選択肢】

① 　How は，how＋形容詞［副詞］＋SV ... で「どんなに～するか」という意味を表す名詞節になるので，不可。

③ 　what は，what＋名詞＋SV ... で「どんな～が［を］…するか」という意味を表す名詞節になるので，不可。

④ 　Whatever は，whatever＋名詞＋SV ... で「どんな～が［を］…しようとも」と

― 202 ―

いう意味を表す。本問では空所の直後に形容詞があるので，不可。

［例］ **Whatever decision** she makes, I will support it.

彼女がどんな決定を下しても，私はそれを支持します。

問3 10 ①

私は偶然そのスーパーマーケットでシゲオに会った。

┌─**【ポイント】**───────────────────
│ **イディオム by chance**
│
│　by chance で「偶然に」という意味を表す。
│
│ ［例］ I filmed the accident **by chance**.
│
│　　　私は偶然，その事故の動画を撮った。
└──────────────────────────

【他の選択肢】

③　occasion は，on occasion で「時々」という意味を表すので，不可。

［例］ She has made a small mistake **on occasion**.

彼女は時々ミスを犯した。

問4 11 ④

この計画は，この会議に出席したメンバーの少なくとも3分の2の支持が必要だ。

┌─**【ポイント】**───────────────────
│ **分数 two thirds**
│
│　third には「3分の1」という意味があり，「3分の2」は two thirds となる。
│
│ ［例］ **Two thirds** of these jobs are held by men.
│
│　　　この仕事の3分の2は男性がやっている。
└──────────────────────────

・present at this meeting「この会議に出席した」直前の the members を修飾している。

問5 12 ③

平和記念公園は町の中心部にある。

┌─**【ポイント】**───────────────────
│ **動詞 lie**
│
│　lie は「横たわる」という意味から，「（場所・町などが）位置している」という意味
│ を表す。
│
│ ［例］ The city **lies** on the coast.
│
│　　　その都市は沿岸部に位置している。
└──────────────────────────

【他の選択肢】

①　is locating, ④　locates は不可。be located ～ で「～に位置している」という
意味を表す。

［例］ The office **is located** in the center of town.

会社は町の中心部にある。

40

② is lying は不可。この意味の lie は進行形で用いない。

問6 　13　 ④

　　金曜日に集まるのは都合がいいですか。

── 【ポイント】──────────────

動詞 suit

　suit は「(事が)都合がよい／(服装・気候などが)適する」という意味を表す。

［例1］　What time will **suit** you best?

　　　　何時が一番都合がいいですか？

［例2］　I don't think this coat **suits** him.

　　　　このコートは彼に合わないと思う。

【他の選択肢】

① 　fit は「(大きさ・形などが)合う」という意味を表すので，不可。

［例］　These shoes don't **fit** me.　Do you have a larger size?

　　　　この靴は私に合いません。もっと大きなサイズはありますか？

② 　match は「(物が物に)調和する」という意味を表すので，不可。

［例］　The shoes don't **match** your pants.

　　　　その靴はズボンに合ってません。

③ 　meet は「(人)に会う」という意味を表すので，不可。

・get together「集まる」

問7 　14　 ②

　　彼女が埋蔵された宝を発見したのは彼女の家の庭だった。

── 【ポイント】──────────────

強調構文 It is［was］～ that ...「…する［した］のは～だ［だった］」

　文中の名詞・副詞(句・節)を It is［was］と that の間に置いて強調する文を強調構文という。本問では She found the buried treasure in her garden. の副詞句 in her garden を It was と that の間に置いて強調している。

［例1］　**It was** about seven years ago **that** I started learning Spanish.

　　　　私がスペイン語を学び始めたのは7年ほど前のことです。

［例2］　**It is** that little puppy **that** I want to buy.

　　　　私が買いたいのはその小さな子犬です。

・buried「埋められた」＜bury「埋める」の過去分詞

・treasure「宝」

問8 　15　 ①

　　ゴールデンウィーク中に何のために東京に行ったんですか？

── 204 ──

2020年度　追試験〈解説〉　41

┌─【ポイント】
What ... for?

　What ... for? は，「何のために…ですか」という意味を表し，理由や目的を尋ねるときに用いる。

[例]　**What** do you need a new computer **for?**
　　　何のために新しいコンピューターが要るんですか？
└

問9　16　④

　　今日の役員会議の冒頭は，新しいプロジェクトを公表するのに使いたいぴったりの時だった。

┌─【ポイント】
１．形容詞 very

　very は形容詞として「ぴったりの／ちょうどその」という意味を表す。the [this / that / one's] very A という形で用いる。

[例]　She is the **very** person we need for the job.
　　　彼女は私たちがその仕事に求めているぴったりの人だ。

２．イディオム make use of A

　make use of A は「A を利用する」という意味を表す。

[例]　You can **make use of** the hotel's facilities.
　　　あなたはホテルの施設を利用することができる。
└

【他の選択肢】

①，③　B：advantage は，take advantage of A で「A を利用する」という意味を表す。

[例]　Let's **take advantage of** the good weather to go to the beach.
　　　天気がよいのを利用してビーチに行こう。

・board meeting「役員会議／取締役会」

・announce「公表する」

問10　17　②

　　私たちはサトルを説得してそんなに高価なスポーツカーを買うのをやめさせようとした。

┌─【ポイント】
talk A out of ～ing

　talk A out of ～ing は「A を説得して～するのをやめさせる」という意味を表す。

[例]　I couldn't **talk** them **out of** selling the house.
　　　私は彼らを説得してその家を売るのをやめさせられなかった。
└

－ 205 －

B 語句整序問題

問1 18 ⑥ 19 ④

> ヒロシ：ブルースは疲れている様子だね。来週の貿易会議でのプレゼンテーションの準備で今月はずっと長時間働いているからね。
>
> ジャネット：彼には直前に病気になってほしくないから，明日は休んでもらってもいいかもね。彼がいない間にプレゼンテーションの練習はできるし。

【正解】

I don't want him to get sick beforehand, so we might as well let him take
　　　　　　　　　　　　　　　　　　　　　　　　　　　　　①　⑥　③　②　④
the day off tomorrow.
⑤

【ポイント】

1．イディオム might as well

might as well は「〜してもいい」という意味を表す。

〔例〕　If no one else wants the bag, we **might as well** give it to her.
　　　　他に誰もそのバッグが欲しくないんだったら，彼女にあげてもいい。

2．let A＋動詞の原形

let A＋動詞の原形は「Aに（望み通り）〜させてやる／Aが〜するのを許す」という意味を表す。

〔例〕　His mother didn't **let** him **go** to the party.
　　　　彼の母は彼にそのパーティに行かせなかった。

3．イディオム take A off

take A off は「Aを休みとして取る」という意味を表す。

〔例〕　I've decided to **take** a few days **off** next week.
　　　　来週数日休みを取ることに決めた。

・exhausted「疲れている」
・trade conference「貿易会議」

問2 20 ② 21 ①

> ミサエ：社長が私たちの新しいプロジェクトの予算をカットしたって聞いた？
>
> クリント：多分今の計画は捨てて，もっとお金のかからないものにするべきだね。

【正解】

Maybe we should do away with the current plan and decide on a cheaper
　　　　　　　　　④　②　⑥　　　⑤　　　①　③
one.

— 206 —

┌─【ポイント】────────────────────────┐

1．イディオム do away with A

　do away with A は「Aを廃止する」という意味を表す。

［例］　The government should **do away with** these regulations.

　　　　政府はこれらの規制を廃止すべきである。

2．イディオム decide on A

　decide on A は「Aに決定する」という意味を表す。

［例］　We **decided on** Thailand as our vacation destination this year.

　　　　私たちは今年の休暇の旅先としてタイに決めた。

└──────────────────────────────┘

・budget「予算」

問3　22　④　23　⑤

　　　スティーブ：カナダにいる間に何か新しいスポーツをやってみた？

　　　　　ヒデキ：もちろんさ。アイススケートは覚えるが簡単だったけど，カーリン
　　　　　　　　　グは思ってたよりもやるのがずっと難しかったよ。

┌─【正解】─────────────────────────┐

Ice skating was easy to pick up, but curling was far │more│ difficult to do │than│
　　　　　　　　　　　　　　　　　　　　　②　　④　　①　　⑥　　⑤

I had thought.
③

└──────────────────────────────┘

┌─【ポイント】────────────────────────┐

1．far＋比較級

　far＋比較級は「ずっと[はるかに]より〜」という意味を表す。a lot[much]＋比
較級も同じ意味を表す。

［例］　Purpose in life is **far more important** than property.

　　　　人生の目的は財産よりもずっと重要だ。

2．A be difficult to-不定詞

　A is difficult の後ろに to-不定詞が続くと，「Aは〜するのが難しい」という意味
を表す。この構文では，文の主語であるAが意味上，不定詞句内の目的語という関
係になり，不定詞句内では目的語が表現されない。形式主語を用いた It is difficult
to *do* A とほぼ同じ意味を表す。

［例］　This cake **is** very **difficult to** make.

　　　　このケーキは作るのがとても難しい。

└──────────────────────────────┘

・pick up A / pick A up「Aを覚える」

・curling「カーリング」

44

C　応答文完成

問1　24　⑥

ミワ：健康増進のために週1回ダンスのレッスンを受けることにしたんだ。

リック：いいんじゃない。運動する時間がもっと取れるといいんだけど。

ミワ：ずっと体を鍛えてなかったの？

リック：うん，<u>以前は毎日運動してたんだけど，今はできてない</u>。子どものことで忙しすぎるんだ。

【正解】

Well, I | used to | exercise every day, | but now I can't |.
　　　　　(B)　　　　　(A)　　　　　　　　　(B)

【ポイント】

1．used to-不定詞

used to-不定詞は「以前はよく〜したものだ／以前は〜だった」という意味を表す。

[例]　I **used to** play catch with my son.

　　　以前はよく息子とキャッチボールをしたものだ。

2．can't

can't の後ろに，繰り返しとなる exercise every day が省略されている。このように助動詞に続く一般動詞の原形以下が繰り返しになる場合には省略することができる。

[例]　I can't promise anything, but I'll do what I **can**.

　　　何も約束はできませんが，できることはやります。

【解法のヒント】

ダンスのレッスンを受けることに決めたミワと運動不足のリックの会話。ミワが「ずっと体を鍛えてなかったの？」と尋ねたのに対して，リックが何と答えたのかを考える。空所に続いて「子どものことで忙しすぎるんだ」と言っていることから，「以前は毎日運動してたんだけど，今はできてない」と続けるのが自然である。したがって，⑥が正解。

問2　25　③

クラーク：先週末のパーティは盛り上がったね。あらゆる準備で本当に忙しかったんじゃない。

チアキ：ありがとう。買うものを覚えておくために長い買い物リストを作らなきゃいけなかったわ。

クラーク：買うものがたくさんあったみたいだね。

チアキ：ええ，それなのに子どもたちのために<u>レモネードを買うのを忘れちゃったわ</u>。運よくロイスが他に飲み物を持ってきてくれたんだけど。

— 208 —

2020年度 追試験〈解説〉 45

【正解】

Yes, and after all that, we [forgot] [to buy] [lemonade] for the kids.
　　　　　　　　　　　　　　(A)　　(B)　　(A)

【ポイント】

forget to-不定詞

　forget to-不定詞は「～するのを忘れる」という意味を表す。forget ～ing は，「～したことを忘れる」という意味になるので，対話の内容に合わない。

〔例〕　Don't **forget to** lock the door when you leave.
　　　　出るときに，ドアに鍵をかけるのを忘れないでね。

【解法のヒント】

　パーティの準備が大変だったことについての会話。クラークが「買うものがたくさんあったみたいだね」と言ったのに対して，チアキは「ええ」と認めたうえで，空所に続いて「運よくロイスが他に飲み物を持ってきてくれたんだけど」と言っていることから，「子どもたちのためにレモネードを買うのを忘れちゃったわ」と続けるのが自然である。したがって，③が正解。

問3 | 26 | ④

　刑事：あの宝石店からダイヤモンドを盗んだ男を捕まえたと聞きましたよ。
　警官：ええ，あの晩のセキュリティカメラのビデオから男の顔がわかったんです。
　刑事：自白はしたんですか？
　警官：ええ，最初は一晩中バーにいたと主張してました。ですけど，そのビデオに映った自分を見た後，深夜12時頃にその店に押し入ったことをしぶしぶ認めました。そして，盗んだダイヤモンドをどこに隠したのかも話して，調査に協力さえしてくれました。

【正解】

But　after　seeing　himself　on　the　video，he　[reluctantly admitted]
[he had broken into the store] [around midnight].　　　　(A)
　　　　(B)　　　　　　　　　　　(B)

【ポイント】

1．admit that SV ...

　admit that SV ... は「…ということを認める」という意味を表す。なお，reluctantly は「しぶしぶ」という意味。strongly insisted は「強く主張する」という意味で，対話の内容に合わない。

〔例〕　He **admitted** that he had made a mistake.
　　　　彼はミスを犯したことを認めた。

2．イディオム break into A

　break into A は「Aに押し入る／侵入する」という意味を表す。

— 209 —

46

[例]　The burglars **broke into** the house through the kitchen window.
　　　強盗はキッチンの窓からその家に侵入した。

【解法のヒント】

　逮捕した宝石泥棒についての刑事と警官の会話。「自白はしたんですか？」と尋ねる刑事に対して，警官は「ええ，最初は一晩中バーにいたと主張してました」に続けて「ですけど」と言っていることから，「そのビデオに映った自分を見た後，深夜12時頃にその店に押し入ったことをしぶしぶ認めました」と続けるのが自然である。したがって，④が正解。

第3問　不要文選択問題・意見要約問題

A　不要文選択問題

問1　 27 　③

【全訳】

　イヌは色を見分けるのに苦労するということは知っているかもしれないが，どの色のことなのだろう？　ある研究結果によると，イヌは黄色と青色に加え，それらを混ぜた色合いを識別できるということである。①目にある細胞がどんな色が見えるのかを決めている。人間には３種類の細胞があり，一つは赤色，もう一つは緑色，３つ目が青色に反応する。②しかしイヌには黄色と青色に反応する２種類しかない。③イヌは視力が弱く，遠くにあるものが見えない。それでも緑色の葉っぱの間にある真っ赤なベリーのような黄色と青色以外のものも見えることがわかった。④色の対比が弱いと，緑色を背景にした赤いものにイヌはもはや気づかなくなった。赤いボールを使って緑の草原でイヌと遊ぶのであれば，必ず真っ赤なボールを使うようにするとよい。

【語句】

・have difficulty in 〜ing「〜するのに苦労する」
[例]　Six months after the accident, she still **has difficulty in** walking.
　　　事故のあと６か月経っても，彼女は歩くのに苦労している。
・distinguish「見分ける／区別する」
・study「研究」
・suggest that SV ...「…ということを示唆する」
・recognize「識別する」
・plus A「さらにAも」
・tone「色合い」
・combine「混ぜ合わせる」
・cell「細胞」
・determine「決定する」

— 210 —

- sensitive to A「Aに反応しやすい／敏感な」
- other than 〜「〜以外の[に]」
- contrast「対比」
- no longer「もはや…でない」
- be sure to-不定詞「必ず〜する」

【解法のヒント】

　このパラグラフは，「イヌの色覚」について書かれたものである。③「イヌは視力が弱く，遠くにあるものが見えない」は，色覚に関する内容ではなく，③を取り除くと，「イヌには黄色と青色に反応する２種類の細胞しかないが，それでも緑色の葉っぱの間にある真っ赤なベリーのような黄色と青色以外のものも見えることがわかった」という，自然な流れになる。したがって，③が正解。

問2　28　③

【全訳】

　大学生の毎日の活動を研究者が追跡した。①授業のない日の活動に基づいて，大学生は朝型，昼型，夜型の３つの区分に分けられた。次に研究者は，学生の授業の時間割と学業成績を比較した。②24時間のリズムが授業の時間割と合っていない学生は成績が悪いことが分かった。③一部の学生は午前の授業の開始時間が早すぎるということで大学を批判している。④夜型と分類された学生は，日中にはいつもうまく活動できなかった。遅い時間の授業を取った朝型あるいは昼型と分類された学生もミスマッチで苦しんだ。学生が授業のない日と同じような時間割を組むと，学業面でうまくいく傾向があることをその研究は示している。１日のサイクルが個人によって様々である以上，すべての人にとって完璧な時間割はない。

【語句】

- researcher「研究者」
- based on A「Aに基づいて」
- sort A into B「AをBに分ける」
- compare A with B「AをBと比較する」
- outcome「結果」
- rhythm「リズム」
- correspond with A「Aと合致する」

［例］　The report do not **correspond with** our own experience.
　　　　その報道は私たち自身が経験したことと合致しない。

- criticize A for B「AをBで批判する」
- categorize「分類する」
- suffer from A「Aで苦しむ」
- indicate that SV ...「…を示す」
- structure「組み立てる」

48

・resemble「似ている」

・cycle「サイクル／周期」

・vary「様々である」

【解法のヒント】

　このパラグラフは「大学生の毎日の活動と学業成績の関係に関する研究」について書かれたものである。①と次の文で「授業のない日の活動に基づいて，大学生を朝型，昼型，夜型の３つの区分に分け，授業の時間割と学業成績を比較する」という研究方法について述べ，②以下の文で「授業のない日のスケジュールと時間割が合わないと成績が悪く，合うとよくなる」という結果について述べられている。③「一部の学生は午前の授業の開始時間が早すぎるということで大学を批判している」は研究結果とは関係のない内容であり，③を取り除くと，まとまりのあるパラグラフになる。したがって，③が正解。

問3　29　④

　【全訳】

　論理的な思考を行うために言語が必要かどうかを問題にしている研究によると，赤ちゃんは十分に話すことができる前に論理的に考えているということである。12ヶ月から19ヶ月の間の幼児が実験のために選ばれた。①幼児は言語の知識と技能を発達させ始めているが，この段階では複雑なやり方でそれらを操ることができない。この実験では，言葉を用いない反応を調べるために，２枚の絵の組み合わせを見せられたが，その一部は論理的なつながりがないものであった。②非論理的な絵の組み合わせを示されたときには，幼児は混乱の兆候を見せた。③このことは，幼児が高度な言語知識がなくても論理的な思考技能を発達させるということを暗に意味している。④このことはまた，私たちの言語能力の発達に伴い論理性が向上することを示唆している。この結果は，早い段階の人間の論理的な思考能力を明らかにした。

【語句】

・logically「論理的に」

・according to A「Aによると」

・call into question A / call A into question「Aを問題にする／Aに異議を唱える」

［例］　This report **calls into question** all previous research on the subject.

　　　　この報告はその問題に関するこれまでのすべての調査に異議を唱えている。

・reason「論理的に思考する」

・infant「幼児」

・experiment「実験」

・knowledge「知識」

・skill「技能」

・complex「複雑な」

- combination「組み合わせ」
- logical「論理的な」
- connection「つながり／関係」
- non-verbal「言葉を用いない」
- reaction「反応」
- When presented with an illogical combination of pictures「非論理的な絵の組み合わせを示されたときには」（＝When they were presented with an illogical combination of pictures）
  present A with B「AにBを示す」
- sign「兆候／印」
- confusion「混乱」
- imply that SV ...「…ということを暗に意味する」
- advanced「高度な」
- improve「向上する」
- reveal「明らかにする」

【解法のヒント】

　このパラグラフは「論理的な思考を行うために言語が必要かどうかに関する研究」について書かれたものである。第2文から❷で「12ヶ月から19ヶ月の間の幼児を対象に，一部のものは論理的なつながりがない2枚の絵の組み合わせを見せる」という研究方法と，「非論理的な絵の組み合わせを示されると混乱の兆候を見せた」という結果について述べられている。❸以下の文では「幼児が高度な言語知識がなくても論理的な思考技能を発達させる」という考察が述べられている。❹「このことはまた，私たちの言語能力の発達に伴い論理性が向上することを示唆している」は研究から考察されることではなく，❹を取り除くと，まとまりのあるパラグラフになる。したがって，❹が正解。

B　意見要約問題

30　④

【全訳】

　　　ナオ：なんていい天気なの！　雲一つない青空の晴れわたった日は間違いなく気分が明るくなるわ。

　　ケビン：おや！　土のところにあるあれ何だろ？　女ものの財布みたいだけど。

　　　ナオ：いや，革のケースに入ったスマートフォンだと思う。

ジョセフィン：そこに置いときなよ。どこにあったものなのかも誰が触ったのかもわからないし。それに，昨日は雨だったから，きっと泥だらけだよ。ケースもまだちょっと濡れてるみたいだし。だから，きっと一晩中

　　　　　　そこにあったのよ。もし水がケースの中に入ってたら，どのみち電話も壊れてるわ。

　　ナオ：それじゃ，ジョセフィン，あなたが言いたいのは④<u>放っておいたほうがいい</u>ってこと？

【語句】
- ・definitely「間違いなく／確実に」
- ・brighten「明るくする」
- ・mood「気分」
- ・dirt「土」
- ・leather「革の」
- ・have no idea wh-節「…がわからない」
- ・besides「それに／その上」
- ・muddy「泥だらけの」
- ・it looks like SV ...「…のようである」
- ・must have＋過去分詞「〜だったに違いない」
- ・overnight「一晩中」
- ・anyway「ともかく」

【解説】
① 私たちのうち1人が責任を持つ
② 今誰かがそれを探している
③ 土をぬぐって取るべき
④ **放っておいたほうがいい**

　ジョセフィンは，第1文で「そこに置いときなよ」と言った後，さらに「どこにあったものなのかも誰が触ったのかもわからない」，「昨日の雨で電話も壊れている」と補足しているので，④が正解。

31 ④

【全訳】
ジョセフィン：そうよ，あなたもそう思わない？

　　チナミ：あなたが言ってることはわかるけど，今や私たちの責任だと思うわ。何かすべきよ。あなただって，自分のスマートフォンを返してもらいたくない？　私だったら本当に感謝するわ。電話がない自分って想像できる？

　　ティム：本当汚そうだけど，チナミが言うことに一理あるね。僕がボーイスカウトにいたとき，毎日人のために何か良いことをするように教えられたんだ。それって，社会に役に立つだけじゃなくって，自尊心と満足感を感じられるんだ。このスマートフォンを返そうとするのは間違いなくそういうことだよ。

2020年度　追試験〈解説〉　51

　　ケビン：賛成。それにともかくまだ動くかもしれないし。水が中に入って
　　　　　　も，乾かせばまだ電源は入るんじゃない。電源が入らなくっても，
　　　　　　まだ望みはあるかもしれない。修理するにはお金はかかるかもしれ
　　　　　　ないけど，全損にはならないだろうし。
　　ナオ：それじゃ，④気の毒な持ち主の助けとなるようにすべきね。

【語句】

・appreciate「感謝する」
・have a good point「一理ある」
・not only A but also B「AだけでなくBも」ここでは，AとBに文が置かれ，Aに
　置かれた文が倒置になっている。
　［例］ **Not only** did he turn up late, **but** he **also** forgot his books.
　　　　彼は遅れて来ただけでなく，本も忘れた。
・a sense of pride「自尊心」
・satisfaction「満足」
・qualify「ふさわしい」
・turn on A / turn A on「Aの電源を入れる」
・dry out「乾き切る」
・fix「修理する」
・total loss「全損」

【解説】

①　リサイクルのためにお店にもって行かなきゃ
②　義務なので面倒を見てくれるボーイスカウトもいるわ
③　もう持ち主は見つける望みはすべて捨てたわ
④　**気の毒な持ち主の助けとなるようにすべきね**

「放っておくべき」と言うジョセフィンに対して，チナミは「何かすべきよ」と言
い，「あなただって，自分のスマートフォンを返してもらいたくない？」と見つけた
スマートフォンを返そうとすることを提案している。それに対してティムとケビン
は賛成しているので，④が正解。

32　③

【全訳】

　　チナミ：それがこの状況に対処する一番良いやり方だと思う。
　　ナオ：わかった，見てみるわ。カバーを開けるべきよね？
　　ケビン：それって，プライバシーの侵害にはならないかな？　そのまま警察
　　　　　　にもって行く必要があると思うんだ。そうすれば十分じゃないか
　　　　　　な。もし誰かが僕の電話を見つけたとしたら，僕がその人に望むの
　　　　　　はそういうことだけど。僕は運転免許証のようなあらゆる種類の個
　　　　　　人的なものをケースに入れてるから。人に私的な情報を見られたく

— 215 —

ないだろ。

チナミ：ちょっと待って。自分たちでこれは扱えると思う。もし私が電話をなくしたら，できるだけ早く戻ってきてほしいと思うわ。もちろん，警察にもって行くのは間違いのない選択よ。だけど，そうすると，持ち主には面倒なことがたくさん出てくるかもしれないわ。たくさん書類に記入して，警察からの質問に答えなきゃならなくなるわ。今ケースを開けて，何があるか見たらいいじゃない？　そのほうが楽よ。

ジョセフィン：私たちキャンパスからわずか数分のところにいるのよ。きっとうちの学校の他の学生か，もしかしたら教授のものよ。学校に関係するものがあったら，大学の落とし物担当を通して持ち主に返したら楽よ。電話のボタンには一切触らないようにして，ケースの中を見てみましょ。電源を入れると，壊したとき責任を取らなきゃいけなくなるし。

ナオ：わかった，中に何があるか見てみましょう。何枚かカードがあるけど，持ち主が大学の人だってことがわかる名前はないわ。写真のシールもないし。どうも③この件は警察に処理してもらう必要があるようね。みんなそれでいい？

チナミ：わかった。

ジョセフィン：それが一番いい考えってことでみんな賛成だと思う。

【語句】

- deal with A「Aに対処する」
  [例]　How do you intend to **deal with** the problem?
  　　　どのようにその問題に対処するつもりですか。
- violation「侵害」
- as it is「そのまま」
- stuff「もの／持ち物」
- handle「扱う」
- option「選択できること」
- fill out A / fill A out「(書類に)必要事項を記入する」
  [例]　It took a long time to **fill out** the application form.
  　　　申込書に必要事項を記入するのに時間がかかった。
- form「申込書類」
- connected to A「Aと関係して」
- lost and found「落とし物担当／遺失物取扱所」
- photo sticker「写真のシール」

【解説】

① もともと見つけたところに戻しておくべきの
② 私たちに唯一できることは電源を入れて待つことの
③ **この件は警察に処理してもらう必要がある**
④ 大学の落とし物担当にもって行くべきの

　ケビンの「そのまま警察にもって行く必要があると思うんだ」という意見に対して，チナミは「自分たちでこれは扱えると思う」と言い，ジョセフィンは「学校の近くなので，学校に関係するものがあったら，大学の落とし物担当を通して持ち主に返す」ことを提案している。こうした発言の後，ナオはケースを開けて，「何枚かカードがあるけど，持ち主が大学の人だってことがわかる名前はないわ。写真のシールもないし」と言っているので，「この件は警察に処理してもらう必要がある」と続けたと考えられる。したがって，③が正解。

54

第4問　図表・広告問題

A　図表問題

【全訳】

　　公共交通機関は，全盲および弱視の人々の自立的な移動にとってきわめて重要である。こうした乗客は，バスの利用を好むこと，しかしバスの停留所を見つけることがしばしば大きな障害となることを報告している。バスの停留所の位置に関する情報がもっとあれば，バス輸送システムをもっと容易に利用できるようになる可能性がある。バス停留所のベンチや標識のような目印となるものがバスの停留所の場所を識別するのに役に立つかもしれないが，こうしたものは通常バスの路線図には表示されていない。現在研究者は，全盲および弱視の人々が目印となるものを特定することをより容易にしようと研究を行っている。

　　最近では，目印となるものは地球のどこからでも見ることができる。これは，ストリートビュー(SV)と呼ばれる，オンライン地図アプリ上で利用できる360度写真のおかげである。目印となるものを調べるために SV を利用することは，世界中のあらゆるバス停留所を訪れて調べるよりも研究者にとって効率的で，費用対効果が高いことがわかるだろう。このようなアプローチは，目印となるものやバスの停留所までの道案内に関する音声ガイドを提供するアプリのような技術の開発へと向かう一歩になるだろう。

　　SV が情報を集めるための信頼できるソースになるかどうかを調査するためにある研究が行われた。SV で見つかった目印となるものの数と，物理的ビュー(PV)と呼ばれる，同じ場所で撮った写真の中の目印となるものの数を比較し，どの程度一致するのかを調べた。PV は合衆国の都市にある179のバス停留所それぞれで様々な角度から研究者によって撮られた7枚から10枚の写真から成っていた。主要な目印となるものは6つの区分，(a)バス停留所の標識，(b)バス停留所の雨よけ，(c)ベンチ，(d)ゴミ箱とリサイクル回収箱，(e)郵便ポストと新聞自動販売機，(f)交通標識とその他のポールに分類された。3名が，SV と PV 両方のひとまとまりのデータで目印となるものの数を数えた。3名の間で数が異なるときは，最小から最大に並べられ，中間の数が用いられた。

　　表1は，PV と SV 両方で見つかった目印となるものの数をまとめたものである。例えば，PV では133のベンチが見つかったのに対して，SV では121見つかった。全体として，目印となるものの総数は SV よりも PV のほうが多かった。

— 218 —

表1

PV と SV の数と一致率

目印となるものの種類	PV	SV	一致率
バス停留所の標識	167	152	0.61
バス停留所の雨よけ	102	98	0.88
ベンチ	133	121	0.88
ゴミ箱とリサイクル回収箱	100	95	0.72
郵便ポストと新聞自動販売機	69	56	0.78
交通標識とその他のポール	162	153	0.81

　もう一つの分析が，PV と SV のひとまとまりのデータの間の記録の一致を計算し調査することによって行われた。その結果は表１の一致率に示されており，数字が大きいほどより一致していることを示している。研究者は，0.60以上の値は一致していると見なした。バス停留所の雨よけとベンチは0.88で最も高い一致率を示した。

　結論として，SV を利用することは目印となるものを認識するのに有効である。次の研究では，この手法をさらに評価するために，異なる人々の集団がオンラインで募集された。短時間の講習の後，同じ SV のひとまとまりのデータで目印となるものを数え，次に正確さがテストされた。

(出典：コウタロウ・ハラ他(2015)グーグルストリートビューを用いたバス停留所の目印となるものの位置のクラウドソーシング化による視覚障害利用者にとっての公共交通アクセサビリティの改善：詳細分析 の一部を参考に作成)

【語句】

◆第１段落◆

　・public transportation「交通機関」
　・vital「きわめて重要な」
　・independent「自立した」
　・low-vision「弱視の」
　・passenger「乗客」
　・challenge「障害／難題」
　・location「位置」
　・help A＋動詞の原形「Aが〜するのに役立つ」
　・landmark「目印となるもの／陸標」
　・sign「標識／掲示」
　・recognize「識別する」

56

- indicate「示す」
- researcher「研究者」
- identify「特定する」

◆第2段落◆

- view「見る」
- thanks to A「Aのおかげで」
- 360-degree「360度の」
- available「利用できる」
- application「アプリ」
- prove to be 〜「〜であることがわかる」

［例］ The plan **proved to be** a success.
その計画は成功であることがわかった。

- efficient「効率的な」
- cost-effective「費用対効果が高い」
- audio「音声の」
- direction「道案内」

◆第3段落◆

- conduct「行う」
- examine「調査する」
- reliable「信頼できる」
- source「ソース／源」
- compare A with B「AをBと比較する」
- physical「物理的な」
- to what degree SV ...「どの程度…か」
- consist of A「Aから成る」

［例］ The committee **consists of** 50 members.
委員会は50人のメンバーから構成されている。

- a variety of A「様々なA」
- angle「角度」
- classify A into B「AをBに分類する」
- shelter「雨よけ」
- trash「ゴミ」
- data set「ひとまとまりのデータ」
- arrange「並べる」

◆第4段落◆

- summarize「まとめる／要約する」
- overall「全体として」

◆表◆

— 220 —

2020年度　追試験〈解説〉　57

・consistency「一致」
◆第5段落◆
・analysis「分析」
・calculate「計算する」
・observation「(観察で得られた)記録／情報」
・with A ～ing「Aが～していて」付帯状況。
・regard A as B「AがBであると見なす」
・value「値」
・consistent「一致している」
◆第6段落◆
・in conclusion「結論として」
・evaluate「評価する」
・method「手法／方法」
・recruit「募集する」
・training session「講習会」
・accuracy「正確さ」

【解説】
問1　33　②

本文によると，SV の利点は何か？　33
①　360度写真で目印となるものを自動的に確認できる。
②　離れた場所から目印となるものを検出するために利用できる。
③　360度写真を撮るときに価値をもちうる。
④　その場で新たな目印となるものを作るのに役に立ちうる。

　　第2段落第1・2文「最近では，目印となるものは地球のどこからでも見ることができる。これは，ストリートビュー(SV)と呼ばれる，オンライン地図アプリ上で利用できる360度写真のおかげである」より，②が正解。

問2　34　②

もしもある人が SV のひとまとまりのデータで82の郵便ポストを，別の人が89，3人目が84見つけたとしたら，郵便ポストを数えた数はいくつになるだろうか？
34
①　82
②　84
③　85
④　89

　　第3段落最終文「3名の間で数が異なるときは，最小から最大に並べられ，中間の数が用いられた」より，82，84，89の中間である84が用いられることがわかる。したがって，②が正解。

— 221 —

問3　**35**　③

この報告の情報に基づくと，次のうちどれが正しいか？　**35**

① 現実の場所では，95のゴミ箱とリサイクル回収箱が見つかった。

② PV の写真は，バス停留所の目印となるものを探し出すには効果がない。

③ **バス停留所の標識の SV と PV の率は一致していると考えられた。**

④ 目印となるものの数は PV よりも SV の方がずっと多かった。

　第5段落第3文に「研究者は，0.60以上の値は一致していると見なした」とある。表を見ると，バス停留所の一致率は0.61なので，一致していると考えられたことがわかる。したがって，③が正解。

問4　**36**　①

次の研究では，いかにうまく **36** が調査された。

① **別の人々の集団が，オンライン地図アプリの写真を利用して目印となるものを特定したか**

② 別の人々の集団が，自分のカメラでバス停留所の場所の写真を撮ったか

③ 研究者が，バスの停留所で撮ったオンラインの写真で目印となるものを見つけたか

④ 研究者が現場を訪れ，オンライン地図に目印となるものに関する情報を加えたか

　第6段落第2・3文「次の研究では，この手法をさらに評価するために，異なる人々の集団がオンラインで募集された。短時間の講習の後，同じ SV のひとまとまりのデータで目印となるものを数え，次に正確さがテストされた」より，①が正解。

B 広告問題

【全訳】

セントラル高校ブルドッグニュース！

新しい制服を喜んで発表します。旧デザインのものもまだ手に入りますが，今や新しいデザインのものがあります。色は以前のものと同じですので，どの季節でも着用できるどんなアイテムでも制服のリストから選ぶことができます。制服のアイテムは下の表の4つの店で売られています。さらに，学校の精神を示すために，先生も週1回学校指定のシャツを着用します。

店舗情報

店	営業時間	購入可能デザイン	注
セントラル・ハイ・ユニオン（学内店）	7:30～16:30 月～金	新	学生証で5％割引
ジャックス・ユニフォームズ	11:00～20:00 火～日	新	3アイテム以上購入で10ドルオフ
ユニフォームズ・オンライン	24時間営業 週7日	新と旧	送料7ドル
ブルドッグ・アウトレット	13:00～21:00 月～土	旧	ブルドック・アウトレットだけです！レシートの提示で修繕費無料

全店舗が購入後8日以内返品可能

制服価格表

	半袖シャツ	長袖シャツ	長ズボン	スカート	体育セット（短パンとTシャツ）
価格*	30ドル	40ドル	45ドル	40ドル	50ドル

*5ドルでどのアイテムにもブルドッグのロゴを付けられます

【語句】
- be happy to-不定詞「喜んで〜する」
- announce「公表する」
- previous「以前の」
- available「利用できる／購入可能な」
- listed below「下の表の」
- plus「さらに」
- business hours「営業時間」
- note「注／備考」
- shipping fee「送料」
- upon A「Aするとすぐに」
- presentation「提示」
- receipt「レシート」
- return「返品」
- purchase「購入」
- P.E.「体育」(physical education)
- add A to B「AをBに加える」

〔例〕　Do you want to **add** your name **to** the list?
　　　　自分の名前をリストに加えてほしいですか？
- logo「ロゴ／シンボルマーク」

【解説】

問1　37　②

　ブルドッグニュースによると，次のうちどれが正しいか？　37

① 旧制服は4つの店で購入できる。
② 学生は制服のリストにある衣料品を組み合わせることができる。
③ 先生は経費を削減するために，学校指定のシャツを着用する。
④ スクールカラーが変わったため，制服が取り換えられた。

　店舗情報の表の上に「色は以前のものと同じですので，どの季節でも着用できるどんなアイテムでも制服のリストから選ぶことができます」とあるので，②が正解。

問2　38　③

　メアリーは両親と一緒に制服を買いに行きたいが，両親は日曜日にしか暇がない。彼女は新旧どちらの制服でもよいと思っているが，両親は送料を払うつもりはない。どの店を彼女は選ぶだろうか？　38

① ブルドッグ・アウトレット
② セントラル・ハイ・ユニオン
③ ジャックス・ユニフォームズ
④ ユニフォームズ・オンライン

　店舗情報の表より，日曜日に営業している店はジャックス・ユニフォームズかユ

— 224 —

ニフォームズ・オンラインの２店であることがわかるが，ユニフォームズ・オンラインは送料がかかるので，ジャックス・ユニフォームズを選ぶと考えられる。したがって，③が正解。

問3 　39 　②

トニーは，ロゴ付きの長袖シャツ１着と半袖シャツ１着，体育セット１組をジャックス・ユニフォームズから買いたいと思っている。いくら払うことになるか？ 　39

① 　110ドル
② 　115ドル
③ 　120ドル
④ 　125ドル

制服価格表より，長袖シャツ１着が40ドル，半袖シャツ１着が30ドル，体育セット１組が50ドル，ロゴを付けると５ドルで，合計125ドルになる。店舗情報の表を見るとジャックス・ユニフォームズの注に「３アイテム以上購入で10ドルオフ」とあるので，125ドル－10ドル＝115ドルとなり，②が正解。

問4 　40 　②

制服店に関する次の文のうちどれが正しいか？ 　40

① 　新たにデザインされた制服のアイテムは無料で修繕してもらえる。
② 　学内の店は学生証を持っている学生に割引を提供する。
③ 　アウトレット店は授業前の買い物のために朝営業している。
④ 　制服のアイテムは購入から２週間までは返品できる。

店舗情報の表をみると，学内店であるセントラル・ハイ・ユニオンの注に「学生証で５％割引」とあるので，②が正解。

第5問 　長文読解問題（物語）

【全訳】

To: カリン　タケダ
Subject: ありがとう!!!!

ハイ，カリン。昨日家に着いた。待って。おとといだったかも。まだ時差に慣れてないの。

バスツアーで市内を回った１日目から楽しかったわ。両親もとても楽しく過ごしたし。ところで，父が今度の夏に日本にまた行きたがってるの。今度は東京以外のところを旅すると思うから，食事のことは心配いらないって，ご両親に伝えてね！
あらためて，ありがとう。

― 225 ―

ラナ

To: ラナ　ブラウン
Subject: Re: ありがとう!!!!

私の家族もみんなに会うのを本当に楽しんだわ。初めて会ったときに，お宅で
ホームステイしてた間，あなたの家族が私の面倒をよく見てくれたから，お返し
をしたかったの。ところで，お父さんが取った賞品を忘れていったんじゃないか
と思うんだけど。

カリン

To: カリン　タケダ
Subject: Re: Re: ありがとう!!!!

じゃあ，最終日にあのお祭りでパパが取ったTシャツのことかしら？　漢字で東
京って書いてあるやつよね？　飛行機でそれを着てたと思うけど，聞いてみる
わ。

ラナ

To: カリン　タケダ
Subject: 質問

また私。調べてみた。パパが言うには東京Tシャツはあるって。東京ワンダーラ
ンドでパパが取ったクマのぬいぐるみのこと？　あなたの妹にあげたって伝える
ように言ってたわ。

あっ，それにパパが，ワンダーランドで食べた食べ物の名前を知りたがってる。
パンケーキみたいなの。

今日，両親が友だちと日本のことを話してた。みんなまったく同じ服装をしてる
ことが多いのが面白いと思ったんだって。制服を着た学生だけじゃなくって，ビ
ジネスの人たちも同じような服装をしてるからね。ワンダーランドでも，若い人
のグループがまるで制服みたいに，同じキャラクターの服を着てたよね。

ラナ

To: ラナ　ブラウン
Subject: Re: 質問

お好み焼き。お父さんが気にいったかどうかよくわからなかった。あなたのご両親は元気いっぱいだね。ワンダーランドの次の日の朝，まだあのお祭りに行きたいって，信じられなかった。家にいて休んでたら，お父さんはあの東京Ｔシャツは取れなかったわね。

そうね，あなたが集団の同一性について言いたいことはわかるけど，アメリカで見られるような個性も面白いと私は思う。あなたと一緒に暮らしていて，あなたの高校で学んでいたとき，みんな自分の独自性を見せるのが重要なんだということがわかったわ。似たようなことは日本にもある。都市や町でさえ，どこでも他と違いがでるような食べ物や伝統を持とうとしているのよ。広島には独自のお好み焼きがある。来年あなたのお父さんもそこに行きたいと思うかもしれないね。

カリン

To: カリン　タケダ
Subject: 来年？
―――――――――――――――――――――――――――――――
まあ！　パパは今，お好み焼きの言い方を覚えようとしてるんだけど，できてない。ねえ，もし来年パパと日本に行ったら，一緒に旅行できる？　そうしたら一緒に冒険するのは３回目になるね。

ところで，ママが，あなたのご両親にとって私たちが大迷惑だったんじゃないかと心配してた。あなたのお母さんとお父さんが，食事を準備したり，あちこち車で連れて行ってくれたり，私たちの世話をしてくれたりしていつも忙しくしていて困惑したって言ってたわ。多分こんな風に感じるのは，あなたがうちにいたとき，そんな風じゃなかったからだと思う。

ラナ

To: ラナ　ブラウン
Subject: Re: 来年？
―――――――――――――――――――――――――――――――
お客さんの世話を焼いて忙しくしているのを見せるのはこっちでは普通のことだと思うわ。アメリカでは家の人はもっとゆったりしていて，お客さんが自由にして，欲しいものを勝手に取れるようにしてくれるからね。

正直言うと，あなたの家族といたとき，これに慣れるのに少し時間がかかった。あなたとあなたの家族に会ったばかりで，くつろいで居心地よく感じることがなかった。だけど，しばらくしたら，慣れちゃったし，自分も家族の一員のような

気持ちになれたけど。

添付したのは，おいしいお好み焼きのレシピだよ。お父さんに見せてあげてね。

見よ，世界よ！「ラナとカリンの冒険，パート3」計画中。

カリン

【語句】
◆メール1◆
・be used to A「Aに慣れている」
・time difference「時差」
・worry about A「Aについて心配する」
・feed「食べさせる」
◆メール2◆
・take care of A「Aの面倒をみる」
・return the favor「恩返しをする」
・by the way「(話題を変えて)ところで」
・leave behind A / leave A behind「Aを置き忘れる」
〔例〕 I think I might have **left** my smartphone **behind**.
　　　スマートフォンを置き忘れたように思う。
・prize「賞品」
◆メール3◆
・Chinese character「漢字」
◆メール4◆
・stuffed toy「ぬいぐるみ」
・dress「服装をする」
・identically「まったく同じように」
・one another「お互い」
◆メール5◆
・guess (that) SV ...「…だと思う」
・rest「休む」
・group identity「集団の同一性」
・individuality「個性」
・uniqueness「独自性」
・similar「同じような」
・tradition「伝統」
◆メール6◆

2020年度　追試験〈解説〉　65

- be concerned that SV ...「…ということを心配している」
- feel disconcerted that SV ...「…ということに困惑している」
- be busy ～ing「～するのに忙しい」
- look after A「Aを世話する」

◆メール7◆
- common「普通の／一般的な」
- care for A「Aの面倒を見る」
- host「(客を迎える)主人」
- allow A to-不定詞「Aが～するのを許す」
- independent「自立して」
- help *oneself* to A「Aを自由に取る」

　〔例〕　Please **help yourself to** anything on the table.
　　　　食卓の上にあるものは何でも自由に取ってください。

- to be honest「正直に言うと」
- take a while「しばらくかかる」
- make *oneself* at home「くつろぐ」
- after a while「しばらくして」
- help A＋動詞の原形「Aが～するのに役立つ」
- attached「添付されて」ここではS be attached が Attached be S という語順になっている。
- recipe「レシピ」
- Look out!「見よ／気をつけろ」

【解説】

問1　41　②

　ラナとカリンは元々お互いどのように知り合ったのか？　41

① 　アメリカへのカリンの家族旅行で
② 　カリンがアメリカへ留学したときに
③ 　日本へのラナの家族旅行で
④ 　ラナが日本へ留学したときに

　2通目のメールでカリンは「初めて会ったときに，お宅でホームステイしてた間，あなたの家族が私の面倒をよく見てくれた」と書いているので，②が正解。

問2　42　④

　おそらくラナの父親が日本で最後にやったことは次のうちどれか？　42

① 　市内を回るバスツアーに出かけた。
② 　東京ワンダーランドに行った。
③ 　クマのぬいぐるみの賞品を取った。
④ 　お祭りでTシャツを取った。

　3通目のメールでラナは「最終日にあのお祭りでパパが取ったTシャツのことか

— 229 —

しら？」と書いているので，④が正解。

問3 　43 　①

　カリンは，個性という考えは 43 と言った。

① **日本の社会でも見られる**
② 世界中の学校で見られる
③ アメリカの10代の若者文化に限られる
④ ビジネスの人たちが避けるものだ

　5通目のメールの第2段落でカリンは「アメリカで見られるような個性も面白いと私は思う。あなたと一緒に暮らしていて，あなたの高校で学んでいたとき，みんな自分の独自性を見せるのが重要なんだということがわかったわ。似たようなことは日本にもある」と書いているので，①が正解。

問4 　44 　④

　本文で用いられている，下線部を引いた語 disconcerted に意味が最も近いのは次のうちのどれか？ 44

① 怯えた
② 喜んだ
③ 満足した
④ **心配した**

　下線を引いた語を含む文は She said she felt disconcerted that your mother and father were always busy preparing meals, driving us around, and looking after us. は，「あなたのお母さんとお父さんが，食事を準備したり，あちこち車で連れて行ってくれたり，私たちの世話をしてくれたりしていつも忙しくしていて困惑したって言ってたわ」という意味である。その前に「ところで，ママが，あなたのご両親にとって私たちが大迷惑だったんじゃないかと心配してた」とあるので，disconcerted は「心配していた」という意味に近いと考えられる。したがって，④が正解。

問5 　45 　④

　アメリカの家庭で客になることについてカリンは何と言ったか？ 45

① 彼らが普段忙しそうに見えるので難しい。
② 初日からほとんどすべてのことが気にいった。
③ 家族は彼女に自分たちが言ったどんなことでもやってほしいと思った。
④ **自由が奇妙に感じられたが，それが気にいるようになっていった。**

　7通目のメールでカリンは「アメリカでは家の人はもっとゆったりしていて，お客さんが自由にして，欲しいものを勝手に取れるようにしてくれるからね。正直言うと，あなたの家族といたとき，これに慣れるのに少し時間がかかった。あなたとあなたの家族に会ったばかりで，くつろいで居心地よく感じることがなかった。だけど，しばらくしたら，慣れちゃったし，自分も家族の一員のような気持ちになれたけど」と書いているので，④が正解。

第6問　長文読解問題(論説文)

【全訳】

(1)　ミルクは世界中で重要な食品であると考えられている。広告の中には，ミルクを「完全食品」とさえ呼んでいるものもある。これにはいくらかの真実がある。と言うのもミルクには筋肉を作るタンパク質と骨を強くするカルシウム，健康には不可欠なビタミンが含まれているからである。私たちの食事におけるミルクの重要性には長い歴史がある。実際に，人々が家畜を飼い始めて以来，動物のミルクを摂取してきたのである。

(2)　ミルクを摂取した最も古い証拠は，1万年以上前の遺跡で発見された。意外なことに，それはウシのミルクではなく，ヒツジのミルクであった。人はウシを飼育し始めるずっと前に肉と毛，ミルクのためにヒツジを飼育していた。このミルクを最初のチーズに変えたのである。ヒツジのミルクは，ウシのミルクと比べて，タンパク質がおよそ2倍含まれ，脂肪は50%以上多い。脂肪分はチーズを作る際に重要な役割を果たすため，いくつかのチーズを生産するためにはヒツジのミルクが使われることが多い。ウシよりも前に飼育されていたもう一つの動物であるヤギもまたミルクを供給する。ヤギのミルクは，ウシのミルクと脂肪の量は似ているが，糖がより少ない。動物のミルクでもより最近利用されているものの例には，シカのミルクとウマのミルクがある。シカのミルクは，ウシのミルクよりもタンパク質と脂肪の量が多い。ウマのミルクは，ウシのミルクよりもタンパク質は少ないが，ビタミンCが6倍多い。

(3)　現在店で売られているほとんどのミルクはウシのものである。世界中の酪農産業はウシに依存しており，ウシは一貫して他の動物と比べてはるかに多くのミルクを生産している。そのミルクは飲用や，チーズやバター，ヨーグルト，アイスクリームなどの酪農製品に変えられるために売られている。どのように使われるのかに関係なく，最近では，ほとんどの生乳は有害なバクテリアを取り除くために加熱される。ミルクを処理する現代の方法と乳製品の慎重な検査は，私たちが今日摂取するミルクを確実に安全なものにするのに役立ってきた。ミルクは，多くの国で最も規制されている食品の一つになっている。

(4)　しかし，あらゆる人がミルクを消化できるわけではない。幼児はミルクを簡単に取り込むことができるが，この能力は一定の割合で大人になると衰えてしまう。中にはチーズやアイスクリームのようなミルクから作られた製品をまだ食べられる人がいる一方で，どのような形の乳製品も消化できない人もいる。彼らは，ボウル一杯のおいしいアイスクリームを食べることは自分に苦痛を引き起こすだけであることを知っている。こうした人々にとって，確かにミルクは完全食品ではない。

(5)　最近，植物から作られた異なる種類のミルクがスーパーマーケットに登場した。これらは動物のミルクを消化できない人やより良い健康を求めている人に特

68

に人気がある。様々な植物が使われているが，それぞれの植物性ミルクは元の状態が異なっている。最も人気のあるタイプの植物性ミルクは大豆から作られる。豆乳はウシのミルクとタンパク質の量は似ているが，カルシウムが少ない。ライスミルクはウシのミルクよりも糖分が少なく，タンパク質も少ない。東南アジアでは一般的なココナッツミルクは，カロリーがウシのミルクのおよそ半分で，タンパク質も少ない。要するに，こうした植物性ミルクのそれぞれが，消費者に異なる量の栄養を提供するのである。

(6) 現在のところ，ミルクを飲むことに決めるには，選択できるものを検討し，自分にとって最も良いものを選ぶ必要がある。それぞれに異なる恩恵があり，栄養上の必要を満たすのに，求めているタンパク質や脂肪の量を選択することができる。こうした要件が何であろうと，あらゆる形のミルクがこれからも人々の食事の中に入り込んでいくことだろう。

【語句】
◆第1段落◆
・advertisement「広告」
・contain「含んでいる」
・protein「タンパク質」
・muscle「筋肉」
・calcium「カルシウム」
・strengthen「強くする」
・vitamin「ビタミン」
・be essential for A「Aにとって不可欠である」
・diet「(日常の)食事」
・in fact「実際に」
・breed「飼育する／繁殖する」
・farm animal「家畜」
・consume「摂取する／消費する」

◆第2段落◆
・evidence「証拠」
・consumption「摂取／消費」
・site「遺跡」
・surprisingly「意外なことに／驚くべきことに」
・raise「飼育する」
・turn A into B「AをBに変える」
　［例］　We **turned** the spare bedroom **into** a study.
　　　　私たちは予備の寝室を書斎に変えた。
・along with A「Aに加えて」

— 232 —

- twice ～「～の2倍」
- the amount of A「Aの量」
- fat content「脂肪分」
- play a part in ～ing「～する際に役割を果たす」
- produce「生産する」
- a number of A「いくつかのA」
- goat「ヤギ」
- provide「供給する」
- similar「同じような」
- recent「最近の」
- include「含む」
- deer「シカ」
- ～ times as much A「～倍多くのA」

◆第3段落◆
- present「現在の」
- dairy industry「酪農産業」
- depend on A「Aに依存する」
- consistently「一貫して」
- product「製品」
- yogurt「ヨーグルト」
- regardless of A「Aに関係なく」

［例］ The criminal will be punished **regardless of** who it is.
犯人は，何者であるかに関係なく罰せられるだろう。

- nowadays「最近では」
- raw milk「生乳」
- heat「加熱する」
- get rid of A「Aを取り除く／処分する」

［例］ We've cleaned the carpet twice to **get rid of** the smell.
臭いを取るために2回そのカーペットを掃除した。

- harmful「有害な」
- bacteria「バクテリア」
- method「方法」
- treat「処理する」
- inspection「検査」
- help to-不定詞「～するのに役立つ」
- ensure that SV ...「…を確実にする」
- regulated「規制された」

— 233 —

70

◆第4段落◆
- not all A「すべてのAが…というわけではない」
- digest「消化する」
- infant「幼児」
- take in A / take A in「Aを取り入れる／摂取する」
- decline「衰える」
- certain A「一定のA／あるA」
- bowl「ボウル／鉢」
- cause A B「AにBを引き起こす」
- torment「苦痛」

◆第5段落◆
- recently「最近」
- plant「植物」
- be popular with A「Aに人気がある」
- A as well as B「AもBも／B同様Aも」
- seek「追い求める」
- a variety of A「様々なA」
- differ in A「Aの点で異なる」
- state「状態」
- soybean「大豆」
- lack「欠く」
- common「普通の／一般的な」
- in short「要するに」
- offer A to B「AをBに提供する」
- nutrition「栄養」

◆第6段落◆
- currently「現在のところ」
- make the decision to-不定詞「～することに決める／～する決心をする」
- examine「調査する」
- option「選択できること」
- benefit「恩恵」
- allow A to-不定詞「Aが～するのを許す」　ここでは分詞構文になっている。
- nutritional「栄養の」
- no matter what SV ...「たとえ…が何であろうと」
- requirement「要件／必要とするもの」

2020年度　追試験〈解説〉　71

【解説】

A

問1 　46　④

　　第2段落によると，次のうちどれが正しいか？　46

① 　およそ千年前に食品として人々が動物のミルクを使い始めた。

② 　ヒツジの飼育はウシやヤギの飼育よりも最近始まった。

③ 　脂肪量のためにウシのミルクはヤギのミルクよりも健康的である。

④ 　ヒツジのミルクの脂肪の量はチーズを生産するのに適している。

　　第5・6文「ヒツジのミルクは，ウシのミルクと比べて，タンパク質がおよそ2倍含まれ，脂肪は50%以上多い。脂肪分はチーズを作る際に重要な役割を果たすため，いくつかのチーズを生産するためにはヒツジのミルクが使われることが多い」より，④が正解。

問2 　47　④

　　第3段落によると，ウシがミルクを供給する能力は　47　。

① 　消費者向けのより安い製品の製造を遅らせる

② 　ミルクから作られる食料品の質を保証する

③ 　人々が有害な乳製品を摂取することを妨ぐ

④ 　全世界の消費に対する着実な供給源を保証する

　　第1・2文「現在店で売られているほとんどのミルクはウシのものである。世界中の酪農産業はウシに依存しており，ウシは一貫して他の動物と比べてはるかに多くのミルクを生産している」より，④が正解。

問3 　48　③

　　第4段落の下線を引いた語 <u>torment</u> の意味に最も近いものは次のうちのどれか？　48

① 　熱中

② 　満足

③ 　苦しみ

④ 　気が進まないこと

　　下線を引いた語を含む文 They know that having a bowl of delicious ice cream is only going to cause them torment.「彼らは，ボウル一杯のおいしいアイスクリームを食べることは自分に苦痛を引き起こすだけであることを知っている」という意味である。その前に「どのような形の乳製品も消化できない人もいる」とあるので，torment は「苦しみ」という意味に近いと考えられる。したがって，③が正解

問4 　49　④

　　第5段落によると，ウシのミルクと比較して，49　。

① 　ココナッツミルクは少しだけタンパク質が多い

② 　植物性ミルクはずっと高い栄養価がある

— 235 —

③　ライスミルクは糖の量がほぼ同じである

④　**豆乳はタンパク質の量がほぼ等しい**

　　第5文「豆乳はウシのミルクとタンパク質の量は似ている」より，④が正解。

問5　　**50**　　②

　　この文章に最も適切なタイトルは何か？　　**50**

①　動物のミルクに勝る植物性ミルクの恩恵

②　**様々なミルクの種類の特徴**

③　世界的なミルクの供給の始まり

④　幼児向けの栄養のあるミルクの基準

　　この文章は，「ミルクの歴史と初期のミルクの特徴」から始まり，「現在の酪農産業」，そして，「動物のミルクに代わる植物性ミルク」について述べられている。したがって，②が正解。

B

　　51　②　**52**　①　**53**　③　**54**　④

段落	内容
(1)	導入
(2)	**51**　②
(3)	**52**　①
(4)	**53**　③
(5)	**54**　④
(6)	結論

①　酪農産業と生産されたミルクがどのように使われているのか述べる

②　最初期のミルクの間の違いを論ずる

③　動物のミルクはすべての人にとって良い選択というわけではないかもしれない
　　ことを説明する

④　動物のミルクにとって代わる様々なものの性質を示す

　　第2段落は「初期のミルクであるヒツジやヤギのミルクと，ウシのミルクの比較」について述べているので，**51**　には②が入る。第3段落は「現在の酪農産業とミルクの処理の方法」について述べているので，**52**　には①が入る。第4段落は「ミルクを消化できない人」について述べているので，**53**　には③が入る。第5段落は「様々な植物性ミルクの特徴」について述べているので，**54**　には④が入る。したがって，**51**　②　**52**　①　**53**　③　**54**　④が正解。

英　語

（2019年1月実施）

受験者数　537,663

平　均　点　　123.30

2019
本試験

英　語

解答・採点基準　　（200点満点）

問題番号(配点)	設問		解答番号	正解	配点	自己採点
第1問(14)	A	問1	1	②	2	
		問2	2	①	2	
		問3	3	②	2	
	B	問1	4	③	2	
		問2	5	②	2	
		問3	6	②	2	
		問4	7	①	2	
第1問　自己採点小計						
第2問(47)	A	問1	8	②	2	
		問2	9	③	2	
		問3	10	①	2	
		問4	11	②	2	
		問5	12	④	2	
		問6	13	③	2	
		問7	14	③	2	
		問8	15	②	2	
		問9	16	④	2	
		問10	17	④	2	
	B	問1	18	②	4 *	
			19	⑤		
		問2	20	⑥	4 *	
			21	②		
		問3	22	②	4 *	
			23	⑥		
	C	問1	24	⑥	5	
		問2	25	②	5	
		問3	26	③	5	
第2問　自己採点小計						

問題番号(配点)	設問		解答番号	正解	配点	自己採点
第3問(33)	A	問1	27	①	5	
		問2	28	②	5	
		問3	29	④	5	
	B		30	①	6	
			31	③	6	
			32	③	6	
第3問　自己採点小計						
第4問(40)	A	問1	33	②	5	
		問2	34	④	5	
		問3	35	②	5	
		問4	36	③	5	
	B	問1	37	③	5	
		問2	38	②	5	
		問3	39	②	5	
		問4	40	②	5	
第4問　自己採点小計						
第5問(30)		問1	41	①	6	
		問2	42	②	6	
		問3	43	①	6	
		問4	44	③	6	
		問5	45	③	6	
第5問　自己採点小計						
第6問(36)	A	問1	46	②	6	
		問2	47	③	6	
		問3	48	④	6	
		問4	49	①	6	
		問5	50	④	6	
	B		51	①	6 *	
			52	④		
			53	②		
			54	③		
第6問　自己採点小計						
自己採点合計						

（注）　＊は，全部正解の場合のみ点を与える。

第1問 発音・アクセント

A 発音

問1 　1　 ②

① cough /kɔ́:f/「咳」/f/
② **frighten** /fráitn/「驚かす」/φ/
③ laughter /lǽftər/「笑い」/f/
④ tough /tʌ́f/「骨の折れる」/f/
したがって，②が正解。

問2 　2　 ①

① **blood** /blʌ́d/「血」/ʌ/
② choose /tʃú:z/「選ぶ」/ú:/
③ mood /mú:d/「気分」/ú:/
④ proof /prú:f/「証拠」/ú:/
したがって，①が正解。

問3 　3　 ②

① stone /stóun/「石」/óu/
② **story** /stɔ́:ri/「物語」/ɔ́:/
③ total /tóutl/「全体の」/óu/
④ vote /vóut/「投票」/óu/
したがって，②が正解。

B アクセント

問1 　4　 ③

① agree /əgrí:/「同意する」第2音節
② control /kəntróul/「支配」第2音節
③ **equal** /í:kwəl/「平等な」第1音節
④ refer /rɪfə́:r/「参照する」第2音節
したがって，③が正解。

問2 　5　 ②

① approval /əprú:vl/「賛成」第2音節
② **calendar** /kǽləndər/「カレンダー」第1音節
③ remember /rɪmémbər/「思い出す」第2音節
④ successful /səksésfl/「成功した」第2音節
したがって，②が正解。

問3 　6　 ②

① character /kérəktər/「性格」第1音節

4

② **delicious** /dɪlíʃəs/「おいしい」第 2 音節

③ opposite /ɑ́:pəzɪt/「反対の」第 1 音節

④ tragedy /trǽdʒədi/「悲劇」第 1 音節

したがって，②が正解。

問 4　7　①

① **architecture** /ɑ́:rkətèktʃər/「建築」第 1 音節

② biology /baɪɑ́:lədʒi/「生物学」第 2 音節

③ spectacular /spektǽkjələr/「目を見張るような」第 2 音節

④ surprisingly /sərpráɪzɪŋli/「驚くほど」第 2 音節

したがって，①が正解。

第 2 問　文法・語法空所補充問題・語句整序問題・応答文完成問題

A　文法・語法

問 1　8　②

　空港行きのバスが明らかに予定より遅れていたので，ケイシーは心配になっていた。

──【ポイント】──────────────

イディオム behind schedule

　behind schedule は「予定より遅れて」という意味を表す。on schedule で「予定通りに」，ahead of schedule で「予定より早く」という意味を表す。

〔例〕　The concert was **behind schedule** and they had to line up for three hours.
　　　　コンサートが予定より遅れていたので，彼らは 3 時間列に並ばなければならなかった。

・get worried「心配する」

問 2　9　③

　もし急いでいるなら，ダブルクイックタクシーを呼んだ方いいよ。たいていすぐに来るからね。

──【ポイント】──────────────

イディオム in no time

　in no time で「すぐに／あっという間に」の意味となる。

〔例〕　Try these suggestions, and they will have you speak like a native **in no time**.
　　　　これらの提案を試してみなさい。そうすれば，あっという間にその国の人と同じくらいに話せるようになるでしょう。

問3 10 ①

　もう少しで高価なガラスの花瓶を落としそうになった後，ジェームズは店のその他の物には何も触らないことにした。

┌─**【ポイント】**────────────────────────

副詞 almost

　副詞の almost は「～しそうになって／すんでのところで～／危うく～するところ／ほとんど～」という意味を表し，もう少しのところで，ある状態になりそうになったことを表す。

［例1］　I **almost** drowned.
　　　　　もう少しで死ぬところだった。

［例2］　I **almost** went to work on my day-off.
　　　　　休みの日に仕事に行きそうになった。

└──────────────────────────────

【他の選択肢】

②　at most は「せいぜい／多くても」という意味を表す。本問では不可。

③　most は「たいていの」という意味を表す。本問では不可。

④　mostly は「たいていの場合」という意味を表す。本問では不可。

問4 11 ②

　時間切れになろうとしているのだから，我々はすぐにその書類に変更を加えるべきだ。

┌─**【ポイント】**────────────────────────

イディオム run out of A

　run out of A で「Aを使い果たす／A不足に陥る」という意味を表す。

［例］　My cellphone **ran out of** charge when I was driving.
　　　　私は車を運転中に携帯電話の電池を切らした。

└──────────────────────────────

問5 12 ④

　その新しいプロジェクトについて，全員の要求を満たすことは不可能だった。

┌─**【ポイント】**────────────────────────

動詞 meet

　動詞の meet は，基本的意味で「会う」だが，後ろに条件・要求を表す名詞が来るとを「満足させる／応じる」の意味となる。後ろには need(s)「要求／ニーズ」，demand「要求／需要」，requirement「必須要件／前提条件」，criteria「基準／尺度」，standard「基準／標準」などが来る。

［例1］　I'm sorry I cannot **meet** your **demand**.
　　　　　残念ながら私は君の要求を満たせません。

［例2］　Airlines must work hard to **meet the needs** of its passengers.
　　　　　航空会社は乗客のニーズを満たすために必死に働かなければならない。

└──────────────────────────────

— 241 —

6

問6　13　③

　キャンプ旅行に必要とする物全部のリストを書きなさい。そうしないと，いくつか物を買い忘れるかもしれないよ。

── 【ポイント】 ──

副詞 otherwise

　otherwise は接続詞的な副詞で，「そうしないと／そうでなければ」という意味を持つ。

［例］　Keep your word; **otherwise** you'll end up losing your face.

　　　　約束を守りなさい。そうしないと，最後には面目を失うことになりますよ。

【他の選択肢】

①　As a result は「その結果／したがって」という意味を表す。本問では不可。

②　In addition は「さらに」という意味を表す。本問では不可。

④　Therefore は「それゆえに／したがって」という意味を表す。本問では不可。

問7　14　③

　携帯電話のメールは個人間でのコミュニケーションの一般的な手段となった。

── 【ポイント】 ──

名詞 means

　名詞 means は「手段」という意味を表す。

［例］　I hope that this kind of **means** of communication will be expanded in the future.

　　　　将来この種のコミュニケーション手段が広がることを願います。

・text messaging「携帯電話のメール」

・individual「個人」

問8　15　②

　その映画のまったく驚く結末を見て，私はショックを受けた。

── 【ポイント】 ──

1．shocked

　shocked は「ショックを受けて／とても驚いて」という意味を表す。

［例］　Christine was **shocked** by a sudden loud noise.

　　　　突然の大きな音でクリスティーンはとてもびっくりした。

2．surprising

　surprising は「驚くべき／(人を)驚かせるような」という意味を表す。

［例］　What she said was **surprising** to me.

　　　　彼女が言ったことは私には驚くべきことだった。

・completely「まったく／徹底的に」

問9 　16　 ④

この幹線道路が休日に交通量を増すのは避けようがない。

───【ポイント】──────────────────────

There is no 〜ing

There is no 〜ing で「〜することはできない」という意味を表す。

［例］ **There is no knowing** who's going to be the next president.
　　　誰が次の大統領になるかはわからない。

────────────────────────────────

問10 　17　 ④

警官は目撃者に状況をできるだけ正確に説明するように頼んだ。

───【ポイント】──────────────────────

1．ask A to-不定詞

ask A to-不定詞は，「Aに〜するよう頼む」という意味になる。

［例］ He **asked** her **to** appear when the meeting was over.
　　　彼は彼女に会議が終わったとき現われるように頼んだ。

2．as＋形容詞［副詞］＋as possible

as＋形容詞［副詞］＋as possible で，「できるだけ〜」という意味になる。本問では，describe the situation accurately「正確に状況を説明する」の accurately をこの形式にしている。

［例］ We'd better leave this room **as** quickly **as possible**.
　　　私たちはできるだけ早くこの部屋から出たほうがいい。

────────────────────────────────

・witness「目撃者」

B　語句整序問題

問1 　18　 ②　 19　 ⑤

　　　ユキオ：新しい入館 ID システムが来月導入されるというのを聞いた？

　　　ルーカス：本当に？　僕らもそれは必要？　現行のシステムを変えるのに費用がどれぐらいかかるのかな。

───【正解】──────────────────────

I wonder 　how　 much it 　will　 cost to replace the current system.
　 ⑥ 　 ② 　 ④ 　 ③ 　⑤　 ①

────────────────────────────────

───【ポイント】──────────────────────

1．動詞 cost

動詞 cost は「費用がかかる」という意味を表す。

［例］ The tour seems to **cost** 100 dollars per person.
　　　そのツアーは1人につき100ドルかかるようだ。

────────────────────────────────

8

2．間接疑問文

疑問文が他の文の1部（主語や目的語）になった場合，疑問詞＋SV の語順になる。本問の場合，How much will it cost to replace the current system? が how much it will cost to replace the current system となり，目的語となっている。

［例］ I don't know **where she went yesterday**.

彼女が昨日どこへ行ったのか私は知らない。（疑問文は Where did she go yesterday?）

問2 ┃20┃ ⑥ ┃21┃ ②

デイビッド：君のイングランド旅行の計画はどんな感じ？

サキ：最初の数日間はロンドンで過ごして，それからはケンブリッジで残りを過ごすつもりよ。

【正解】

I'll spend the first few days in London and then be in Cambridge for ┃the┃ rest of
　　　　　　　　　　　　　　　　　　　　　　　　　　①　⑥　④　③

┃my┃ stay.
②　⑤

【ポイント】

the rest of A

the rest of A は，「A の残り」という意味を表す。なお，その前の for は期間を表す前置詞である。

［例］ I'll remember what you said for **the rest of** my life.

あなたの言ったことを一生覚えておきます。

問3 ┃22┃ ② ┃23┃ ⑥

ジュンコ：私たちが昨夜行ったパーティーはとてもうるさかったね。ずっと大声で話していたから今もまだ喉が痛いわ。

ロナルド：ああ。あんな混雑した場所ではときどき相手に自分の声が届きにくくなることがあるよ。

【正解】

It can sometimes be ┃difficult┃ to ┃make┃ ┃yourself┃ heard in such a crowded place.
　　　　　　　①　　②　　⑤　④　　⑥　　③

【ポイント】

1．形式主語構文

形式主語の構文は，It is＋形容詞＋to-不定詞の形で，「～することは…」という意味になる。

［例］ **It is** important **to** learn self-defense.

護身術を学ぶのは重要です。

— 244 —

２．make *oneself* heard

make *oneself* heard で「自分の話[考え]を聞いてもらう／相手に自分の声を届かせる」という意味を表す。

[例]　Saki couldn't **make herself heard** in the discussion.
　　　サキは討論のとき，自分の考えを聞いてもらうことができなかった。

・throat「喉」
・sore「痛い」

C　応答文完成問題

問１　24　⑥

　　　博物館ガイド：今月は入館者数が減ったよ。
　　　博物館守衛：多分２階の工事のせいだな。
　　　博物館ガイド：そう，２階の「エジプトの宝」展はいつもとてもたくさんの人を
　　　　　　　　　　引き付けたね。
　　　博物館守衛：そうだね，一番人気のある場所が閉館の<u>期間は入館者がより少な</u>
　　　　　　　　　<u>くても仕方がないな</u>。

── 【正解】 ──

So,　it can't be helped　that there are fewer people　while　the most popular
　　　　　　(B)　　　　　　　　　　(A)　　　　　　　　(B)

area is closed.

── 【ポイント】 ──

１．it can't be helped

it can't be helped で「仕方がない」という意味を表す。この場合 help は「避ける」という意味で can't be helped で「避けられない」の意味である。

[例]　**It can't be helped** that I am sleepy during work.
　　　仕事中，眠くてしょうがありません。

２．during と while

during と while はそれぞれ「～の間」という意味を表す。during は前置詞でduring A で「Aの間」という意味になり，while は接続詞で while SV … で「～している間」という意味を表す。

[例]　Norris came up with the better way to solve this problem **during** his stay in Tokyo.
　　　ノリスは東京滞在中にこの問題を解決するためのより良い方法を見つけた。

[例]　There was a call **while** you were taking a bath.
　　　入浴中に電話があったわよ。

10

【解法のヒント】
　博物館のガイドと守衛が入館者数の減少について話をしている。いつもは入館者数の多い2階が工事中なので今は少なくても仕方がないという内容のことを述べている場面。空所の直後で、「一番人気のある場所が閉館」と言っているので、空所で「入館者がより少なくても仕方がない」と言ったと推測できる。中列は「少ない」のfewer のある(A)、右列は空所の後が節なので接続詞の(B)が入る。したがって、正解は⑥となる。

問2　　25　　②

　　　　マサ：昨夜の野球の試合は今シーズン最長だったらしいね。そこに行ってたよね？
　　　アリス：そうよ。球場で生で見るのは大興奮だったのよ。
　　　　マサ：終わったのは遅かったんじゃない？　どうやって家まで帰ったの？
　　　アリス：ええ、本当に遅くなったわ。<u>かろうじて終電に間に合ったの</u>。混んでたけど、何百人という他のファンと一緒に乗るのは楽しかったわ。

─【正解】────────────────────────────
I was barely able to	catch	the last train.
(A)	(A)	(B)

─【ポイント】────────────────────────────

1．副詞 barely と seldom

　barely は、「かろうじて〜する」という意味を表し、seldom「めったに〜しない」という意味を表す。

〔例〕　He **barely** escaped disaster.
　　　　彼はかろうじて災難を免れた。

〔例〕　Alice was **seldom** late for work.
　　　　アリスはめったに仕事に遅刻しない。

2．動詞 catch と miss

　動詞 catch と miss は目的語に乗り物がくると、それぞれ「間に合う」と「乗りそこなう」という意味になる。

〔例〕　Brent **caught** the first bus.
　　　　ブレントは始発バスに間に合った。

〔例〕　Alice **missed** the last train.
　　　　アリスは終電に乗りそこねた。

【解法のヒント】
　野球観戦が遅く終わり、遅くなったアリスが帰る交通手段をどうしたのかを決める問題。空所直後の「混んでたけど、何百人という他のファンと一緒に乗るのは楽しかったわ」というアリスの発言から、終電に間に合ったと分かるので、(A)→(A)→(B)だと分かる。したがって、正解は②となる。

2019年度　本試験〈解説〉　11

問3　26　③

　　　テツヤ：今日ジョンを見なかったな。

　ブレント：病気で2～3日仕事を休むそうだよ。

　　　テツヤ：それは気の毒に。彼は今日この後の会議の係じゃなかった？

　ブレント：そうだよ。残念ながら来週まで延期せざるを得ないだろうね。彼がい
　　　　　　ないと，あれらの問題について話すことができないね。

【正解】

I'm afraid	the meeting will have to be put off	until next week.
(A)	(B)	(A)

【ポイント】

1．I'm afraid (that) SV ...

　I'm afraid (that) SV ... で「残念ながら…だと思う／～だと心配だ」という意味を表す。

［例］　**I'm afraid** you are wrong.

　　　　残念ながらあなたは間違っている。

2．イディオム put off

　put off は「延期する／伸ばす」という意味を表す。本問では受動態になっている。

［例］　The meeting was **put off** till further notice.

　　　　追って通知があるまで会合は延期された。

【解法のヒント】

　ジョンの姿が見えず戸惑っているテツヤに，ブレントが「病気で2～3日仕事を休むそうだよ」と言い，それに対してテツヤがジョンは今日の会議の担当だと言っている。これに続けてブレントが会議の延期を心配するのは自然な流れである。したがって，正解は(A)→(B)→(A)の③となる。

第3問　不要文選択問題・意見要約問題

A　不要文選択問題

問1　27　①

【全訳】

　米国上空を飛行機で飛んでいると，地上にコンクリート製の巨大な矢印を目にするかもしれない。今日では，これらの矢印は基本的に好奇心を引く場所ではあるけれども，過去には国を端から端まで飛ぶとき，パイロットはそれらの矢印を絶対に必要とした。①矢印はとてもうまくいっているとみなされたので，大西洋に矢印を浮かべることを提案した者さえいた。②パイロットはニューヨークとサンフランシスコ間の飛行の目印として矢印を用いた。③16キロメートルごとに，パイロッ

— 247 —

12

トは山吹色に塗られた21メートルの矢印を通過した。④真ん中の回転灯と両端に1つずつある照明のおかげで，矢印は夜間でも見えた。1940年代から，他のナビゲーション方法が導入されて，矢印は今日ではほとんど使われなくなった。とはいっても，モンタナの山岳地域を飛行するパイロットは，いまだにこの矢印のいくつかに頼っている。

【語句】

・giant arrows made of concrete「コンクリート製の巨大な矢印」made of 以下は直前の arrows を修飾している。
  giant「巨大な」
  arrow「矢印」
  made of A「Aでできた」
・ground「地上／地面」
・nowadays「今日では」
・basically「基本的には」
・curiosity「好奇心」
・in the past「過去には」
・absolutely「絶対に」
・be seen as A「Aとみなす」
・so ～ that SV ...「とても～なので…」
・the Atlantic Ocean「大西洋」
・guide「道標／指針」
・bright yellow「山吹色／明るい黄色」
・rotating light「回転灯」
・in the middle「真ん中に」
・visible「目に見える」
・navigation「ナビゲーション／航行」
・method「方法」
・introduce「導入する」
・generally「たいてい／普通」
・mountainous area「山岳地域」
・do still＋動詞の原形「いまだに実際～する」do は強調の助動詞。
・rely on A「Aに頼る」
［例］　Alex can't **rely on** her for help.
　　　　アレックスは彼女の援助に頼れない。

【解法のヒント】

　このパラグラフは「米国上空から見える地上の巨大コンクリート製矢印」について書かれたものである。それは①「太平洋に浮かぶ矢印の提案」，②「パイロットに

— 248 —

とっての矢印」，③「矢印の色や大きさ」，④「矢印の回転灯」が述べられている。矢印がいかにパイロットに役立っているかという文脈に対して，①は別の提案の内容なので，前後の文脈と合わないことになる。したがって，①が正解。

問2 [28] ②

【全訳】

　都会生活と田舎暮らしでは異なった技能を必要とする。このことは，もちろん人間に当てはまるが，鳥にも当てはまる。ある研究では，科学者たちがカリブ諸島のひとつ，バルバドスの都会地域と田舎の地域で53羽の鳥を捕らえて，様々なテストを行い，彼らを自然環境へ戻し，自分たちの発見を報告した。①都会地域の鳥は田舎の環境の鳥よりも問題解決の仕事で優れていた。②研究者は鳥のグループ間の差を調べるいくつかの実験を用意していた。③都会の鳥は田舎の鳥よりも病気に対する抵抗力があった。④研究者たちは，田舎の鳥と比べたとき，都会の鳥は賢いが弱いだろうと予想していた。賢くもあり強くもあるというのはありえないと思われていた。しかし，都会の鳥は両方持っているようである。

【語句】

・skill「技能」
・be true for A「Aに当てはまる」
〔例〕　This **is true for** adults.
　　　　このことは大人にも当てはまる。
・human「人間」
・study「研究」
・urban「都会の」
・rural「地方の／田舎の」
・Caribbean islands「カリブ諸島」
・conduct tests「テストを行う」
・release「放す」
・natural surroundings「自然環境」
・finding「発見（したこと）」
・be better at A「Aにより優れている」＜be good at A
・problem-solving「問題解決」
・task「仕事／課題」
・environment「環境」
・researcher「研究者／調査者」
・prepare「用意する」
・experiment「実験」
・resist「抵抗する」
・disease「病気」

14

- expect「予想する」
- in comparison to A「Aと比べると」

［例］　**In comparison to** other candidates, she was very good.
　　　　他の候補と比べると，彼女はとても優れていた。

- smart「賢い」
- weak「弱い」
- unlikely「ありえない」

【解法のヒント】

　このパラグラフは「都会の鳥と田舎の鳥」について書かれたものである。それは①「都会の鳥の問題解決能力」，②「鳥のグループ間の差の実験」，③「都会の鳥の病気に対する抵抗力」，④「都会の鳥は賢いが弱いという予想」が述べられている。全体の流れは，都会の鳥と田舎の鳥の比較なのだが，②だけが「鳥のグループ間の差の実験」についてであるので，前後の文脈と合わないことになる。したがって，②が正解。

問3 　29 　④

【全訳】

　チューダー朝(1485-1603)時代の英国の正式なディナーは饗宴と呼ばれた。それは豪華で，自分の富と社会的地位を見せるためにすべてが慎重になされた。①饗宴で起こることはどんなことも，人々が部屋へ歩いて入る順番でさえも社会階級を反映していた。②主賓席があって，最高位の地位の客は王もしくは女王の右側に座った。③金銀の食器も家門の裕福さを強調するために並べられた。④チューダー朝時代に饗宴が行われた様子は様々な映画で豪華に映し出されている。客は支配者より前に食べ始めることは許されず，ひとたび支配者が食べ終えると食べるのをやめなければならなかった。饗宴のすべての側面と同様に，いつ食べることができてまたできないかは厳しく複雑な規則に従っていた。

【語句】

- formal「正式な／公式な」
- the Tudor era「チューダー朝時代」イギリスの王朝
- feast「饗宴」
- magnificent「豪華な」
- in order to-不定詞「〜するために」
- wealth「富」
- society「社会」
- whatever happened「起こったことはどんなことでも」
- reflect「反映する」
- social class「社会階級」
- order「順番」

— 250 —

・top table「主賓席」

・ranking「地位の」

・emphasize「強調する」

・ruler「支配者」

・once SV ...「ひとたび…すれば」

［例］　**Once** you make a decision, you should stick to it.

　　　ひとたび決心したなら，あなたはそれを固守すべきです。

・follow「従う」

・strict「厳しい」

・complicated「複雑な」

・aspect「側面」

【解法のヒント】

　このパラグラフは「チューダー朝時代の饗宴のマナー」について書かれたものである。①「入室の順番」，②「主賓席」，③「食器」，④「映画化されていること」があげられている。④だけが「映画」を問題にしているので，「饗宴のマナー」を述べている前後の文脈と合わないことになる。したがって，④が正解。

B　意見要約問題

30　①

【全訳】

ショーン：土曜日なのに来てくれてありがとう，みんな。全員が集まって話のできる時間を見つけるのはなかなか難しかった。さて，知っての通り，ギヨ先生は今年で退職されます。在学生と昔の学生たちを代表して，先生に贈り物を手配するのが我々の義務です。パーティーまであまり時間がないので，何としても今日中に最終決定まで到達したいと思っています。何か思いついた？

アレックス：正確には分からないけど，退職後は多くの先生が退屈するそうだね。僕は絵みたいな物を贈らない方がいいと思う。それだとただ壁に掛けておくだけなので。毎日大いに使うことができる物を買えば，先生が学生たちみんなの感謝の気持ちをもっと頻繁に感じられると思うよ。

ショーン：ありがとう，アレックス。だから，君は，①彼女がまったく普通に使える物を贈るのがふさわしいと思っているんですね。

【語句】

・thanks for -ing「～してくれてありがとう」

［例］　**Thanks for** inviting me to your party.

　　　パーティーにお招きいただいてありがとうございます。

・As you know「さて，知っての通り／ご存知の通り」

— 251 —

16

- retire「退職する」
- responsibility「義務／責任」
- arrange「手配する」
- on behalf of A「Aを代表して／Aの代理として」

［例］ I want to say thank you **on behalf of** my husband.
　　　夫に代わってお礼を申し上げたい。

- current「現在の」
- former「昔の／元の」
- final decision「最終決定」
- come up with A「Aを思いつく／考え出す」

［例］ Walter **came up with** a brilliant idea from his own experience.
　　　ウォルターは自分の経験からすばらしいアイディアを思いついた。

- exactly「正確に」
- get bored「退屈する」
- painting「絵画」
- make the most of A「Aを最大限に利用する／思い切り楽しむ」

［例］ You should **make the most of** smartphone.
　　　スマートフォンを最大限に利用すべきだ。

- on a daily basis「毎日」
- appreciation「感謝」
- appropriate「ふさわしい」

【解説】
① 彼女がまったく普通に使える
② 彼女の家をすてきに見せる
③ 退職パーティーで共有する
④ 私たち学生が自分で作った

　アレックスの発話第3文に「毎日大いに使うことができる物を買えば，先生が学生たちみんなの感謝の気持ちをもっと頻繁に感じられると思うよ」とあるので，①が正解。

31　③

【全訳】

アレックス：そう。それがベストだろうと思う。

トーマス：僕はギヨ先生が退職後に退屈はしないと思う。先生はとても活動的だとみんな知っている。先生はスポーツイベントによく参加するし，外で過ごすのが大好きだ。土曜日と日曜日には，午前にはジョギング，夕方はテニスをしているそうだ。先生が家から出ないことはほとんどなくて，毎日の散歩も雨が降ろうが絶対に欠かさないんだ。

アン：それに，先生は庭いじりも大好きです。私，先生の家の写真を何枚か

— 252 —

2019年度　本試験〈解説〉　17

　　　　　見たことがあるんです。先生の家には，きれいな庭ととても広いベランダがあるわ。先生はすごくたくさんの種類のお花と野菜を育てています。先生はよく，ベランダでくつろいで，ただ庭を眺めて楽しんでいるんです。

　ショーン：トーマス，アン，どうやら君たち２人とも，ギヨ先生へのプレゼントを買うときは，先生の③余暇を考慮すべきだと思っているのですね。

【語句】

・active「活動的な」

・participate in A「Aに参加する」（＝take part in A ）

　［例］　She was quite pleased to **participate in** the game.

　　　　彼女はとても喜んでそのゲームに参加しました。

・hardly ever ...「めったに…しない」

　［例］　Sally **hardly ever** goes out on Sundays.

　　　　サリーは日曜日にはめったに外出しない。

・massive「巨大な」

・deck「(家の)ベランダ／テラス」

・a great variety of A「すごくたくさんの種類のA」

・vegetables「野菜」

・view「眺め」

【解説】

①　芸術作品

②　庭

③　余暇

④　週末

　　トーマスはその第２文以降で「先生はとても活動的だとみんな知っている。先生はスポーツイベントによく参加するし，外で過ごすのが大好きだ。土曜日と日曜日には，午前にはジョギング，夕方はテニスをしているそうだ。先生が家から出ないことはほとんどなくて，毎日の散歩も雨が降ろうが絶対に欠かさないんだ」と述べているし，アンも第１文で「それに，先生は庭いじりも大好きです」と述べている。２人に共通するのは，ジョギング，テニス，散歩ができることと，庭いじりができることから「余暇」と推測できるので，③が正解。

32　③

【全訳】

　アン：そのとおりね。だけど，実際の物を思いつくのがちょっと難しいですよね。

　ミミ：先生が人をもてなすときに使える物を買うのはどうですか？　ギヨ先生は料理が大好きで，２〜３週間おきに家で小さなパーティーを開いてい

— 253 —

18

るらしいですよ。う～ん…，台所で使う物は何もいらなそうですよね。先生はもうそういう種類の物は十分持っていそう。それにふつう，料理好きの人って，その手のものについては自分の好みがありますよね。

サリー：私も賛成です。先生はパーティーのことを私たちに話してくれました。よく言っていたのは，パーティーをするといつも，全員が座りたい場合，食事のために家の中に入らないといけないということでした。もしかしたら，先生がお客さんたちをもてなすときに使えるような物が1番ふさわしいのかもしれないわ。

アン：それはすごくいい指摘だと思うわ。先生は引退したら，きっとそういうパーティーももっと開くわ。分からないけど，ひょっとすると？　もしかすると，私たちを招待さえしてくれるかも！

ショーン：それはいいんじゃない，アン？　さて，みんなの考えをどうもありがとう。議論したことを考慮すると，ギヨ先生に関してみんなが言ったことに合っているようなので③屋外用の家具のようなプレゼントがベストだと思います。

【語句】

・entertain「もてなす」
・plenty of A「たくさんのA」
・that kind of A「そういう種類のA」
・stuff「物」
・preference「好み」
・when it comes to A「Aということになると」

［例］　**When it comes to** invention, you can't beat Tobby.
　　　　発明ということとなると，トビーにはかなわない。

・agree「賛成する」
・mention「述べる」
・I'm sure SV ...「きっと…だと思う」
・Who knows?「何とも言えないが，ことによったら／誰にも分からないよ／ひょっとしたら」

［例］　**Who knows**, this book may become a best seller?
　　　　ひょっとするとこの本はベストセラーになるかもしれない。

・considering ...「…を考慮すると」
・A such as B「（たとえば）BのようなA」
・match「合う／当てはまる」

【解説】

①　大きな花束
②　彼女の庭におく像

— 254 —

③　屋外用の家具
④　料理用具一式

　ミミが「先生が人をもてなすときに使える物を買うのはどうですか」と言い，サリーも「もしかしたら，先生がお客さんたちをもてなすときに使えるような物が1番ふさわしいのかもしれないわ」と発言し，アンも賛成している。アレックスの「普通に使えるもの」，トーマスの「余暇を考慮すべき」という意見も含めて，皆が考えているのは「先生がパーティーの招待客をもてなすときに必要なもの」なので，正解は③。

第4問　図表・広告問題

A　図表問題

【全訳】

　芸術は人々がどう生きたかを反映するものなのかもしれない。研究者たちは，芸術がどのように衣服と社会的背景を描き出すかを議論してきた。家族の食事を特徴とした絵画にまでこの考えが拡大しうるかどうかを決定づけるために，ある研究が行われた。この研究の結果は，ある特定の種類の食物がなぜ描かれたのかを説明するのに役だつかもしれない。

　研究者たちは，1500年から2000年までに描かれた140の家族の食事の絵画を調査した。これらの絵画は，アメリカ，フランス，ドイツ，イタリア，オランダの5ヵ国のものであった。研究者たちはそれぞれの絵画を91種の食物の有無について調査し，無いなら0のコードで，有れば1のコードを付けた。たとえば，ある絵の中に1個あるいは複数個のタマネギが現れれば，研究者たちはそれを1というコードで表した。それから，それぞれの食物を含む各国の絵画の割合を計算した。

　表1は，選んだ食物についての絵画の割合を表している。研究者たちはいくつかの発見について議論した。第1に，これらの国々のいくつかの絵画には，研究者たちが予想していた食物が含まれていた。貝類はオランダ絵画において最も一般的であり，このことは国境の半分近くが海に接してしていることから予期されていた。第二に，いくつかの絵画には，研究者たちが予想していた食物が含まれていなかった。アメリカ，フランス，イタリアの絵画には，貝や魚はどちらも12％未満しか現れなかった。これらの国々の大部分が大洋や海に接しているにもかかわらずである。一般的な食物である鶏肉はどの絵画にもほとんど現れなかった。第三に，いくつかの絵画には，研究者たちが予想していなかった食物を含むものがあった。たとえば，ドイツ絵画でいうと，その国土はわずか6％しか海に接していないにもかかわらず，絵画の20％に貝が含まれていた。それにまた，レモンはオランダ絵画の中で最も普通にあったのだが，オランダにレモンは自生していないのである。

— 255 —

20

表1

特定の食物の絵画に現れる頻度の割合

食品	アメリカ	フランス	ドイツ	イタリア	オランダ
リンゴ	41.67	35.29	25.00	36.00	8.11
パン	29.17	29.41	40.00	40.00	62.16
チーズ	12.50	5.88	5.00	24.00	13.51
鶏肉	0.00	0.00	0.00	4.00	2.70
魚	0.00	11.76	10.00	4.00	13.51
レモン	29.17	20.59	30.00	16.00	51.35
タマネギ	0.00	0.00	5.00	20.00	0.00
貝類	4.17	11.11	20.00	4.00	56.76

　これらの結果をこれまでの研究と比較して，研究者たちは食物を描いた絵画は，必ずしも実生活を描き出すわけではない，という結論を出した。研究者たちはこれについていくつか説明をした。1つの説明は，画家はより広い世界への自分の関心を表現するために食物を描いたのだということである。別の説明では，画家はより難しい食物を描くことによって己の技量を示したかったということである。たとえば，レモンの表面や中身の複雑さは，特にオランダの画家たちの間で，人気があった原因を説明しているのかもしれない。別の解釈もできるので，いろいろな観点から絵画を調査する必要がある。それらは絵画が完成した時代と食物の文化的関連性である。両者の問題は次章以降で取り上げることにする。

(ブライアン・ワンシンク他(2016)食べ物の絵画は現実を反映しない：大衆絵画における食事の量的内容分析の一部を参考に作成)

【語句】
◆第1段落◆
　・researcher「研究者／調査者」
　・portray「描き出す」
　・clothing「衣服」
　・determine「決定づける」
　・extend「拡大する」
　・family meal「家族の食事」
　・result「結果」
　・illustrate「(詳しく)説明する」
　・certain「ある特定の」
◆第2段落◆
　・examine「調査する」
　・the Netherlands「オランダ」

- coded「コード化された／符号化された」
- for example「たとえば」
- onion「タマネギ」
- calculate「計算する」
- percentage「割合／パーセント」
- include「含む」

◆第3段落◆
- table「表」
- selected「選ばれた」
- shellfish「貝（類）」
- common「一般的な／普通の」
- border「国境」
- large portion of A「Aの大部分」
- border「隣接する／接する」
- ocean「大洋」
- even though SV ...「…であるにもかかわらず」

［例］　You reply to me **even though** you're busy.
　　　　あなたは忙しいにもかかわらず，私に返事をくれる。

- grow「育つ」

◆第4段落◆
- compare A with B「AをBと比較する」

［例］　At the last meeting, we **compared** this year's outcome **with** last year's.
　　　　前回のミーティングで，今年の結果と去年の結果を比較しました。

- previous「以前の」
- conclude「結論を出す」
- not necessarily ...「必ずしも…ではない」
- explanation「説明」
- challenging「難しい／骨の折れる」
- complexity「複雑さ」
- surface「表面」
- interior「内部」
- popularity「人気」
- interpretation「解釈」
- perspective「観点」
- complete「完成させる」
- association「関連性」
- issue「問題」
- take up「取り上げる」

・the following section「次章／以下の章」

【解説】

問1 　33 　②

　この研究での「リンゴ」のカテゴリーでは，完全なリンゴ2個と半分にカットされたリンゴが1個描かれた1つの絵画は　33 　と分類される。

① 　0

② 　1

③ 　2

④ 　3

　第2段落第3〜4文に「研究者たちはそれぞれの絵画を91種の食物の有無について調査し，無いなら0のコードで，有れば1のコードを付けた。たとえば，ある絵の中に1個あるいは複数個のタマネギが現れれば，研究者たちはそれを1というコードで表した」とある。したがって，②が正解。

問2 　34 　④

　表1によれば，絵画は　34 　。

① 　フランスはドイツ絵画よりもリンゴを含む割合が低かった

② 　フランスはオランダ絵画よりもチーズを含む割合が高かった

③ 　イタリアはアメリカ絵画よりもパンを含む割合が低かった

④ 　イタリアはドイツ絵画よりもタマネギを含む割合が高かった

　表を見ると，①は，フランス(35.29)はドイツ(25.00)よりもリンゴを含む割合が高いので不可。②は，フランス(5.88)はオランダ(13.51)よりもチーズを含む割合が低いので，不可。③は，イタリア(40.00)はアメリカ(29.17)よりもパンを含む割合が高いので不可。④は，イタリア(20.00)はドイツ(5.00)よりもタマネギを含む割合が高いので正解。

問3 　35 　②

　本文と表1によれば，　35 　。

① 　アメリカ人はよく鶏肉を食べたので，アメリカ絵画の中には鶏肉が頻繁に現れた

② 　イタリアの大部分は海に接しているが，イタリア絵画の10分の1未満にしか魚は現れなかった

③ 　オランダが原産なので，レモンはオランダ絵画の半分以上に現れた

④ 　貝類が5ヵ国それぞれの絵画の半分に登場したのは，それらの国が海に接しているからである

　第3段落第6文に「アメリカ，フランス，イタリアの絵画には，貝や魚はどちらも12%未満しか現れなかった。これらの国々の大部分が大洋や海に接しているにもかかわらずである」とあり，表1の魚の項目を見ると，イタリア絵画では，4.00で10分の1未満なので，正解は②。

問4 36 ③

本文によると，これらの絵画の中の食物は 36 可能性がある。

① 描いた画家の歴史に対する知識を示している
② 画家が自国にとどまりたいという願望を表している
③ 描いた画家の芸術的技量と能力を示している
④ 描いた画家の地元の食物への愛情を反映している

最終段落第4文に「別の説明では，画家はより難しい食物を描くことによって己の技量を示したかったということである」とある。したがって，正解は③。

B　広告問題

【全訳】

グランドルフォークの城

クレストヴェイル城

この13世紀の城址は，グランドルフォーク北方国境を守るために作られたものですが，現在，研究者によって調査中です。公開期間中，日曜日を除き，ガイドが地元の歴史について，何が調査で明らかになっているのか，説明をします。

ホルムステッド城

ホルムステッド城は，南側の国境付近を守るために12世紀に作られましたが，16世紀には廃墟と化しました。入口にある看板に歴史の説明があります。この城の広場はパフォーマンスをするのに適しています。

キングズ城

11世紀に遡るキングズ城は国でも最も壮大な城の一つです。城の膨大な絵画や家具のコレクションがその地域の過去の様子をうかがわせます。ガイドは毎日ご利用可能です。

ローズブッシュ城

城と呼ばれていますが，この完全な状態で保存されている15世紀の建物は，純粋にある家族の自宅として建設されたものです。月曜から金曜まで，ガイドはその家族の歴史を語り，彼らの近代彫刻のコレクションを説明します。部屋のいくつかは，公的なイベントにご利用可能です。

	開城時間		一日料金	
	月	時間	大人	子供 （5－16歳）＊
クレストヴェイル城	4月－10月	10：00－16：00	3ユーロ	1ユーロ
ホルムステッド城	4月－9月	10：00－17：00	5ユーロ	2ユーロ
キングズ城	4月－11月	10：00－18：00	7ユーロ	3ユーロ
ローズブッシュ城	4月－7月	9：00－12：00	10ユーロ	5ユーロ

＊5歳未満の子供は入場無料です。

【語句】

- castle「城」
- ruined「荒れ果てた／荒廃した」
- defend「守る」
- except「除いて」
- research「調査」
- reveal「明らかにする」
- protect「守る」
- fall into A「A（の状態）になる」
- signboard「看板」
- open space「広場／オープンスペース」
- date back to A「〔起源などが〕Aに遡る」

［例］ The origins of Saint Valentine's Day are obscure, but the practice of sending a gift to one's sweetheart **dates back to** the England of the mid 1400s.

　　聖バレンタインデーの起源は曖昧だが，恋人に贈り物をする習慣は1400年代中頃のイングランドに遡る。

- grandest＜grand「壮大な」
- furniture「家具」
- available「利用できる／手に入る」
- preserve「保存する」
- construct「建設する」
- family home「家族の自宅」
- sculpture「彫刻」
- free of charge「無料で」

【解説】

問1　37　③

　　4つすべての城の共通の特徴は何か？　37

① 損傷の度合い
② 絵画と武器の展示
③ **500年以上の歴史**
④ 建設の目的

　各城の説明の中で，城の建設時期がそれぞれ，13世紀，12世紀，11世紀，15世紀とあるので，21世紀の現在から500年以上の歴史となるので，正解は③。①の「損傷の度合い」は，クレストヴェイル城は ruined（荒廃した）状態。ところが，ローズブッシュ城は perfectly preserved（完全に保存された）状態なので，不可。②の「絵画と武器の展示」は，キングズ城には「絵画」についての記述があるのみ，ローズブッシュ城は「彫刻」の記述のみ。「武器」については4つとも記述がないので，不可。④の「建設の目的」は，敵からの防衛がほとんどの城の目的だが，ローズブッ

— 261 —

26

シュ城は「ある家族の自宅」として建てられているので，不可。

問2 38 ②

グランドルフォーク大学の 3 人のギタークラブのメンバーが 4 月のある午後にコンサートを催したいと思っている。どの城が最も選ばれそうか？ 38

① クレストヴェイル城

② **ホルムステッド城**

③ キングズ城

④ ローズブッシュ城

ホルムステッド城の説明に，「この城の広場はパフォーマンスをするのに適しています」とあるので，②が正解。

問3 39 ②

ある学校の先生たちが 5 月のある土曜日にグランドルフォークに生徒を連れていきたいと思っている。その目的は，城を訪れ，城のスタッフから説明を聞いて，その地域の歴史の知識を生徒に広げてほしいということである。先生が最も選びそうなものはどの 2 つの城か？ 39

① クレストヴェイル城とホルムステッド城

② **クレストヴェイル城とキングズ城**

③ ローズブッシュ城とホルムステッド城

④ ローズブッシュ城とキングズ城

それぞれの城の説明から，ガイドがいるのはクレストヴェイル城とローズブッシュ城とキングズ城の 3 つ。しかし，ローズブッシュ城のガイドは「月曜から金曜まで，ガイドはその家族の歴史を語り，彼らの近代彫刻のコレクションを説明します」とあり，土曜日はいない。したがって，クレストヴェイル城とキングズ城の②が正解となる。

問4 40 ②

母親，父親，2 人の子供（4 歳と 8 歳）が，9 月のある日にグランドルフォークの城の 1 つを訪れて，美術品を見たいと思っている。いくらになるか？ 40

① 14ユーロ ② **17ユーロ** ③ 20ユーロ ④ 25ユーロ

城の説明から，「美術品」があるのは，キングズ城とローズブッシュ城だと分かる。それぞれ，「絵画と家具」，「近代彫刻」がある。表からローズブッシュ城は 4 月から 7 月までしか開いていないので，訪れるのはキングズ城だと分かる。表の入場料の項目を見て，大人 1 人は 7 ユーロ。父親，母親の大人 2 人なので14ユーロ。子供（5-16歳）は 3 ユーロ。8 歳の子供なので 3 ユーロ。4 歳の子供は表の下に 5 歳未満は無料とある。合計すると14ユーロ + 3 ユーロ＝17ユーロ。したがって，正解は②。

第5問　長文読解問題（物語）

【全訳】

「クリスティーン，庭に来て手伝ってくれ。今日は種を全部植えたいんだ」父は私に呼びかけていた。「忙しいのよ」と私は言った。父は庭が大好きだが，私には，その頃はなぜ土いじりが父をそれほどまで興奮させるのか分からなかった。

4月末までに，彼の植物はきちんと列になって出てきて，それぞれの列に野菜の名前を書いた木の杭をつけた。残念なことに，5月上旬に，父は事故で重傷を負った。彼は約2ヶ月間入院していたが，その間，よく自分の庭について私に尋ねた。彼は帰宅してもしばらくの間ベッドにいなければならなかった。母は数回出張があったので，庭の世話はできなかった。私は父を心配させたくなかったので，頼まれもしないのに，父が回復するまで，庭の世話をするつもりだと言った。その小さな植物は，水さえあれば成長し続けるだろうと私は思っていて，運よく雨がかなりよく降ったので庭のことはあまり考えなかった。

7月のある土曜日の朝，父は私に「クリスティーン，野菜はもう摘んでもいいはずだと思う。今日はサラダを食べよう！」と言った。私はボウルを取って庭へ出た。リーフレタスを見ると葉の多くが半分食べられていると分かりあわてた。葉の上一面に何百という虫がいた！　私はそれらを取り除こうとしたが，あまりにもたくさんいすぎた。次にニンジンを見たが，それらも大丈夫そうには見えなかった。1本のニンジンを引き抜いたが，それはとても小さくて，何かがそれを少しかじったようだった。

私は一瞬，パニックになったが，その時ある良い考えを思いついた。財布を手にして静かにドアを出て，野菜を買うために最も近い店へ自転車に乗って行った。帰宅して父にサラダを作ろうと野菜をカットした。

父にサラダを渡したとき，「おや，クリスティーン，なんて素晴らしいサラダだ！ニンジンがもうこんなに大きくなっているなんて信じられない。レタスはとてもシャキシャキしておいしい。庭の世話をとても熱心にしていてくれているにちがいない」と父は言った。父は嬉しそうに見えたが，私は少し後ろめたい気持ちになった。

私が台所へ戻って片付けをしていたとき，母が直近の出張から帰ってきた。彼女はスーパーの袋を見た。彼女が私を見たとき私は恥ずかしかった。それで，「パパがサラダを欲しがったんだけど，庭はひどい状態だったの。彼をがっかりさせたくなかったので，店へ行ったんだ」と告白した。彼女は笑ったが，庭で私を手伝う暇を作ることを約束してくれて，次の数週間一生懸命私たちは働いた。私たちはみじん切りの新鮮な唐辛子と水を混ぜたものを作って野菜にスプレーした。スプレーは人間や動物，あるいは虫にさえ有害ではないので，私はこれは素晴らしい考えだと思った。虫は香辛料の入った水を絶対に好まない。<u>虫のいない</u>野菜は急速に育ち，ついに私はいくつか野菜を摘むことができた。

— 263 —

私は慎重にサラダを作って，それを父のところに持って行った。彼は少し微笑みながらそれを見た。「クリスティーン，このサラダの中ではニンジンは前のより小さいけど，美味い」私が買い物に出かけたことについて彼がすべてずっと知っていたことに気づいた。私は彼に微笑みを返した。

　今では，何かを世話することに多大な努力をすることは，その結果がいかに小さなことであっても，その結果をより感謝する助けになることが，私にはよく分かる。多分これが父がガーデニングを愛する理由の１つだった。

　数日後に，彼は庭に戻る。私は彼のそばにいて，できる限り彼を手伝うつもりだ。

【語句】

◆第１段落◆

- ・plant「植える」
- ・seed「種」
- ・at that time「その頃」
- ・dirt「土」

◆第２段落◆

- ・by the end of A「A末までに」
- ・come up「出てくる／現れる」
- ・neat「きちんとした」
- ・row「(横の)列」cf. line
- ・wooden stake「木の杭」
- ・unfortunately「残念なことに／あいにくなことに」
- ・seriously injured「重傷を負って」
- ・accident「事故」
- ・hospital「病院」
- ・for a while「少しの間」
- ・business trip「出張」
- ・take care of A「Aの世話をする」
- ・worry「心配する」
- ・recover「回復する」
- ・assume that SV ...「…だと思い込む」
- ・as long as SV ...「…さえすれば／…であるならば」

  ［例］ **As long as** I don't forget my credit card, I'll be O.K.
  クレジットカードさえ忘れなければ何とかなる。

- ・fairy「かなり」

◆第３～５段落◆

- ・be about ready to-不定詞「もう～する用意ができている」
- ・pick「摘む」

— 264 —

2019年度　本試験〈解説〉　29

- bowl「ボウル／鉢」
- be upset「あわてる／狼狽する」

［例］　He **was** terribly **upset** to hear that.
　　　　彼はそれを聞いてひどくうろたえた。

- hundreds of A「何百というA」
- all over A「A一面に」
- carrot「ニンジン」
- panic「パニックになる」
- for a moment「一瞬」
- wallet「財布」
- crisp「シャキシャキした」
- feel guilty「後ろめたい気持ちになる」

◆**第6段落**◆
- clean up「片づける／きれいにする」
- recent「最近の」
- be embarrassed「恥ずかしい思いををする」
- confess「告白する」
- disaster「ひどい状態／大惨事」
- disappoint「がっかりさせる」
- mixture「混ぜたもの」
- chopped-up「みじん切りの」
- hot pepper「辛い唐辛子」
- spray「吹き付ける」
- harmful「有害な」
- bug-free「虫のいない」A-free で「Aがいない／Aがない」の意味。

◆**第7〜9段落**◆
- a hint of A「少量のA／少しだけのA」

［例］　Can you add **a hint of** brandy to my coffee?
　　　　私のコーヒーに少しだけブランデーを入れてくれますか？

- realize「気づく」
- all along「(最初から)ずっと」
- put a lot of effort into A「Aに多大な努力をする」
- care for A「Aの世話をする」
- appreciate「感謝する／正しく理解する」
- however＋形容詞[副詞] SV ...「Sがどんなに〜でも」
- in any way「どんな形でも」

【解説】
問1　41　①

— 265 —

クリスティーンは当初，41 ので，ガーデニングをやると言った。

① ガーデニングが父親には重要だと知っていた
② ガーデニングのスキルを向上させたいと思っていた
③ 父親にガーデニングをするように頼まれた
④ 野菜栽培に興味があった

第1段落最終文に「父は庭が大好きだが，私には，その頃はなぜ土いじりが父をそれほどまで興奮させるのか分からなかった」とあり，第2段落第6文に「私は父を心配させたくなかったので…庭の世話をするつもりだと言った」とある。したがって，①が正解。②，③，④は本文に記述はない。

問2 42 ②

以下のどれが庭の問題だったのか？ 42

① 動物がよく庭で穴を掘った。
② 虫がレタスとニンジンを食べた。
③ 植物にあまりに多く水が与えられた。
④ 野菜は誤った印を付けられた。

第3段落は筆者のクリスティーンが父親の頼みでサラダを作ろうと庭の野菜を摘もうとする段落である。第3～7文に「リーフレタスを見ると葉の多くが半分食べられていると分かりあわてた。葉の上一面に何百という虫がいた！ 私はそれらを取り除こうとしたが，あまりにもたくさんいすぎた。次にニンジンを見たが，それらも大丈夫そうには見えなかった。1本のニンジンを引き抜いたが，それはとても小さくて，何かがそれを少しかじったようだった」とあり，庭の野菜が虫にやられている状況を述べている。したがって，②が正解。

問3 43 ①

43 ので，クリスティーンは店で買った野菜でサラダをひそかに作ることができた。

① 彼女の父親は庭の進み具合を見ることができなかった
② その時，彼女の父親は入院していた
③ 彼女の母親はクリスティーンが野菜を買うのを助けた
④ 彼女の母親はクリスティーンがスプレーを作るのを手伝った

第4段落の状況は，退院して家で療養している父親にサラダ作りを頼まれ庭で野菜を取ろうと思ったら，虫食いでパニックになり，店で食材を買ってサラダをあわてて作るというところである。第4段落第2～3文に「財布を手にして静かにドアを出て，野菜を買うために最も近い店へ自転車に乗って行った。帰宅して父にサラダを作ろうと野菜をカットした」とあるので，①が正解。

問4 44 ③

以下のどれが下線部の <u>bug-free</u> という語に意味的に最も近いか？ 44

① 虫はすべて殺された。
② 虫は好きなことをすることができる。

— 266 —

③　虫は一匹も見つからない。

④　虫にはお金がかからない。

　　下線部のある第6段落最終文と直前の文に「虫は香辛料の入った水を絶対に好まない。bug-free の野菜は急速に育ち，ついに私はいくつか野菜を摘むことができた」とある。第3・4段落の虫でパニックになった状況を考えると，虫がいないことだと分かるはず。また，duty-free「関税なしの／免税の」からも推測できる。③が正解。

問5　**45**　③

　　クリスティーンはガーデニングの経験から何を学んだか？　**45**

①　常にまさかの時にそなえなさい。

②　虫でがっかりするな。

③　**つらい仕事は報われる。**

④　1人で働くことが結果を生む。

　　第8段落で「今では，何かを世話することに多大な努力をすることは，その結果がいかに小さなことであっても，その結果をより感謝する助けになることが，私にはよく分かる。多分これが父がガーデニングを愛する理由の1つだった」とあるので，③が正解。

第6問　長文読解問題（論説文）

【全訳】

(1)　森の中の小川の脇の静かな小道から町を走る賑やかな道路にいたるまで，人々はいろいろな場所にさまざまな形のルートを作ってきた。これらは現在でも私たちの周りのいたる所に存在しており，その利用は社会にとって不可欠である。これらのルートのおかげで，人々は移動したり，物を運搬したり，情報を送ったりすることが素早く安全にある場所から別の場所へすることができる。歴史を通して，それらは私たちの日常生活において重要だった。

(2)　初期のルートは陸で自然にできることが多かった。それらは人々が徒歩や馬で移動した長期間にわたって徐々に発達した。歴史的に重要な転換点は，古代で最初の車輪付き荷馬車が登場したときに訪れた。いったんこれが起きると，人々は手入れの行き届いたルートの重要性が分かった。それで，町，都市，そして国中が繁栄するためにルートを改良した。その結果，生活がより便利になり，地域社会が成長し，経済が発展し，文化が広がった。陸のルートの重要性は，特に自動車の出現後に，さらに高まった。

(3)　人々は水上のルートも確立した。河川や運河は，人々が移動し物を運ぶのに効果的なルートとして役立った。たとえば，古い日本の都市の江戸では，水路が農産物，海産物，それと木材の運搬に使われ，都市の生活と経済を支えた。人々はまた海を横断するルートも開いた。風，波，水深，海岸線の地理に基づいて開発

— 267 —

された海路は，特に主として風力で移動した時代には，船舶の航行にとってとても重要だった。これらの海路を使うことで，人々は遠くへ移動し，これまで到達することができなかった場所へ行くことができた。多くの重要な海路が出現し，天然資源，製品，そして考え方のやり取りにつながった。これが，今度は，都市や町の繁栄に役立った。

(4) 人々は続けて空路も開いた。飛行機の発明以来，これらのルートのおかげで，人々は長距離を簡単に移動することができるようになった。風や空気の流れのような条件を考慮することで最善のルートを見つけた。ついに，人々は空高く，安全かつ快適に移動できるようになり，膨大な距離を進むのに短時間しかかからなかった。実際，かつては人々は船で日本からヨーロッパへ行くのに1か月余を要したが，今日では飛行機で1日で移動できる。これらの空路の確立のおかげで，非常に多くの人たちが今では，観光，友人の訪問，ビジネスを行うために世界中を移動する。

(5) 今日，私たちは情報を電子的に交換するのを専門とする新しいタイプのルートであるインターネットを持っている。この世界的なルートを使用することによって，人々はかつては主として，書物や面と向かってのコミュニケーションから入手できた情報を容易に得ることができる。また，一度に多数の人々にメッセージを直ちに送ることもできる。ある研究によると，世界の人口の約半分にあたる35億人以上の人たちが今日ではこの電子ルートにアクセスをしている。科学技術の進歩に伴い，ますます多くの人々がこのルートを利用して情報を集めたり，コミュニケーションをしたりするだろう。

(6) 人が存在する限り，彼らをつなぐルートが存在してきた。これらは人々，物，情報の動きだけでなく，地域社会，経済，文化の発展にも貢献してきた。ルートは人類の発展と繁栄に重要な役割を果たしてきた。現在では未知のルートが将来さらに遠くへ私達を連れて行くことは確実だろう。

【語句】

◆第1段落◆

・path「小道」
・stream「小川」
・forest「森」
・various「様々な」
・route「ルート／道」
・imperative「不可欠な／絶対に必要な／避けられない」
・enable A to-不定詞「Aが～するのを可能にする」

［例］ This app **enables** you **to** learn vocabulary easily.
このアプリを使えば語彙が楽に学べる。

・throughout history「歴史を通して」

◆第2段落◆

・gradually「徐々に」
・on foot「徒歩で」
・on horseback「馬に乗って」
・significant「重要な」
・turning point「転換点」
・wheeled「車輪のついた」
・cart「荷馬車」
・in ancient times「古代では」
・well-maintained「手入れの行き届いた」
・therefore「それゆえに／したがって」
・prosper「繁栄する」
・as a result「その結果／したがって」

〔例〕　**As a result**, the number of comments decreased sharply.
　　　　その結果，コメント数が激減した。

・convenient「便利な」
・expand「拡大する」
・appearance「出現」
・automobile「自動車」

◆第3段落◆

・establish「確立する」
・canal「運河」
・serve as A「Aとして役立つ」
・for instance「たとえば」
・transportation「輸送」
・agricultural product「農産物」
・seafood「海産物」
・seaway「海路」
・water depth「水深」
・coastline「海岸線」
・geography「地理」
・critical「（とても）重要な」
・a number of A「多くのA」
・lead to A「Aにつながる」
・exchange「交換」
・natural resources「天然資源」
・in turn「今度は」

— 269 —

34

・thrive「繁栄する」
◆第4段落◆
・go on to-不定詞「続けて〜する」
［例］ She started as a waitress and **went on to** become a film star.
　　　　彼女はウェイトレスから始めて続けて映画スターにまでなった。
・A as well「Aもまた」
・owing to A「Aのおかげで」
・sightseeing「観光」
◆第5段落◆
・specialize in A「Aを専門とする」
・electronic「電子の」
・information「情報」
・according to A「Aによれば」
・advance「進歩」
・take advantage of A「Aを利用する／生かす／つけこむ」
［例］ We should **take advantage of** global information.
　　　　我々は世界中の情報を利用すべきだ。
・gather「集める」
◆第6段落◆
・connect「つなぐ」
・contribute to A「Aに貢献する／役立つ」
・not only A, but also B「AだけでなくBもまた」
・play 〜 role in A「Aにおいて〜な役割を果たす」
［例］ Repetition **plays** an important **role in** language study.
　　　　言葉の学習では繰り返しが重要な役割を果たす。
・prosperity「繁栄」
・unknown「未知の」
・surely「確実に」
・in the future「将来に」
【解説】
A
問1　46　②
　　以下のどれが第1段落の下線部の <u>imperative</u> に意味的に最も近いか？　46
　　①　偶然の
　　②　不可欠の
　　③　産業の

— 270 —

④　伝統的な

　　第1段落の第2文に「これらは現在でも私たちの周りのいたる所に存在しており，その利用は社会にとって <u>imperative</u> である」とあり，そのあとの第3～4文で，「これらのルートのおかげで，人々は移動したり，物を運搬したり，情報を送ったりすることが素早く安全にある場所から別の場所へすることができる。歴史を通して，それらは私たちの日常生活において重要だった」とある。imperative が「必要」とか「重要」に近い意味だと推測できるので「不可欠の／必須の」の②が正解。

問2　47　③

　　第2段落によれば，以下の記述のどれが正しいか？　47

①　初期のルートは，車輪のついた荷馬車で移動する人々が作り出した。

②　人々の最初の陸上のルートは町や都市の成長のあとに生じた。

③　陸上ルートの発展は，社会の多くの分野での進歩につながった。

④　ルートの改良は，自動車の発明という結果をもたらした。

　　第2段落第6文に「その結果，生活がより便利になり，地域社会が成長し，経済が発展し，文化が広がった」とあるので，③が正解。なお，①，②は，第1文に「初期のルートは陸で自然にできることが多かった」とあるので，不可。④は，第2段落最終文に「陸のルートの重要性は，特に自動車の出現後に，さらに高まった」とはあるが，ルートの改良が自動車の発明をもたらしたことは述べてはいないので，不可。

問3　48　④

　　江戸の例は，第3段落でなぜ紹介されているのか？　48

①　水路を作ることの難しさを述べるために

②　それが重要な都市だったという事実を強調するために

③　海岸線に沿って移動するのに水路を使用することを説明するために

④　都市の水路の重要な役割を説明するために

　　第3段落第3文に「たとえば，古い日本の都市の江戸では，水路が農産物，海産物，それと木材の運搬に使われ，都市の生活と経済を支えた」とあるので，④が正解。

問4　49　①

　　第5段落はルートについて何を語っているか？　49

①　ルートは，見えずに世界中に存在すると考えることができる。

②　情報を移動するルートは危険だと考えられうる。

③　ルートの根本的な機能はおとろえつつある。

④　いろいろな種類のルートの重要性は同じだ。

　　第5段落第1文に「今日，私たちは情報を電子的に交換するのを専門とする新しいタイプのルートであるインターネットを持っている」とあるので，①が正解。

問5　50　④

　　本文の主題は何か？　50

① 人類は最初に陸に様々な種類の便利なルートを作った。
② 輸送の改善には多大な費用がかかった。
③ 科学技術は世界中にルートを開くことを妨げてきた。
④ **人類の進歩はルートの開発で助けられた。**

　第1段落の導入に続けて，第2段落で「陸路」の発生が述べられ，以下の段落では「水路」，「空路」，「インターネット」と各ルートが人類の進歩に貢献してきたことについて述べている。したがって，④が正解。

B

| 51 | ① | 52 | ④ | 53 | ② | 54 | ③ |

段落	内容
(1)	導入
(2)	51　①
(3)	52　④
(4)	53　②
(5)	54　③
(6)	結論

① 人，動物と乗り物によって使用される道路の創設
② 人が場所から場所へ飛ぶための方法を開発すること
③ 情報伝達のための世界的な経路の確立
④ 船舶が移動したり物を輸送したりするための航路の開設

　第2段落では「陸でどのようにルートができたかとその重要性」について述べており，これは①「人，動物と乗り物によって使用される道路の創設」に相当する。第3段落では「水上のルートが確立し，多くの重要な海路が出現し，天然資源，製品，そして考え方のやり取りにつながった。これが，今度は，都市や町の繁栄に役立った」と述べている。これは④「船舶が移動したり物を輸送したりするための航路の開設」に相当する。第4段落では，「人々は続けて空路も開いた。飛行機の発明以来，これらのルートのおかげで，人々は長距離を簡単に移動することができるようになった」と述べられており，これは②の「人が場所から場所へ飛ぶための方法を開発すること」に相当する。第5段落では，「今日，私たちは情報を電子的に交換するのを専門とする新しいタイプのルートであるインターネットを持っている」とあり，これは③「情報伝達のための世界的な経路の確立」に相当する。したがって，51　①，52　④，53　②，54　③が正解である。

英　語

（2019年 1 月実施）

追試験
2019

英　語

解答・採点基準　　（200点満点）

問題番号（配点）	設問		解答番号	正解	配点	自己採点
第1問（14）	A	問1	1	③	2	
		問2	2	③	2	
		問3	3	②	2	
	B	問1	4	④	2	
		問2	5	①	2	
		問3	6	③	2	
		問4	7	②	2	
第1問　自己採点小計						
第2問（47）	A	問1	8	④	2	
		問2	9	④	2	
		問3	10	①	2	
		問4	11	①	2	
		問5	12	③	2	
		問6	13	①	2	
		問7	14	②	2	
		問8	15	①	2	
		問9	16	①	2	
		問10	17	③	2	
	B	問1	18	⑥	4 *	
			19	①		
		問2	20	⑥	4 *	
			21	④		
		問3	22	③	4 *	
			23	⑥		
	C	問1	24	⑥	5	
		問2	25	②	5	
		問3	26	③	5	
第2問　自己採点小計						

問題番号（配点）	設問		解答番号	正解	配点	自己採点
第3問（33）	A	問1	27	③	5	
		問2	28	④	5	
		問3	29	①	5	
	B		30	②	6	
			31	④	6	
			32	④	6	
第3問　自己採点小計						
第4問（40）	A	問1	33	④	5	
		問2	34	①	5	
		問3	35	③	5	
		問4	36	③	5	
	B	問1	37	①	5	
		問2	38	④	5	
		問3	39	②	5	
		問4	40	④	5	
第4問　自己採点小計						
第5問（30）		問1	41	②	6	
		問2	42	①	6	
		問3	43	②	6	
		問4	44	①	6	
		問5	45	③	6	
第5問　自己採点小計						
第6問（36）	A	問1	46	④	6	
		問2	47	②	6	
		問3	48	③	6	
		問4	49	②	6	
		問5	50	③	6	
	B		51	③	6 *	
			52	②		
			53	④		
			54	①		
第6問　自己採点小計						
自己採点合計						

（注）　＊は，全部正解の場合のみ点を与える。

第 1 問 発音・アクセント

A 発音

問 1 `1` ③

① engagement /ɪngéɪdʒmənt/「従事」/dʒ/
② generate /dʒénərèɪt/「発生させる」/dʒ/
③ **hunger** /hʌ́ŋgər/「空腹」/g/
④ range /réɪndʒ/「範囲」/dʒ/
したがって，③ が正解。

問 2 `2` ③

① cheat /tʃíːt/「騙す」/íː/
② medium /míːdiəm/「媒介」/íː/
③ **sweat** /swét/「汗」/é/
④ theme /θíːm/「テーマ」/íː/
したがって，③ が正解。

問 3 `3` ②

① add /ǽd/「付け加える」/ǽ/
② **label** /léɪbl/「ラベル」/éɪ/
③ passenger /pǽsəndʒər/「乗客」/ǽ/
④ traffic /trǽfɪk/「交通」/ǽ/
したがって，② が正解。

B アクセント

問 1 `4` ④

① breakfast /brékfəst/「朝食」第 1 音節
② favor /féɪvər/「好意」第 1 音節
③ modern /mɑ́ːdərn/「現代的な」第 1 音節
④ **survive** /sərváɪv/「生き残る」第 2 音節
したがって，④ が正解。

問 2 `5` ①

① **celebrate** /séləbrèɪt/「祝う」第 1 音節
② dramatic /drəmǽtɪk/「劇的な」第 2 音節
③ examine /ɪgzǽmən/「調べる」第 2 音節
④ financial /fənǽnʃəl/「財政の」第 2 音節
したがって，① が正解。

問 3 `6` ③

① entertain /èntərtéɪn/「楽しませる」第 3 音節

— 275 —

40

② guarantee /gèrəntíː/「保証する」第 3 音節
③ **imagine** /ɪmǽdʒɪn/「想像する」第 2 音節
④ undergo /ʌ̀ndərgóu/「経験する」第 3 音節
したがって，③が正解。

問 4 | 7 | ②

① community /kəmjúːnəti/「コミュニティ」第 2 音節
② **consequently** /kάːnsəkwèntli/「その結果」第 1 音節
③ participate /pɑːrtísəpèɪt/「参加する」第 2 音節
④ ridiculous /rɪdíkjələs/「滑稽な」第 2 音節
したがって，②が正解。

第 2 問　文法・語法空所補充問題・語句整序問題・応答文完成問題

A　文法・語法

問 1 | 8 | ④

念のために，駅へ行く前に時刻表を調べるつもりだ。

― 【ポイント】 ―

イディオム look up

look up は「調べる」という意味を表す。他に「顔を上げる／見上げる／訪ねる」の意味もある。

［例］ You should **look up** the word in your dictionary.
　　　君はその単語を辞書で調べた方がいい。

［例］ Kids these days rarely **look up** from their smartphones.
　　　最近の子どもはスマートフォンからめったに顔をあげない。

・just in case「念のために／万が一のために」

【他の選択肢】

① ahead は，look ahead で「前を見る」という意味を表す。本問では不可。
② back は look back で「振り返る」という意味を表す。本問では不可。
③ down は look down で「下を見る／見下ろす」という意味を表す。本問では不可。

問 2 | 9 | ④

オンラインゲームをやろうとしたとき，コンピュータが全然動こうとしなかった。

― 276 ―

―【ポイント】―――――――――――――――――――

助動詞 would not

would not＋動詞の原形 ... で「どうしても～しようとしなかった」という過去の強い否定／拒絶を表す。

〔例〕 Agatha **would not** eat anything because she was in deep grief.

アガサは，とても悲しんでいて何も口にしなかった。

問3 **10** ①

都会ではもっと就職の機会はあるだろうが，生活費はより高くなるだろう。

―【ポイント】―――――――――――――――――――

名詞 expense

expense は「経費／出費」という意味を表す。

〔例〕 Ben will carry out his plan, regardless of **expense**.

ベンは出費があるにもかかわらず自分の計画を実行するだろう。

なお，「お金」を表す主なものには以下のようなものがある。fare「運賃」，fee「(医者・弁護士などに払う)料金／謝礼」，tax「税金」，fine「罰金」，cash「現金」，admission「入場料」，toll「通行料金」，price「価格」，charge「(サービスの)料金」，rate「(一定の基準による)料金」

【他の選択肢】

② fares＜fare「(乗り物の)運賃・料金」という意味を表す。

〔例〕 The city is planning to raise **fares** for buses and subways.

市はバスと地下鉄の料金の値上げを計画している。

③ fees＜fee「(医者・弁護士などの専門職に払う)料金／謝礼，(学校・入会の)料金」という意味を表す。

〔例〕 The lawyer's **fee** was $100 an hour.

その弁護士の謝礼は1時間100ドルだった。

④ rates＜rate「(ホテル・電話の)料金割合」という意味を表す。

〔例〕 HardBank's **rates** are reasonable.

ハードバンク社の料金はリーズナブルだ。

問4 **11** ①

その状況の対処の仕方に困惑して，彼らは誰かが話し出すのを待ちながら黙って座っていた。

―【ポイント】―――――――――――――――――――

1．(過去)分詞構文

分詞(～ing, -ed)の導く句が，副詞句として機能するものを「分詞構文」と言う。現在分詞(～ing)となるか，過去分詞(-ed)となるかは，主節との関係で決まる。本問の場合，主節の主語は they で they were confused about ... と考えると正しい。②だと they were considered by は文意が不成立。

［例１］ **Seen** from my plane, the sea was beautiful against the mountain.
飛行機から見ると，海は山を背景に美しかった。

［例２］ **Packed** with fiber, vitamins, minerals, and healthy oils, our macadamia nuts make the perfect healthy snack.
繊維，ビタミン，ミネラルとヘルシーオイルが詰め込まれているので，私たちのマカダミアナッツは完璧な健康的なおやつになります。

２．動詞 confuse

confuse は「困惑させる／まごつかせる」という意味を表し，be confused about / with「困惑する／まごつく」という意味になる。

［例］ Tom **is** still **confused about** what he's doing.
トムはいまだに自分のしていることに困惑している。

問5 12 ③

バンクーバーは我々が訪れたカナダの４都市のうちで最大でした。

── 【ポイント】 ──

最上級＋of A（複数名詞）

最上級＋of A（複数名詞）で，「Aのうちで最も〜」という意味となる。最上級の後に来る前置詞には of の他に in がある。of の後には，個別，分離した内容の複数名詞が来る。in の後には，範囲，場所を表す単数名詞が来る。

［例］ Kate is the tallest **of** the four girls.
ケイトは４人の少女のうちでいちばん背が高いです。

［例］ Kate is the tallest **in** the class.
ケイトはクラスの中でいちばん背が高いです。

問6 13 ①

道順を教えてもらった後，彼らの笑みは消えた。というのは，彼らにはまだ歩かなければならない長い道のりがあったからだ。

── 【ポイント】 ──

接続詞 for

接続詞 for は「というのは（…だから）」という意味を持つ。主節の内容の根拠を，主節の後で付加的に説明する。because は強く根拠を主張する点が異なる。

［例］ She found it increasingly hard to read, **for** her eyesight was beginning to fail.
彼女はますます読むのが難しくなっていると思った。というのは，視力が落ち始めていたからだ。

・get directions「道順を教えてもらう」

【他の選択肢】

② once は「いったん〜すると」という意味を表す。本問では不可。

［例］ **Once** you make a decision, you should stick to it.

一度決心したなら，あなたはそれを固守すべきです。

③　until は「〜まで」という意味を表す。本問では不可。

［例］　Don't open the door for anybody **until** I get there.
　　　私がそこに行くまで誰にもドアを開けてはいけない。

④　whether は「〜かどうか／〜であろうとなかろうと」という意味を表す。本問
では不可。

［例］　Please let me know **whether** you will be in Tokyo during that week.
　　　あなたがその週に東京にいるかどうかを私にお知らせください。

問7　14　②
　　　新しい先生は少し厳しすぎる。君は先生のことをどう思う？

―【ポイント】――――――――――――――――――――――――――

What do you think of A?

　What do you think of A? で「Aをどう思いますか？」という意味を表す。なお，
日本語の「どう」にひっぱられて How を用いるのは不可。

［例］　**What do you think of** the communication like this?
　　　このようなコミュニケーションをどう思いますか？

―――――――――――――――――――――――――――――――――

・a bit too 〜「少し〜すぎる」

・strict「厳しい」

問8　15　①
　　　彼の継続的な支援のおかげでその国際貿易プロジェクトは失敗を免れた。

―【ポイント】――――――――――――――――――――――――――

keep A from 〜ing

　keep A from 〜ing は「Aが〜するのを防ぐ／Aが〜しないようにする」という意
味を表す。

　同じような使い方をする動詞に stop A from 〜ing, prevent A from 〜ing があ
る。

［例］　Cold weather **keeps** many plants **from** blooming.
　　　寒い天候のために多くの植物が開花できない。

［例］　What he said **stopped** her **from** leaving.
　　　彼の言ったことで彼女は去らなかった。

［例］　His advice **prevented** her **from** doing such a thing.
　　　彼のアドバイスは彼女がそんなことをするのを防いだ。

―――――――――――――――――――――――――――――――――

・continuous「持続的な」

・support「支援」

・international trade「国際貿易」

問9　16　①
　　　モノレールの建設が終わったら，空港へ行くのに時間がかからなくなるだろう。

― 279 ―

44

【ポイント】

1．時・条件を表す副詞節内での未来

時・条件を表す副詞節内で未来の内容を表すときは現在形にする。このような副詞節を導く接続詞には，when, while, until, as soon as, by the time, if, unless などがある。

［例］ Please lock the door **when** you **leave** this afternoon.
　　　今日の午後，出かけるときはドアに鍵をかけてください。

2．It takes A（時間）＋to-不定詞

It takes＋時間＋to-不定詞で「～するのにA（時間）かかる」という意味を表す。

［例］ **It will take a few more hours to** know who's going to be the next president.
　　　誰が次の大統領になるか分かるにはもう数時間かかるだろう。

問10　☐17　③

外観で本物の革靴と人工の革靴を区別するのは難しいことがある。

【ポイント】

1．形式主語の構文

It is＋形容詞＋to-不定詞の形式主語構文は，「～することは…だ」という意味になる。

［例］ **It is difficult to** make yourself heard when you are in the crowd.
　　　混雑した場所では相手に自分の声を届かせるのは難しい。

2．tell A from B

tell A from B で，「AとBを区別する」という意味になる。

［例］ Most people can't **tell** right **from** wrong.
　　　たいていの人が善悪の区別ができない。

・leather「皮革」
・artificial「人工の」

B　語句整序問題

問1　☐18　⑥　☐19　①

　　カルロス：ここに着くのになぜそんなに時間がかかったの？
　　トモヒロ：道が混んでたんだ。幹線道路で，事故があったようだ。

【正解】

There seems to have been an accident on the highway.
　　　⑤　⑥　③　②　　①　　④

【ポイント】

1．完了不定詞

完了不定詞は to have＋過去分詞で，to-不定詞 が述語動詞と同じ時制を表すのに

— 280 —

対し，完了不定詞は1つ前の時制を表す。本問では，There seems **to be** an accident on the highway.「幹線道路で事故が**ある**ようだ」に対し，「幹線道路で事故が**あった**ようだ」という意味を表す。

［例］ The tour seems **to have cost** 100 dollars per person.
そのツアーは1人につき100ドルかかったようだ。

2．There seem to have been

There seem to be Sで，「Sがあるようだ」という意味になり，There seem to have been Sで，「Sがあったようだ」という意味になる。Sが単数だと seems となり，Sが複数だと seem となる。

［例］ **There seems to have been** a lack of understanding between ourselves.
どうやら私たちには理解不足があったようだね。

［例］ **There seems to have been** a lot of errors in her report.
彼女のレポートには多くの間違いがあったようだ。

・traffic「交通量」
・highway「幹線道路／主要道路」

問2　20　⑥　21　④

ジャーナリスト：どのようにあなたの調査チームはそのような革新的な結論に達したのでしょうか。

科学者：最近のコンピュータテクノロジーの進歩のおかげで，我々はデータをより詳しく分析できたのです。

─【正解】─

Recent improvements in computer technology have allowed us to analyze
　　　　　　　　　　　　　　　　　　　　　　　　②　　　　　⑥　⑤　　①

the data in greater detail.
④　　③

─【ポイント】─

allow A to-不定詞

allow A to-不定詞は，「Aに〜することを許す／Aが〜することを可能にする／Aに〜させる」という意味を表す。なお，本問のようにS（主語）が無生物の場合，「Sのおかげで／Sのせいで」などと訳すことが多い。

［例1］ The money **allowed** him **to** go abroad.
そのお金で彼は外国へ行くことができた。

［例2］ His pride did not **allow** him **to** do such a thing.
彼はプライドが高いので，そんなことはできなかった。

問3　22　③　23　⑥

客：すみません。テッド・ブラウンです。5時からメインパーティー室

─ 281 ─

46

の予約をした者ですが。少し早すぎたと思います。

フロント係：いらっしゃいませ，ブラウン様。ええと，お部屋はただ今，準備中
です。すぐにできます。

---【正解】---

Well, the room |is| being set |up| for you now.
　　　⑤　　　③　①　④　⑥　②

・receptionist「(ホテルの)フロント係／受付」

---【ポイント】---

1．現在進行形の受動態

　現在進行形の受動態は，be[is / am / are] being＋過去分詞 の形で，「～されつつ
ある／～されているところです」という意味になる。

[例]　He **is** now **being taught** self-defense by his brother.

　　　彼は今，護身術を兄に教えてもらっているところです。

2．set up

　set up で「準備する／支度する／手配する／(飲み物を)用意する」という意味を
表す。

[例]　I **set up** a meeting with Mr. Thompson.

　　　トンプソンさんとの会議の日取りを決めた。

C　応答文完成問題

問1　|24|　⑥

　　　　マーク：今日の心理学クラスは本当に今までで一番難しかった。

ジェニファー：ええ，賛成だわ。でも，先週，テキストの内容を説明するサイト
を見つけたわ。

　　　　マーク：本当に？　もっと教えてよ。テストでうまくいかないのではない
か心配なんだ。

ジェニファー：サイトのアドレスを送っておくわ。それは私たちのテキストにあ
る重要ポイントを網羅していると思うわ。<u>今日の講義もサイトの
おかげでどうにかついていくことができたの。</u>本当に役に立つの
よ。心配しなくていいわ。大丈夫よ！

---【正解】---

| I managed to | keep up with today's lecture | thanks to the website. |
| (B) | (A) | (B) |

---【ポイント】---

1．manage to-不定詞

manage to-不定詞で「どうにか～する」という意味を表す。

— 282 —

> ［例］ Morris **managed to** come up with the better way to solve this problem during his stay in Toronto.
>
> 　　モリスはトロント滞在中にどうにかこの問題を解決するためのより良い方法を見つけた。
>
> **2．keep up with A**
>
> keep up with A は「Aに遅れずについていく／Aと歩調を合わせる」という意味を表す。
>
> ［例］ I can hardly **keep up with** advances in ad technology.
>
> 　　私は広告技術の進歩になかなかついていけません。
>
> **3．thanks to A**
>
> thanks to A で「Aのおかげで」という意味を表す。
>
> ［例］ She can go to college **thanks to** her uncle's help.
>
> 　　彼女は叔父の援助のおかげで大学に通うことができる。

・definitely「確実に／明白に」

【他の選択肢】

fail to-不定詞

fail to-不定詞で「～できない／～することに失敗する」

［例］ He **failed to** complete an assignment on time

　　彼は課題を期限までに仕上げられなかった。

【解法のヒント】

　マークとジェニファーが心理学の講義の難解さを話題にしている。ジェニファーが良いサイトを見つけたと述べている場面。空所の直後で，「本当に役に立つのよ。心配しなくていいわ。大丈夫よ！」と言っているので，空所で「サイトで講義がよく分かる」と言った内容が入ると推測できる。正解は⑥となる。①も文法的に成立するが，右列の「テキストのおかげで」が文脈に合わない。同様に，⑧は中列「試験に受かる」はまだ試験を受けていないので不可。

問2　25　②

　　サトミ：先週あの新しいレストランへ行った。食事はすごいし，スタッフは親切で雰囲気は素晴らしかった。あなたも行った方がいいわ。

　　ジョージ：実は，昨日そこへ行ったんだ。僕も食事はおいしいと思った。残念なことに，何人かうるさい子どもたちがテーブルの周りを走り回ってたんだ。

　　サトミ：本当？　それはうっとうしいわね。

　　ジョージ：僕が子どもたちに静かにしろと言いかけたとき，彼らの親がやっとそう言ったんだ。

【正解】

I was about to | tell the children | to be quiet | when their parents finally did.
  (A)   (A)   (B)

【ポイント】

1．be about to-不定詞

be about to-不定詞は，「まさに～しようとする」という意味を表す。

〔例〕　Bob **was about to** go out when Kate called on him.
　　　　ボブが出かけようとしているときにケイトが訪ねてきた。

2．tell A to-不定詞

tell A to-不定詞で「Aに～するよう言う／命じる」という意味になる。

〔例〕　Brent **told** his sister **to** catch the first bus.
　　　　ブレントは妹に始発バスに乗るように言った。

【解法のヒント】

　　サトミ推奨のレストランにジョージは昨日出かけており，そこでは子どもが騒いでいたことを話す。さらにジョージが何をしようとしたかを解答する問題。空所直前からは，うるさく子どもたちが走り回っていて，迷惑な状態だと分かる。空所直後の「彼らの親がやっとした」とある。この代動詞の did が何を指しているかを考えると，後半部は(A)→(A)だと「子どもたちにうるさくするように」(A)→(B)だと「子どもたちに静かにするように」となるので，(A)→(B)となる。左列は tell に対する主語として I が使われている(A)しかないので，(A)→(A)→(B)だと分かる。したがって，正解は②となる。

問3　26　③

　　グエン：もしもし，ケイコ。こちらはグエン。エントランスのセキュリティシステムが私の ID カードを読み込まないので，オフィスに入れないんだ。

　　ケイコ：先週の会議で渡された新しいカードを使っていますか？

　　グエン：私は出張だったのでその会議にはいなかったんだ。

　　ケイコ：ああ，そうでしたね。<u>新しいカードがないと入れないことをメールしとくべきでしたね</u>。すぐにそちらに行きます。

【正解】

I should have emailed you | that you can't get in | without the new card.
        (A)   (B)   (A)

【ポイント】

should have＋過去分詞

should have＋過去分詞で「～すべきだった」という意味を表す。過去の後悔を表すことが多い。

〔例〕　I **should have studied** more in college.

大学でもっと勉強しておけばよかった。

【他の選択肢】

左列(B)の I would have emailed you は仮定法過去完了の形で，「あなたにメールしていただろう」という意味となり，文脈に合わない。また，右列の部分が(A)だと「もし新しいカードを持っていなかったら」，(B)だと「もし古いカードを持っていなかったら」の意味となり，(B)だと文脈とは合わない。

【解法のヒント】

　グエンがオフィスに入れず，ケイコに電話で窮状を訴えている場面。空所前の会話から，会議で支給された新しいカードが必要なのだが，グエンは出張で会議には出席しておらずカードのことを知らなかったと分かる。空所直前の「ああ，そうでしたね」に続き，ケイコの「〜すべきだった」という内容が入るはずである。したがって，正解は(A)→(B)→(A)の③となる。

第3問　不要文選択問題・意見要約問題

A　不要文選択問題

問1　[27]　③

─【全訳】─

　沈黙は音が無いこと以上のものであり，コミュニケーションのとても重要な一部分である。不安感，親近感，優越感を含む数々の情緒や感情を示すことができる。話し言葉とまったく同じように，それは言語の根本的な機能を果たす。①それが最も機能を果たすのは，人間関係においてである。時には，沈黙はコミュニケーションの消極的な行動が連想され，不安を意味する。②しかしながら，それは人々にとって友情，愛，安心感のことも言う。親友は共にいて黙っていられる。沈黙が伝えるもう一つの重要なことは権力である。③それは人の善意が世界的に受け入れられているしるしとして歴史を通じて使われてきた。権力者は言葉と沈黙を支配することができる。④従順さを示すため権力の前で黙っていなければならない人たちもいる。

【語句】

- silence「沈黙」
- lack of A「Aがないこと／A不足」
- vital「とても重要な／不可欠な」
- emotion「情緒」
- including A「Aを含む」
- insecurity「不安感」
- familiarity「親密さ」
- superiority「優越感」

50

- ・fulfill「果たす／満たす」
- ・function「機能」
- ・relationship「関係」
- ・be associated with A「Aを連想させる」
- ［例］ The name of Nero **is associated with** cruelty.
  ネロの名は残虐を連想させる。
- ・negative「消極的な／否定的な」
- ・imply「意味する／ほのめかす」
- ・anxiety「不安」
- ・security「安心感」
- ・throughout history「歴史を通じて／昔から」
- ・globally「世界的に」
- ・good will「善意」
- ・authority「権威」
- ・obedience「従順さ」

【解法のヒント】

　このパラグラフは「沈黙の重要さ」について書かれたものである。それは①「沈黙と人間関係」，②「沈黙が不安以外に表すもの」，③「沈黙が善意を示すしるしとして歴史的に世界中で受け入れられてきたこと」，④「権力の前での沈黙」が述べられている。③の直前の文は，沈黙が権力を伝えることを述べ，直後の文では，「権力者は言葉と沈黙を支配することができる」とある。これに対して，③は善意について述べていて，前後の文脈と合わないことになる。したがって，③が正解。

問2 28 ④

【全訳】

　もう少し呼吸に注意を払ってみたらどうだろうか？　ゆっくり深く呼吸すると酸素をより多く吸入するのに役立つ。①ある研究によると，少しの時間でさえゆっくりと呼吸運動をすると酸素消費を37％だけ増加させる。研究者の中には，ゆっくり呼吸をすると不安を減らす脳の部位を活性化するという人もいる。②ゆっくりと呼吸することは人がなかなか寝付けない時の簡単な解決法にもなりうる。③寝る前にゆっくりコントロールの利いた呼吸をすれば，夜の間目覚める回数が少なくなる。④ゆっくりとした呼吸運動をするとき，我々は心地良い姿勢で座ったほうがよい。さらにいくつかの研究によると，ヨガの鼻呼吸のテクニックは血圧を下げることに持続的な効果がありうる。我々は無意識の行動の中にある潜在的利益に気付くべきである。

【語句】

- ・pay attention to A「Aに注意を払う」
- ［例］ You need to **pay** more **attention to** details.

— 286 —

2019年度　追試験〈解説〉　51

　　　　あなたは，詳細にもっと注意を払わなければならない。
・breathing「呼吸」
・help A＋動詞の原形「Aが〜するのに役立つ」
［例］　We have to use biotechnology to **help** us **feed** the people in the world.
　　　我々は，世界の人々に我々が食べ物を与えるのに役立つようにバイオテクノ
　　　ロジーを用いなければならない。
・take in「吸収する」
・oxygen「酸素」
・according to A「Aによれば」
・study「研究」
・increase「増加させる」
・consumption「消費」
・researcher「研究者／調査者」
・activate「活性化する」
・brain「脳」
・reduce「減らす」
・solution「解決法」
・have trouble 〜ing「なかなか〜できない」
・controlled「コントロールの利いた」
・wake up「目覚める」
・nose-breathing「鼻呼吸の」
・have an effect on A「Aに効果がある／Aに影響を与える」
・lasting「持続的な」
・blood pressure「血圧」
・realize「気付く／理解する」
・potential「潜在的な」
・benefit「利益」
・unconscious「無意識の」
・behavior「行動」

【解法のヒント】
　　このパラグラフは「ゆっくりとした深い呼吸の効用」について書かれたものであ
る。それは①「酸素消費の増加」，②「寝付けないときの解決法」，③「就寝中の目
覚めの減少」，④「呼吸運動の時の座り位置」が述べられている。全体の流れは，
ゆっくりとした深い呼吸の効用なのだが，④だけが「呼吸運動の時の座り位置」に
ついてであるので，前後の文脈と合わないことになる。したがって，④が正解。

問3 **29** ①

【全訳】
　語彙量は，心理学者が言うところの言語知能の物差しである。あるカナダの心理

— 287 —

52

学者は，言語知能と過去の問題を慎重に考える習慣との間につながりがあることを発見した。言葉を知れば知るほど，より心配性になる可能性が高い。①人間は言語という手段を使って，お互い自分の感情や気持ちを表す。②高い言語知能の人は，以前の経験の詳細を思い出し繰り返し考え抜くことがより上手にできる。③語彙の蓄積の中の多数の言葉は，起こりうる悩みを忘れず無視しないことを意味する。④知っている言葉の数が増えるにつれて，暮らしが良くなると信じがちである。しかし，言語知能は素晴らしいことであると同時に災いでもあるようである。

【語句】
- vocabulary「語彙」
- measure「物差し／尺度」
- psychologist「心理学者」
- verbal intelligence「言語知能」言語の使用あるいは理解に現れる知性。
- link「つながり」
- deliberate「熟考する／慎重に検討する」
- the＋比較級 ...，the＋比較級 ～「…すればするほど～」本文では，you know more words と you will more likely be a worrier がこの構文になっている。

［例］　**The older** we grow, **the weaker** our memory becomes.
　　　　年をとればとるほど記憶力は弱くなる。

- worrier「心配性の人」
- human being「人間」
- express「表現する」
- medium「手段／媒介」
- detail「詳細」
- previous「以前の」
- repeatedly「繰り返し」
- ignore「無視する」
- tend to-不定詞「～しがちである／～する傾向がある」

［例］　Once you make a plan, you **tend to** stick to it.
　　　　ひとたび計画したなら，あなたはそれを固守しがちだ。

- blessing「素晴らしいこと／ありがたいもの」
- curse「災い／呪い」

【解法のヒント】
　このパラグラフは「語彙量と言語知能」について述べられたものである。①「言語は感情や気持ちを表す」，②「高い言語知能の人は，以前の経験を思い出し繰り返し考え抜くことがより上手にできる」，③「語彙の蓄積の中の多数の言葉は，起こりうる悩みを忘れず無視しないことを意味する」，④「知っている言葉の数が増えるにつれて，暮らしが良くなると信じがちである」とあり，①だけが「言語と感情や気

持ち」を問題にしているので，前後の文脈と合わないことになる。したがって，①
が正解。

B　意見要約問題

30　②

【全訳】

ヒロキ：それじゃあ，アンディ，君はもう3か月ほど日本にいるんだね。調子は
　　　　どう？

アンディ：ああ，調子はいいよ。食べ物がすごくおいしい！　帰国する前に少し太
　　　　　るんじゃないかちょっと心配だ。

ヒロキ：何か食べられないものはある？

アンディ：いや，すべてがおいしいよ。それに，君が訊く前に，うん，*納豆*が本当
　　　　　に好きだ。*納豆*を食べると言うと，びっくりする人がとても多い。

ベティ：本当？　初めて来日したとき，2～3度ためしたけど，私はそれほど好
　　　　きにはなれなかったわ。だいたいのものは好きだけど，*納豆*は少し変な
　　　　においがしてねばねばしていると思った。あなたたちその魅力を説明し
　　　　てくれない？

ヒロキ：えっと，*納豆*を何か他の食物と混ぜると，においは耐えられるし，本当
　　　　に風味を高めてくれる。よく*シソ*―ほら，*鮨*や*刺身*といっしょによく
　　　　食べる緑の葉を混ぜるよ。中には砂糖を入れる人もいるけど，僕はあま
　　　　り好きじゃない。僕には甘過ぎる。少し黒胡椒を入れることもできる。
　　　　かなりおいしくなるそうだよ。

ベティ：それでは，ヒロキ，あなたは私が②*納豆といろいろ他の風味を混ぜる方*
　　　　がいいと思うのね。

【語句】

・How's S going?「Sの調子はどうですか？」

［例］　**How's** the situation **going**?
　　　　あなたの状況はどうですか？

・a bit「少し」

・be worried「心配する」

・put on weight「太る／体重が増える」

・I do like *natto*「*納豆*が本当に好きだ」
　do＋動詞の原形「本当に(実際)～する」doは強調の助動詞。

・a couple of A「2～3のA／2つのA」

・sticky「ねばねばした」

・guy「人／やつ」

・appeal「魅力」

54

- bearable「耐えることができる」
- enhance「高める」
- flavor「風味／味」
- pepper「胡椒」
- taste「味がする」

【解説】
① *納豆*に砂糖を加えてもっと甘くする
② *納豆*といろいろ他の風味を混ぜる
③ *納豆*を*鮨*や*刺身*と一緒に食べて楽しむ
④ できるだけ速く*納豆*をかき混ぜることをためしてみる

　ヒロキの第3発話に「シソ，砂糖，黒胡椒」が例に挙げられているので，②が正解。

<u>31</u> ④

【全訳】

ヒロキ：その通り。

ミナエ：あなたは，アメリカで普通に食べる料理で*納豆*を使うこともできるわよ。私はときどき*納豆*トーストを作る。1枚のパンに少しマヨネーズを広げて，1番上に*納豆*を載せてからチーズを山盛り加える。それをチーズが溶けるまでトーストする。少し奇妙に思えるのは分かるけど，おいしいわよ！

ルイス：それは前に食べたことがあるよ。それはすごいよ！　フランスではオムレツをよく料理するのを知ってるよね？　日本では，僕はいつも*納豆*オムレツを作る。*納豆*トーストとまったく同じように，*納豆*オムレツはとても作りやすい。卵を2〜3個，ミルク，塩，黒胡椒を少し，少量のバターで混ぜたものをフライにしてください。*納豆*と一つかみのチーズを入れてください。お好みでトマトソースを少し一番上に載せることもできる。

ベティ：ミナエとルイス，どうやらあなたたちは私が④<u>ためしに洋食の料理に*納豆*を添えてみる</u>ように提案しているのですね。

【語句】
- absolutely「その通り／絶対的に」
- normally「普通／通常」
- spread「広げる」
- mayonnaise「マヨネーズ」
- heaps of A「Aの山」
- melt「溶ける」
- sound「聞こえる／思える」
- awesome「素晴らしい／すごい／最高の／見事な」

— 290 —

2019年度 追試験〈解説〉 55

- omelet「オムレツ」
- fry「フライにする／揚げる／いためる」
- a handful of A「一握りのA」

［例］ You should eat **a handful of** nuts every day.
あなたは毎日一握りのナッツを食べた方がいい。

- tomato sauce「トマトソース」
- if you like「お好みならば／よろしければ」

【解説】

① 　*納豆*を食べるとき輸入食品を避ける

② 　*納豆*の味が濃くなる料理を作る

③ 　朝に卵と一緒に朝食として*納豆*を食べる

④ 　ためしに洋食の料理に*納豆*を添えてみる

　ミナエは発話の第2文以降で「*納豆*トースト」を紹介しているし，ルイスも第3文以降で「*納豆*オムレツ」の作り方を紹介している。したがって，④が正解。

32 　④

　　【全訳】

ミナエ：そのとおりね。インターネットでもさらにもっと多くの工夫を見つけることができるわ。

ジュルグ：僕も*納豆*の味の熱心なファンじゃない。だから，ベティ，君だけじゃないんだ。*納豆*が嫌いな日本人も多いんだ。それは少しねばっこいけど，*納豆*のようなねばねばした食品は，体に極めて良いということを科学雑誌で読んだ。ミナエとルイスが述べていることは，本当においしそうに思えるが，もしもすべてチーズを加えると，健康食品を食べるという目的を，それはやや駄目にする。僕はライスにのせても*納豆*を食べない。ただ，*納豆*パックに入っているソースで混ぜて，*納豆*を口に入れて食べてください。きっと，次の健康診断で素晴らしい結果を目にすると思う。

アンディ：正しいと思う。それを心配していたよ！

ベティ：ええと，みんな私が④もう1回*納豆*を試すことを考える方がいいと私を納得させたわ。

ヒロキ：そうするといいと思う。

【語句】

- huge fan「熱心なファン／熱烈ファン」
- plenty of A「たくさんのA」
- dislike「嫌う」
- extremely「極めて」
- describe「述べる」

— 291 —

・kind of「やや／多少／ちょっと」断定を避けるため，表現を和らげるために使う。

［例］　You look **kind of** tired.
　　　　ちょっと疲れてるみたいね。

・defeat「駄目にする／無にする／挫折させる」

・health check「健康診断」

・I promise you「断言する／確かに／ほんとに」

［例］　I'm tired, **I promise you**.
　　　　ほんとに，疲れてしまった。

・convince A that ...「Aに…だと納得させる／確信させる」

［例］　They **convinced** me **that** visiting Mucha exhibition with her was a good idea.
　　　　彼らは彼女とミュシャ展へ行くことは良いアイデアだということを私に納得させた。

【解説】
①　私の健康状態を改善するために食事に*納豆*を加える
②　*納豆*の味を味わうために*納豆*をあたためるのを防ぐ
③　あなたがするように*納豆*より野菜を選ぶ
④　もう１回*納豆*を試すことを考える

　ヒロキもミナエもルイスもアンディも皆，*納豆*賛成派で，ややベティに同情的だったジュルグも健康に良いと*納豆*を食べることを勧めているので，正解は④。

第4問　図表・広告問題

A　図表問題

【全訳】

　我々は音楽を歌ったり聴いたりするとき，我々の行動はよく動きを伴う。しかし，最近まで，この関係を綿密に調べた研究者はほとんどいなかった。これを調査するために，あるベルギーの大学の研究者のグループがある種の動き，つまりウォーキングに注目して人々がウォーキングのテンポと音楽のテンポを合わせることができるかどうかを調べた。

　その研究で，研究者たちは20人の参加者に２組で出された音の断片にウォーキングのテンポを合わすように頼んだ。各セットはそれぞれ１分の長さの34の音楽の断片とそれぞれ30秒の長さの６つのメトロノームの断片からできていた。断片のテンポは50BPM（１分間の拍数）から190BPM に及んだ。参加者は携帯音楽プレーヤーを用いてヘッドフォンで断片を聴いた。研究者たちは，各参加者がはいた靴の片方に付けた小型のレコーダーでウォーキングのテンポ（１分ごとの歩数）を記録した。参加者たちは，各断片が始まったとき，彼らが感じるテンポで歩き始めて，そのテンポで歩き続けるように指示された。各断片の後，短い休止があった。休止の間，

彼らは止まり次の断片を待たなければならなかった。

　表1が示すように，たいていの場合，参加者は断片と同じテンポで歩いた（等倍）。他の場合には，参加者たちはテンポの2倍で（2倍），テンポの半分で（1/2），あるいはテンポの4分の1（1/4）で歩いた。これら4つのすべてがテンポに合っていると考えられた。研究者たちは，参加者たちのウォーキングのテンポが音楽の断片のテンポよりもメトロノームの断片のテンポに合っている場合が多くあったことに気付いた。さらに，彼らはウォーキングが音楽の断片のテンポに合っていない場合を調べた。106BPMから130BPMまでの間では，これより速かったり遅かったりするBPMでよりも音楽の断片のテンポに合っていない場合が，より少なかったことに研究者たちは気付いた。

表1
合っているウォーキングのテンポと合っていないウォーキングのテンポの割合

	合っている				合っていない
	等倍	2倍	1/2	1/4	
音楽の断片	69.80	3.60	11.20	0.30	15.10
メトロノームの断片	88.80	0.80	3.80	—	6.70

　結果に基づいて，研究者たちは，人々は約120BPMのときウォーキングのテンポを音楽のテンポと合わせるのが最も容易だと示唆した。次の段落では，音楽の種類がウォーキングのテンポに影響を与えたかを調べる調査が論じられるだろう。
（フレドリック・スタインス他（2007）音楽に合わせたウォーキングの一部を参考に作成。データは原文のまま。）

【語句】
◆第1段落◆
　・accompany「伴う」
　・closely「綿密に」
　・explore「調査する／探求する」
　・Belgian＜Belgium「ベルギーの」
　・focus on A「Aに集中する」
　［例］　They **focused on** a critical area for improvement.
　　　　　彼らは上達する上で重要な部分に集中した。
　・match A with B「AをBに合わせる／調和させる」
　［例］　He tried to **match** the words **with** the music.
　　　　　彼は歌詞を曲に合わせようとした。

58

◆第2段落◆

- participant「参加者」
- fragment「断片」
- present「提出する／提示する」
- consist of A「Aで出来ている／Aから構成されている」
  [例]　The committee **consists of** twenty members.
　　　　その委員会は20人のメンバーから成っている。
- length「長さ」
- metronome「メトロノーム」
- second「秒」
- range from A to B「AからBにまで及ぶ」
- beat「拍子」
- per A「Aにつき」
- portable「携帯できる」
- attached to A「Aに取り付けられた」
- perceive「感じる」
- pause「停止」

◆第3～4段落◆

- table「表」
- in most cases「たいていの場合」
- equal「同等／平等」
- double「2倍」
- quarter「4分の1」
- furthermore「さらに」
- case「場合／事例」
- based on A「Aに基づいて」
  [例]　**Based on** a true story, this film is produced.
　　　　実話に基づいて，この映画は制作されている。
- result「結果」
- the next section「次の段落／以下の段落」
- affect「影響する」

【解説】

問1　33　④

　　研究は参加者たちに　33　ことを要求した。

① 公共のスピーカーで断片を聴く
② 各断片の後で，少しの間レコーダーを止める
③ 歩き始める前にそれぞれ一組の断片を再生する
④ 各断片の間に，少しの間，じっとしている

— 294 —

第2段落第6〜8文に「参加者たちは，各断片が始まったとき，彼らが感じるテンポで歩き始めて，そのテンポで歩き続けるように指示された。各断片の後，短い休止があった。休止の間，彼らは止まり次の断片を待たなければならなかった」とある。したがって，④が正解。

問2 34 ①

表1によれば，参加者たちは 34 。

① 約15%の例で，音楽のテンポに合わせることができなかった
② 音楽の断片よりもメトロノームの断片のテンポの方が歩けなかった
③ 約30%の例で，1/4の音楽のテンポで歩いた
④ メトロノームの断片に対しては半分のテンポよりも2倍のテンポで歩く方が多かった

表を見てチェックすると，①は，音楽の断片欄の「合っていない」(15.10)で正解。②は，等倍の欄のメトロノームの断片(88.80)は，音楽の断片(69.80)よりも割合が高いので，不可。③は，割合(0.30)で異なるので不可。④は，1/2 (3.80)よりも2倍(0.80)の割合が低いので不可。

問3 35 ③

研究者たちは，参加者たちが 35 歩く例が多かったのに気付いた。

① 音楽の断片とメトロノームの断片に対して，半分のテンポよりも2倍のテンポで
② メトロノームの断片よりも音楽の断片に対してBPMに匹敵するテンポで
③ 他のBPMよりも106BPMから130BPMまでの音楽テンポで
④ 指示されないときよりもそう指示されたときのテンポで

第3段落最終文に「106BPMから130BPMまでの間では，これより速かったり遅かったりするBPMでよりも音楽の断片のテンポに合っていない場合が，より少なかったことに研究者たちは気付いた」とあり，正解は③。

問4 36 ③

どんな話題が最終段落に続く可能性が最も高いか？ 36

① この研究で使われたメトロノームのBPMの種類についての考察
② ウォーキングのテンポに与える音楽の好みの影響の調査の報告
③ いろいろな種類の音楽に合うウォーキングのテンポを調べる研究
④ 音楽の選別に与えるウォーキングのテンポの影響の分析

最終段落最終文に「次の段落では，音楽の種類がウォーキングのテンポに影響を与えたかを調べる調査が論じられるだろう」とある。したがって，正解は③。

B 広告問題

【全訳】

グランドシップ・イルカウォッチングツアー

グランドシップイベントは，イルカウォッチングの素晴らしいボートツアーを提供します。すべてのツアーにイルカの専門家が付き添います。ボートは1日2回出発し快適なデッキから360度の眺めを楽しめます。

船上で

ボートは快適で，乗客全員にライフジャケットが装備されていて安全です。どのボートにも軽食カウンターがあり，ホットドッグ，サンドイッチやお菓子を購入できます。紅茶，コーヒー，水は，無料で利用できます。素晴らしいイルカの写真を撮る準備をしてください。カウンターで美しいイルカの絵葉書も購入できます。

ツアー費

曜日	年齢		
	5 − 12	13 − 59	60以上
月曜 − 金曜	20ドル	40ドル	35ドル
土曜 − 日曜	25ドル	45ドル	40ドル

＊4歳以下の子どもは無料です。12歳以下の子どもは大人の付き添いが必須です。

➤ ボートは毎日午前9時と午後2時に出発します。乗客は出発30分前には乗船していなければなりません。

➤ 各ツアーは約3時間続きます。

➤ 予約は少なくともインターネットで3日前にはしてください。

出発前に

イルカは日程表を持っていません。皆さんはイルカを見られるかもしれないし，一切見られないかもしれません。ツアーは悪天候でキャンセルになることもあります。我々のウェブサイトは24時間前から出発の更新を載せています。ウェブサイトでキャンセル条件をご覧になってください。船酔いになりやすい人は，出発前に船酔い止めの薬をお飲みください。

【語句】

- dolphin「イルカ」
- expert「専門家」
- depart「出発する」
- 360-degree views「360度の眺め／360度見渡せる景色」
- comfortable「快適な」
- life jacket「ライフジャケット／救命胴衣」
- passenger「乗客」
- free of charge「無料で」
- departure「出発」
- reservation「予約」
- online「インターネットで」
- A in advance「A（期間）前に」

［例］ Let us know at least 2 weeks **in advance**.
　　　少なくとも 2 週間前までにお知らせ下さい.

- calendar「カレンダー／暦」
- none「何も～ない」
- cancel「キャンセルする／中止する」
- due to A「Aのせいで」

［例］ The plane crash took place **due to** a variety of factors.
　　　その飛行機事故は様々な要因から起こった。

- update「更新」
- cancelation policy「キャンセル条件／キャンセルポリシー」
- be likely to-不定詞「～しやすい／～する可能性がある」

［例］ She **is likely to** be overweight in such a eating habit.
　　　そんな食生活では，彼女は体重が増えやすい。

- seasickness medicine「船酔い止めの薬」

【解説】

問1 　37 　①

　広告によれば，乗客は無料で何がもらえるか？ 　37

① 　飲み物
② 　食事
③ 　絵葉書
④ 　甘い菓子

　広告の船上でに，「ボートは快適で，乗客全員にライフジャケットが装備されていて安全です。どのボートにも軽食カウンターがあり，ホットドッグ，サンドイッチやお菓子を購入できます。紅茶，コーヒー，水は，無料で利用できます」とあり，飲み物は無料だと分かるので，正解は①。

— 297 —

問2　38　④

　ツアーについて以下のどの記述が正しいか？　38

① 午後のツアーは午前のツアーよりも料金が高い。

② 日曜日のツアーは他のツアーよりもかかる時間が長い。

③ ツアーは1日3回利用できる。

④ 平日も週末も同じスケジュールである。

　ツアー費の下の説明を見ると，①については説明がないので不可。②は，説明の2番目に「各ツアーは約3時間続きます」とあり，どのツアーも同じ時間なので不可。③は説明の1番目に「ボートは毎日午前9時と午後2時に出発します」とあり，1日2回なので不可。また，「毎日」とあり，平日と週末の区別はないので，④が正解。

問3　39　②

　30代の母親と父親と2人の子ども(4歳と6歳)が60歳以上の親戚2人と週末のツアーに出かけようと思っています。ツアー費用はいくらになりますか？　39

① 175ドル　　② 195ドル　　③ 205ドル　　④ 220ドル

　ツアー費の表から，30代の父親と母親は，45ドル×2＝90ドル，2人の子ども(4歳と6歳)のうち4歳以下は無料だから，0＋25ドル＝25ドル，2人の60歳以上の親戚は40ドル×2＝80ドル。合計すると，90＋25＋80＝195ドル。したがって，②が正解となる。

問4　40　④

　ツアーに行く前に，乗客は　40　べきだ。

① イルカの性向のために日程を調べる

② グランドシップイベントに電話してスケジュールを確認する

③ キャンセル条件についてのメールを読む

④ イルカを見逃す可能性があることを理解する

　出発前の説明の第2文に，「皆さんはイルカを見られるかもしれないし，一切見られないかもしれません」とあるので，正解は④。

第5問　長文読解問題(物語)

【全訳】

　　サニーサイドタウンからのニュース ｜ ネイオミ・ケンドール
　★★★★★★★★★★★★★★★★★★★★★★★★★★★★★★
　　　　心ゆくまで踊ろう ｜ 2019年1月19日
　★★★★★★★★★★★★★★★★★★★★★★★★★★★★★★

　昨夜，サニーサイドタウンの毎年恒例の第5回イベント「心ゆくまで踊ろう」が開かれた！

私たちは小学１年生以上の出演者の応募を求めて，５つのダンスチームが登録されたが，うち１つはかろうじて年齢制限を満たしていた。組織委員の一人として，私は今年のイベントがうまくいくかどうか確信が持てなかった。広告と衣装に関していくつか問題があった。私たちのメンバーの一人が，過去４年間のダンサーの写真を示すすばらしいポスターをデザインした。しかし，イベントの数日前まで近隣の町にコピーを配布しなかった。私たちは何人の人が来るのか分からなかった。すべてのチームが自分自身の衣装をあつらえるように求められているので，衣装がもう一つの問題だった。フラメンコチームのドレスは作るのが複雑だし，ロボットダンスチームの衣装は自分たちで作れるか私たちには分からなかった。楽しくなると思われるのだけれど，私にはイベントを楽しみに待つことが全然できなかった。

　こういった心配があるにもかかわらず，イベントは始まった。ヒップホップチームはたくさん素早くジャンプしながら走りながら入場してきた。彼らが互いにぶつかり合うのじゃないかと心配だった。リーダーは高校の芸術の先生の中村先生で，彼のオリジナル曲が，ヒップホップチームが過去２年間この地域で人気を博している一つの理由だ。彼の音楽を聴く唯一の方法は彼のライブ演奏に行くことだ。彼のファンはいつ彼の音楽を家で聴けるのかを尋ねることが多いので，それに答えて，中村先生は次のライブ演奏では聴く人に特別ギフトをするつもりだと言った。

　このわくわくするショーの後には，ハワイアンフラダンスチームが冷静になるチャンスをくれた。ピンクの花のネックレスと対になった淡いブルーとグリーンのドレスを着て，フラチームは左右に動くと波のように見えることがあった。別のときには，軽やかなそよ風にのって浮いているかのような動きをした。彼らが踊っているのを見ているだけで，私は休暇中の気分だった。

　ダンス形式のラブストーリーを演じた三人組のクラシックバレエチームが次の出演者だった。パン屋の従業員のペギーと園芸店のオーナーのオリビアの両方が，サニーサイド図書館の司書のティムの愛を得ようと優雅なジャンプやスピンを行った。ティムがどちらを選ぶのか思いめぐらせながら２人の女性を見たので，その演舞はある疑問を残して終わった。彼らは答えを秘密にしたままだったが，次週にブログに載せてすべてを明らかにすると約束した。

　その姉と弟のロボットダンスチームはやっと参加できる年齢になったのだ。彼らはとても興奮していて順番を待っている間，じっとしていることができなかった。弟と姉が様々な箱から作った輝く銀色の仮面と胴体を見たとき，私は彼らの親の台所にはアルミホイルが残ってるのかなと思った。彼らの正確な動きのせいで，彼らが人間であることを忘れるところだったので，私は感動した。彼らは次の金曜日に彼らのダンスの動きを誰にでも…宿題を終えた後，見せると私に語った。

64

　大事なことを言い忘れていたが，明るく色彩豊かなフラメンコチームは舞台を熱狂させた。観客は彼女らの手作りのフラメンコドレスを披露したわくわくするようなダンスを見て楽しんだ。数人の踊り手が帽子を落としたのに，観客は熱狂的に拍手した。

　その後，私たちは直接２次会へ向かった。２，３の些細な問題はあったけれども，イベントは計画通りに進んだので，私はほっとした。２次会で観客の何人かと話をする機会があって，彼らの話を聞いたとき，私は笑顔がどんどん広がるのを感じることができた。来年のイベントが待ちきれない！

　このイベントと私の投稿についてのコメントを待ち望んでいます！

【語句】
◆タイトル◆
　・to *one's* heart's content「心ゆくまで」
◆第１〜２段落◆
　・annual「例年の／毎年の」
　・call for A「Aを要求［要請・提唱］する」
　［例］　The trip to Okinawa **calls for** a lot of money.
　　　　　沖縄旅行には多くのお金が必要である。
　・performer「出演者／演技者」
　・elementary school「小学校」
　・register「登録する」
　・barely「かろうじて／やっと」
　・meet the age requirement「年齢制限を満たす」
　・organizer「組織者／主催者」
　・successful「成功して」
　・advertising「広告／宣伝」
　・costume「衣装」
　・the past A「過去A（期間）」
　・pass out「配る」
　［例］　He **passed out** as many business cards as possible.
　　　　　彼は名刺をできるだけ多く配った。
　・neighboring「近隣の」
　・attend「出席する」
　・*one's* own「自分自身のもの」
　・flamenco「フラメンコ」
　・complicated「複雑な」

・by *oneself*「自分で／1人で」
・even though SV ...「…にもかかわらず」

［例］ She wouldn't give her name **even though** I asked twice.
　　　2回も名前を聞いたのに彼女は教えてくれなかった

・be supposed to-不定詞「～だと思われる」
・look forward to A「Aを期待して待つ」

◆第3～5段落◆
・worry「心配／懸念」
・run into A「衝突する／出くわす」

［例］ I can't believe you **ran into** a side of a building with your car. Were you drunk or something?
　　　君が車で建物の側面に衝突したなんて信じられない。酔っぱらっていたかなんだったの？

・gain「得る」
・popularity「人気」
・live「ライブの／生の」
・in response「それに答えて／それに応じて」
・thrilling「わくわくする」
・exhibition「ショー／公演会」
・cool down「冷静になる」
・pale blue「淡いブルー」
・paired with A「Aと対になって」
・from side to side「左右に」
・breeze「そよ風」
・like SV ...「…のように／まるで…のように」

［例］ I can't do it **like** you do.
　　　君のするようにはできない.

・three-person「3人の」
・bakery「パン屋」
・employee「従業員」
・elegant「優雅な」
・leap「ジャンプ」
・spin「スピン／回転」
・librarian「司書」
・secret「秘密」
・reveal「明らかにする」
・post「投稿する」

◆第6段落◆

・so 〜 that SV ...「とても〜なので…」
・still「静止の」
・shiny「輝く／光った」
・aluminum foil「アルミホイル」
・be impressed「感動する／感銘する」
・precise「正確な」
・human「人間」

◆第7〜9段落◆

・last but not least「大事なことを言い忘れていたが」
・set A on fire「Aを興奮させる／熱狂させる／火を付ける」

［例］　During the last scene, the leading actor in the musical **set** the house **on fire**.
　　　最後の場面で，主役のミュージカル俳優は観客を大いに沸かせた。

・display「見せびらかす」
・clap「拍手する」
・enthusiastically「熱狂的に」
・after-party「2次会／打ち上げ」
・feel relieved「ほっとする」
・despite A「Aにもかかわらず」

［例］　**Despite** the heavy traffic, they were able to make it on time to the party.
　　　渋滞に巻き込まれたにもかかわらず，彼らは時間通りパーティーに着くこと
　　　ができた。

【解説】

問1　41　②

　　　次のうちどれが最も中村先生の贈り物になる可能性があるか？　41

①　作曲の授業
②　彼の音楽のコレクション
③　手作りの衣装
④　彼の次のコンサートの招待状

　　第3段落に中村先生の話が出てくる。中村先生のオリジナル曲のおかげでヒップ
ホップのチームは過去2年間人気を博している。彼の音楽は彼のライブでしか聞け
ない。最終文に「彼のファンはいつ彼の音楽を家で聴けるのかを尋ねることが多い
ので，それに答えて，中村先生は次のライブ演奏では聴く人に特別ギフトをするつ
もりだと言った」とあり，贈り物は中村先生のオリジナル曲だと分かるので，正解
は②。

問2　42　①

　　　次のうちどれが下線の語句 <u>cool down</u> の意味に最も近いか？　42

①　冷静になる

— 302 —

② やる気を失う

③ 温度を管理する

④ 冷たくなる

　下線部は，第4段落の第1文に「このわくわくするショーの後には，ハワイアンフラダンスチームが私たちに <u>cool down</u> チャンスをくれた」とあり，直前のヒップホップチームのショーの後で，興奮した観客がクールになるということだと分かるので，正解は①。

問3　`43`　②

　`43` によって，バレエのラブストーリーの結末についての情報を見つけることができる。

① 彼らの職場でチームメンバーの誰かに尋ねること

② チームメンバーの個人のウェブサイトを確認すること

③ インターネット上で見つかる投票結果を見ること

④ 図書館でそれについてのポスターを読むこと

　バレエのパフォーマンスは第5段落で述べられている。司書のティムがパン屋の店員のペギーと園芸店のオーナーのオリビアのどちらを選ぶかは秘密のままだったが，最終文に「彼らは答えを秘密にしたままだったが，次週にブログに載せてすべてを明らかにすると約束した」とあるので，正解は②。

問4　`44`　①

　ロボットダンスチームのメンバーは `44` 。

① そのイベントが初めての公演であった

② パーティーでダンスのレッスンをしていた

③ 中学生の二人の兄弟であった

④ 両親によって作られた衣装を着ていた

　第6段落第1文に「その姉と弟のロボットダンスチームはやっと参加できる年齢になったのだ」とあるので，初参加と推測できる。正解は①。また，③は，第2段落第1文に「私たちは小学1年生以上の出演者の応募を求めて，5つのダンスチームが登録されたが，うち1つはかろうじて年齢制限を満たしていた」とある。彼らは小学校1年生だと推測できるし，姉と弟なので，不可。

問5　`45`　③

　イベントの組織委員の一人として，筆者は結果についてどのように感じていたか？ `45`

① 準備にがっかりしていた

② 彼女がそれをどのように改善できるかに関心があった

③ ものごとの結果に満足していた

④ イベントの将来に確信がなかった

　第8段落の最終2文に「2次会で観客の何人かと話をする機会があって，彼らの話を聞いたとき，私は笑顔がどんどん広がるのを感じることができた。来年のイベ

— 303 —

ントが待ちきれない！」とあり，満足していると思われる感想なので，正解は**③**。

第6問　長文読解問題（論説文）

【全訳】

(1)　大学生のジルは医師になろうと勉強していて，一生懸命勉強しなければならないことが分かっている。しかしながら，彼女は小説家になる夢も抱いていた。文章講座を取りたいと思ったが，これからの宿題の量を考えた後，忙しすぎるだろうという理由でジルは講座を取らないことにした。今では，医療研究に集中することができる。もっとも，この決定には若干の後悔があるかもしれない。

(2)　選択をするのは人生の一部だ。時に，ジルのように，我々は別のことではなく，あることを選ばなければならない。彼女の決定には，受け取ったかもしれないが他の計画を追求することであきらめなければならなかった利益について考える必要があった。選択されないものが決定の代償である。ジルの場合，決定の代償は，1つには，もしもジルが文章講座に参加していたら，彼女が学んだかもしれないものだ。我々が得る利益よりもむしろ得られないものについて考えることは不自然のように見えるかもしれない。しかし，この考え方は，あることをしようと決断することが，他の何かをしないという代償を必要とすることを示している。

(3)　この考え方はビジネスについて決断するさいに頻繁に使われる。ある日本のメーカーのX社は新しいタイプのロボットを生産するのに成功し著しい利益を記録したと想像してみよう。今，会社は2つの方法の1つでビジネスを拡張しようと考えている。1つの選択肢は，海外に新しい工場や支社を出して国際市場のシェアを増やすことだ（選択肢A）。もう1つの選択肢は，宣伝にさらにお金をつぎ込み国内販売を強化しようとすることだ（選択肢B）。会社はどちらかの選択肢を取るだろうが，失うものは異なるだろう。選択肢Aの場合，代償は日本での販売減少だろう。選択肢Bの場合，国際市場へ進出するチャンスを失うことかもしれない。

(4)　この考え方は他方を捨てて1つの選択肢を選ぶことを要求するトレードオフと解釈されることがある。トレードオフは，2つの選択肢が可能だが1つしか選べないときに，いつでも起こる。たとえば，Y市は観光客を引き付けるために市の有名な史跡と美しい夜景を宣伝することで利益を得ているが，産業にもっと投資することで別の方法を採用することを考えている。しかし，限られた予算のせいで1つしか選択肢が取れない。もしも市が新しい計画を実行すれば，トレードオフが起こるであろう。産業の成長で経済は良くなるかもしれないが，観光客数は減るかもしれない。

(5)　人生はこのような状況であふれている。たとえば，タケシはどこでランチを食べるかを決めなければならない。快適な環境で読書をしたり音楽を聴いたりして

— 304 —

楽しむために，大学の近くのレストランにするか，それとも，時間とお金を節約するために学校のカフェテリアにするかである。どんな損失が含まれるだろうか？　もしもタケシがレストランを選ぶなら，1つは時間とお金の損失だろう。もう1つは彼が学校のカフェテリアを選べば楽しいくつろいだランチ時間の損失だろう。タケシは何を犠牲にするかを決めなければならない。

(6)　我々は日常生活で選択をしなければならないことが多い。決定は大きいことも小さいこともある：どんな職業を我々は追求すべきかあるいは余暇をどのように過ごすべきかである。我々がどんな選択をしようとも，何かを失うであろう。何を得，何を失うのかの両方を考えることでより良い決定をすることができる。

【語句】
◆第1段落◆
・medical doctor「医者／医師」
・fiction writer「小説家」
・writing course「文章講座」
・amount「量」
・decide not to-不定詞「～しないことに決める」
・concentrate on A「Aに集中する」
〔例〕　He **concentrated on** learning as much vocabulary as possible.
　　　　彼はできるだけ語彙を覚えることに集中した。
・remorse「後悔」
・decision「決定」

◆第2段落◆
・involve「必要とする／含む／伴う」
・benefit「利益／利得」
・cost「代償／犠牲」
・case「場合」
・in part「一部分において，1つには，ある程度，幾分」
〔例〕　**In part**, it was the child's fault that he was left behind at the park.
　　　　子どもが公園に置き去りにされたのは，ある程度子どもにも責任があった。
・participate in A「Aに参加する」
・unnatural「不自然な」
・rather than A「Aというよりむしろ」
・something else「他の何か」

◆第3段落◆
・concept「考え／概念」
・frequently「頻繁に」
・business decision「ビジネスについて決断／経営判断」

70

・Suppose that SV ...「…と仮定してみよう／もし…としたら」
〔例〕 **Suppose that** the weight is one kilogram.
その重さが1キログラムと仮定してみよう。
・manufacturer「メーカー／(大規模な)製造業者(会社)」
・significant「著しい」
・profit「利益」
・think of A「Aを考える」
・expand「拡張する」
・option「選択肢」
・branch office「支社／支店」
・overseas「海外に」
・international market「国際市場」
・strengthen「強化する」
・domestic sale「国内販売」
・decreased sale「販売減少」
・make advances「進出する／進歩する」
◆第4段落◆
・interpret「解釈する」
・trade-off「〔より望ましいものとの〕交換／取引／トレードオフ」
・benefit「利益を得る」
・promote「奨励する／宣伝販売する」
・attract「引き付ける」
・adopt「採用する」
・approach「方法」
・invest「投資する」
・industry「産業」
・limited「限られた」
・budget「予算」
・carry out「実行する」
・growth「成長」
◆第5～6段落◆
・situation「状況」
・environment「環境」
・save「節約する」
・daily life「日常生活」
・career「職業／経歴」
・pursue「追求する」
・whatever＋A(名詞)＋SV ...「どんなAを…しようとも」

― 306 ―

2019年度　追試験〈解説〉　71

［例］　**Whatever** information you get, let me know as soon as possible.
　　　どんな情報を得ようとも，できるだけ早く私に教えてください。

【解説】

A

問1　46　④
　以下のどれが第1段落の下線部の語 remorse と意味的に最も近いか？　46
① 信頼
② 混乱
③ 自尊心
④ 後悔
　第1段落の第3文に「文章講座を取りたいと思ったが，これからの宿題の量を考えた後，忙しすぎるだろうという理由でジルは講座を取らないことにした」とあり，直後の第4文で，「今では，医療研究に集中することができる。もっとも，この決定には若干の remorse があるかもしれない」とある。文章講座を取り小説家への道を歩みたかったジルは，それをあきらめた結果，医療研究に携わっていることに満足しているようだが，もっとも若干の remorse がある。この文脈から remorse が「後悔」とか「心残り」に近い意味だと推測できる。「後悔」の④が正解。

問2　47　②
　第1段落と第2段落で，ジルは　47　。
① 両方の選択肢から同時に利益を得ると結論付けた
② 文章講座を取ることが学業生活に与える影響を考えた
③ 彼女は医学よりもものを書くのが好きだったので，彼女の他の計画を追求する決心をした
④ 文章講座を取ることから何の利益もないだろうと思った
　第2段落第3〜5文に「彼女の決定には，受け取ったかもしれないが他の計画を追求することであきらめなければならなかった利益について考える必要があった。選択されないものが決定の代償である。ジルの場合，決定の代償は，1つには，もしもジルが文章講座に参加していたら，彼女が学んだかもしれないものだ」とあるので，②が正解。

問3　48　③
　第3段落によれば，以下のどれが正しいか？　48
① X社が広告を増やすとすれば，経費は問題ではない。
② X社が海外に新工場を開業すれば，経費はより高くなる。
③ X社が失うものは，X社がする決定によって異なる。
④ X社が失うものは，X社のビジネスの根本原理である。
　第3段落最終3文に「会社はどちらかの選択肢を取るだろうが，失うものは異なるだろう。選択肢Aの場合，代償は日本での販売減少だろう。選択肢Bの場合，国

— 307 —

際市場へ進出するチャンスを失うことかもしれない」とあり，それぞれ失うものが異なると分かるので，③が正解。

問4 49 ②

第4段落によれば，もしY市が新しい投資の方向を試みるとすれば，ありそうな結果は何か？ 49

① 歴史地域の発展
② 新しい会社の設立
③ 増加する観光客数
④ 予算に対する要求の減少

第4段落最終2文に「もしも市が新しい計画を実行すれば，トレードオフが起こるであろう。産業の成長で経済は良くなるかもしれないが，観光客数は減るかもしれない」とあるので，②が正解。

問5 50 ③

第5段落では，タケシがレストランへ行くとすればどんな利益を彼は受け取るか？ 50

① より近い場所と穏やかな雰囲気
② より近い場所と追加の現金
③ 楽しい時間と穏やかな雰囲気
④ 楽しい時間と追加の現金

第5段落第2～5文に「快適な環境で読書をしたり音楽を聴いたりして楽しむために，大学の近くのレストランにするか，それとも，時間とお金を節約するために学校のカフェテリアにするかである。どんな損失が含まれるだろうか？　もしもタケシがレストランを選ぶなら，1つは時間とお金の損失だろう。もう1つは彼が学校のカフェテリアを選べば楽しいくつろいだランチ時間の損失だろう」とある。つまり，レストランを選べば，(1)快適な環境で読書をしたり音楽を聴いたりできる，(2)時間とお金の損失。カフェテリアを選べば，(1)時間とお金の節約，(2)楽しいくつろいだランチ時間の損失。なお，①，②にあるより近い場所は，レストランもカフェテリアとも近い場所にあり，利益の対象とはなっていない。したがって，③が正解。

2019年度　追試験〈解説〉　73

B

51 ③　52 ②　53 ④　54 ①

段落	内容
(1)	導入
(2)	51 ③
(3)	52 ②
(4)	53 ④
(5)	54 ①
(6)	結論

① 選択の役割を日常生活に結び付けること
② 企業環境での選択と決定を説明すること
③ 選択を人生を変える決定とみなすこと
④ 行政の政策決定を選択の代償と関係づけること

　第2段落では「ジルが医療研究という人生の選択をしたのには文章講座を取らないという代償があること」について述べており，これは③「選択を人生を変える決定とみなすこと」に相当する。第3段落では「ある会社が国際市場のシェアを増やすか，国内販売を強化するかの選択をする例」について述べている。これは②「企業環境での選択と決定を説明すること」に相当する。第4段落では，「Y市は観光で利益を得ているが，産業にもっと投資することも考えており，限られた予算のせいで1つしか選択肢が取れない」と述べられており，これは④の「行政の政策決定を選択の代償と関係づけること」に相当する。第5段落では，「タケシがどこでランチを食べるかという選択について，快適で楽しい，くつろいだレストランにするか，節約するために学校のカフェテリアにするか」という例が述べられており，これは①「選択の役割を日常生活に結び付けること」に相当する。したがって，51 ③，52 ②，53 ④，54 ①が正解である。

— 309 —

MEMO

英　語

（2018年 1 月実施）

受験者数　546,712

平 均 点　123.75

英　語

解答・採点基準　　　(200点満点)

問題番号(配点)	設問		解答番号	正解	配点	自己採点
第1問 (14)	A	問1	1	④	2	
		問2	2	③	2	
		問3	3	②	2	
	B	問1	4	①	2	
		問2	5	④	2	
		問3	6	③	2	
		問4	7	②	2	
第1問　自己採点小計						
第2問 (47)	A	問1	8	③	2	
		問2	9	②	2	
		問3	10	①	2	
		問4	11	④	2	
		問5	12	①	2	
		問6	13	③	2	
		問7	14	①	2	
		問8	15	③	2	
		問9	16	③	2	
		問10	17	③	2	
	B	問1	18	③	4 *	
			19	②		
		問2	20	④	4 *	
			21	②		
		問3	22	③	4 *	
			23	②		
	C	問1	24	③	5	
		問2	25	④	5	
		問3	26	⑧	5	
第2問　自己採点小計						

問題番号(配点)	設問		解答番号	正解	配点	自己採点
第3問 (33)	A	問1	27	②	5	
		問2	28	③	5	
		問3	29	②	5	
	B		30	①	6	
			31	③	6	
			32	④	6	
第3問　自己採点小計						
第4問 (40)	A	問1	33	②	5	
		問2	34	③	5	
		問3	35	②	5	
		問4	36	④	5	
	B	問1	37	④	5	
		問2	38	②	5	
		問3	39	③	5	
		問4	40	④	5	
第4問　自己採点小計						
第5問 (30)		問1	41	③	6	
		問2	42	②	6	
		問3	43	②	6	
		問4	44	①	6	
		問5	45	③	6	
第5問　自己採点小計						
第6問 (36)	A	問1	46	④	6	
		問2	47	②	6	
		問3	48	①	6	
		問4	49	①	6	
		問5	50	②	6	
	B		51	④	6 *	
			52	②		
			53	③		
			54	①		
第6問　自己採点小計						
自己採点合計						

(注)　*は，全部正解の場合のみ点を与える。

第1問　発音・アクセント問題

A　発音

問1 　1　　④

① commit /kəmít/「委託する」/í/
② convince /kənvíns/「確信させる」/í/
③ insist /ɪnsíst/「主張する」/í/
④ **precise** /prɪsáɪs/「正確な」/áɪ/

したがって，④が正解。

問2 　2　　③

① helped /hélpt/＜help「助ける」の過去・過去分詞 /t/
② laughed /lǽft/＜laugh「笑う」の過去・過去分詞 /t/
③ **poured** /pɔ́ːrd/＜pour「注ぐ」の過去・過去分詞 /d/
④ searched /sə́ːrtʃt/＜search「探す」の過去・過去分詞 /t/

したがって，③が正解。

問3 　3　　②

① bird /bə́ːrd/「鳥」/ə́ːr/
② **hard** /háːrd/「固い」/áːr/
③ journey /dʒə́ːrni/「旅行」/ə́ːr/
④ work /wə́ːrk/「働く」/ə́ːr/

したがって，②が正解。

B　アクセント

問1 　4　　①

① **advance** /ədvǽns/「進歩する」第2音節
② danger /déɪndʒər/「危険」第1音節
③ engine /éndʒən/「エンジン」第1音節
④ limit /límət/「制限する」第1音節

したがって，①が正解。

問2 　5　　④

① deposit /dɪpáːzət/「保証金」第2音節
② foundation /faʊndéɪʃən/「土台」第2音節
③ opinion /əpínjən/「意見」第2音節
④ **register** /rédʒɪstər/「登録する」第1音節

したがって，④が正解。

問3 　6　　③

① agency /éɪdʒənsi/「代理店」第1音節

— 313 —

4

 ②   frequently /frí:kwəntli/「頻繁に」第 1 音節

 ③   **introduce** /ìntrəd(j)ú:s/「紹介する」第 3 音節

 ④   officer /ɔ́:fəsər/「将校」第 1 音節

したがって，③が正解。

問 4   `7`   ②

 ①   championship /tʃǽmpiənʃìp/「選手権」第 1 音節

 ②   **delivery** /dɪlívəri/「配達」第 2 音節

 ③   relatively /rélətɪvli/「比較的」第 1 音節

 ④   supermarket /sú:pərmà:rkət/「スーパーマーケット」第 1 音節

したがって，②が正解。

第 2 問   文法・語法空所補充問題・語句整序問題・応答文完成問題

A   文法・語法

問 1   `8`   ③

 ジェフは給料が低いので仕事の申し出を断った。

【ポイント】

形容詞 low

 形容詞 low は「低い」という意味を表す。salary「給料」，wage「賃金」の低い，安いときに用いる。

［例］ His **low salary** prevents him from buying the house.

    給料が安いため，彼はその家を買うことが出来ない。

【他の選択肢】

 ①   cheap は，「(商品が)安っぽい／安い」の意味なので，不可。

［例］ This hat is too **cheap** for me.

    この帽子は私には安っぽい。

 ②   inexpensive は，「(商品が)安い」という意味なので，不可。

［例］ This fish is **inexpensive** but nourishing.

    この魚は安いけど栄養はある。

 ④   weak は「(体が)弱い」という意味なので，不可。

［例］ Melanie rarely runs about because she is very **weak**.

    体がとても弱いので，メラニーはめったに走り回らない。

問 2   `9`   ②

 ブレンダは何か飲み物を得るために階下へ行った。

— 314 —

―― 【ポイント】 ――

go downstairs

　go downstairs で「階下に行く／階下へ降りる」の意味となる。downstairs は副詞で，to，at などの前置詞とともには用いない。反対語は upstairs。

［例］　He went **downstairs** to sign the agreement.
　　　　彼はその合意書に署名するために階下へ降りた。

問3 　10 　①

　肘を負傷した後，学校のバドミントンチームでプレーするのをやめなければならなかった。

―― 【ポイント】 ――

動詞 quit

　動詞 quit は「やめる」という意味を表す。quit の後には〜ing が続き，to-不定詞は来ない。

［例］　I **quit drinking** several years ago and now in the least interested in alcohol.
　　　　私は数年前に飲むのをやめ，今ではアルコールに全然興味がありません。

問4 　11 　④

　彼がなぜそんなに古い車を買うと決めたのか私には理解できない。

―― 【ポイント】 ――

イディオム beyond *one's* understanding

　イディオムの beyond *one's* understanding は，「理解力を超えていて／理解できない」の意味となる。

［例］　This problem was **beyond her understanding**.
　　　　この問題は彼女には理解できなかった。

問5 　12 　①

　ニコルは約7年間小説を書き続けて全国小説コンテストで賞をとった。

―― 【ポイント】 ――

時制　過去完了進行形

　過去完了進行形は had been 〜ing の形で「〜しつづけてきた」という意味を表す。過去のある時点までの継続の動作を示す表現。

［例］　My father **had been working** in the garage to repair his car for three hours when I arrived home.
　　　　僕が帰宅したとき，父は3時間ずっとガレージで車の修理をしていた。

問6 　13 　③

　私たちの上司は病気で家で寝ているので，私たちはその企画を終えるのに必要だと私たちが考えることをやった。

6

【ポイント】

1．関係代名詞 what

　関係代名詞の what は「～するもの／～すること」という意味を持ち，先行詞をその中に含んだ関係代名詞で，what は the thing(s) which に相当する。したがって，名詞節を導く。

［例］　**What** surprised me was his cold attitude.

　　　　私を驚かせたのは彼の冷たい態度だった。

　この例文では，what は節の中では動詞 surprised の主語の働きをしている。また，What surprised me がこの例文全体で，動詞 was の主語となっている。

2．連鎖関係代名詞

　S think[believe]と関係代名詞節が重なると連鎖関係代名詞となる。本問の場合，we thought と what was needed to finish the project が合体するとき，we thought what was needed to finish the project とはならず，what we thought was needed to finish the project となる。つまり，関係代名詞の後に S think[believe]が入り込んでくるのである。

［例1］　I want to know **what I thought** he had in mind.

　　　　私は彼が心に抱いていると私が思っていたことを知りたい。

［例2］　He is the man **who we thought** was her father.

　　　　彼は私たちが彼女のお父さんだと思っていた人でした。

問7　☐14☐　①

　最初のうち，気付かなかったが，風呂場に大きなクモがいた。

【ポイント】

イディオム at first

　at first は「最初のうち／初めは」という意味を表す。

［例］　**At first** his collection of stamps was a very valuable one, but it turned out to be of no value.

　　　　最初のうち，彼の切手のコレクションはとても価値があったが，何の価値もないと分かった。

問8　☐15☐　③

　ラファエルは家の前の木に一対のツバメが巣を作っているのを見た。

【ポイント】

知覚動詞 see

　知覚動詞 see は see A ～ing の形で「Aが～しているのを見る」という意味になる。

［例］　I **saw** her **chatting** with my brother cheerfully.

　　　　私は彼女が私の弟と快活に喋っているのを見た。

— 316 —

2018年度　本試験〈解説〉　7

問9　16　③

　　まもなく梅の花が開花するだろう。この週末にも咲くかもしれない。

---【ポイント】---

It shouldn't be long before SV ...

　It shouldn't be long before SV ... で「まもなく…だろう」という意味になる。直訳は「～する前に長くはないだろう」

［例］　**It shouldn't be long before** he turns up here.

　　　　まもなく彼はここに現れるだろう。

問10　17　③

　　メリッサは来週末スケートに行くよりもスノボに行きたいと言った。

---【ポイント】---

would rather＋動詞の原形 than ～

　would rather＋動詞の原形 than ～ は,「～するよりむしろ…したい」という意味になる。

［例］　**I'd rather** study in Germany **than** study here at this university.

　　　　私はここのこの大学で勉強するよりもドイツで勉強したい。

B　語句整序

問1　18　③　19　②

　　学生：オーストラリア人学生が到着後，彼らと何をする予定ですか？

　　教師：最初の夜は，川のそばでバーベキューをやるので皆すぐにお互いに知り合うことができます。

---【正解】---

you all <u>can</u> <u>get</u> to <u>know</u> <u>each</u> other quickly.
　　　　①　　③　　　④　　②　　⑤

---【ポイント】---

1．get to know

　get to know で「知り合いになる」という意味を表す。

［例］　Dick is a nice guy when you **get to know** him.

　　　　ディックは知り合いになるといいやつだ。

2．each other

　each other は「お互い」という意味を表す。

［例］　Until we get to know **each other** better, certain acceptable small-talk topics are important.

　　　　お互いにより知り合えるようになるまで，ある種の無難な世間話的話題は重要である。

— 317 —

8

問2　20　④　21　②

　　　ブリジット：昨シーズンのバスケットボールはどんなだった？
　　　　　トシ：僕はチームで2番目の得点ゲッターだった。

―【正解】――――――――――――――――――――――――

I was the second highest scorer on the team.
⑥　　④　　　①　　③　②　　⑤

―【ポイント】――――――――――――――――――――――

the second＋最上級

　the second＋最上級で「2番目に最高の〜」という意味を表す。

［例］　Los Angeles is **the second** largest city in the US.

　　　ロサンゼルスはアメリカで2番目の大都市です。

問3　22　③　23　②

　　　エバン：僕の初のコンピュータを買いたいんだが，どれを買ったらよいのか分か
　　　　　　　らない。
　　　　サム：心配はいらないよ。電気店にはコンピュータに詳しくない人にアドバイ
　　　　　　　スをしてくれる専門家がいつもいるよ。

―【正解】――――――――――――――――――――――――

to give advice to those who aren't familiar with using computers.
④　　③　　⑤　①　　②　　⑥

・electronic store「電気店／電子製品店」

―【ポイント】――――――――――――――――――――――

１．**those who 〜**

　those who 〜 で「〜の人たち」という意味を表す。

［例］　**Those who** experienced this phenomenon thought that it was brought about
　　by pollution and global warming.

　　　この現象を経験した人たちは，それは汚染と地球温暖化によってもたらされ
　　ていると考えた。

２．**be familiar with A**

　be familiar with A で「Aに詳しい／Aに精通している」という意味を表す。

［例］　He **is** quite **familiar with** this type of computer.

　　　彼はこの種のコンピュータにかなり精通しています。

C　応答文完成

問1　24　②

　　　シェリー：来週の火曜日まで待てないわ。
　　　　　リサ：来週の火曜日に何があるというの？

— 318 —

シェリー：覚えていない？　授業後にジャズコンサートがある予定なの。

リサ：本当に？　木曜日にあると思ってたけど，たぶん私の間違いね。

【正解】

I thought it | was going to be | on Thursday, | but maybe I'm wrong.
(A) | (A) | (B)

【ポイント】

1．be going to＋動詞の原形

be going to＋動詞の原形で「〜する予定だ」という意味を表す。

〔例〕　It **is going to** be fine tomorrow.
　　　　明日は晴れるでしょう。

2．be wrong

be wrong で「間違っている」という意味になる。

〔例〕　He **is wrong** to criticize her.
　　　　彼女を批判するなんて彼は間違っている。

【解法のヒント】

シェリーの来週の火曜日にコンサートがあるという言葉に，リサはピンとこないので「木曜日にあると思ってたけど，たぶん私の間違いね」と言ったと推測できる。中列に(A)を入れると右列の(B)が自然に入る。正解は❷となる。

問2　25　④

トモヒロ：やあ，ケイシー。君が間に合って嬉しいよ。僕らの飛行機はすぐに出発の予定だよ。

ケイシー：バスに乗らないように教えてくれてありがとう。この時間帯が車の交通がとても渋滞するなんて思ってもみなかったわ。

トモヒロ：僕は飛行機に乗るときはいつも車の交通と列車の状況をチェックするんだ。

ケイシー：あなたがいるととても助かるわ。あなたのアドバイスがなかったら，列車に乗っていなかったと思うわ。

【正解】

I wouldn't have taken | the train | without your suggestion.
(A) | (B) | (B)

【ポイント】

1．without A

without A で，「Aがなかったならば／Aがないのなら」という意味を表す。

〔例〕　**Without** your help I wouldn't have been rescued.
　　　　あなたの助けがなかったならば，私は救出されていなかっただろう。

２．仮定法過去完了

仮定法過去完了は過去の仮定法的な内容を表す。「If S' had ＋過去分詞 ...，S would have ＋過去分詞」の形で「S' が〜していたら，S は…だっただろう」という意味になる。

［例］ If he hadn't gone there, he would have caught the train.
彼がそこへ行っていなかったならば，彼は列車に間に合っていただろう。

【解法のヒント】

ケイシーが「あなたがいるととても助かるわ」と言っているのは，バスに乗るなという適切なアドバイスをしてもらったことを示している。つまり，バスでなく列車を利用したことが分かれば，(A)→(B)→(B)だと分かる。したがって，正解は④となる。

問3 26 ⑧

ホアン：週末にあった台風はかなり強かったね。

　ナオ：ええ，それでうちのクラブの福岡パークのサッカーの試合がキャンセルされたのさ。

ホアン：天気がどうなるか予測することは決してできないよ。

　ナオ：同感だね。その台風は静岡も通ったのですか？

ホアン：ええ，そうです。だから，残念ながら，私たちは富士山への旅行をキャンセルしなければならなかった。またそれをする機会があるといいね。

【正解】

That's why	we had to cancel our trip to Mt. Fuji,	unfortunately.
(B)	(B)	(B)

【ポイント】

That's why SV ...

That's why ... で「だから…／それ(前文)が原因で…ということになる」という意味になる。

［例］ He went there. **That's why** he witnessed the accident.
彼はそこへ行った。だから彼はその事故を目撃した。

【解法のヒント】

台風が静岡も通ったのかというナオの質問に，ホアンがそうだと言っていることから，「だから，残念ながら，私たちは富士山への旅行をキャンセルしなければならなかった」が出てくるのは自然な流れである。また，空所の後で，「またそれをする機会があるといいね」と言っていることもヒントになっている。したがって，正解は(B)→(B)→(B)の⑧となる。

第3問　不要文選択問題・意見要約問題

A　不要文選択

問1　[27]　②

【全訳】

　新しい環境で見知らぬ物に遭遇すると，自国においてでさえカルチャーショックを経験するかもしれない。ツバサは家族と離れて大学生活を始めたとき，すべてがわくわくするようなことで新しいことのように思ったが，その後自分の環境に思いがけず不安を感じ始めた。①彼は人々が彼の地方の訛りと表現のせいでときどき彼のことを誤解するのに気付いた。②彼は一人っ子なので，親がひどく寂しがっているのが分かっていた。③彼はまた彼のクラスメートの多くが彼の一度も聞いたことのない様々なことを高校で学んでいたことに気付いた。誰もが自分よりも賢く大人びており，おしゃれにさえ見えた。④彼はすべての点ですでにあまりにも遅れをとっていると心配していた。しかし，他のほとんどの学生も多かれ少なかれ彼と同じ不安感を持っていたことが分かった。今では，彼はそんな気持ちもなく大学で楽しく学んでいる。

【語句】

- encounter「遭遇する／出会う」
- unfamiliar「よく知らない」
- environment「環境」
- unexpected「思いがけない／予期しない」
- anxiety「不安」
- surroundings「環境／境遇」
- realize「気付く／分かる」
- misunderstand「誤解する」
- regional「地域の」
- accent「訛り」
- expression「表現」
- miss「寂しく思う」
- smart「頭が良い／賢い」
- mature「成熟している」
- fashionable「流行の／流行を追って」
- It turns out that SV ...「〜だと分かる」

　［例］　**It turned out that** the plan was impractical and inefficient.
　　　　その計画は実行不可能で非効率であることが分かった。

- more or less「多少とも／やや」

12

【解法のヒント】

　このパラグラフは「ツバサの初めての親元を離れての大学生活」について書かれたものである。その内容は，①「人々の誤解」，②「親が寂しがっていること」，③「同級生の様子」，④「同級生に遅れをとっている不安感」となっている。②だけが「親のこと」を問題にしているので，「大学生活という新しい環境」を問題にしている前後の文脈と合わないことになる。したがって，②が正解。

問2　28　③

【全訳】

　トマトは野菜なのか果物なのか？　1890年代に，この問題についてアメリカの裁判事例があった。その当時，人々は野菜の輸入に税金を払わなければならなかったが，果物はそうではなかった。生物学的には，果物は花の根元の一部分から発達し，種を含んでいる。①この科学的な定義によれば，キュウリ，カボチャやピーマンと同じく，トマトは果物である。②科学者が言っていることに反して，たいていの人たちはトマトを野菜と考え，野菜として用いている。③たとえば，いくつかの国々で，トマトは「金色のリンゴ」と「愛のリンゴ」のような名前をつけられている。④トマトは多くの野菜と同じように調理されたり生のままで食べられ，昔から果物のようにデザートとして出されることはない。たいていの人がトマトを野菜と考えているという単純な事実に基づいて，法廷はトマトは野菜だと結論を下した。

【語句】

- ・vegetable「野菜」
- ・court case「訴訟事件」
- ・issue「問題」
- ・tax「税金」
- ・import「輸入する」
- ・biologically「生物学的に」
- ・base「根元／基礎」
- ・contain「含む」
- ・seed「種子」
- ・definition「定義」
- ・cucumber「キュウリ」
- ・pumpkin「カボチャ」
- ・green pepper「ピーマン」
- ・contrary to A「Aに反して」
- ［例］　What I said was **contrary to** what I felt.
  　　　気持ちとは反対のことを言ってしまった。
- ・raw「生の」
- ・traditionally「伝統的に」

— 322 —

・conclude「結論を下す」

【解法のヒント】

　このパラグラフは「トマトが野菜であること」について書かれたものである。その内容は①「トマトの科学的定義」，②「人々のトマトに対する考えと扱い方」，③「トマトの別称」，④「トマトの食べ方」があげられている。全体の流れはトマトを野菜とみなす記述であるが，③だけが「トマトの別称で果物」とみなしているので，前後の文脈と合わないことになる。したがって，③が正解。

問3　29　②

┤【全訳】├

　世界的に動物性蛋白質の需要が増えているのに応えて，ブタ，ニワトリ，ウシの代用食物源として，昆虫を用いる様々な利益について話し合うために会議が開かれた。①よくは知られていないが，昆虫は蛋白質，ビタミン，ミネラルが豊富なので，きわめて健康的な食物である。②昆虫は何百万年前から周りにおり，恐竜とともに生存し，その後は，最初期の人間とともに生存してきた。③昆虫はあまり場所も取らず，あまり餌も食べず，あまり温室効果ガスも出さないので，昆虫を育てることは，環境にやさしいかもしれない。④たいていの昆虫はほとんど水無しで生きのびることができるので，昆虫を厳しい水不足の場所の理想的な代用食にできる。昆虫を食物として使うことには多くの利益があることは証拠は示している。昆虫を食べることについて人々の心を変えるにはやや時間がかかるかもしれない。

【語句】

・in response to A「Aに応えて」

［例］　Lisa gave him a smile **in response to** his question.

　　　　リサは彼の質問に応えて彼に微笑んだ。

・demand「要求」

・protein「タンパク質」

・conference「会議」

・benefit「利益／恩恵」

・insect「昆虫」

・alternative「代用の」

・source of food「食物源」

・extremely「極度に／とても」

・dinosaur「恐竜」

・human being「人間」

・raise「栽培する／育てる」

・release「放出する」

・greenhouse gas「温室効果ガス」

・survive「生き残る」

14

・ideal「理想的な」
・severe「厳しい」
・water shortage「水不足」
・evidence「証拠」

【解法のヒント】
　このパラグラフは「昆虫食の利益」について書かれたものである。その内容は，①「栄養分満点で健康によい」，②「昆虫の生存の歴史」，③「昆虫は養殖にもよい」，④「水無しでも生存する」である。②だけが「昆虫の生存の歴史」を問題にしているので，「代用食としての昆虫食」を問題にしている前後の文脈と合わないことになる。したがって，②が正解。

B　意見要約

30　①

【全訳】

ジェニファー：さあ，始めましょう。私たちは映像制作クラスのグループプロジェクトとして映画を作ることになっています。グループのリーダーとして，早く始めれば，映画はそれだけ良くなると思います。私たちの映画に何かアイディアはありますか？

マイケル：あります。多くの人が幸せな気分になるために映画を見ると思うので，人が良い気分になれるものを作ったらどうだろうか？　去年，このクラスの1つの学生グループが僕らの大学のバスケチームについてのドキュメンタリーを作った。彼らは3ヶ月間に渡り，何度も選手のインタビューとトレーニングを撮影した。観客にとっては，ドキュメンタリーは選手の熱心な練習，いろいろな背景のチームメートの間の友情，選手とコーチの信頼，最後に全国大会での優勝の喜びを経験する1つの方法だった。彼らの優勝の驚くべきストーリーは大勢の観客の心に訴えかけ，映画に関係した誰もが多くの賞賛を受けた。僕は，人々が懸命に努力して目標を達成するという似たようなドキュメント映画を作りたい。

ジェニファー：それでは，あなたは①観客は人々が成功に達するストーリーを見て楽しむと言っているのですね？

【語句】
・film-making「映画制作」
・friendship「友情」
・background「素性／経歴」
・trust「信頼」
・national tournament「全国大会」

・triumph「勝利」

【解説】

① 観客は人々が成功に達するストーリーを見て楽しむ

② 観客は熱心に練習をする選手のインタビューを見たがっている

③ ドキュメンタリー映画は観客を簡単に幸せにすることができる

④ 私たちが映画制作に長時間をかけることは重要である

・spend A(時間) ～ing「～するのにA(時間)を費やす／Aを～して過ごす」

［例］ We **spent** many hours **discussing** our plan.

我々は何時間も計画について話し合った。

マイケルは，ドキュメンタリー映画制作の熱心な思いを述べている。最終文に「僕は，人々が懸命に努力して目標を達成するという似たようなドキュメント映画を作りたい」とあるので，①が正解。

31 ③

【全訳】

マイケル：ええ，その通り。

キム：スター選手とか成功している人たちを映画にするのは面白そうだけど，普通の人がこれらの驚くべきストーリーの人物と自分を重ね合わせるのは難しいかもしれない。自分が結びつくことができる映画を見るとき，人々はより満足すると思う。それが人々が恋愛ストーリーを好きな理由だ。人々は次のように想像するのが好きだ。「どうやって彼女の気を引こう？」「どのように彼にデートを申し込もう？」とか「最初のデートでどこへ行こう？」

メアリー：賛成だわ。人々は，自分たちがそれをよく見慣れているので自分たちがやっていると想像することができることをスクリーンで見たいと思っている。それと日常場面で「もし～ならどうする」という質問を観客にすることで，少しのサスペンスや興奮を付加することができる。たとえば，キャンパスのどこかで宝物の地図を見つけたとしてどうするか？　これは素敵な楽しいストーリーの始まりではあるし，それはわくわくする映画になりうる。

ジェニファー：キムとメアリー，あなたたち2人とも私たちは③普通の人が関係しうる状況がある映画を作るほうがいいと思っているのですね。

【語句】

・ordinary people「普通の人たち」

・identify *oneself* with A「Aと同一視する」

［例］ Ben **identified** himself **with** the middle class.

ベンは自分は中流階級だと考えた。

・extraordinary「驚くべき／並はずれた」

16

- feel satisfied「満足する」
- ask A out on a date「Aをデートに誘う」
- be familiar to A「Aにとって馴染みがある」
- suspense「サスペンス」
- what if「〜したらどうなるのか」
- setting「設定／状況」
- treasure map「宝物の地図」

【解説】
① 観客に多くの途方もない質問をする
② 驚くべき仕事をしている成功者に焦点を当てる
③ 普通の人が関係しうる状況がある
④ 楽しみとサスペンスを生み出すキャンパスという環境を用いる

　キムはその第2文で「自分が結びつくことができる映画を見るとき，人々はより満足すると思う」と述べているし，メアリーもその第1文〜第2文で「賛成だわ。人々は，自分たちがそれをよく見慣れているので自分たちがやっていると想像することができることをスクリーンで見たいと思っている」と述べている。2人とも日常的に関係しうる状況が出てくる映画を作りたいと思っている可能性があることが分かるので，③が正解。

32　④

〜〜〜〜〜〜〜〜〜〜〜〜〜〜〜【全訳】〜〜〜〜〜〜〜〜〜〜〜〜〜〜〜

メアリー：その通りよ。

タケシ：でもクリエイティブな仕事として，クリエイターの独特なビジョン，いわば，独創的な世界の見方を反映すべきだよ。偉大な映画は通常，そのストーリーとか語られる仕方に監督の独創的なビジョンを反映している。いいかい，観客も新奇なものを見たがっている。だから，僕らなりの観点はどのようなものになるのかについて考える必要があると思う。

アリサ：その通り。もしも私たちが普通に普通のものを示したら，人々は興味を抱かないかもしれないわ。たとえば，私たちは大学生にすぎない。生活費を親に頼っている学生もいれば，一方で，初めての自活をしている人もいる。小さな町の出身の人もいれば，大都市出身者もいる。中には自分の経歴に不安を持っている人もいるかもしれない。こういったことはすべてとても普通に思えて本当に特別なことではないわ。だから，私たちの世界を観客に訴えかける独特な方法で示すことができるのかしら？

ジョン：できると思う。これらのことは個々には特別なことではないが，それを全部一緒に組合わせると，僕らの作品は独特のものになれるよ。それは人々が見たいと思っているものだと思う。つまり，彼ら

— 326 —

には連想できるけど独特な観点から語られている映画さ。

ジェニファー：えっと，私たちの映画について私たちはいくつかいろいろな考えを持っていますが，私たちの映画を作るとき，みんなが④観客の好みについて考えることが重要だと言っているように思えます。

ジェニファー：それじゃあ，もっと詳しくこのことについて議論しましょう。

【語句】

- reflect「反映する」
- unique「独特な／珍しい」
- vision「ビジョン」
- namely「いわば」
- director「監督」
- novel「新奇な」
- perspective「観点／展望」
- be dependent on A「Aに頼る」
- support「生活費／扶養」
- ～, whereas SV ...「～だが一方…」
- for the first time「初めて」
- uneasy「不安な」
- career「経歴／進路」
- separately「個々に」
- combination「組み合わせ」
- associate with A「Aを連想する」

【解説】

① 人々の現実の生活を記録すること
② 内容を非常に独創的にすること
③ 私たちのいろいろな背景を示すこと
④ **観客の好みについて考えること**

　ジェニファーの発言に「みんなが 32 が重要だと言っているように思えます」とあるので，皆が共通して重要だと考えていることを探せばよい。タケシは独特なビジョンを強調しているが，第3文で「いいかい，観客も新奇なものを見たがっている」と述べている。アリサは第2文で「もしも私たちが普通に普通のものを示したら，人々は興味を抱かないかもしれないわ」と述べ，さらに最終文で「だから，私たちの世界を観客に訴えかける独特な方法で示すことができるのかしら？」と観客に訴えかけるには，普通ではないものを主張している。ジョンは，最終文で普通のことでも組み合わせで独特なものになり，「それは人々が見たいと思っているものだと思う」と発言している。以上から，皆が考えているのは観客の関心を得ることで，正解は④。

第4問 図表・広告問題

A 図表

【全訳】

　様々な商品の買い物をするとき，色は消費者によって考えられる重要な特徴である。マーケティング会社は小売店での購買意欲と望ましい雰囲気を作り出しうる色を特定する必要がある。しかし，個々の商品についてどの色が人気があるのかを予想するのは容易ではない，なぜなら商品の種類によって消費者は別々の好みを持っているからだ。ここで報告される調査によって，我々は消費者に色が与える影響について理解を深めることができる。

　この調査で，調査者は，調査参加者が買い物時に色が重要と考えているかどうか，彼らが様々な商品を買うとき色にどれだけ影響を受けるのか，様々な色にどんな感情や連想が関係しているのかについて情報を得るためにドイツの消費者を調査した。第1に，調査者は，データを調べ，色が参加者にとって買い物時に色が本当に重要だと発見し，彼らの68％が，色は彼らが購入するつもりの商品を選ぶときの決定要因だと述べた。

　次に，調査者は，消費者が色に置く重要度が購入商品によって異なるかどうかを調べた。図1は6つの日用品を選び，それらの商品の購入時に色をとても重視する参加者の割合を示している。上位2つの商品は，ともに参加者が身につける商品で，3つの下位商品はどれも電子機器だった。参加者の合計36.4％は携帯電話の色を重視していた。これは電子商品のうちで一番高かったが，1つ上のランクにあるバッグの割合の半分をほんの少し上まわっているだけだった。

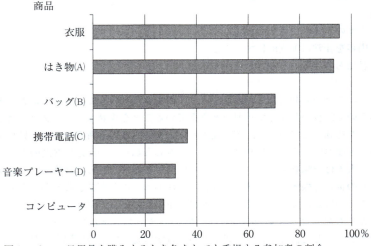

図1．6つの日用品を購入するとき色をとても重視する参加者の割合。

第3に，調査者は参加者の色についての感覚と連想を調べた。その結果は，赤は様々な意味をもつことが分かった。つまり，愛，危険，怒りと力だ。緑は自然，幸運そして健康を示していた。さらに，白色は，バランス，健康と平穏と結びついていた。結果は，それぞれの色にはいくつかいろいろな意味があることを示していた。

　上記の本文にまとめられている発見は，いかにドイツの消費者に色が影響しているかを説明していた。しかし，この影響は国によって異なるかもしれない。この国際化した世界では，ひとつにはインターネットが使用されるようになってきたせいで，商品を国際的に市場に出すのはさらに容易になってきた。したがって，商品を選ぶ際に他の国の消費者が色に置く重要性を考慮する必要がある。本文の次の箇所はこの話題を調べることになる。

（オカンアッケイ（2013）*商品の色の選択と色の意味：ドイツの例*の一部を参考に作成）

【語句】
◆第1段落◆
- ・feature「特徴」
- ・consumer「消費者」
- ・shop「買い物をする」
- ・various「様々な」
- ・product「商品／生産物」
- ・marketing company「マーケティング会社」
- ・identify「特定する」
- ・intention「意図」
- ・purchase「購入する」
- ・atmosphere「雰囲気」
- ・retail store「小売店」
- ・anticipate「予想する」
- ・individual item「個々の品物」
- ・preference「好み」
- ・depending on A「Aによって」
- ・deepen「深める」
- ・influence of A on B「AがBに与える影響」

◆第2段落◆
- ・study「調査／研究」
- ・researcher「調査者／研究者」
- ・survey「調査（する）」
- ・obtain「得る」
- ・participant「参加者」

20

- influence「影響する」
- emotion「感情」
- association「連想」
- examine「調べる」
- determining factor「決定要因」

◆第3段落◆
- investigate「調べる／捜査する」
- degree「度合い」
- vary「異なる」
- figure「図／表／グラフ」
- electronic device「電子機器」
- cellphone「携帯電話」

◆第4〜5段落◆
- perception「感覚」
- relationship「関係」
- furthermore「さらに」
- summarize「まとめる／要約する」
- globalized world「国際化した世界」
- partly due to A「ひとつにはAのせいで」

［例］ Most of the firm's problems are **partly due to** bad management.
　　　 その会社の抱える問題のほとんどはひとつには経営のひどさのせいである。
- therefore「したがって」

【解説】

問1 　33　 ②

　33　 ので，消費者がどの色を好きなのかを理解するのは難しいと本文は述べている。

① 色の好みは世代によって異なる
② 消費者の好きな色はいろいろな商品で異なる
③ 商品のマーケティング担当者は最も人気のある色を選ぶ
④ 買い物をするとき，消費者によって様々な商品が買われる

　第1段落第3文に「しかし，個々の商品についてどの色が人気があるのかを予想するのは容易ではない，なぜなら商品の種類によって消費者は別々の好みを持っているからだ」とある。したがって，②が正解。

問2 　34　 ③

　図1において，(A)，(B)，(C)，(D)は次のどれを指すか？ 　34

① (A) バッグ 　(B) はき物 　(C) 携帯電話 　(D) 音楽プレーヤー
② (A) バッグ 　(B) はき物 　(C) 音楽プレーヤー 　(D) 携帯電話
③ (A) はき物 　(B) バッグ 　(C) 携帯電話 　(D) 音楽プレーヤー

— 330 —

④ 　(A)　はき物　　　(B)　バッグ　　　(C)　音楽プレーヤー　　　(D)　携帯電話

　第３段落に表の説明がある。「図１は６つの日用品を選び，それらの商品の購入時に色をとても重視する参加者の割合を示している。上位２つの商品は，ともに参加者が身につける商品で，３つの下位商品はどれも電子機器だった。参加者の合計36.4％は携帯電話の色を重視していた。これは電子商品のうちで一番高かったが，１つ上のランクにあるバッグの割合の半分をほんの少し上まわっているだけだった」とある。「上位２つの商品は，ともに参加者が身につける商品」なので，１つは衣服でもう１つは(A)の「はき物」となる。また「これは電子商品のうちで一番高かったが，１つ上のランクにあるバッグの割合の半分をほんの少し上まわっているだけだった」から，電子製品で一番高かったのは(C)の「携帯電話」だと分かる。それの倍近くあるのは(B)の「バッグ」となる。すると，(D)が「音楽プレーヤー」と分かる。したがって，③が正解。

問３　35　②

　本文によれば，以下の文のどれが正しいか？　35

① 　ドイツの企業は，緑が消費者にとって情熱を表すと考える。
② 　ドイツの消費者は１つの色が複数のイメージを含んでいると感じている。
③ 　ドイツの人たちは赤い服よりも緑の服が好きなようだ。
④ 　ドイツの生産者は彼らの販売を観察したあと，商品の１つの色を選ぶ。

　第４段落最終文に「結果は，それぞれの色にはいくつかいろいろな意味があることを示していた」と説明がなされていることから，②が正解だと分かる。

問４　36　④

　どんな話題が最終段落に続く可能性が最も高いか？　36

① 　国際企業での色の選択に及ぼすグロバリゼーションの影響
② 　他の国々での電子機器販売の重要性
③ 　国際企業での商品選択に及ぼすインターネットの影響
④ 　他の国々の消費者にとっての色の重要性

　最終段落の最終文に「したがって，商品を選ぶ際に他の国の消費者が色に置く重要性を考慮する必要がある。本文の次の箇所はこの話題を調べることになる」とある。したがって，次に続く可能性が最も高いものは④と判断できる。

B　広告

【全訳】

パパベアクッキングスクール
父親のためのクッキングコース

パパベアクッキングスクールはラルフ・ベアリソンによって1992年に創立されました。彼は多くの父親が料理は好きなのだが，食事の準備をする暇がないことが多いことに気付きました。彼は短時間でおいしくて家族にとってよい食事を料理する興味を共有したいと思いました。パパベアクッキングスクールでは，プロのコックの指導のもとで様々な食事を作ることができるようになり，家族や友人の羨望の的になります。以下のクッキングコースは5月の第1週から始まります。

クッキングコース	曜日	時間	料金
イタリアン	火曜日	10:00 − 12:00	150ドル
フレンチ	水曜日	9:00 − 12:00	250ドル
和食	木曜日	15:00 − 18:00	250ドル
中華	土曜日	17:00 − 19:00	200ドル
日曜家族朝食*	日曜日	8:00 − 10:00	150ドル

＊10歳−15歳の子供は日曜家族朝食コースに子供1人につき100ドルで父親と一緒に参加するのは歓迎されます。

➢ どのコースも10週間です。
➢ 料金はすべての材料代も含んでいます。
➢ 包丁類，フォークとスプーンのような銀器，皿はスクールのほうで用意しています。

持参するもの
➢ エプロンとタオル(エプロン−タオルセットを1週間につき6ドルで借りることができますし，お店で新しいセットを50ドルでお買い求めいただけます)
➢ 空っぽの胃袋で！

施設と他のクッキングコースの詳細はパパベアクッキングスクールのウェブサイトを調べてください。

10%オフ
コース料金
パパベアクッキングスクール

【語句】
- ・establish「創立する」
- ・a variety of A「様々なA」
- ・envy「羨望の的／ねたみ」
- ・ingredient「(料理の)材料」
- ・silverware「銀器」
- ・empty stomach「空っぽの胃袋／空腹」
- ・check out「調べる」
- ・detail「詳細」
- ・facility「施設」

【解説】

問1 37 ④

どうしてパパベアクッキングスクールをラルフ・ベアリソンは始めたのか？ 37

① 彼は家族と友人が彼の調理技術に嫉妬していることを知っていた。
② 彼は父親たちが調理に十分関心がないと知っていた。
③ 彼は父親たちにプロのコックになる機会を与えたかった。
④ 彼は父親たちに素早く，おいしくて健康な食事を調理することを教えたかった。

　広告の第1段落第2文～第3文に「彼は多くの父親が料理は好きなのだが，食事の準備をする暇がないことが多いことに気付きました。彼は短時間でおいしくて家族にとってよい食事を料理する興味を共有したいと思いました」とある。したがって，④が正解。

問2 38 ②

　トニーはフレンチコースに参加し，与えられている割引クーポンを使おうと思っています。彼は学校からエプロン－タオルセットも買うつもりです。彼は合計いくら払うことになりますか？ 38

① 270ドル
② 275ドル
③ 285ドル
④ 300ドル

　広告の中ほどにある価格表に基づいて計算すると，フレンチコースは250ドルで，クーポンで10％引き，エプロン－タオルセットの購入で50ドルを合計すると，250×0.9＋50ドル＝275ドルで，②が正解。

問3 39 ③

　エドは家族のために料理できる料理の種類を広げたいと望んでいます。週末や午前中は暇がありません。どのクッキングコースを取る可能性が最も高いか？ 39

① 中華
② イタリアン

24

③　　和食

④　　日曜家族朝食

　　表から，土曜日・日曜日にある中華と日曜家族朝食は不可。また午前中に開かれるイタリアンとフレンチも不可。したがって，15：00－18：00に開かれる和食の③が正解となる。

問4　**40**　④

　　広告は　**40**　と示唆している。

①　　12歳の子供は無料で日曜日のコースに参加できる

②　　父親のためのクッキングコースは3ヶ月より長く続くだろう

③　　パパベアクッキングスクールは受講生がクラスに材料を持参するように要求する

④　　パパベアクッキングスクールの受講生は自分たちが作った料理を食べることができる

　　①は，表の下の注意事項に「10歳－15歳の子供は日曜家族朝食コースに子供1人につき100ドルで父親と一緒に参加するのは歓迎されます」とあり，無料ではないので，不可。②は，注意事項に「どのコースも10週間です」と述べられているので，不可。③は，注意事項に「料金はすべての材料代も含んでいます」と述べられているので，不可。④は，持参するものに「空っぽの胃袋で！」とあり，作った料理を食べることができると推測できるので，④が正解。

第5問　長文読解問題（物語）

【全訳】

惑星Xの探査日誌からの抜粋

1日目

　我々の科学的発見の任務は継続していて，報告すべきわくわくするものがある。生命維持ができる惑星をついに我々は発見したかもしれない。近辺の惑星は生命維持には暑すぎるか乾燥しすぎていたが，この惑星はそうではないようだ。その表面はたいてい青い液体だ，もっともいくつか緑や茶色の所が点在してはいるが，そしてある種の白い物質が惑星の周りを移動しているように見える。

4日目

　今，我々は惑星の周りを回っている。我々の想定は正しかったようだ！　いくつか機械的な機器が惑星の周りを回っていて，そのデザインはかなり複雑だ。それらはある種の知的存在によって作られたのは確実だ。これらの機械は監視システムの一部なのだろうか？　我々の接近に信号を送っているのだろうか？　脅威はなさそうで，我々はそれらを無視することを決意し惑星に接近した。その発明者が友好的だといいのだが。

— 334 —

8日目

　我々を維持する貴重な液体で完全に覆われている我々の惑星とは異なって，この惑星の緑と茶色の所は生命維持には乾燥しすぎている。青い部分は大部分，液体状態の H_2O だ。液体ではあるが，それは我々の故郷の惑星の液体とまったく同じではない。それでも，ここで生物を見つけられるかもしれない。少なくとも，我々の機器によれば，この下には何か生きているものが存在するようだ。我々は直接観察する準備ができていてすぐに潜るつもりだ。私はとても興奮しているので今夜は眠れそうになれない！

9日目

　我々はこの未踏の液体に無事に入るのに成功した。周りの景色は我々の惑星ととても似ていて，軟らかい植物があちらこちらにやさしく揺らめいていた。我々は様々な細い形の泳いでいる生物にも気付いた。なんて興奮するのだろう！　この惑星で生物を見つけたのだ！　しかし，進化した文明を生み出せる生物を全然見つけることができない。腕がないのならば，たとえ頭が良いとしてもこの泳いでいる生物が複雑な機械を作ることはできないだろう。この惑星の指導者は我々から姿を隠しているのだろうか？　彼らは我々に会うのに<u>不安</u>を抱いているのだろうか？　だから彼らは宇宙を調べるためにあの飛行物体を使っているのか？できれば我々が何らかの答えを見つけられるといいのだが。

12日目

　我々は大きな物体が底にあるのを見つけた。その長い胴体は幾分我々の宇宙船のように見えた。それはとても古くて損傷しているようで静かにじっとしていた。どうやらそれはもう使用されていないようだ。多分，それはこの惑星の古代文明の痕跡の一部分だろう。

19日目

　我々が潜り始めて以来，さらに多くの異常な生物を目にした。我々にとてもよく似た生物を見つけたときはとくに驚いた。その体の上半身は，丸くて軟らかかった。その下には2つの大きな目と数本の長い腕があった。それはもうもうと雲状の黒い物質をあとに残して，すばやく逃げた。それがこの惑星で最も知的な生物であるかどうか我々には分からないが，新しい発見に対する期待は大きくなり続ける。

39日目

　我々の調査のこの部分はまもなく終わるであろう。我々が以前に見つけたのと似たさらに多くの遺跡と見捨てられた物体を見つけたが，それらを作った生物の気配は何もなかった。おそらく，この惑星の指導者は死に絶えたのだろう。ともあれ，この惑星に生物を見つけたが，それはすごい大発見だ。もうこの惑星を発たなければならないが，調査を継続するためにいつの日かきっと戻るだろう。驚

くべき報告を携えて故郷に戻るつもりだ。

40日目
　我々は静かに表面へそれから空中へ浮かび上がった。その惑星を離れようとしたちょうどそのときに，乾燥地域にたくさんの奇妙な生物を見た。なんというショックだ！　我々，液体に住んでいる生物は，彼らのような生物を今まで想像したことがない！　宇宙船内の液体に無事浮かびながら，我々の常識が間違った結論に導いたのだと分かった。

【語句】
◆1日目・4日目◆
- ・mission「任務」
- ・discovery「発見」
- ・finally「ついに／とうとう」
- ・be capable of ～ing「～できる／～できる資格がある」
　［例］　The smartphone **is capable of** storing much information.
　　　　　スマートフォンは多くの情報を保存できる。
- ・support life「生命を維持する」
- ・surface「表面」
- ・be spotted with A「Aが点在している」
　［例］　The field **was spotted with** the droppings of small birds.
　　　　　野原には小鳥の糞が点在していた。
- ・orbit「軌道を回る／軌道に乗る」
- ・assumption「想定／推定」
- ・correct「正しい」
- ・device「機器」
- ・complex「複雑な」
- ・intelligent being「知的存在」
- ・monitoring system「監視システム」
- ・threat「脅威／脅し」
- ・ignore「無視する」
- ・get closer「（より）接近する」
◆8日目・9日目◆
- ・unlike A「Aとは異なって」
　［例］　**Unlike** other disasters, which are often natural, global warming is unique in that it is not natural.
　　　　　他の災害，よく自然なものが多いが，それとは違って，地球温暖化は自然のものではないという点が特異である。

・be covered with A「Aで覆われている」
［例］　The valley **was covered with** snow, as far as the eye could reach.
　　　　見渡す限り，谷は雪で覆われていた。
・liquid「液体」
・sustain「維持する」
・state「状態」
・at least「少なくとも」
・according to A「Aにしたがって／Aによれば」
・alive「生きている」
・dive in「潜る／突入する」
・unexplored「未踏の／未探検の」
・scenery「景色」
・back and forth「あちこちに」
［例］　She was walking **back and forth** in the room.
　　　　彼女は部屋の中をあちこち歩いていた。
・notice「気付く」
・thin「細い」
・reservation「懸念／疑念」
・hopefully「できれば／願わくは」

◆12日目・19日目◆
・bottom「底」
・somewhat「幾分」
・spaceship「宇宙船」
・damaged「損傷して」
・apparently「どうも～らしい」
・remains「痕跡／残骸／遺跡」
・ancient「古代の」
・civilization「文明」
・unusual「異常な／普通でない」

◆39日目・40日目◆
・come to an end「終わる」
［例］　The negotiation will soon **come to an end**.
　　　　交渉はすぐに終わるだろう。
・abandoned「見捨てられた」

【解説】
問1　41　③
　　　探索者の旅の目的は何か？　41
　①　惑星の知的生物を援助すること

— 337 —

② 惑星を侵略し植民地を拡張すること

③ **自分たちの故郷の惑星の外で生命体を探すこと**

④ 自分たちの新しい宇宙船の性能をテストすること

　日誌の１日目〜８日目までに宇宙船がついに惑星Ｘに接近，９日目に海のような場所に入ったと分かる。９日目に「なんて興奮するのだろう！　この惑星で生物を見つけたのだ！」とある。したがって，③が正解。

問2 42 ②

　探索者が宇宙から惑星を観察していたとき，彼らはその惑星の知的生物は 42 だろうと想像した。

① 他者に攻撃的

② **技術を進歩させている**

③ 宇宙に何の関心もない

④ もうそこには住んでいない

　４日目に探索者たちは惑星Ｘの軌道上で周回航行をしていて宇宙ステーションのようなものを目にして「いくつか機械的な機器が惑星の周りを回っていて，そのデザインはかなり複雑だ。それらはある種の知的存在によって作られたのは確実だ」とあるので，②が正解。

問3 43 ②

　９日目で使われている <u>reservations</u> という語は意味的に 43 にもっとも近い。

① 約束

② **不安**

③ 期待

④ 防御

　９日目第９文に「彼らは我々に会うのに <u>reservations</u> を抱いているのだろうか？」とある。reservation には「予約」，「留保」，「不安」などの意味があるが，その直前で，「この惑星の指導者は我々から姿を隠しているのだろうか？」とあるので，②の「不安」だと推測できる。②が正解。

問4 44 ①

　次のどれが日誌の著者を最もよく述べているか？　44

① **タコに似た形をした生物**

② 他の惑星を探査している人間の科学者

③ 人間によく似た宇宙の生物

④ 腕のない平たい知的な動物

　19日目第２文〜第５文に「我々にとてもよく似た生物を見つけときはとくに驚いた。その体の上半身は，丸くて軟らかかった。その下には２つの大きな目と数本の長い腕があった。それはもうもうと雲状の黒い物質をあとに残して，すばやく逃げた。」とある。この描写の生物はイカかタコなので，①が正解。

— 338 —

問5　45　③

　　探索者たちはすべての知的生物は　45　だろうと間違って思い込んだ。

① 　自分たちの種よりも創造力がない

② 　地上へと前進した

③ 　ある種の液体の中に住んでいる

④ 　彼らの言語を理解する

　　日誌の39日目までで，探索者たちは，惑星Xの生物は海だと思われる場所に住んでいたが，死に絶えて遺跡を残しているのだと考えていた。しかし，最終日の40日目に惑星から離れようとして，乾燥地域の生物を見て，最終文で「宇宙船内の液体に無事浮かびながら，我々の常識が間違った結論に導いたのだと分かった」とあるので，③が正解。

第6問　長文読解問題（論説文）

【全訳】

(1)　技術とそれに結びついた発見がいかに我々が世界を理解する仕方を変えてきたかを，歴史が教えてくれる。多くの技術的な機器が，五感のような我々の自然な能力にさらに範囲と能力を与えている。これらの機器の中の多くのもののおかげで，我々は肉眼では見られない物を見ることができる。見えないから見えるへのこの変化は，我々が世界を理解する際の膨大な発展につながり，我々の考え方に強い影響を与えた。

(2)　17世紀に，ある科学者は，ある方法で２つのレンズをまとめることで，物を大きく見えるようにすることができることに気付いた。彼はこの技術を用いて最初の簡単な望遠鏡を作った。これらの初期の望遠鏡を使うことで，昔の科学者たちは詳細に月の表面を描き，木星には少なくても４つそのような衛星があるのを見ることができた。そのとき以来，人々は視野を広げる様々な機器を発達させ，その結果，地球の彼方にある宇宙についての事実を明らかにした。望遠鏡は，我々に直接届く距離を越えたものについて，新しい見方を与え続けている。

(3)　後になると，望遠鏡に似た原理を用いて顕微鏡が発展した。顕微鏡のおかげで，小さすぎて我々には通常見ることができない物を研究することができる。顕微鏡を通して見ることは，科学者たちにまったく新しい世界を開いた。顕微鏡の発明以前には，彼らは，人間の細胞組織の構造や動植物の細胞を見ることはできなかった。これらのものを見たとき，全体で分けることができないと思っていたものが実際はより小さな物でできていることに彼らは気付いた。これらの物は顕微鏡の助けでしか見ることができなかった。今日では，電子顕微鏡によって，我々は分子のような一層小さな物を調査することができる。これらの進歩は世界の物の構成について我々の概念を変えてしまった。

(4)　カメラの発明もまた見えない世界を見えるものにした。世界中ですべてが変化

— 339 —

している。なかには，我々の目に見えない速さで変化するものもある。カメラは様々な時点で変化を止める力を我々に与えてくれる道具である。一連の写真は鳥が飛ぶときにどのように動き，運動選手がどのように走るかを明らかにしてきた。カメラはまた，我々が通常気付かないほどゆっくりとした変化を見るのに役立つ。たとえば，何ヶ月も何年もへだてて撮った同じ場面の写真を比べると，いかに社会が変化するのかに関して深い理解を得ることができる。これらの他に，カメラが我々の世界認識を変えた別の多くの方法もある。

(5) 19世紀後半には，新たに発見されたX線を用いた機械が物を見る方法に革命を起こした。ある物の表面だけを見るのではなく，物の中をあるいは物を通して見る能力を得て，多くの物の内的要素を我々の視野に入れた。この能力は職場で実用でき，実験室や美術館で役に立ち，大学で教育的だと分かった。最も重要な応用のひとつは医学においてである。医者たちは病気の診断や体内の問題を見つけるのに苦労することが多かった。X線のおかげで医者は患者を調査し，どこに問題があるのかを突き止め，治療することができた。このようなX線の使用が診断と治療に新たな理解と方法をもたらした。

(6) いろいろな技術機器が肉眼では見ることができなかった物を観察することを可能にしてきた。これは周りの世界の理解を著しく変えた。それぞれの技術的進歩で我々は予測できない形で変化し，それぞれの発見は世界についての我々の知識を増加させる。上に挙げた機器がしたのとまったく同じように，新しい機器は将来にも，我々の生活に影響を与え，我々の考え方を変え続けるだろう。

【語句】
◆第1段落◆
・history「歴史」
・technology「(科学)技術」
・associated「結びついた」
・device「機器」
・provide A to B「AをBに与える／提供する」
・additional「さらなる／付加の」
・range「範囲」
・capacity「能力」
・such as A「たとえばAなど」

［例］　I like fruits, **such as** bananas and mangos.
　　　　私はフルーツ，たとえばバナナ，マンゴーなどが好きです。

・naked eye「肉眼」
・from invisible to visible「見えないから見えるへ」
・tremendous「膨大な」
・growth「発展／成長」

・comprehension「理解」
・influence「影響を与える」
・*one's* way of thinking「考え方」

◆第2段落◆
・notice「気付く」
・hold A together「Aをまとめる」
・telescope「望遠鏡」
・archaic「初期の／十分に発達していない／古めかしい」
・describe「描写する／述べる」
・in detail「詳しく」
・satellite「衛星」
・expand「拡張する」
・concerning A「Aに関して」
・immediate「直接の」
・reach「[しばしば *one's* ～] 届く範囲／届く距離」

◆第3段落◆
・later「後に」
・microscope「顕微鏡」
・entirely「まったく」
・invention「発明」
・structure「構造」
・tissue「(細胞)組織／線維」
・cell「細胞」
・plant「植物」
・become aware「気付く」
・whole「全体」
・divide「分ける」
・actually「実際」
・consist of A「Aでできている／構成されている」
[例] The panel **consists of** hundreds of scientists and reviewers.
　　　その委員会は何百人もの科学者と審査員で構成されている。
・component「構成要素／部分」
・assistance「助け／援助」
・electron microscope「電子顕微鏡」
・investigate「調査する」
・molecule「分子」
・alter「変える」
・concept「概念」

32

- ・regarding A「Aに関して」
- ・composition「構造／構成／組織」

◆第4段落◆

- ・tool「道具」
- ・freeze「中止させる／凍らせる」
- ・series of A「一連のA」
- ・reveal「明らかにする」
- ・flight「飛ぶこと／飛翔」
- ・athlete「運動選手」
- ・gradual「徐々の」
- ・for example「たとえば」
- ・compare「比べる」
- ・apart「へだてて」
- ・gain「得る」
- ・insight「深い理解／洞察(力)／見識」
- ・society「社会」
- ・besides A「Aの他に」
- ・perception「認識／感覚」

◆第5〜6段落◆

- ・X-ray「X線」
- ・revolutionize「革命を起こす」
- ・rather than A「Aではなく／Aよりむしろ」

［例］ Ayurveda focuses on preventing disease, **rather than** simply treating it.
アーユルヴェーダは単に疾患を治療するのではなく，それを防ぐことに重点を置いている。

- ・inner element「内的要素」
- ・practical「実際の役に立つ／実用的な」
- ・laboratory「実験室」
- ・instructive「教育的な」
- ・application「応用／適用」
- ・look into A「Aを調査する」
- ・significantly「著しく」
- ・unpredictable「予測できない」
- ・future「将来」

2018年度　本試験〈解説〉　33

【解説】

A

問1 46 ④

　以下のどれが第2段落の <u>archaic</u> と意味的に最も近いか？ 46

① 進歩した

② 現代の

・contemporary「現代の／同時代の」

③ 普通の

④ **初期の**

　第2段落の第1～2文に「17世紀に，ある科学者は，ある方法で2つのレンズをまとめることで，物を大きく見えるようにすることができることに気付いた。彼はこの技術を用いて最初の簡単な望遠鏡を作った」とあるので，④が正解。

問2 47 ②

　第3段落によれば，顕微鏡を使うことで人々は何を学んだか？ 47

① 細胞は顕微鏡で見るには小さすぎる。

② **物質はより小さな物でできている。**

・be made up of A「Aでできている」

③ 分子はもっとも小さな構成要素である。

④ レンズの組み合わせは物の大きさを減少させる。

・decrease「減少させる」

　第3段落第2文に「顕微鏡のおかげで，小さすぎて我々には通常見ることができない物を研究することができる」とあるので，②が正解。

問3 48 ①

　第4段落によると，カメラで何をすることができるか？ 48

① **正確に時間の瞬間を捉えること**

② 急速な社会変化を比較すること

③ 目に見えない物をより速く動かすこと

④ 何が起こるかを予測すること

　第4段落第4～5文に「カメラは様々な時点で変化を止める力を我々に与えてくれる道具である。一連の写真は鳥が飛ぶときにどのように動き，運動選手がどのように走るかを明らかにしてきた」とあるので，①が正解。

問4 49 ①

　第5段落によると，X線はどのように使われるのか？ 49

① **体内の問題の場所を見つける**

② 物の表面の見える状態を良くする

・visibility「見える状態／目に見えること」

③ 絵画がいつ創作されたかを知る

— 343 —

34

④　化学的化合物の性質をテストする

・compoud「化合物」

　第5段落第6文に「X線のおかげで医者は患者を調査し，どこに問題があるのを突き止め，治療することができた」とあるので，①が正解。

問5　[50]　②

　本文の主題は何か？　[50]

①　2つのレンズの適用が人々の視力を良くすることができる。

②　**技術の発展が我々の考え方に影響を与える。**

③　人々は技術の危険性に気付く必要がある。

④　技術は我々の五感を変える点で重要な役割を果たす。

　第1段落の要約は，「技術と発見が我々の世界理解を変え，考え方に強い影響を与えた」から始まり，以下の段落ではその技術の具体例として，望遠鏡，顕微鏡，カメラ，X線が続く。最後の第6段落でも「上に挙げた機器がしたのとまったく同じように，新しい機器は将来にも，我々の生活に影響を与え，我々の考え方を変え続けるだろう」と結論している。したがって，②が正解。

B

[51] ④　[52] ②　[53] ③　[54] ①

段落	内容
(1)	導入
(2)	[51]　④
(3)	[52]　②
(4)	[53]　③
(5)	[54]　①
(6)	結論

①　物の内部を調べること

②　小さな物の世界を詳しく調査すること

③　一連の変化の間の瞬間を見ること

④　宇宙を研究するためにレンズを使用

　第2段落では「望遠鏡の製作と宇宙についての研究」について述べており，これは④「宇宙を研究するためにレンズを使用」に相当する。第3段落では「顕微鏡の登場とそれを使って人間の細胞組織の構造や動植物の細胞を見ることができるようになった」と述べている。これは②「小さな物の世界を詳しく調査すること」に相当する。第4段落では，「カメラは，我々の目には見えない速さの変化を様々な時点で止める力を与えてくれる」と述べており，これは③の「一連の変化の間の瞬間を

— 344 —

2018年度　本試験〈解説〉　35

見ること」に相当する。第5段落は，X線についてであり，「ある物の表面だけを見るのではなく，物の中をあるいは物を通して見る能力を得て，多くの物の内的要素を我々の視野に入れた」とあり，X線が職場，実験室，美術館で用いられ，特に重要なのが医学分野での使用だと述べている。これは①「物の内部を調べること」に相当する。したがって，51 ④，52 ②，53 ③，54 ①が正解である。

MEMO

英　語

（2018年 1 月実施）

追試験
2018

英 語

解答・採点基準　(200点満点)

問題番号(配点)	設問		解答番号	正解	配点	自己採点
第1問 (14)	A	問1	1	④	2	
		問2	2	②	2	
		問3	3	①	2	
	B	問1	4	④	2	
		問2	5	①	2	
		問3	6	②	2	
		問4	7	①	2	
第1問 自己採点小計						
第2問 (47)	A	問1	8	④	2	
		問2	9	③	2	
		問3	10	④	2	
		問4	11	④	2	
		問5	12	③	2	
		問6	13	①	2	
		問7	14	①	2	
		問8	15	②	2	
		問9	16	②	2	
		問10	17	②	2	
	B	問1	18	④	4 *	
			19	①		
		問2	20	①	4 *	
			21	④		
		問3	22	⑥	4 *	
			23	⑤		
	C	問1	24	⑦	5	
		問2	25	⑥	5	
		問3	26	③	5	
第2問 自己採点小計						

問題番号(配点)	設問		解答番号	正解	配点	自己採点
第3問 (33)	A	問1	27	④	5	
		問2	28	③	5	
		問3	29	①	5	
	B		30	③	6	
			31	③	6	
			32	②	6	
第3問 自己採点小計						
第4問 (40)	A	問1	33	③	5	
		問2	34	③	5	
		問3	35	②	5	
		問4	36	③	5	
	B	問1	37	②	5	
		問2	38	②	5	
		問3	39	②	5	
		問4	40	①	5	
第4問 自己採点小計						
第5問 (30)		問1	41	①	6	
		問2	42	②	6	
		問3	43	③	6	
		問4	44	②	6	
		問5	45	①	6	
第5問 自己採点小計						
第6問 (36)	A	問1	46	②	6	
		問2	47	③	6	
		問3	48	①	6	
		問4	49	③	6	
		問5	50	④	6	
	B		51	②	6 *	
			52	③		
			53	④		
			54	①		
第6問 自己採点小計						
自己採点合計						

(注)　＊は，全部正解の場合のみ点を与える。

第1問　発音・アクセント

A　発音

問1　〔 1 〕　④

① chain /tʃéɪn/「鎖」/éɪ/
② obtain /əbtéɪn/「獲得する」/éɪ/
③ paid /péɪd/＜pay「支払う」の過去・過去分詞 /éɪ/
④ **said** /séd/＜say「言う」の過去・過去分詞 /é/
したがって，④が正解。

問2　〔 2 〕　②

① monkey /mʌ́ŋki/「サル」/ʌ/
② **topic** /tá:pɪk/「トピック」/á:/
③ touch /tʌ́tʃ/「触る」/ʌ/
④ young /jʌ́ŋ/「若い」/ʌ/
したがって，②が正解。

問3　〔 3 〕　①

① **hole** /hóʊl/「穴」/h/
② honest /á:nəst/「正直な」/φ/
③ honor /á:nər/「名誉」/φ/
④ hour /áʊər/「時間」/φ/
したがって，①が正解。

B　アクセント

問1　〔 4 〕　④

① anxious /ǽŋkʃəs/「心配な」第1音節
② blanket /blǽŋkət/「毛布」第1音節
③ custom /kʌ́stəm/「習慣」第1音節
④ **distinct** /dɪstíŋkt/「明確な」第2音節
したがって，④が正解。

問2　〔 5 〕　①

① **assistant** /əsístənt/「アシスタント」第2音節
② confidence /ká:nfədəns/「信頼」第1音節
③ injury /índʒəri/「傷害」第1音節
④ minister /mínəstər/「大臣」第1音節
したがって，①が正解。

問3　〔 6 〕　②

① disappear /dìsəpíər/「消失する」第3音節

40

② **exhibit** /ɪgzíbɪt/「展示する」第2音節
③ represent /rèprɪzént/「代表する」第3音節
④ understand /ʌndərstǽnd/「理解する」第3音節
したがって，②が正解。

問4 7 ①
① **economics** /èkəná:mɪks/「経済学」第3音節
② emergency /ɪmə́:rdʒənsi/「緊急」第2音節
③ photographer /fətá:grəfər/「写真家」第2音節
④ responsible /rɪspá:nsəbl/「責任がある」第2音節
したがって，①が正解。

第2問 文法・語法空所補充問題・語句整序問題・応答文完成問題

A 文法・語法
問1 8 ②
　その日の午後のミュージカルで良い席を手に入れるために，私たちは切符売り場が開く2時間前に並ばなければならなかった。

【ポイント】

イディオム line up
　line up は「並ぶ」という意味を表す。
［例］　They **lined up** for three hours to get tickets of the concert.
　　　　彼らはそのコンサートのチケットを手に入れるため3時間，列に並んだ。

・box office「切符売り場」
【他の選択肢】
① hold over は，「延期する」の意味なので，不可。
［例］　They had to **hold over** the decision.
　　　　彼らは決定を延期しなければならなかった。
③ show off は，「見せびらかす」という意味なので，不可。
［例］　Amy was eager to **show off** her new smartphone to her friends.
　　　　エイミーは新しいスマートフォンを友達に見せびらかしたくてしょうがなかった。
④ step in は「介入する」という意味なので，不可。
［例］　Ross had to **step in** to solve the complicated problem.
　　　　その複雑な問題を解決するため，ロスは介入せざるをえなかった。

— 350 —

問2　9　③

　メグとサキは次の夏合宿の間，テニスチームがどこに泊まったらよいのかについて言い争いをした。

【ポイント】

イディオム have an argument

　have an argument で「言い争う／論争する」の意味となる。argument は「口論／論争」の意味で，動詞は have，make，get into などを用い，前置詞は over，about を用いる。

〔例〕　Ross didn't want to **have an argument** with Clare over that problem.
　　　　ロスはその問題についてクレアと言い争いたくなかった。

〔例〕　I just **got into an argument** with Mary over what color we should paint the living room.
　　　　今，メアリーと居間をどんな色に塗るべきかをめぐってけんかしたばかりだ。

問3　10　④

　テリーがあとどれくらいで戻ってくるか知っていますか？

【ポイント】

how soon

　How soon は「あとどれくらいで」という意味を表す。

〔例〕　"**How soon** will the show start?"　"In half an hour."
　　　　「ショーはあとどれくらいで始まる？」「30分後だよ」

問4　11　④

　ジェインは，学校で生徒が携帯電話を使うのを許可するという考えに反対した。

【ポイント】

動詞 oppose

　動詞 oppose は「反対する」という意味を表す他動詞で，目的語を必要とする。

〔例〕　They **opposed** the new tax law.
　　　　彼らは新しい税法に反対した。

【他の選択肢】

①　complained は，complain about A で「Aについて不平を言う」という意味なので，不可。

〔例〕　They **complained about** the decision.
　　　　彼らはその決定に不平を言った。

②　disagreed は，disagree with A で「Aに異議を唱える／不賛成である」という意味なので，不可。

〔例〕　Amy **disagreed with** the witness about the time of the accident.

42

　　　エイミーは事故の起きた時刻についてその目撃者に異議を唱えた，

③　objected は，object to A で「A に反対する」という意味なので，不可。

［例］　Max **objected to** my suggestion.

　　　マックスは私の提案に反対した。

問5 　12 　③

　　他のどんな提案も時間内に提出されなかったので，委員会はすぐに我々の計画を承認した。

―【ポイント】――――――――――――――――――――――――――

完了動名詞と受動態

　完了動名詞は having ＋過去分詞の形で「～したこと」という意味を表し，文の述語動詞よりも前の「時」を表す。受動態は be ＋過去分詞なので，両方を合わせると having been ＋過去分詞の形となる。submit(提出する)で「動名詞」を例示すると，submitting(提出すること)，being submitted(提出されること)，having submitted (提出したこと)，having been submitted(提出されたこと)となる。なお，動名詞の直前の名詞は動名詞の意味上の主語と呼ぶことがある。本問では any other proposal，以下の例文では the data である。

［例1］　He is proud of **submitting** the data in time.

　　　　彼はデータを時間内に提出するのを誇りに思っている。

［例2］　He is proud of the data **being submitted** in time.

　　　　彼はデータが時間内に提出されるのを誇りに思っている。

［例3］　He is proud of **having submitted** the data in time.

　　　　彼はデータを時間内に提出したのを誇りに思っている。

［例4］　He is proud of the data **having been submitted** in time.

　　　　彼はデータが時間内に提出されたのを誇りに思っている。

――――――――――――――――――――――――――――――――――

・submit「(案などを)提出する」

・in time「間に合って／遅れずに」

・committee「委員会」

・approve「承認する／同意する」

・immediately「すぐに／即座に」

問6 　13 　①

　　もしも私たちが早く野球の試合に着くなら，無料のTシャツがもらえる可能性がある。

―【ポイント】――――――――――――――――――――――――――

a[the] chance of ～ing

　a[the] chance of ～ing で「～する可能性／見込み」という意味を持つ。

［例］　**The chance of** his coming on time are remote.

　　　彼が定刻にやってくる見込みはまずない。

――――――――――――――――――――――――――――――――――

― 352 ―

2018年度　追試験〈解説〉　43

問7　14　①

　サマーキャンプの申し込みの締め切りは，必要な申込者がいなかったので延期された。

---【ポイント】---

動詞 extend

　動詞 extend は「(期間を)延ばす」という意味を表す。本問では受動態になっている。

[例]　I am afraid that the payment date cannot be **extended** whatever reasons you may have.

　　　残念ながら，支払い期限は，いかなる理由があろうとも，延長することはできません。

・deadline「締め切り」
・apply for A「Aを申し込む／申請する」
・applicant「応募者／申込者」

問8　15　②

　吹雪のせいで，今朝2時間交通サービスが遅延した。

---【ポイント】---

1．cause A to-不定詞

　cause A to-不定詞は「Aを〜させる」

[例]　A sudden loud noise **caused** her **to** jump back.

　　　突然の大きな音で彼女は跳び退いた。

2．be delayed

　be delayed は「遅れる」という意味を表す。原形は delay「遅らせる」で，受動態の形になっている。

[例]　I'm supposed to meet him at 7:30, but my train **was delayed**.

　　　7時半に彼と待ち合わせしていたが，電車が遅れてしまった。

・snowstorm「吹雪」
・transportation service「交通サービス」

問9　16　②

　私が読んだヨーロッパ史の本はそれぞれ，なぜヨーロッパにそれほど多くの国があるのかを私が理解するのに役立った。

---【ポイント】---

1．each of A

　each of A(複数名詞)で「Aのそれぞれ」という意味を表す。Aの前には限定詞(the / these / those / one's)が必要。なお，each A(単数名詞)は，「それぞれのA」という意味を表す。every には，every A の用法だけで，every of A の用法はない。

— 353 —

44

［例］ **Each** book is beautifully illustrated.
　　　それぞれの本にはきれいな挿絵が入れられている.

［例］ **Each of** these books is beautifully illustrated.
　　　これらの本のそれぞれにはきれいな挿絵が入れられている。

［例］ **Every** reporter sent their stories with the least possible delay.
　　　どの記者も即刻記事を送った。

問10　17　②
　　　人は重病になって初めて健康がいかに大切であるかを知るだろう。

── 【ポイント】 ──────────────

1．not ～ until ...

　not ～ until ... は，「…するまで～しない／…して初めて～する／…してようやく～する」という意味になる。

［例］ He did **not** appear **until** the meeting was over.
　　　会議が終って初めて，彼は現われた。

2．否定語句の前出による倒置

　否定語句(seldom / never / scarcely / not until / not only / on no account / under no circumstances など)が文頭に出ることで，主語と動詞部分に倒置が起こる。本問の場合，People will **not** realize how important their health is **until** they become very ill. の not until ... が文頭に出て，they［people］will realize が倒置の語順になっている。

　否定の副詞(句)が文頭に出たことによる倒置。

［例１］ **Not until** the meeting was over did he turn up.
　　　　会議が終ってようやく，彼は現われた。

［例２］ **Not until** the end of the 19th century did plant breeding become a scientific discipline.
　　　　19世紀末になって初めて，植物の品種改良は科学的な学問分野となった。

［例］ **Seldom** had I seen such a remarkable animal.
　　　あんなに珍しい動物はめったに見たことがなかった。

［例］ **Under no circumstances** must the door be left unlocked.
　　　どんなことがあってもドアロックをはずしたままにしてはいけない。

B　語句整序問題

問1　18　④　19　①

　　マーク：ローマにいるとき，アキコに偶然出会ったそうだね。
　　リンディ：そうよ，信じられなかったわ！　彼女に会うとは思ってもいなかったわ。そこにいることさえ知らなかったのよ。

── 354 ──

【正解】

She was 〔the last〕 person I 〔expected〕 to see.
⑥ ④ ③ ② ① ⑤

【ポイント】

1. the last A で「最も〜しそうにないA／〜とはとても思えないA」という意味を表す。

明確に何かをしたくないとか起こりえない何かに対して用いる。A には person や thing が来る。

［例］ **The last thing** we want to hear is gossip.
　　　ゴシップだけはごめんだ。

［例］ You're **the last person** I'd want to talk to about this.
　　　このことについてはあなたには絶対話したくない。

2. 接触節、または目的格の関係代名詞の省略

制限用法の関係代名詞の目的格は省略されて、節が直接前の名詞（先行詞）を修飾することがある。この節を接触節と呼ぶ。本問は、先行詞が the last person で I expected to see が接触節、または目的格の関係代名詞の省略となっている。

［例］ It's the kind of thing **you hear about every day**.
　　　それは毎日、耳にするような話だ。

問2 20 ① 21 ④

ジェームズ：この地位にはどのような人を求めているのですか？

　　ローザ：私たちは要求された責任を引き受ける<u>だけの経験があるバイリンガルの人を雇い</u>たいと思います。

【正解】

We'd like to hire 〔a〕 bilingual person 〔experienced〕 enough to take on the
⑤ ① ② ⑥ ④ ③
required responsibilities.

・take on A「（仕事・責任などを）引き受ける」
・required「要求された」
・responsibility「責任」

【ポイント】

副詞 enough

副詞 enough は、形容詞とともに用いるとき、形容詞＋enough で「十分に〜」という意味を表す。また、そのあとに to-不定詞が続くと、形容詞＋enough to-不定詞「〜できるだけの…／〜できるほど十分に…」という意味を表す。

［例1］ My father is still active **enough to** play tennis every Sunday.
　　　　私の父は今でも毎週日曜にはテニスをするほど元気です。

[例2] Rick is a boy old **enough to** travel alone.
　　　 リックは１人で旅行のできる年頃の男の子だよ。

問3　22　⑥　23　⑤

　ジョセフ：パパイヤってどんな味か知ってる？
　マイケル：う～ん，説明するのは難しいよ。分かるにはひとつ試さなければならないと思うよ。

【正解】

Do you know what a papaya tastes like?
　　　②　　⑥　①　④　　⑤　　③

・papaya「パパイヤ」熱帯の果物。黄色で芳香がある。
・find out「分かる／見つけ出す／探り出す」

【ポイント】

1. Do you know＋関接疑問文…？
　Do you know のあとの目的語に疑問文がくると，倒置でなく普通語順の間接疑問文となる。本問では，What does a papaya taste like? が what a papaya tastes like という間接疑問文となっている。
[例]　**Do you know** what brought about the pollution and the global warming?
　　　何が汚染と地球温暖化をもたらしたかを知っていますか？

2. taste like A
　taste like A で「Aの（ような）味がする」という意味を表す。形容詞なら taste＋形容詞となる。疑問詞は答えが名詞の場合 what，形容詞の場合 how を用いる。
[例]　It **tastes like** fish.
　　　それは魚の味がする。
[例]　It **tastes** good.
　　　それはおいしい。
[例]　How does it **taste**?
　　　それの味はどう？
[例]　What does it **taste like**?
　　　それはどんな味なの？

C　応答文完成問題

問1　24　⑦

　マサヤ：学園祭がもう間近に迫っているが，僕らは何をやるのかまだ決めてない。
　アニー：去年先輩たちがやったことをなぜやらないの？
　マサヤ：校長先生が今年は僕らに何か別のものをやってもらいたいと言ったんだ。

アニー：そうなの。それじゃあ，<u>いくつかアイディアを思いついて</u>クラスのみんなにどれが1番良いと思うかを尋ねる必要があると思うわ。

【正解】

⑦　I guess | we need to | | come up with | | some ideas | and then ask our classmates
　　　　　　　　(B)　　　　　　　(B)　　　　　　　(A)

which they think is the best.

【ポイント】

1．need to＋動詞の原形

need to＋動詞の原形で「～する必要がある」という意味を表す。

［例］　You **need to** study harder to pass the exam.

　　　試験に受かるためにはもっと一生懸命勉強する必要があるよ。

2．イディオム come up with A

come up with A で「Aを思いつく／考え出す」という意味になる。

［例］　We **came up with** the better way to solve this problem.

　　　我々はこの問題を解決するためのより良い方法を思いついた。

【解法のヒント】

　もうすぐある学園祭について例年と違ったものをやらなければならないというマサヤの言葉に，アニーは空所の後で「クラスのみんなにどれが1番良いと思うかを尋ねる」と言っているので，空所には「アイディアを思いついて」と言ったと推測できる。正解は⑦となる。

問2　25　⑥

　　クリス：どうやって野球場に行くのか分かっているの？

　　ダン：ジョンと車で行くつもりだよ。これはすごい試合になりそうなんだ。一瞬でも見逃したくないんだ。

　　クリス：僕もさ。いつそこへ着く予定？

　　ダン：<u>試合が始まる少なくとも1時間前に着こうと思っているよ。</u>君も僕らと一緒に来る？

【正解】

⑥　| We're thinking of arriving | | at least an hour | | before the game starts. |
　　　　　　　(B)　　　　　　　　　　　(A)　　　　　　　　　(B)

【ポイント】

1．be thinking of ～ing

be thinking of ～ing で，「～しようと思っている／～しようと思案中である」という意味を表す。

［例］　I'm **thinking of** climbing Mt. Fuji next year.

　　　来年，富士山に登ろうと思っています。

2．at least

at least で「少なくとも／最低」という意味になる。

［例］　The password must be **at least** 8 characters, no more than 16 characters, and must include **at least** one capital letter, one small letter, and one numeric digit.

　　　パスワードは，少なくとも8文字，16文字以下で，大文字のアルファベット，小文字のアルファベット，数字をそれぞれ少なくとも1文字含めなければなりません。

3．A before SV ...

A before SV ... で，「～するA（時間）前に」という意味になる。よくあるミスは before A SV ... とすることだ。

［例］　I've got to go to my office at least 30 minutes **before** the working hour starts.

　　　勤務時間が始まる少なくとも30分前までに，私は職場に行かなければなりません。

【解法のヒント】

　　見逃したくない試合を見るためにダンたちが野球場に着く時間を，クリスが尋ねている。つまり，当然，試合の開始前，これから起こることなので，(B)→(A)→(B)が正しい組合せだと分かる。したがって，正解は⑥となる。

問3 　26 　③

　　　　ケイ：トムはどこ？　もう3時20分だよ！

　　アンディ：どうしたの？　彼とどこかへ行くの？

　　　　ケイ：いや。僕らは物理のプロジェクトにとりかからなければならないんだ。

　　アンディ：今，体育館から戻ってきたところだけど，彼がそこでバドミントンをしているのを見たよ。

　　　　ケイ：本当？　<u>彼は僕とここ図書館で3時に会うはずだったんだ。</u>

【正解】

③ 　│He was supposed to│　│meet me here in the library│　│at 3 : 00.│
　　　　　　(A)　　　　　　　　　　　　(B)　　　　　　　　　　　(A)

【ポイント】

be supposed to-不定詞

　　be supposed to-不定詞で「～することになっている／～すると思われている」という意味を表す。また It is supposed that SV ... で「…することになっている／…だと思われている」という同様の意味を表す。

［例］　They **are supposed to** meet us here at eight o'clock.

　　　彼らは8時にここで私たちと会うことになっています。

［例］　**It is supposed that** they will meet us here at eight o'clock.

　　　彼らは8時にここで私たちと会うことになっています。

2018年度　追試験〈解説〉　49

【解法のヒント】

　トムの姿が見えず戸惑っているケイに，アンディがさっき体育館で見たと言い，ケイがつぶやく内容だと推測できる。会う約束の時刻は，ケイの第1発話で「もう3時20分」とあるので，右列はそれより早い(A)の at 3:00. が入る。中列は「さっき体育館で見かけた」とあるので，ここは「体育館」ではない場所だと分かる。「彼は僕とここ図書館で3時に会うはずだったんだ」となるのが自然な流れである。したがって，正解は(A)→(B)→(A)の❸となる。

第3問　不要文選択問題・意見要約問題

A　不要文選択問題

問1　[27]　④

【全訳】

　お茶は摘まれた茶葉がどれくらい酸素に反応するかに基づいて数種類に分けることができる。この反応過程を長く経れば経るほど，その茶葉の風味と香りはより強くなる。①緑茶のようなより軽いお茶を生産するためには，茶葉は反応を防ぐために通常，焙煎したり蒸したりする。②ウーロン茶の場合は，茶葉をざるで揺さぶって割き，過程を加速する。③アッサム，ダージリンそして他の種類の紅茶は茶葉が完全な反応をするにはたくさんの時間が必要とされる。④香りのあるお茶は，ジャスミンのような甘い香りの花にさらされる過程を経て作られる。茶葉の反応の長さを調節するこれらの伝統のある方法に従うことによって，お茶の生産者は，毎日我々が楽しめる非常に様々なこの素晴らしい飲み物を提供することができる。

【語句】

- be divided into A「Aに分類される」
- based on A「Aに基づいて」
- pick「摘む」
- tea leaves ＜tea leaf「茶葉」
- react「反応する」
- oxygen「酸素」
- the＋比較級〜，the＋比較級 …「〜すればするほど，ますます…」

[例]　**The longer** we waited, **the more impatient** we became.
　　　私たちは待てば待つほどいらいらしてきた。

- go through A「経る／通過する」

[例]　Love is like the measles; we all have to **go through** it.
　　　恋は，はしかのようなもの，誰でも一度はかかる。

- roast「焙煎する」コーヒーの豆を煎ること。

— 359 —

50

- steam「蒸す」
- prevent「防ぐ」
- oolong tea「ウーロン茶」
- shake「揺する」
- tear「割く」
- Assam「アッサム」インド北東部の州で紅茶の産地。アッサム紅茶はミルクティーに向いている。
- Darjeeling「ダージリン」インド北東部ベンガル州の地方で，紅茶の産地。ダージリン紅茶は，「紅茶のシャンパン」とも称される。
- black tea「紅茶」
- plenty of A「多くのA」
- thorough「完全な」
- flavored「香りのある」
- be exposed to A「Aにさらされる」
- jasmine「ジャスミン」モクセイ科ソケイ属の植物で，白か黄色の強い芳香をもち，ジャスミン茶の原料となる。
- long-established「(長い)伝統のある／(長い)歴史のある」
- method「方法」
- length「長さ」
- great variety of A「非常に様々なA」

【解法のヒント】

　このパラグラフは「茶葉の反応過程の時間と茶の種類」について書かれたものである。それは①「緑茶」，②「ウーロン茶」，③「紅茶」，④「香りのあるお茶」があげられている。④だけが，反応や反応時間ではなく，「甘い香りの花にさらされる過程」を問題にしているので，前後の文脈と合わないことになる。したがって，④が正解。

問2　28　③

　【全訳】

　太陽は世界で最も利用できる汚染のない電力を与える。しかしながら，経費がかかる問題が，太陽光発電がもっと広く使われるエネルギー源になるのを依然妨げている。①ソーラーパネルを設置するのに経験があり精通している人たちを雇うのは費用がかかる。②巨大な地方のソーラーファームは，電気が必要とされる都市へ電気を送るのに高価な電線を必要とする。③ソーラーパネルでは多くの太陽光がまだ無駄に使われているので，パネルの性能は改良される必要がある。④太陽が照っていないとき，一定の電源を供給するには大きくて高価なエネルギー貯蔵システムの必要性がある。科学技術の進歩とともに，これらの問題の経済的な負担は軽くなりつつあり，ソーラーエネルギーが社会の主電源になる日が来るかもしれない。

— 360 —

2018年度　追試験〈解説〉　51

【語句】

- available「利用できる／入手できる」
- pollution-free「汚染のない」
- solar power「太陽光発電／ソーラーパワー」
- energy source「エネルギー源」
- experienced「経験のある」
- knowledgeable「精通している」
- install「設置する」
- rural「地方の／田舎の」
- solar farm「ソーラーファーム／（大規模）太陽光発電所」大規模な太陽光発電所は
  ソーラーファーム（solar farm）やソーラーパーク（solar park）と呼ばれている。
- costly「値段のかかる／高価な」
- transfer「送る」
- electricity「電気」
- performance「性能」
- storage「貯蔵」
- advance「進歩／発達」
- issue「問題」
- financial「経済的な／財政的な」
- burden「負担」

【解法のヒント】

　このパラグラフは「ソーラーエネルギーの必要性と経費のかかる問題」について
書かれたものである。それは①「ソーラーパネル設置の高価さ」，②「ソーラー
ファームと高価な電線の必要性」，③「ソーラーパネルでの太陽光の無駄使い」，④
「太陽が照っていないときの大きくて高価なエネルギー貯蔵システムの必要性」が
あげられている。全体の流れは，ソーラーエネルギーの高価さについての問題記述
であるが，③だけが「ソーラーパネルでの太陽光の無駄使い」についてであるので，
前後の文脈と合わないことになる。したがって，③が正解。

問3 <u>29</u> ①

【全訳】

　自分一人で何かを作るには，時間がたくさんかかり，つらい仕事を必要とするか
もしれないが，大いなる達成感をもたらしうる。2年の間，週末と休日を使って，
トッドはプロの建築家を雇うことなく自分自身の家を建てた。①同僚の協力を得
て，彼はよく仕事を休んで数日間休息を取った。②彼は田舎に土地を買って整地し
た。そのとき，家に取り掛かっている間，夜に睡眠をとれるように彼はテントを
張った。③友人たちは，彼がセメントを注ぎ，木材を運び，電気ケーブルと水道管
を設置するのを時々手伝った。④彼はよく一人でテントに泊まって，少しずつ家を
建てた。今では，地下室のある2階建てのすてきな家を完成し，彼は完成できたこ

— 361 —

とをとても誇りに思っている。

【語句】

- ・on *one's* own「1人で／独力で」
- ［例］ He has been living **on his own** for five years now.
  彼は一人暮らしをして5年になります。
- ・achievement「達成／成就」
- ・colleague「同僚」
- ・cooperation「協力」
- ・take ～ day(s) off from work「(会社に申請して)～日間休暇を取る」
- ・clear「整地する／開墾する」
- ・put up a tent「テントを張る／立てる」
- ・... so that S can ～「Sが～できるように」
- ・help A＋動詞の原形「Aが～するのを手伝う／助ける」
- ［例］ They **helped** her **solve** the difficult problem.
  彼らは彼女がその難しい問題を解くのを手伝った。
- ・pour「注ぐ」
- ・wood「材木」
- ・install「設置する」
- ・electric cable「電気ケーブル」
- ・water pipe「水道管／送水管」
- ・little by little「少しづつ／徐々に」
- ［例］ She is the type to do anything **little by little**.
  彼女は何でも少しづつやるタイプだ。
- ・two-story「2階建ての」
- ・basement「地下室」
- ・be proud of A「Aを誇りに思う」

【解法のヒント】

このパラグラフは「トッドの家の建設」について書かれたものである。①「休息を同僚の協力で取ること」，②「土地の購入と整地」，③「友人の協力」，④「テント住まいと建築」があげられている。①だけが「休息を取ること」を問題にしているので，「自宅の建築」を問題にしている前後の文脈と合わないことになる。したがって，①が正解。

B　意見要約問題

30 ③

【全訳】

ルイス先生：今日は来てくれてありがとう。今日私たちがやりたいのは，学生の図

書館の利用を促す我々にとって実際的な方法について皆さんの意見を聞くことです。私たちは各学部代表の学生に出席するようにお願いしました。さて誰から始めたいですか？　エイミー？

エイミー：今年，図書館がさらに多くのグループ学習室を建て増したことを図書館のウェブサイトで読んだばかりです。看護学生はよくグループで学習したがるので，これらの部屋はここへ来る大きな関心を生み出すでしょう。しかし，残念ながら，ほとんどの学生がそのことを知りません。さらに，看護学生は病院現場での実習のほかにとても忙しい授業スケジュールがあります。私たちは利用できるとき，図書館を利用したいのですが，私たちにとってはいつも閉館が早すぎ，週末は開いてさえいません。多分，図書館の開館時間がもっと長くてもっと融通が利けば，もっと多くの看護学生がここへ来ると思います。

ルイス先生：ありがとう，エイミー。それでは，あなたは③図書館の開館時間は看護学生にとっては短すぎると言っているのですね。

【語句】

・promote「促す」
・representative「代表」
・department「学部」
・website「ウェブサイト／サイト」
・add「付け加える」
・nursing student「看護学生」
・create「生み出す」
・moreover「さらに」
・schedule「スケジュール／計画」
・in addition to A「Aのほかに／Aだけでなく」

〔例〕　He writes essays **in addition to** novels and poetry.
　　　　彼は小説や詩のほかにエッセイも書いている。

・on-site「現場での」
・practice「実習」
・flexible「融通の利く」
・get A to-不定詞「Aに～させる」

〔例〕　I **got** him **to** break the habit of switching on the TV when he comes home.
　　　　彼の帰って来るとテレビをつける習慣を，私はやめさせた。

【解説】

①　看護学生は忙しすぎて病院勤務ができない
②　看護学生はグループ学習室を利用している
③　図書館の開館時間は看護学生にとっては短すぎる

54

④　図書館は看護学生の学習習慣を変えつつある

　エイミーの第5～6文に「私たちは利用できるとき，図書館を利用したいのですが，私たちにとってはいつも閉館が早すぎ，週末は開いてさえいません。多分，図書館の開館時間がもっと長くてもっと融通が利けば，もっと多くの看護学生がここへ来ると思います」とあるので，③が正解。

31　③

【全訳】

ルイス先生：そして，この情報が私たちのウェブサイトにのっていても，彼らは図書館に対する変化について知らないのですね。

　エイミー：その通りです。

　カズキ：えぇと，僕の学部の学生は，もし食品科学に関連した資料がもっとあれば，図書館をもっと利用すると言っていた。図書館にはそのテーマについての書物やインターネットの資料がとても少ないようだ。それに，雑誌や学術誌はあるが，古くて時代遅れのものだ。食品科学では新しい発見が常にあるので，僕らはいつも最新の資料を見る必要がある。

　クレア：私の社会科学の級友も同じことを言っているわ。たとえば，私が社会科学の授業のために実際リサーチをするとき，そのトピックに関連した書物をあまり見つけられず，自分自身で何冊か買わなければならないのです。図書館に書物がもっとあり，オンライン雑誌のような資料をもっと取ってくれると望ましいでしょう。

ルイス先生：カズキとクレア，ありがとう。あなた方2人とも③学生のための蔵書資料を増やすという考えを出してくれました。

【語句】

・even though ～「(たとえ)～でも／～にもかかわらず」

［例］　**Even though** we are experienced, we cannot do this job.
　　　私たちに経験があっても，この仕事はできません。

・make more use of A「Aをもっと利用する」

［例］　You should **make more use of** smartphone.
　　　もっとスマートフォンを利用すべきだ。

・resource「資料／資源」

・(be) related to A「Aに関連している」

・subject「テーマ／主題」

・academic「学問的な」

・out of date「時代遅れの」

・latest「最新の」

・material「資料」

— 364 —

2018年度　追試験〈解説〉　55

・for instance「たとえば」
・do＋動詞の原形「実際〜する／本当に〜する」
・subscribe to A「Aを取る／定期購読する」
・bring up「(話題・議題・案・問題などを)持ち出す／提出する／提示する」
　［例］　I'm sure he'll **bring up** the subject at the meeting tomorrow.
　　　　　明日の会議で，彼はその話題をきっと取り上げるはずです。

【解説】
① 　もっと社会科学の書物を買う
② 　学生にオンライン雑誌を読ませる
③ 　学生のための蔵書資料を増やす
④ 　古い書物と雑誌を取り除く
　カズキはその第1文で「僕の学部の学生は，もし食品科学に関連した資料がもっとあれば，図書館をもっと利用すると言っていた」と述べているし，クレアも最終文で「図書館に書物がもっとあり，オンライン雑誌のような資料をもっと取ってくれると望ましいでしょう」と述べているので，2人とも学部は異なっていても，図書館に自分の参考にしたい書物やオンライン雑誌などが不足していると言っているので，③が正解。

32 　②

【全訳】
ルイス先生：実は，学生たちは私たちに書物を購入することをリクエストしたり，この図書館を通じて他の大学の図書館から書物を借りたりすることができます。
　カズキ：本当ですか？　知らなかった。図書館は何を提供できるかをもっと人に知らせるべきだと思う。
　クレア：私も私の学部の人は知らないと思うわ。
ルイス先生：分かりました。デザイン学部の学生の言いたいことを聞くことに私は興味があります。ロス，あなたはどんな回答を得たの？
　ロス：えっと，僕は図書館には各学部のための書物を目立たせるコーナーがあることは分かっていたが，他のデザイン学部の学生はそのことを知らないと言っていた。僕はそのコーナーへ行ったが，そこはかなりつまらない退屈なスペースだと思う。多くの視覚的刺激で温かく明るいエリアを造れば，デザイン学部の学生はもっと図書館に興味を持つかもしれない。
ジェームズ：学生の企画を関連のある書物と一緒に展示することで，そのコーナーをもっとうまく利用したらどうかな？　工学部の学生は自分たちのプロジェクトとして小型のロボットや装置を造っている。学生たちが友人たちの作品を見に来るだろうし，図書館はその資源を宣伝できるだろう。今のところ，僕らはそのコーナーについては知ってさえいない

— 365 —

56

ので，図書館は僕らに知らせるもっと良い方法を見つけなければいけない。

マックス：僕もそう思う。もし建築学部の学生が図書館が持っているものを知ったら，それを利用できるかもしれない。それに僕らのプロジェクトを展示できる場所がほしいのです。

ルイス先生：分かりました。皆さん，ありがとう。みんなが触れた１つの要点は，図書館は②図書館が提供しているものについて学生にもっとよく知らせるべきだということですね。

【語句】

・actually「実は／実際に」

・let A know「Aに教える／知らせる」

〔例〕 He **let** me **know** what happened there.
　　　　彼はそこで何が起こったのかを教えてくれた。

・be interested to-不定詞「（これから）〜することに興味がある」

〔例〕 I'm **interested to** learn what will happen there.
　　　　私はそこで何が起こるのかに興味がある。

・highlight「目立たせる／強調する」

・fairly「かなり」

・dull「つまらない」

・boring「退屈な」

・stimulation「刺激」

・What about 〜ing ...?「〜するのは〜ですか？」

〔例〕 **What about** inviting her to our party?
　　　　彼女をパーティーに招くのはどう？

・exhibit「展示する」

・engineering「工学」

・device「装置」

・creation「（創造）作品」

・advertise「宣伝する」

・right now「今のところ」

・architecture「建築」

・take advantage of A「Aを利用する／生かす／つけこむ」

〔例〕 We should **take advantage of** global information.
　　　　我々は世界の情報を生かすべきだ。

・one point you've all touched upon「みんなが触れた１つの要点」you've all touched upon は one point を修飾している接触節。
　point「要点」

— 366 —

touch upon A「Aに触れる」

【解説】

① 学生の要求に応じるためにサービスの時間を持つ

② 図書館が提供するものについて学生にもっとよく知らせる

③ 学生のプロジェクトに役立つ部屋を提供する

④ 古い時代遅れの資料を取り換える

　皆が共通して重要だと考えていることを探せばよい。まず，エイミーは「残念ながら，ほとんどの学生がそのことを知りません」と指摘している。カズキは「図書館は何を提供できるかをもっと人に知らせるべきだと思う」と発言し，クレアも賛成している。さらに，ロスは「図書館には各学部のための書物を目立たせるコーナーがあることは分かっていたが，他のデザイン学部の学生はそのことを知らないと言っていた」と図書館の宣伝不足を報告している。ジェームズは「僕らはそのコーナーについては知ってさえいないので，図書館は僕らに知らせるもっと良い方法を見つけなければいけない」と発言している。マックスもそれに賛成している。以上から，皆が考えているのは「図書館が提供できるものについての宣伝不足」なので，正解は②。

第4問　図表・広告問題

A　図表問題

【全訳】

　アメリカ人学生のなかで，留学プログラムがますます人気になっている。1980年代以来，多くのアメリカの大学が留学プログラムを拡張させて，参加する学生数を増やすことを目指してきた。最初，海外に留学するアメリカ人の学生数はゆっくりと増えた。それから，21世紀の最初の10年間で，80％近く上昇した。ヨーロッパが最も人気の場所で，その次が中南米とアジアだった。学生が留学を決めるのに影響を与えた要因を特定するためにある調査が行われた。

　その調査は留学したことのある231人の大学生が参加した。彼らはインターネットの調査に回答をしたが，その調査はプログラムの組織に関した質問（プログラム関連要因）と学生たちが期待した留学中の経験に関した質問（経験関連要因）で出来ていた。

　表1は留学の決定に影響するプログラム関連要因の上位5つとその要因を重要視する参加者の割合を示している。留学が参加者の職業の可能性に及ぼす影響がリストの上位に来た。次に，参加者は留学プログラムが彼らの卒業時期に影響するかどうかの懸念を示していた。これに続くのが，外国で過ごす期間を考慮することだった。他の要因について言えば，留学中に彼らが受け取る学問的援助よりもプログラムの費用のほうが若干重要視されていた。

表1

プログラム関連要因上位5つ

要因	重要視した参加者の割合
職業予想への影響	91%
予定通り卒業できる可能性(A)	84%
プログラムの期間(B)	80%
プログラムの費用(C)	74%
学業指導(D)	71%

　調査者は経験関連要因も調べた。表2が示すように，また他の以前の調査でも見られたように，上位3つの要因は，文化，自立性，そして旅行機会に関係していた。他の文化出身の人たちとの意思疎通の仕方を身につけることと史跡を訪れることも重要な要因とみなされた。この調査の執筆者たちは外国語を学ぶ機会が学生の留学決定に強く影響すると予想していた。しかし，参加者の40％未満しかこれを要因として述べなかった。

表2

経験関連要因上位5つ

要因	重要視した参加者の割合
他の文化について学ぶこと	96%
自立できるようになること	94%
旅行する機会	92%
コミュニケーション能力の上達	88%
史跡へのアクセス	78%

　留学したことのある従業員を求める要求が実業界に増えている。したがって，この調査で発見したことは，学生の就職見込みを良くしたい大学側にとっては有益である。同様に，帰国後に参加者が行ったことに，留学経験がどのように影響したかを調査することは役立つだろう。本文の次の箇所ではこの問題に焦点を当てることになる。

(ホーモッツ・モヴァサーギ他(2014)*留学決定：決定要因と認識された結果の一部を参考に作成*)

【語句】

◆第1段落◆
- ・study-abroad program「海外留学プログラム」
- ・expand「拡張する」
- ・aim to-不定詞「～することを目指す」
- ・take part in A「Aに参加する」(＝participate in A)
  [例] She was quite pleased to **take part in** the game.
  　　彼女はとても喜んでそのゲームに参加した。
- ・overseas「海外に」
- ・at first「最初は」
- ・decade「10年間」
- ・popular「人気のある」
- ・destination「行き先の場所」
- ・(be) followed by A「次にAが来る／Aによって従われる」
  [例] She came into the kitchen, **followed by** her son.
  　　彼女が台所に入ってきて，息子がそのあとについてきた。
- ・study「調査／研究」
- ・carry out「実行する」
- ・identify「特定する」
- ・factor「要因／要素」
- ・influence「影響を与える」
- ・abroad「海外に」

◆第2段落◆
- ・involve「参加する／携わる」
- ・respond to A「Aに回答する」
- ・survey「調査」
- ・consist of A「Aでできている／Aで構成されている」
  [例] The committee **consists of** ten members.
  　　委員会は10人のメンバーで構成されている。
- ・organization「組織／団体」
- ・anticipated「期待した／懸念した」

◆第3段落◆
- ・table「表」
- ・affect「影響する」
- ・percentage「割合／パーセント」
- ・participant「参加者」
- ・place importance on A「Aを重要視する」
- ・The impact that studying abroad would have on the participants' career

prospects「留学が参加者の職業の可能性に及ぼす影響」that 以下の関係代名詞節
は the impact を修飾している。
impact「影響」
have an impact on A「Aに影響を与える」
career「職業／経歴」
prospect「可能性／見込み」
・top「トップに載る」
・concern「懸念」
・graduate「卒業する」
・consideration「考慮」
・as for A「Aについて言えば」文頭に置き，話題の提示を行う。
［例］ **As for** Jim, he never discloses the secret.
　　　ジムについて言えば，彼は絶対に秘密を漏らさない。
・slightly「若干／やや」
◆第4段落◆
・researcher「調査者」
・examine「調べる」
・as has been seen in other earlier studies「他の以前の調査で見られたように」as
　〜「〜なのだが／〜ように」as の関係詞的な用法。
［例1］ We had completely misjudged the situation, **as** we later discovered.
　　　我々はその事態の判断を完全に誤った，それは後になって分かったのだ
　　　が。
［例2］ She has married again, **as** was expected.
　　　予想されていたことだが，彼女は再婚した。
・independence「自立／独立」
・opportunity「機会」
・communicate with A「Aと意思疎通する」
・historical site「歴史的な場所／史跡」
・author「筆者／著者」
・influence「影響を及ぼす」
・however「しかしながら」
・less than A「A未満」
・mention「述べる」
◆第5段落◆
・demand「要求」
・business world「実業界」
・employee「従業員」
・therefore「その結果／したがって」

— 370 —

・seek to-不定詞「〜することを求める」

・likewise「同様に」

・benefit「利益／助け」

・investigate「調査する」

・this passage「本文」

・focus on A「Aに焦点を当てる」

［例］ I will **focus on** this problem in a different way.

　　　私はこの問題に違った角度から焦点を当てるつもりです。

・issue「問題」

【解説】

問1　33　③

　本文の情報に基づくと，アメリカの大学の留学プログラムについて以下のどれが正しいか？　33

①　留学する学生数の低下が2000年以降に見られた。

②　中南米は，1980年に留学する学生の行き先の１位だった。

③　大学がさらなる海外留学の機会を与えた後，より多くの学生が留学した。

④　留学生数の増加率は調査の間中安定していた。

　第１段落第２〜４文に「1980年代以来，多くのアメリカの大学が留学プログラムを拡張させて，参加する学生数を増やすことを目指してきた。最初，海外に留学するアメリカ人の学生数はゆっくりと増えた。それから，21世紀の最初の10年間で，80%近く上昇した」とある。したがって，③が正解。

問2　34　③

　表１において，(A)，(B)，(C)，(D)は次のどれを指すか？　34

①　(A)　プログラムの期間　　　　　　　(B)　予定通り卒業できる可能性

　　(C)　プログラムの費用　　　　　　　(D)　学業指導

②　(A)　プログラムの期間　　　　　　　(B)　予定通り卒業できる可能性

　　(C)　学業指導　　　　　　　　　　　(D)　プログラムの費用

③　(A)　予定通り卒業できる可能性　　　(B)　プログラムの期間

　　(C)　プログラムの費用　　　　　　　(D)　学業指導

④　(A)　予定通り卒業できる可能性　　　(B)　プログラムの期間

　　(C)　学業指導　　　　　　　　　　　(D)　プログラムの費用

　第３段落に表の説明がある。「表１は留学の決定に影響するプログラム関連要因の上位５つとその要因を重要視する参加者の割合を示している。留学が参加者の職業の可能性に及ぼす影響がリストの上位に来た。次に，参加者は留学プログラムが彼らの卒業時期に影響するかどうかの懸念を示していた。これに続くのが，外国で過ごす期間を考慮することだった。他の要因について言えば，留学中に彼らが受け取る学問的援助よりもプログラムの費用のほうが若干重要視されていた」とある。(A)は84%で２番目なので「次に，参加者は留学プログラムが彼らの卒業時期に影響

するかどうかの懸念」で「予定通り卒業できる可能性」となる。つぎの(B)は,「これに続くのが,外国で過ごす期間を考慮することだった」とあるので,「プログラムの期間」となる。(C)は,「他の要因について言えば,留学中に彼らが受け取る学問的援助よりもプログラムの費用のほうが若干重要視されていた」とあるので,「プログラムの費用」。すると,(D)が「学業指導」と分かる。したがって,③が正解。

問3 <u>35</u> ②

本文と表2によれば,<u>35</u>。

① 学生にとって,外国語を学ぶことはもっと自立する仕方を学ぶことよりも影響力があった

② 外国語を学ぶことよりも歴史的に重要な場所へ行くことに興味を示した学生のほうが多かった

③ 外国語を学ぶことのほうが他の文化について学ぶよりももっと重要であると以前の調査で分かった

④ 学生たちにとっては外国語を学ぶことのほうが文化的要因よりも上位にランクしたことに著者たちは驚いた

第4段落第4〜5文に「この調査の執筆者たちは外国語を学ぶ機会が学生の留学決定に強く影響すると予想していた。しかし,参加者の40%未満しかこれを要素として述べなかった」とあることから,「外国語を学ぶ機会」が40%未満であり,表2から「史跡へのアクセス」は78%だと分かる。したがって,②が正解。

問4 <u>36</u> ③

どんな話題が最終段落に続く可能性が最も高いか? <u>36</u>

① 大学が学生を留学するように促している方法の例

② 留学したことのある従業員を求めている企業のリスト

③ 外国で学生として時を過ごしたことの結果

④ 他の大学で行われた同様の調査の評価

最終段落の最終2文に「同様に,帰国後に参加者が行ったことに,留学経験がどのように影響したかを調査することは役立つだろう。本文の次の箇所ではこの問題に焦点を当てることになる」とある。したがって,次に続く可能性が最も高いものは,③と判断できる。

B 広告問題

【全訳】

 マクリーンズデイル国立公園での乗馬

マクリーンズデイル国立公園は1年を通じて,国内有数の絶景の眺めを楽しんで1日を過ごすには理想的な場所です。ハイキング,マウンテンバイク,スキーとともに乗馬は,公園が与えてくれる美しさを堪能するひとつの素晴らしい方法です。マクリーンズデイル乗馬センター(MRC)は公園の中心にあり,マクリーンズデイル国立公園を楽しく経験するために様々な乗馬技能の人たちを歓迎しています。

乗馬
農地乗馬(初心者)
　この乗馬では,野生の花の咲いている美しい野原にまでのびているMRCの周りの平坦な農地の小道をたどります。

森林乗馬(中級以上)
　この乗馬では,MRCの近くの静かな森林を通り抜け,マクリーンズデイル湖畔を通って行きます。

山岳乗馬(上級者のみ)
　この乗馬では,マクリーンズデイル国立公園内の山を乗馬で登りながら,素晴らしい谷間の眺めを楽しみます。

＊乗馬はすべて私どもの認定インストラクター1名が先導します。
＊乗馬は冬期はご利用いただけません。
＊乗馬は最大2時間までご利用いただけます。
＊乗馬技能に関する詳細は私どものウェブサイトにアクセスしてください。

時間と料金(1人につき)

コース	時間	個人乗馬	グループ乗馬(2-4人)
農地乗馬	70分	80ドル	60ドル
森林乗馬	90分	110ドル	90ドル
山岳乗馬	120分	140ドル	120ドル

➤長袖シャツと長ズボンを着用してください。短パンは認めません。
➤分厚い靴下を着用してください。
➤乗馬帽と乗馬靴は追加料金なしでご利用いただけます。

64

【語句】

- ・horseback riding「乗馬」
- ・national park「国立公園」
- ・ideal「理想的な」
- ・view「眺め」
- ・throughout the year「１年を通じて／年中」
- ・along with A「Aに加えて／Aとともに」
- ［例］ **Along with** Japanese food, Russian food was popular among Japanese people.
  和食に加えて，ロシア料理も日本人の間で人気だった。
- ・biking「自転車遊び」ツーリング中心のサイクリングと違い，バイキングはマウンテンバイクで山道を走り回ること。
- ・appreciate「堪能する」
- ・(be) situated in A「Aに在る／位置する」
- ［例］ The police station is **situated in** the center of the town.
  警察署は町の中心に在る。
- ・heart「中心／心臓」
- ・farmland「農地」
- ・flat「平坦な」
- ・path「小道」
- ・woodland「森林の」
- ・valley「谷」
- ・qualified「認定の／資格のある」
- ・up to A「（最大）Aまで」
- ［例］ You can buy T-shirts for **up to** 70 percent off during this sale.
  このセール期間中はＴシャツを最大で70％オフで買うことができる。
- ・long-sleeved「長袖の」
- ・thick「分厚い」
- ・boots「長靴／ブーツ」
- ・extra charge「追加料金」

【解説】

問1　37　②

広告によれば，マクリーンズデイル国立公園には　37　。

① 心臓のような形をした乗馬スクールがある
② どの季節も素晴らしい景色がある
③ 自転車に乗るのに制限がある
④ 乗馬に来た人に求められる規則がある

広告の冒頭第１文に「マクリーンズデイル国立公園は１年を通じて，国内有数の絶景の眺めを楽しんで１日を過ごすには理想的な場所です」とある。したがって，

— 374 —

②が正解。なお，①は，冒頭最終文の heart「中心」を文字通り「心臓」と解釈したもので，不可。③，④は記述がない。

問2 38 ②

マクリーンズデイル乗馬センターで乗馬に参加する人たちは，38 乗馬に行くことができる。

① 年365日

② 異なった能力レベルに適した

③ 丸1日続く

④ インストラクターなしに

広告の中ほどにある乗馬の種類の項目を見ると，「初心者から上級者まで乗馬できる」と分かるので，②が正解。なお，①は＊印の2番目で冬はやっていないとあるので，不可。③は＊印の3番目に「最大2時間まで」とあるので，不可。④は＊印の1番目で認定インストラクターがつくとあるので，不可。

問3 39 ②

5人の大学生が乗馬に参加予定である。そのうち4人は，乗馬経験がなく一緒に同じ乗馬に参加したがっている。5人目の人はかなり経験があり，個人乗馬で山を探索したがっている。5人の学生たちは合計いくら払うことになるのか？ 39

① 200ドル

② 380ドル

③ 440ドル

④ 460ドル

時間と料金の表から，初心者4人は農地乗馬のグループ乗馬で，60ドル×4＝240ドル。経験者は山岳乗馬の個人乗馬で140ドル。合計すると240＋140＝380（ドル）となる。したがって，②が正解となる。

問4 40 ①

乗馬の選択に関係なく，参加者は何をすることができるか？ 40

① 彼らは無料で乗馬帽を借りることができる。

② 彼らは山で乗馬を楽しむことができる。

③ 彼らは国立公園の外で乗馬できる。

④ 彼らは短パンか長ズボンのどちらかを着ることができる。

広告の1番下の矢印の3つ目で，「乗馬帽と乗馬靴は追加料金なしでご利用いただけます」とあるので，①が正解。②は，山の乗馬は上級者向けで，「乗馬の選択に関係なく」という条件に合わないので不可。③は，広告冒頭で「マクリーンズデイル乗馬センター（MRC）は公園の中心にあり，マクリーンズデイル国立公園を楽しく経験するために様々な乗馬技能の人たちを歓迎しています」とあり，公園の外については述べていないので不可。④は，矢印の1つ目に「長袖シャツと長ズボンを着用してください。短パンは認めません」とあるので不可。

第5問　長文読解問題(物語)

【全訳】

　私は驚きやすいタイプの人間ではない。私は生涯に多くのものを見てきたし，いつも新しいものを取り入れようとしている。しかしながら，日本への国際便に初めて乗ったとき，私は犬の隣に座ることなど思ってもいなかったことは認めざるをえない。その犬は私の隣の乗客である70代前半の身なりのよい静かな人と一緒だった。私が座ったとき，その小さな犬は私を眺め，その人は微笑んだ。

　その人は自己紹介をして，その犬はユキという名で彼の精神的支援動物(ESA)だと教えてくれた。人が恐怖や不安に対処するのに動物が役立ち，飼い主が特別な許可を得てさえいれば，ペットと旅行することができるとは聞いたことがある。その人の説明では，妻が亡くなった後，1人で外出するのが，特に空港のようなあわただしく混雑した場所へ出かけるのが，ますますストレスの多いことだと思うようになったとのことだった。私がこのかなり新しいシステムを使っている人の隣に実際に座ったのは，これが初めてだった。

　その人が日本人でないのに自分の犬に日本語名をなぜ付けたのかに私は興味があった。彼の話では，ずいぶん前に彼と妻は冬の北海道旅行を楽しんだのだった。旅行の目的は，大学時代に知り合った日本人の友人たちを訪れることだった。旅行の間，雪が彼に強力な印象を与えた。雪が山頂でどんなに美しく見えたかという鮮明で楽しい思い出をもっていたので，彼が雪を意味するユキという語を覚えるのは容易だった。妻の死後数年後に，彼は小さな白い犬を引き取った。初めてその犬を見たとき，北海道の純白の雪を思い出した。これが今私の隣で寝ている犬だった。この旅行で，その人はあのときと同じ友人を訪ね，ずいぶん前にスキーをしたすばらしい山々を見る予定だった。しかし，今回は「雪」も一緒だ。

　フライトは普通に始まり，とても順調だった。その後，飛行機が揺れ始め席に戻り，シートベルトを締めるように機長がアナウンスをした。その人の隣の窓側の席に座っていた若い女の子は心配そうな様子だった。飛行機の揺れは，彼女がもう少しで<u>耐える</u>ことができないようなものだった。彼女は一人旅で，涙をこらえようと闘っていた。そのとき，「このひどい揺れが止むまで私の犬のユキを一緒に座らせてみませんか？　とても人なつっこいですよ」とその人は言った。女の子がうなずくと，それ以上何も言わずその人はユキを女の子の膝にのせた。その効果はてき面だった。女の子は犬と一緒に座っていると，彼女の恐怖は消えた。やがて彼女はユキに話しかけて，「大丈夫。私があなたの世話をするわ！」小さな友達が腕の中でくつろいでいると，その女の子は勇敢になれるのに気付いた。

　そのすぐあと，すべてが元に戻った。乗客の中には，眠ったり，おしゃべりしたりするものもいれば，ただ座って長いフライトが終わるのを待っているものもいた。ほとんど何も変りがなかった。しかし，小さな違いが1つあった。ありのままの自分でいるだけで，ユキは増えつつある ESA のファンや信者のリストにもう2

― 376 ―

人を追加した。彼女はその女の子の旅を辛くないものにし，私自身の旅をもっと興味深いものにした。ありがとう，ユキ！　頑張って！

【語句】

◆**第1段落**◆

・easily「簡単に」

・lifetime「生涯」

・accept「受け入れる」

・admit「認める」

・board「乗る」

・international flight「国際線」

・be seated「座る」

・next to A「Aの隣に」

［例］　Do you mind if I sit **next to** you?
　　　　隣に座ってもよろしいですか？

・passenger「乗客」

・well-dressed「身なりのよい」

◆**第2段落**◆

・introduce *oneself*「自己紹介する」

［例］　Let me **introduce myself** to you.
　　　　自己紹介をさせてください。

・Emotional Support Animal「精神的支援動物」（＝ESA）

・cope with A「Aに対処する／立ち向かう」

［例］　They have to **cope with** a dangerous situation.
　　　　彼らは危険な状況に対処しなければならない。

・fear「恐怖」

・anxiety「不安」

・possible「可能な／できる」

・as long as SV ...「…しさえすれば／…であるならば」

［例］　**As long as** I don't forget my credit card, I'll be OK.
　　　　クレジットカードさえ忘れなければ何とかなる。

・permission「許可（証）」

・explain「説明する」

・especially「特に」

・rather「かなり」

◆**第3段落**◆

・curious「興味がある／好奇心のある」

・purpose「目的」

・make ～ impression on A「Aに～な印象を与える」

［例］　The actor failed to **make** a good **impression on** the audience.
　　　　その俳優は観客に良い印象を与えることができなかった。

・clear「明瞭な／明確な」
・fond memory「楽しい思い出／懐かしい思い出」
・peak「山頂」
・adopt「引き取る」
・remind A of B「AにBを思い出させる」

［例］　The painting of a woman with a green scarf **reminded** me **of** my aunt.
　　　　緑色のスカーフをした女性の絵を見て私は叔母を思い出した。

◆第4段落◆
・normally「普通に／通常に」
・shake「揺れる」
・announce「アナウンスをする」
・fasten「締める／縛る」
・look worried「心配そうな様子をする」
・more than S can ...「Sは…できない／Sが…できる以上に」

［例］　That noise was **more than** she **could** bear.
　　　　その騒音には彼女は耐えられなかった。

・bear「耐える」(=endure / tolerate / stand)なお bear は，入試頻出の多義語で，
　動詞では「携える／運ぶ」，「生む」，名詞では「熊」の意味がある。
・nod「うなずく」
・lap「膝」*cf.* knee「膝(頭)」
・effect「効果」
・like magic「てき面に／たちどころに／うそのように」

［例］　The headache went away **like magic**.
　　　　頭痛はたちどころに消えた。

・vanish「消失する」
・take care of A「Aの世話をする」
・brave「勇敢な」

◆第5段落◆
・go back to normal「正常に戻る／元に戻る」

［例］　I would be happy if my computer would **go back to normal**.
　　　　私は自分のパソコンが元に戻ればよいと思います。

・chat「しゃべる」
・keep up the good work「頑張り続ける／順調に仕事を続ける」

【解説】
問1 41   ①
　　著者は 41 人として自分のことを述べている。
① 　偏見を持っていないと考える
② 　人前で居心地が悪いと感じる
③ 　動物がそばにいるのが大嫌いである
④ 　商用でよく日本へ飛行機で行く
　　第1段落1〜2文に「私は驚きやすいタイプの人間ではない。私は生涯に多くの
ものを見てきたし，いつも新しいものを取り入れようとしている」とある。した
がって，①が正解。
問2 42   ②
　　その人は， 42 のでその犬に日本語の名前を付けた。
① 　日本への最初の旅行でその種の犬を見た
② 　それが日本の冬の景色の思い出をよみがえらせた
③ 　それは彼の最初の日本語の先生の大好きな言葉だった
④ 　それが彼の日本人の友人が選んだ名前だった
　　第3段落は筆者の隣の乗客の犬がなぜ日本語の名前を持っているかについての段
落である。とくに，第4〜7文に「旅行の間，雪が彼に強力な印象を与えた。雪が
山頂でどんなに美しく見えたかという鮮明で楽しい思い出をもっていたので，彼が
雪を意味するユキという語を思い出すのは難しくなかった。妻の死後数年後に，彼
は小さな白い犬を引き取った。初めてその犬を見たとき，（彼は）北海道の純白の雪
を思い出した」とあるので，②が正解。
問3 43   ③
　　第4段落で使われている bear という語は意味的に 43 にもっとも近い。
① 　運ぶ
② 　見せびらかす
③ 　耐える
④ 　作り出す
　　第4段落の状況は，飛行機が激しく揺れて，席に戻りシートベルトをするように
と機長のアナウンスがあったところである。下線部のある文の次の文の第5文に
「彼女は一人旅で，涙をこらえようと闘っていた」とある。彼女が恐怖と闘っている
のが分かる。下線部の文を含む個所は，more than she could bear とあり，直訳する
と「彼女が bear できる以上」となり，more than S can 〜は，「〜できる以上→〜で
きない」となるので，「彼女が bear できない」となり，bear は「耐える」だと推測
できる。③が正解。

70

問4　44　②

　その人がユキを膝の上にのせてくれたとき，その若い女の子はどうしたか？
44

① 彼女は手品をした。

② 彼女は落ち着きを取り戻した。

③ 彼女は泣き始めた。

④ 彼女はおしゃべりをやめた。

　第4段落第8文以降で「その効果はてき面だった。女の子は犬と一緒に座っていると，彼女の恐怖は消えた。やがて彼女はユキに話しかけて，『大丈夫。私があなたの世話をするわ！』小さな友達が腕の中でくつろいでいると，その女の子は勇敢になれるのに気付いた」とある。②が正解。

問5　45　①

　人と動物の関係についてこの物語は何を　45　意味しているか？

① 人間と動物は良好な関係を築くことができる。

② ケガをした動物を救うことは満足感を与える。

③ ペットの死はショックな経験になりうるだろう。

④ 動物がいることはトラブルを起こしえる。

　最終段落で筆者は，機内が大きな揺れで乗客が不安になったが，元の状態になった状況を述べ，最終3文で「彼女はその若い女の子の旅を辛さのないものにし，私自身の旅をもっと興味深いものにした。ありがとう，ユキ！　頑張って！」と述べているので，①が正解。

第6問　長文読解問題（論説文）

【全訳】

(1)　小説，絵画，あるいは詩のような知っている創造作品と結びついた場所を，多くの人たちが訪れる。そうした訪問者は，その場所をもっと深く理解するのに役立てようと自分たちが学んだり想像したことを利用する。彼らはまた，以前にその訪問から学んだことをそれらの創造作品の解釈に適用する。この解釈の過程とそれに続く結果は，創造的に想像力を利用し，深まった作品理解と作品や場所の雰囲気に夢中になることの満足感を通じて，喜びを人々に与えることができる。これがその訪問をさらに価値あるものにしている。

(2)　歴史小説を楽しむ人たちにとって，読んだことのある場所の1つを訪れるのは有益でありうる。その場所が単なる空地のように見えるとしても，このことはあてはまる。彼らがその地域について知っている知識のおかげで，彼らはその光景をよみがえらせることができる。彼らは，人々がそこでどのように生きたかを思い描いたり，どのように歴史的事件がその場所で起こったかを想像したりすることができる。訪問者が精神力を駆使してそのような無人の光景を豊かで完全な幻

— 380 —

影に変化させるとき，彼らは楽しい創造的な過程にたずさわっている。と同時に，彼らは読んだものについてより理解をしている。

(3) 本や詩の中の自然の美しさの描写のために，多くの人々が場所を訪れる。日本のいくつかの場所は，その場所にたたずみ，今でも我々が立つことのできる地点から風景を眺め，詩の中に感情を記録した有名な詩人のために，人気がある。イングランドの湖水地方は同様の理由で有名である。すなわち詩人たちがその自然美を賞賛したからである。詩を読むと，人々はそれらの風景を想像することができる。そのような場所を訪れると，人々は詩人たちの気持ちをもっと身近に理解するのに役立ち，詩への理解が深化する。

(4) なかには，本の中の自分たちの大好きな登場人物たちが暮らし冒険をした場所を楽しく訪れる人たちもいる。たとえば，ロンドンには架空の探偵であるシャーロック・ホームズの家だと名付けられた住まいがある。彼についての物語が書かれた時代には，そのような家はなかった。しかし，その人気のために，市は後に本から物語の中の描写に合った建物に本の中の住所を割り当てた。物語が起きた場所に直接，身を置くことで，訪問者たちはその環境に影響を受け，そのことが，彼らの読んだものの解釈に変化を与える。彼らはもっと深くその物語の中に自分を投影し，物語をさらに楽しむことができる。

(5) 有名な作家や画家が住んだ家やアトリエを訪れることは，たとえその場所が創作の中で明確でないとしても，その作品に対する洞察力を与えることがある。たとえば，有名な作家の少年時代の家を訪れると，物語や登場人物の発想がどこから生まれたかが明らかになることがある。画家のアトリエへ踏み入ることで，訪問者は画家と同じ環境を経験し画家が見たのと同じものを見る機会を得ることができる。これによって，人々は芸術作品をより身近なものに感じ，さらに深く理解できるようになる。

(6) 創造作品に関連した実際の場所を訪れることは，その場所やその作品自体の理解を助ける新しい洞察力を訪れる者に与える。時々，人々は，訪問中に作品の解釈を適用し，その場所の理解を豊かにする。またある時には，その場所を訪ねて，人々は芸術作品の異なったより深い理解に達することがある。これらの経験は訪問者にとってとても重要である。実際の場所と創造作品から生まれたイメージとの相互作用は，人々のその両方への理解力を増やす。

【語句】
◆第 1 段落◆
- (be) associated with A「Aと結びついている／連想させる」
- novel「小説」
- painting「絵画」
- poem「詩」

- apply A to B「AをBに利用する／適用する」本文では，A は what they previously learned from their visits, B は their interpretations of those creative works を示している。

［例］　We can't **apply** this rule **to** diplomats.
　　　　この規則を外交官に適用することはできません。

- previously「以前に」
- interpretation「解釈」
- pleasure「喜び」
- improved「さらに良くなった／改善された」
- satisfaction「満足（感）」
- become absorbed in A「Aに夢中になる」

［例］　The children in the classroom **became** so **absorbed in** playing and so they weren't aware of fire and did not try to get out of the school building.
　　　　教室の中にいた子供たちは遊びに夢中になって，火事に気づかず，校舎の外に出ようとしなかった。

- valuable「価値のある」

◆第2段落◆
- historical「歴史に関する」
- rewarding「有益な／価値のある」
- be true「あてはまる」
- open space「空地」
- knowledge「知識」
- enable A to-不定詞「Aが〜するのを可能にする」

［例］　This app **enables** you **to** learn vocabulary easily.
　　　　このアプリを使えば語彙が楽に学べる。

- bring back to life A / bring A back to life「よみがえらせる」

［例］　This success may enable us to **bring back to life** the mammoths sleeping in the permafrost of Russia.
　　　　この成功によって，我々はロシアの永久凍土に眠るマンモスをよみがえらせることができるかもしれない。

- event「事件／出来事」
- take place「起こる」
- transform「変化させる」
- desolate「無人の／荒廃した」
- vision「幻影」
- engage in A「Aに従事する」
- pleasurable「楽しい」
- at the same time「同時に」

— 382 —

◆第3段落◆

・description「描写」
・poetry「詩」
・gaze upon A「Aを見つめる」
・Lake District「湖水地方」イギリス最大の国立公園。イングランド北西部にあり，リゾート地。手つかずの自然が残されている地域。ピーターラビットの生誕地としても有名。また，ワーズワースの詩でも有名。
・similar「同様の」
・praise「賞賛する」
・closely「身近に」
・deepen「深化させる」

◆第4段落◆

・favorite「大好きな」
・character「登場人物」
・adventure「冒険」
・for example「たとえば」
・residence「住まい／住居」
・(be) labeled as A「Aと名付けられている」
・fictional「架空の／小説の」
・detective「探偵」
・Sherlock Holmes「シャーロック・ホームズ」19世紀の英国の作家アーサー・コナン・ドイルの推理小説の探偵。ベーカー街221B のハドソン夫人宅に下宿する。相棒はジョン・ワトソン。
・due to A「Aのために／Aのせいで」

［例］　This message was undeliverable **due to** the following reason:
　　　　このメッセージは以下の理由のため送信されませんでした

・popularity「人気」
・assign A to B「AをBに割り当てる」

［例］　The boss **assigned** him **to** a big task.
　　　　上司は彼に大きな仕事を割り当てた。

・directly「直接に」
・surroundings「環境」
・alter「変化を与える」

◆第5段落◆

・provide「与える」
・insight into A「Aに対する洞察力」
・obvious「明らかな」
・reveal「明らかにする」

74

- inspiration「発想」
- step into A「Aに踏み入る」
- studio「アトリエ」
- environment「環境」

◆第6段落◆
- actual「実際の」
- provide A with B「AにBを与える」
- aid「助ける」
- comprehension「理解」
- enrich「豊かにする」
- of great value「とても重要である」（＝very valuable）
- interaction「相互作用」

【解説】
A
問1　46　②

以下のどれが第2段落で使われている <u>desolate</u> と意味的に最も近いか？　46

①　汚い
②　人のいない
③　有害の
④　きびしい

第2段落の第1〜3文に「歴史小説を楽しむ人たちにとって，読んだことのある場所の1つを訪れるのは有益でありうる。その場所が単なる空地のように見えるとしても，このことは当てはまる。彼らがその地域について知っている知識のおかげで，彼らはその光景をよみがえらせることができる」とあり，下線部の文で，「訪問者が精神力を駆使してそのような <u>desolate</u> の光景を rich で完全な幻影に変化させるとき」とある。desolate と rich「豊かな」が対になっていることが推測できる。「人のいない／空虚な」の②が正解。

問2　47　③

第3段落によれば，イングランドと日本の詩人はどのように似ているか？　47

①　彼らは自分たちをとりまく自然を批判した。
②　彼らは自然の価値を保存することを意図した。
③　彼らは作品の中で自然への理解を示した。
④　彼らは自然地域をもっと有名にしたかった。

第3段落第2〜3文に「日本のいくつかの場所は，その場所にたたずみ，今でも我々が立つことのできる地点から風景を眺め，詩の中に感情を記録した有名な詩人のために，人気がある。イングランドの湖水地方は同様の理由で有名である」とあるので，③が正解。

— 384 —

2018年度　追試験〈解説〉 75

問3 48 ①

　第4段落によると，ロンドンのシャーロック・ホームズの住まいについて以下のどれが当てはまるか？ 48

① **それは彼の名声のために生まれた。**

② それは他の場所に移された。

③ その環境は彼のファンによって変わった。

④ 彼の物語の多くはそこで執筆された。

　第4段落第3～4文に「彼についての物語が書かれた時代には，そのような家はなかった。しかし，その人気のために，市は後に本から物語の中の描写に合った建物に本の中の住所を割り当てた」とあるので，①が正解。

問4 49 ③

　第5段落によると，以下のどれが正しいか？ 49

① 非常に多くの芸術家が，誕生の地で人気作品を生み出した。

② 創造作品はそれらが生まれた場所でよく展示されている。

③ **人々は芸術家が住んだ場所と彼らの創り出したものの間に関連を見つけることができる。**

④ 訪問者は画家や作家が仕事をしている場所で彼らに会うことを楽しむことができる。

　第5段落第1文に「有名な作家や画家が住んだ家やアトリエを訪れることは，たとえその場所が創作の中で明確でないとしても，その作品に対する洞察力を与えることがある」とあるので，③が正解。

問5 50 ④

　本文の主題は何か？ 50

① 創造作品を正しく理解することはある場所へ行くのと同様ためになる。

② 場所の印象を忘れてしまうことは解釈に役立つ。

③ 創造された芸術を再生することは人がその芸術家を理解するのに役立つ。

④ **創造作品に結びついた場所を訪ねることは利益をもたらす。**

　第1段落の「小説，絵画，あるいは詩のような知っている創造作品と結びついた場所を，多くの人たちが訪れる」から始まり，以下の段落ではその場所を訪れることが作品の理解を深め洞察力を与えてくれることを述べている。具体例として，歴史小説，日本の詩人，イングランドの詩人，シャーロック・ホームズ，画家のアトリエの例が続く。最後の第6段落でも「実際の場所と創造作品から生まれたイメージとの相互作用は，人々のその両方への理解力を増やす」と結論付けている。したがって，④が正解。

— 385 —

B

51 ② 52 ③ 53 ④ 54 ①

段落	内容
(1)	導入
(2)	51 ②
(3)	52 ③
(4)	53 ④
(5)	54 ①
(6)	結論

① 芸術家の生い立ちについて知ることの重要性
② 現在に過去の光景を投影することの重要性
③ ある風景について筆者の見方を共有することの重要性
④ 創造作品の中の場面へ踏み入ることの重要性

　第2段落では「歴史小説を楽しむ人たちにとって，読んだことのある場所の1つを訪れるのは有益でありうる。…彼らは，人々がそこでどのように生きたかを思い描いたり，どのように歴史的事件がその場所で起こったかを想像したりすることができる」と述べており，これは②「現在に過去の光景を投影することの重要性」に相当する。第3段落では「詩を読むと，人々はそれらの風景を想像することができる。そのような場所を訪れると，人々は詩人たちの気持ちをもっと身近に理解するのに役立ち，詩への理解が深化する」と述べている。これは③「ある風景について筆者の見方を共有することの重要性」に相当する。第4段落では，「物語が起きた場所に直接，身を置くことで，訪問者たちはその環境に影響を受け，そのことが，彼らの読んだものの解釈に変化を与える。彼らはもっと深くその物語の中に自分を投影し，物語をさらに楽しむことができる」と述べられており，これは④の「創造作品の中の場面へ踏み入ることの重要性」に相当する。第5段落では，「有名な作家の少年時代の家を訪れると，物語や登場人物の発想がどこから生まれたかが明らかになることがある」とあり，これは①「芸術家の生い立ちについて知ることの重要性」に相当する。したがって，51 ②，52 ③，53 ④，54 ①が正解である。

英　語

（2017年1月実施）

2017 本試験

受験者数　540,029

平　均　点　　123.73

英語

解答・採点基準　　(200点満点)

問題番号(配点)	設問		解答番号	正解	配点	自己採点
第1問 (14)	A	問1	1	④	2	
		問2	2	③	2	
		問3	3	④	2	
	B	問1	4	②	2	
		問2	5	①	2	
		問3	6	②	2	
		問4	7	①	2	
第1問 自己採点小計						
第2問 (44)	A	問1	8	①	2	
		問2	9	②	2	
		問3	10	④	2	
		問4	11	①	2	
		問5	12	②	2	
		問6	13	③	2	
		問7	14	④	2	
		問8	15	①	2	
		問9	16	③	2	
		問10	17	①	2	
	B	問1	18	②	4 *	
			19	⑥		
		問2	20	⑤	4 *	
			21	①		
		問3	22	⑥	4 *	
			23	②		
	C	問1	24	⑤	4	
		問2	25	②	4	
		問3	26	⑦	4	
第2問 自己採点小計						

問題番号(配点)	設問		解答番号	正解	配点	自己採点
第3問 (41)	A	問1	27	②	4	
		問2	28	③	4	
	B	問1	29	③	5	
		問2	30	②	5	
		問3	31	③	5	
	C		32	③	6	
			33	④	6	
			34	②	6	
第3問 自己採点小計						
第4問 (35)	A	問1	35	③	5	
		問2	36	①	5	
		問3	37	④	5	
		問4	38	②	5	
	B	問1	39	④	5	
		問2	40	②	5	
		問3	41	④	5	
第4問 自己採点小計						
第5問 (30)		問1	42	①	6	
		問2	43	②	6	
		問3	44	④	6	
		問4	45	①	6	
		問5	46	②	6	
第5問 自己採点小計						
第6問 (36)	A	問1	47	④	6	
		問2	48	②	6	
		問3	49	④	6	
		問4	50	④	6	
		問5	51	①	6	
	B		52	④	6 *	
			53	②		
			54	③		
			55	①		
第6問 自己採点小計						
自己採点合計						

(注)　＊は，全部正解の場合のみ点を与える。

第1問 発音・アクセント

A 発音

問1 1 ④

① app<u>ear</u> /əpíər/「現れる」/íər/
② f<u>ear</u> /fíər/「恐怖」/íər/
③ g<u>ear</u> /gíər/「ギア」/íər/
④ **sw<u>ear</u>** /swéər/「ののしる／誓う」/éər/
したがって，④が正解。

問2 2 ③

① att<u>ach</u> /ətǽtʃ/「取り付ける」/tʃ/
② <u>ch</u>annel /tʃǽnl/「チャンネル」/tʃ/
③ **<u>ch</u>orus** /kɔ́:rəs/「コーラス」/k/
④ mer<u>ch</u>ant /mə́:rtʃənt/「商人」/tʃ/
したがって，③が正解。

問3 3 ④

① a<u>ss</u>ert /əsə́:rt/「断言する」/s/
② a<u>ss</u>ociation /əsòusiéiʃən/「協会」/s/
③ impre<u>ss</u> /imprés/「印象付ける」/s/
④ **po<u>ss</u>ess** /pəzés/「所有する」/z/
したがって，④が正解。

B アクセント

問1 4 ②

① marine /mərí:n/「海洋の」第2音節
② **rapid** /rǽpid/「急速な」第1音節
③ severe /sivíər/「厳しい」第2音節
④ unique /ju(:)ní:k/「ユニークな」第2音節
したがって，②が正解。

問2 5 ①

① **enormous** /inɔ́:rməs/「莫大な」第2音節
② evidence /évədəns/「証拠」第1音節
③ satellite /sǽtəlàit/「衛星」第1音節
④ typical /típikl/「典型的な」第1音節
したがって，①が正解。

問3 6 ②

① assembly /əsémbli/「集会」第2音節

— 389 —

4

② **correspond** /kɔ̀:rəspá:nd/「一致する」第3音節

③ distinguish /dɪstíŋgwɪʃ/「区別する」第2音節

④ expensive /ɪkspénsɪv/「高価な」第2音節

したがって，②が正解。

問4 ☐7☐ ①

① **definitely** /défənətli/「明確に」第1音節

② democratic /dèməkrǽtɪk/「民主的な」第3音節

③ independence /ìndɪpéndəns/「独立」第3音節

④ resolution /rèzəlú:ʃən/「決意」第3音節

したがって，①が正解。

第2問　文法・語法空所補充問題・語句整序問題・応答文完成問題

A　文法・語法

問1 ☐8☐ ①

今日，私は理科の授業で塩水は摂氏0度で凍らないと習った。

― 【ポイント】 ―

前置詞 at

　前置詞 at は，「温度／速度／距離など」を表す場合に用いられる。

［例1］　The temperature stands **at** 30℃.

　　　　気温は摂氏30度です。

［例2］　He usually drives **at** 50 miles an hour.

　　　　彼は通常，時速50マイルで運転する。

［例3］　She lives **at** 50 meters from the station.

　　　　彼女は駅から50メートル離れたところに住んでいる。

問2 ☐9☐ ②

　若者にもっと多くの仕事の機会を創出する必要があると，多くの専門家が考えている。

― 【ポイント】 ―

the＋形容詞

　the＋形容詞で「～の人たち」という意味を表すことがある。本問の the young は，「若者」（＝young people）の意味。

［例］　The government must do something to help **the unemployed**.

　　　失業者の人たちを助けるために政府は何かしなければいけない。

［例］　As a doctor Dick devoted his life to caring for **the sick**, **the injured** and **the**

― 390 ―

disabled.

　　医者として，ディックは病人，負傷者や障害のある人たちの世話に一生を捧げた。

・expert「専門家」

問3　　10　　④

　　最近，近所の木の葉が黄葉した。

── 【ポイント】────────────────────

動詞 turn

　動詞 turn は turn A で「Aになる」という意味になる。

［例］　The milk I bought a week ago has **turned** sour.

　　　　1週間前に買った牛乳が酸っぱくなった。

問4　　11　　①

　　家で食べるのはレストランで食べるのよりはるかに経済的なことが多いと，私は思う。

── 【ポイント】────────────────────

比較級の強調

　比較級の強調には，far，much，a lot などを用いる。

［例1］　This tea is **far** stronger than usual. Will you add some hot water?

　　　　　このお茶はいつもよりずっと濃いです。お湯を少し加えてくれませんか？

［例2］　This box is **much** larger than that one.

　　　　　この箱のほうがあれよりもずっと大きい。

問5　　12　　②

　　その映画の主演俳優に選ばれて，ラメシュはすぐにスターになった。

── 【ポイント】────────────────────

分詞構文

　分詞構文が文の述部動詞よりも前の「時」を示すときに，having＋過去分詞の形を用いる。本問では，述部動詞 became より be chosen が前の「時」を示している。

［例］　**Having read** the book, Mike returned it to the library.

　　　　マイクはその本を読み終えたので，図書館へ返した。

　また，分詞構文が受動態の場合，(having been)過去分詞とする。たいていは過去分詞だけの場合が多い。

［例］　**Having been written** on a red paper, the poem was hard to read.

　　　　赤い紙に書かれていたので，その詩は読みづらかった。

　この例文も本問も，過去分詞で始めることができる。

［例］　**Written** on a red paper, the poem was hard to read.

［本問］　**Chosen** as the leading actor in the film, Ramesh soon became a star.

6

問6 13 ③

　あなたが入手する情報なら何でも，できるだけ早く私にお知らせください。

―【ポイント】―

whatever の用法

　whatever A（名詞）SV で「S が～するどんな A でも」という意味を表す複合関係形容詞の用法。先行詞は取らず含んでいる。

［例］　You can buy **whatever toys** you like.

　　　どれでも好きなおもちゃを買っていいよ。

　関係代名詞を用いて書き換えると，any A that SV という形になる。

［例］　You can buy **any** toys **that** you like.

［本問］　Please give me **any** information **that** you get as soon as possible.

・information「情報」
・as soon as possible「できるだけ早く」

問7 14 ④

　台風が突然勢力を弱めたが，それは村にとっては朗報だった。

―【ポイント】―

前文の内容を受ける関係代名詞 , which

　関係代名詞 which が，前文の内容を先行詞にとることがある。この場合，つねに非制限用法(, which ...)で用いられ，that など他の関係代名詞は用いられないことに注意。

［例］　She said she was thirty years old**, which** was not true.

　　　彼女は30歳だといったが，それは本当ではなかった。

・typhoon「台風」
・village「村」

問8 15 ①

　彼は，ラッシュアワーの電車に乗ったとき，誤ってドアに傘をはさまれた。

―【ポイント】―

get A＋過去分詞

　get A＋過去分詞で「A を～させる／～してもらう／～してしまう」という意味を表す。この形では，A と過去分詞の間には，受動の意味関係が成り立つ。

［例］　I **got** my bicycle **repaired**.

　　　僕は自転車を修理してもらった。

問9 16 ③

　このクラスでアビーほど親切な人はいない。彼女はいつも困っている人を助けている。

－ 392 －

2017年度　本試験〈解説〉　7

┌─【ポイント】─────────────────────────
否定と比較

　否定と比較を用いると，最上級に相当する意味となる。本問の場合，否定の Nobody[Nothing] に as＋原級＋as A の同等比較で「Aほど〜なものはない」という意味になる。同様な表現は Nobody[Nothing]＋比較級 than A でもできる。

[例]　**Nobody** in the neighborhood is **as rude as** Ronald.
　　　近所の人でロナルドほど無作法な人はいない。

[例]　**Nothing** is **as important as** passion.
　　　何物も情熱ほど大切なものはない。

[例]　**Nothing** you wear is **more important than** your smile.
　　　君が身につけているもので君の微笑ほど大切なものはない。
└──────────────────────────────────

・in trouble「困って」

問10　17　①
　　アンジェリーナはこの前の土曜日に私が祭りを楽しんだかどうか尋ねた。

┌─【ポイント】─────────────────────────
時制の一致

　動詞が2つ以上ある場合は，共通の時制を用いるのが原則である。とくに，think，say，know，ask などの伝達動詞が過去になるとその後の従属節中の動詞は時制をひとつ前へずらして用いる。本問の場合は，「尋ねた(asked)」のが過去のことなので，空所では enjoy を had enjoyed にする。

[例1]　He **thought** that he **would** become a writer in future.
　　　　彼は将来，作家になろうと思った。

[例2]　My uncle **said** that he **had returned** from England three days before.
　　　　おじは3日前にイギリスから戻ったところだと言った。
└──────────────────────────────────

・festival「お祭り」

B　語句整序問題

問1　18　②　19　⑥
　　ケイタ：君の部屋は物が多いね。
　　シンディ：分かってるわ。実は，部屋をきちんと整頓しておくのがむずかしいの。

┌─【正解】──────────────────────────
Actually, I ｜find｜ it difficult ｜to｜ keep it neat and clean.
　　　　　③　②　　④　　①　　⑥　⑤
└──────────────────────────────────

┌─【ポイント】─────────────────────────
1．find it difficult to-不定詞

find it difficult to-不定詞で「〜することがむずかしいと思う」という意味を表す。

— 393 —

8

it は形式目的語で，to-不定詞以下の内容を指している。

［例］　He **found it difficult to do** the work by himself.

　　　　彼はその仕事を一人でやるのがむずかしいと思った。

2．keep A＋形容詞

keep A＋形容詞で「Aを〜にしている」という意味を表す。

［例］　Mary is very sensitive to heat, so she **keeps** the window **open** however cold it is outside.

　　　　メアリーは暑さにとても弱いので，外がどんなに寒くても窓を開けたままにしている。

問2　20 ⑤　21 ①

　　テッド：ジョーンズ教授にこの論文を書き直すように言われたよ。

　　ジャック：そうか，まあ，数時間かかるかもしれないが，きっともっと高い点数が取れるさ。

──【正解】──

Oh, well, it | may | cost you | a few | hours ,
　　　　　④　　⑤　　②　⑥　　①　　③

──【ポイント】──

動詞 cost

cost は cost A B の形で「A（人）にB（時間・労力・費用）がかかる／A（人）にB（損失・犠牲）を支払わせる」という意味となる。

［例］　It **cost** you much time, money and patience to get it.

　　　　あなたがそれを手にするには多くの時間と金と根気がかかった。

［例］　Only one mistake may **cost** a person his life.

　　　　ただひとつのミスで人は生命を失うかもしれない。

問3　22 ⑥　23 ②

　　リタ：ダニエルと私，もう帰らなきゃ。

　　父親：おや，どうしていつもより早く帰るんだい？　夕食まではいるだろうと思っていたのに。

──【正解】──

Oh, how come | you | are leaving | earlier | than usual?
　　　　③　　　⑥　　①　④　　②　　⑤

──【ポイント】──

1．How come

How come SV ...? で「なぜ…？」という意味になる。How come の後ろは，普通語順なのに注意が必要。

［例］　**How come** you missed the train?

— 394 —

なぜ列車に乗り遅れたの？

2．**earlier than usual**

earlier than usual で「いつもより早く」という意味になる。

［例］　The first snow came a month **earlier than usual**.
　　　　初雪が例年より1ヶ月早く降った。

C　応答文完成問題

問1　 24 　⑤

　　労働者：一度にこれらの仕事を全部はできない。どれを最初にしたらいいと思う？

　　同僚：ええっと，月報がとても重要だから，<u>忘れずに月報を5時までに提出しなければいけない。</u>

┌──【正解】────────────────────────
│
│ | you have to remember | to turn it in | by five o'clock. |
│ 　　　　　(B)　　　　　　　　(A)　　　　　　　(A)
│
└─────────────────────────────

・at the same time「一度に／同時に」
・realize「はっきりと理解する／実感する／気づく」
・turn in A / turn A in「Aを提出する」（＝submit）

┌──【ポイント】──────────────────────
│
│ **1．動詞 remember**
│
│ 　remember は後に to-不定詞と動名詞を目的語に取る。remember to-不定詞は「〜するのを覚えている／忘れずに〜する」の意味となる。remember 〜ing は「〜したのを覚えている／〜したのを思い出す」の意味となる。本問では，「月報」の仕事が重要でそれをまず提出すべきだとアドバイスしているので，to-不定詞を目的語にとる。
│
│ ［例1］　I **remembered to fill out** the form.
│ 　　　　　私は忘れずにその書類に記入した。
│ ［例2］　I **remembered filling out** the form.
│ 　　　　　私はその書類に記入したことを覚えていた。
│
│ **2．前置詞 by**
│
│ 　前置詞 by は，by A「Aまでには」の意味を表し，動作・行為の完了の時点を示す。一方，till A は「Aまで（ずっと）」という意味を表し，動作・状態がある時点までの継続を示す。
│
│ ［例］　He will come **by** midnight.
│ 　　　　彼は真夜中までにはやって来るでしょう。
│ ［例］　The concert has been put off **till** next week.
│ 　　　　コンサートは来週まで延期になった。
└─────────────────────────────

10

【解法のヒント】

「一度にこれらの仕事を全部はできない。どれを最初にしたらいいと思う？」の返事に同僚が何と答えたかを問う問題。左1列目では(B)が可で，(A)の realize は直後に to-不定詞も動名詞もこないので不可。提出するのがこれからのことなので，2列目は(A)だと分かる。また，3列目も(A)の by と結びつく。したがって，正解は⑤となる。

問2　25　②

　　　テイラー：またクリケットを見ているのかい？　どうしていつもクリケットの試
　　　　　　　　合を見るのか分からないよ。

　　　アデール：私，クリケットが大好きだし，これは大一番なの。<u>ルールが分かれば，</u>
　　　　　　　　<u>あなたにもクリケットは本当に面白いと思う</u>わ。

【正解】

If you knew the rules,	it would be	really interesting	for you, too.
(A)	(A)	(B)	

【ポイント】

1．仮定法過去

　If S' + 過去..., S would〔could / should / might〕+ 動詞の原形... の形で用いられる。現在と反対の事実や可能性の少ない未来の内容について述べる。

〔例〕　**If we caught** the 6 o'clock train, we **could** get there by lunchtime.
　　　　もし我々が6時の列車に乗れば，昼食時までにそこへ着けるだろう。

2．分詞形容詞

　動詞 interest は「(人に)興味をいだかせる」の意味を表すので，現在分詞 interesting は「人に興味をいだかせるような／興味深い」の意味になり，過去分詞 interested は「人が興味をいだかせられている／人が興味をいだいている」の意味になる。本問では it は cricket match なので「人に興味をいだかせるような」の意味である interesting を選ぶ。このような動詞の現在分詞・過去分詞を元にしてできた形容詞を「分詞形容詞」と呼ぶことがある。

【関連】

注意すべき分詞形容詞には次のようなものがある。

an exciting game「わくわくする試合」⟷ an excited audience「興奮した観衆」
a surprising report「驚くべき報告」⟷ a surprised look「驚いた顔つき」
disappointing results「期待外れの結果」⟷ a disappointed voice「がっかりした声」
amazing skills「驚くほどの技能」⟷ an amazed face「驚いた顔」

— 396 —

【解法のヒント】

アデールがクリケットの試合を見ていて，テイラーに「どうしていつもクリケットの試合を見るのか分からないよ」と言われ，何と答えたかを問う問題。左1列目は(A)，(B)ともに可だが，2列目で(A)，(B)ともに仮定法の形になっているので，1列目は仮定法過去の(A)だと決まる。すると2列目は仮定法過去で(A)と決まる。3列目は主語が it で cricket なので(B)になる。したがって，正解は②となる。

問3 26 ⑦

フリッツ：学生たちがナオキの噂を聞いたと言っていたよ。

ソフィア：私もそれを聞いたけど，そのうわさは嘘だわ。<u>どうすれば噂が広まるのを止められる</u>のかしら。

┌─ 【正解】 ─────────────────
I wonder │how we can│ │prevent it│ │from spreading.│
 　　　　　　(B)　　　　 　(B)　　　 　　　(A)
└──────────────────────

┌─ 【ポイント】 ───────────────

1．動詞 wonder

動詞 wonder は **wonder＋疑問詞**で「…かなと思う／…かなと知りたがる」という意味になる。wonder の後ろは間接疑問文となり，普通語順。

［例］ I **wonder why** he refused her invitation.

どうして彼は彼女の招待を断わったのかな。

2．prevent A from ～ing

prevent A from ～ing で「Aが～するのを妨げる／防ぐ」という意味になる。

［例1］ The new medicine **prevented** the disease **from** spreading all over the world.

その新薬は病気が世界中に広がるのを防いだ。

［例2］ James had a back injury that might **prevent** him **from** playing in tomorrow's game.

ジェイムズは背中に怪我をしたので明日の試合には出場できないかもしれなかった。

└──────────────────────

【解法のヒント】

フリッツにナオキの噂について話しかけられたソフィアが何と言ったかを問う問題。左1列目は(B)が可。(A)は wonder の後なのに，間接疑問になっていないので不可。2列目は(A)の persuade は「説得する」，(B)の prevent「妨げる」だが，3列目に spread「広まる」が来ているので，(B)の prevent だと推測できる。そうなると3列目は from のある(A)しかない。したがって，正解は(B)→(B)→(A)の⑦となる。

第3問　対話文空所補充問題・不要文選択問題・意見要約問題

A　対話文空所補充問題

問1　27　②

学生：今日あとで，先生に僕のスピーチの原稿をチェックしていただく時間はありますか？

教師：いや，今日は時間がないと思う。今日の午後，いくつか約束があるんだ。

学生：分かりました。ええっと，…②明日授業後に先生の部屋へ行ってもいいですか?

教師：いいよ。それから，来る前に読んでおけるようにメールで原稿を送っておいて。

・draft「草案／原稿」

・appointment「(人と会う)約束」

【他の選択肢】

① その約束を必ずキャンセルできるのですか？

③ 今日先生と約束しましょうか？

④ どうか見るべき原稿を渡してくれませんか？

【解法のヒント】

　スピーチの原稿のチェックを教師に断られた学生が次に何と言うかの場面。空所の直後で「いいよ。それから，来る前に読んでおけるようにメールで原稿を送っておいて」と教師が言っているので，「明日授業後に先生の部屋へ行ってもいいですか」を入れると自然な会話の流れになる。②が正解。

問2　28　③

　　ケン：今週末メモリアルパークに行くのはどう？

イーサン：ここからの距離はどのくらい？

　　ケン：そうだね，急行電車で2時間くらいだよ。

イーサン：おお，ちょっと遠いね。そこまではいくら？

　　ケン：6千円くらいだけど，本当に美しい場所だと聞いてるよ。

イーサン：分かってるけど，③それはかなり高すぎるね。どこか他に行くところを見つけようよ。

【他の選択肢】

① 僕は外出する気になれない

② それは僕らがそこに行く助けになる

④ 僕らはこの機会を見逃すわけにはいかない

・express train「急行電車」

・a bit「少し」

— 398 —

【解法のヒント】

　週末にメモリアルパークに行こうと誘うケンに対してイーサンが何と答えるかの場面。空所の直後で「どこか他に行くところを見つけよう」と言うイーサンはメモリアルパークに反対する理由が入ると判断できる。ケンの「６千円くらいだけど」という発言に対応した③が正解。

B　不要文選択問題

問1　[29]　③

【全訳】

　足にあった靴を履くことで，足の問題を減少することができる。正しい靴を選ぶために考えるべきいくつかの重要な点がここに述べてある。①インソール，つまり靴の内底は，歩く時に足にかかる衝撃を吸収する素材で作られていることを確認しなさい。②靴の上部は革や布のような通気性のある素材で作られているほうが良い。③ブランド品の革靴には流行のデザインなので有名なものがある。④ためしに履いてみるときは，靴の長さだけでなく深さや幅にも注意しなさい。正しい靴を履くことで，問題が減って歩くのを楽しむことができる。

【語句】

- ・proper「適切な」
- ・reduce「減少する」
- ・in order to-不定詞「～するために」
- ・make sure (that) SV ...「必ず…する／…を確かめる」

［例］　**Make sure** that you keep all the receipts.
　　　　レシートは必ず全部取っておくようにしてください。

- ・insole「インソール／靴の内底」
- ・be made of A「Aでできている」
- ・absorb「吸収する」
- ・impact「衝撃」
- ・breathable「通気性のある」
- ・leather「革」
- ・cloth「布」
- ・try on A / try A on「Aを試着する／履いてみる」

［例］　Can I **try on** this dress?
　　　　この服を試着してみてもいいですか？

- ・pay attention to A「Aに注意する」
- ・not only A but also B「AだけでなくBもまた」

［例］　The playwright **not only** wrote the plot and lines in detail, **but also** the detailed settings of places and camerawork.

14

　　その脚本家は筋とせりふだけでなく，場所の詳しいセッティングとカメラ
　ワークも書いた。

・length「長さ」

・depth「深さ」

・width「幅」

【解法のヒント】

　　このパラグラフは「正しい靴の選び方」について書かれたものである。その注意
すべき点として①「靴のインソール」，②「靴の上部」，③「ブランド品の革靴」，④
「ためし履き」があげられている。③だけが「ブランド品の革靴と流行のデザインと
知名度」を問題にしているので，前後の文脈と合わないことになる。したがって，
③が正解。

問2　30　②

　【全訳】

　　日本には物資を運ぶ方法がいくつかある。それぞれの方法にはいずれもその長所
と欠点がある。①空輸は，高価になることもあるが，迅速な配送を要する物資の輸
送には適している。②バスは多くの乗客を運ぶことができ，日常生活に便利であ
る。③一方，船は低費用で大量のものを運ぶことができるが，目的地に着くまでに
多くの時間がかかる。列車は駅にしか停車できないが，到着時間を容易に見積もる
ことができる。④トラックは，列車に比べるとあまり多くの物資を運べはしない
が，各戸に1件ずつ物を運ぶには有用である。それぞれの輸送方法のこのような長
所と欠点は，必要に応じて最善の方法を選べるよう，考慮されるべきである。

【語句】

・transport「運ぶ／輸送する」

・goods「物資／品物」

・advantage「長所／利益」

・disadvantage「欠点／不利益」

・delivery「配送」

・passenger「乗客」

・convenient「便利な」

・daily life「日常生活」

・large quantity「大量」

・destination「目的地」

・estimate「見積もる」

・compared with A「Aと比べると」

［例］　She is very meek **compared with** her noisy older sister.
　　　　彼女はやかましい姉に比べてとてもおとなしい。

・merit「長所／利点」

— 400 —

2017年度　本試験〈解説〉　15

・demerit「短所／欠点」

【解法のヒント】

　このパラグラフは，「物資の輸送方法」について述べたものである。①「空輸」，②「バスと乗客」，③「船での輸送」，④「トラック輸送」があげられている。②だけが物資の輸送ではないので，前後の文脈と合わないことになる。したがって，②が正解。

問3　31　③

───【全訳】───

　かつて覚えたことを忘れたら，最初にそれを覚えたところに戻りなさい。実証研究がこの考え方を支持している。たとえば，２つのダイバーのグループが海に潜った。①水中で一連の単語を聞いてから，ダイバーたちは陸に戻って思い出せる限りの単語を書き出した。②１日後，１つのグループは陸にいたが，もう１つのグループは海中に戻った。③研究者たちは，その単語のリストを慎重に選び，ダイバーたちはダイビングする場所を選んだ。④それぞれのグループは前日に覚えた単語を思い出して書くように要求された。　海に戻ったダイバーたちは陸に残ったダイバーたちよりも単語をよく思い出すことが分かった。したがって，人の記憶力は，覚えることと思い出すことが同じ環境でなされた方が勝っているようである。

【語句】

・originally「最初に」

・experimental study「実証研究／実験的な研究」

・underwater「水中で」

・write down「書き留める」

・researcher「研究者／調査者」

・selected「選ばれた」

・diving site「ダイビングする場所」

・recall「思い出す」

・It turned out that ...「…ということが分かった」

〔例〕　**It turned out that** most people use ordinary toothbrushes, but as they get older, more people start to use electric toothbrushes and dental floss.

　　　　ほとんどの人が普通の歯ブラシを使っていますが，年齢が上がるに従って電動歯ブラシやデンタルフロスを使うようになる人が多いことが分かりました。

・environment「環境」

【解法のヒント】

　このパラグラフは，「記憶の実験」について書かれたものである。冒頭の２文では，覚えたことを忘れたら，最初にそれを覚えたところに戻るという実証研究が行われたとある。①「水中で単語を聞いて陸で書き出す」，②「１日後，１つのグループは陸，もう１つのグループは海中に」，④「それぞれのグループは前日に覚えた単

— 401 —

16

語を思い出して書く」という実験内容と手順が述べられている。❸は「研究者たち
は，単語リストを選び，ダイバーたちはダイビング場所を選ぶ」という実験趣旨か
らずれている。よって，❸が正解。不要文選択問題の特徴である，語彙は似ている
が脱線した内容の文を挿入するという問題の典型である。

C　意見要約問題

32　❸

【全訳】

アリス：市長はこの町を発展させる方法を話し合うために，私にこの会議の進行を
　　　　するように頼まれました。トム，あなたから始めてくれませんか？

　トム：分かりました。ここに新工場が建てられたら，もっと多くの人たちがこの
　　　　町に移って来るでしょう。それは，お客さんがもっと増えるのですから，
　　　　地元の店やレストランの助けになります。また，ここの住民で隣の町で働
　　　　いている人の中には，ここで仕事を見つけられる人も出てくるでしょう。
　　　　たくさんの人たちが通勤で運転する往復時間の長さに不平をこぼしてきま
　　　　した。自宅にもっと近いところで働ければ，家族で一緒に過ごす時間が増
　　　　えて彼らの家庭生活が良くなることでしょう。

アリス：トム，あなたは，<u>❸私たちの町の人たちはここの新しい職場から利益を受
　　　　けるだろう</u>と言っているのですね？

【語句】

　・mayor「市長」
　・factory「工場」
　・customer「お客」
　・resident「住民」
　・complain about A「Aについて不平を言う」
　［例］　Bobby is always **complaining about** the food.
　　　　　ボビーはいつも食物のことで不平を言っている。
　・back and forth to work「仕事の行き帰りに」
　・improve「良くする／改良する」

【解説】

　①　私たちの町の住民には他の町に仕事に行くことを好む人が多い
　②　新しいビジネスは販売を増やすためにもっと多くのことをすべきである
　❸　私たちの町の人たちはここの新しい職場から利益を受けるだろう
　④　隣の町で働くことが人々の生活をもっと良くするだろう
　　トムは，自分たちの町に新しい工場ができることで地域住民に様々な利益がある
と述べている。したがって，❸が正解。

— 402 —

2017年度　本試験〈解説〉　17

33 　④

【全訳】

　　　トム：そう，その通りです。

キャロル：ええと，私はショッピングモールを建てた方がいいと思います。それは
　　　　　客にも店主にも良いことでしょう。新しい住宅団地が町の北東部に完成
　　　　　すれば，そこに住む人たちは近くで買い物ができるモールを喜ぶでしょ
　　　　　う。私の商売仲間の多くは新しい場所に移転できることを望んできまし
　　　　　た。そのようなモールは，より多くの人たちが店を訪れるでしょうか
　　　　　ら，店主の利益になるでしょう。

　リック：賛成です。モールは，町の他の地区の人たちが１箇所で買い物を全部で
　　　　　きるわけですから，彼らにも役立ちます。皆さんの時間を省いてくれる
　　　　　し，家族は生活をもっと楽しむことになるでしょう。それに，幹線道路
　　　　　の出口も同じ地区にあります。ですから，この町の人たちがそこに建て
　　　　　られたモールで買い物をするだけでなく，他の町の人たちもそこを利用
　　　　　しやすくなるでしょう。それで，ここの地域企業の利益は上がるでしょ
　　　　　う。

キャロル：その通り。その結果もっとお客がこの町に来てくれるだけでなく，この
　　　　　町の家庭生活もずっと良くなるでしょう。

　アリス：それでは，２人ともモールは，④私たちの町の経済と利便性を向上させ
　　　　　る助けになると感じているのですね。

【語句】

- ・shopping mall「ショッピングモール」
- ・housing complex「団地／集合住宅」
- ・complete「完成する」
- ・northeastern「北東の」
- ・be pleased with A「Aに喜ぶ／満足している」
- ・merchant「商人」
- ・benefit「利益」
- ・agree「賛成する」
- ・save A B「AのBを省く／AからBを省く」

［例］　Your help **saved** me a lot of work.
　　　　あなたが手を貸してくれたのでとても手間が省けました。

- ・highway「幹線道路」
- ・exit「出口」
- ・area「地域／分野」
- ・profit「利益」
- ・Right.「その通り」

― 403 ―

18

【解説】

① 幹線道路を修復する金銭をこの町にもたらす
② 繁華街と北東部を発展させる
③ 多くの論争や議論を引き起こす

・give rise to A「Aを引き起こす／生じさせる」

［例］ High unemployment can often **give rise to** crimes.
　　　 しばしば，高い失業率は犯罪増加につながることがある。

④ 私たちの町の経済と利便性を向上させる

　キャロルとリックの考えはリックがキャロルに賛成しているので，キャロルの発言の「新しい住宅団地が町の北東部に完成すれば，そこに住む人たちは近くで買い物ができるモールを喜ぶでしょう。…そのようなモールは，より多くの人たちが店を訪れるでしょうから，店主の利益になるでしょう」に要約されている。また，リックの最終2文も「ですから，この町の人たちがそこに建てられたモールで買い物をするだけでなく，他の町の人たちもそこを利用しやすくなるでしょう。それで，ここの地域企業の利益は上がるでしょう」と述べている。したがって，④が正解。

34 　②

　　【全訳】

レスリー：私はモールを建てたり，企業を立ち上げることがここの経済を伸ばすのに役立つ唯一の方法だとは思いません。私たちは，もうすでにこの町を有名にしている自然の美しさを利用する方法を見つけるべきです。それがこの町を家族の住みやすい場所にするのです。

　エレン：私もそう思います。私たちは，ここに住む家族や訪問者たちが楽しんでいるものを変えることなく発展するように努力すべきです。この町の美しい風景をもっと創造的に利用することは，人がここに来て住むのを促すことになるでしょう。そうなれば，この町にもっとお金が入ってきます。

レスリー：全く同感です。長い目で見れば，自然環境を保全しないとこの町は損害をこうむることになります。

　アリス：それでは，レスリーとエレンはこの町の自然的特徴を維持する重要性について述べているのですね。さて，これまでの話し合いから，皆さんが考えていらっしゃるのは，この町を発展させる際に，私たちは②住民の家庭生活を考慮するべきだということだと思えます。他に考慮すべき点があるかどうか確かめましょう。

— 404 —

【語句】

・economy「経済」

・scenery「風景」

・creative「創造的な」

・encourage A to-不定詞「Aに～するよう促す」

・in the long run「長い目で見れば／結局(は)」

[例]　**In the long run**, it is cheaper to buy the larger bottle than the small one.
　　　長い目で見れば，小瓶より大瓶を買った方が安い。

・surroundings「環境」

・preserve「保全する／保護する」

・maintain「維持する」

・features「特徴」

・so far「これまでの／今までのところ」

[例]　There has been no contact **so far** with her.
　　　これまでのところ，彼女との連絡がつかない状態になっている。

【解説】

① 　大きなショッピングセンターを建設する

② 　住民の家庭生活を考慮する

③ 　従業員の数を増やす

④ 　自然環境のことを考える

　アリスの発言は，前半はレスリーとエレンの発言「モールを建てることに反対し，自然的特徴を維持することの重要性」を要約しているが，後半はレスリーとエレンだけでなく，「工場やモールの建設を重視する」というトムやキャロルの意見を含めた内容になっているので，4人に共通する点が空所に入る。経済的な手法では対立しているが，「地域住民の家庭生活の向上」という点では共通していると推測できる。したがって，②が正解。①，③はトムやキャロルの考え方，④はレスリーとエレンの考え方。

第4問　図表・広告問題

A　図表問題

【全訳】

　スポーツや運動のような子供時代の身体活動は，大きくなってからの健康にとてもためになることがある。したがって，健康のために子供時代の身体活動を促進することは重要である。校庭は子供や若者が身体活動に参加する気持ちになる場所の1つである。よって，どのように校庭が生徒たちに利用されるかを知ることで，彼らの身体活動を促進するのに役立つ考えを得られる可能性がある。

　ある調査がデンマークの4つの学校で，どれ程異なるタイプの校庭エリアが利用

されているか，またそれらのエリアで生徒たちが活発であるか不活発であるかを調査するために実施された。その調査では，校庭エリアはその主要な特徴によって分類され定義された。グラスは運動場，または天然の緑の芝生エリアを表していて，サッカーによく使われたが，引かれたラインやゴールはなかった。マルチコートはテニスや他の球技用に設計され，表面は人工芝やゴムなど様々でフェンスで囲まれたエリアを指していた。ナチュラルはたとえば灌木や木立，自然石のあるエリアを表していた。プレイグランドは砂のような安全な表面にブランコや滑り台のような遊具のあるエリアを表していた。ソリッド・サーフェスはコンクリートのような最も硬い表面のエリアのことを指していた。このエリアは平らな広場で，競技用に数多くのペンキの印があり，様々な所にベンチが置かれていることが多かった。

　GPS装置や他の機器を使って，研究者たちは生徒たちが異なる校庭エリアで過ごす時間の長さとその身体活動の程度を測定した。図1は全生徒の各エリアにおける1日の使用時間の平均，そして子供(12歳以下)と若者(13歳以上)に分けられたそれぞれの平均を表している。ソリッド・サーフェスは全生徒がほとんどの時間を使ったエリアであることが明らかで，次にマルチコート，そしてグラスが続いていた。ナチュラルとプレイグランドは全生徒の平均が似ているが，プレイグランドの全生徒の平均は2分をわずかに超えていた。

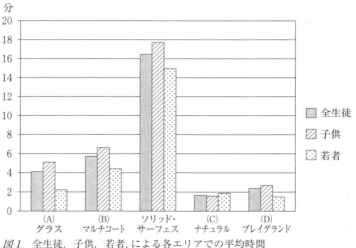

図1　全生徒，子供，若者，による各エリアでの平均時間

　さらに，研究は子供と若者が校庭で過ごす平均使用時間の違いを明らかにした。若者と比べて，子供はナチュラル以外のすべての校庭エリアでより多くの時間を過ごしていた。子供の方がより多くの時間を過ごすことは，4校すべての校則によって子供は昼休みに校庭を離れることは許されないが，若者は望めばそれが許されるという事実によって説明されるかもしれない。

　身体活動の程度に注目したとき，研究者たちは校庭エリアの違いを発見した。生

徒たちはグラスとプレイグランドにおいて最も活発だった。一方，ソリッド・サーフェスでは彼らは全く不活発で，若者が体を活発に動かしたのはそこで過ごした時間のわずか７％だけだった。

この調査結果は，校庭の様々な環境や特徴の可能性を調査することの重要性を示している。生徒の健康を増進するためには，子供や若者がする様々な競技が身体活動に参加して消費される時間の長さにどう影響するかを観察することも有益である。今度はこれらの関係に注目してみよう。

(アンリエット ボンド アンデルセン他(2015)『5種類の校庭エリアでの身体活動の客観的に測定された違い』を参考に作成)

【語句】
◆第1段落◆
- physical activity「身体活動」
- childhood「子供時代」
- benefit「ためになる／利益を与える」
- therefore「したがって」
- promote「促進する／奨める」
- schoolyard「校庭」
- adolescent「若者／青少年」
- take part in A「Aに参加する」

［例］　Many singers **took part in** the recording of this song.
　　　多くの歌手がこの歌のレコーディングに参加した。

- thus「よって」

◆第2段落◆
- study「調査／研究」
- conduct「行う」
- investigate「研究する／調査する／捜査する」
- area「エリア／場所」
- active「活発な／積極的な」
- passive「不活発な／受身の」
- classify「分類する」
- define「定義する」
- primary「主要な」
- characteristics「特徴」
- represent「表す」
- lawn「芝生」
- surface「表面」
- artificial grass「人工芝」

- rubber「ゴム」
- bush「灌木」
- play equipment「遊具」
- swing「ブランコ」
- slide「滑り台」
- describe「述べる」
- concrete「コンクリート」
- identify「確認する／特定する」
- flat「平らな」
- open space「広場」
- numerous「数多くの」

◆第 3 〜 4 段落◆

- GPS「衛星利用測位システム／全地球測位システム」（＝global positioning system）
- instrument「機器」
- measure「測定する」
- degree「程度」
- figure「図／表／グラフ」
- display「表す」
- per day「1 日につき」
- divide「分ける」
- similar「似た」
- furthermore「さらに」
- in comparison with A「A と比べる［比較する］と」

［例］ This phone is heavy **in comparison with** the new models that are now available.
この電話機は，現在入手可能な新型モデルと比べると重い。

- explain「説明する」
- according to A「A にしたがって／A によれば」

◆第 5 〜 6 段落◆

- on the other hand「一方／他方では」

［例］ **On the other hand**, most of the students don't like studying.
一方，ほとんどの学生が勉強嫌いだ。

- findings「調査結果／研究成果」
- potential「可能性／潜在能力」
- beneficial「有益である」
- affect「影響を与える」
- relationship「関係」

2017年度　本試験〈解説〉　23

【解説】
問1　35　③

本文によれば，マルチコートとソリッド・サーフェスの違いは何か？　35

① マルチコートとは異なり，ソリッド・サーフェスは年少の生徒が遊ぶ人工芝を含む。

② マルチコートとは異なり，ソリッド・サーフェスは生徒の競技用につけられた境界線を含まない。

③ ソリッド・サーフェスとは異なり，マルチコートは様々な素材で作られた比較的柔らかい表面になっている。

④ ソリッド・サーフェスとは異なり，マルチコートは何にも囲まれておらず，そのため利用しやすくなっている。

第2段落第4文に「マルチコートは…表面は人工芝やゴムなど様々でフェンスで囲まれたエリア」とあり，第2段落第7文に「ソリッド・サーフェスはコンクリートのような最も硬い表面」とあるから，③が正解。なお，②については第2段落最終文に「このエリアは平らな広場で，競技用に数多くのペンキの印があり」とあることから不正解。

問2　36　①

図1において，(A)，(B)，(C)，(D)は次のどれを指すか？　36

① (A)　グラス　(B)　マルチコート　(C)　ナチュラル　(D)　プレイグランド

② (A)　グラス　(B)　マルチコート　(C)　プレイグランド　(D)　ナチュラル

③ (A)　マルチコート　(B)　グラス　(C)　ナチュラル　(D)　プレイグランド

④ (A)　マルチコート　(B)　グラス　(C)　プレイグランド　(D)　ナチュラル

第3段落の第3文〜最終文に「ソリッド・サーフェスは全生徒がほとんどの時間を使ったエリアであることが明らかで，次にマルチコート，そしてグラスが続いていた。ナチュラルとプレイグランドは全生徒の平均が似ているが，プレイグランドの全生徒の平均は2分をわずかに超えていた」とあるから，(B)がマルチコート，(A)がグラス，(D)がプレイグランド，(C)がナチュラルだと分かる。したがって，①が正解。

問3　37　④

本文の主目的は　37　ことである。

① 子供時代に学校で体を活発に動かすことの利点を議論する

② 体を活発に動かす若者の数を増やすためにアドバイスする

③ 芝生のエリアで遊ぶことを生徒に促している学校を紹介する

④ 校庭のタイプがそこにいる生徒の行動に影響を及ぼすことを示す

本文の第1段落は「どのように校庭が生徒たちに利用されているかを知ること」の重要性を述べ，第2段落では「デンマークの4つの学校での調査と5種類の校庭エリア」の説明がなされている。第3〜4段落は「図1の全生徒，子供，若者，による各エリアに費やされる平均時間」の説明がなされている。第5段落は「調査か

— 409 —

ら分かった校庭と身体活動の程度」について述べている。ここから、④が正解だと分かる。また、本文の最後の出典の名称「*5種類の校庭エリアでの身体活動の客観的に測定された違い*」も参考になる。

問4 <u>38</u> ②

どんな話題が最終段落に続く可能性が最も高いか？ <u>38</u>

① 異なる活動のための様々な学校環境を調査する利点
② 競技の種類と活動的な時間の長さの関係
③ 校庭の環境が若者の身体活動に及ぼす影響
④ 校庭の表面が身体活動を行うのに使われる時間にどう影響するか

　最終段落の最終2文に「生徒の健康を増進するためには、子供や若者がする様々な競技が身体活動に参加して消費される時間の長さにどう影響するかを観察することも有益である。今度はこれらの関係に注目してみよう」とある。したがって、次に続く可能性が最も高いものは②と判断できる。

B 広告問題

【全訳】

若手プロデューサー国際協会(IAYP)は，毎年恒例のビデオクリップ・コンテストを本年もまた光栄にも開催致します。本コンテストは皆様の作品を数多くの視聴者と共有する素晴らしい手段です。25歳以下の方ならどなたでも参加できます。IAYPは，以下の4カテゴリーへの出品をご案内しています。

	テーマ	最長時間
カテゴリーA	チームスポーツに関するトピック	3分
カテゴリーB	友情に関する考え	5分
カテゴリーC	実話に基づく社会問題	5分
カテゴリーD	劇的な結末のミステリー	7分

締め切りは<u>2017年10月31日午後11時59分</u>(日本標準時)。各カテゴリーの最優秀作品3点が，著名なビデオ制作者の委員会によって選ばれ，12月にこのウェブサイトに掲載されます。総合優勝者1名は次回のオーストラリアにおけるIAYPシドニー大会への招待券が贈られます。ですから，この機会をお見逃しなく！ ビデオカメラを取り出して撮影を始めましょう！

次の手順に従ってください：
- ビデオを撮り，コンピューターでお選びのカテゴリーに合わせて適切な長さに編集して下さい。
- ここ をクリックして，あなたの詳細を入力し，ビデオクリップをアップロードして下さい。

規則及び条件：
- 各個人またはグループにつき1つのカテゴリーだけ選択できます。
- 締め切り前に送られたクリップのみ受け付けます。
- クリップはオリジナルで，かつコンテストに初めて出品されるものでなければなりません。

26

【語句】

- ・video clip「ビデオクリップ／録画ビデオの一部」
- ・association「協会」
- ・be proud to-不定詞「～できて誇りに思う／～できて光栄だ」
  - ［例］ I am **proud to** hear that.
    - 私はそれを聞いて誇りに思う。
- ・annual「毎年恒例の／1年に1度の」
- ・wide audience「数多くの視聴者」
- ・participate「参加する」
- ・related to A「Aに関係する」
- ・connected to A「Aに関する」
- ・based on A「Aに基づく」
- ・deadline「締め切り」
- ・committee「委員会」
- ・conference「大会」
- ・step「手順」
- ・condition「条件」
- ・for the first time「(生まれて)初めて」

【解説】

問1 <u>39</u> ④

IAYP ビデオクリップ・コンテストの目的は <u>39</u> を提供することである。

① 同年齢の新しい友だちと出会う場所
② ビデオクリップを制作するためのオーストラリアへの航空券
③ ビデオクリップをコンピューターで制作するための指導
④ **若い人々が自分の作品を発表する機会**

サイトの第2文～第3文に「本コンテストは皆様の作品を数多くの視聴者と共有する素晴らしい手段です。25歳以下の方ならどなたでも参加できます」とある。したがって，④が正解。

問2 <u>40</u> ②

ある高校の野球チームのメンバーたちが海外の姉妹校の選手たちとの絆に関する4分のビデオクリップを出品予定である。そのビデオクリップはどのカテゴリーに出品すべきか？ <u>40</u>

① カテゴリーA
② **カテゴリーB**
③ カテゴリーC
④ カテゴリーD

表中の4つのカテゴリーのうち長さが4分の作品が許されるのは，B，C，Dである。また，姉妹校の選手との絆を描いた作品なので友情をテーマとするカテゴ

— 412 —

リーBが適切。したがって，**②**が正解。

問3　41　④

　　このコンテストの出品要件に合うものは，次のどれか？　41

① 　若い日本人の探偵を主演とする9分のミステリードラマ
② 　ラグビーの試合の練習をする学生たちを描いた6分のビデオクリップ
③ 　地元の映画祭で3等賞をとった3分のビデオクリップ
④ 　2017年10月30日にこのウェブサイトにアップロードされた3分のビデオクリップ

　　④はウェブサイトで下線を施された締め切りより前の提出であり，指示された「手順」や「規則及び条件」にも合っていて，時間の長さも表中のどのカテゴリーにも合うので正解と分かる。なお，**①**は時間がすべてのカテゴリーの規定外，**②**は内容的にはカテゴリーAかカテゴリーBに相当するが，時間が規定外，**③**は他のコンテストに出品済みの作品であることが「規則及び条件」の第3項に違反しており，誤り。

第5問　長文読解問題（物語）

―――【全訳】―――

　ア―――――！

　大あくびをして僕は目を覚ました。なんて爽やかな朝なんだろう！　感覚がとても鋭く，いつもよりずっと鋭敏だと感じた。今までにないほどはっきりと鳥のさえずりが聞こえた。コーヒーの匂いが階下からのぼってくるのに気づいた。身体の前で両腕を伸ばし背中を上げた：それはとても気持ちがよかった。僕はきちんと座り直して，手をなめ，それから手で顔を洗い始めた…はぁ？　…　何かおかしかった。なぜ僕は舌で手をなめたりしているんだ？　なぜ体が毛皮で覆われているんだ？　何か言おうとしたが，口から出た音は…「ミャオー」

　僕がいるのは僕の寝室なのは確かだった。座っているのは確かに僕のベッドだった。すべてがいつもと同じだった。ただ自分が別の生き物に変わってしまったらしいことを除いて。すごく驚いたので身動きできなかった。何もできなかった。僕は思いめぐらした――人生の残りを動物として過ごさなければならないのだろうか？　僕は恐ろしくなり始めた…しかし，すぐに，そんな感情は消えた。それから，尻尾を一振りして，周囲を探検し始めた。猫の気持ちはそんな風に変わりやすいのだそうだ。

　下の階へ降りるにつれて，コーヒーの匂いがより強くなり，朝食が何なのか分かった。多分，猫の感覚は人間よりも鋭いのだろう。ダイニングに入ると，目にしたもののせいで心臓が止まりそうになった。それは*僕*だった！　人間の*僕*が食卓に座っていたのだ！　*僕自身*から目をそらすことができなかった。

　人間の*僕*はスマホに夢中になっていて，多分，友達のメッセージに返信している

― 413 ―

のか，オンラインゲームをしているのだろう。*僕*の頭を下のスマホの方に傾けながら，*僕*は肩を丸め，背中を曲げて座っていた。*僕*はとても居心地悪そうに見えた。

*僕*は時々トーストを少しかじったが，*僕*の口の中の味にまったく気づいていないように見えた。実際，*僕*の記憶の中のトーストの味はほんやりしていた。僕は最近，朝食に他に何が出されたかも思い出せなかった。人間の*僕*は，スマホをいじりながら，愚かにも，皿の上に乗っているものなら何でも*自分*の口の中に入れているだけだった。*僕*はメールの内容やゲームにとても集中していたので，*僕*の周囲で起きていることにほとんど興味を示さなかった。実際，*僕*の顔には何の表情もなかったのである。

「ユージ，最近，全然勉強しないわねえ。期末試験の準備はしたの？　あなたを見てるとちょっと心配になってくるわ」とママが言った。

「うーん」と*僕*は言った。*僕*の顔に不満の様子が少しの間浮かんだが，それは一瞬のうちに消えた。*僕*の顔は，また前と同じように無表情になった。

「<u>こいつは好きじゃない</u>」と僕は思った。しかし，こいつは僕だった。それを否定することができなかった。初めて，僕は自分が他の人に本当はどのように見えるのかに気づいたのだ。

そのとき，*僕*が食卓を離れようとしたとき，我々の目が合った。「わあ！　ママ，見て！　ダイニングルームに猫がいるよ！」

どうしてか分からなかったが，僕は走っていた。僕は逃げなければならないと感じた。階段を駆けのぼると，部屋の窓が開いているのが分かった。僕はジャンプした！　僕は奇妙な感じがした。世界が突然，変わってしまったように思えた。自分の体が下へ落ちて行っているのを感じた，そして…

バタン！

目が覚めると，部屋の床の上に寝ていた。僕はのろのろと起き上がりまわりを見た。すべてがいつもと同じように見えた。自分の両手を見た。僕はもはや手が毛で覆われていないのを見てほっとした。立ち上がって，あくびをすると，背中を伸ばすために両手を頭の上で伸ばした。僕はいつもの朝の習慣通り，何も考えず，充電が終わったスマホのある机まで歩き始めた，そして…僕は立ち止まった。

一瞬停止した後，僕は向きを変え，朝食に階段を降りていった。

【語句】

◆第1～2段落◆

- yawn「あくび」
- sharp「鋭敏な」
- than ever before「今までにないほど」
- notice「気づく」
- downstairs「階下」
- stretch out「伸ばす」

・back「背中」
・meow「ミャオー／ニャー」猫の鳴き声。

◆第3～5段落◆

・certainly「確かに」
・except A「Aを除いて」
・creature「生き物」
・the rest of A「残りのA」
・explore「探検する」
・changeable「変わりやすい」
・stair「階」
・human「人間」
・be absorbed in A「Aに夢中になる」
　［例］　She **was** totally **absorbed in** her work.
　　　　　彼女は自分の仕事に全く夢中になっていた。
・bend「曲げる」
・rounded shoulder「丸まった肩」
・curved back「曲がった背中」

◆第6～8段落◆

・bite「ひとかみ」
・taste「味」
・vague「曖昧な／ぼんやりとした」
・mindlessly「愚かにも」
・these days「最近／近頃」
・sign「兆し／兆候／表れ」
・disappear「消える」
・in an instant「一瞬のうちに」
　［例］　The ghost disappeared **in an instant**.
　　　　　その亡霊は一瞬のうちに消えた。
・expressionless「無表情な」

◆第9～14段落◆

・this guy「こいつ／この男」
・deny「否定する」
・escape「逃げる」
・shift「変化する」
・bump「バタン／ドスン」
・awake「目覚めて」
・relieved「ほっとして」

【解説】

問1 42 ①

ユージは自分が猫に変わったと気づいたとき，最初は 42 。

① 驚いた
② 恥ずかしかった
③ 興奮した
④ 満足した

第3段落第4文に「すごく驚いたので身動きできなかった」とあり，その後の第5文で，「何もできなかった」とあり，主人公の驚きの激しさが分かるので，①が正解。

問2 43 ②

ユージの母親が彼に話しかけたとき，43 ので，彼はいらいらした。

① 彼は母親を喜ばせたかった
② 母親の言葉が彼を困らせた
③ 彼の口は食べ物で一杯だった
④ 母親が彼の勉強を中断させた

第7～8段落に母親に勉強のことを話しかけられたユージの反応が描写されている。「僕の顔に不満の様子が少しの間浮かんだが，それは一瞬のうちに消えた。僕の顔は，また前と同じように無表情になった」とあるので，②が正解。

問3 44 ④

ユージが 44 ので，猫は「こいつは好きじゃない」と思った。

① 朝食で食べた食べ物の味を思い出すことができなかった
② 期末試験のために勉強する努力を隠そうとした
③ 母親が彼の将来を心配することをからかっていた
④ 自分の周囲の人や物に敬意を示していなかった

下線部の直前の第6～8段落で猫の自分は，人間の自分が食べ物や母親の言葉など周囲の事に全く関心を示さず，無表情のままスマートフォンに夢中になっているのを見た。そして「こいつ（＝人間の自分）は好きじゃない」と思い，「初めて，僕は自分が他の人に本当はどのように見えるのかに気づいたのだ」とあるので，④が正解。

問4 45 ①

物語の最後でユージはスマートフォンを手に取らなかった，なぜなら，彼は 45 から。

① 自分の態度を改める時だと決心した
② スマートフォンがまだ十分に充電されていないことが分かった
③ 自分の昔からの優先順位にこだわりたかった
④ 母親に叱られるのがこわかった

第13段落と最終段落は主人公のユージが猫から人間に戻る瞬間が描かれている。

ユージはそれまでの所で猫の目を通して見た自身の姿に嫌悪感を抱き，その典型がスマートフォンに熱中する姿であり，それを改める決意をしたと推測できる。特に最後の2文に，「僕はいつもの朝の習慣通り，何も考えず，充電が終わったスマホのある机まで歩き始めた，そして…僕は立ち止まった。一瞬停止した後，僕は向きを変え，朝食に階段を降りて行った」とあり，いつものようにスマートフォンを取りに行こうとしたが，思い直してスマートフォンを手に取らなかった。したがって，①が正解。

問5 　46　 ②

この物語の主題は何か？ 　46

① 　猫は人間よりもずっと優れた感覚を持っている。

② 　**自分自身を観察することは自己変革につながりうる。**

③ 　スマートフォンを使う人は奇妙に見える。

④ 　信じられないことが夢の中で起きうる。

猫になって，他者の視線で自分の姿を観察することになり，スマートフォンに夢中になり周囲の状況に全く関心がない自分に気づき，態度を改めようと思った，というのがこの物語のストーリーなので，②が正解。

第6問　長文読解問題（論説文）

【全訳】

(1) たいていの人にとって，友情は今の自分の価値ある重要な一部分である。確立した友情は我々自身をより理解するのにつながると，心理学者たちは指摘している。私たちは知人だけでなく，親友との対立に直面し，その結果，友情のいくつかが終わることもありうると述べている。運のいいことに，そのような対立が起きるときでさえ，友情を維持したり，守る方法を見つけることは可能である。

(2) 危うくなった友情を救うのに役立つ1つの方法は絶えず連絡をとることである。ある友人が私たちの気分を害することをしたと私たちが思うとき，私たちの最初の反応は接触を絶つことかもしれない。しかしながら，プライドを捨て，そうするのを避けた方が良いかもしれない。たとえば，メアリーは友人のスーザンの子供を，スーザンが夜間学校を終え，卒業するまで，毎週世話をした。しかしその後，メアリーはスーザンから数か月間，連絡をもらわなかった。だから，彼女はスーザンが自分をただ利用していただけだと思った。彼女はもうスーザンとは口をきかないと決めた。しかし，最後には，無理やり自分の感情を押さえつけてスーザンに自分の落胆について話した。スーザンはすぐに謝り，自分の勉強が終了した後，ただひたすら追いつくことだけしていたと語った。もしもメアリーが言い出さなかったら，問題があることを決してスーザンは，知らなかっただろう。私たちは怒っているときでさえ，接触を絶たないことが良い人間関係を維持していくのにとても重要である。

32

(3)　もう１つの友情を救う方法は，友人の観点から物事を見ることである。たとえば，マークは親友のケイトにとても腹を立てていた。彼女が病院にお見舞いに来なかったからである。彼女は幼い少女だった頃，重病で入院してから病院が怖いのだと，ケイトの友人から後で聞いた。それからマークはケイトが来なかった理由を理解して，怒る代わりに，彼女に同情をした。

(4)　友情に対応することの重要な部分は，私たちの必要性と生活様式が発展するにつれて，友情は変化しうるということを認め受け入れることである。たとえば，私たちは高校で親友を得るかもしれないが，いったん私たちが卒業し，仕事や勉強で別の町へ引っ越しをしたり，結婚したりすると，その友人に会うことは少なくなり，私たちの気持ちも変わるかもしれない。言い換えれば，時々，親密な友情が自然に変わるかもしれない。私たちはいまだに友人ではあるが，以前と同じようにではないかもしれないということを留意しておくべきである。

(5)　人々はどのように友情を長い間保つのだろうか？　あるひとつの研究では，その秘訣を見つけるために，研究者たちは長いこと友人だった多くの人たちにインタビューした。その人たちは，些細な誤解が友情を終わらせる原因となる大きな言い争いになっていかないようにしているということを発見した。友人の観点をとり，自分の正直な気持ちを言うのを恐れないことで，インタビューされた人たちは，些細なことが大きな議論になってしまわないようにすることができた。

(6)　私たちは皆，友情は大切だと知っているが，常に安定したものではないことも分かっている。友情を維持していく上での難しい点は，あらゆる人間関係で起こる良い時期にも悪い時期にも関係を強く保つことである。うまくいっているとき，私たちは友情を享受する。仲が悪くなるとき，上にあげた点を思い出すべきである。時には，私たちは人間関係を順調なものに戻すことができることもあるが，また時には，人間関係は変わりうることを受け入れ十分理解すべきである。しかし，友情がどのような状態であっても，友情は私たちの人生の大切な一部であり続けるだろう。

【語句】

◆第１段落◆

・friendship「友情」
・who S are「今の自分／〜（である）人」先行詞を含む用法で関係詞節中の補語となっている。

［例１］　He is not **who he was**.
　　　　　彼は今では以前の彼ではない。

［例２］　She is satisfied with **who she is**.
　　　　　彼女は今の自分に満足している。

・psychologist「心理学者」
・point out「指摘する」

— 418 —

- well-established「確立した／定評のある／定着した」
- conflict「対立」
- acquaintance「知人」
- result in A「Aという結果になる」
- fortunately「運のいいことに」
- save「守る」

◆第2段落◆
- in trouble「危うい状態で／トラブル状態で／困難な状況で／ピンチに立って」
  [例] You should always help your friend who is **in trouble**.
  　　　困っている友達がいたら，いつでも助けてあげなさい。
- response「対応」
- cut off「絶つ」
- swallow *one's* pride「プライドを捨てる／面子を捨てる／自尊心を抑える」
  [例] In order to succeed in business, you sometimes have to **swallow your pride**.
  　　　仕事で成功するためには，プライドを捨てなければならない時もある。
- watch「世話をする／気をつける」
- night school「夜間学校」
- hear from A「Aから連絡をもらう／Aから便りをもらう」
- in the end「最後には」
- force *oneself* to-不定詞「無理やり〜する／勇気を奮い起こして〜する」
- disappointment「落胆」
- immediately「すぐに」
- apologize「謝る」
- catch up with A「Aに追いつく／Aについて行く」
  [例] Lucy wanted to **catch up with** the car in front of her.
  　　　ルーシーは彼女の前を走っている車に追いつこうとした。
- complete「終了する」

◆第3段落◆
- from *one's* point of view「〜の観点から」
- upset「腹を立てて」
- be afraid of A「Aが怖い」
- be hospitalized「入院する」
- instead of 〜「〜の代わりに」
- feel sympathy「同情する」

◆第4段落◆
- deal with A「Aに対応する／対処する」
  [例] Some people find it difficult to **deal with** confrontation and prefer to find

solutions through compromise.

　　人との対立に対処することが苦手だと思い，妥協しながら解決を図ることを好む人もいる。

・needs「必要性」
・evolve「発展する／進化する」
・once SV ...「いったん〜したら」

［例］　You should stick to something **once** you have started it.
　　　　何かを一度始めたら，それにこだわるべきだ。

・in other words「言い換えれば」
・close friendship「親密な友情」
・alter「変化する」
・in nature「自然に」
・keep in mind「留意する，覚えておく／肝に銘じる／心に焼きつけておく」

［例］　**Keep in mind** that money doesn't grow on trees.
　　　　金は木になるわけではないということを覚えておきなさい。

◆第5段落◆
・researcher「研究者／調査者」
・keep A from 〜ing「Aが〜するのを防ぐ」

◆第6段落◆
・precious「大切な／貴重な」
・stable「安定した」
・challenge「難問」
・ups and downs「良い時期にも悪い時期にも／いろいろなこと／浮き沈み」

［例］　We've had our **ups and downs**, but we are still the best of friends.
　　　　いろいろなことがあったが，私たちは今でも親友だ。

・on track「順調に（進んで）」

［例］　We carried out our project **on track**.
　　　　私たちはプロジェクトを順調に実行した。

・at other times「またある時には」
・appreciate「十分理解する／正しく認識する」
・regardless of A「Aにかかわらず」

［例］　**Regardless of** what you may think, I am a hard worker.
　　　　あなたがどう思っているか知らないが，私は勤勉だ。

【解説】

A

問1　47　④

　　第1段落によると，心理学者たちは友情について何と言っているか？　47

①　友情は所有物にたとえられることが多い。

・compare「たとえる」

② 友情は不安定になるとき，修復するのが不可能である。

③ 友情のせいで私たちは知人と対立するようになることがある。

④ **友情は私たちが自分自身について知ることに役立つが，問題を生じうる。**

　第1段落の第2〜3文に「確立した友情は，我々自身をより理解するのにつながると，心理学者たちは指摘している。私たちは知人だけでなく，親友との対立に直面し，その結果，友情のいくつかが終わることもありうると述べている」とあり，友情関係の2つの面を述べている。したがって，④が正解。

問2　48　②

　以下のどれが第2段落の <u>swallow our pride</u> の意味に最も近いか？　48

① 誰かに感謝を伝える

② **自分の感情を抑える**

・hold back「(感情を)抑える／控える／思いとどまる」

③ 問題が起こるのを認識する

④ 誰かに会うのをやめる

　第2段落下線部の直前の第2文で，「ある友人が私たちの気分を害することをしたと私たちが思うとき，私たちの最初の反応は接触を絶つことかもしれない」とあり，その直後に逆接の副詞 However があることから，反対の内容が下線部を含む第3文に入ることが分かる。つまり，「しかしながら，　□　して，そうするのを避けた方が良いかもしれない」から推測する。直訳で，「プライドを飲み込む」から「プライドを抑える／捨てる」を推測できると良い。また第2段落後半の「メアリーとスーザン」のエピソードの「最後には，無理やり自分の感情を押さえつけてスーザンに自分の落胆について話した」とあることもヒントとなる。②が正解。

問3　49　④

　第5段落によると，研究は　49　ことが重要だと見つけた。

① 自分の本当の気持ちを表すのを躊躇する

② 誤解と口論を無視する

③ できるときはいつでも問題に我慢する

④ **問題が些細なもののときに解決する**

　第5段落の第3文に「些細な誤解が友情を終わらせる原因となる大きな言い争いになっていかないようにしているということを発見した」とあるので，④が正解。

問4　50　④

　第6段落によると，友情を維持するのに何が難しいのか？　50

① 新しいおもしろい友人を見つけること

② 関係をいつ変えるべきかを知ること

③ 友人が問題を抱えているかどうかを確かめること

④ **悪い時期も親しいままでいること**

　第6段落の第2文に「友情を維持していく上での難しい点は，あらゆる人間関係

36

で起こる良い時期にも悪い時期にも関係を強く保つことである」とあり，④が正解。また具体的に第5文で，「時には，私たちは人間関係を順調なものに戻すことができることもあるが，また時には，人間関係は変わりうることを受け入れ十分理解すべきである」と，友情を維持するのに何が難しいのかを述べている。

問5　51　①

本文の最適な表題になりそうなのは何だろうか？　51

① 長続きする友情のためのアドバイス
② 自分自身と友人を守ること
③ 友情の秘訣としての長所
④ 友情の性質の変化

第1段落の「友情を維持したり，守る方法を見つけること」から始まり，以下の段落ではその具体例を述べている。とくに後半では，友情を維持するのが難題となる点を述べ，第6段落の第1〜2文「私たちは皆，友情は大切だと知っているが，常に安定したものではないことも分かっている。友情を維持していく上での難しい点は，あらゆる人間関係で起こる良い時期にも悪い時期にも関係を強く保つことである」とすすめている。したがって，①が正解。

B

52　④　53　②　54　③　55　①

段落	内容
(1)	友情が重要であるという認識
(2)	52　④
(3)	53　②
(4)	54　③
(5)	55　①
(6)	覚えておくべき重要なことは何か

① 長期の友情に関する研究の結果についての報告
② 友人の観点から状況を見ることの重要性
③ 友情は変化を経験するということを理解することの重要性
④ 友人と接触と交流をし続けることの価値

第2段落では「危うくなった友情を救うのに役立つ1つの方法は絶えず連絡をとること」であり，「私たちは怒っているときでさえ，接触を絶たないことが良い人間関係を維持していくのにとても重要である」と述べられており，これは④「友人と接触と交流をし続けることの価値」に相当する。第3段落では「もう1つの友情を救う方法は，友人の観点から物事を見ることである」と述べている。これは②「友

人の観点から状況を見ることの重要性」に相当する。第4段落では，「友情に対応することの重要な部分は，私たちの必要性と生活様式が発展するにつれて，友情は変化しうるということを認め受け入れることである」と論じられており，これは③の「友情は変化を経験するということを理解することの重要性」に相当する。第5段落は，「人々はどのように友情を長い間保つのだろうか？　あるひとつの研究では，その秘訣を見つけるために，研究者たちは長いこと友人だった多くの人たちにインタビューした」とあり，その結果について述べている。これは①「長期の友情に関する研究の結果についての報告」に相当する。したがって，52 ④，53 ②，54 ③，55 ①が正解である。

MEMO

英　語

（2017年 1 月実施）

追試験
2017

英　語

解答・採点基準　　(200点満点)

問題番号(配点)	設問		解答番号	正解	配点	自己採点
第1問(14)	A	問1	1	②	2	
		問2	2	①	2	
		問3	3	③	2	
	B	問1	4	③	2	
		問2	5	②	2	
		問3	6	③	2	
		問4	7	①	2	
第1問　自己採点小計						
第2問(44)	A	問1	8	③	2	
		問2	9	③	2	
		問3	10	①	2	
		問4	11	③	2	
		問5	12	②	2	
		問6	13	④	2	
		問7	14	③	2	
		問8	15	③	2	
		問9	16	①	2	
		問10	17	③	2	
	B	問1	18	③	4 *	
			19	⑤		
		問2	20	④	4 *	
			21	①		
		問3	22	④	4 *	
			23	①		
	C	問1	24	②	4	
		問2	25	④	4	
		問3	26	②	4	
第2問　自己採点小計						

問題番号(配点)	設問		解答番号	正解	配点	自己採点
第3問(41)	A	問1	27	②	4	
		問2	28	①	4	
	B	問1	29	③	5	
		問2	30	②	5	
		問3	31	③	5	
	C		32	①	6	
			33	③	6	
			34	④	6	
第3問　自己採点小計						
第4問(35)	A	問1	35	②	5	
		問2	36	①	5	
		問3	37	①	5	
		問4	38	③	5	
	B	問1	39	④	5	
		問2	40	③	5	
		問3	41	③	5	
第4問　自己採点小計						
第5問(30)		問1	42	②	6	
		問2	43	④	6	
		問3	44	②	6	
		問4	45	④	6	
		問5	46	④	6	
第5問　自己採点小計						
第6問(36)	A	問1	47	④	6	
		問2	48	②	6	
		問3	49	②	6	
		問4	50	③	6	
		問5	51	②	6	
	B		52	②	6 *	
			53	④		
			54	③		
			55	①		
第6問　自己採点小計						
自己採点合計						

(注)　＊は，全部正解の場合のみ点を与える。

第1問　発音・アクセント

A　発音

問1 　1　　②
- ① borrow /báːrou/「借りる」/ou/
- ② **crowd** /kráud/「群衆」/áu/
- ③ growth /gróuθ/「成長」/óu/
- ④ narrow /nérou/「狭い」/ou/

したがって，②が正解。

問2 　2　　①
- ① **author** /ɔ́ːθər/「著者」/θ/
- ② bother /báːðər/「困らせる」/ð/
- ③ clothing /klóuðɪŋ/「衣類」/ð/
- ④ gather /gǽðər/「集める」/ð/

したがって，①が正解。

問3 　3　　③
- ① balloon /bəlúːn/「風船」/úː/
- ② foolish /fúːlɪʃ/「馬鹿な」/úː/
- ③ **stood** / stúd /〈stand「立つ」の過去・過去分詞/ú/
- ④ toothache /túːθèɪk/「歯痛」/úː/

したがって，③が正解。

B　アクセント

問1 　4　　③
- ① native /néɪtɪv/「母国の」第1音節
- ② neighbor /néɪbər/「近所の人」第1音節
- ③ **obey** /oubéɪ/「従う」第2音節
- ④ sacred /séɪkrəd/「神聖な」第1音節

したがって，③が正解。

問2 　5　　②
- ① appearance /əpíərəns/「外見」第2音節
- ② **document** /dáːkjəmənt/「書類」第1音節
- ③ genetic /dʒənétɪk/「遺伝子の」第2音節
- ④ impressive /ɪmprésɪv/「印象的な」第2音節

したがって，②が正解。

問3 　6　　③
- ① indicate /índəkèɪt/「指摘する」第1音節

42

② industry /índəstri/「産業」第1音節
③ **interfere** /ìntərfíər/「邪魔をする」第3音節
④ Internet /íntərnèt/「インターネット」第1音節

したがって，③が正解。

問4 　7　 ①

① **ceremony** /sérəmòuni/「儀式」第1音節
② certificate /sərtífɪkət/「証明書」第2音節
③ humanity /hju:mǽnəti/「人間性」第2音節
④ necessity /nəsésəti/「必要性」第2音節

したがって，①が正解。

第2問　文法・語法空所補充問題・語句整序問題・応答文完成問題

A　文法・語法

問1 　8　 ③

　私はほとんど自分の目を信じられなかった。そこで彼を見かけるとは思わなかった。

─【ポイント】─────────────

副詞 hardly

　副詞 hardly は「ほとんど〜ない」という意味を表す。scarcely とほぼ同意。

［例］　Martin could **hardly** sleep last night.
　　　　マーチンは昨夜ほとんど眠れなかった。

─────────────────────

【他の選択肢】

① certainly は，「確かに／きっと」の意味なので，不可。
［例］　This **certainly** looks like a big business.
　　　　これは確かに大きなビジネスのように見える。
② extremely は，「極端に／とても」という意味なので，不可。
［例］　He gambled **extremely** carefully, but was usually unlucky.
　　　　彼はとても注意深くギャンブルをしたが，たいていはついていなかった。
④ rarely は「めったに〜ない」という意味なので，不可。
［例］　Melanie **rarely** went to the movies in the downtown.
　　　　メラニーはめったに繁華街の映画に行かなかった。

問2 　9　 ③

　体力を回復するために，その患者は，毎日何回も頭の上に両腕をあげさせられた。

— 428 —

【ポイント】

1．使役動詞 make の受動態

使役動詞 make は make A + 動詞の原形で「Aに（強制的に）〜させる」の意味となるが，受動態になると be made to-不定詞の形で「〜させられる」の意味となる。この to-不定詞の代わりに動詞の原形を用いるのは不可。

［例］ He was made **to sign** the agreement.
(← They made him **sign** the agreement.)
彼はその合意書に署名させられた。

2．rise と raise

rise は自動詞で「上がる」という意味で，raise は他動詞で「上げる」という意味を表す。本問では次に目的語の his arms が来ているので，他動詞の raise を用いる。

［例］ House prices are likely to **rise** towards the end of this year.
住宅価格は今年の終わりに向けて上昇する可能性がある。

［例］ He was the first to **raise** his hand.
彼が最初に手を挙げた。

・recover「回復する」
・strength「体力／力」
・patient「患者」

問3　10　①
私の娘は学校の成績がいつも良い。だから私は彼女の将来に少しも不安がない。

【ポイント】

not in the least

not ... in the least は「少しも／全然／決して…でない」という意味を表す。否定の強意表現である。同様の表現に，in no way, definitely not, by no means, on no account がある。

［例］ I am **not in the least** interested in mathematics.
私は数学に少しも興味がない。

［例］ Aggression is **by no means** a male-only trait.
攻撃性は男性だけの特性では決してない。

・do well in school「学校で良い成績を取る」
・future「将来」

問4　11　③
たとえ天気が良くても，家は窓が開いたままにしておくべきではない。

44

【ポイント】

付帯状況の with

　付帯状況の with は，with A＋C の形で「A が C の状態をともなって」の意味となる。A には名詞／代名詞，C には〜ing／過去分詞／形容詞／副詞／前置詞句を用いる。本問では，A に the windows，C に形容詞の open が来ている。

［例1］　Don't chew food **with** your mouth **open**.
　　　　　口を開けたまま食べ物を噛んではいけない。（C＝形容詞）

［例2］　We tend to think that the earth is stationary **with** everything else **moving** around it.
　　　　　我々は，地球が静止していて，他のすべての物が地球の周りを回っていると思いがちである。（C＝〜ing）

［例3］　**With** his eyes **closed**, he began to speak.
　　　　　目を閉じたまま，彼は話しはじめた。（C＝過去分詞）

［例4］　He stood there **with** his hat **on**.
　　　　　彼は帽子をかぶったままそこに立っていた。（C＝副詞）

［例5］　He stood **with** his back **against the wall.**
　　　　　彼は壁にもたれかかって立っていた。（C＝前置詞句）

問5　📦12　②

　我々は高い山の薄い空気と急な坂道で，エネルギーを奪われた。

【ポイント】

動詞 rob の用法

　rob は rob A of B の形で「A から B を奪う」という意味を表す。

［例］　You **robbed** me **of** the chance to get a promotion.
　　　　あなたは，私から昇進のチャンスを奪った。

　rob A of B の受動態は，be robbed of B「B を奪われる」という意味となる。

［例］　She **was robbed of** her jewels in her absence.
　　　　彼女は留守中に宝石を取られてしまった。

　本問は，The thin air and the steep paths in the high mountains **robbed** us **of** our energy の受動態。

　なお，steal「盗む」の受動態 be stolen は，主語が「人」の場合は用いられない。

問6　📦13　④

　彼は，コンテストの受賞者を選ぶのが役目である委員会のメンバーだった。

【ポイント】

関係代名詞 whose

　直前の名詞（先行詞）を修飾して説明するのが関係代名詞であるが，関係代名詞節内で主語や目的語の役割を果たすのが関係代名詞の主格（who／which／that）や目

— 430 —

的格(whom / which / that)である。所有格の役割を果たすのが whose である。

たとえば，I know the boy. His father is an astronomer. という 2 つの文を 1 つの文にして，the boy を修飾する関係代名詞節をつくるとき，His father を whose father としてつなぐ。

［例 1 ］ I know the boy **whose** father is an astronomer.
私は，父親が天文学者の少年を知っている。

［例 2 ］ The house **whose** wall is green is my uncle's.
壁が緑色の家は私のおじの家です。

・duty「役目／義務／職務」
・competition「コンテスト／競争」

問 7　14　③

ヒロがまた弁当箱をこわしてしまったので，私は弁当箱を買うために買い物に出かけなければならない。

── 【ポイント】 ──

不定代名詞 one

one は不特定の単数名詞を表す代名詞で，本問の one は a lunch box を表す。本問では it にすると「ヒロがこわした特定の弁当箱」を表すことになる。ここはどれでもよい弁当箱を指す，不特定の one が正解。

［例］ His collection of stamps is a very valuable **one**.
彼の切手のコレクションはとても価値のあるものだ。
（one＝collection）

・lunch box「弁当箱」

問 8　15　③

私が今日，技術のクラスで発見したのは，宝石を作るのは本当に楽しいということだった。

── 【ポイント】 ──

1 ．関係代名詞 what

関係代名詞の what は「…するもの／…すること」という意味を持ち，先行詞をその中に含んだ関係代名詞で，what は the thing(s) which に相当する。したがって，名詞節を導く。本問では，I discovered △ today during craft class の△が前に出て，what に置き換わり what I discovered today during craft class となった形。

［例］ **What** surprised me was his cold attitude.
私を驚かせたのは彼の冷たい態度だった。

この例文では，what は節の中では動詞 surprised の主語の働きをしている。また，What surprised me がこの例文全体で，動詞 was の主語となっている。

2 ．名詞節を導く接続詞 that

接続詞の that は，名詞節を導いて文の主語，目的語，補語となることがある。本

── 431 ──

間では was の直後に来て，補語となっている。関係代名詞 what と間違えないように注意が必要である。

［例1］　My opinion is **that** he really doesn't understand you.
　　　　私の意見は，彼が本当にあなたの言うことが分からないということです。

［例2］　A good idea for you is **that** you study Russian now.
　　　　君にとっていい考えというのは，君が今ロシア語を学ぶということだ。

・craft「技術」
・jewelry「宝石」

問9　16　①
　　最近の歴史ブームのおかげで，日本の城の多くはかなり多くの若者で賑わっている。

─【ポイント】─────────

1．many と much

　many は可算名詞の複数形，much は不可算名詞が続くが，それは many of A，much of A の形で用いるときも同じである。

［例］　**Many of** the artists in the show donated their fee to charity.
　　　　そのショーに出演したアーティストの多くは出演料を慈善事業に寄付した。

［例］　**Much of** our attitude is revealed not by words but by the way they are spoken.
　　　　私たちの態度の多くは，言葉によってではなく，話し方によって明らかにされる。

2．quite a few

　quite a few は「かなり多くの／相当多くの」という意味を表わす。同等表現に not a few / a good few がある。ただし，just a few「ほんの少し」quite few「非常に少ない」には注意。

［例］　He found **quite a few** grammatical errors when he checked my work.
　　　　彼は，私の宿題をチェックして，かなり多くの文法の間違いを見つけた。

問10　17　③
　　その映画を見る前に小説を読んでおいたなら，私は昨夜もっとその映画を楽しめただろう。

─【ポイント】─────────

仮定法過去完了

　仮定法過去完了は，If S' had ＋過去分詞 ......, S would have ＋過去分詞 .... の形で表す。それが表すのは，「過去の事実に反する内容」である。

［例］　**If** my parents **hadn't let** me study in Germany at that time, I **wouldn't have found** such a good job there.
　　　　私の親があの頃私をドイツで勉強させていなかったならば，そこでそんなに

よい仕事を見つけていなかっただろう。

・novel「小説」

B 語句整序問題

問1 | 18 | ③ | 19 | ⑤

デイジー：あなたの携帯ゲーム機はどこ？

アツコ：私がそのゲーム機で遊びすぎたので，ママが昨夜私から取り上げた
わ。

┌─【正解】──────────────────────────
My mom took | it | away from | me | last night ...
⑥　　③　　①　　②　　⑤　　④
└──────────────────────────────

┌─【ポイント】─────────────────────────
take away A from B / take A away from B

take away A from B で「AをBから取り上げる／奪う」という意味を表す。
Aに it など代名詞がくる場合，take it away from B のようにする。

［例］ The police **took away** my passport **from** me.
警察は私のパスポートを私から取り上げた。
└──────────────────────────────

問2 | 20 | ④ | 21 | ①

息子：歴史で悪い成績を取りそうで心配なんだ。

父：そうかい，必ず課題はすべて提出しなさい。それ以外に，お前にできるこ
とは何もないよ。

┌─【正解】──────────────────────────
Other than that, there's | nothing | else you | can | do.
⑤　　　　　④　　　③　⑥　①　②
└──────────────────────────────

┌─【ポイント】─────────────────────────
1．副詞 else

else は，「そのほかに」という意味を表す。通常，what, who などの疑問詞や
nothing, anything, something などと用いることが多い。

［例1］ Let me see something **else**.
何か別のものを見せてください。

［例2］ What **else** did she say？
彼女はほかに何と言ったのですか？

［例3］ There is nothing **else** to take the strain.
緊張をほぐしてくれるものはほかに何もない。

2．接触節，または目的格の関係代名詞の省略

制限用法の関係代名詞の目的格は省略されて，節が直接前の名詞（先行詞）を修飾
└──────────────────────────────

することがある。この節を接触節と呼ぶ。本問は，先行詞が nothing else で you can do が接触節，または目的格の関係代名詞の省略となっている。

［例］　It's the kind of thing **you hear about every day**.
　　　　それは毎日，耳にするような話だ。

問3 　22 　④ 　23 　①

　　　　　学生：ハモンド先生，地球温暖化の主な原因は何ですか？

　　ハモンド先生：正確には分からないけど，温室効果が関係していると考えられるわ。

─【正解】─────────────────────────────

but the greenhouse effect is thought to be associated with it.
　　　　　　　　　　　　　③　④　⑤②　①　⑥

──────────────────────────────────

・main cause「主な原因／主因」

・greenhouse effect「温室効果」

─【ポイント】───────────────────────

1．be thought to-不定詞

　be thought to-不定詞で「～と考えられている／～と考えられる」という意味を表す。

［例］　This phenomenon **is thought to** be brought about by pollution and global warming.
　　　　この現象は汚染と地球温暖化によってもたらされていると考えられている。

2．動詞 associate

　associate A with B で「A を B に結びつける／A と B を結びつける」という意味になり，受動態は be associated with B で「B と関係がある／B とかかわり合いを持つ」という意味になる。

［例］　Watch TV and movies and learn to **associate** words **with** action.
　　　　テレビや映画を見て言葉と行動とを結びつけるように学習しなさい。

［例］　In America, more than half of all endangered species **are associated with** forest ecosystems.
　　　　アメリカでは，絶滅危惧種の半数以上が森林の生態系と関係がある。

C　応答文完成問題

問1 　24 　②

　　　　デイビッド：今日は外出したくないなあ。

　　　　　　　　ユキ：元気を出して！　<u>出かけるのに，外はとってもいい天気よ。</u>川沿いを散歩するのはどうかしら？

─ 434 ─

2017年度　追試験〈解説〉　49

【正解】

It's such	a nice day	for us to go	outside.
(A)	(A)	(B)	

・come on「元気を出せ／しっかり／頑張れ」相手を元気付けたり，せきたてたり，ねだったりするときなどに用いる。

［例］　"**Come on**, we've got to get out of here."

　　　　"But where will we go?"

　　　　「さあ元気を出して，ここから出なくてはならない」

　　　　「でもどこへですか？」

・How about 〜ing「〜するのはどうですか」

・take a walk「散歩する」

【ポイント】

1. such a[an]＋形容詞＋A（可算名詞）

such a[an]＋形容詞＋A で「そんな〜なA」という意味を表す。冠詞の a[an] は such と形容詞の間に置く。

［例］　Unless you're going to use it regularly, it's no use buying **such an expensive** dictionary.

　　　いつも必ず使うつもりがなければ，そのような高価な辞書を買うのは無駄です。

2. to-不定詞の意味上の主語

to-不定詞の意味上の主語は for A の形で to の前に置く。本問では，for us が to go の意味上の主語になっている。

［例］　It is very important **for him** to go there.

　　　彼がそこへ行くことがとても重要です。

【解法のヒント】

「今日は外出したくないなあ」というデイビッドに，ユキが励まして何と答えたかを問う問題。空所の直後の文で散歩にさそっているので，(A)→(A)にすると「外はとってもいい天気よ」となり，文脈に合う。また，3列目は to-不定詞の意味上の主語のある(B)をとる。したがって，正解は②となる。

【その他の表現について】

too 〜 to-不定詞

too 〜 to-不定詞は「あまりに〜すぎて…できない／…するには〜すぎる」という意味を表す。

［例］　I was **too** excited **to** sleep.

　　　私は興奮のあまり眠れなかった。

　左1列目で(B)を選ぶと冠詞の a[an] の位置から，(B)→(B)→(B)となるが「天気がとても良いので私たちは出かけることができない」という意味になり不可。

— 435 —

50

問2　25　④

旅行業者：分かりました。それでは，あなたはアメリカではなくヨーロッパを旅
　　　　行するとお決めになったんですね？

　　お客：ええ，でもヨーロッパでどの場所を訪れたらよいのかよく分からない
　　　　のです。何かお勧めはありませんか？

【正解】

I'm not	sure which places	to visit	in Europe.
(A)	(B)	(B)	

【ポイント】

１．I'm not sure

I'm not sure ... で，「はっきりしない／よく分からない」という意味を表す。

［例］　**I'm not sure** where to park the car.

　　　　どこに車を駐車したらよいか分かりません。

２．which＋A（名詞）to-不定詞

which＋A（名詞）to-不定詞で「どのAを〜したらよいのか／すべきか」という意味になる。

［例］　I don't know **which way to go**.

　　　　どちらの道を進んだらよいのか分からない。

【解法のヒント】

　旅行業者に「あなたはヨーロッパを旅行するとお決めになったんですね」と言われたお客がそれに，何と答えたかを問う問題。左１列目，２列目で(A)，(B)ともに可で，(A)→(A)，(A)→(B)，(B)→(A)の可能性がある。しかし，２列目の(A)は３列目で(B)の to-不定詞の用法は visit の目的語が欠けているので不可で，(A)も should I visit は倒置語順になっているので不可。したがって，正解は④となる。

問3　26　②

マルコ：明日，契約を話し合うために弁護士と会う約束があるんだ。何かアドバ
　　　　イスしてくれないか？

　同僚：まず第１に，君が自分のために何をやってもらいたいのかを弁護士に分
　　　　かるように説明しなくてはいけない。

【正解】

you	have to make	it clear to him	what you want him	to do for you.
	(A)	(A)	(B)	

【ポイント】

１．形式目的語の it

SVOC の文では，O の位置に to-不定詞／動名詞／名詞節を置くことができないので，it が O の位置に置かれ，to-不定詞／動名詞／名詞節を後ろに回してその内容

— 436 —

を受ける。この it を形式目的語と呼ぶ。

［例1］　Sam found **it** difficult to understand English in Australia.
　　　　　サムはオーストラリアでは英語を理解するのが難しいと思った。

［例2］　Let's keep **it** secret that they got divorced.
　　　　　彼らが離婚したことは秘密にしておこう。

　本問の make it clear では it は後の疑問詞節 what you want him to do for you を表している。

［例3］　Please **make it clear** what you would like to do.
　　　　　何がしたいのかはっきりさせてください。

［例4］　He **made it clear** where the bag was.
　　　　　彼はバッグがどこにあるのかをはっきりさせた。

2．形容詞 clear

　形容詞 clear は「明らかな／はっきりした／明晰な」という意味を表す。

［例］　His explanation was **clear** to me.
　　　　彼の説明は私にはよく分かった。

3．want A to-不定詞

　want A to-不定詞は「Aに〜してもらいたい／Aが〜することを望む」という意味を表す。

［例］　We **want you to** send us some samples without delay.
　　　　あなたに即刻サンプルを送ってほしいものです。

【解法のヒント】
　マルコが明日の弁護士と会う約束でのアドバイスを同僚に求めている場面で，同僚が何と言ったかを問う問題。左1列目は(A)が可。(B)は get と2列目の clear がつながらない。2列目は(A)の形式目的語の it のある(A)が可。(B)の that clear は意味不明。3列目は空所のあとの to do for you につながる want のある(B)が可。(A)は let があり，to-不定詞につながらないので，不可。したがって，正解は(A)→(A)→(B)の②となる。

第3問　対話文空所補充問題・不要文選択問題・意見要約問題

A　対話文空所補充問題

問1　27　②

　マイク：ショッピングモールは本当に混んでるね，でもここでショッピングするのはいつも好きだ。それに僕が買ったTーシャツは全く安い買い物だった。

　キャシー：ほんとね。とてもよく似合ってたわ。さて，もうそろそろ帰る時間よ。雨まだ降ってるかな。

52

> マイク：あれ，見て！　土砂降りだよ。傘があってもずぶ濡れだよ。風邪をひき
> 　　　　たくないな。
> キャシー：いいわ。②<u>やむまでここで待ちましょう。</u>

・mall「ショッピングモール／商店街」
・good deal「安い買い物」

【他の選択肢】
①　すぐに回復するといいわね。
③　後で傘を買いましょう。
④　どうしても買い物が嫌なのね。

【解法のヒント】
　ショッピングモールで買い物をして帰ろうとしたとき，土砂降りにあった場面。空所の直前で「あれ，見て！　土砂降りだよ。傘があってもずぶ濡れだよ。風邪をひきたくないな」とマイクが言っているので，「やむまでここで待ちましょう」を入れると自然な会話の流れになる。②が正解。

問2　<u>28</u>　①

> ジョー：昨日，食料品の買い物に行った？
> テリー：いや，行かなかった。仕事に出かけるとき，君は僕に買い物リストを置い
> 　　　　ていってくれなかったよ。
> ジョー：本当？　テーブルの上に置いたと思ってたわ。
> テリー：①<u>どうやってこれらの書類の中でそれを見つけることができたというん
> 　　　　だ？</u>　僕らいつか，テーブルの上を片付けた方がいいね。そうでないと，
> 　　　　必要な物を決して見つけられないよ。

・grocery shopping「食料品の買い物」
・clean up「片付ける／きちんと整理する」

【他の選択肢】
②　昨日，何時に仕事に出かけたの？
③　どの食料品店に僕らは立ち寄ったの？
④　なぜそれがないのに買い物にでかけたの？

【解法のヒント】
　食料品の買い物リストをテーブルの上に置いていったというジョーに対してテリーが何と答えたかの場面。空所の直後で「僕らいつか，テーブルの上を片付けた方がいいね。そうでないと，必要な物を決して見つけられないよ」と続けて言っているテリーは，リストを見つけられない理由について何かを述べていると推測できる。「どうやってこれらの書類の中でそれを見つけることができたというんだ？」の①が正解。

— 438 —

B　不要文選択問題

問1　29　③

【全訳】

　カフェインが身体と健康に与える影響についてたくさんの調査がある。カフェインはコーヒー，茶のような多くの飲み物やチョコレートのようなスイーツに含まれている。①カフェインのよく知られた影響の1つは目を覚まさせておくことである。試験の前にたくさんコーヒーを飲んで夜遅くまで勉強しようとする人たちもいる。②カフェインが引き起こすかもしれない他の影響がいくつかある。たとえば，カフェインは時には心拍数や血圧を高めることがある。③それは，飲み物に苦味を加えるのにも使われる。④カフェインのとり過ぎは健康トラブルを起こすかもしれないと警告をする国もある。だから，毎日とるカフェイン量を考えた方がよいかもしれない。

【語句】

- research「調査／研究」
- effect「影響」
- caffeine「カフェイン」コーヒーやお茶などに含まれるアルカロイド。
- contain「含む」
- sweets「スイーツ」
- keep A awake「Aを目覚めさせておく」
- cause「引き起こす」
- for example「たとえば」
- increase「増加させる」
- heart rate「心拍数／心臓の鼓動」
- blood pressure「血圧」
- bitter「苦い」
- taste「味」
- as well「その上／なお」

［例］　I want this cola and that juice **as well**.
　　　　私はこのコーラと，それからあのジュースも欲しい。

- warn「警告する」
- amount「量」

【解法のヒント】

　このパラグラフは「カフェインの身体と健康への影響」について書かれたものである。その影響として①「目を覚まさせておくこと」，②「他の影響」，③「食べ物への苦味」，④「カフェインの取りすぎに対する警告」があげられている。③だけが「食べ物への苦味」を問題にしているので，「身体と健康」を問題にしている前後の文脈と合わないことになる。したがって，③が正解。

54

問2　**30**　②

【全訳】

　最も有名な料理法の1つであるフランス料理の大きな変化は16世紀に始まった。①イタリアのカトリーヌ・ド・メディシスが16世紀半ばにフランスへ移ったとき，彼女は自分の専門料理人を連れて来た。②フランスの至る所で，いろいろな種類の美味しいチーズやワインが地元の人たちのために用意されていた。③彼らはフランス料理をいろいろな形で変えたが，この新しい料理はまだ貴族階級に限られていた。④1700年代後半のフランス革命の結果，貴族階級に雇われていた料理人たちは失職し，その結果，普通の市民のためにレストランを開店した。これが今日のフランス料理の誕生についての説の1つである。

【語句】

- major change「大きな変化」
- cuisine「料理／料理法」
- Catherine de Médicis「カトリーヌ・ド・メディシス」(1519年4月13日－1589年1月5日)は，フランス王アンリ2世の王妃。フランスの食文化の発展に貢献したといわれる。
- professional「専門の」
- cook「料理人」
- a variety of A「種類豊富なA／いろいろなA」

　　［例］　I like to try **a variety of** foods at restaurants while traveling.
　　　　　　旅先のレストランでは，いろいろな料理を食べてみたい。

- delicious「美味しい」
- prepare for A「Aの用意をする」

　　［例］　We will **prepare for** your goodbye party.
　　　　　　あなたのお別れパーティーの用意をします。

- yet「とはいえ／しかし」
- be limited to A「Aに限られる」

　　［例］　Juvenile crime **is** not **limited to** big cities.
　　　　　　少年犯罪は大都会に限定されない。

- noble class「貴族階級」
- as a result of A「Aの結果として」

　　［例］　He can face accusations of perjury **as a result of** his testimony.
　　　　　　彼はその証言の結果として偽証罪に問われるかもしれない。

- the French Revolution「フランス革命」1789年7月14日のバスティーユ襲撃を契機としてフランス全土に騒乱が発生し，第三身分(平民)らによる国民議会が発足し，革命の進展とともに絶対王政と封建制度は崩壊した。
- therefore「その結果／したがって」

2017年度　追試験〈解説〉　55

・ordinary citizen「普通の市民」
・theory「説／理論」
・birth「誕生」

【解法のヒント】

　このパラグラフは，「フランス料理誕生の1つの説」について述べたものである。各パラグラフは，①「イタリアのカトリーヌ・ド・メディシスがフランスへ自分の専門料理人を連れて来た」，②「フランスの至る所で，いろんな種類の美味しいチーズやワインが地元の人たちのために用意されていた」，③「フランス料理は貴族階級に限られていた」，④「フランス革命の結果，料理人たちは失職したため，普通の市民のためのレストランを開店した」となっている。②だけが，「フランス料理誕生」に関する内容ではないので，前後の文脈と合わないことになる。したがって，②が正解。不要文選択問題の特徴である，語彙は似ているが脱線したような内容の文が挿入されているというパターンの典型である。

問3　31　③

　【全訳】

　人の中には，物を捨てるのを好まず，きちんと整頓して使えるようにしておくことで安心感を感じる人もいる。ケンタの祖母が，彼に元日の前に家の掃除を手伝ってくれるように頼んだとき，彼は他の誰にとっても価値のない古い物をたくさん見つけた。①彼女は受け取った包装紙をすべて保管していて，それは様々な素敵なリボンと一緒にきちんとたたまれていた。②紙の切れ端に巻きつけた小さな糸や紐だけでなく，予備のボタンの詰まった錠剤入れがあった。③チャリティーで売ってお金を稼ぐつもりだった珍しい逸品もいくつかあった。④こういった全てのものは，きちんと整理され，彼女が必要とするときにいつでも使えるように用意されていた。しかし，彼女は誰も，彼女自身でさえも，使わないだろうと分かっていた。それで，ケンタと祖母はそれらのものを全部捨てることにした。

【語句】

・sense of comfort「安心感」
・ordered「整頓して／手入れの行き届いた」
・ready for use「使える状態で」

〔例〕　After placement of the new container, the ink container indicator light will flash until the printer becomes again **ready for use**.

　　　新しい容器を取り付けたら，プリンターが再び使える状態になるまで，インク容器インジケータランプが点滅します。

・help＋動詞の原形「～するのに役立つ」

〔例〕　This video **helps explain** the benefits of eating vegetables.

　　　このビデオは野菜を食べる利点を説明するのに役立つ。

・New Year's Day「元日」（1月1日）

— 441 —

56

・stuff「物」
・of no value「価値のない」(＝valueless)
・wrapping paper「包装紙」
・neatly「きちんと／整頓して」
・fold「たたむ」
・along with A「Aと一緒に／Aとともに」
・pill container「錠剤入れ」
・stuffed「詰め込まれた」
・spare button「予備のボタン／ボタンのスペア」
・thread「糸」
・string「紐」
・strip of paper「ひときれの紙／短冊」
・rare「珍しい」
・collector's item「逸品／珍品」
・make money「稼ぐ」
・charity「チャリティー／慈善」
・well organized「きちんと整理されて／うまくまとめられて」
・whenever SV ...「…するときはいつでも」
・however「しかしながら」
・realize「分かる」
・decide to-不定詞「〜することにする／〜しようと決心する」

【解法のヒント】

　このパラグラフは，「ケンタの祖母の不用品の片付け」について書かれたものである。冒頭の 2 文では，物を捨てられない祖母のことと，手伝いのケンタが古い無価値のものを見つけたことが述べられている。①「包装紙をすべて保管していて」，②「小さな糸や紐だけでなく，予備のボタンの詰まった錠剤入れ」，④「こういった全てのものは，きちんと整理され，彼女が必要とするときにいつでも使えるように用意されて」という祖母が溜め込んでいた無価値の物について述べられている。ところが，③は「チャリティーで売ってお金を稼ぐつもりだった珍しい逸品もいくつかあった」という捨てるべき無価値のものという趣旨から外れた内容である。したがって，③が正解。

C　意見要約問題

　32 　①

~~~**【全訳】**~~~

ベッカー教授：君たちが，ワシントン州の至る所で，8 週間の農場作業体験を終えてから最初のクラスです。君たちに経験談のいくつかを共有しても

らいたいと思う。誰が最初にやりますか？　メラニー，どうぞ。

メラニー：私は伝統的農業に興味をもっていて，その方法の多くは現代の商業的農業でもとても有用かもしれないと思いました。ですから，その地域でかつて用いられた農法を採用している農場を選びました。そこで働く人たちは人工的化学薬品を使用しません。彼らはただ１つの穀物を植えるのではなく，様々な穀物を一緒に農地に植えます。多様な穀物を植えることが植物の病気を防ぎ，害虫の数を減らし，土壌の質を維持するのに役立つということを，本当に私は知りませんでした。同時に，この小さな農場で働く人たちがとても現代的な技術を用いているのに私は驚きました。たとえば，彼らは農地にいつ水を供給するのかを決めるのにコンピュータを使っていました。要するに，これらの農業従事者は，①古い農法と新しい農法を統合していたのです。

【語句】
・eight-week-long「8 週間の」
・go ahead「さあどうぞ／さあ〜しなさい」
・traditional farming「伝統的農業／伝統農法」
・method「方法」
・commercial farming「商業的農業」
・chose＜choose「選ぶ」
・adopt「採用する」
・way of farming「農法」
・region「地域」
・artificial「人工的な」
・chemical「化学薬品／化学物質」
・plant「植える」
・crop「穀物」
・multiple「複数の／多様な」
・prevent「防ぐ」
・disease「病気」
・decrease「減らす」
・harmful insect「害虫」
・maintain「維持する」
・quality「質」
・soil「土壌」
・at the same time「同時に」
・technology「(科学)技術」

・supply「供給する」

・in short「要するに／手短に言えば」

［例］ **In short**, I have to say that I disagree with you on this issue.

要するに，この問題に関して，あなたとは反対の意見であると言わざるを得ません。

・farmer「農業従事者／農場主」

【解説】

① **古い農法と新しい農法を統合して**

・integrate A and B「AとBを統合する／融合する」

② 計画に従って人工的化学薬品を散布して

・spray「散布する」

③ 先進的なコンピュータソフトウェアを更新し発展させて

④ 穀物を害になる病気から防ぐのに昆虫を用いて

　メラニーは，伝統的な農業を選び，そこで現代的な技術を目撃し驚いている。空所を含む直前の2文に「同時に，この小さな農場で働く人たちがとても現代的な技術を用いているのに私は驚きました。たとえば，彼らは農地にいつ水を供給するのかを決めるのにコンピュータを使っていました」とあるので，①が正解。

| 33 | ③ |

【全訳】

ベッカー教授：ありがとう，メラニー。それは興味深いですね。次は誰が話したいですか？　エリック？

エリック：はい。僕も小さな農場で働きました。ほとんどの時間を土壌を観察して植物を健全に保つことに費やしました。この農場は土壌を分析するのに最新の方法を使っていました。取得したデータを使って，仕事をする人たちは土壌の質を維持し次の穀物のために計画をたてました。彼らはその農業で，生物学と化学の新しい進歩を利用していました。僕はとても感動しました。僕の化学の知識を農業に適用できるとは思いませんでした。僕は間違いなく将来の仕事として農業を考えようと思います。

アン：私も小さな農場にいました。私は大都会の出身で，以前に庭で花を植えたことさえありませんでした。それで，農業従事者になることについては考えたことは一度もありませんでした。しかし，食品安全性に関心があって農業で働いてみたかったのです。現代の技術は野菜の安全性に影響しないでとても効果的に植物の状態を維持することを私は知りました。この経験を通じて，農場で働くことが将来の私にとって，とても魅力的な選択であると分かりました。

ベッカー教授：君たち2人とも③農業を今では可能性のある職業だとみなしているようだね。それでは，大農場へ行った人はいますか？　はい，デイ

— 444 —

2017年度　追試験〈解説〉　59

ビッド？

【語句】
・spend A(時間) ～ing「～するのにA(時間)を費やす／Aを～して過ごす」
［例］　We **spent** many hours **discussing** our plan.
　　　　我々は計画について話し合うのに何時間も費やした。
・monitor「測定する／観察する」
・analyze「分析する」
・data obtained「取得したデータ」obtained は過去分詞の後置修飾で data を修飾している。
・make use of A「Aを利用する」
・development「進歩／開発」
・biology「生物学」
・chemistry「化学」
・impressed「感動して」
・apply A to B「AをBに適用する／当てはめる」
［例］　Dr. House **applied** herbal remedies **to** that illness.
　　　　ハウス医師はその病気にハーブ療法を適用した。
・definitely「確かに，間違いなく，疑いなく」
・food safety「食品安全性」
・agriculture「農業」
・effectively「効果的に」
・vegetables「野菜」
・attractive「魅力的な」
・option「選択(肢)」

【解説】
①　製品の安全性を心配している
②　小さな農場で働いてたくさんお金を稼いだ
③　農業を今では可能性のある職業だとみなしている
④　農業に自分の化学の知識を使った

　エリックはその最終文で「僕は間違いなく将来の仕事として農業を考えようと思います」と述べており，アンもその最終文で「この経験を通じて，農場で働くことは将来の私にとって，とても魅力的な選択であると分かりました」と述べていて，2人とも農業を将来の職業として可能性があることを示唆しているので，③が正解。

— 445 —

60

34 ④

─**【全訳】**─

　デイビッド：僕が出かけた農場は非常に大きい商業用の小麦農場でした。それは大きな地域にまで広がっているので，働く者にとって水を供給したり化学薬品を散布したりした場所を覚えるのはやさしいことではありませんでした。間違えて同じ場所で２度働くこともよくあったと彼らは言っていました。今では，ナビゲーションシステムのおかげで，彼らは化学薬品と水の過度の使用を避けることができます。これが彼らの農業をずっと効率的なものにしています。そうでなかったら，彼らはとても時間の無駄をしていることになるでしょう。

　　　　　アン：わあ！　私が経験したこととはとても違うわ。

　ベッカー教授：ありがとう，デイビッド。君らは皆様々なことを学んだ。しかし，君たちの経験から，農場の大きさに関係なく，農場で，農業従事者は④現代的な技術を使っているようです。誰かさらに意見はありませんか？

【語句】

・huge「非常に大きい／巨大な」
・commercial「商業（用）の／業務用の」
・wheat「小麦」
・cover「〈範囲・広さ〉にわたる／及ぶ／広がる」
・mistakenly「間違えて」
・navigation system「ナビゲーションシステム」
・enable A to-不定詞「Aが〜できるようにする／Aが〜するのを可能にする」
　［例］　His money **enabled** him **to** travel as much as he wanted.
　　　　　お金のおかげで，彼はしたいだけ旅行ができた。
・avoid「避ける」
・excessive「過度の／やり過ぎの／必要以上の」
・application「（薬剤などの）使用／活用／利用」
・efficient「効率的な／効果的な／能率的な」
・otherwise「そうでなかったら」
・regardless of A「Aにかかわらず」
　［例］　Ben will carry out his plan, **regardless of** expense.
　　　　　ベンは出費にかかわらず自分の計画を実行するだろう。
・comment「意見／コメント／批評」

【解説】

　① 　ナビゲーションシステムを採用している
　② 　伝統的な方法を維持している

─ 446 ─

③　散水装置を借りている
④　**現代的な技術を使っている**

　　ベッカー教授の発言に「農場の大きさに関係なく」とあるので，小農場は，メラニー，エリック，アンの経験から，また大農場はデイビッドの経験に共通の要素が入ると分かる。たとえば，小農場のエリックは「この農場は土壌を分析するのに最新の方法を使っていました。取得したデータを使って，仕事をする人たちは土壌の質を維持し次の穀物のために計画をたてました。彼らはその農業で，生物学と化学の新しい進歩を利用していました」とあり，大農場のデイビッドは「今では，ナビゲーションシステムのおかげで，彼らは化学薬品と水の過度の使用を避けることができます」と現代的技術を挙げているので，④が正解。

第4問　図表・広告問題

A　図表問題

【全訳】

　睡眠不足が若者の健康と振舞いに問題を引き起こしていることを多くの調査が示している。それには集中力不足と学業成績の不振が含まれている。前睡眠活動として知られる，就寝前に若者が何をするかと，それらが若者の就寝する時刻に与える様々な影響に，研究者は関心を抱いてきた。

　5歳から18歳の2,000人以上の参加者に関するニュージーランドで行われた調査によって，様々な前睡眠活動が睡眠習慣に与える影響を研究者は調査した。参加者の就寝前の活動は3つのグループに分類された。*スクリーン時間*，たとえば，コンピュータを使ったり，テレビを見たりする時間；*ノンスクリーン時間*，たとえば，宿題をしたり読書をしたりする時間；*セルフケア時間*，たとえば，歯を磨いたり着替えをしたりする時間。活動のなかには，どのグループにも入らないものもあった。

　表1は就寝前90分にする10の共通する活動と各活動をする参加者の割合を示している。最も頻繁に報告されている活動は*テレビを見る*ことで，それにセルフケア時間に属する2つの活動が続いた。これら2つの活動の割合はテレビを見ることの割合にかなり近いけれども，次の活動の*食べる*ことではかなりの落差があった。*読書*という活動は*シャワーをする*という活動よりも低いようだった。さらに，読書を選んだ参加者の数はテレビを見る人の数の半分未満だった。

表1
10の共通する前睡眠活動

テレビを見ること	47.8%
着替え	41.8%
(A)　歯を磨くこと	41.5%
(B)　食べること	29.8%
トイレに行くこと	26.0%
手や顔を洗うこと	20.9%
(C)　シャワーをすること	19.3%
(D)　読書をすること	18.9%
起きたままでいること	18.2%
飲むこと(水，ミルク etc.)	14.1%

　前睡眠活動が参加者の就寝時刻に与える様々な影響を調査するために，研究者は参加者を2つの年齢グループに分けた。子供(5－12歳)と若者(13－18歳)である。各グループ内で，データはさらに分けられ分析された。第1に，データは参加者の就寝時刻によって分けられた(*とても早い，早い，遅い，とても遅い*)。それから，就寝時刻と各分類で様々な活動に使われた時間量との関係が調べられた。

　若者が子供よりもスクリーンに基づいた活動により多くの時間を使う傾向があったが，一方，子供は若者よりもセルフケア活動により多くの時間を使っていたことを図1は示している。より長いスクリーン時間を持った若年層はより遅く就寝しがちであるという点で，スクリーン時間と就寝の遅さの関係で似た傾向を両グループとも持っていた。したがって，スクリーンに基づいた活動をして過ごす時間の長さを削減するのを目標とすることは適切かもしれない。これは18歳以下の人たちが早く就寝してより長く眠るのを促すのに役立つであろう。

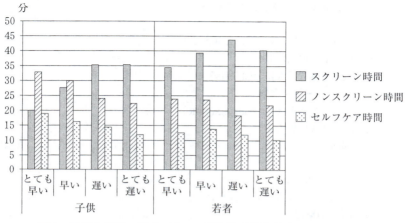

図1 子供と若者の行動パターン別平均時間と就寝の遅さの比較

　この研究によって，研究者は，参加者が就寝した特定の時間を調査した。しかし，もっとはっきりと彼らの睡眠習慣を見るためには，彼らが実際にどのぐらいの長さを睡眠に使っているのかも考慮しなければいけない。したがって，この研究で今まで討論された活動との関連で，このことを調査する必要がある。以下の箇所でこれに焦点を当てるつもりである。
(ルイーズ S. フォーリー他 (2013) *子供の前睡眠活動と睡眠開始時刻* の本文およびデータの一部を利用し作成)

【語句】
◆第1段落◆
- research「調査／研究」
- including A「Aを含んで」
- poor concentration「集中力不足」
- academic performance「学業成績」
- researcher「調査者／研究者」
- bedtime「就寝の時刻」
- pre-sleep activity「前睡眠活動」

◆第2段落◆
- survey「調査」
- conduct「行う」
- participant「参加者」
- examine「調べる」
- the effects various pre-sleep activities have on sleeping habits「様々な前睡眠活動が睡眠習慣に与える影響」various pre-sleep activities have on sleeping habits は

接触節で，the effects を修飾している。

various「様々な」

have an effect on A「Aに影響を与える」

sleeping habit「睡眠習慣」

・be grouped into A「Aに分類される」

・category「グループ／範疇」

・for instance「たとえば」（＝for example）

・belong to A「Aに属する」

◆第3〜4段落◆

・table「表」

・common「共通の／普通の」

・engage in A「Aに従事する／Aを行う」

・frequently「頻繁に」

・follow「続く／従う」

・close to A「Aに近い」

・considerable「かなりの」

・moreover「さらに」

・investigate「調査する／捜査する」

・divide「分ける」

・according to A「Aにしたがって／Aによれば」

・relationship「関係」

◆第5〜6段落◆

・figure「図／表／グラフ」

・tend to-不定詞「〜しがちである／〜する傾向がある」

［例］　They **tend to** think that he is the most efficient of the four.
　　　　彼が4人の中で一番有能だと思われがちだ。

・-based「〜を基にした／〜を本拠にした」

・〜, whereas SV ...「〜であるのに対して，／〜である一方で，…／〜だが，ところが，…」

［例］　I work in the factory, **whereas** she works in the office.
　　　　私は工場で働いているが，彼女はオフィスで働いている。

・similar「似た」

・tendency「傾向」

・in that SV ...「…という点において／…であるから」

［例］　They agree **in that** neither can win the argument.
　　　　どちらも議論では勝てないという点で，彼らの意見は一致した。

・be likely to-不定詞「〜しそうである／〜する可能性がある」

［例］　Rena **is likely to** leave school before the term is over.

リナは学期が終わる前に学校をやめそうだ。

・thus「したがって」
・appropriate「適切な」
・aim at A「Aを目的[目標]とする」
・length「長さ」
・encourage A to-不定詞「Aに～するよう促す」
・explore「調査する／探索する」
・specific「特定の／具体的な」
・actually「実際に」
・look into A「Aを詳しく調べる／調査する／研究する」

［例］　I can't give you an answer right now; I'll have to **look into** the matter first.
　　　　今すぐにはお答えできません，まずその件を調査しなければなりません。

・in relation to A「Aに関連して」
・present「現在の／今の」

【解説】

問1　35　②

表1において，(A)，(B)，(C)，(D)は次のどれを指すか？　35

① 　(A)　歯を磨くこと　　　　　(B)　食べること
　　(C)　読書をすること　　　　(D)　シャワーをすること
② 　(A)　歯を磨くこと　　　　　(B)　食べること
　　(C)　シャワーをすること　　(D)　読書をすること
③ 　(A)　食べること　　　　　　(B)　歯を磨くこと
　　(C)　読書をすること　　　　(D)　シャワーをすること
④ 　(A)　食べること　　　　　　(B)　歯を磨くこと
　　(C)　シャワーをすること　　(D)　読書をすること

　第3段落に表の説明がある。「表1は就寝前90分にする10の共通する活動と各活動をする参加者の割合を示している。最も頻繁に報告されている活動はテレビを見ることで，それにセルフケア時間に属する2つの活動が続いた。これら2つの活動の割合はテレビを見ることの割合にかなり近いけれども，次の活動の食べることではかなりの落差があった。読書という活動はシャワーをするという活動よりも低いようだった。さらに，読書を選んだ参加者の数はテレビを見る人の数の半分未満だった」とある。セルフケア時間に属する2つの活動とは，第2段落の説明「セルフケア時間，たとえば，歯を磨いたり着替えをしたりする時間」から，(A)が歯を磨くこと，(B)が食べること，また，第3段落の「読書という活動はシャワーをするという活動よりも低いようだった」から，(C)がシャワーをすること，(D)が読書だと分かる。したがって，②が正解。

問2　36　①

本文と図1によれば，以下の記述のどれが正しいか？　36

① 子供は若者よりもスクリーンに基づいた活動をすることに時間を使わない可能性がある。

② 分類の早くに属する子供は若者よりも長いスクリーン時間を持っている傾向がある。

③ 若者は子供よりも自分の世話をする時間を多くとりがちである。

④ 両方の年齢グループの参加者は，ノンスクリーン時間が増えれば増えるほど，就寝時刻はより遅くなる。

　　第5段落第1文に「若者が子供よりもスクリーンに基づいた活動により多くの時間を使う傾向があったが，一方，子供は若者よりもセルフケア活動により多くの時間を使っていたことを図1は示している」とあり，図1のスクリーン時間のどれもが若者の棒グラフの方が子供の棒グラフよりも長く，若者のスクリーン時間が多いことを示している。したがって，①が正解。

問3　37　①

　　本文の主目的は　37　ことである。

① 就寝前の活動と就寝時刻の関係を述べる

② 人々の睡眠習慣がノンスクリーン活動によってなぜ邪魔されるのかを説明する

③ 夜にスクリーンに基づいた活動をすることは健康に害をなすことを証明する

④ 増加したセルフケア活動の数がより遅い就寝につながることを示唆する

　　第1段落第2文に，「前睡眠活動として知られる，就寝前に若者が何をするかと，それらが若者が就寝する時刻に与える様々な影響に研究者は関心を抱いてきた」とあり，第2段落では実際に「5歳から18歳の2,000人以上の参加者に関するニュージーランドで行われた調査」の説明がなされていることから，①が正解だと分かる。また，本文の最後の出典の名称「*子供の前睡眠活動と睡眠開始時刻*」も参考になる。

問4　38　③

　　次に著者たちが重点を置く可能性が最も高いのは，以下の話題のうちどれか？

38

① 若い参加者におけるスクリーン時間の使用に関する批判的な意見に対する応答

② 子供と若者が早めに就寝するように促す方法に関連したアドバイス

③ 若者が何時間眠るかに前睡眠活動がどのように関係しているかについての説明

④ 早寝の人と遅く寝る人のスクリーン時間の使用を比べた研究についての考察

　　最終段落の第2～4文に「しかし，もっとはっきりと彼らの睡眠習慣を見るためには，彼らが実際にどのぐらいの長さを睡眠に使っているのかも考慮しなければいけない。したがって，この研究で今まで討論された活動との関連で，このことを調査する必要がある。以下の箇所でこれに焦点を当てるつもりである」とある。したがって，次に続く可能性が最も高いものは③と判断できる。

B 広告問題
【全訳】

 ## タリガン マカダミア ファームランド

新鮮な，健康的な，そして美味しいオーストラリア産マカダミアナッツ

　私たちのマカダミアナッツはタリガン丘陵の自営農場で有機栽培されたものです。繊維，ビタミン，ミネラルとヘルシーオイルが詰め込まれているので，私たちのマカダミアナッツは完璧な健康的なおやつになります。私たちの農場では，皆さんに様々な味わいの美味しいマカダミアナッツをお届けします。私たちのファームランドを見学して皆さん自身でマカダミアナッツを採ることができます。

開業15周年をお祝いするために，私たちは今やオンラインで注文を受け付けていることを謹んでお知らせします。皆さんは以下の種類を注文いただけます。
　　ナチュラルロー ― 焙煎も味付けもしてない木から直接採ったマカダミアナッツ
　　　　塩カレー ― 辛いカレーパウダーと海塩で軽く味付けしたマカダミアナッツ
　　　蜂蜜焙煎 ― 地元産の蜂蜜で焙煎されたマカダミアナッツ

オンライン配達注文用紙：
2017年1月1日現在の価格(税込み)

	重量	ナチュラルローナッツ	塩カレーナッツ	蜂蜜焙煎ナッツ
箱	100g	4ドル 0	5ドル 0	6ドル 0
袋	150g	6ドル 0	7ドル50セント 0	9ドル 0
缶	200g	8ドル 0	10ドル 0	12ドル 0

　ここ をクリックして，あなたの詳細を入力してください。

発送は10ドルの運搬／出荷代金で営業日2－5日間かかります。
国際出荷：具体的な運搬料金と予想運搬時間は，営業時間(9:00－17:00オーストラリア東部標準時)内にメールか，お電話をして下さい。
Eメール：tarrigunfarmland@tarrigun.com.au　Tel：212-555-0121

68

【語句】

- ・organically「有機的に／有機栽培で」
- ・family farm「自営農場」
- ・pack「詰め込む」本文では過去分詞の分詞構文。
- ・fiber「繊維」
- ・snack「おやつ／間食」
- ・pick「採る／摘む」
- ・celebrate「祝う」
- ・anniversary「記念日／〜周年」
- ・be pleased to-不定詞「喜んで〜する／謹んで〜する」
- ・announce「知らせる／宣言する」
- ・varieties「種類／(細かい)品種」
- ・raw「生の／加工していない」
- ・roast「焙煎する／ローストする」
- ・seasoned「味をつけた」
- ・salted「塩で味をつけた／塩味の」
- ・sea salt「海塩／粗塩」
- ・farm「養殖する／飼育する」
- ・delivery「配達」
- ・current「現行の／現在通用している」
- ・tax included「税込み」
- ・pack「箱／パック」
- ・working day「営業日／平日」
- ・shipping「運搬／発送／配送」
- ・handling「取り扱い／出荷」
- ・charge「料金」
- ・international「国際的な」

【解説】

問1 39 ④

タリガンマカダミアファームランドについて正しいのは以下のどれか？ 39

① そのファームランドでは，多くの様々な種類のナッツと野菜が栽培されている。

② ナチュラルローナッツはそのファームランドで塩と胡椒で風味付けされている。

③ マカダミアナッツのオンライン販売は15年前にそのファームランドで始まった。

④ 見学者は，希望すれば，直接木からナッツを採るチャンスがある。

— 454 —

サイトの第1段落最終文に「私たちのファームランドを見学して皆さん自身でマカダミアナッツを採ることができます。」とある。したがって、④が正解。ちなみに①は「野菜が栽培されている」が間違い。②は味付けされていないので不可。③は「オンライン販売は15年前に始まった」とあるが、「開業15周年をお祝いするために、私たちは今やオンラインで注文を受け付けている」とあり、オンライン販売は今回からなので、不可。

問2 40 ③

　オーストラリアに住むあるお客がマカダミアナッツをいくつか自宅へ送ってもらいたいと思っている。彼女はスパイシーな食べ物は全然食べられない。彼女の全予算は20ドルである。どれを彼女は注文する可能性が最も高いか？ 40

① 　2袋の蜂蜜焙煎ナッツ
② 　2箱の塩カレーナッツ
③ 　**2箱のナチュラルローナッツ**
④ 　2缶のナチュラルローナッツ

　2017年1月1日現在のオンライン配達価格の表に基づいて計算すると、①は2×9ドル＋10ドル＝28ドルで、予算オーバーで不可。②の塩カレーはスパイシーなので不可。③は2×4ドル＋10ドル＝18ドルで予算内。④は2×8ドル＋10ドル＝26ドルで、予算オーバーで不可。したがって、③が正解。

問3 41 ③

　オンライン配達について正しいのは以下のどれか？ 41

① 　ナチュラルローナッツはオンライン注文後1日で配達される。
② 　大量のナッツの注文は少しの割引がある。
③ 　**国際出荷についてのメールによる質問は受け付けられる。**
④ 　配送についての電話サービスは1日24時間利用できる。

　①は、表の下の注意事項に「営業日2－5日間かかります」とあるので、不可。②は割引がどこにも述べられていないので、不可。③は国際出荷のところに、「具体的な運搬料金と予想運搬時間は、営業時間(9:00－17:00オーストラリア東部標準時)内にメールか、お電話をして下さい」とあるので、③が正解と分かる。④は「営業時間(9:00－17:00オーストラリア東部標準時)内にメールか、お電話をして下さい」とあり、24時間営業ではないと分かるので、不可。

第5問 　長文読解問題（物語）

【全訳】

　「あなたたち、車におもちゃは1つだけ、本も1冊だけしか持ってけないわよ」私の命令は子供たちから涙と抗議で迎えられた。まだ朝の5時だったので、子供たちは眠たかった。でも、選択の余地はなかった。涙を出そうと出すまいと、私たちは車に荷物を積み込んで、朝の交通がひどくなる前に旅行に出かけなければならな

かった。

　私は子供時代を振り返って家族旅行を思い出した。長時間のドライブと弟とのありとあらゆることについての果てしない喧嘩。私たちは永遠に逃げ場を失ったようだった。私たちはすぐに後部座席にパーソナルスペースを要求し，それをその瞬間からバッグやクッションの境界で守った。最初のうち，私たちは本を読もうとしたが，車の動きのせいで私たちは気持ち悪くなった。それで私たちは眠ろうとしたが，心地よい姿勢が見つからなかった。結局，私たちは車の中で「推理ゲーム」をすることに同意することになるのだった。そのおかげで，私たちは勢いよく通り過ぎていく素晴らしい世界を見ることとなった。時々，私たちは誰が一番遠くから来た車を見つけるかを見るために他の車のナンバープレートを読んだものだった。今でもはるか遠くのアラスカから来た車を見たのさえ思い出す。そういった瞬間，私たちは決して認めはしなかったけれど，実際は一緒にいて楽しかった。

　パパは私たちの会話に入ろうとしてひどいジョークを言ったが，ほとんど人には言えないものだった。「その小さな男の子はなぜ時計を窓の外へ投げ捨てたのか？　彼は時間が fly（過ぎる）のを見たかったからさ」「アルファベットのどの文字が飲めるか？　T（tea 紅茶）だ」「数字の6はなぜ数字の7を怖がるのか？　7が9を食べたからだよ。分かるかい？　食べた一つまり（8）だよ。ハッ，ハッ，ハ！」パパは自分が世界最大のコメディアンだと思いながら，笑ったものだった。「ウエー，気持ち悪！」「ママ！　パパをやめさせて，」私たちは一緒に文句を言った。しかし，私たちみんなが吹き出すようになるまでパパはやめようとしなかった。時々，私はひどく笑いすぎて涙が顔を流れ落ちた。

　時々，私たちは幹線道路を外れて「魔法の森」のような観光スポットを訪れた。そこは私たちの想像力をおとぎ話で満たす霊や妖精の像で一杯の公園だった。他にも発音できない名前の町の近くには休憩所もあった。そのような場所では，私たちが走り回って遊んでいる間に，ママはおいしい弁当を用意してくれた。しかし，私たちの大好きな休憩所は滝，山々と渓谷のような自然の素晴らしさを見ることができる場所だった。私たちはしばらく時間をとってその地域をハイキングし，写真を撮るか，ただかぐわしい田舎の空気を楽しんだものだった。

　午後遅く私たちがキャンプ場に着いたとき，テントを立てなければならなかった。それはパパの仕事だった。必ず柱とか何か足りないものがあるようだったが，パパは我慢強くよい解決策を見つけた。星空の下，テントで眠ると予想すると，私と弟はすごく興奮してほとんどじっとしていられなかった。パパは私たちのエネルギーをうまく利用して，私たちをバーベキューの火をおこすために薪を集めに行かせたり，洗い物の水を取りに行かせたりした。時には，キャンプ場で他の家族の子供たちと会った。一緒に薪を集め水を運ぶとき，私たちは初めての新しい世界の探検家であるまねをして遊んだ。こういった初めてのキャンプ場の探検をしている間，私たちはとても勇敢で偉い気分になった。

　何年もたつと，私たちがみな共有し笑えるのは，これらの旅行の思い出から生み

出された話である。どういうわけか，弟と私は，これらの旅行中にお互い喧嘩ばかりしていたが大好きだったのを思い出すと，より親しみを感じた。それに私は両親により深い敬服の念を持っている。というのは，彼らは自分たちの限られた休暇期間を，私たちに新しい場所で楽しい経験を与えて過ごすように決めたのだ。私たちの家族は決してお金はあまりなかったけれど，ドライブ旅行は今になってやっと分かる価値を持っていた。数年後には私の子供たちも分かってくれると思う。

「OK，みんな一車に乗って！」

【語句】
◆第1〜2段落◆

・toy「おもちゃ」

・order「命令」

・be met with A「Aを受ける／Aをもって迎えられる」

〔例〕 His speech **was met with** angry cries.
　　　彼の演説は激しい怒号で迎えられた。

・tear「涙」

・protest「抗議」

・sleepy「眠い」

・get A＋過去分詞「Aを〜してしまう／させる／してもらう」

〔例〕 I **got** my homework **done**.
　　　僕は宿題を終えた。

・load「〈車など〉に載せる／(荷などを)いっぱいに詰め込む」

・traffic「交通(量)」

・think back to A「Aを振り返る／回想する／思い出す」

〔例〕 She often **thought back to** the past.
　　　彼女はよく過去を振り返った。

・endless「果てしない」

・fight「喧嘩」

・anything and everything「すべて／何から何まで」

・It feels like SV ...「…な感じがする／…な気がする」

〔例〕 **It feels like** it's going to rain.
　　　雨が降りそうな感じがする。

・trapped「逃げ場を失った／抜き差しならない状況に追い込まれた」

・forever「永遠に」

・claim「主張する」

・defend「守る」

・border「境界」

・from that minute on「その瞬間から／そのとき以来」

- ・at first「最初のうち」
- ・finally「結局」
- ・agree to A「A(意見・提案・計画など)に同意する」

[例] I will not **agree to** the new system.
    その新システムに私は不賛成だ。

- ・I Spy With My Little Eye「推理ゲーム/物当てクイズ」直訳は「小さな目でこっそり見ています」ゲームは I spy with my little eye ... something beginning with ～「私が何かをこっそり見ている。～から始まる」の掛け声から始まる。
- ・speed past「急いで通り過ぎる[追い抜く]」
- ・license plate「〈米〉(自動車の)ナンバープレート」(〈英〉number plate)
- ・spot「見つける」
- ・far away「遠く離れて」なお，the farthest away は最上級の形。
- ・admit「認める」
- ・company「一緒にいること/同席すること/交際」

◆第3〜4段落◆
- ・the kind of A that SV ...「…のような A」

[例] She is the perfect example of **the kind of** politician that we need now.
    彼女は私たちが今必要としているような政治家の申し分のない例だ。

- ・awful「ひどい/不愉快な/嫌な」
- ・repeat「繰り返す/復唱する」
- ・letter「文字」
- ・be afraid of A「A を怖がる」
- ・sick「気持ち悪い/吐き気がする/悪趣味な」
- ・quit「やめる」
- ・burst out laughing「(ドッと)笑い出す/(プッと)吹き出す/爆笑する」
- ・stream「流れる」
- ・once in a while「時々/たまには」

[例] I went there **once in a while**.
    私は時々そこへ行った。

- ・highway「幹線道路」
- ・statue「像」
- ・spirit「霊」
- ・fairy「妖精」
- ・imagination「想像力」
- ・fantasy story「おとぎ話」
- ・rest stop「休憩施設/パーキングエリア」
- ・pronounce「発音する」
- ・set out「(食べ物を)出す/用意する」

2017年度　追試験〈解説〉　73

- picnic「行楽の弁当」
- favorite「大好きな」
- natural wonder「自然の素晴らしさ」
- waterfall「滝」
- canyon「渓谷」
- area「地域」

◆第5段落◆
- camping site「キャンプ場」
- go up「立つ」
- pole「柱」
- patiently「我慢強く」
- solution「解決策」
- prospect「見込み／予想」
- barely「ほとんど〜ない」
- stand still「じっと立っている／静止する」
- take advantage of A「Aをうまく利用する／活用する」
  〔例〕 I want a job where I can **take advantage of** my English abilities.
  　　　私は英語力を生かせる仕事につきたい。
- send out「取りに行かせる／使いに出す」
- stick「薪」
- start a fire「火をおこす」
- washing「洗い物／洗濯」
- pretend that SV ...「(子供が遊びで)…であるまねをして遊ぶ」
  〔例〕 Let's **pretend that** we are pirates.
  　　　さあ，海賊ごっこをしよう。
- explorer「探検家」
- exploration「探検」
- brave「勇敢な」

◆第6〜7段落◆
- it is the stories ... that we all share and laugh about「私たちがみな共有し笑えるの
  は，これらの旅行の思い出から生み出された話である」it is ... that の強調構文。
- somehow「どういうわけか／どことなく」
- admiration「賞賛／敬服／賛嘆」
- limited「限られた」

【解説】
問1　42　②
　　車の中でゲームをすることで，筆者は　42　。
　① 美しい風景を見過ごした

— 459 —

74

② しばらく楽しく過ごした
③ アラスカでナンバープレートを見た
④ 車に酔った
・motion sickness「乗り物酔い」

　　第2段落に子供時代の家族のドライブ旅行について述べてある。最初のうちの子供たちの喧嘩，席争いはゲームをやることで楽しいものに変わっている。第2段落最終文に「そういった瞬間，私たちは決して認めはしなかったけれど，実際一緒にいて楽しかった」とある。したがって，②が正解。

問2 43 ④

　　ドライブの間，筆者の父は何をしたか？ 43

① 彼は楽しむためにとても速く運転した。
② 彼は子供たちに馬鹿げた冗談を言わせた。
③ 彼はピクニックをすることについて話した。
④ 彼は家族を楽しませようととても頑張った。

　　第3段落に父親の奮闘振りが描写されている。彼はひどい親父ギャグを連発する。子供たちは文句を言っているが，最終2文で，最後には「しかし，私たちみんなが吹き出すようになるまでパパはやめようとしなかった。時々，私はひどく笑いすぎて涙が顔を流れ落ちた」とあるので，④が正解。

問3 44 ②

　　家族は彼らが 44 休憩スポットを特に大好きだった。

① 車の中でランチを食べた
② 自然の美を楽しんだ
③ 町の名前を発音した
④ おかしい話をした

　　第4段落第4文に「しかし，私たちの大好きな休憩所は滝，山々と渓谷のような自然の素晴らしさを見ることができる場所だった」とあるので，②が正解。

問4 45 ④

　　子供たちは 45 とき，キャンプ場で自分たちが勇敢で偉い気分になった。

① 行方不明のテントの部品を発見した
② 夜空を見る機会を持った
③ 自分たちの親に面倒を見てもらっていた
④ 自分たちだけで仕事をすると信頼されていた

・be trusted to-不定詞「確実に～する／～すると信頼されている」

　　第5段落は父親が子供たちをうまく使って薪取りや水汲みをさせていることが描写されている。つまり，子供たちだけでこういった仕事をしていたことが分かる。第5段落最終2文に「一緒に薪を集め水を運ぶとき，私たちは初めての新しい世界の探検家であるまねをして遊んだ。こういった初めてのキャンプ場の探検をしている間，私たちはとても勇敢で偉い気分になった」とあるので，④が正解。

問5 **46** ④

家族旅行の結果はどうだったか？ **46**

① 筆者は家族旅行に行くのが嫌になった。

② 筆者の子供は家族旅行の意義を理解した。

③ 子供たちは両親をもう尊敬できなかった。

④ **家族は絆を強くすることができた。**

第6段落には，筆者が家族旅行のことを思い出すと，喧嘩ばかりしていた弟にも今は親しみを感じ，両親には尊敬の念を持っていることが描写されている。そして，今から家族ドライブ旅行に出かける自分の子供にも同じことが起こると期待している。したがって，家族の結びつきが強まることを暗示しているので，④が正解。

第6問　長文読解問題（論説文）

【全訳】

(1)　多くの企業が慈善に定期的に貢献している。しかし，最近では大企業の中にはいわゆる「ソーシャルビジネス」を始めたところもあった。それらの企業は，たいしてお金を稼ぐことを期待せずに，地域社会にきれいな飲み水や再生可能エネルギー施設を提供するとか貧しい人たちに食住を提供するといった活動を行っている。いくつかの点で，ソーシャルビジネスの活動は，慈善がやり続けてきたことと似ているが全く同じというわけではない。もっと詳しくソーシャルビジネスを理解するために，慈善の歴史を調べてみるのは有益である。

(2)　貧しい人たちを助けることは，長いこと主な宗教によって義務と考えられてきた。そういった宗教はあまり恵まれていない人々を助けることを重要だと教えている。たとえば，中世ヨーロッパでは，困っている人に食べ物やお金を与えることで貧しい人たちを救ったのは教会だった。教会はまた病人，老人，あるいは弱者の世話をするために，病院を設置し，運営した。このような人々を救う方法が教会の大切な慈善活動と考えられていた。

(3)　16世紀には，地方自治体も地元の人たちから集めた税金を利用して，別の形の慈善を提供し始めた。貧しい人たちに住居や食べ物を与える場所が建てられ始めたのはこの時期であった。これらはプアハウス（救貧院）と呼ばれた。無料食堂—飢えた人々に無料または非常に安価で食べ物が与えられる場所—もこの時期に現れ始めた。

(4)　18世紀までに，慈善事業をするのは普通のこととなり，多くの慈善施設が建てられた。しかし，ある批判が広がった。それは慈善が人々が自活するのをさまたげ，依存を促すという考えであった。この批判は援助する方法の変化をもたらした。プアハウスはワークハウスにとって代わられ，そこでは，居住者はまだ食べ物と住む所は受け取ったが，長時間にわたる激しい労働が求められた。こういう場所は住むのにとても不愉快であるように意図されていた。これは人々が援助を

要求する気をなくすためになされた。したがって，その場所は貧しい人たちによって恐れられ憎まれる場所となった。19世紀には，こういった慈善の状況はとてもひどくなって，小説家が大衆小説で感化院の厳しい現実を描き始め，それが大衆の認識を高めた。

(5) これが人を助けることについての現代的な考えを私たちにもたらした。貧しい人たちのための多くの種類の援助が今や社会福祉の名で中央政府によって与えられている。その中には，たとえば失業保険や社会保障のような制度が含まれている。社会保障は，貧しい人たち，体の不自由な人たち，退職した高齢者に対する資金を提供している。

(6) このように歴史的な概観をすると，どのように慈善活動が社会とともに発展してきたかが私たちに分かる。これらの変化には，誰が援助するのかとどんな種類の援助をするのかにおける変化が含まれている。企業も時代とともに発展し変化をしてきた。今や，社会的義務感の高まりとともに，ソーシャルビジネスは地域社会における貧しい人たちに食べ物，住居，サービスを与えるような慈善活動を行っている。それらはその地域の人たちを雇い人並みの賃金を払ってさえいる。企業として，それらが利益をあげなければならないのは言うまでもない。しかし，それは唯一の目的ではない。それらは社会的責任も満たさなければならない。

【語句】
◆第1段落◆
- business「企業／会社」
- contribution「貢献／寄与」
- charity「慈善／チャリティー」
- recently「最近」
- though「だけど／でも／しかし」
- what is[are] called A「いわゆるA」

［例］　Tom is **what is called** a walking dictionary.
　　　　トムはいわゆる生き字引だ。

- social business「ソーシャルビジネス」ノーベル平和賞受賞者のムハマド・ユヌスが，定義した企業のあり方。一般的な企業では金銭的な利潤を第一に追求するが，ソーシャルビジネスの企業では，金銭よりも社会的な利益を追求する。
- engage in A「Aに従事する／たずさわる」
- activity「活動」
- such as A「たとえばAなど」

［例］　I like fruits, **such as** bananas and mangos.
　　　　私はフルーツ，たとえばバナナ，マンゴーなどが好きです。

- reusable energy「再生可能エネルギー」

・facility「施設」

・community「地域社会／社会」

・provide A for B「AをBに与える／提供する」

・food and housing「食住」

・be similar to A「Aと似ている／Aと同じようである／Aと同類である」

［例］ Her idea **is** very **similar to** her grandmother's.

　　　彼女の考えは，彼女のおばあちゃんの考えにそっくりだ。

・take a look at A「Aを調べる／ちょっと見る」

［例］ **Take a look at** this. Don't you think this is a spelling mistake?

　　　ちょっとこれを調べてください。これはスペルミスだと思わないですか？

◆第2段落◆

・obligation「義務」

・religion「宗教」

・less fortunate「あまり［それほど］恵まれていない」

・the Middle Ages「中世」

・the Church「教会」ここでは Roman Catholic Church「ローマカトリック教会」

・those in need「困っている人たち」

・care for A「Aの世話をする」

・the sick, old, or weak「病人，老人，あるいは弱者」

・establish「設置する」

・operate「運営する」

・charitable activity「慈善活動」

◆第3段落◆

・local government「地方自治体／地方政府」

・tax「税金」

・It was at this time that places began ... food.「貧しい人たちに住居や食べ物を与える場所が建てられ始めたのはこの時期であった」It is ～ that ... の強調構文。

・poorhouse「プアハウス（救貧院）」（＝almshouse）

・soup kitchen「無料食堂」貧者のための給食施設。

・free of charge「無料で」

◆第4段落◆

・charitable work「慈善事業」

・institution「施設／設備」

・criticism「批判」

・widespread「広がって」

・the idea that SV ...「…という考え（方）」that-節は同格。

・prevent A from ～ing「Aが～するのを妨げる／防ぐ」

［例］ The new medicine will **prevent** the disease **from** spreading all over the world.

その新薬は病気が世界中に広がるのを防ぐだろう。

・support *oneself*「自活する」
・dependency「依存」
・give way to A「Aに取って代わられる／移行する」
・workhouse「ワークハウス／矯正院」
・resident「居住者」
・be designed to-不定詞「〜するよう意図される」
・unpleasant「不愉快な」
・discourage A from 〜ing「Aに〜することを思いとどまらせる」

［例］　They tried to **discourage** their son **from** marrying the girl.
　　　　彼らは息子がその娘と結婚するのを思いとどまらせようとした。

・fear「恐れる」
・hate「憎む」
・novelist「小説家」
・harsh「厳しい／過酷な」
・awareness「認識」

◆第5〜6段落◆

・assistance「援助」
・social welfare「社会福祉」
・unemployment insurance「失業保険」
・social security「社会保障」
・fund「資金」
・the disadvantaged「体の不自由な人たち／恵まれない人たち」
・retire「退職する」
・overview「概観／全体を見渡すこと」
・evolve「発展する／進化する」
・heightened sense of A「A感の高まり」
・social responsibility「社会的責任」
・local community「地域社会／地域コミュニティ」
・decent wages「人並み［まあまあ］の賃金」
・It goes without saying that SV ...「〜ということは言うまでもない／論をまたない」

［例］　**It goes without saying that** she is an excellent pianist.
　　　　彼女が素晴らしいピアニストであることは言うまでもない。

・make profit「利益をあげる」
・sole purpose「唯一の目的」

2017年度　追試験〈解説〉　79

【解説】

A

問 1 47 ④

第 2 段落で，教会がしたこととして何が述べられているか？ 47

① 労働者を訓練するために大学を創立すること

② 企業に貧しい人たちを援助させること

③ 不幸な人たちのために礼拝を行う

・religious service「礼拝」

④ **病人のために医療を与えること**

・medical treatment「医療(手当)／治療(法)」

第 2 段落の第 4 〜 5 文に「教会はまた病人，老人，あるいは弱者の世話をするために，病院を設置し，運営した。このような人々を救う方法が教会の大切な慈善活動と考えられていた」とあるので，④が正解。

問 2 48 ②

第 3 段落によれば，プアハウス(救貧院)は何をしたか？ 48

① それらは町を発達させるために人々から税金を徴収した。

② **それらは困っている人に食べ物を与え住む場所を与えた。**

・fed＜feed「食べ物を与える／餌を与える」

③ それらは職業につく人々の訓練をしたり，人々が仕事を見つけたりするのを助けた。

④ それらは教会とその信仰の代わりとなるものを与えた。

・alternative「代わりとなるもの／取って替わるもの」

第 3 段落第 2 〜 3 文に「貧しい人たちに住居や食べ物を与える場所が建てられ始めたのはこの時期であった。これらはプアハウス(救貧院)と呼ばれた」とあるので，②が正解。

問 3 49 ②

第 4 段落によると，18世紀の間にどの意見が普通になったか？ 49

① 書物は貧しい人たちに対する社会の考え方の現実を隠した。

② **貧しい人たちを援助したせいで，彼らは働かなくなるだろう。**

③ 新しい社会計画のおかげで貧しい人たちが少なくなるだろう。

④ ワークハウスは貧しい人たちに援助を求めるように促すべきだ。

第 4 段落第 3 文に「それは慈善が人々が自活するのをさまたげ，依存を促すという考えであった」とあるので，②が正解。

問 4 50 ③

第 6 段落によると，何がソーシャルビジネスの 1 つの特徴なのか？ 50

① それらは経済的不平等の原因である。

② それらは中央政府から資金を得る。

・financing「資金」

— 465 —

80

③　それらは会社に地元の人たちを雇う。

④　それらは主に大企業と取引をする。

　第6段落第5文に「それらはその地域の人たちを雇い人並みの賃金を払ってさえいる」とあるので，③が正解。

問5　51　②

　本文の最適な表題になりそうなのは何だろうか？　　51

①　教会にとっての課題

②　時代による人々の援助

③　慈善への個人的な接近

④　宗教的な信念と人々の援助

　第1段落の「もっと詳しくソーシャルビジネスを理解するために，慈善の歴史を調べてみるのは有益である」から始まり，以下の段落では慈善の歴史を述べている。とくに16世紀〜18世紀の慈善の状況が述べられている。さらに，第6段落第1〜2文で「このように歴史的な概観をすると，どのように慈善活動が社会とともに発展してきたかが私たちに分かる。これらの変化には，誰が援助するのかとどんな種類の援助をするのかにおける変化が含まれている」とまとめている。したがって，②が正解。

B

52　②　53　④　54　③　55　①

段落	内容
(1)	人々を助ける新しい方法としてのソーシャルビジネス
(2)	52　②
(3)	53　④
(4)	54　③
(5)	55　①
(6)	地域社会を援助するソーシャルビジネス

①　公共の援助を提供する現在の制度

②　貧しい人たちのための信仰に基づいた援助

③　慈善に対する否定的な感情

④　貧しい人たちを援助する公共施設の手段

　第2段落では「貧しい人たちを助けることは，長いこと主な宗教によって義務と考えられてきた。そういった宗教はあまり恵まれていない人々を助けることを重要だと教えている」と述べられており，これは②「貧しい人たちのための信仰に基づいた援助」に相当する。第3段落では「16世紀には，地方自治体も地元の人たちか

— 466 —

ら集めた税金を利用して，別の形の慈善を提供し始めた。貧しい人たちに住居や食べ物を与える場所が建てられ始めたのはこの時期であった。これらはプアハウス（救貧院）と呼ばれた」と述べている。これは④「貧しい人たちを援助する公共施設の手段」に相当する。第4段落では，「しかし，ある批判が広がった。それは慈善が人々が自活するのをさまたげ，依存を促すという考えであった」と論じられており，これは③の「慈善に対する否定的な感情」に相当する。第5段落は，「これが人を助けることについての現代的な考えを私たちにもたらした。貧しい人たちのための多くの種類の援助が今や社会福祉の名で中央政府によって与えられている。その中には，たとえば失業保険や社会保障のような制度が含まれている」とあり，現代の制度について述べている。これは①「公共の援助を提供する現在の制度」に相当する。したがって，52 ②，53 ④，54 ③，55 ①が正解である。

MEMO

英　語

（2016年1月実施）

2016 本試験

受験者数　529,688

平均点　112.43

英 語

解答・採点基準　　　　(200点満点)

問題番号(配点)	設問		解答番号	正解	配点	自己採点
第1問 (14)	A	問1	1	②	2	
		問2	2	④	2	
		問3	3	②	2	
	B	問1	4	③	2	
		問2	5	③	2	
		問3	6	④	2	
		問4	7	①	2	
第1問　自己採点小計						
第2問 (44)	A	問1	8	①	2	
		問2	9	①	2	
		問3	10	②	2	
		問4	11	④	2	
		問5	12	②	2	
		問6	13	①	2	
		問7	14	①	2	
		問8	15	③	2	
		問9	16	①	2	
		問10	17	④	2	
	B	問1	18	⑤	4 *	
			19	①		
		問2	20	③	4 *	
			21	⑤		
		問3	22	④	4 *	
			23	⑥		
	C	問1	24	②	4	
		問2	25	②	4	
		問3	26	④	4	
第2問　自己採点小計						

問題番号(配点)	設問		解答番号	正解	配点	自己採点
第3問 (41)	A	問1	27	④	4	
		問2	28	②	4	
	B	問1	29	①	5	
		問2	30	②	5	
		問3	31	①	5	
	C		32	④	6	
			33	④	6	
			34	①	6	
第3問　自己採点小計						
第4問 (35)	A	問1	35	②	5	
		問2	36	①	5	
		問3	37	③	5	
		問4	38	②	5	
	B	問1	39	②	5	
		問2	40	③	5	
		問3	41	①	5	
第4問　自己採点小計						
第5問 (30)		問1	42	②	6	
		問2	43	③	6	
		問3	44	②	6	
		問4	45	③	6	
		問5	46	②	6	
第5問　自己採点小計						
第6問 (36)	A	問1	47	①	6	
		問2	48	③	6	
		問3	49	①	6	
		問4	50	③	6	
		問5	51	③	6	
	B		52	③	6 *	
			53	①		
			54	④		
			55	②		
第6問　自己採点小計						
自己採点合計						

(注)　＊は，全部正解の場合のみ点を与える。

第1問 発音・アクセント

A 発音

問1 1 ②

① illegal /ɪlíːgl/「非合法の」/g/
② **logical** /láːdʒɪkl/「論理的な」/dʒ/
③ tiger /táɪgər/「虎」/g/
④ vague /véɪg/「曖昧な」/g/

したがって，②が正解。

問2 2 ④

① bounded /báʊndɪd/ bound「はずむ」の過去・過去分詞 /áʊ/
② founded /fáʊndɪd/ found「創設する」の過去・過去分詞 /áʊ/
③ surrounded /səráʊndɪd/ surround「囲む」の過去・過去分詞 /áʊ/
④ **wounded** /wúːndɪd/「傷つける」の過去・過去分詞 /úː/

したがって，④が正解。

問3 3 ②

① church /tʃə́ːrtʃ/「教会」/ə́ːr/
② **curious** /kjʊ́əriəs/「好奇心のある」/jʊ́ər/
③ curtain /kə́ːrtn/「カーテン」/ə́ːr/
④ occur /əkə́ːr/「起こる」/ə́ːr/

したがって，②が正解。

B アクセント

問1 4 ③

① civil /sívl/「市民の」第1音節
② purchase /pə́ːrtʃəs/「購入する」第1音節
③ **unite** /ju(ː)náɪt/「結合する」第2音節
④ valid /vǽlɪd/「有効な」第1音節

したがって，③が正解。

問2 5 ③

① abandon /əbǽndən/「捨てる」第2音節
② decision /dɪsíʒən/「決定」第2音節
③ **politics** /páːlətɪks/「政治」第1音節
④ potential /pəténʃəl/「可能性」第2音節

したがって，③が正解。

問3 6 ④

① charity /tʃérəti/「慈善」第1音節

4

② continent /kάːntənənt/「大陸」第 1 音節

③ demonstrate /démənstrèɪt/「実証する」第 1 音節

④ **opponent** /əpóunənt/「敵」第 2 音節

したがって，④が正解。

問 4　7　①

① **agriculture** /ǽɡrɪkὰltʃər/「農業」第 1 音節

② discovery /dɪskʌ́vəri/「発見」第 2 音節

③ material /mətíəriəl/「物質」第 2 音節

④ philosophy /fəláːsəfi/「哲学」第 2 音節

したがって，①が正解。

第 2 問　文法・語法空所補充問題・語句整序問題・応答文完成問題

A　文法・語法

問 1　8　①

　プラットホームに着いたとき電車はもう到着していたので，私は寒い中で待つ必要はなかった。

─【ポイント】─

過去完了形

　過去のある時点までに動作が完了したことを表すには，過去完了形 had ＋過去分詞を用いる。本問では，「私がプラットホームに着いた」時点までに，「電車が到着する」という動作がすでに完了したことを表すために過去完了形を用いる。

［例］　When I arrived at the party, Lucy **had** already **gone** home.

　　　私がパーティーに到着した時には，ルーシーはもう帰宅していた。

問 2　9　①

　東京は土地面積が比較的狭いけれども，巨大な人口を抱えている。

─【ポイント】─

従属接続詞 although

　従属接続詞 although は「～だけれども」という意味を表す。

［例］　**Although** I did not have personal contacts, it was my pleasure to meet and talk with her.

　　　彼女とは個人的な付き合いはなかったが，会って話をするのが楽しみだった。

②But は等位接続詞なので不可。③は前置詞，④は副詞なので不可。

・relatively「比較的」

— 472 —

・huge「巨大な」
・population「人口」

問3　10　②

　バイリンガルの親に育てられた子供たちは，当然なことに２つの言語を身につけるかもしれない。

―【ポイント】―

１．イディオム bring up

　bring up は「育てる」という意味になる。

〔例〕　Ben **brought up** three children by himself.
　　　ベンは一人で３人の子供を育てた。

２．過去分詞の後置修飾

　直前の名詞を過去分詞が修飾する用法。

〔例１〕　It has a ribbon **tied around it**.
　　　それにはリボンが巻いてある。
　　　tied around it は a ribbon を修飾する tie の過去分詞の後置修飾。

〔例２〕　Each dot may have only three lines **connected to it**.
　　　それぞれの点は，それに接続している線は３本しかないのかもしれない。
　　　connected to it は three lines を修飾する connect の過去分詞の後置修飾。

・naturally「当然なことに」

問4　11　④

　私の姉はまじめな高校生ではなかったし，私もそうではなかった。

―【ポイント】―

neither＋倒置

　neither は否定文または否定の節の後で，倒置の形になり，「…もまた～ない」という意味を表す。

〔例１〕　I don't smoke, **neither** do I drink.
　　　私はタバコは吸いませんし，酒も飲みません。（＝I don't smoke, and I don't drink either. ／ I neither smoke nor drink.)

〔例２〕　They were not sympathetic to our demands, **neither** would they tolerate any disruption.
　　　彼らは私たちの要求に好意的ではなかったし，どんな混乱も大目に見ることはしなかっただろう。

　ちなみに，肯定文または肯定の節の後で，倒置の形になり，「…もまたそうである」という意味を表すには，so＋倒置の形を用いる。

〔例〕　Ben was tired and **so** were the others.
　　　ベンは疲れていたが，他の者もそうだった。

・serious「まじめな」

― 473 ―

6

問5 　12　　②

　　映画が始まる前に，携帯電話のスイッチが切ってあることを確かめてください。

──【ポイント】────────────────

イディオム make sure (that) SV ...

　イディオム make sure (that) SV ... は，「…ということを確かめる／きっと…となるようにする」という意味を表す。

［例］　Please **make sure that** the doors and windows are locked before going to bed.

　　　　寝る前にドアや窓の戸締りを確認して下さい。

─────────────────────────

　・switch off「スイッチを切る」

問6 　13　　①

　　私たちはとてもはかどったので，もうすでに予定より早く進んでいる。

──【ポイント】────────────────

前置詞 ahead of

　ahead of A で「A より進んで／A より先［前］に／A の前方に」という意味を表す。

［例］　We were more than three days **ahead of** schedule.

　　　　我々は 3 日以上も予定より進んでいた。

　なお，②apart from ～「～は別として」，③far from ～「～から遠い／決して～でない」④out of ～「～から外へ」の意味でいずれも不可。

─────────────────────────

　・make good progress「はかどる／順調に進展する」

問7 　14　　①

　　私のプレゼンテーションの後で彼らが好意的なコメントを言ってくれたおかげで，私はとてもほっとした。

──【ポイント】────────────────

形容詞 friendly

　形容詞 friendly は「友好的な／好意を持つ／愛想のいい／気さくな」という意味を表す。

［例］　She is **friendly** to everyone.

　　　　彼女は，だれにでも気さくだ。

　形容詞には，friendly，ghostly，daily などのように名詞＋ly で形容詞になるものがある。

　選択肢の②，③，④は形容詞＋ly で副詞となっている。副詞は名詞 comments を修飾できないので不可。

─────────────────────────

　・thanks to A「A のおかげで」
　・comment「コメント／意見」
　・relieved「ほっとして」

問8 　15 　③

あなたはこの必修授業を修了するまでは，卒業できません。

─【ポイント】─

1．接続詞 until

接続詞 until は「～まで」という意味を表す。

［例］　**Until** you have published a short story, you can't join this organization.

短編小説を発表するまで，あなたはこの組織には入れません。

2．時の副詞節内における未来

時の副詞節内では未来は現在時制で表し，未来完了は現在完了で表す。本問では until 以下が時の副詞節である。

［例］　The baby will probably cry **as soon as** she **gets** hungry.

赤ちゃんはお腹がすくとすぐに泣くでしょう。

本問の場合も，until に続く you've completed this required class は未来の内容で「この必修授業を修了してしまう（未来のある時）までは」の意味。したがって，主節も未来を表す won't でなければならない。①If も未来を表すが，ここでは意味的に不可。

・required class「必修授業」

問9 　16 　①

以前は木材が主たる燃料として使われていたが，今日では化石燃料が広く使われている。

─【ポイント】─

1．used to＋動詞の原形

used to は過去の状態を示す助動詞で，動詞は一般に be-動詞，stay のような状態動詞が用いられて，「（昔は）～だった／以前は～だった」の意味を表す。

［例］　Believe it or not, there **used to** be an enormous shrine around here.

こんなことを言っても信じないだろうが，このあたりに昔は巨大な神社があった。

また，本問のように過去と現在の対比を表す場合は，but now[nowadays]と共に現在形を用いる。

［例］　She **used to** play tennis, **but now** she plays squash.

彼女は昔テニスをしていたが，今はスカッシュをする。

2．be used to-不定詞

be used to-不定詞は受動態で，「～するために使われている」という意味を表す。

［例］　In *The Wizard of Oz*, color **was used to** describe the imaginary world, while real life was in black-and-white.

*オズの魔法使い*では，空想の世界を描写するためにカラーが使われ，現実生活は白黒で描かれていた。

8

　ちなみに，紛らわしい表現の be used to ＋ (動) 名詞は「〜に慣れている」という意味を表す。

［例］　He **is used to** living in small houses.
　　　　彼は小さい家に住むのに慣れている。

　・fuel「燃料」
　・nowadays「今日では」
　・fossil「化石」

問10　$\boxed{17}$　④
　　　毎日病院に祖母を見舞いに来るとは，彼はとても思いやりがある。

── 【ポイント】──────────────────

It is＋形容詞＋of A to-不定詞

　It is＋形容詞＋of A to-不定詞で，「〜するとはAは…だ」の意味となる。形容詞には「人の性格」を表す，kind, good, careless, foolish, stupid, silly, clever, wise, considerate, generous, polite, rude などが用いられる。

［例］　**It was careless of** her **to** do that.
　　　　そんなことをするなんて彼女は不注意だった。

───────────────────────────

　・considerate「思いやりのある」

B　語句整序問題

問1　$\boxed{18}$　⑤　$\boxed{19}$　①

　　　ホテル従業員：こんばんは，ゴメス夫妻。どのようなご用件でしょうか？
　　　ゴメス夫人：ええと，<u>劇場への行き方を教えていただけないしょうか。</u>

── 【正解】──────────────────

　<u>we're</u>　$\boxed{\text{wondering}}$　if　you　$\boxed{\text{could}}$　tell　us　how to get to the theater.
　　④　　　　　⑤　　　　　②　⑥　　　①　　　③

───────────────────────────

── 【ポイント】──────────────────

1．丁寧な依頼

　I wonder if は丁寧な依頼を表す。I wonder if → I am wondering if → I wondered if → I was wondering if の順に控え目で丁寧になっていく。過去形でも意味内容は現在で，過去形の方がより丁寧な表現。文末はピリオドだけでなく，？も用いられる。

［例1］　**I was wondering if** I could use the telephone.
　　　　電話をお借りしてもいいですか。

［例2］　**I wonder if** I might have a glass of water?
　　　　水を1杯いただいてもいいですか？

─── 476 ───

２．動詞 tell

動詞 tell は，tell A how to-不定詞で「Aに〜の仕方を教える」という意味になる。

［例］　He **told me how to** play squash.

　　　　彼は私にスカッシュの仕方を教えてくれた。

問2　20　③　21　⑤

　　　学生：すみません。来週のゼミで何を討論するのか知りたいのですが。

　　　教授：まだ決めていないので，詳細はメールで送らせてくれないか。

― 【正解】 ―――――――――――――――――――――――――――

　　let ｜me｜ send you ｜the details｜ by email.
　　②　③　　④　　⑥　　　⑤　　　①

― 【ポイント】 ―――――――――――――――――――――――――

１．let A＋動詞の原形

使役動詞 let は，let A＋動詞の原形で「Aに（望み通り）〜させてやる／許す」という意味を表す。

［例］　Sue doesn't **let** her kids **eat** candy.

　　　　スーは子どもにキャンディーを食べさせない。

let me＋動詞の原形で「私に〜させる／許す」という意味になる。

［例］　**Let me make** some brief suggestions to you.

　　　　あなたがたにいくつか簡単な提案をさせてください。

２．動詞 send

動詞 send は，send A B で「AにBを送る」という意味になる。

［例］　They **sent** her a congratulatory telegram.

　　　　彼らは彼女に祝電を打った。

問3　22　④　23　⑥

　　　インタビュアー：こんな大会社のトップになられてから，あなたはどう変わられ

　　　　　　　　　　　ましたか？

　　　　　　　　社長：自分の時間をもっと有効にやりくりする必要性に気付くように

　　　　　　　　　　　なったね。

― 【正解】 ―――――――――――――――――――――――――――

　　I came to ｜realize｜ the need ｜to｜ manage my time more effectively.
　　①　　　　④　　　⑤　　③　　⑥　　②

― 【ポイント】 ―――――――――――――――――――――――――

１．come to-不定詞

come to-不定詞で「〜するようになる／〜するはめになる」の意味となる。to-不定詞には know，love，be，realize，regard，have などの状態動詞が来る。

― 477 ―

10

[例1] Through his experiences overseas, Bill has **come to** have a more international outlook.

海外での経験を通じて，ビルはより国際的な視野を持つようになった。

[例2] People **come to** know better in proportion to their age.

人は年をとるにつれて分別がついてくる。

2．the need to-不定詞

the need to-不定詞は，「～する必要性」という意味になる。

[例] We really felt **the need to** have individual education.

私たちは個別教育の必要性を痛感した。

C 応答文完成問題

問1 24 ②

マイカ：サマーキャンプの最後の夜にキャンプファイアーをするのはどう？

ナオミ：最近はとても乾燥しているから，先生たちは私たちが火をつけるのを許してくれないと思う。

【正解】

I don't think	our teachers will allow	us to light a fire.
(A)	(A)	(B)

【ポイント】

1．don't think (that) SV …

don't think (that) SV …「…でないと思う」

[例] I **don't think** it is expensive.

それは高価でないと思う。

　that-節の内容が否定のときは，that-節中の述部を否定するより動詞 think 自体を否定するのが普通。believe, consider, expect, imagine, suppose も同様の not の繰り上げをする。

2．allow A to-不定詞

allow A to-不定詞で「Aが～するのを許す／Aに～させておく」という意味を表す。

[例] He **allowed** his son **to** use his car.

彼は息子に車を使うことを許した。

【解法のヒント】

　マイカのキャンプファイヤーの提案にナオミが何と言ったかを問う問題。左1列目の(A)，(B)ともに可で，ここでは決定できない。2列目は(A)が正しい。3列目の(A)の動名詞は allow, agree とも不可。(B)→(A)→(B)は文法的には可だが，空所の直前と意味的に合わないので不可。(B)→(B)はポイント1の説明のように，I

— 478 —

don't suppose our teacher will agree としなければいけないので不可。したがって，正解は②となる。

問2 25 ②

　ジョージ：時々僕は，自分があまり優秀な音楽家ではない気がする。

　ロビン：よしてくれよ！　<u>君より才能のある人はいない。</u>

┌─**【正解】**─────────────────────────────┐

No one is	more talented	than you.
(A)	(A)	(B)

└───────────────────────────────┘

┌─**【ポイント】**───────────────────────────┐

否定＋比較級

　否定＋比較級で最上級相当の意味になる。本問は，No one is more talented than you.＝You are the most talented of all. となる。

〔例〕　**No** other mountain in Japan is **higher** than Mt. Fuji.

　　　富士山ほど高い山は日本にはない。（＝Mt. Fuju is the highest mountain in Japan.）

└───────────────────────────────┘

【解法のヒント】

　自分の音楽の才能に自信を失くしているジョージにロビンが何と答えたかを問う問題。左1列目の(A)，(B)ともに可で，また2列目もともに可。3列目で，(A)→(A)→(B)は否定＋比較で可となる。他の選択肢はすべて3列目でつながらなくなる。ちなみに，(B)→(B)は3列目で(A)にも，(B)にもつながらない。したがって，正解は②となる。

問3 26 ④

　ポール：ねえ，ヨウコ，ピアノのことで僕が息子に教えられることは本当にもうないよ。今では息子の方が僕よりうまく弾くのだから。

　ヨウコ：ええ，多分，私たちは，<u>誰か他の人に彼を指導してもらった方がいいわ。</u>

┌─**【正解】**─────────────────────────────┐

we	should get	someone else	to teach him.
	(A)	(B)	(B)

└───────────────────────────────┘

┌─**【ポイント】**───────────────────────────┐

get A to-不定詞

　get は，get A to-不定詞で「Aに～させる／してもらう」という意味を表す。

〔例〕　We **got** him **to** sign the agreement.

　　　我々は彼にその同意書に署名してもらった。

└───────────────────────────────┘

【解法のヒント】

　息子のピアノが上達し，教えることが何もなくなったと嘆くポールに，ヨーコが何と応答したかを問う問題。左1列目の(A)の should get に続けられるのは，2列

目は(B)で 3 列目は to-不定詞の(B)となる。したがって，正解は(A)→(B)→(B)の④となる。なお，左 1 列目の(B)の should take に続けられるのは，2 列目(B)→ 3 列目(B)だが，これは，「我々は彼を教えるために誰か他の人を連れて行くべきだ」となり，意味的には不可。

第3問　対話文空所補充問題・不要文選択問題・意見要約問題

A　対話文空所補充問題

問1　27　④

> スー：ねえ，ピーターの誕生日がもうすぐだね。サプライズパーティーの準備はすべてうまくいってる？
>
> ポリー：ええ。プレゼントはもう買って，包装したのよ。ほら，見て。
>
> スー：④彼に見えないように，それを隠しておくべきだわ。今にも彼が入ってくるかもしれないわ。
>
> ポリー：いいわ。パーティーまで，しまっておくわ。

・wrap「包装する」
・put away「しまっておく／片付ける」

【他の選択肢】
① 彼はその包装の色が気に入らないわ。
② 何を買うべきか私には少しも分からない。
③ 彼が来たら，あなたが買ったものを彼に見せて。

【解法のヒント】
　ピーターのサプライズ誕生パーティーについて，スーとポリーが会話をしている。ポリーがプレゼントを出して「ほら，見て」と言ったのに対して，スーが何と言ったかを問う問題。空所の直後で「今にも彼が入ってくるかもしれないわ」と言っているので，「彼に見えないように，それを隠しておくべきだわ」を入れると自然な会話の流れになる。④が正解。

問2　28　②

> ディエゴ：英語の宿題は済ませた？　難しかったよね？
>
> フレッド：あっ！　完全に忘れてたよ。
>
> ディエゴ：昼食の時にできるよ。
>
> フレッド：やってみても，あまり意味がないよ。②時間の無駄になるさ。
>
> ディエゴ：あきらめるなよ。英語に受かる必要があるんだろ？

・totally「完全に」
・point「意味／意義」
・give up「あきらめる」

—480—

・right?「だよね？／でしょ？　間違っていないよね？」文末に付けて，自分の言ったことの確認，あるいは相手にコメントを求める。

［例］　It's his fault, **right?**
　　　　彼が悪いんだよね？

【他の選択肢】

①　きっと僕にはできる。

・make it「うまくやる」

③　君が何をできるか見せてくれ。

④　君はそれを逃したくない。

【解法のヒント】

　ディエゴの言葉に，宿題をすっかり忘れていたフレッドが何と言ったかを問う問題。空所直前で，「やってみても，あまり意味がないよ」と言っていることから，昼休みに宿題に取り組むことに否定的な言葉が入ることが分かるので，「時間の無駄になるさ」と言うのが自然な会話の流れとなる。したがって，②が正解。

B　不要文選択問題

問1　29　①

【全訳】

　日本の学生たちは，今や授業で実践的活動をすることが増え，事柄の暗記は減っている。学生たちは実体験を通して科学的原理を学んでいる。①彼らは，世界の他の学生たちと比べて科学の成績が良い。②彼らは針金や磁石，ペーパー・クリップといった日用品を使って電気モーターを作る。③塩と氷でアイスクリームを手作りする。④学生たちは，楽しく教育的なだけでなく実践的なので新しい学習スタイルが好きだと言っている。この新しい方法によって，学生たちが科学にもっと興味を持つことが望まれる。

【語句】

・engage in A「Aに従事する／Aに携わる」

［例］　In this building, there're many who **engage in** international trade.
　　　　この建物には，国際貿易に従事している人が大勢いる。

・practical activity「実践的活動」

・memorization「暗記」

・fact「事柄」

・scientific principle「科学的原理」

・do well「成績が良い」

・in comparison with A「Aと比べると」

［例1］　This phone is heavy **in comparison with** the new models that are now available.

14

　　　　　この電話機は，現在入手可能な新型モデルと比べると重い。

［例2］　**In comparison with** China, Japan is a tiny country.
　　　　　中国に比べると，日本はちっぽけな国である。
・electric motor「電気モーター」
・everyday goods「日用品」
・A, such as B「BのようなA／A，たとえばB」
・paper clip「ペーパー・クリップ／書類止めクリップ」
・by hand「手で」
・salt「塩」
・enjoyable「楽しい」
・educational「教育的な」
・It is hoped that SV ...「…ということが望まれる／期待される」

［例］　**It is hoped that** Japan's support will play an important role in developing
　　　human resources in this country.
　　　　　日本の援助がこの国の人材育成に重要な役割を果たすことが期待されます。
・method「方法」
・encourage A to-不定詞「Aが〜することを促す」
・become interested in A「Aに興味を持つ」

【解法のヒント】
　　この文章は「日本の学生の実践的活動による科学を学習していること」について
書かれたものである。①「日本と他国の生徒の科学の成績の比較」，②「日用品を
使った電気モーターの作成」，③「アイスクリームを手作りすること」，④「この新
しい学習スタイルについての学生の意見」について述べている。①だけが「成績」
を問題にしているので，前後の文脈と合わないことになる。したがって，①が正解。

問2　30　②

【全訳】
　　科学で用いられる方法である試行錯誤は，日常生活でしばしば見られる。それは
人々が気分が良くないときに観察される。人々は以前に使ったことのある治療法の
一覧をすでに持っているかもしれない。また，医学書を調べたり，インターネット
で新しい治療法を探すこともできる。そうした治療法のどれかを使うことにするこ
ともあるだろう。①その治療法で体調が良くならなければ，別の治療法を試す。②
人々はその治療法がどれほど科学的であるかを気にかけている。これは，いかにこ
の方法が日常生活に取り入れられているかを示す1例である。③問題を解決する際
に，科学者たちは2つ以上のアイディアを思いつき，可能性のある選択肢の1つを
用いる。④1つのアイディアがうまくいかないときは，他の選択肢を考える。この
ように，科学と日常生活で用いられる方法にはいくつかの共通点がある。

— 482 —

2016年度　本試験〈解説〉　15

【語句】

- trial and error「試行錯誤」種々の方法を繰り返し試みて失敗を重ねながら解決方法を追求すること。同名の Anthony Berkeley の有名な推理小説がある。
- approach「方法」
- daily life「日常生活」
- observe「観察する」
- treatment「治療法」
- consult「(本・辞書・参考書・文献を)調べる／参考にする」
- medical「医学の」
- check「調べる」
- decide「決める」
- improve「良くする」
- condition「状態」
- be concerned about A「Aを気にかけている」
- example「例」
- adopt「取り入れる」
- solve「解決する」
- come up with A「Aを思いつく」

［例］　Did you **come up with** an idea for a new product?
　　　　新製品のアイディアを思い付いた？

- possible option「可能性のある選択肢」
- alternative「他の選択肢」
- in this way「このようにして」
- have A in common「Aを共通して持つ」

［例］　The two cultures **have** a lot **in common**.
　　　　その2つの文化には共通点が多い。

【解法のヒント】

　この文章は,「日常生活での試行錯誤」について述べたものである。①, ③, ④とも「ある方法がダメなら別の方法をためすこと」について述べている。②の「人々はその治療法がどれほど科学的であるかを気にかけている」は, 試行錯誤とは関係がない。よって, ②が正解。

問3　31　①

【全訳】

　食べ物は私たちの腹を満たす以上のことができる — 感情も満足させる。空腹でないときにそれらの感情を食べ物で満足させようとすれば, これは情動的摂食として知られている。情緒的空腹感と肉体的空腹感には重要な違いがいくつかある。①情緒的空腹感と肉体的空腹感はともに, 食物で取り除こうとする空虚感の合図である。②情緒的空腹感が突然起こり始めるのに対して, 肉体的空腹感は徐々に起こ

— 483 —

る。③情緒的空腹感は自分のほしい食物ですぐに対処しなければならないような気がするが，肉体的空腹感は待つことができる。④情動的摂食はうしろめたさを残すことがあるが，肉体的空腹感による食事にはうしろめたさがない。情緒的空腹感は食べ物で十分に満たされることはありえない。食べることでその瞬間は気分が良くなるかもしれないが，空腹感をひきおこした感情は依然として存在しているのである。

【語句】
・fill「満たす」
・stomach「腹／胃」
・satisfy「満足させる」
・hungry「空腹な」
・emotional eating「情動的摂食」ストレス自体が暴飲暴食を起こさせることにより，最悪の事態を想定して情緒的に過剰反応を起こすことで発生する。
　emotional「情動的な／情緒的な／感情的な」
・hunger「空腹感／飢餓」
・physical「肉体的な」
・signal「合図」
・emptiness「空虚感」
・eliminate「解消する／なくす／取り除く」
・come on「(病気・疾患などが)起こり始める／出てくる」
・suddenly「突然」
・..., while ～「…に対して～／…だが一方～」(＝but / whereas)while節の前後で対照を表現する。
　［例］　He's read fifty pages, **while** she's read only twenty.
　　　　　彼は50ページ読んだが，彼女は20ページしか読んでいない。
・gradually「徐々に」
・feel like SV ...「…のような気がする／まるで…のようだ」
　［例］　His headache made him **feel like** an elephant was jumping on his head.
　　　　　彼は頭痛のせいでまるで象が頭の上で飛び跳ねているような気分だった。
・deal with A「Aに対応／対処する／処理する／取り組む」
　［例］　Some people find it difficult to **deal with** confrontation and prefer to find solutions through compromise.
　　　　　対立に対処することが苦手な人たちのなかには，妥協によって解決策を見つけたがるものもいる。
・instantly「すぐに／直ちに」
・the food you want「自分のほしい食物」you want は the food を修飾する接触節。
・leave behind「後に残す」

2016年度　本試験〈解説〉　17

・guilt「うしろめたさ／罪悪感」
・due to A「Aが原因で／Aのせいで」
　［例］　He says that his success is **due to** his sense of humor.
　　　　　自分の成功はユーモアのセンスのせいだと彼は言う。
・fully「十分に／完全に」
・at that moment「その瞬間は」
・cause「生じさせる／ひきおこす」

【解法のヒント】
　この文章は,「情緒的空腹感と肉体的空腹感の違い」について書かれたものである。冒頭の2文では, 情動的摂食のことから情緒的空腹感と肉体的空腹感の違いが取り上げられ, ②「両者の起こり方の違い」, ③「両者への対処の仕方」, ④「両者とうしろめたさ」が述べられ, 最終2文では, 食物と感情について述べられている。①は違いでなく, 逆に共通点を説明しているので, 前後の文脈と合わない。したがって, ①が正解。

C　意見要約問題

32　④

【全訳】

教授：おはよう。全員がきっと宿題を読んだと思うので, 今日の異文化間コミュニケーションに関する授業を始めたいと思います。私の最初の質問は「なぜ私たちは異文化間コミュニケーションを勉強する必要があるのか」です。誰か答えたい人は？

学生1：はい, それに答えようと思います。人は自分の物事のやり方や世界の見方が「自然」で「正しい」と思うかもしれません。物事のやり方が違う人に出会うと, 人はそれを「奇妙だ」とか「間違いだ」とみなします。異文化間コミュニケーションの意識を持つことは, 誤解が起きたときに私たちがそれを理解して対処するのに役立ちます。それが特に今日重要だと思うのは, 人々が仕事や勉強, 休暇など多くの理由で海外に出かけるからです。他の国の人々に会う機会は非常に増えています。これほど接触が増えると, 異文化出身者の間でトラブルが起こる機会がもっと多くなります。

教授：その通り。君の言ったように, 異文化間コミュニケーションを勉強することが役立つのは, ④私たちが文化的な誤解をもっと容易で円滑に処理できるからです。

【語句】
・intercultural communication「異文化間コミュニケーション」
・the way SV ...「…の仕方」
・view「見る／考察する」

— 485 —

18

・encounter「出会う」
・regard A as B「AをBとみなす」
〔例〕 If so, we may safely **regard** him **as** a person with a small mind.
　　　　もしそうなら，彼は心の狭い人間だとみなして間違いないかもしれない。
・awareness「意識」
・help A＋動詞の原形「Aが〜するのに役立つ／Aが〜するのを助ける」
・misunderstanding「誤解」
・arise「起きる」
・especially「特に」
・these days「今日／最近」
・vacation「休暇」
・opportunity「機会」
・contact「接触」

【解説】
①　異文化間の知識が人々に留学したいと思わせる
②　生き方の中には，他のものよりも正しいと思われるものがある
③　過去には異文化間コミュニケーションの事例がもっと多くあった
④　私たちが文化的な誤解をもっと容易で円滑に処理できる
・cope with A「Aを処理する」
　空所の前で教授は学生1の発言を「その通り」と認めている。学生1は，第4文で「異文化間コミュニケーションの意識を持つことは，誤解が起きたときに私たちがそれを理解して対処するのに役立ちます」と述べている。したがって，④が正解。
　33　④

　【全訳】
　教授：「文化」という概念に移りましょう。文化というものは常に私たちを取り巻いていますから，定義するのは難しいと君たちは分かっているはずです。ですから，私たちは文化を特徴において議論する傾向があります。誰か文化的特徴の事例を挙げられますか？
　学生2：私が面白いと思った特徴は，ある文化に属する人々が同じ価値観，信念，振る舞いを持っているということです。価値観とは「もったいない」という日本的な概念のように，価値があると思われている物事のことです。信念とは，人々が真実であると信じている物事で，これは広範囲な領域に及びます。たとえば，ある文化の人々は受け入れられない食物の種類に関する信念を共有しているかもしれません。振る舞いは人々の行為に関するもので，同じ文化の人々は同じように振る舞うことがよく見られます。
　教授：良い説明です。それはつまり，④共有される振る舞いによって，人はある文化集団の一員になるのかもしれない。

— 486 —

【語句】

- ・move on to A「Aに移る」
- ・concept「概念」
- ・all the time「常に」
- ・define「定義する」
- ・therefore「したがって／それゆえ」
- ・tend to-不定詞「～する傾向がある／～しがちである」

［例］ They **tend to** think that he is the most efficient of the four.
　　　彼が4人の中で一番有能だと，彼らは思いがちだ。

- ・in terms of A「Aにおいて／Aの観点から」

［例］ Of the OECD countries surveyed, Japan and Spain were below the average
in terms of donated money and volunteered time.
　　　調査対象となった OECD 加盟国のうちで，日本とスペインは寄付金とボラ
ンティア活動に割いた時間において平均を下回っていた。

- ・characteristic「特徴」
- ・belong to A「Aに属する」
- ・value「価値観」
- ・of worth「価値がある」（＝worthy）

［例］ Eliot's poems are **of** more lasting **worth** than the plays.
　　　エリオットの詩は戯曲よりも長く残る価値がある。

- ・cover「及ぶ」
- ・a wide variety of A「広範囲のA」
- ・area「領域」
- ・share「共有する」
- ・similarly「同様に」
- ・explanation「説明」

【解説】

①　他の文化集団と同じ信念を持つことは，重要である
②　同じ文化集団出身の人は，普通，異なった振る舞いをする
③　人々の食物に対する考え方は，どの文化の出身であるかを決定する
④　共有される振る舞いによって，人はある文化集団の一員になるのかもしれない

　学生2が，同じ価値観，信念，振る舞いについて説明しており，発言の最終文に
「同じ文化の人々は同じように振る舞うことがよく見られます」とあるので，④が正
解。

34　①

【全訳】

学生3：1つ質問してもいいでしょうか？
　教授：もちろん。

― 487 ―

学生3：いつも周囲の人と違って見える人々はどうなのでしょうか？　時々，私は友人とは同じように物事をしません。ですから，集団の一員として同じ行動をする必要があるとしたら，同じでない人たちは自分の文化集団の一員ではないということになるのでしょうか？

教授：それはいい質問です。これに答えるには，個々の事例ではなく文化規範の点から考える必要があります。

学生3：文化規範って何ですか？

教授：そうですね，文化規範とは，文化集団の一員たちが共有している行動の規則や基準のことです。

学生3：で，その文化規範に従わない人々は，どうなるのですか？

教授：まあ，彼らはより小さな集団，つまりサブカルチャーの集団に属するということになるかもしれませんが，それでもその集団はその文化の一部とみなされます。彼らの行為がその特定の文化に受け入れられる行動の範囲内にある限り，このことは当てはまります。

学生3：それでは，①文化には，より大きな集団を構成している複数の集団を含むと考えてよろしいでしょうか？

教授：そうです。これで，状況が明らかになったのではないでしょうか。よろしい。私たちは，さらに続けて文化のもう1つの特徴について考えることができると思います。

【語句】

- in the same way as A「Aと同じように」
- norm「規範」
- individual「個々の」
- standard「基準」
- happen to A「Aに起こる／Aに発生する」
- sub-cultural「サブカルチャーの」
- as long as SV ...「…である限り」

〔例〕　My parents don't care what I work at **as long as** I'm happy.
　　　両親は，私が楽しんでいる限り，私が何に取り組むかは気にしない。

- within A「A内」
- limit「範囲／限界」
- particular「特定の」

【解説】

① 文化には，より大きな集団を構成している複数の集団を含む
② 違った行動をすることは，集団の一員として許されない
③ 文化規範に従う集団にいることは，重要である
④ サブカルチャーの集団の数は，制限されるべきである

空所直前の教授の発言の第1文で「彼らはより小さな集団，つまりサブカルチャーの集団に属するということになるかもしれませんが，それでもその集団はその文化の一部とみなされます」と述べられている。したがって，①が正解。

第4問　図表・広告問題

A　図表問題

【全訳】

アメリカ合衆国の消費者は，特に1990年代以降，増加した新鮮な果物の輸入の量と種類から恩恵を受けている。今日の食料品店の青果コーナーには，数十に及ぶ異なる新鮮果物が陳列されていることが多く，国産の新鮮果物の追加分として世界各地からやってくる。

新鮮果物の輸入品の急速な伸びは，合衆国の青果市場の多くの面に影響を与えている。たとえば，オレンジは合衆国の主要な国産果実だが，合衆国のオレンジ輸入量は1990年代以降着実に増えており，合衆国の収穫物が凍りつくような天候に見舞われたときに時折突然増加することもあった（グラフ1参照）。

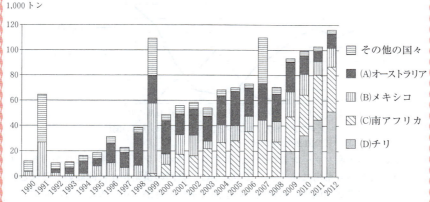

グラフ1　合衆国の国別新鮮オレンジ輸入

合衆国の国内市場は，様々な国や地域からオレンジの輸入品を入手している。主な供給国の中で，メキシコは長期にわたる輸入元である。しかし，年間を通じて合衆国の新鮮なオレンジに対する需要が高いために，特に国産のネーブルオレンジが手に入らない夏の数カ月間では，南半球の国々も主要な供給国になっている。オーストラリアはそのような国の一番手で，合衆国政府からネーブルオレンジを合衆国に輸出する許可を得た後，1990年代初期に輸出を開始した。オーストラリアに続いて，1990年代後半には南アフリカが，そしてごく最近にはチリも加わった。

アメリカ合衆国では，主に2種類のオレンジが国内で生産されている。つまり，「ネーブルオレンジ」と「バレンシアオレンジ」である。ネーブルオレンジは，ほぼ

種なしで，果肉がはがれやすく，水っぽくなく実がしまっていて，生で食べるのに最も人気のあるオレンジである。ネーブルオレンジが，合衆国の青果市場のオレンジ生産に占める割合は，2010年－2012年度で76パーセントだった。それに比べて，バレンシアオレンジは，皮が薄く，時々種があり，果汁の多い甘い果肉を持ち，同じ期間で24パーセントを占めていた。合衆国で一番の青果市場向けオレンジ供給元として，カリフォルニア州は青果市場用ネーブルオレンジの87パーセントと青果市場用バレンシアオレンジの81パーセント以上を生産した。

国内の青果市場向けオレンジの主たる収穫期間は，11月から5月末で，それはカリフォルニア州のネーブルオレンジが旬の時期である。しかし，国内で生産され出荷されるオレンジの量は，6月から10月末に著しく減少する。新鮮なオレンジの輸入品がまだ国内消費のほんのわずかな部分しか占めていなかった初期の時代では，ネーブルオレンジが旬ではない時期はバレンシアオレンジが人気品種だった。しかし，グラフ2に見るように，南半球諸国からのネーブルオレンジの輸入品は，夏季に合衆国を席捲するようになった。

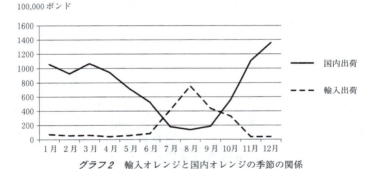

グラフ2 輸入オレンジと国内オレンジの季節の関係
(2010-2012 平均値).

季節ごとの生産パターンのために，メキシコのオレンジの大半は12月から6月末にかけて合衆国の市場に届くが，この時期は合衆国の供給が比較的高い。それとは対照的に，南半球諸国からの輸入品の季節は主に7月から10月末で，この時期は合衆国の供給が比較的低い。この傾向は他の多くの果物にも見られる傾向と似ている。

【語句】
◆第1段落◆
・consumer「消費者」
・benefit from A「Aから恩恵を受ける／によって得をする」
・increased「増加した」
・volume「量」
・variety「種類」

- fresh-fruit「新鮮な果物」
- import「輸入品」通例複数形。
- particularly「特に」
- fruit and vegetable section「青果コーナー」
- grocery store「食料品店」
- dozens of A「数十のA／多数のA」

［例］ There were **dozens of** street musicians around the entrance to our office.
私たちの会社の入り口の周りに，多数のストリート・ミュージシャンがいた。

- on display「陳列して／展示して／並べて」
- all year around「1年中」
- all corners of the globe「世界各地」
- addition「追加分／増加分」
- domestic「国内の」
- fresh fruit「新鮮果物」

◆第2段落◆
- rapid growth「急速な伸び」
- affect「影響を与える」
- aspect「局面／様相」
- for example「たとえば」
- leading「主要な」
- domestically「国内で」
- steadily「着実に」
- occasional「時折の／時々」
- sudden「突然の」
- crop「農作物」
- freezing weather「凍りつくような天候」
- figure「グラフ／図」

◆第3段落◆
- region「地域」
- supplier「供給国」
- longtime「長期の」
- the Southern Hemisphere「南半球」
- navel orange「ネーブルオレンジ」
- obtain「得る」
- permission「許可」
- export「輸出する」
- recently「最近」

24

◆第4段落◆

- ・virtually「ほぼ／ほとんど／事実上」
- ・seed「種」
- ・flesh「果肉」
- ・separate「はがれる／分離する」
- ・firm「実がしまって／堅い」
- ・watery「水っぽい」
- ・share「割合／シェアー」
- ・in comparison「それに比べ／相対的に」
- ・thin「薄い」
- ・skin「皮」
- ・contain「含む」
- ・account for A「Aの割合を占める／Aから成る」

[例]　Our company's sales in the US alone **account for** about one third of the total revenue.
　　　当社の米国市場における売り上げだけで，当社の総収入の約3分の1を占めている。

◆第5段落◆

- ・harvest「収穫」
- ・from A through B「A〈日時〉からB〈日時〉の終わりまで」
- ・in season「旬で／シーズンで／（食物が）食べごろの」

[例]　Crabs are now **in season** in this area.
　　　カニはこの地域では今が旬である。

- ・amount「量」
- ・ship「出荷する」
- ・significantly「著しく」
- ・portion「部分」
- ・out of season「季節外れの／シーズンオフの」
- ・dominate「席捲する」

◆第6段落◆

- ・because of A「Aのために／Aのせいで」

[例]　He decided to work all the harder **because of** his failure.
　　　彼は失敗のためによりいっそう一生懸命勉強しようと決心した。

- ・seasonal「季節ごとの」
- ・the majority of A「Aの大半」
- ・in contrast「それとは対照的に」
- ・trend「傾向」
- ・similar to A「Aに似ている」

— 492 —

［例］ You may not believe that hair consists of materials **similar to** nails.
あなたは毛が爪に似ている物質から成るとは信じないかもしれません。

【解説】

問1　35　②

グラフ1において，(A)，(B)，(C)，(D)は次のどれを指すか？　35

① (A) オーストラリア　(B) チリ　(C) メキシコ　(D) 南アフリカ

② (A) オーストラリア　(B) メキシコ　(C) 南アフリカ　(D) チリ

③ (A) 南アフリカ　(B) チリ　(C) オーストラリア　(D) メキシコ

④ (A) 南アフリカ　(B) メキシコ　(C) オーストラリア　(D) チリ

　第3段落第2文に「主な供給国の中で，メキシコは長期にわたる輸入元である」とあり，グラフの1990年からずっと存在している(B)がメキシコだとわかる。同段落第4文に「オーストラリアはそのような国の一番手で，1990年代初期に輸出を開始した」とあるから，グラフ上で1992年に初登場する(A)はオーストラリアだとわかる。さらに，第5文に「オーストラリアに続いて，1990年代後半には南アフリカが，そしてごく最近にはチリも加わった」とあるから，グラフ上でそれぞれ1999年と2009年に初登場する(C)が南アフリカ，(D)がチリだとわかる。よって，②が正解。

問2　36　①

　本文によると，ネーブルオレンジとバレンシアオレンジの違いの1つを正しく説明しているのは，次のどれか？　36

① ネーブルオレンジはバレンシアオレンジより種が少ない。

② ネーブルオレンジはバレンシアオレンジより果汁が多い。

③ バレンシアオレンジは，冬にネーブルオレンジより人気がある。

④ バレンシアオレンジは，ネーブルオレンジより生で食べるのに適している。

　第4段落第2文に，「ネーブルオレンジは，ほぼ種なしで，果肉がはがれやすく，水っぽくなく実がしまっていて，生で食べるのに最も人気のあるオレンジである」とあり，同段落第4文に「バレンシアオレンジは，皮が薄く，時々種があり，果汁の多い甘い果肉を持つ」とあるから，①が正解。

問3　37　③

　本文の主目的は何か？　37

① 合衆国のオレンジ生産の季節による変化を説明すること

② ネーブルオレンジとバレンシアオレンジの違いを説明すること

③ 合衆国のオレンジの生産と輸入の関係を説明すること

④ 合衆国で生産されるネーブルオレンジの品質を改良すること

　③が本文全体や2つのグラフの内容をよく表しているので正解となる。①に関しては第5段落に述べられているが，季節による生産の変化は輸入の一因として挙げられているにすぎない。②は第4段落と第5段落に限定された内容である。④については文中に述べられていない。

— 493 —

26

問 4 38 ②

　どんな話題が最終段落に続くと思われるか？ 　 38

① 　合衆国から南半球への他の果物の輸出比率

② 　他の果物の輸入における季節による変化を示す統計

③ 　南半球からのネーブルオレンジの出荷方法

④ 　合衆国とメキシコで一般的に栽培されている果物の種類

　最終段落の第1文と第2文でオレンジ輸入の季節による変化に触れた後，最終文で「この傾向は他の多くの果物にも見られる傾向と似ている」とある。したがって，次に続く可能性が最も高い話題は②と推理できる。

B　広告問題

【全訳】

オクタゴン美術館　OMA

　オクタゴン美術館（OMA）は，絵画，彫刻，写真などの現代美術を特集する展覧会やプログラムをご提供しています。オクタゴン財団によって1972年に設立され，多くの常設展示物を伴う膨大なコレクションを有し，また特別展示やプロの芸術家・評論家による講演，学童向け各種教室，専門家がご案内する館内ツアーもご提供しています。

入館料：1人5ドル（6歳以下のお子様は**無料**）

プログラム料金：

ショート・ツアー（90分）	大人（18歳以上）	10ドル	毎日2回 午前9時・午後2時
	学生（7歳－17歳）	8ドル	
	子供（6歳以下）	無料	
総合ツアー（3時間）	大人（18歳以上）	20ドル	火曜日・土曜日 午前10時
	学生（7歳－17歳）	15ドル	
	子供（6歳以下）	無料	
スケッチ教室（90分）	大人（18歳以上）	15ドル	月曜日，午後7時
	学生（7歳－17歳）	8ドル	水曜日，午後4時
	子供（6歳以下）	無料	水曜日，午前10時
写真ワークショップ（2時間）	大人（18歳以上）	17ドル	日曜日，午後7時
	学生（7歳－17歳）	12ドル	日曜日，午前10時

注意：

－ツアー，教室，ワークショップの料金は入館料を含んでいます。

－ツアー，教室，ワークショップには少なくとも1週間前には こちら で登録をお願いします。

－当館では，「アート・トーク」（隔週土曜日OMAホールにてゲスト講演者をお招きし，成人観客とお話をします）もご提供しています。ご予約や追加料金は不要です。今月の予定については， こちら をクリックして下さい。

28

【語句】

- offer「提供する」
- exhibition「展覧会」
- feature「特集する／特ダネにする／呼び物［目玉］にする」
- sculpture「彫刻」
- photograph「写真」
- establish「設立する」
- foundation「財団」
- permanent exhibit「常設展示物」
- critic「評論家」
- admission fee「入館料」
- adult「大人」
- comprehensive「総合的な／包括的な」
- workshop「ワークショップ／セミナー／研修会／講習会／研究会」
- include「含む」
- sign up「登録する／入会する」
- reservation「予約」
- additional fee「追加料金」
- click「クリックする」

【解説】

問1 39 ②

19歳の店員カズコは，美術館の活動に参加したがっているが，暇なのは平日の夕方だけである。彼女が最も選びそうな活動はどれか？ 39

① 総合ツアー
② スケッチ教室
③ 写真ワークショップ
④ ショート・ツアー

プログラムの中で「平日の夕方」に設定されているものは，「月曜日午後7時」のスケッチ教室しかない。また，18歳以上の大人とあるから19歳のカズコにふさわしいと分かる。したがって，②が正解。

問2 40 ③

退職した夫婦と6歳の孫が，一緒に平日の午後の活動に参加したいと望んでいる。彼らが最も選びそうな活動はどれで，合計で支払う金額はいくらか？ 40

① 総合ツアー，20ドル
② 総合ツアー，40ドル
③ ショート・ツアー，20ドル
④ ショート・ツアー，28ドル

表中の2種類のツアーのうち「平日午後」にあるのはショート・ツアーである。

— 496 —

金額は，6歳の孫は無料で大人2人分の料金は20ドルになる。これは，「注意」書きの1つ目にあるように入館料を含むので，これ以上の費用は払わなくてよい。よって，③が正解。

問3 41 ①

ウェブサイトによれば，正しいのは以下のどれか？ 41

① 事前予約は「アート・トーク」には不要である。
② 総合ツアーは毎日開催される。
③ 入館料はツアー料金には含まれない。
④ アマチュアの芸術家による講演がある。

「注意」書きの3つ目で，「当館では，『アート・トーク』（隔週土曜日 OMA ホールにてゲスト講演者をお招きし，成人観客とお話をします）もご提供しています。ご予約や追加料金は不要です」から①が正解とわかる。なお，③は「注意」書きの1つ目から，④は最初の案内記事の最終文から，誤りだとわかる。また，②は表から誤りと分かる。

第5問 長文読解問題（物語）

【全訳】

「私が大物になるとは誰も思わなかったよ」と，ジョンおじさんは，台所に立ち，受賞した4品料理のディナーの作り方を私に教えながら言った。私は大学を卒業したばかりで，この食事は彼の私への贈り物だった。有名シェフが私のために料理をしてくれているというのは，すばらしい気分だった。さらに，彼が数日後に全国放送のテレビ料理コンテスト「ザ・ビッグタイム・クックオフ」に参加することになっているため，私は興奮していた。

ジョンおじさんが若かった頃，彼の家族は田舎に住んでいた。彼の母親は地元の学校で教えていたが，ジョンが10歳の時に，彼女は年老いた母親の世話をするために仕事をやめなければならなくなった。それまで，彼の父親は優しくて，ジョンや2人の妹と一緒に遊んでくれる暇が十分にあった。しかし，請求書が積もり続けるにつれて，家族は困難に陥った。ジョンの父親は，結局遠く離れた都会で仕事に就かなければならなくなり，それで彼は週末だけしか家に帰れなかった。

次第に，忙しい仕事のスケジュールのせいで，ジョンの父親は，家に帰ってくるときはいつも疲れたように見えるようになった。実は，彼は上機嫌な人物から始終不機嫌な人物に変わってしまった。彼は家にいるときは，ただ休みたいだけだった。彼はよく些細なことでジョンを叱りつけた。父親に受け入れられたいと思い，ジョンは最善を尽くそうとしたが，十分だと思うことは決してなかった。最後には，彼は父親を避け始めた。彼は友達とショッピングモールにたむろするようになり，時々授業をさぼるようになった。少しずつ，ジョンの成績は悪くなっていった。彼の両親と先生は彼の将来のことを心配した。

― 497 ―

30

　ある日曜日の朝，ジョンの母親が自分の母親の世話をしに出かけている間，彼の父親がテレビのある部屋でうたた寝をしていた。ジョンの妹たちがおなかを空かせていたので，ジョンは彼女たちのために何か料理を始めた。料理の仕方をよく知らなかったが，彼は父親に面倒をかけたくなかった。

　突然台所のドアが開くと，彼の父親がそこにたたずんでいた。「パパ，起こしたのならごめん。チェルシーとジェシカが腹をすかしていたんで，卵を料理してやろうとしていたんだ」彼の父親は一瞬彼を真剣に見た。「卵だって？　卵は今日みたいないい天気の日曜日に昼食にするにはふさわしくない。裏庭でステーキを焼こう」「本当に？　パパは疲れてるんじゃないの」「大丈夫さ。料理は好きなんだ。大学時代にコックのアルバイトをしていたときのことを思い出すよ。おいしいステーキの作り方を教えよう」

　ジョンが驚いたことには，彼の父親は料理を始めると元気になった。彼はジョンをわきに連れて行き，料理は，ある意味で，科学プロジェクトのようなものだと詳しく説明した。「材料を正確に測ってどの品目が相性がいいのか知らなければいけない。これをマスターすれば，とても多くの人々に喜びを与えることができる。」ジョンは久しぶりに父親に親近感を覚えた。そのときからずっと，ジョンが家で過ごす時間が増えた。彼は定期的に家族のため，その後は大学の友人のために料理をするようになった。ジョンは料理をするときはいつも幸せだと感じ，そしてこの幸せが彼の人生の他の分野に波及していった。

　ジョンおじさんはレストランの仕事をしながら大学を卒業し，結局は有名レストランのシェフになった。彼はその仕事が本当に好きで，自分自身の特別な技術を伸ばしながら熱心に仕事をした。とうとう彼は彼独自のスタイルの料理を出す自分のレストランを開くことができた。彼はいくつかの賞を受賞し金持ちや有名人のために料理した。

　ここでコンテストの話に戻ろう。ジョンおじさんが選出されたことに彼と私は興奮した。とはいえ，その台所で，彼は本当に心を動かすものを私と共有したのだった。「いいかい，マイク」とジョンおじさんは言った。「私は，『ザ・ビッグタイム・クックオフ』の一部としてテレビ出演することにわくわくしている。だが，私を最も幸せにしてくれることは，私が大事に思う人の１人であるお前と一緒にここに立っていること，そしてお前と私の２人だけで話すことだ。まさにそれは，ずっと昔の夏のある晴れた日に，パパが私にしてくれたことにそっくりなんだ。そして，そのことが私の人生を全く一変させたのだよ」

【語句】

◆第１段落◆

　・amount to much「大物になる／大したものだ／役に立つ」

　・put together「(複数のものをひとまとめにして)作る／組み立てる／統合する」

　〔例〕　It takes half a day to **put together** the stage set.

— 498 —

　　　　舞台装置を組み立てるのに半日かかる。
・award-winning「受賞した／賞を取った」
・four-course dinner「4品料理／4品料理のディナー」
・graduate from A「Aを卒業する」
・well-known「有名な」
・on top of this「この上に／さらに」
・compete「競争する／参加する」
・nationwide「全国的な」

◆第2〜3段落◆
・quit「やめる」
・take care of A「Aの世話をする」
［例］　I had to **take care of** my mother.　That's why I quit my job.
　　　　私は母の世話をしなければなりませんでした。それで仕事をやめたのです。
・elderly「年老いた」
・bill「請求書」
・pile up「積み重なる／山積みになる」
・get into trouble「困難に陥る／困ったことになる」
・finally「結局」
・weekend「週末」
・gradually「次第に」
・look tired「疲れたように見える／疲労の色を見せる」
・whenever SV ...「…するときはいつでも」
［例］　Martin wants to sit next to the aisle **whenever** he goes to a baseball stadium.
　　　　マーティンは野球場に行くときはいつも通路のすぐ横に座りたがる。
・to tell the truth「実は／実を言うと」
［例］　**To tell the truth**, I didn't get any sleep last night.
　　　　実は昨晩一睡もできませんでした。
・good-humored「上機嫌な」
・be in a bad mood「不機嫌である」
・all the time「始終／いつも」
・scold「叱る」
・do *one's* best「最善を尽くす」
・good enough「十分に良い」
・eventually「結局は／最後には」
・avoid「避ける」
・hang out「ぶらぶらする／たむろする／巣くう」
［例］　A group of hooligans are **hanging out** in the town.
　　　　不良グループが町に巣くっている。

32

- skip「さぼる」
- little by little「少しずつ」
- grade「成績」
- be worried about A「Aのことを心配する」

◆第4～5段落◆

- nap「うたた寝をする」
- bother「面倒をかける」
- suddenly「突然」
- dad「パパ／お父ちゃん／おやじ」
- wake up「起こす」
- seriously「真剣に」
- for a moment「一瞬／少しの間」
- grill「焼く／網焼きにする」
- steak「ステーキ」
- remind A of B「AにBのことを思い出させる」

〔例〕 The lullaby **reminds** me **of** my mother.
その子守唄は私に母を思い出させる→その歌を聞くと私は母を思い出す。

- prepare「(食事を)作る／用意する」

◆第6段落◆

- to A's＋感情名詞「Aが～したことには」感情名詞には amusement, surprise, delight, dismay, regret, disappointment, amazement, astonishment, annoyance, chagrin, embarrassment, joy, relief, sorrow などが来る。

〔例〕 **To their** great **disappointment**, they failed to carry out the plan.
ひどくがっかりしたことには，彼らはその計画を実行しそびれてしまった。

- energetic「元気な／エネルギッシュな／活発な」
- take A aside「Aをわきに連れて行く」

〔例〕 I **took** him **aside** and told him the news.
私は彼をわきに連れて行き，彼にそのニュースを伝えた。

- explain to A that SV ...「Aに…だと説明する」
- in detail「詳しく」
- in a way「ある意味で」
- measure「計測する」
- ingredient「材料／成分」
- precisely「正確に」
- item「品目」
- go together「相性がいい／合う」
- provide A for B「AをBに与える」
- a great many people「とても多くの人々」

— 500 —

2016年度　本試験〈解説〉　33

・feel close to A「Aに親近感を覚える」
・for the first time in a long time「久しぶりに」
・from then on「その後は／それ以降」
・regularly「定期的に」
・spill over「波及する／あふれ出る／こぼれる」
　　［例］　The problem from his first stage may **spill over** into his new film.
　　　　　彼の初舞台からの問題が彼の新作映画に波及することもあり得る。

◆第7〜8段落◆
・work *one's* way through college「苦学して［働きながら・アルバイトをしながら］大学を卒業する」
・serve「（料理を）出す」
・win award「受賞する」
・select「選ぶ」
・yet「とはいえ／それでもやはり」
・be thrilled「わくわくしている」
・care about A「Aを大事に思う」

【解説】
問1　42 　②
　物語の冒頭で，ジョンおじさんは 42 。
① 『ザ・ビッグタイム・クックオフ』のために料理をしていた
② マイクのために特別な食事を作っていた
③ コンテストのためにマイクを訓練していた
④ 彼のレシピを改良しようと努めていた
　第1段落の第1〜2文に「ジョンおじさんは，台所に立ち，受賞した4品料理のディナーの作り方を私に教えながら言った。私は大学を卒業したばかりで，この食事は彼の私への贈り物だった」とあるので，②が正解。

問2　43 　③
　ジョンおじさんの父親が都会で働き始めたのは 43 からである。
① 彼が田舎で暮らすのに飽きた
② 家族と一緒に過ごす方がより容易だった
③ 家族が生活のためのお金をもっと必要とした
④ ジョンおじさんの母親が病気なってしまった
　第2段落の第4文と最終文に「しかし，請求書が積もり続けるにつれて，家族は困難に陥った。ジョンの父親は，結局遠く離れた都会で仕事に就かなければならなくなり，それで彼は週末だけしか家に帰れなかった」とあるので，③が正解。

問3　44 　②
　ジョンおじさんの両親と先生たちはなぜジョンの将来のことを心配したのか？
44

— 501 —

① 彼が家で休みたがるだけだったから。

② 彼が勉強に対する興味を失ったから。

③ 彼が父親を避けるのをやめたから。

④ 彼はもはや上機嫌な人物ではなかったから。

　第3段落の第7～9文に「彼は友達とショッピングモールにたむろするようになり，時々授業をさぼるようになった。少しずつ，ジョンの成績は悪くなっていった。彼の両親と先生は彼の将来のことを心配した」とあるので，②が正解。

問4　45　③

　ジョンおじさんの人生を最も大きく変えるのに役立ったものは何か？　45

① 賞を勝ち取ったディナーを友達と一緒に食べること

② 『ザ・ビッグタイム・クックオフ』のような料理コンテストに出場すること

③ 料理を通して父親との結びつきを持つこと

④ 台所でマイクと話して過ごすこと

　第4～6段落では，ある日曜日の朝ジョンおじさんの父親がジョンと一緒に料理を作った話が語られており，第6段落の第5～8文に「ジョンは久しぶりに父親に親近感を覚えた。そのときからずっと，ジョンが家で過ごす時間が増えた。彼は定期的に家族のため，その後は大学の友人のために料理をするようになった。ジョンは料理をするときはいつも幸せだと感じ，そしてこの幸せが彼の人生の他の分野に波及していった」とある。また，最終段落のジョンおじさんの発言に「まさにそれは，ずっと昔の夏のある晴れた日に，パパが私にしてくれたことにそっくりなんだ。そして，そのことが私の人生を全く一変させたのだよ」とあるので，③が正解。

問5　46　②

　ジョンおじさんが最も満足感が得られると思うものは何か？　46

① 有名人のために独自の四品料理のディナーを開発すること

② 彼と親しい人々と意味のある関係を持つこと

③ テレビショー番組の料理を通して人々を幸せにすること

④ 彼のレストランで多くの人においしい料理を出すこと

　最終段落の第5文に「だが，私を最も幸せにしてくれることは，私が大事に思う人の1人であるお前と一緒にここに立っていること，そしてお前と私の2人だけで話すことだ」とあるので，②が正解。

第6問　長文読解問題（論説文）

【全訳】

(1)　オペラは最高レベルの表現で人間の声を賛美する芸術形式である。特に，優れた歌手によって演じられるときは，オペラのように興奮を生み出し，心を動かす芸術形式は他にない。そのような歌手は，人間の声のためにこれまでに作曲されてきた最も優れた最も魅力的な音楽の一部を上演するよう訓練されている。

(2) オペラは，西洋クラシック音楽の伝統の重要な一部分である。それは音楽，言葉，演技を用いて，劇的な物語を生き生きとしたものにする。オペラは16世紀末にイタリアで始まり，その後ヨーロッパ中に普及した。長年にわたり，オペラは世界中の様々な音楽や演劇の発展に対応してきたし，今もそうし続けている。ここ数十年，現代の録音技術によって，さらに幅広い聴衆がオペラを知るようになってきている。歌手のなかには，ラジオやテレビ，映画での演奏のおかげで有名人になった者もいる。

(3) しかし，近年，オペラは深刻な難題に直面している。これらのいくつかの原因は，対応のしようがないものである。オペラの現代の難題の1つは，経済的なものである。現代の世界的な景気後退は，文化団体や芸術家に対して使うことのできる資金が少なくなるということを意味するようになった。この資金不足は，オペラ歌手やその他の芸術家を支援するのにどのくらいのお金が支払われるべきかという，より幅広い問題を提起する。企業経営者に支払われる多額の給料や，運動選手に対してなされる数百万ドルという契約を，社会は受け入れているようだ。しかし，オペラ歌手についてはどうだろうか？　どういうわけか，貧困に苦しむ場合に限り，芸術家は創造的になれるという考えを人々は抱いているようだが，これは非現実的である。もし，オペラ歌手を含む芸術家が，必要とする支援を受けられないとすれば，貴重な才能が無駄になるのだ。

(4) 資金不足だけでなく，オペラ界における資金の運用法も困難を引き起こしてきた。一般的には，いったん舞台が終わると，主演歌手には出演料が支払われる。彼らはたいてい，舞台が始まる前の何週間ものリハーサル期間中，何ももらわない。役作りのため，彼らはレッスン料やマンツーマンの指導料を払わなければならない。病気になったり出演をキャンセルしたりすれば，出演料を失うことになる。この制度の不安定さが，オペラの将来を危険にさらしているのである。

(5) オペラが直面するもう1つの問題は，大衆娯楽の影響を受けた聴衆の要望にどのように応えるかということである。流行歌手は，その音楽と同様にその外見で評価されることが多い。したがって，この大衆文化の影響を受けた聴衆に対して演じるオペラ歌手は，今や「歌うモデル」になることを期待されている。このような要望は非現実的で，もしかすると有害かもしれない。オペラ歌手は，その体重が軽すぎれば，マイクなしで大劇場やコンサートホールに響くほど大きな声を出すことなど絶対にできない。歌唱力以上に肉体的な外見を強調すれば，聴衆は最高の状態の人間の声を聞き逃してしまうことになるかもしれない。

(6) オペラの問題には容易な解決策はないし，オペラの価値については多くの異なる意見がある。しかし，毎年，多くの若者が，この特別な芸術形式で自分の才能を伸ばすことを望み夢みて，音楽コースに登録する。オペラが多くの障害を切り抜け，若い世代を魅了し続けるという事実は，オペラが依然として価値にあふれた尊敬を集める芸術形式であることを実証している。

36

【語句】
◆第1段落◆
- art form「芸術形式」
- celebrate「賞賛する／賛美する」
- expression「表現」
- create「生み出す」
- excitement「興奮」
- move「感動させる」
- in the way that SV ...「…の仕方で／…のように」

［例］ Although American men and women share a common desire to shop, differences exist **in the way that** they think about and approach shopping.
　　アメリカ人の男性と女性は買い物をしたいという共通の願望を持っているが，買い物に対する考え方とアプローチの仕方には，男女で違いが存在する。

- especially「特に」
- perform「演じる／演奏する」
- train「訓練する」
- present「上演する」
- challenging「魅力的な／やりがいのある／困難な」
- compose「作曲する」

◆第2段落◆
- tradition「伝統」
- bring A to life「Aを生き生きとしたものにする」
- become popular「普及する」

［例］ The Internet has **become popular** in many aspects of our daily life.
　　インターネットは我々の日常生活の多くの面で普及した。

- throughout A「Aを通して」
- over the years「何年にもわたって」
- respond to A「Aに対応する」

［例］ The conventional treatments can't **respond to** this virus.
　　従来の治療法ではこのウイルスは対応できない。

- various「様々な」
- theatrical「劇場の」
- continue to-不定詞「～し続ける」
- decade「十年間」
- audience「聴衆」

◆第3段落◆
- however「しかしながら」
- face「直面する」

― 504 ―

・challenge「難題」
・cause「原因」
・beyond *one's* control「どうすることもできなくて／(人)の手に負えなくて」
[例] There are economic factors which are **beyond** the government's **control**.
政府にはどうすることもできない経済的要因がある。
・current「現在の／現行の」
・economic「経済の」
・economic slowdown「景気後退」
・available「利用できる」
・institution「(大規模な)団体／組織／協会」
・shotage「不足」
・raise「提起する」
・business manager「企業経営者」
・multi-million-dollar contract「数百万ドルという契約」
・athlete「運動選手」
・somehow「どういうわけか／どうやら／何とかして」
・creative「創造的な」
・only if 〜「〜の場合に限り」
・suffer「苦しむ」
・poverty「貧困」
・unrealistic「非現実的な」
・including A「Aを含む」
・waste「浪費する」

◆第4段落◆
・not only A but also B で「Aばかりでなく Bも」。
[例] In times of crisis, people **not only** depend on their government to help them out, **but also** depend on each other.
危機の時代には，人々は政府が自分たちを救出してくれるのを当てにするだけでなく，お互いを当てにするものだ。
・lead to A「Aを引き起こす／結局 Aとなる／Aをもたらす」
[例] The parents' physical abuse **leads to** their child's death.
両親の虐待が子供の死を引き起こした。
・hardship「困難／苦境」
・principal singer「主演歌手」
・generally「一般的には」
・once SV ...「いったん…すると」
[例] **Once** you begin, you must continue.
いったん始めたら，継続しなければいけません。

— 505 —

・typically「たいてい」
・reharsal「リハーサル」
・prepare for A「Aの準備をする」
[例]　We will **prepare for** your goodbye party.
　　　あなたのお別れパーティーの準備をします。
・coaching session「マンツーマンの指導」
・insecurity「不安定さ」
・put A at risk「Aを危険にさらす」
[例]　This explosion **put** billions of dollars' worth of satellites **at risk**.
　　　この爆発は何十億ドルもの価値のある衛星を危険にさらした。

◆第5段落◆
・meet the demands of A「Aの要望に応じる／要求を満たす」
[例]　This method will **meet the demands of** today's global financial system.
　　　この方法は，今日の世界金融システムの要求を満たすだろう。
・influence「影響を与える」
・pop singer「流行歌手」
・on the basis of A「Aで／Aに基づいて」
[例]　We should discuss this **on the basis of** these figures.
　　　これらの数字に基づいて，この議論をすべきだ。
・be expected to-不定詞「～することを期待されている」
・possibly「もしかすると／ひょっとしたら／たぶん」
・harmful「有害な」
・simply ... not「絶対に…ない／どうしても…ない」
[例]　That is **simply not** true.
　　　そんなこと絶対に本当でないよ。
・emphasize「強調する」
・physical appearance「肉体的な外見」
・cause A to-不定詞「Aに～させる／…のせいでAは～する」
[例]　This incident **caused** him **to** leave school before the term is over.
　　　この出来事のせいで，彼は学期が終わる前に学校をやめた。
・miss out on A「Aを逃す／Aのチャンスを逃す」
[例]　The company **missed out on** the first wave of the Internet boom.
　　　その会社はインターネットブームの最初の波を逃した。
・at *one's* best「最高の状態で」

◆第6段落◆
・solution to A「Aへの解決策」
[例]　We have to find a **solution to** this problem.
　　　私たちはこの問題の解決策を見つけなければならない。

・value「価値」
　　・register「登録する」
　　・the fact that SV ...「…という事実」
　　・survive「切り抜ける／生き残る」
　　・obstacle「障害」
　　・rising generation「若い世代／青年層」
　　・demonstrate「実証する」
　　・respected「尊敬を集めている／尊敬されている／立派な」
　　・full of A「Aでいっぱいの／Aに満ちた」

【解説】
問1 　47　 ①
　　第2段落によると，以下の文のうち正しいのはどれか？ 　47

① 　オペラは新たな状況に適応することで発展する。
② 　オペラファンはオペラ上演について有名人に感謝している。
③ 　オペラ歌手は TV や映画で歌うのを避ける。
④ 　オペラ歌手の人生の物語は劇的である。

　　第2段落第4文で「長年にわたり，オペラは世界中の様々な音楽や演劇の発展に対応してきたし，今もそうし続けている」とあるので，①が正解。

問2 　48　 ③
　　第3段落において，"But what about opera singers?" という疑問を，別の言い方にすればどうなるか？ 　48

① 　オペラ歌手はどのように準備するのか？
② 　我々はオペラ歌手をどのように利用すべきか？
③ 　オペラ歌手にはどれくらいの価値があるのか？
④ 　オペラ歌手は総額でいくら支払うか？

　　下線部の直前で，「企業経営者に支払われる多額の給料や，運動選手に対してなされる数百万ドルという契約を，社会は受け入れているようだ」とあり，その直後に「オペラ歌手についてはどうだろうか？」という疑問なので，オペラ歌手の報酬がどれくらいかという疑問となるはずである。したがって，③が正解。

問3 　49　 ①
　　第3・4段落によると，どの文が正しいか？ 　49

① 　オペラ歌手は収入が不安定である。
② 　オペラ歌手がオペラを見に来てくれと頼むのは裕福な人々だけである。
③ 　オペラ歌手は公演の前に出演料をもらう。
④ 　オペラ歌手は貧しければいっそううまく演じる。

　　第3段落の第5文に「この資金不足は，オペラ歌手やその他の芸術家を支援するのにどのくらいのお金が支払われるべきかという，より幅広い問題を提起する」とあり，第4段落の第5文と最終文に「病気になったり出演をキャンセルしたりすれ

― 507 ―

40

ば，出演料を失うことになる。この制度の不安定さが，オペラの将来を危険にさら
しているのである」とあるので，①が正解。③は第4段落の第2・3文に，④は第
3段落の第8文に矛盾する。

問4　50　③

　第5段落における筆者の意見を最もよく表しているものはどの文か？　50

① オペラがどのように上演されるべきかは聴衆が一番よく知っている。

② オペラをもっと楽しくするためにマイクが使用されるべきだ。

③ オペラ歌手の声は外見よりも高く評価されるべきだ。

④ 大衆文化はオペラによい影響を及ぼしてきた。

　第5段落の第5文と最終文に「オペラ歌手は，その体重が軽すぎれば，マイクな
しで大劇場やコンサートホールに響くほど大きな声を出すことなど絶対にできな
い。歌唱力以上に肉体的な外見を強調すれば，聴衆は最高の状態の人間の声を聞き
逃してしまうことになるかもしれない」とあり，オペラ歌手の場合は外見よりも声
を重視すべきだというのが筆者の意見である。したがって，③が正解。筆者は大衆
文化の影響を受けた聴衆に対して否定的であり，①，④は本文と矛盾する。②のよ
うな記述はない。

問5　51　③

　本文の最適な表題は何だろうか？　51

① オペラで金を儲ける方法

② 大衆文化の一部としてのオペラ

③ オペラが直面している課題

④ オペラの歴史的背景

　第3段落の第1文に「しかし，近年，オペラは深刻な難題に直面している」とあ
り，これがこの文章全体を貫く主題であることは，第6段落の第1文「オペラの問
題には容易な解決策はないし，オペラの価値については多くの異なる意見がある」
からもわかる。したがって，③が正解。

― 508 ―

B

52 ③　53 ①　54 ④　55 ②

段落	内容
(1)	オペラの紹介
(2)	52 ③
(3)	53 ①
(4)	54 ④
(5)	55 ②
(6)	オペラの展望

① オペラに対する世界経済の影響
② 大衆文化がオペラに与えた衝撃
③ 過去から現在までのオペラ
④ 資金運営面の諸問題

　第2段落では西洋クラシック音楽の一形式であるオペラの歴史が述べられており，これは③「過去から現在までのオペラ」に相当する。第3段落ではオペラが現在直面している課題，特に世界的な景気後退による経済的問題が論じられており，これは①「オペラに対する世界経済の影響」に相当する。第4段落では，オペラ上演における資金運用法の問題が論じられており，これは④「資金運営面の諸問題」に相当する。第5段落は，現代の大衆文化がオペラに与える影響について論じており，これは②「大衆文化がオペラに与えた衝撃」に相当する。したがって，52 ③，53 ①，54 ④，55 ②が正解である。

MEMO

英　語

（2015年 1 月実施）

受験者数　523,354

平　均　点　　116.17

2015
本試験

英　語

解答・採点基準 　　　(200点満点)

問題番号(配点)	設問	解答番号	正解	配点	自己採点
第1問 (14)	A	問1　1	②	2	
		問2　2	①	2	
		問3　3	①	2	
	B	問1　4	②	2	
		問2　5	④	2	
		問3　6	④	2	
		問4　7	③	2	
第1問　自己採点小計					
第2問 (44)	A	問1　8	①	2	
		問2　9	③	2	
		問3　10	③	2	
		問4　11	②	2	
		問5　12	①	2	
		問6　13	③	2	
		問7　14	①	2	
		問8　15	④	2	
		問9　16	②	2	
		問10　17	④	2	
	B	問1　18	⑤	4 *	
		19	⑥		
		問2　20	⑤	4 *	
		21	①		
		問3　22	④	4 *	
		23	⑤		
	C	問1　24	⑦	4	
		問2　25	⑥	4	
		問3　26	①	4	
第2問　自己採点小計					

問題番号(配点)	設問	解答番号	正解	配点	自己採点
第3問 (41)	A	問1　27	④	4	
		問2　28	②	4	
	B	問1　29	②	5	
		問2　30	④	5	
		問3　31	①	5	
	C	32	②	6	
		33	②	6	
		34	①	6	
第3問　自己採点小計					
第4問 (35)	A	問1　35	④	5	
		問2　36	①	5	
		問3　37	②	5	
		問4　38	②	5	
	B	問1　39	②	5	
		問2　40	③	5	
		問3　41	①	5	
第4問　自己採点小計					
第5問 (30)		問1　42	③	6	
		問2　43	③	6	
		問3　44	④	6	
		問4　45	④	6	
		問5　46	④	6	
第5問　自己採点小計					
第6問 (36)	A	問1　47	④	6	
		問2　48	②	6	
		問3　49	②	6	
		問4　50	②	6	
		問5　51	①	6	
	B	52	③	6 *	
		53	①		
		54	②		
		55	④		
第6問　自己採点小計					
自己採点合計					

(注)　＊は，全部正解の場合のみ点を与える。

第1問 発音・アクセント問題

A 発音

問1 　1　 ②

① ancestor /ǽnsestər/「先祖」/æ/
② **ancient** /éɪnʃənt/「大昔の」/eɪ/
③ handle /hǽndl/「取っ手」/æ/
④ handsome /hǽnsəm/「ハンサムな」/æ/

したがって，②が正解。

問2 　2　 ①

① **flood** /flʌ́d/「洪水」/ʌ/
② hook /húk/「フック」/ʊ/
③ shook /ʃúk/ shake の過去「振る」/ʊ/
④ wooden /wúdn/「木製の」/ʊ/

したがって，①が正解。

問3 　3　 ①

① **confusion** /kənfjúːʒən/「混乱」/ʒ/
② expansion /ɪkspǽnʃən/「拡張」/ʃ/
③ mission /míʃən/「使命」/ʃ/
④ profession /prəféʃən/「職業」/ʃ/

したがって，①が正解。

B アクセント

問1 　4　 ②

① admire /ədmáɪər/「賞賛する」第2音節
② **modest** /mάːdəst/「控えめな」第1音節
③ preserve /prɪzə́ːrv/「保存する」第2音節
④ success /səksés/「成功」第2音節

したがって，②が正解。

問2 　5　 ④

① ambitious /æmbíʃəs/「野心的な」第2音節
② component /kəmpóunənt/「構成要素」第2音節
③ detective /dɪtéktɪv/「探偵」第2音節
④ **dinosaur** /dáɪnəsɔ̀ːr/「恐竜」第1音節

したがって，④が正解。

問3 　6　 ④

① consequence /kάːnsəkwèns/「結果」第1音節

4

② discipline /dísəplən/「規律」第1音節
③ residence /rézədəns/「住まい」第1音節
④ **sufficient** /səfíʃənt/「十分な」第2音節
したがって，④が正解。

問4　7　③

① accompany /əkʌ́mpəni/「付き添う」第2音節
② appropriate /əpróupriət/「適切な」第2音節
③ **complicated** /kɑ́:mpləkèɪtɪd/「複雑な」第1音節
④ ingredient /ɪngrí:diənt/「成分」第2音節
したがって，③が正解。

第2問　文法・語法空所補充問題・語句整序問題・応答文完成問題

A　文法・語法

問1　8　①

またおじいさんを怒らせたの？　そんなばかなことはするべきじゃないよ。

┌─【ポイント】────────────────────────┐

イディオム know better

　イディオム know better は「もっと分別がある／わきまえている／慎重である」という意味。know better than A「Aするばかではない」や know better than to-不定詞「～するばかではない」の形で用いることが多い。

［例1］　You should **know better**.
　　　　もっと分別があってもいいんじゃないか。

［例2］　He is old enough to **know better**.
　　　　彼はこんなことをしていてはいけない年齢なんです。

［例3］　You should **know better than to** trust such a dubious story.
　　　　そんな疑わしい話を信じるほど君はばかではないはずだ。

└──────────────────────────────┘

【他の選択肢について】

② 　know less than ～は，「～よりも分からない／知らない」の意味を表すが，イディオムではない。ここでは不適。

［例］　I **know less** about friendship **than** I did before.
　　　　友情のことが以前より分からない。

③ 　make do with A「A(代用品・代替手段など)で済ます／間に合わせる」の意味で不適。

［例］　The supermarkets are now closed, so we'll have to **make do with** what is left in the refrigerator.

　　スーパーはもう閉まっているので，冷蔵庫に残っているもので済まさなければならないだろう。

④　make up with A「A(人)と仲直りする」の意味で不適。

〔例〕　You should apologize and **make up with** him.

　　あなたは謝って彼と仲直りするべきです。

問2　9　③

スコットはコンピュータを盗まれたので，警察署へ出かけた。

──【ポイント】────────────

have A＋過去分詞

have A＋過去分詞は「Aが～される」の意味で用いられることがある。この形では，Aと過去分詞の間には，受動の意味関係が成り立つ。本問では，his computer と stolen の間に「彼のコンピュータが盗まれた」という受動の意味関係が成り立っている。

〔例〕　She **had** her textbook **stolen** in the library.

　　彼女は図書館で教科書を盗まれた。

【他の選択肢について】

①　caused his computer stolen は不可。cause A＋to-不定詞で，「Aに～させる」という意味を表すが，to-不定詞を用いなければならない。

〔例〕　Her behavior **caused** me **to laugh**.

　　彼女のしぐさが私を笑わせた。

②　got stolen his computer は不可。get A＋過去分詞で「Aに～させる／してもらう」という意味を表す。

〔例〕　He **got** that gift **wrapped**.

　　彼はそのプレゼントを包装してもらった。

④　was stolen his computer は不可。be stolen は主語に物が来なければならない。His computer was stolen なら正しい。

──【関連】────────────

have A＋過去分詞は「Aを～してもらう／Aを～してしまう」の意味でも用いられることがある。

〔例〕　When we kept getting unwanted calls, I called the phone company and **had** my phone number **changed**.

　　迷惑電話が続いたときには，電話会社に電話して，番号を変えてもらった。

〔例〕　Ken, **have** the job **done** by tomorrow.

　　ケン，明日までにその仕事をしてしまいなさい。

問3　10　③

北日本で雪がほとんど降らなかった点で，この前の冬はかなり異常だった。

6

【ポイント】

接続詞 in that

　接続詞 in that SV … は「…という点で／…なので」という意味になる。

［例］　They agree **in that** neither can win the argument.

　　　　どちらも議論では勝てないという点で，彼らの意見は一致した。

　なお，前置詞＋that-節は，in that のほかに，接続詞 except that SV …「…以外は／…という点を除いて」がある。

［例］　I know nothing about Kate **except that** she works in a nursery school.

　　　　保育園で働いている以外は，ケイトについては何も知りません。

問 4　　11　　②

　　孫娘は，歌手としての道を進み始めたが，私は，本当は彼女には将来女優にもなってもらいたいと思っている。

【ポイント】

動詞 hope の用法

　動詞の hope は，未来の内容とともに用いられることが多い。hope (that) S will ＋動詞の原形で，「～ということを望む／したいと思う」という意味を表す。本問でも文尾の in the future が未来の内容を示している。なお，wish は「可能とは思わないが望む」の意味。仮定法で用いる。

［例］　I **hope** you **will** give us some advice.

　　　　私たちに何か助言をいただければと考えております。

［例］　I **wish** I knew her address.

　　　　彼女の住所が分かっていればいいのに。

問 5　　12　　①

　　私はぐっすり眠っていたので，今朝の 2 時に起こった自動車事故は聞こえなかった

【ポイント】

時制の一致

　動詞が 2 つ以上ある場合は，共通の時制を用いるのが原則である。think, say, know などの伝達動詞が過去になっている場合や文全体が過去になっている場合がそれである。本問の場合，was, didn't hear と過去時制になっているので，過去形の①happened が正解。

［例 1］　He **thought** that he **would** become a writer in future.

　　　　　彼は将来，作家になろうと思った。

［例 2］　They **stopped** in a small village where the inhabitants **spoke** an unfamiliar language.

　　　　　彼らは，聞いたことのない言語を住民が話す小さな村に立ち寄った。

— 516 —

・fast asleep「ぐっすり眠って／熟睡して」

【他の選択肢について】

② happens は現在形で不可。

③ was happened は非文。happen は自動詞で受動態にはならない。

④ would happen は［例1］のような文では，その時点での未来の時制を表す場合では可。しかし，本問では，at 2 a.m. this morning とあり，過去の内容なので不可。

問6 [13] ③

私は，海の眺めを楽しみながら，いつも浜辺を犬の散歩をしている。

─ **【ポイント】** ─

分詞構文（現在分詞）

分詞構文では，ふつう文の主語と分詞の間に「能動／受動関係」が成立している。主語と分詞の間に「能動の関係」が成り立つときには，現在分詞を用いて，「～して／～しながら」という意味となる。本問では，I と enjoying の間に能動の関係が成り立っている。

［例］ **Walking** along the street, she came across John.

通りを歩いていたら，彼女はジョンに偶然会った。

なお，「受動の関係」が成り立つ場合，過去分詞を用いる。

［例］ **Respected** by all his classmates, Tom was elected chairman.

トムはクラスメート全員に尊敬されていたので議長に選ばれた。

問7 [14] ①

富士山が，青空を背に堂々とそびえ立っている。

─ **【ポイント】** ─

前置詞 against

前置詞 against は，against A で，「A を背景にして／後ろに置いたときに」という意味を表す。

［例］ Pearls look best when set **against** black cloth.

真珠は黒布を後ろに置いたときに一番美しく見える。

・impressively「堂々と／見事に／立派に」

問8 [15] ④

すみません。たった今話したばかりですが，最善の解決策は何だとおっしゃいました？

─ **【ポイント】** ─

間接疑問文

疑問文の語順が疑問詞＋SV … となり，文の目的語などになっている形を間接疑問文と呼ぶ。間接疑問文は，⑴ Yes-No で答えられるものと⑵ Yes-No で答えられないものと2種類ある。

8

［例］ (1)　Did you ask him **what he was looking for**?
　　　　　何をさがしているのかと彼に尋ねましたか？

［例］ (2)　**What** do you think **he reads**?
　　　　　彼が何を読んでいると思いますか？

　(1)では，do you know などが用いられ，(2)では do you think［imagine / suppose / believe / guess / say］などが用いられる，疑問詞を文頭に出す。

　本問の場合，do［did］you say に間接疑問が続く(2)の場合であり，疑問詞を文頭に出す。本問では，疑問文 What was the best solution? が間接疑問 what the best solution was となり，what だけが did you say の前に出る。

［例］　**What** did you say **you wanted**?
　　　　何が欲しいって言ってたっけ？

・solution「解決策」

問9 　16 　②

　インターネットはとても強力な道具になったので，どこに住んでいる人でも，どんな教育資源にもアクセスできる。

─ 【ポイント】 ─

so ... that-構文

　so ... that-構文は，... に形容詞・副詞がきて「とても…なので～」という意味になる。形容詞の場合，そのあとに名詞がくると so＋形容詞＋a［an］＋名詞の語順となる。また such ... that-構文の場合，such a［an］＋形容詞＋名詞の語順で「とても…なので～」という意味になる。本問の場合，such a powerful tool の語順なら可となる。

［例］　He got up **so** early **that** he was in time for the first train.
　　　　彼は早く起きたので一番列車に間に合った

［例］　He said it in **so** high a voice **that** we were able to hear him clearly.
　　　　彼はとても高い声でそう言ったので私たちにはよく聞こえた。

［例］　It was **such** a wonderful film **that** I saw it three times.
　　　　それはとてもすばらしい映画だったので私は3回見た。

・powerful「強力な」

・tool「道具」

・educational resource「教育資源」

問10 　17 　④

　監督はチームがサッカーリーグで勝つと言っていたが，実際，次のシーズンに本当に勝った。

─ 【ポイント】 ─

1．時制の一致

　主節が過去になったとき，従属する名詞節はその影響を受け，過去，過去完了な

─ 518 ─

どに変化して一致させる。また，will, can などの助動詞は，would, could などになる。

[例]　I **know** that Kathy **will** work hard. → I **knew** that Kathy **would** work hard.
　　　キャシーが熱心に働くことを私は知っている。→キャシーが熱心に働くことを私は知っていた。

2．next の用法

　next は無冠詞で用いる場合，現在の直後の未来を表すが，the next で用いるときは，現在以外の時を基準にして「その次の〜」の意味をもつ。

[例]　She came home **the next** month.
　　　彼女はその翌月帰って来た。

[例]　She will come home **next** month.
　　　彼女は来月帰って来るだろう。

・manager「監督」
・actually「実際」

B　語句整序問題

問1　**18**　⑤　**19**　⑥

　ユキ：以前に会ったことあります？　あなたは，私にはとても見覚えがあるようなんです。

　アン：そうは思いません。もし会ったことがあるなら，きっとあなたのことが分かったと思います！

── 【正解】 ───────────────

If we had met, I ｜would｜ have recognized ｜you｜ for sure!
　　　　　　 ③　 ⑤　　　 ②　　　　　④　　 ⑥　 ①

── 【ポイント】 ───────────────

1．仮定法過去完了

　仮定法過去完了は，If S' had＋過去分詞 ....，S would have＋過去分詞 .... の形で表す。それが表すのは，「過去の事実に反する内容」である。

[例]　I didn't know when the meeting would be held. **If** I **had known**, I **would have attended** it.
　　　集会がいつ行われるのか知らなかった。もしも知っていたなら，出席していただろう。

2．イディオム for sure

　for sure は，「きっと／確実に」

[例]　I'll call you **for sure** by five o'clock.
　　　5時までにはきっと電話します。

問2 20 ⑤ 21 ①

　　お客：車のレンタル期間を延長してもらえますか？
　　　係：ええ，でも追加の日数で1日50ドルの追加料金がかかります。

【正解】

you will be charged an extra fee of $50 for each additional day.
⑥　⑤　②　③　　　①　　　④

【ポイント】

動詞 charge

　動詞 charge は charge A B for C で「A（人）にCのB（料金）を請求する」と言う意味を表す。本問は受動態で，be charged になっている。能動態だと，they will charge you an extra fee of $50 for each additional day.

［例1］　How much did they **charge** you **for** repairing your old car?
　　　　君の古い車の修理にいくらかかったの？

［例2］　They **charged** me 500 yen **for** repairing my bicycle.
　　　　私は自転車の修理代として500円を請求された。

問3 22 ④ 23 ⑤

　　レイコ：今夜は料理しようか，それとも中華料理を頼もうか？
　　キョウコ：疲れていて料理をする気にはならないので，中華を頼もうよ。

【正解】

Let's order Chinese because I'm feeling too tired to start cooking.
　　　　　　　　　①　　　④　　③　　⑥　　　⑤　　　②

【ポイント】

too ... to-不定詞

　too ... to-不定詞で「とても…で～できない／～するには…すぎる」の意味を表す。

［例］　He is **too** stubborn **to** change his mind.
　　　　彼はとても頑固なので決心を変えない。

C　応答文完成問題

問1 24 ⑦

　　客：先週ここでこの本を買ったんだけど，真ん中の数ページが抜けているのです。
店長：レシートをお持ちですか？　それをご提示いただけないと，⑦それを新しい本と交換できません。

【正解】

I'm afraid　we can't exchange it　for a new copy.
　(B)　　　　　(B)　　　　　　　(A)

— 520 —

・receipt「レシート」

【ポイント】

exchange A for B

exchange A for B で，「A を B（別のもの）と交換する」という意味になる。

［例］ I would like to **exchange** this shirt **for** a size bigger.
このシャツを 1 サイズ大きいものと交換してほしい。

【解法のヒント】

　本を取り替えてほしいと言っているお客に店員が何と言ったかを問う問題。左 1 列目の(A)だと「躊躇する」となり，あとに to-不定詞がくるが，2 列目の(A)は完了不定詞なのでつながらない。また，I'm afraid も to-不定詞の形はあるが，完了不定詞は普通とらないので 2 列目は(A)はない。そうすると，(B)→(B)となれば exchange A for B から 3 列目は(A)となる。したがって，⑦が正解。

問 2 　25　⑥

エレナ：あなたが着いてホッとしたわ。飛行機は40分後に離陸するのよ。
ユウコ：分かってるわ！　⑥<u>ジョンが車でここまで送ってくれたおかげで，間に合ったの。</u>

【正解】

Thanks to	John driving me here,	I'm in time.
(B)	(A)	(B)

【ポイント】

1．thanks to A「A のおかげで／A のために」

　前置詞句の thanks to A／～ing は「A のおかげで／A のために／～したおかげで」という意味で用いられる。

［例 1］ Our communities are sprouting and thriving **thanks to** e-mail.
我々の社会は E メールのおかげで急速に成長発展している。

［例 2］ **Thanks to** your being late, we must wait till the next train.
君が遅刻したおかげで，私たちは次の電車まで待たなくてはいけない。

2．イディオム in time

　in time は，「〔…するのに〕間に合って／遅れずに」という意味を表す。

［例 1］ Will we be **in time** for the train?
電車に間に合うでしょうか？

［例 2］ If it had not been for the storm, we would have been **in time**.
もし嵐がなかったらば，私たちは間に合っていたのに。

【解法のヒント】

　空港で到着の遅れているユウコがやっと着いて，心配していたエレナにユウコが

— 521 —

なんと答えたかを問う問題。左1列目の(A)だと分詞構文になり，後が続かないので，1列目は(B)となる。Thanks to の次に来るのは名詞か動名詞なので2列目は(A)となる。3列目は今ここに着いているのだから(B)となる。したがって，⑥が正解。

問3 26 ①

> ソフィー：あのきれいな蝶を見て！　1羽捕まえて家に持って行こうよ。
> ヒデキ：だめだよ！　①そんなことやろうなんて思ってもいないよ！　眺めて楽しむだけにしようよ！

・butterfly「蝶」
・No way!「だめだよ！／とんでもない！」

【正解】

I wouldn't	dream of doing	such a thing!
(A)	(A)	(A)

【ポイント】

動詞 dream

　動詞 dream は，dream of 〜ing で「〜することを夢見る」の意味を表す。また，否定文で「〜しようとは(夢にも)思わない」の意味となる。

［例］　I wouldn't **dream of** asking him to pay damages.
　　　私は損害の支払いを彼に要求しようとは思わない。

【解法のヒント】

　美しい蝶を見つけたソフィーが家に持ち帰ろうと言うのに対して，ヒデキがそれを止めようとしている状況。真ん中の列の動詞が dream であることから，(B)の dream to do は文法的に不可であり，左の列も It は不可だと分かるので，(A)→(A)は確定する。右の列は(doing) such a thing か，(doing) your best になる。(A)だと「そんなことをする」になり，文脈に合う。(B)にすると，「ベストを尽くす」となり，空所のあとの「眺めて楽しむだけにしようよ！」には合わない。したがって，①が正解。

第3問　対話文空所補充問題・不要文選択問題・意見要約問題

A　対話文空所補充問題

問1 27 ④

> ヒロ：今週末何をやった？
> デイビッド：ショッピングモールへ行ったよ。春の大売出しをやっていた。
> ヒロ：何かいい物を買った？

デイビッド：ああ，新しいジャケットを買ったよ。

ヒロ：④それで思い出した。ドライクリーニング店へ行かなきゃならない。自分のジャケットを取ってくる必要があったよ。

・That reminds me. 「それで思い出した／そういえば」
・pick up「（預けていたものを）引き取る／受け取る」

【他の選択肢】

①　思い出すことができない。
②　それを覚えている。
③　思い出しなさい。

【解法のヒント】

　ショッピングモールでジャケットを買ったと言うデイビッドに，ヒロが何と言ったかを問う問題。空所の後で「ドライクリーニング店へ行かなきゃならない。自分のジャケットを取ってくる必要があったよ」と言っており，デイビッドの話の内容とは関係のないことを言っているので，デイビッドの話をきっかけに何かを思い出したと分かる。④「それで思い出した」を入れると自然な会話の流れになるので，④が正解。

問2　28　②

エイミー：テニスのトーナメントはどうだった？　決勝戦に勝った？

ミキ：いいえ，疲れきっていたし，とてもあがっていたので，決勝で負けたわ。

エイミー：かわいそうに残念だったわね。

ミキ：大丈夫よ。②私にはいい教訓になったわ。今は次回の大試合のために休息をとり，リラックスするのが大切だと分かってるから。

エイミー：来年はきっともっといいプレーをすると思うわ。

・championship「決勝戦／選手権」
・final match「決勝戦」
・I'm sorry to hear that. 「かわいそうに／それはお気の毒に」相手または第三者の不幸などを聞いた時に用いる。
・It's OK.「大丈夫／まあまあね」
・turn out to be ～「（結局）～だと分かる」

【他の選択肢】

①　決勝戦にほとんど負けそうになったわ。
・close to A「ほとんどA／A寸前」
③　今までで最も楽な試合だったわ。
④　テニスをやるのをすっかりやめたの。

【解法のヒント】

　テニスの決勝で敗退したミキがエイミーの慰めに何と言ったかを問う問題。空所

14

の後で，「今は次回の大試合のために休息をとり，リラックスするのが大切だと分かってるから」と言っていることから，負けたことを次の試合につなげようとしていることが分かるので，「いい教訓になった」と思っているのが自然な会話の流れとなるので，②が正解。

B 不要文選択問題

問1 <u>29</u> ②

【全訳】

切手収集は，お金のかからない，好きなときにいつでも楽しめる教育的な趣味である。①それは世界中の様々な国の歴史，地理，有名人と慣習について学ぶとても実用的な方法を提供してくれる。②この趣味は1840年に英国で発行された最初の郵便切手を世界が目撃した直後から始まった。③受け取った封筒の切手を貯めることでお金を使うことなく始めることもできる。④さらに，いつでも，何があっても収集に取り組むことができる。もしも新しい趣味を探しているならば，切手収集はふさわしいかもしれない。

【語句】

・stamp collecting「切手収集」
・educational「教育的な」
・hobby「趣味」
・whenever you want「好きなときにいつでも」
・provide「提供する／与える」
・nice and ～「ずいぶん～／とても～」
〔例〕 Andy was **nice and** drunk at the party.
　　　アンディーはそのパーティーでひどく酔っ払っていた。
・practical「実用的な」
・geography「地理」
・worldwide「世界中の」
・postage stamp「郵便切手」
・Great Britain「英国」
・get started「始める／スタートする」
〔例〕 Let's **get started**.
　　　さあ始めましょう。
・save「貯める」
・envelope「封筒」
・in addition「さらに／その上」
・any time「いつでも」
・rain or shine「何があっても／晴雨にかかわらず」

— 524 —

2015年度　本試験〈解説〉　15

［例］　We'll throw the party **rain or shine** this coming Friday.
　　　　何があっても今度の金曜にパーティーをやります。

【解説】
　この文章は「切手収集の利点」について書かれたものである。①「実用的な学習法となる趣味」，③「お金のかからない趣味」，④「いつでもできる趣味」について述べているのに対し，②はそれとは関係のない②「切手収集の起源」，について述べているので，これが前後の文脈と合わないことになる。また，③の also，④の In addition に注目すれば，これらが①の追加情報だと分かる。したがって，②が正解。

問2　　30　　④

【全訳】
　比較的最近まで，世界のいくつかの地域では，人々は塩を一種のお金として使い続けた。塩がお金として使われたのにはいくつかの理由がある。塩を大量に生産した場所は非常に少なかったので，塩は経済的価値を与えられていた。①もうひとつの理由は，塩はかなり軽くて取引目的で運びやすいからである。②さらに，塩は測ることができるので，重量に基づいてその価値を容易に計算できる。③なおその上に，非常に長期間腐らないので，その価値が保たれる。④大事なことを言い忘れていたが，塩は雪の多い地域で道路の氷を溶かすなどのその他多くの用途がある。要するに，塩は一種のお金としてふさわしい特定の特徴を持っている。

【語句】
　・relatively「比較的」
　・continue「続ける」
　・economic「経済上の」
　・value「価値」
　・fairly「かなり」
　・trading「取引」
　・purpose「目的」
　・additionally「さらに／その上（に）」（＝in addition）
　・measure「計測する」
　・calculate「計算する」
　・furthermore「なおその上に／さらに／ひいては」
　・in good condition「（食べ物などが）腐っていない／良い保存状態で」
　・last but not least「大事なことを言い忘れていたが／後回しになったが」
　［例］　**Last but not least**, you'll get a bonus next week.
　　　　大事なことを言い忘れていたが，皆さんには来週ボーナスが出ます。
　・melt「溶かす」
　・in short「要するに／手短に言えば」
　［例］　**In short**, I have to tell you that I completely disagree with you on this issue.

— 525 —

要するに，この件に関して，あなたとは完全に正反対の意見であると言わざるを得ません。

【解説】

　この文章は，第1文と最終文ではっきりと示されているように「お金としてふさわしい塩の特徴」について書かれたものである。「塩は一種のお金としてふさわしい特定の特徴を持っている」1つ目の理由は，生産される場所が限られているという点での経済価値。2つ目は①「運びやすい」，3つ目は②「計算しやすい」，4つ目は③「長持ちする」である。ところが，④は「お金としての塩」から逸脱して「塩の他の用途」を述べているので，前後の文脈と合わない。したがって，④が正解。

問3　**31**　①

【全訳】

　過去にはほとんどの日本のテレビ番組は，ちょうど正時に始まり，正時に終わっていた。①テレビ番組は，テレビ局ごとに違っているが，概して早朝の時間帯はニュース番組で，夕方の時間帯はバラエティ番組で占められている。②競争のため，放送局の中には少し早目に番組を始めることで，ライバル局より有利になろうとするものもあった。③多くの人が，1つの番組の終り近くにチャンネルを次々回し始めるので，放送局は，もし番組を数分早く始めれば，人々はそれを見始めるだろうと考えた。④もう1つの戦略は，人々が1つのチャンネルに貼り付いて，他のチャンネルの番組の始まりを見逃すように，人気番組を正時より少し後に終わらせることだった。今では多くのテレビ局がこうした戦略を取っているので，どの局の有利性も失われてしまった。それでも，多くのテレビ局は視聴者を失うことを恐れて，この習慣を続けている。

【語句】

・in the past「過去には」
・exactly「正確に／まさに」
・on the hour「正時に」
[例]　Someone has been ringing my cell phone every hour **on the hour**.
　　　誰かが，私の携帯に毎正時ごとに電話してくる。
・on the whole「全体的に見ると／概して」
[例]　**On the whole**, this plan looks all right now.
　　　概して，今のところ，この計画は順調に進行しているようだ。
・dominate「占める／支配する」
・competition「競争」
・channel surfing「チャンネルを次々に切り替える／チャンネル・サーフィン」テレビのチャンネルを次々に切り替えていろいろな番組を見ること。
・strategy「戦略」
・stick to A「Aに貼り付く／くっつく／粘着する」

・now that SV ... 「今や…だから／…からには」

［例］　**Now that** things are better, we should talk about the problem.
　　　　今や状況も好転してきたので，我々は問題について話し合うべきだ。

・adopt「取る／採用する」

・even so「それでも／それにしても」

・practice「習慣」

・be afraid of ～ing「～するのを恐れる／怖がる」

［例］　She **was afraid of going** out alone after dark.
　　　　彼女は暗くなってから一人で外出するのを恐れていた。

【解説】

　この文章は，「テレビ局の視聴率競争」について述べたものである。②，③，④とも「テレビ局が競争に勝つため，番組の開始や終了の時刻を正時からずらしたこと」について述べている。①の時間帯による番組の種類は，それと直接的な関係がない。よって，①が正解。

C　意見要約問題

32　②

【全訳】

　司会者：今日の討論のタイトルは「迷信──迷信とは何か，そして人々はなぜ迷信を信じるのか」です。ゲストの講演者は在日の大学教授のジョセフ・グラントとカナダからの客員教授のリリー・ネルソンです。ジョセフ，迷信とは何か，説明してもらえますか？

ジョセフ：迷信は，はっきりとした合理的な根拠が何らない考えです。例えば，人々が迷信を信じる日付や数がいろいろあります。多くの地域で，「13日の金曜日」は不吉だと思われているし，ここ日本では，「4と9」もまた不吉と考えられています。それとは対照的に，7は「ラッキー7」として知られています。迷信深い人はたとえ直接的な関係が全然なくても，ある数を選んだり避けたりするような行動が，未来の出来事に影響を与えることがありえると信じています。迷信を信じることは，人に幸運とか不運とかを感じさせる一連の異常な出来事を人間が理解しうる方法のひとつなのです。これは歴史を通じて，人種とか文化背景に関係なく正しかったように思えます。

　司会者：それでは②迷信は我々の周りの奇妙なできごとを説明するために使われることがあるというのがあなたの見解ですね。

【語句】

・moderator「司会者」

・superstition「迷信」

18

- guest speaker「来賓講演者／来賓演説者」
- visiting professor「客員教授」
- superstitious「迷信的な／迷信を信じる」
- explain「説明する」
- belief「考え／信念」
- obvious「明らかな」
- rational「合理的な」
- basis「根拠」
- for example「例えば」
- unlucky「不吉な」
- in contrast「対照的に／それにひきかえ」

〔例〕 Kathy says that cats are the best. **In contrast**, Ted says that dogs are the best.

　　　　キャシーは猫が一番だと言う。それにひきかえ，テッドは犬が一番だと言う。

- avoid「避ける」
- influence「影響する」
- event「出来事」
- connection「関係」
- humans「人間」
- make sense of A「Aの意味を理解する」

〔例〕 Ken tried to **make sense of** his life but could not.

　　　　ケンは人生の意味を理解しようとしたが，できなかった。

- regardless of A「Aにもかかわらず／Aに関係なく」

〔例〕 **Regardless of** what you may think, she is reliable.

　　　　あなたがどう思っているかに関係なく，彼女は信頼できる。

- race「人種」
- cultural background「文化的背景」

【解説】
① 迷信はある日付や数に合理的に基づいている
② 迷信は我々の周りの奇妙なできごとを説明するために使われることがある
③ 迷信的な人たちは人種と文化が運に関係していると信じている
④ 迷信的な人たちは歴史に関して同一の信念を持つ傾向がある

　ジョセフ教授は，第6文で，「迷信を信じることは，人に幸運とか不運とかを感じさせる一連の異常な出来事を人間が理解しうる方法のひとつなのです」と述べている。よって，②が正解。①，③，④については本文に述べられていないので，不正解。

33 ②

【全訳】

ジョセフ：そのとおりです。迷信は，原始的な信仰体系と偶然の一致 ― 偶然起こること ― の組み合わせから出てくる傾向があります。

司会者：そのことについてもっと説明していただけますか？

ジョセフ：原始的な信仰体系は，周囲の世界にパターンを探すという自然な人間の傾向から発達します。パターンに注目すると私たちは物事を早く覚えることができます。しかし，毎回同じ鉛筆を使ってひと続きのテストに受かることのように，偶発のあるいは偶然一致する出来事がある１つのパターンだと間違われます。鉛筆はテストの合格に無関係ですが，その鉛筆は偶然一致の関係のせいで「幸運な」鉛筆になります。それで，ある出来事が２つの出来事をつなぐ何の自然な過程もなく，もうひとつの出来事を引き起こすのだと考えるようになるかもしれません。日本人の友人に「雨男」つまり，「レインマン」と言われた時，私自身このことを体験しました。偶然に，雨が降っている場合に私がいて「雨の評判」を得ました。合理的に言えば，空から雨を降らせることは誰にもできないことだと私たちには分かっていますが，私たちの原始的な信仰体系は，偶然一致と結びついて，「雨男」をめぐる迷信を生み出すのです。

司会者：実におもしろいですね。あなたは，②偶然の出来事とか偶然のパターンは迷信を生むことがあると言っているのですね。

【語句】

・That's right.「そのとおり」
・tend to-不定詞「～しがちである／～する傾向がある／どちらかといえば～だ」
[例] They **tend to** think that he is the most efficient in this office.
　　　彼はこの会社で最も有能だと思われがちだ。
・combination「組み合わせ」
・primitive「原始の／初期の／未発達な」
・belief system「信仰体系」
・coincidence「偶然の一致」
・by chance「偶然に／たまたま」
[例] These techniques were discovered **by chance**.
　　　これらの技術は偶然発見されたものだ。
・tendency「傾向／性向／風潮」
・pattern「傾向／パターン」
・a series of A「ひと続きのA／一連のA」
[例] **A series of** interviews with famous actors was broadcast last week.
　　　有名な俳優たちとの一連のインタビューが先週放送された。

― 529 ―

20

- ・be unrelated to A「Aに関係がない」
- ・be present「存在している」
- ・occasion「場合」
- ・gain「得る」
- ・reputation「評判／うわさ」
- ・rationally「合理的に／理性的に」
- ・combine A with B「AとBを結び付ける」

【解説】

① 「雨男」つまり，「レインマン」は雨が空から降るようにさせる

② 偶然の出来事とか偶然のパターンは迷信を生むことがある

③ パターンを探すことは人間にとって異常な行動である

④ 原始的な信念体系は偶然一致する出来事を生む

　ジョセフ教授の第2文で「迷信は，原始的な信仰体系と偶然の一致 ― 偶然起こること ― の組み合わせから出てくる傾向があります」と述べている。よって，②が正解。

| 34 | ① |

【全訳】

司会者：リリー，あなたはどうですか？　ジョセフに賛成ですか？

リリー：ええ，賛成します。とくに，偶然の一致とか偶然という概念に関して。人間の行動をよりよく理解するために，あるアメリカ人の心理学者が「ハトの迷信（行動）」と呼ばれる有名な実験を，1グループの空腹の鳥に行いました。ハトが鳥かごに入っていて餌機が自動的に決まった時間間隔で少量の餌を配りました。ハトは餌が配られるときいつも行ってきた特定の体の動きを繰り返し始めるのを，その心理学者は観察しました。ハトは自分たちが繰り返す運動で餌を配るようにその機械に影響を与えようとしているのだと，彼は信じました。私たち人間も同様のことをして，非論理的な行動をすることで，未来の出来事に影響を与えようとするのだと彼は想定しました。迷信深い人間は「迷信深い」ハトと全く同じように，論理的関係は何もないとしても，ある行動とある結果を結び付けます。

司会者：それでは，その心理学者はその実験から①ハトも人間もともに迷信深い行動をすると思ったのですね。

リリー：ええ，まさにその通りです。

司会者：ジョセフとリリー，迷信についてと人々がなぜ迷信深いのかについて知っていることを話していただきありがとうございます。討論に移る前に，ここで急いで休憩をしましょう。

2015年度　本試験〈解説〉　21

【語句】
- agree with A「Aに賛成する／同意する」
- especially「特に」
- regarding A「Aに関して」
- notion「概念」
- in an attempt to-不定詞「〜しようとして／〜しようと企てて」
- human behavior「人間の行動」
- psychologist「心理学者」
- conduct a 〜 experiment「〜な実験を行う」
- Superstition in the Pigeon「ハトの迷信(行動)」アメリカの心理学者スキナーが1948年に行った実験。8羽のハトを実験箱に入れ，そのときのハトの行動に関わらず15秒ごとに自動給餌装置から穀物1粒を与えて次のような観察をした。8羽のハトのうち6羽までが，餌粒が提示される間に，1羽は，時計と反対周りに回り，別のハトは床をつつき，また別のハトは実験箱の天井の隅に向かって首を突き出し，4羽目のハトは頭をぐいと上へ持ち上げ，他の2羽は体を左右にゆすっていた。たとえ偶然であっても，ある行動が生起した直後に餌粒が提示されれば，その行動は将来的に起こりやすくなり，起こりやすくなった行動にはさらに強化される機会が増えた。この現象が，人間が迷信を信じてしまうメカニズムに似ているので，スキナーは「ハトの迷信行動」と名付けた。
- pigeon「ハト」
- cage「鳥かご／ケージ」
- feeding machine「餌機／自動給餌装置」
- deliver「配る」
- interval「間隔」
- specific「特定の」
- assume「想定する」
- non-logical「非論理的な／直観的な」
- associate A with B「AをBと結びつける／関連付ける」

[例]　She persuaded me to **associate** blood type **with** character.
　　　彼女は私を説得して血液型と性格を関連づけようとした。

- outcome「結果」
- share「分かち合う／話す」
- break「休憩」

【解説】
① ハトも人間もともに迷信深い行動をする
② ハトも人間もともに機械に影響を与えがちだ
③ ハトは餌がいつ配られるかを知っていた
④ ハトが繰り返した行動は餌の配布に影響を与えた

リリー教授は，その第6・7文で「私たち人間も同様のことをして，非論理的な行動をすることで，未来の出来事に影響を与えようとするのだと彼は想定しました。迷信深い人間は『迷信深い』ハトと全く同じように，論理的関係は何もないとしても，ある行動とある結果を結び付けます」とアメリカの心理学者について述べている。よって，①が正解。

第4問　図表・広告問題

A　図表問題

【全訳】

　ユーザーが他のユーザーと連絡できるオンラインのサービスである ソーシャル・ネットワーキング・サービス(SNS)は，友人や家族と連絡をとるためにますます多くの若者によって使われている。しかし，若者によるSNS使用のこの増加には親と教師の間の懸念の増大が続いている。彼らは，プライバシーの問題や迷惑な接触を含むSNSを使って起きるリスクに若者が備えているかについて懸念している。

　2011年の調査はオーストラリア人の親，生徒，そして教師にSNS使用時のリスク度合いの認識について―具体的に言うと，彼らがSNSを「安全」，「やや危険」，「とても危険」あるいは「危険だが誰もがやること」と感じているかどうかを訊ねた。図1は生徒の4分の1以上が「安全」を選び，要するに，彼らはSNSの使用はリスクがないと感じていることを示している。さらに，危険を分かっているけれども，「誰もがやること」なので，それでもSNSを使用したと生徒の19.6%は報告した。生徒の回答とは対照的に，彼らの親と教師はSNS使用に関連するリスクについてもっと警戒心が強く，教師は高いリスクを見る可能性がやや高い。

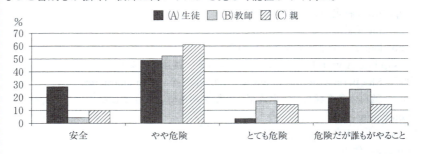

図1　親，生徒，そして教師によるSNSリスクの認識

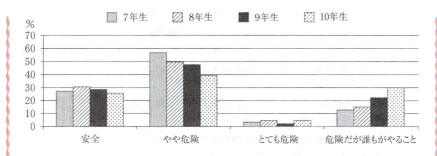

図2　学年別の生徒による SNS リスクの認識

　興味深いことには，すべての生徒が同じリスク認識を持っているわけではなかった。図2は学年別の生徒の比較を示している―「7年生」は中1の生徒で「10年生」は高1生を示している。SNS 使用は「安全」と回答した生徒の割合は，学年に関係なくほぼ同じだったが，「やや危険」を選んだ生徒の割合は学年で下落があり，「危険だが誰もがやること」を選んだ生徒では上昇した。

　さらに，調査は情報セキュリティについて生徒に訊ねた。7年生から10年生の生徒はプライバシーにますます用心深くなっており，オンラインで誰が自分たちの個人的情報を見ることができるのかについて学年でもっと注意深くなるのが調査から分かった。7年生は，情報セキュリティについて最も用心深くないのに加えて，SNS 使用を「安全」か，ほんの「やや危険」とみなす傾向もあるので，彼らは最大の危機にいると考えられた。

　それから調査は大人が若者と SNS リスクについて話し合っているかどうかを調べた。しかし，ここではその結果ははっきりしていなかった。調査からは91％以上の親と68％の教師が SNS 問題を生徒と話し合うと言ったと分かるが，生徒のほぼ半分(46.1％)は親とは話していないと回答し，ほぼ4分の3の学生(74.6％)が教師とは話していないと回答した。このギャップにはいくつか考えられうる説明がある。

【語句】
◆第1段落◆
・SNS「ソーシャル・ネットワーキング・サービス」(＝Social Networking Service) インターネットを介して，友人・知人の輪を広げていくためのオンラインサービスの総称。
・allow A to-不定詞「Aが〜するのを許す／Aが〜できる」
・a growing number of A「ますます多くのA」
・keep in touch with A「Aと絶えず連絡を取る／連絡を保つ」
［例］　We can **keep in touch with** each other by e-mail.
　　　　私たちは電子メールでお互いに連絡を取り続けることができる。

24

・accompany「付随して起こる／続けて生じる」

［例］ Lightning is normally **accompanied** by thunder.
　　　　稲光には通常，雷鳴が続く。（＝Thunder normally accompanies lightning.＝
　　　　Thunder normally follows lightning.）

・anxiety「懸念／心配」
・be concerned about A「Aについて懸念する／心配する」
・prepare for A「Aに備える／準備をする」

［例］ If you want peace, you must **prepare for** war.
　　　　平和を望むなら，戦争に備えなさい。

・including A「Aを含む」
・privacy issue「プライバシーの問題」
・unwelcome「迷惑な／歓迎されない／ありがたくない」

◆第2段落◆
・perception「認識」
・degree「度合い」
・risk「リスク／危険(性)」
・specifically「具体的に言うと／特に」
・safe「安全な」
・risky「危険な／リスクの伴う」
・figure「図」
・a quarter of A「Aの4分の1」
・in other words「要するに／換言すれば」
・in addition「さらに」
・in contrast with A「Aと対照的に／Aとは大違いで」

［例］ **In contrast with** the beautiful countryside, the cities were very disappointing.
　　　　美しい田舎とは対照的に，都会にはとてもがっかりした。

・cautious「警戒心が強い／用心深い／慎重な」
・slightly「わずかに」
・(be) likely to-不定詞「～する可能性がある」

◆第3段落◆
・interestingly「興味深いことには」
・comparison「比較」
・refer to A「Aを指す／言及する」
・while ..., SV ～「…だが，～」

［例］ **While** I like the shape of the table, I don't like its color.
　　　　私はそのテーブルの形は気に入っているのだが，色が好きでない。

・regardless of A「Aに関係なく」

— 534 —

・drop「落ち込み／下落」

　　・rise「上昇」

◆**第4段落**◆

　　・furthermore「さらに」

　　・study「(詳細な)調査／研究」

　　・information security「情報セキュリティ」

　　・in addition to A「Aに加えて」

　[例]　You have to study German **in addition to** economics.

　　　　あなたは経済学に加えてドイツ語も勉強しなければならない。

　　・see A as B「AをBとみなす」

　[例]　She is widely **seen as** one of the most influential writers.

　　　　彼女は最も影響力のある作家の1人だと広くみなされている。

　　・be at risk「危険にさらされて／危険を冒して」

◆**第5段落**◆

　　・examine「調べる」

　　・result「結果」

　　・three-quarters「4分の3」

　　・possible「可能性のある／考えられうる」

【解説】

問1　35　④

　　図1で，以下のどれを(A)，(B)，(C)は指しているか？　35

①　(A)　親　　　　　　(B)　生徒　　　　　(C)　教師

②　(A)　親　　　　　　(B)　教師　　　　　(C)　生徒

③　(A)　生徒　　　　　(B)　親　　　　　　(C)　教師

④　(A)　生徒　　　　　(B)　教師　　　　　(C)　親

　　図1についての説明は，第2段落にある。第2文で，「図1は生徒の4分の1以上が『安全』を選び，要するに，彼らはSNSの使用はリスクがないと感じていることを示している」とある。図のSafeで4分の1以上は(A)なので，(A)は「生徒」と分かる。さらに，第2段落最終文に，「生徒の回答とは対照的に，彼らの親と教師はSNS使用に関連するリスクについてもっと警戒心が強く，教師は高いリスクを見る可能性がやや高い」とある。図のVery riskyで(B)が一番高く，次が(C)なので，(B)が「教師」で(C)が「親」だと分かる。したがって，正解は④。

問2　36　①

　　以下のうちのどれが，7年生が最も高いリスクを持っていると考えられる理由の1つとして述べられているか？　36

①　彼らはSNSを使う時に安全に最も注意深くない。

②　彼らはSNSが「安全」だと考える可能性が最も低い。

③　彼らはSNSが「とても危険」だと考える可能性が最も高い。

④　彼らは友人と連絡をとるのに SNS を使う可能性が最も高い。

　第4段落最終文「7年生は，情報セキュリティについて最も用心深くないのに加えて，SNS 使用を「安全」か，ほんの「やや危険」とみなす傾向もあるので，彼らは最大の危機にいると考えられた」から，正解は①だと分かる。

問3　 37 　②

　本文の主目的は 37 ことである。

①　SNS を使用することの様々な危険を述べる

②　SNS のリスク認識の違いについて議論する

・awareness「認識／自覚」

③　なぜ生徒が SNS をより多く使っているかを説明する

④　SNS 問題の解決策を提案する

　本文の調査目的を示唆しているのは，第2段落第1文「2011年の調査はオーストラリア人の親，生徒，そして教師に SNS 使用時のリスク度合いの認識について訊ねた」から，②が正解となる。

問4　 38 　②

　どんな話題が最終段落に続くと思われるか？ 38

①　SNS を使用する際，生徒が直面する様々なリスクの例

②　生徒と大人から異なった回答がされる理由

③　どのように生徒と大人がインターネットを使用しているかの傾向

④　SNS を使用しているより若い生徒の数を減少させる方法

　最終段落では，大人（親と教師）が生徒と SNS リスクについて話し合うと言っているのに対し，生徒は話し合わないと言っている。最終文に「このギャップにはいくつか考えられうる説明がある」と述べている。したがって，なぜ回答が異なるのかについて述べた段落が続く可能性があるので，②が正解となる。

B 広告問題

【全訳】

グリーン国立公園キャンプ場案内

Green National Park Campground Guide

グリーン国立公園のキャンプ場は4月1日から11月30日までオープンしています。

アプリコットキャンプ場
このキャンプ場から，散策道がグリーンマウンテンの頂上に続いています。頂上からの絶景を楽しんで下さい。また，森の中の自転車道でサイクリングも楽しめます。

メープルキャンプ場
メープルキャンプ場からはグリーンリバーへ直接行けます。魚釣り，ボート乗り，水泳などの活動をして楽しんで下さい。川辺でキャンプファイヤーも楽しめます。

オレンジキャンプ場
このキャンプ場はオレンジ湖の湖畔にあり，快適な野外体験を与えてくれます。湖では水上スキーに人気があります。他の活動には，魚釣り，水泳とバードウォッチングもあります。

ストーンヒルキャンプ場
ストーンヒルキャンプ場を松林が取り囲んでいます。巨大な松の木は感動的です。森の中を自転車に乗ったり，ハイキングをしながら野生動物をたくさん見ることができます。

キャンプ場情報

キャンプ場	キャンプ地のタイプ (利用できるスペース)	キャンプ地1泊料金	最大人数	最大宿泊数	設備	禁止事項
アプリコット	テント(15)	20ドル	4	15泊	BG	───
メープル	テント(20)	24ドル	5	12泊	BG PG	───
オレンジ	デラックスキャビン(5)	96ドル	7	7泊	K E HS	ペット禁止
ストーンヒル	スタンダードキャビン(10)	32ドル	6	14泊	E HS	花火禁止

キャンプ地料金=1キャンプ地についての料金(最大人数まで)；MAX.=最大　K=台所　E=電気　BG=バーベキューグリル　HS=熱いシャワー　PG=運動場

28

【語句】
- national park「国立公園」
- campground「キャンプ場」
- trail「(人・動物が通ってできた)道／(通った)跡」
- comfortable「快適な」
- pine tree「松の木」
- impressive「感動的な／印象的な／目覚ましい」
- site「用地(キャンプ地)／現場」
- facility「設備」
- restriction「禁止事項／制限」
- electricity「電気」
- playground「運動場」

【解説】

問1 [39] ②

ウォータースポーツが好きな人がウェブサイトを見ている。この人が最も興味を持ちそうなキャンプ場はどれか？ [39]

① アプリコットキャンプ場とメープルキャンプ場
② メープルキャンプ場とオレンジキャンプ場
③ オレンジキャンプ場とストーンヒルキャンプ場
④ ストーンヒルキャンプ場とアプリコットキャンプ場

各キャンプ場の説明の中で，水泳，魚釣りなどができるのはメープルキャンプ場とオレンジキャンプ場なので，正解は②となる。

問2 [40] ③

2人の人がグリーン国立公園で9泊する計画をたっている。2人は自然を楽しみたいが，コンピュータを使うために電源が必要である。彼らが選びそうなキャンプ地の1泊料金はいくら支払わなければならないか？ [40]

- power supply「電源(装置)／電力供給(装置)」

① 20ドル
② 24ドル
③ 32ドル
④ 96ドル

キャンプ場情報の項目の「9泊」できるところで，設備として「電気」の記号 E のあるのはストーンヒルキャンプ場で，その「宿泊料金」は1泊32ドルなので，③が正解。①，②はそれぞれアプリコットキャンプ場とメープルキャンプ場だが，「電気」の設備がないので不可。また，④はオレンジキャンプ場だが，宿泊が最大7泊とあるので，④は不可。

問3 [41] ①

4人家族が犬を連れて，4日間のキャンプ旅行を計画している。彼らのキャンプ

地に当てられる費用は３泊で100ドル未満である。彼らの旅行での主な興味は，国立公園でのバーベキューとサイクリングである。この家族はどのキャンプ場を最も選ぶ可能性があるか？ 41

・budget「費用／予算（額）／経費」

① アプリコット
② メープル
③ オレンジ
④ ストーンヒル

　キャンプ情報で「バーベキュー」のマーク BG があるのはアプリコットキャンプ場とメープルメープルキャンプ場だが，案内説明の中で，サイクリングができるのはアプリコットキャンプ場なので，①が正解。

第5問　長文読解問題（メール）

【全訳】

発信元：ジェフ・ウィトモア＜JeffW@xxxxxx.com＞
宛先：ケンジ・オカモト＜okamoto@xxxxxx.com＞
日付：2015年1月10日
件名：アドバイスのリクエスト

拝啓　岡本先生

　私の名はジェフ・ウィトモアで，娘のアナはあなたの生徒の１人です。ご存知のように，私たちは３年間シカゴに住んだ後，６ヶ月前に日本に帰って来たばかりです。アナはシカゴへ行く前に日本の学校に通っていましたが，今度は彼女の日本での中学校の１年目なのです。妻と私は彼女のことが少し心配であなたにアドバイスを求めればうまく行くだろうと思っています。

　アナはいい成績をあげていて授業や先生たちを好きです。特に，数が大好きで数学の授業をとても気に入っています。彼女はよくあなたの楽しい英語の授業についても話をします。しかし，ほぼ半年がたっても，友だちがいないようです。彼女は授業の間の休憩には普通，１人で読書をしているが，他の女の子たちは遊んだり，おしゃべりしたりしていると，彼女は先週言っていました。アナは毎日１人で通学するとも言っていました。これは彼女がアメリカにいたときの様子とはとても違っています。

　新しい学校で友人を作るには時間がかかるとは理解できますが，それでも私は，彼女は少し孤立しているのかもしれないと心配しています。できるだけ早く仲の良い友人のグループを作り出すのがいいだろうと思っています。たったひとりでも親

30

友ができれば，良い第1歩となるでしょう。私は以前に1度も娘の担任の誰1人とも連絡をとったことがなく，あなたに迷惑をかけていないことを望んでいます。あなたが彼女の学校での生活についてより知っているかもしれないと思っただけなのです。もし彼女がどうしたらもっと個人的な交際をできるかをについてあなたが何かアイディアをお持ちなら，それを喜んでお聞きしたいものです。

敬具
ジェフ・ウィトモア

発信元：ケンジ・オカモト＜okamoto@xxxxxx.com＞
宛先：ジェフ・ウィトモア＜JeffW@xxxxxx.com＞
日付：2015年1月11日
件名：Re：アドバイスのリクエスト

拝啓　ウィトモアさん

　私の生徒の1人の親御さんからお便りをいただくことはいつもうれしいことで，お手伝いできれば喜んでそうします。私はアナと一対一で数回話したので，彼女が自信に満ちて気さくな楽しい人だと分かっています。実際，クラスの中で，他の生徒ととても仲良くしているようなので，あなたの心配を聞いて驚いています。多分，彼女はすぐに親しい友人関係を作るでしょうが，彼女がそうするのに役立つとあなたが考えるアイディアがいくつか実際に私にはあります。

　第1に，友人関係を育むのに良い環境を与えてくれる多くのいろいろなクラブが私どもの学校にあります。彼女は音楽を楽しんでいるのを知っていますので，多分，コーラス部に入りたいのだと思います。もしスポーツの方が好きなら，バレーボールクラブ，サッカークラブや空手クラブさえあります。それと，私は現在新しい英語クラブを計画しているところです。私たちは1週間に1回集まって，英語で話したり，音楽や映画を楽しむつもりです。もしもアナが参加してくれて，リーダーの役割を取ってくれれば，英語という共通の興味を持つ他の生徒と理解し合えます。ニュージーランドで過ごしたことがあり，クラブに参加する予定の別のクラスの1人の日本人の生徒を知っています。彼女らは共通点をたくさん見つけるかもしれません。

　もうひとつの方法は，自分が注目の的になるような社交状況を作りあげることです。あなたがよくアメリカの自宅の庭でバーベキューパーティーを催したとアナから話を聞いています。もしできるなら，アメリカ式のバーベキューパーティーを開いて彼女のクラスの生徒を何人か招いていただけないでしょうか。きっと彼女らにとって素晴らしい体験になると思います。多分，アナはくつろいでもっと自分を取

り戻し，生徒は彼女のことをもっとよく知るようになるでしょう。

　私の経験から，あなたには何も心配することなく，彼女が自分で遅かれ早かれ，友情を築くことに自信を持っていいと私は正直に思います。しかし，もしあなたが私のアイディアのどれかが役立つと思うなら，どうかお知らせください。そうすれば，次の手段を考えることができます。

敬具
岡本ケンジ

【語句】
＜ジェフのメール＞
　・move back to A「Aに帰って来る」
　・attend「出席する」
　・be worried about A「Aについて心配する」
　・good grade「良い成績」
　・in particular「特に」
　・have a penchant for A「Aを大好きである」
　［例］　She really seems to **have a penchant for** vintage jeans.
　　　　　彼女は本当にヴィンテージ・ジーンズが大好きなようである。
　・hang out「遊ぶ／ブラブラする」
　・isolated「孤立した／隔離された／(集団の中で)浮いている」
　・develop「作り出す／生み出す」
　・as soon as possible「できる早く」
　・contact「連絡を取る／接する」
　・connection「関係／交際」
＜岡本先生のメール＞
　・one-on-one「マンツーマンで／一対一で」
　・delightful「気持ちのよい」
　・confident「自信のある／自信に満ちた／確信して」
　・concern「懸念／心配／関心」
　・currently「目下／今／現在(のところ)」
　・organize「組織する／編成する／計画する」
　・connect with A「Aと気持ちが通じる／互いに理解し合う」
　・in common「共通の／共通して」
　［例］　You and I have so much **in common**.
　　　　　あなたと私には共通点がいっぱいある。
　・a center of attention「注目の的」
　・establish「確立する」

— 541 —

・at home「くつろいで／気楽に」

・Best regards「敬具／よろしく」

【解説】

問1 　42 　③

アナは，多分，シカゴの学校でどのような感じだったか？　42

① 　彼女は教室で1人でいるのが好きだった。

② 　彼女は自分の日本語の能力を見せびらかした。

・show off「見せびらかす／誇示する」

③ 　彼女は多くの時間を友達と過ごした。

④ 　彼女は他の学生を嫉妬していた。

・jealous「嫉妬して／うらやんで」

　父親のジェフのメールの第2段落第5～7文で「彼女は授業の間の休憩には普通，1人で読書をしているが，他の女の子たちは遊んだり，おしゃべりしたりしていると，彼女は先週言っていました。アナは毎日1人で通学するとも言っていました。これは彼女がアメリカにいたときの様子とはとても違っています」とあり，アナの今の状態が彼女のアメリカのときとは違っていると述べていることから，「1人で読書したり，1人で通学する」のは本来のアナの姿ではないと分かるので，③が正解。②，④に関しては本文に記述がないので不可。

問2 　43 　③

ウィトモアさんのメールの第2段落にある has a penchant for という語句は，意味の上で 43 に，最も近い。

① 　集めている

② 　交換している

③ 　大好きである

④ 　不確かである

　ジェフのメールの第2段落第2文に「特に，数が□□□で数学の授業をとても気に入っています」とあるので，数学がとても気に入っている理由と思われるので，③が正解。ちなみに，2010年にも同じ have a penchant for が出題されている。

問3 　44 　④

メールの内容の情報によると，以下の文のどれが正しいか？　44

① 　アナは家で親と学校の生活について話をしない。

② 　アナは英語の授業よりも国語の授業の方が好きである。

③ 　ウィトモアさんはアナの学校の成績を心配している。

④ 　これはウィトモアさんが岡本先生に送った最初のメールの内容です。

　ジェフ・ウィトモアさんのメールの第1段落で自己紹介をしていることと，岡本先生のメールの第1段落第1文で「私の生徒の1人の親御さんからお便りをいただくことはいつもうれしいことで，お手伝いできれば喜んでそうします」とあり，お互いが初めてだと思われるので，④が正解。

— 542 —

問4　**45**　④

　　ウィトモアさんと違い，岡本先生はアナが **45** と思っている。

① 　クラスで他の学生から孤立している
② 　学校で読書して多くの時間を過ごしている
③ 　良い成績を取るのに苦労する
④ 　**何ら特別な助けなしに仲良くなれる**

　　岡本先生のメール第1段落第3文に「実際，クラスの中で，他の生徒ととても仲良くしているようなので，…」とあり，また第4段落第1文に「私の経験から，あなたには何も心配することなく，彼女が自分で遅かれ早かれ，友情を築くことに自信を持っていいと私は正直に思います」から，岡本先生はアナがクラスのみんなと仲良くできると思っているので，④が正解。

問5　**46**　④

　　以下のどれが岡本先生のウィトモアさんへの提案のひとつでは**ない**ですか？
46

① 　アナを運動クラブか音楽クラブに参加させなさい。
② 　アナのクラスメートをある催しに招待しなさい。
③ 　アナを英語クラブに参加させなさい。
④ 　**アナをニュージーランドへの旅行に連れて行きなさい。**

　　岡本先生のメールの中の第2段落で，音楽クラブ，運動クラブ，英語クラブへの参加を提案しているので，①，③は不正解。②は第3段落第3文に「もしできるなら，アメリカ式のバーベキューパーティーを開いて彼女のクラスの生徒を何人か招いていただけないでしょうか」とあるので，不正解。④については文中で述べられていない。したがって，正解は④だと分かる。

第6問　長文読解問題（論説文）

┌─ **【全訳】** ─

　蜂を捕まえることと魚を数えること：どのように「市民科学」は作用するのか

(1)　ここはテキサスで陽の降り注ぐ午後で，妻のバーバラはまた公園に出て，オオカバマダラが産んだ卵の数を数えて，記録している。データを集めた後，彼女を採用した専門の科学者と，そのデータを共有するのである。また別の州では，私たちの友人のアントニオが，年に4回，12箇所の異なる所へ出かけて，カエルの声を聴く。今ではもう，ほぼ20年間，彼は科学者に自分の調査結果を提出し続けている。そして，国の反対側では，姪のエミリーが，土着のハチを捕まえては，小さなタグを付けて，地元の大学の生物学部に週間報告を提出している。バーバラやアントニオ，エミリーの努力に誰も報酬を支払っていないが，3人とも自分が「市民科学者」になれて幸運だと考えている。

─ 543 ─

(2)　ボランティアがこのような活動に助手として参加するとき，情報収集の手助けを一般の人々に依頼する貴重な研究技術である市民科学に，彼らは従事しているのだ。彼らの中には理科の教師や学生もいるが，ほとんどは，自然の中で過ごすのを楽しむアマチュアにすぎない。彼らはまた，科学者を手伝い，環境を保護するのに間接的に役立っていることを誇りに思っている。彼らが関わっている運動は，新しいものではない。実は，そのルーツは100年以上もさかのぼる。この種の最初期のプロジェクトの１つは，1900年に米国オーデュボン協会によって始められた，クリスマス・バード・カウントである。しかしながら，市民科学プロジェクトはこれまでになく<u>急増している</u>：そのうちの60以上が，先頃，米国生態学会の会議で言及された。

(3)　正式な研究では，専門の科学者や他の専門家は，できるだけ最高の水準を維持する必要がある。研究が根拠のあるものであると認められるためには，研究は徹底的であるばかりでなく，客観的で正確でなければならない。市民科学者は，細部にまで必要な注意力を維持することはできないとか，アマチュアは調査の状況を誤解したり，情報を収集して整理する際に，間違いをすると主張する者もいるかもしれない。つまり，市民科学は本当に信頼できるものなのだろうか？

(4)　２つの最近の研究は，それが信頼できることを示している。最初のものは，ボランティアの知識と技能を重点的に取り上げた。この研究では，科学者がボランティアにアメリカ合衆国の大西洋岸のカニの種類を特定するように頼んだ。ほとんどの大人のボランティアがその仕事を果たし，小学３年生でさえ成功率が80％だったことが分かった。２つ目の研究は，専門家と専門でない者の方法を比較した。厳密で伝統的な手順に従って，12人のスキューバダイバーのグループは，カリブ海で106種の魚を特定した。専門家がボランティアにとってもっとリラックスして楽しめるように企画した手順を使って，12人の別のダイバーのグループが，同じ水域で同じ時間を費やした。驚いたことに，２番目の方法の方がはるかに成功を収めたのだ：このグループは，合計137種を特定したのだ。このような結果が示唆しているのは，アマチュアが手伝った調査は，科学者が組織すれば信頼できるものになる，ということである。

(5)　最良の市民科学プロジェクトは，お互いが得をする状況である。一方で，科学界は，それ程お金をかけないで，他の方法で手に入れる場合よりもずっと多くのデータを入手する。他方，市民科学は，一般の人々にとってよいものである：それは，人々を自然界に出させ，科学的プロセスに関わらせる。さらに，器具を用い，データを収集し，調査結果を共有するための訓練を含む綿密に計画された研究に参加すると，人々は新しいアイディアや技術について学ぶという満足感を持つことになる。

(6)　市民科学者を使っている科学的研究のリストが急速に長くなっていることは，励みになることだと，私は思う。それでも，私たちは市民科学の可能性を認識し始めたばかりである。ボランティアが専門の研究にいかに多く寄与しうるかを，

もっと多くの科学者が理解する必要がある。私の考えでは,「人々のための科学」という古い保守的な考え方を,「人々による科学」というより民主的な見方を含む見方に広げるべき時である。

【語句】
◆第1段落◆
- sunny「陽の降り注ぐ／日当たりの良い」
- lay「産む」
- monarch butterfly「オオカバマダラ」南北アメリカ,オーストラリア,ハワイ諸島などに分布するオレンジと黒の鮮やかな羽をした10cmほどの大型のチョウ。
  monarch「君主／王者／帝王」
  butterfly「チョウ」
- recruit「採用する／募集する」
- frog「カエル」
- site「場所」
- submit「提出する」
- finding「調査結果」
- niece「姪」
- tiny「小さな」
- hand in A「Aを提出する」（＝ submit A）
［例］　This report doesn't have to be **handed in** until next week.
　　　このレポートは来週まで提出する必要はありません。
- biology department「生物学部」
- citizen scientist「市民科学者」
◆第2段落◆
- volunteer「ボランティア」
- participate「参加する」
- activity「活動」
- engage in A「Aに従事する」
- valuable「価値ある／貴重な」＜value「価値」
- public「一般の人々／一般人／一般市民」
- gather「収集する」
- amateur「アマチュアの／素人の」
- take pride in A「Aを誇りに思っている／自負する」
［例］　The chef **takes pride in** his sauces.
　　　そのシェフは自分のソースを誇りに思っている。
- aide「手助けする」
- indirectly「間接的に」

- environment「環境」
- be involved in A「Aに関わる」
- in fact「実際」
- go back「さかのぼる」
- National Audubon Society「米国オーデュボン協会」
- burgeon「急成長する／急増する」

［例］ Sales **burgeoned** after introduction of the new product.
　　　　新製品の発表後，売り上げが急に伸びた。

- The Ecological Society of America「米国生態学会」
- not long ago「先ごろ」

◆第3段落◆
- formal「正式な」
- expert「専門家」
- maintain「維持する」
- possible「できる限りの」
- standards「基準」
- valid「根拠のある／正当な／妥当な」
- thorough「徹底的な」
- objective「客観的な」
- accurate「正確な」
- argue「主張する」
- detail「細部／詳細」
- misunderstand「誤解する」
- context「状況／文脈」
- investigation「調査／捜査」
- in other words「言い換えれば／つまり／要するに」

［例］ One element of insurance is purchasing a sense of security and a guarantee. **In other words**, you are paying money to eliminate the sense of unease about remote possibilities.
　　　　保険のひとつの要素には安心や保証を買うということがある。つまり，まず起こりそうにないことについての不安感を解消するために金を支払っているのだ。

- truly「本当に」
- reliable「信頼できる」

◆第4段落◆
- focus on A「Aに重点的に取り組む／焦点を合わせる／集中する」

［例］ I want to **focus on** pronunciation problems today.
　　　　今日は発音の問題を重点的に取り上げたいと思います。

- skill「技能」

— 546 —

- identify「確認する／同定する」動植物の種類を特定することや，物質の組成・機能を特定すること。
- crab「カニ」
- Atlantic「大西洋の」
- perform「行う」
- task「（課せられた）仕事／（作業）課題／任務」
- elementary school「小学校」
- success rate「成功率」
- strict「厳しい／厳格な」
- procedure「手続き」
- scuba diver「スキューバダイビングをする人」
- species「種」単複同形。
- Caribbean「カリブ海」
- surprisingly「驚いたことに」
- organize「組織する」

◆第5段落◆
- win-win situation「お互い得をする状況／両者［双方］に利益のある状況」
- on the one hand「一方では」
- scientific community「科学界」
- on the other hand「他方では」

［例］　**On the other hand**, most of the students don't like studying.
　　　　他方では，ほとんどの学生が勉強が好きでない。

- gain access to A「Aを入手する／利用できる」
- otherwise「他の方法で」
- general public「一般の人々」
- additionally「さらに」
- well-designed study「綿密に計画された研究」
- equipment「器具」
- satisfaction「満足感」

◆第6段落◆
- encouraging「励みになる」
- potential「可能性」
- contribute to A「Aに貢献［寄与］する」

［例］　A person who is able to **contribute to** the world is a fortunate person.
　　　　世の中に貢献できる人は幸せ者です。

- as I see it「私の考えでは／私の見るところでは」

［例］　**As I see it**, we have two options — either we sell the house or we rent it out.
　　　　私の考えでは，私たちには選択肢はふたつある―家を売るか貸すかどちらかだ。

38

・expand「広げる」
・conservative「保守的な」

【解説】

A

問1　47　④

　第1段落において，市民科学者は　47　。

①　自分たちのデータを他のボランティアのものと比較する

②　自分たちが収集する情報でお金を稼ぐ

③　実験室で昆虫のライフサイクルをモニターする

④　専門家に自分たちの結果や活動を報告する

　第1段落において，第2～5文で妻のバーバラは「専門の科学者と集めたデータを共有する」とあり，友人のアントニオは「科学者に自分の調査結果を提出し続けている」とあり，姪のエミリーは「地元の大学の生物学部に週間報告を提出している」とあるので，④が正解。最終文に，「バーバラやアントニオ，エミリーの努力に誰も報酬を支払っていない」とあるので，②は不可。①，③のような記述は本文にない。

問2　48　②

　第2段落の burgeoning という単語に意味上一番近いのは　48　である。

①　議論を引き起こしている

②　急速に増加している

③　人気を失っている

④　賞を受けている

　第2段落第4～6文では，市民科学の歴史が1900年に始まり，最近始まったのではないことが分かる。次の第7文は「しかしながら，市民科学プロジェクトはこれまでになく□□ている」となり，具体例を表すコロンの後に「60以上(の市民科学プロジェクト)が，先頃，米国生態学会の会議で言及された」とある。ここから，市民科学プロジェクトが急増していることが類推できる。したがって，②が正解。ちなみに burgeon は to grow or develop の意味で使う。「芽ぐむ／新芽を出す」の意味から，本問のように「急増する／急に大きくなる[成長する]」になった。

問3　49　②

　第4段落で，なぜ筆者は80%の成功率を強調しているのか？　49

①　大人の成功と否定的な対比をするため

②　全体的な結果の質の高さを証明するため

③　いかに多くの種類のカニがいるかを強調するため

④　小学生の技能不足を明らかにするため

　第4段落では，2つの例をあげて市民科学が信頼できることを示している。第4文後半に「小学3年生でさえ成功率が80%だったことが分かった」とあるのは最初

—548—

の例であり，大人のボランティアだったら成功率はもっと良いことを暗示している。したがって，②が正解。

問4 50 ②

　第6段落では，どのような個人的見解が述べられているか？ 50

① 結局のところ，科学的知識は主にアマチュアから出てくるだろう。

② 市民科学の利点を認めている科学者はまだ十分ではない。

③ ボランティアのデータに頼る最近の変化にはがっかりする。

④ 市民科学を用いた研究が現在行われすぎている。

　第6段落の第2文に「それでも，私たちは市民科学の可能性を認識し始めたばかりである」とあり，第3文に「ボランティアが専門の研究にいかに多く寄与しうるかを，もっと多くの科学者が理解する必要がある」とあるので，②が正解。

問5 51 ①

　本文において，筆者の主題は何か？ 51

① 市民科学は，ボランティア，専門家，そして社会のためになる。

② 科学的な調査は専門家に任されるべきである。

③ 魚の種を特定するボランティアには長い歴史がある。

④ 伝統的な科学は市民科学に取って代わられた。

　第5段落第1文において，「最良の市民科学プロジェクトは，お互いが得をする状況である」と述べている。つまり，市民科学は，科学界だけでなく，一般の人たちにとっても良いものであるということなので，①が正解。本文全体から，②は不正解。③のような記述はない。また，第6段落で，市民科学はまだ十分に認識されていないことが述べられている。最終文で筆者の考えがはっきりと表れている。「私の考えでは，『人々のための科学』という古い保守的な考え方を，『人々による科学』というより民主的な見方を含む見方に広げるべき時である」とあるので，④は不適。

B

52 ③ 53 ① 54 ② 55 ④

段落		内容
(1)		序文：著者の個人的な例
(2)	52 ③	説明：定義と歴史
(3)	53 ①	懸念：ボランティアの技能と知識
(4)	54 ②	証拠：成功したボランティアの努力
(5)	55 ④	意見：すべての関係者にとっての利点
(6)		結論：著者の将来への希望

　第2段落では，市民科学とはどのようなものであるかについて，定義と歴史が述

40

べられているので，**③**が正解。第3段落では，最終文に「つまり，市民科学は本当に信頼できるものなのだろうか？」と述べられていて，市民科学が客観的で正確であるかについての懸念が存在していることが分かるので，**①**が正解。第4段落では，市民科学の信頼性について最近の2つの研究が例に挙げられており，科学者が組織すれば信頼できるものになると述べられているので，**②**が正解。第5段落では，筆者は市民科学が科学界と一般の人たちの両方に利益があると主張しているので，正解は**④**。

英　語

（2014年1月実施）

受験者数　525,217

平　均　点　118.87

2014 本試験

英 語

解答・採点基準　（200点満点）

問題番号(配点)	設問		解答番号	正解	配点	自己採点
第1問 (14)	A	問1	1	④	2	
		問2	2	④	2	
		問3	3	②	2	
	B	問1	4	②	2	
		問2	5	④	2	
		問3	6	①	2	
		問4	7	①	2	
第1問　自己採点小計						
第2問 (44)	A	問1	8	②	2	
		問2	9	③	2	
		問3	10	③	2	
		問4	11	①	2	
		問5	12	②	2	
		問6	13	④	2	
		問7	14	④	2	
		問8	15	②	2	
		問9	16	③	2	
		問10	17	④	2	
	B	問1	18	②	4	
		問2	19	③	4	
		問3	20	③	4	
	C	問1	21	④	4 *	
			22	⑤		
		問2	23	③	4 *	
			24	⑥		
		問3	25	①	4 *	
			26	④		
第2問　自己採点小計						

問題番号(配点)	設問		解答番号	正解	配点	自己採点
第3問 (41)	A	問1	27	②	4	
		問2	28	④	4	
	B	問1	29	①	5	
		問2	30	③	5	
		問3	31	②	5	
	C		32	③	6	
			33	①	6	
			34	①	6	
第3問　自己採点小計						
第4問 (35)	A	問1	35	④	5	
		問2	36	②	5	
		問3	37	①	5	
		問4	38	①	5	
	B	問1	39	②	5	
		問2	40	①	5	
		問3	41	④	5	
第4問　自己採点小計						
第5問 (30)		問1	42	①	6	
		問2	43	③	6	
		問3	44	②	6	
		問4	45	②	6	
		問5	46	①	6	
第5問　自己採点小計						
第6問 (36)	A	問1	47	④	6	
		問2	48	①	6	
		問3	49	①	6	
		問4	50	③	6	
		問5	51	③	6	
	B		52	①	6 *	
			53	④		
			54	②		
			55	③		
第6問　自己採点小計						
自己採点合計						

(注)　＊は，全部正解の場合のみ点を与える。

2014年度　本試験〈解説〉　3

第1問　発音・アクセント問題

A　発音

問1　[1]　④
① gl<u>o</u>ve /glʌ́v/「手袋」/ʌ/
② <u>o</u>nion /ʌ́njən/「タマネギ」/ʌ/
③ <u>o</u>ven /ʌ́vn/「オーブン」/ʌ/
④ **pr<u>o</u>ve** /prúːv/「証明する」/úː/
したがって，④が正解。

問2　[2]　④
① c<u>a</u>sual /kǽʒuəl/「さりげない」/ǽ/
② cl<u>a</u>ssic /klǽsɪk/「古典的な」/ǽ/
③ h<u>a</u>bit /hǽbət/「癖」/ǽ/
④ **l<u>a</u>bel** /léɪbl/「レッテル」/éɪ/
したがって，④が正解。

問3　[3]　②
① ea<u>s</u>e /íːz/「気楽さ」/z/
② loo<u>s</u>e /lúːs/「ゆるい」/s/
③ pau<u>s</u>e /pɔ́ːz/「休止」/z/
④ prai<u>s</u>e /préɪz/「賞賛」/z/
したがって，②が正解。

B　アクセント

問1　[4]　②
① novel /nάːvl/「小説」第1音節
② **parade** /pəréɪd/「行進」第2音節
③ rescue /réskjuː/「救出」第1音節
④ vital /váɪtl/「活気のある」第1音節
したがって，②が正解。

問2　[5]　④
① audience /ɔ́ːdiəns/「聴衆」第1音節
② funeral /fjúːnərəl/「葬式」第1音節
③ origin /ɔ́(ː)rədʒɪn/「起源」第1音節
④ **survival** /sərváɪvl/「生存」第2音節
したがって，④が正解。

問3　[6]　①
① **atmosphere** /ǽtməsfìər/「雰囲気」第1音節

— 553 —

4

② domestic /dəméstɪk/「国内の」第 2 音節
③ equipment /ɪkwípmənt/「装備」第 2 音節
④ reluctant /rɪlʌ́ktənt/「いやいやの」第 2 音節

したがって，①が正解。

問4　7　①

① **category** /kǽtəgɔ̀:ri/「カテゴリー」第 1 音節
② eliminate /ɪlímənèɪt/「除去する」第 2 音節
③ investigate /ɪnvéstəgèɪt/「捜査する」第 2 音節
④ priority /praɪɔ́(:)rəti/「優先権」第 2 音節

したがって，①が正解。

第 2 問　文法・語法空所補充問題・対話文空所補充問題・語句整序問題

A　文法・語法

問1　8　②

昨夜，窓の外を見ると，一匹の猫が隣家の庭にこっそり入っていくのが見えた。

──【ポイント】──────────────────

知覚動詞 see

　see，hear，feel などの動詞は知覚動詞と呼ばれ，次の(1)，(2)，(3)の形で用いる。

(1)　知覚動詞＋A＋動詞の原形「Aが〜するのを見る[聞く／感じる]」
(2)　知覚動詞＋A＋〜ing「Aが〜しているのを見る[聞く／感じる]」
(3)　知覚動詞＋A＋過去分詞「Aが〜されるのを見る[聞く／感じる]」

［例 1 ］　I **saw** her **walk** across the street.
　　　　　私は彼女が通りを渡るのを見た。
［例 2 ］　I **saw** her **walking** across the street.
　　　　　私は彼女が通りを渡っているのを見た。
［例 3 ］　I **saw** a boxer **knocked down**.
　　　　　私はボクサーがダウンさせられるのを見た。

　本問では，see A＋現在分詞「Aが〜しているのを見る」の(2)のパターンとなっている。a cat と sneaking の間に意味上の能動関係がある。

─────────────────────────────

・sneak into A「Aへこっそりしのびこむ」

問2　9　③

体育大会で初めて出会ってからずっと，パットとパムはお互いにEメールをやり取りし続けている。

── 554 ──

【ポイント】

現在完了進行形 have been＋～ing「ずっと～している」

　過去のある時点から，現在に至るまである動作をし続けているのを表すのに用いる時制。前置詞 for や接続詞 since とともに用いることが多い。接続詞 since は，since SV... で，「…して以来」の意味を表す。また，know などの状態動詞の場合は，現在完了を用いる。

[例1]　It **has been snowning for** the last three hours.
　　　　ここ3時間ばかり雪が降り続いている。

[例2]　It **has been raining since** last month.
　　　　先月から雨が降り続いている。

[例3]　They **have known** each other **since** they were in college.
　　　　彼らは大学にいた時から，お互いに知り合いである。

・sports festival「体育大会／運動会」

問3 　10　　③
　　　母は，昼食を外食にするのか，それとも家で食べるのかと私に尋ねた。

【ポイント】

whether A or B

　whether A or B で「AかBか」の意味を表す。本問では，A に we should go out for lunch, B に（we should）eat at home が用いられている。or B が or not となったり，また or not は省略されることがある。

[例1]　I don't know **whether** he's at home **or** (he's) at the office.
　　　　彼が自宅にいるのか事務所にいるのか私は知らない。

[例2]　I don't know **whether** she is still in Tokyo **or** she has gone to Moscow.
　　　　彼女はまだ東京にいるか，それともモスクワへ行ってしまったか私には分からない。

問4 　11　　①
　　　私の妻は，息子が私たちのために夕食を作ってくれることを望んだが，私はそうしないでピザを注文した。

【ポイント】

have A＋動詞の原形

　have A＋動詞の原形で，「Aに～してもらう／させる」の意味となる。この場合，A と動詞の原形の間に能動の関係がある。

[例1]　I must **have** him **help** me with my homework.
　　　　彼に宿題を手伝ってもらわなくてはならない。

[例2]　I'll have to **have** a repairman **fix** the air-conditioner.
　　　　修理工にエアコンを修理してもらわなければならない。

6

また，have A＋過去分詞で，「Aを～してもらう／～させる／～される／～してしまう」の意味となる。この場合，Aと動詞の過去分詞の間に受動の関係がある。

［例1］ I'll have to **have** the air-conditioner **fixed**.
エアコンを修理してもらわなければならない。

［例2］ He **had** his bicycle **stolen**.
彼は自転車を盗まれた。

問5 12 ②

私たちが土曜日に学校の体育館を自由に使えるのは当然だと思った。

──【ポイント】──

take it for granted that SV...

take it for granted that SV... で「…ということを当然だと思う」の意味。it は形式目的語。

［例1］ I **took it for granted that** you were on our side.
私はあなたが当然味方だと思っていた。

［例2］ I **took it for granted that** water was free until I went abroad.
海外に行くまで，水は当然ただで手に入るものと私は思っていた。

・be free to-不定詞「自由に～できる」

問6 13 ④

誰がダンの誕生日パーティーを計画しているのか，教えてくれませんか？

──【ポイント】──

動詞 tell の用法

tell A［相手］＋B［伝達内容］で，「AにBを教える［知らせる］」の意味。本問は，Bに間接疑問文が来ている。

［例1］ He **told** me who she was.
彼女が誰なのか，彼は私に教えてくれた。

［例2］ **Tell** me when you plan to leave.
いつ出発するつもりか教えてください。

【他の選択肢】

①say to も ②talk to も tell A B のようにBをとらないので，不可。また③teach はA（人・動物）にB（学科・芸・技術など）を教える／仕込むの意味で，「道順」，「日付け」や本問のような場合には用いられないので不可。

問7 14 ④

レジ係が請求書を合計して総額が2万円だったとき，私たちは愕然（がくぜん）とした。

──【ポイント】──

イディオム add up

add up は，「合計する」の意味を表す。

── 556 ──

［例］　If we **add up** all the figures, it comes to a total of 500.
　　　　すべての数を合計すると，それはトータルで500になる。

・be shocked「愕然とする／ショックをうける」
・bill「請求書」

問8 　15　　②

　　その病院の治療費は，健康保険に入っている人たちにとっては，ずっと安い。

──【ポイント】──────────────────

1．名詞 fare と cost

　fare は，「運賃」の意味で，cost は，「費用／経費」の意味を表す。

［例］　Air **fares** will shoot up by 20% next year.
　　　　来年は航空運賃が20％も急騰する予定だ。

［例］　I'll give you $80 to cover the **cost** of the gas.
　　　　ガス代として，あなたに80ドル払います。

2．those who ...

　those who ... で「…の人たち」の意味を表す。

［例1］　Heaven helps **those who** help themselves.
　　　　　天は自ら助くる者を助く。（ことわざ）

［例2］　We will make no distinction between the terrorists who committed these
　　　　　acts and **those who** harbor them.
　　　　　我々はこれらの行為を犯したテロリストと彼らをかくまう輩を区別するつ
　　　　　もりはない。

問9 　16　　③

　　私はかつて，米国で２年間過ごしたけれども，これまで１度もグランド・キャニ
オンに行ったことがない。ひょっとしたら，来年，行くかもしれない。

──【ポイント】──────────────────

1．副詞 once と ever

　副詞の once は，過去形の動詞の前で「かつて／昔」の意味を表す。副詞の ever
は，疑問文で，「これまでに／いつか」の意味に，また肯定文で最上級などの比較と
用いて「かつて／今までに」の意味を表す。本問では(A)は過去の内容で，once が
適切である。

［例］　I **once** lived in Tokyo.
　　　　かつて東京に住んでいたことがある。

［例］　Have you **ever** been to Mexico?
　　　　メキシコへ行ったことがありますか？

2．have been to A

　have been to A は「Aへ行ったことがある」の意味を表す。

── 557 ──

8

［例］　**Have** you ever **been to** Sochi?
　　　　ソチへ行ったことがありますか？

問10　**17**　④

　　私の母は，一生懸命に生活の収支を合わせようと努力しているので，私に不要な物を決して買わせてくれない。

― **【ポイント】** ―

1．イディオム make ends meet

　make ends meet で，「生活の収支を合わせる／収入の範囲内でやり繰りする」

［例］　Our children don't know how hard it is to **make ends meet**.
　　　　うちの子供は，生活の収支を合わせるのがいかに大変か分かっていない。

2．接続詞 so と but

　接続詞 so は，「それで／だから／その結果」の意味で，前述の内容から考えられる結論を導く。また but は，逆説の接続詞で，前述の内容との対照・対立を示す。本問では，順接で結論を表すので，so が正しい。

［例］　The store was closed, so I decided to come another day.
　　　　その店は閉まっていたので，また別の日に来ることに決めた。

［例］　Ken likes lobster a lot, **but** it is expensive, **so** he seldom eats it.
　　　　ケンはロブスターが大好きだが，高価なので，めったに食べない。

B　対話文空所補充問題

問1　**18**　②

マーサ：今日の昼からは何をしたい？
　エド：えーと，あの新しい映画を見に行くのはどう？
マーサ：もちろん，いいわ。3時から始まるんだよね。用意するね。
　エド：ところで，長いこと，テニスもしてないね。
マーサ：もういいかげんにして！　②決心してよ。私はどちらでもいいわ。

・on the other hand「ところで／他方では」
・come on「いいかげんにしろ／まさか／またそんなこと言って／やだなあ」

【他の選択肢】

①　考え直してよ。
③　礼儀作法に気をつけてよ。
④　心を開いてよ。

【解法のヒント】

　マーサの「昼からは何をしたい？」という問いに，エドが，映画がいいか，それともテニスもどうかと言っているのに対して，マーサが何と言ったかを問う問題。

― 558 ―

空所直前で「もういいかげんにして！」と，どちらにするのか決めてほしいと述べていると推測できるので，**②**が正解となる。

問2 `19` ③

> ユキエ：ジーン，本当に疲れているようね。どうかしたの？
> ジーン：うーん，昨夜サリーとデートしたのさ。野球の話をし始めたらさ，彼女の話が止まらないんだ。
> ユキエ：最初に野球のことに触れたのは，あなたなの？
> ジーン：えぇーと…。そう，僕だった。
> ユキエ：あら，まあ。③そうすべきではなかったわ。彼女は大好きなチームの話になると話が止まらないって分かってるでしょう。
> ジーン：そのとおりだよ。ようやくそれが分かったよ。

・What's wrong?「どうかしたの？／どこかおかしいの？」
・go out with A「Aとデートする」
・Oh, dear.「あら，まあ」女性が使うことが多い。
・favorite.「大好きな／お気に入りの」

【他の選択肢】
① 彼女の言うことを聞いたはずがないわ。
② 彼女をそんなに怒らせてはいけないわ。
④ 彼女を1人にしておかないほうがよいわ。

【解法のヒント】
　野球の話を切り出したジーンに，サリーの野球の話が続いて止まらない。そのジーンの愚痴を聞いたユキエが何を述べたかを問う問題。空所の前で「あら，まあ」とあきれ，空所の後で，「彼女は大好きなチームの話になると話が止まらないって分かってるでしょう」と言っているので，「野球の話を切り出すべきでなかった」を意味する**③**が正解となる。

問3 `20` ③

> 　母親：ジャック，あなたの制服の洗濯が終わったところなんだけど，洗濯機の中にあなたの携帯電話が見つかったわ。壊れちゃったわよ！
> ジャック：えぇ，やめて。これからボブに電話しなきゃいけない。
> 　母親：そういう問題じゃないの！先週あなたに買ってあげたばかりでしょ！
> ジャック：ああ，そうだった。ごめん。でも母さん，どうやってボブに電話しようか？
> 　母親：③私のを使っていいわ。あなたの不注意については後で話すことにしましょう。

・That's not the point.「そういう問題じゃない／論点がずれている」

― 559 ―

［例］ **That's not the point**! If she needs money, she should ask us first. She can't take our credit cards just because she needs money!

そういう問題じゃないでしょ！もしお金が必要なら，私たちにまず聞くべきよ。お金が必要だからって，私たちのクレジットカードを持って行っていいわけないでしょ！

・carelessness「不注意さ」

【他の選択肢】
① 彼に新しい電話を買ってあげなさい。
② 私があなたにすぐに電話するわ。
④ 私を待つように彼に言いなさい。

【解法のヒント】
　携帯電話の入ったまま，制服を洗濯し終わった母親とボブに今電話したいジャックの会話。空所の前でジャックが「どうやってボブに電話しようか？」と述べ，空所の直後で母親が「あなたの不注意については後で話すことにしましょう」と言っているので，空所はとりあえずボブに電話する方法を表すものだと分かる。したがって，③が正解。

C　語句整序問題

問1　21 ④　22 ⑤

　ダン：君の健康診断，どうだった？
　マイク：まあまあだけど，医者は僕に定期的に運動するよう勧めたよ。

【正解】
but the doctor advised me to get regular exercise.
　　　　　　　　　① ④ ⑥ ③ ⑤ ②

【ポイント】

動詞 advise の用法

　動詞 advise は，advise A to-不定詞で「Aに〜するよう勧める／忠告する」という意味を表す。

［例］ I **advised** her **to** read Ted's report.
　　　私は彼女に，テッドのレポートを読むように勧めた。

問2　23 ③　24 ⑥

　ケン：君の親は君を留学させてくれると思う？
　ペグ：よく分からないけど，私が2人を説得して留学できるといいと思う。

【正解】
but I hope I can talk them into it.
　　② ③ ① ⑤ ⑥ ④

— 560 —

2014年度　本試験〈解説〉　11

---【ポイント】---

イディオム talk A into B

talk A into B は，「A（人）を説得してB（行為／状態）をさせる」の意味。Bには名詞・動名詞が来る。

［例1］　I **talked** Bill **into** signing the contract.
　　　　私はビルを説得してその契約にサインさせた。

［例2］　He **talked** us **into** this mess.
　　　　彼の説得のせいで，こんな混乱になってしまった。

問3　25　①　26　④

カズキ：ペニー，今夜は遅くまで仕事になるから，午後10時まで帰れないかもしれない。

ペニー：今夜は雨になるらしいわ。傘も持たずに雨に降られないでね。

---【正解】---

Don't get caught in the rain without an umbrella.
　　　②　①　③　⑤　④　⑥

---【ポイント】---

イディオム get caught in the rain

get caught in the rain［a shower］で，「雨［にわか雨］にあう」の意味を表す。get caught in A で「A（不愉快なこと）に襲われる／巻き込まれる」の意味。

［例］　We **got caught in a shower** on our way home.
　　　　我々は帰宅途中で，にわか雨にあった。

第3問　文意把握読解問題

A　意味類推問題

問1　27　②

---【全訳】---

ジェーン：ミシェルはどうしてる？　この前会ったとき，彼女は少し落ち込んでいるみたいで，学校の勉強が心配だと言っていた。

メアリー：昨日会ったけれど，まったく exuberant そうだったわ。

ジェーン：本当？　どうしたのかしら。

メアリー：そうね，彼女は数学のテストを心配していたけれど，結局は本当によくできたのよ。それに，とても楽しめるバイトを見つけたのよ。

ジェーン：すごいじゃないの。それを聞いてうれしいわ。

【語句】

・The last time SV... 「この前…したとき／最後に～したとき」

— 561 —

12

［例］ **The last time** I saw her, she didn't recognize me.
この前彼女を見たとき，彼女は私のことが分からなかった。

・depressed「落ち込んで」

・be worried about A「Aについて心配している／悩んでいる」

［例］ I'm very **worried about** your health.
私はあなたの健康のことがとても心配です。

・schoolwork「学校の勉強／学業」

・absolutely「まったく／完全に」

・exuberant「元気にあふれた／いきいきとした」

・wonder＋疑問詞「…かなと思う／…かなと知りたがる」

［例］ I **wonder why** he refused.
どうして彼は断わったのかな。

・math test「数学のテスト」

・after all「結局は／とどのつまり」

・part-time job「アルバイト／パートの仕事」

【解説】
　この状況で，<u>exuberant</u> はとても　27　ことを意味する。
① 忙しくストレスを感じている
② うれしくて元気である
③ 勤勉で健康である
④ うろたえて神経質になっている

　下線部の次のメアリーの発言の2文で，「彼女は数学のテストを心配していたけれど，結局は本当によくできたのよ。それに，とても楽しめるバイトを見つけたのよ」とあり，それは，ジェーンが見たミシェルの状態である「落ち込んでいる」の逆の状態を示している。したがって，正解は②。

問2　28　④

　【全訳】
ジェイコブ：夏の計画はどうなってるの？　友だちと南米を回ってくるんだって。
　ヒロミ：ええっと，旅行の手配はすべてして，スペイン語も勉強していたし，荷造りまでし始めていたよ。だけど突然，友だちが行けないって言ってきたんだ。それで，<u>got cold feet</u> で旅行はキャンセルした。
ジェイコブ：いや，それは気の毒だったね。君がとても不安になって1人で旅行できなかったのは残念だね。

【語句】
・arrangement「手配」

・get cold feet「おじけづく／不安になる」「冷えた足を得た」とは，何かをやることになっていて，いざというときに後ずさりしてしまうこと。

— 562 —

〔例〕 I thought I would **get cold feet** before the wedding.

　　　私は結婚式の前に不安になるだろうと思った。

・cancel「キャンセルする」

・It's a shame that SV ...「…は残念なことだ」

〔例〕 **It's a shame that** you had to call off your trip because of your illness.

　　　あなたが病気で旅行をキャンセルしなければならなかったなんて，残念なことだ。

・anxious「不安な」

【解説】

　この状況で，<u>got cold feet</u> は 　28　 の意味である。

① 　気分が悪くなった

② 　ぞくぞくした

③ 　自制心を失った

④ 　**勇気を失った**

　下線部の次の最後のジェイコブの発言「いや，それは気の毒だったね。君がとても不安になって1人で旅行できなかったのは残念だね」から，ヒロミが不安からしり込みしたことが分かる。したがって，④の「勇気を失った」が正解。

B　不要文選択問題

問1　　29　　①

┌─【全訳】─────────────────────────────

　3歳から5歳の子どもたちは多くの質問をし始める。①<u>この年頃の子どもたちの平均体重は12キログラムを超える。</u>②<u>両親が子どもたちの質問を扱う仕方は重要である。</u>③<u>親のなかには子どもたちの成長を誇りに思って，すべての質問に嬉しそうに答える者もいる。</u>④<u>これによって，子どもは想像力を使ってもっと創造的になる。</u>他方では，親が質問に答える忍耐力を十分持っていないと，子どもは物事に好奇心を抱くべきではないと思うかもしれない。その結果，子どもたちは新しい活動に取り組むことに不安を感じ始めるかもしれない。

└─────────────────────────────────

【語句】

・average「平均の」

・weight「体重」

・the way SV ...「…する仕方／方法」

〔例〕 **The way** she spoke to us was suspicious.

　　　彼女の私たちへの口の利き方は疑い深げであった。

・handle「扱う／処理する」

・be proud of A「Aを誇りに思う」

・happily「嬉しそうに／喜んで」

14

- encourage A to-不定詞「Aに〜するよううながす」

[例] The prize for the winner **encourages** people **to** take part in the contest.
受賞者に与えられる賞金が人々にコンテスト参加をうながす。

- creative「創造的な」
- patient「忍耐心のある／我慢強い」
- curious「好奇心のある」
- as a result「その結果」
- activity「活動」

【解説】

　　本文は「子どもたちの質問を扱う親の態度や忍耐力」についてのものである。②，③，④はそれに沿ったものであるが，①は体重についてであり，文脈に合っていない。したがって，①が正解。

問2　30　③

【全訳】

　　田舎暮らしと都会暮らしのどちらが好きだろうか？　①国連の調査によれば，地球上の70億の人々の半数が田舎暮らしをしている。しかしながら，ますます多くの人々が都市部に移動しつつある。②次の35年以内に世界の人口の約３分の２が都会に住むと見積もられている。③都会でのアパート住まいは便利ではあるが，時には寂しいこともある。④都市は混雑しすぎてとても住みづらい場所になりやすい。とはいうものの，最近の人口動向のせいで，まもなく住む場所を選べなくなるかもしれない。

【語句】

- prefer「より好む」
- according to A「Aによれば」
- United Nations「国連」
- survey「調査」
- billion「10億」
- this planet「地球／この惑星」
- urban「都会の」
- estimate「見積もる」
- population「人口」
- convenient「便利な」
- lonely「寂しい」
- be likely to-不定詞「〜しやすい／たぶん〜するであろう」
- crowded「混雑した」
- having said that「とはいうものの／たとえそうでも／それでもやはり」通例文頭で用いる。

— 564 —

2014年度　本試験〈解説〉　15

・due to A「Aのせいで」

［例］　They had to cancel an inordinate number of flights **due to** the dense fog.

　　　　濃霧のため想定外の数のフライトを中止せざるを得なかった。

・trend「動向／傾向」

・choice「選択」

【解説】

　　本文は，「都会暮らし」が世界的傾向として進んでいるという内容である。①，②，④はどれもその文脈に合っているが，③は「都会のアパート住まい」がどうなのかという文脈から外れたものである。したがって，③が正解である。

問3　31　②

【全訳】

　　ほんのちょっとの世話で，金魚は思っているよりずっと長生きできます。まず，手に入る限り最大の金魚鉢を選び，それを小さな岩や植物のような物で飾ってください。①しかしながら，魚を傷つけるような尖った物を鉢に入れないように注意してください。次に，餌は数分間で金魚が食べられるほどの量を与え，食べ残した餌はすべてすぐに取り除いてください。②手から餌を食べるように金魚に教えることはすぐにできます。③最も重要なことは，鉢をきれいにして2週間毎に少なくとも1度は水の入れ替えをすることです。④魚が新しい水に慣れやすくするためには，水を全部入れ替えるより，水の一部を入れ替える方がずっとよいのです。これらのことをすべて行うことによって，金魚が「老年」まで生きることを確信できます。

【語句】

・a little bit of A「ほんの少しのA」

・care「世話」

・goldfish「金魚」

・much＋比較級「ずっと〜」

・can afford「買うことができる／金銭的な余裕がある」

［例］　If you **can afford** this kind of car, fuel costs should mean nothing.

　　　　この種の車が買えるならガソリンの費用など何でもないはずです。

・sharp object「尖った物体」

・harm「傷つける／害する」

・feed「餌を与える」

・immediately「すぐに／直ちに」

・remove「取り除く」

・leftover「食べ残し」

・adjust to A「Aに慣れる／適応する」

・partial「一部の／部分的な」

・complete「全部の／完全な」

— 565 —

16

・golden years「老年／老後」

【解説】

　　本文は,「金魚の長生きのさせ方」について述べている。①,③,④は長生きさせる世話の方法を述べている。②だけは,「餌付け」についてであり,文脈には合わないので,②が正解である。

C　意見要約問題

32 ③

【全訳】

　　テッド：ここ20年間,私たちの学校はフランス語とスペイン語を教えてきました。しかしながら,時代が変わったので,多分,学生の要求を再評価すべきなのです。英語が国際語になったから,英語を母語とする話者は外国語を勉強する必要はないという人もいるそうです。この件について,皆さんの意見を聞きたいと思います。

　ジェニファー：さて,多くのビジネスがグローバル化するなか,外国語を知ることは職場でますます役立つものになってきています。ビジネスの場で,他の国の人と交渉しているとき,相手がこちらの言語を知っているのにこちらが相手の言語を知らなければ,不利なことは明らかです。また,外国語を勉強することで,学生は世界の他の地域の人々の様々な慣習や文化的価値について学ぶことができます。これによって,取引関係も円滑になります。

　　テッド：それでは,ジェニファー,あなたが言っているのは,③外国語を知ることは,実際的で,仕事につながる利益を持ちうるということですね。

【語句】

・the past A「ここA（期間）／過去A」
・reevaluate「再評価する」
・need「必要／ニーズ」
・global language「国際語／世界言語」
・view「意見／観点」
・globalization「グローバル化／世界化／地球規模化」
・increasingly「ますます」
・workplace「職場」
・negotiate「交渉する」
・obviously「明らかに」
・disadvantage「不利」
・custom「慣習」

— 566 —

・smooth「円滑にする」

・business relationship「取引関係」

【解説】

① 英語は，ビジネス界で最も一般的な言語である

② ビジネスで外国語を使うことは，不利である

③ **外国語を知ることは，実際的で，仕事につながる利益を持ちうる**

④ ビジネスの技術を勉強することは，外国語学習に役立つ

　　ジェニファーは発言の冒頭で「多くのビジネスがグローバル化するなか，外国語を知ることは職場でますます役立つものになってきています」と述べ，その後も外国語学習の重要性を主張している。したがって，③が正解。

33 ①

【全訳】

デビッド：私はジェニファーに賛成で，私たちが中国語の授業をすることを提案します。中国は急成長している経済圏で将来世界最大のものになるでしょう。また私は他のどの言語よりも中国語を母語とする話者のほうが多いと思います。おそらくフランス語やスペイン語とともに，中国語を教えるべきです。

マリア：あなたの言うことは分かりますが，中国に精通するためには中国語が読むことができるべきであり，それには少なくとも3,000から4,000の文字を覚えるための数年間の学習を要します。フランス語とスペイン語を教え続ける方がずっと実用的だと思います。これらの言語は英語と何らかの関連があるので，同じ語源の単語も多く，それによって言語学習のプロセスの難しさが少なくなります。

テッド：それでは，マリア，あなたの考えは，①英語を母語とする話者はフランス語とスペイン語を学ぶ方が楽だと思うかもしれないということですね。

【語句】

・agree with A「Aに賛成する／同意する」

・economy「経済圏／経済(国)／経済(状態)」

・in the future「将来に」

・along with A「Aとともに／Aのほかに」

［例］ **Along with** the other things I sent those books.

　　　私はほかの物とともに，それらの本を送った。

・in order to-不定詞「〜するために」

・well-informed「精通している／よく知っている」

・involve「必要となる／伴う」

・character「文字」

— 567 —

18

・somehow「何らかの」
・be related to A「Aと関連がある」
・process「プロセス／過程」

【解説】
① 英語を母語とする話者はフランス語とスペイン語を学ぶ方が楽だと思うかもしれない
② 中国は急成長している経済圏だから，中国語が最も役に立つだろう
③ 中国の人口は最大なので，中国語を学ぶのが役に立つだろう
④ フランス語かスペイン語を知っていれば，他のヨーロッパの言語は学びやすくなるだろう

　マリアは発話の第2文以降で，「フランス語とスペイン語を教え続ける方がずっと実用的だと思います。これらの言語は英語と何らかの関連があるので，同じ語源の単語も多く，それによって言語学習のプロセスの難しさが少なくなります」と主張している。したがって，①が正解。

34 ①

━━【全訳】━━━━━━━━━━━━━━━━━━━━━━━━━━━━
レスリー：えっと，どの外国語が学生に最も価値があるのか，私にははっきりとは分かりません。しかし，外国語学習は学生たちが自分たちの母語と文化に気付く助けになります。私たちはたいてい深く考えもせず母語を使い，多くの文化的な思い込みをします。しかし，最も重要なことは，外国語を覚えることにより，様々な視点から物事を見ることがもっとできるようになることです。
　テッド：レスリー，それはとても興味深い点ですね。あなたは外国語学習の最大の利点は学生の①物事を異なった観点から考える能力を伸ばすことだと言っているのですね。
　テッド：皆さんの考えを聞けて感謝しています。おそらく学生向けにアンケートを用意し，学生たちの関心や将来の目標を感じとるよう努力すべきですね。
━━━━━━━━━━━━━━━━━━━━━━━━━━━━━━━━━━

【語句】
・valuable「価値がある」
・help A＋動詞の原形「Aが～するのに役立つ／助けになる」
・become aware of A「Aに気付く」
・assumption「思い込み／想定」
・most importantly「最も重要なことは」
〔例〕 **Most importantly**, the software is very easy to use.
　　　最も重要なことは，そのソフトはとても使いやすいということだ。
・perspective「視点」

— 568 —

2014年度　本試験〈解説〉　19

・advantage「利点」
・appreciate「感謝する」
・questionnaire「アンケート」
・get a sense of A「Aを感じとる／何となく分かる」
［例］　We should **get a sense of** the country's traditional culture.
　　　我々は自国の伝統文化を感じとるべきである。

【解説】
① **物事を異なった観点から考える能力**
② 自分たちの母語と文化を理解したいという欲求
③ 他の言語の構造と文化の知識
④ 世界的なビジネスで成功する機会

　レスリーは発言の最終文で「最も重要なことは，外国語を覚えることにより，様々な視点から物事を見ることがもっとできるようになることです」と主張している。したがって，①が正解。

第4問　図表・広告問題

A　図表問題

【全訳】

吸引型と粘着型：米国における州から州への移住に関する研究

　生まれた土地の近くで一生を送る人もいるのに，どこか他の場所に移る人もいる。ピュー・リサーチセンターが行った研究は，アメリカ人の州から州への移動パターンを調査した。研究では，成人市民のうち何人が他の州からそこに移動してきているかを判断するために各州を調べた。こうした居住者の率が高い州は，報告書の中で「吸引型」の州と呼ばれている。研究はまた，各州で生まれた成人の何パーセントが今でもそこに住んでいるかを調べた。その数値が高い州は「粘着型」の州と呼ばれている。研究で分かったのは，州には「吸引型」であり「粘着型」であるものもあれば，そのどちらでもない州もあることだった。また単に「吸引型」あるいは「粘着型」だけである州もあった。
　表1と表2は，選ばれた州が「吸引型」表と「粘着型」表でそれぞれどのランクになるかを示している。フロリダは両表で高いランクに位置する州の好例である。その現在の成人人口の70％が別の州で生まれ，同時にフロリダ生まれの成人の66％が今でもフロリダに住んでいる。他方ウェストバージニアは，「吸引型」（わずか27％）でもなく，とりわけ「粘着型」（49％）でもない。言い換えれば，新来者がほとんどおらず，ウェストバージニア生まれの者は比較的少数しかそこにとどまっていない。ミシガンはとても「粘着型」が高いが「吸引型」がとても低い州の典型的な例である。対照的に，アラスカは，「吸引型」の表でトップ近くにランクしている

— 569 —

が,「粘着型」ではすべての州の中で最低である。

　他の3つの極端な例も表1と表2に現れている。まずはネバダで,他の州で生まれた高い割合の成人居住者がこの州をアメリカでトップの「吸引型」にしている。ニューヨークは「吸引型」の表ではその対極にある。もっとも,他国からの移民には魅力的である。3つ目の極端な例はテキサスで,「粘着型」の表でアラスカの対極にある。テキサスはかなり弱い「吸引型」だが,アメリカで最も「粘着型」の州である。

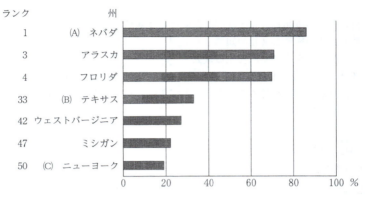

表1　吸引度(選出州)

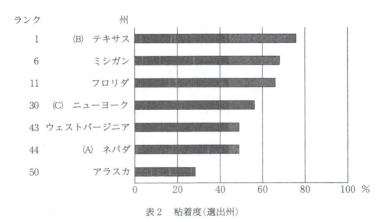

表2　粘着度(選出州)

　研究ではさらに続けて,「移住者」が故郷の州を離れ,「居残る者」がそこに留まる理由を探求した。「移住者」については,彼らが他州へ移動する決心に影響を与えるただひとつの要因はない。最も一般的な移動の理由は,仕事を探すため,あるいはビジネスチャンスを求めるためである。他に個人的な理由で移動を報告する者たちもいる。つまり,家族の絆,子供のためによい地域社会に住みたいという願望,

あるいは退職である。

(ピューリサーチセンター (2008) アメリカの移動性 を参考に作成)

【語句】
◆第1段落◆
- magnet「吸引性(のある)／磁石」本文では，人を引き付ける魅力のある州のことを指している。
- sticky「粘着性(のある)」本文では，人の動きのない州のことを指している
- 〜, while ...「〜であるのに，…／〜である。ところが一方では，…」while は「対比」を表す際に用いられる接続詞。
- [例] Mary is talkative, **while** her sister is quiet and reserved.
  メアリーはおしゃべりだが，妹はおとなしくて控えめだ。
- look into A「Aを調査する／検証する／研究する」
- [例] I can't give you an answer right now ; I'll have to **look into** the matter first.
  今すぐにはお答えできません，まずその件を調査しなければならないので。
- examine「調べる」
- determine「判断する／決定する」
- resident「居住者」

◆第2段落◆
- figure「表／図」
- selected「選ばれた／選別の」
- rank「ランクにある／位置する」
- scale「表／率／評価／尺度」
- respectively「それぞれ」
- current「現在の」
- at the same time「同時に」
- neither A nor B「AでもBでもない」
- particularly「とりわけ／特に」
- in other words「言い換えれば」
- newcomer「新来者／新参者／新人」
- relatively「比較的」
- in contrast「対照的に」

◆第3〜4段落◆
- extreme example「極端な例」
- go on to-不定詞「続けて〜する」
- as for A「Aについて」
- factor「要因」
- influence「影響を与える」

22

・opportunity「チャンス／機会」
・family tie「家族の絆」

【解説】

問1 　35　　④

もしある州が吸引型であれば，　35　　。

① 　そこで生まれた成人は，ほとんど残っていない
② 　そこに住む成人には，他の所で生まれた者がほとんどいない
③ 　そこで生まれた成人の多くが，残っている
④ 　そこに住む成人には，他の所で生まれた者が多い

　第1段落第3〜4文で，「研究では，成人市民のうち何人が他の州からそこに移動してきているかを判断するために各州を調べた。こうした居住者の率が高い州は，報告書の中で『吸引型』の州と呼ばれている」と述べられている。したがって，④が正解。

問2 　36　　②

表1と表2で，(A), (B), (C)として表されている3つの州はどれか？　36

① 　(A)　ネバダ　　　　　(B)　ニューヨーク　　　(C)　テキサス
② 　(A)　ネバダ　　　　　(B)　テキサス　　　　　(C)　ニューヨーク
③ 　(A)　ニューヨーク　　(B)　ネバダ　　　　　　(C)　テキサス
④ 　(A)　ニューヨーク　　(B)　テキサス　　　　　(C)　ネバダ

　第3段落の第2文に「ネバダはアメリカでトップの吸引型」とあり，(A)はネバダだと分かる。同第3文に「ニョーヨークは『吸引型』の表ではその(ネバダ)対極にある」とあり，さらに第4文以降に「3つ目の極端な例はテキサスで，『粘着型』の表でアラスカの対極にある。テキサスはかなり弱い『吸引型』だが，アメリカで最も『粘着型』の州である」とあるから，(B)はテキサス，(C)はニューヨークとなる。したがって，②が正解。

問3 　37　　①

本文の主題は，　37　　ことである。

① 　アメリカ人の移住における様々なパターンを述べる
② 　いくつかの州が他の州より人気がない理由を説明する
③ 　そこで生まれた成人の割合が高い州を列挙する
④ 　ピュー・リサーチセンターのデータ収集の方法を報告する

　本文の主題をよく表しているのは，タイトルであるから①が正解となる。②に関する記述は文中にないので不可。③は「粘着型」についてだけの記述なので不可。④は第1段落の第2文にこの調査をしたと言及があるだけなので不可。

問4 　38　　①

最終段落に続く可能性がある話題はどれか？　38

・topic「話題／テーマ」

① 　アメリカ人の中に故郷の州に残る者がいる理由。

— 572 —

② 他国からの移住者を引きつける州。

③ 移住者たちが他の州で求める職業の種類。

④ 吸引型の州の社会での子供の育て方。

最終段落に「研究ではさらに続けて，『移住者』が故郷の州を離れ，『居残る者』がそこに留まる理由を探求した」とあり，次に「移住者」の理由を挙げている。したがって，次に続く可能性があるものは①で，正解となる。

B　広告問題

【全訳】

第28回　レイクヴィル　マラソン
2015年 2 月26日

申し込み
- 期間：2014年 8 月 1 日 − 8 月31日（期限後の申し込みはお受けできません）
- レース当日に16歳以上の方ならどなたでもエントリー可能です。
- 申し込みはオンラインのみ。
- 1 人につき 1 回の申し込み。複数の申し込みは自動的に拒否されます。
- いかなる虚偽の個人情報報告も申し込みの取り消しになります。

選抜
- 残念ながら，レイクヴィル運動場の広さの関係上，申し込みのすべてをお受けできるとは限りません。15,000名の走者は抽選で決定されます。
- 申し込みされた方は10月中旬に参加の可否の手紙を受け取ることになります。

お支払い
- オンラインでのクレジットカードでのお支払いのみ。
- 申し込み料は返金できません。例外はありません。
- エントリー料は抽選にて選ばれた方のみに課されます。

カテゴリー	申し込み料*	エントリー料**
未成年（16歳または17歳）	15ドル	25ドル
成人（18歳から64歳）	15ドル	50ドル
高齢者（65歳以上）	15ドル	15ドル

＊レイクヴィル居住者の申し込み料は無料！
＊＊前の 2 回のレイクヴィル　マラソンのどちらかの参加者は 5 ドル割引！

レース当日
- チェックイン：7：00開始。参加者全員，レース当日に写真付き ID（たとえば，運転免許証やパスポート）と参加許可通知を提示のこと。
- レース・スケジュール：8：00スタート，16：00終了（指定時刻までに完走できない走者は走行を中止しなければなりません）

問い合わせは，次のアドレスに連絡して下さい：marathondesk@lkve.com

申し込みはこちらをクリック

【語句】
- marathon「マラソン」

- application「申し込み」
- apply for A「Aに申し込む」
- multiple「複数の」
- automatically「自動的に」
- reject「拒否する」
- false「虚偽の」
- result in A「Aという結果になる」
- selection「選抜」
- unfortunately「残念なことに／あいにく」
- lottery「抽選／籤（くじ）」
- applicant「申込者／志願者」
- acceptance「受諾／受け入れ」
- rejection「拒否」
- payment「支払い」
- fee「料金」
- exception「例外」
- entry「参加／エントリー」
- charge「課する」
- discount「割引」
- check-in「チェックイン」
- designated「指定された」
- inquiry「問い合わせ」
- contact「接続する／連絡をとる」

【解説】

問1　39　②

次の文章のうち，申し込みに関して**あてはまらない**ものはどれか？　39

① 　8月中に申し込まなければならない。

② 　申し込み時に少なくとも16歳でなければならない。

③ 　インターネットで申し込まなければならない。

- via A「Aによって／経由で」

④ 　申し込みは1回だけしか出せない。

- submit「提出する」
- no more than A「Aだけ／ほんのA」

申し込みの項目の2つ目に「レース当日に16歳以上の方ならどなたでもエントリー可能」とあり，これは「申し込みの時」の年齢ではないから，②が正解となる。

問2　40　①

第26回マラソン大会に参加したレイクヴィルに住む70歳の女性が，参加するために　40　を支払う必要がある。

① 10ドル
② 15ドル
③ 25ドル
④ 30ドル

　支払いの表とその下の＊印の注意事項から，この女性は「レイクヴィル在住」ということで申し込み料は無料。エントリー料は70歳なので表の高齢者(65歳以上)から，15ドルとなるが，2回前の大会に参加したことで5ドルの割引を受けるので，支払い額は10ドルとなる。したがって，①が正解。

問3　41　④

　ウェブサイトによれば，次のうち，どれが正しいか？　41

① 申し込み料とエントリー料を現金で払うことができる。
② 問い合わせはすべて電話でしなければならない。
③ 受諾されたかどうかの確認はオンラインで確かめなければならない。
④ レースは8時間以内に終了させなければならない。

　レース当日の2つ目の項目に「8：00スタート，16：00終了(指定時刻までに完走できない走者は走行を中止しなければなりません)」とあるから，④が正解。

第5問　ヴィジュアル問題

【全訳】

サルバドールの日記

2012年3月30日

　我々の最後のレッスンはひどいことになった。チトセと私は大げんかをしてしまった。彼女は微笑みながらアトリエに着くと，「ほら，おじいちゃん，私，あなたの肖像画を描いたわ」と言った。肖像画の男には髪の毛がたくさんあり，真っすぐ立っていて，若く見え，微笑んでいた。彼女にはフランスの美術学校に通えるぐらいの才能があるのかもしれないが，画家としては大きな弱点がある。彼女は人物を描くと，現実の人物よりもむしろ理想化されたイメージを描いてしまうことが多すぎる。私はこの点を彼女に数か月間説明してきたが，彼女は私の言うことを聞こうとはしなかった。私は少し怒って彼女に次のように言った。「これは私ではない。おまえは本物の画家ではない」彼女も怒って，もうこれ以上私を先生として必要としないからどうでもいいと言った。それから，私は別れの贈り物として描いていた肖像画を彼女に見せて次のように言った。「これが本当のおまえだ！」彼女はそれを一目見ると，「いえ，違うわ！」と言って出て行った。

　彼女の親ならチトセの肖像画がよく分かるだろうと思ったので，私は肖像画を彼らに贈った。私はチトセがスタイルを変え始める2，3か月前にその肖像画を描いて

— 576 —

いて，それには私が2年間教えた高校生が描かれていると思う。私がそれを描いたとき，彼女はまだ天然の縮毛で，ストレートパーマではなかった。彼女は，大好きなリング型のイヤリングを含む，今つけているようなアクセサリーは全然つけていなかった。彼女はそのときはまったく化粧もしていなかった。これは，自分がまだアマチュア画家だということを知っている，素晴らしい未来のあるチトセだった。私は彼女が大人になりつつあり，もっと大人のように行動し，大人っぽく見られたがっていることを理解している。しかし，彼女は大人になることは，他人の話を聴くのをやめることだと思っているようだ。学ぶことをやめれば彼女はけっして偉大な画家にはならないだろう。

サルバドールへの手紙
2013年3月25日

親愛なるサルおじいちゃん，

遅くなったことは分かっていますが，私たちが最後に会ったときに起こったことにごめんなさいと言いたかったのです。最後のレッスンで，私はあなたの言うことを聴こうとしませんでした，なぜなら，あなたがまだ私を子どもとして見ていると思ったからです。私はあなたが肖像画の中で私をどのように描いているかを見ましたが，これは私の考えを裏付けました。私は大変傷ついたのであなたの贈り物を受け取ることなくただ出て行ったのです。

あなたは知らないと思いますが，ママは私がフランスに向けて家を離れる時にあの肖像画をこっそり私のスーツケースの中に入れたのです。それを見つけたとき，私はまだ怒っていたので，それをクローゼットの中に隠してしまいました。私はしばらく肖像画のことを考えませんでしたが，2，3か月前に偶然それを再発見しました。それを見たとき，私には自分の絵を良くするためにすすんで耳を傾けるチトセが見えました。私は，自分がなってしまったチトセがそれとは違うことに気づきました。彼女は自分が大人であるとみんなに証明したくて，他人の話を聴くのをやめてしまったのです。そのときまで私は美術のクラスで本当に苦労していたのですが，自分の弱点に気づいた後，私は再び学び始め，私の絵はずっと良くなりました。おじいちゃん，あなたはこれからもずっと私の先生です。

私は最後のレッスンであなたに見せた肖像画を覚えています。あなたはそれが気に入らず，私にあなたを見えるとおりに描けと言いました。あの日あなたが私に教えてくれたことは今の私には理解できます。私は物を実際あるがままに描くべきであり，そうすれば物の本当の美しさが輝くのです。

私は私たちの肖像画を描きました。そしてその写真をあなたに送ります。実は，それは私が住んでいる市の若手芸術家コンクールで1等賞をとりました。見て分かるように，私は，あなたがそうしたように，自分自身を大きな可能性をもつ高校生のチトセとして描きました。私はまた，実際に私の目に映る姿であなたを描きました。あなたのしわは，あなたの智恵の証拠です。杖は肉体的な課題を克服しようとするあなたの意志を示しています。あなたの曲がった背は，あなたがすべての力をあなたが最も愛するもの，つまりあなたの芸術と私に注ぎ込んできたことを示しています。ありがとう，おじいちゃん。

愛を込めて
チトセ

【語句】
＜サルバドール＞
- disaster「ひどいこと／大惨事」
- fight「けんか」
- stand straight「真っすぐに立つ」
- weakness「弱点」
- idealized image「理想化されたイメージ」
- A rather than B「BよりもむしろA」
- care「気にする」
- farewell gift「別れの贈り物」
- curly hair「縮毛／カーリーヘア」
- perm「パーマ」
- wear makeup「化粧をする」
- fantastic「素晴らしい」

＜チトセ＞
- confirms「裏付ける／確認する」
- secretly「こっそり」
- upset「腹を立てて／冷静さを失って」
- for a while「しばらくの間」
- rediscover「再発見する」
- by chance「偶然に」
- struggle「苦労する」
- make sense「気付く／理解できる」
- as S actually be「Sの実際あるがままに」
- competition「コンクール／競争」
- potential「可能性」

・wrinkle「しわ」

・wisdom「智恵」

・cane「杖」

・overcome「克服する」

・physical challenge「肉体的な課題」

・bent back「曲がった背中」

・pour「注ぐ」

・strength「力」

【解説】

問1 42 ①

サルバドールはチトセに 42 ほしいと思っていた。

①　物をありのままに正しく理解して

②　もっと画家らしい服装をして

③　別の美術の先生を見つけて

④　若く見える人を描いて

　サルバドールの日記の第1段落第6文で，サルバドールは「彼女は人物を描くと，現実の人物よりもむしろ理想化されたイメージを描いてしまうことが多すぎる」と述べている。また，チトセの手紙の第3段落第2文に「あなたはそれが気に入らず，私にあなたを見えるとおりに描けと言いました」とある。これらから，サルバドールはチトセに物をありのままに描いてほしいと思っていたことが分かる。したがって，①が正解。

問2 43 ③

　最後のレッスンで，チトセが肖像画を受け取らなかった理由は，彼女が自分の 43 と思ったからである。

①　家族は自分よりもその肖像画を正しく理解するだろう

②　家族は彼女のスタイルを気に入らないだろう

③　祖父は彼女に大人としての敬意を払わない

④　祖父はあまり上手な画家ではない

　チトセの手紙の第1段落第2～4文に「最後のレッスンで，私はあなたの言うことを聴こうとしませんでした，なぜなら，あなたがまだ私を子どもとして見ていると思ったからです。私はあなたが肖像画の中で私をどのように描いているかを見ましたが，これは私の考えを裏付けました。私は大変傷ついたのであなたの贈り物を受け取ることなくただ出て行ったのです」とあるので，③が正解。

問3 44 ②

　次のうちで正しいものはどれか？ 44

①　チトセはサルバドールが描いた肖像画を自分の両親に渡した。

②　チトセは手紙を書く前に新しい肖像画を描いた。

③　サルバドールがチトセの肖像画を描くのに2年かかった。

④　サルバドールはチトセが外見を変えた後に肖像画を描いた。

チトセの手紙の第4段落第1文に「私は私たちの肖像画を描きました。そしてその写真をあなたに送ります」とあるので，②が正解。

問4　45　②

チトセの絵が良くなった理由として最も可能性が高いものは何か？　45

① 彼女はコンクールに参加したことから多くを学んだ。
② 彼女は再び他の人々の考えを聴くようになった。
③ 彼女は化粧をしたりイヤリングをつけたりするのをやめた。
④ 彼女は他の大人の意見に影響を与えようとした。

チトセの手紙の第2段落第5〜7文に「私は，自分がなってしまったチトセがそれとは違うことに気づきました。彼女は自分が大人であるとみんなに証明したくて，他人の話を聴くのをやめてしまったのです。そのときまで私は美術のクラスで本当に苦労していたのですが，自分の弱点に気づいた後，私は再び学び始め，私の絵はずっとよくなりました」とあるので，②が正解。

問5　46　①

チトセが彼女の祖父に送った写真にある肖像画の説明に最もよく合っているものは，次の絵のうちのどれか？　46

チトセの手紙の第4段落第5〜7文から分かることは，新たに描いた肖像画の中のサルバドールは(1)しわがあり，(2)杖をついており，(3)背が曲がっている。また，チトセの手紙の第4段落第3文に，新しい肖像画には可能性を持つ高校生のチトセを描いたとあるが，サルバドールの日記の第2段落第3〜4文から分かることは，高校時代のチトセは(4)天然の縮毛でイヤリングなどのアクセサリーをつけておらず，化粧もしていなかった。したがって，(1)，(2)，(3)，(4)を満たしている①が正解。

第6問　長文読解問題

【全訳】

聴くことの便利さと音質：他により重要なことはあるのか？

(1)　1877年に，トーマス・エジソンは，音を録音し再生することのできる新しい装置である蓄音機を発明した。人々は初めて，フル・オーケストラの音楽演奏を便利なことに自宅で楽しむことができるようになった。数年後，ベル研究所は，より良い音質を出す新しい蓄音機を開発した。つまり，声や楽器の音がよりクリアーで，より本物そっくりに聞こえた。これら初期の製品は，オーディオ技術の発展における2つの主要点 ― 聞くのを容易にすることと，我々が聞く音楽の音質を改善すること ― を表している。長年にわたる進歩は，この両方の領域において意義深いことであったが，音楽そのものをすべて技術に没頭させてしまわないようにすることが重要である。

(2)　蓄音機は音楽を聴くことをずっと楽にしたが，それはほんの始まりだった。1920年代にカーラジオが導入されたことは，路上でも音楽が楽しめるということだった。聴く者が外を歩いているときも，ヘッドホンによって音楽を楽しむことを可能にした個人用音楽プレーヤーの発達ともに，携帯用オーディオ機器に対する関心が，1980年代に本当に高まり始めた。最近では，小さなデジタルプレーヤーで何百枚ものアルバムを持ち運び，とても小さなイヤホンでそれらを聴くことができる。

(3)　音楽の楽しみに影響を及ぼしているもう1つの要素は，音質である。1950年代には，「ハイフィデリティ」，略して「ハイファイ」という用語が，可能な限り最高級の再生音質を提供する録音とオーディオ機器を宣伝するために，企業によってよく使われた。誠実さを意味するフィデリティは，もとの演奏に限りなく近い音楽を録音し，再生することを指している。目を閉じたまま録音された交響曲を聴くとき，コンサートホールにいるような気分になるのが理想である。1950年代以降の技術的進歩によって，聴く者がハイファイという目標にきわめて接近できるような現代録音技術と再生機器が生み出される結果となった。

(4)　今日では，電器店に歩いて入っていくと，お客は驚くほど様々なオーディオ技術に直面することになる。携帯用システムを探し求める人は，様々な色，形，サイズが用意された何百種類ものイヤホン，ヘッドホン，デジタルプレーヤーから選ぶことができる。ハイファイを最優先とみなす音楽ファンであるオーディオ好きのために，店の別の売り場が，CDプレーヤーやアンプなど，しばしば高価になる様々な大型スピーカーや重量コンポーネントを取り扱っている。これらすべての技術やとても多くの選択肢を目の当たりにして，音楽ファンは，自分たちの音楽ニーズに最適の機器について調べ，決定するのに多大な時間を費やすことが多い。

(5) 機器が買われた後でさえ，オーディオ技術の進歩は消費者の注意を音楽そのものからそらし続けることがある。携帯用システムの便利さにより，人々は公園でジョギングや，職場への通勤のように何か他のことを行っている間に，音楽を聴くことができる。このような状況では，音楽の一部は背景の騒音に消え，聴く者がそれに集中するのが困難になるかもしれない。また別の場合では，オーディオ好きは，最高基準の忠実度を得るために，自分のコンポの組み合わせを試し，調整するのにかなりの時間とエネルギーを費やすかもしれない。

(6) 非常に多くの技術が利用できるので，実際に音楽を聴くことが時には2次的な問題のように感じられることがある。我々は幸運にも職場への電車の中に大好きな録音されたものを持って行くことができるが，注意が他のところに向いているときに音楽を聴くと，音楽の力の多くを逃してしまう。同様に，高品質の機器が利用できるのは良いことだが，完全な忠実度を達成することを心配しすぎると，技術自体が我々と音楽の間を裂いてしまう。音楽は驚くべき，力強い芸術形式であり，おそらく最も重要なことは，座って聞こえるものをしっかり鑑賞できる暇を作ることである。エジソンや他の発明家たちの非凡な才能のおかげで，音楽の美しさは今やこれまでにないほど身近なものになっている。立ち止まって本当に耳を傾けるかどうかは我々次第である。

【語句】
◆第1段落◆
・convenience「便利さ」
・sound quality「音質」
・priority「優先すること／より重要であること」
・invent「発明する」
・phonograph「蓄音機」
・device「装置／機器」
・play back「再生する」
・for the first time「初めて」
［例］ Helen went abroad **for the first time** when she was only twelve years old.
　　　ヘレンはまだ12歳の時に初めて海外に行った。
・musical performance「音楽演奏」
・in the convenience of A「Aという便利さで」
・laboratory「研究所」
・true-to-life「本物そっくりに」
・product「製品」
・represent「表す」
・focus「(意識・興味・関心・活動などの)焦点／中心」
・audio technology「オーディオ技術」

- advance「進歩」
- significant「意義深い」
- get lost in A「Aに没頭する／迷い込む」

◆第2～4段落◆
- introduction「紹介／導入」
- take off「高まる／伸びる」
- these days「最近」
- high fidelity「ハイファイ／高忠実度」
- for short「略して」

［例］　We all call her "Jemmie" **for short**.
　　　　私たちはみな彼女を，略して「ジェミー」と呼んでいる。

- refer to A「Aを示す」

［例］　What does the pronoun in line 5 **refer to**?
　　　　5行目の代名詞は何を指しますか？

- with our eyes closed「目を閉じたまま」付帯状況の with の用法。with A＋過去分詞「Aが～されて」
- feel as if ...「…のように感じる」
- electronics store「電器店」
- consumer「お客」
- audiophile「オーディオ好き」audo＋phile（～を好む人）の合成語。
- range of A「Aの範囲」
- feature「特色とする」
- amplifier「アンプ」

◆第5～6段落◆
- equipment「機器」
- portable system「携帯用システム」
- commute「通勤する」
- setting「状況」
- concentrate on A「Aに集中する」

［例］　Try to **concentrate on** your work and not walk around.
　　　　うろうろ歩くのはやめて，仕事に専念しなさい。

- fidelity「〔通信〕（再生音の）忠実度」
- with so much technology available「非常に多くの技術が利用できるので」
  with A＋C「AがCなので／AがCすると」付帯状況の with の用法。
  available「利用できる」
- feel like「感じがする」
- secondary「2次的な」
- issue「問題」

— 583 —

・likewise「同様に」

・come between A and B「AとBの間を裂く／AとBの間に入る」

・thanks to A「Aのおかげで」

・genius「非凡な才能／(生まれつきの創造的)才能／天分」

・accessible「身近な／利用しやすい／入手しやすい」

・It's up to A to-不定詞「～するのはA次第である」

［例］**It's up to you to** tell the truth.
　　　事実を言うかどうかは君次第だ。

【解説】

A

問1 　47 　④

　第1段落によると，ベル研究所の蓄音機はトーマス・エジソンの蓄音機よりも 47 ことができた。

① 　早く安価に作る

② 　簡単に操作する

③ 　多くの楽器を演奏する

④ 　現実に近い音を再生する

　第1段落の第3文に「数年後，ベル研究所は，より良い音質を出す新しい蓄音機を開発した。つまり，声や楽器の音がよりクリアで，より本物そっくりに聞こえた」とあるので，④が正解。

問2 　48 　①

　第3段落において，筆者は今日の最高のオーディオ機器は 48 ということを示している。

① 　ライブのコンサートとほぼ同じ音質を再現する

② 　最良のコンサートホールでのライブ演奏に用いられている

③ 　録音の音質を元の演奏よりも良くする

④ 　1950年代の偉大な演奏を再現する

　第3段落の第4～5文に「目を閉じたまま録音された交響曲を聴くとき，コンサートホールにいるような気分になるのが理想である。1950年代以降の技術的進歩によって，聴く者がハイファイという目標にきわめて接近できるような現代録音技術と再生機器が生み出される結果となった」とあるので，①が正解。

問3 　49 　①

　第4段落によると，オーディオ好きとは 49 人のことである。

① 　音楽再生の質を大いに気にする

② 　良いコンサートホールで交響楽団で演奏する

③ 　録音された演奏よりもライブコンサートの方を好む

④ 　最良のオーディオ機器を売る店で働く

　第4段落の第3文に「ハイファイ(高忠実度)を最優先とみなす音楽ファンである

— 584 —

オーディオ好き」とあるので，①が正解。

問4 50 ③

第5段落に基づくと，次のうち正しいのはどれか？ 50

① 背景の騒音はしばしば人々が音楽に集中するのを助ける。
② 携帯用オーディオシステムは背景の騒音を生む傾向がある。
③ ハイファイシステムを構築することは多大な努力を要することもある。
④ 人々は忙しくなればなるほど音楽を鑑賞するようになる。

第5段落の最終文に「また別の場合では，オーディオ好きは，最高基準の忠実度を得るために，自分のコンポの組み合わせを試し，調整するのにかなりの時間とエネルギーを費やすかもしれない」とあるので，③が正解。①は第5段落の第3文「このような状況では，音楽の一部は背景の騒音に消え，聴く者がそれに集中するのが困難になるかもしれない」に矛盾する。②，④のような記述はない。

問5 51 ③

第6段落においての筆者の主題は 51 ということである。

① オーディオ好きは携帯機器で音楽を聴いて楽しむ傾向がある
② 便利さはオーディオ機器を買う際に重要な要素である
③ 音楽は，技術とは関わりなく，最優先に考えるべきことである
④ 携帯機器はハイファイ機器に取って代わる可能性が高い

第6段落の第4文に「音楽は驚くべき，力強い芸術形式であり，おそらく最も重要なことは，座って聞こえるものをしっかり鑑賞できる暇を作ることである」とあり，③が正解。同様のことは，すでに，第1段落の最終文で「長年にわたる進歩は，この両方の領域において意義深いことであったが，音楽そのものをすべて技術に没頭させてしまわないようにすることが重要である」と述べられている。

B

52 ① 53 ④ 54 ② 55 ③

段落	内容
(1)	オーディオ技術の2つの目標
(2)	52 ①
(3)	ハイフィデリティという考え
(4)	53 ④
(5)	54 ②
(6)	55 ③

① 音楽を聴く利便性の進歩
② 音楽を聴く者が重視することに対する懸念
③ 音楽にすべての注意力を注ぐことの価値

④　販売されているオーディオ製品の幅広い選択肢

　第2段落は蓄音機の発明から現代にいたるまでのオーディオ機器の発達を論じているので，52 は，①が正解。第4段落では多種多様なオーディオ機器が販売されているということが述べられているので，53 は④が正解。第5段落は，オーディオ機器を用いて音楽を聴く人が音楽以外のことに注意を引かれていることについて述べており，54 は②が正解。第6段落では，技術自体を追求しすぎるのでなく，音楽そのものを聴くことの重要性が述べられており，55 は③が正解。

英 語

（2013年1月実施）

受験者数　535,835

平 均 点　119.15

2013 本試験

英 語

解答・採点基準　　(200点満点)

問題番号(配点)	設問		解答番号	正解	配点	自己採点
第1問 (14)	A	問1	1	①	2	
		問2	2	②	2	
		問3	3	①	2	
	B	問1	4	②	2	
		問2	5	②	2	
		問3	6	④	2	
		問4	7	③	2	
第1問　自己採点小計						
第2問 (41)	A	問1	8	④	2	
		問2	9	④	2	
		問3	10	①	2	
		問4	11	③	2	
		問5	12	①	2	
		問6	13	①	2	
		問7	14	①	2	
		問8	15	④	2	
		問9	16	①	2	
		問10	17	②	2	
	B	問1	18	②	3	
		問2	19	②	3	
		問3	20	③	3	
	C	問1	21	②	4 *	
			22	④		
		問2	23	⑤	4 *	
			24	①		
		問3	25	④	4 *	
			26	⑤		
第2問　自己採点小計						

問題番号(配点)	設問		解答番号	正解	配点	自己採点
第3問 (46)	A	問1	27	③	5	
		問2	28	②	5	
	B		29	②	6	
			30	①	6	
			31	④	6	
	C		32	①	6	
			33	②	6	
			34	②	6	
第3問　自己採点小計						
第4問 (33)	A	問1	35	②	6	
		問2	36	③	6	
		問3	37	④	6	
	B	問1	38	④	5	
		問2	39	③	5	
		問3	40	①	5	
第4問　自己採点小計						
第5問 (30)		問1	41	③	6	
		問2	42	④	6	
		問3	43	②	6	
		問4	44	①	6	
		問5	45	④	6	
第5問　自己採点小計						
第6問 (36)	A	問1	46	④	6	
		問2	47	①	6	
		問3	48	③	6	
		問4	49	①	6	
		問5	50	①	6	
	B		51	①	6 *	
			52	⑤		
			53	④		
			54	②		
			55	③		
第6問　自己採点小計						
自己採点合計						

(注)　＊は，全部正解の場合のみ点を与える。

第1問　発音・アクセント問題

A　発音

問1　1　①

① **generate** /dʒénərèɪt/「産み出す」/é/
② genius /dʒíːnjəs/「天才」/íː/
③ medium /míːdiəm/「媒介」/íː/
④ meter /míːtər/「メートル」/íː/
したがって，①が正解。

問2　2　②

① basic /béɪsɪk/「基本の」/s/
② **insurance** /ɪnʃúərəns/「保険」/ʃ/
③ serious /síəriəs/「真剣な」/s/
④ symbol /símbl/「象徴」/s/
したがって，②が正解。

問3　3　①

① **castle** /kǽsl/「城」/∅/
② subtle /sʌ́tl/「微妙な」/t/
③ title /táɪtl/「タイトル」/t/
④ turtle /tə́ːrtl/「亀」/t/
したがって，①が正解。

B　アクセント

問1　4　②

① degree /dɪɡríː/「程度」第2音節
② **insect** /ínsekt/「昆虫」第1音節
③ percent /pərsént/「パーセント」第2音節
④ success /səksés/「成功」第2音節
したがって，②が正解。

問2　5　②

① energy /énərdʒi/「エネルギー」第1音節
② **essential** /ɪsénʃəl/「本質的な」第2音節
③ photograph /fóʊtəɡrèf/「写真」第1音節
④ relative /rélətɪv/「関係の／親戚」第1音節
したがって，②が正解。

問3　6　④

① continue /kəntínjuː/「続く」第2音節

― 589 ―

4

②　dynamic /daɪnǽmɪk/「ダイナミックな／動的な」第2音節

③　encourage /ɪnkə́:rɪdʒ/「励ます」第2音節

④　**hamburger** /hǽmbə̀:rgər/「ハンバーガー」第1音節

したがって，④が正解。

問4　7　③

①　accurately /ǽkjərətli/「正確に」第1音節

②　architecture /ɑ́:rkətèktʃər/「建築」第1音節

③　**historical** /hɪstɔ́(:)rɪkl/「歴史的な」第2音節

④　operator /ɑ́(:)pərèɪtər/「オペレーター」第1音節

したがって，③が正解。

第2問　文法・語法空所補充問題・対話文空所補充問題・語句整序問題

A　文法・語法

問1　8　④

　ほとんどの私たちの学生は，学費を支払うために夜にアルバイトをしているそうだ。

─【ポイント】────────────────────

most of the A（名詞）「ほとんどのA」

　most of the［所有格］で，「ほとんどの／大半の」の意味になる。同意に almost all the がある。

［例1］　**Most of the** great nations of Europe hold the first place in some special branch of art or of thought: Italy in painting, Germany in music and philosophy, England in poetry and science.

　　　　ほとんどのヨーロッパの大国は，芸術や思想の特有な分野でトップを保っている。絵画ではイタリア，音楽と哲学ではドイツ，詩と科学では英国である。

［例2］　On the other hand, **most of my** students don't like studying.

　　　　他方，ほとんどの私の学生が勉強嫌いだ。

【他の選択肢】

①　almost は不可。almost of A は不可で，almost all of the A なら可。

②　any は不可。肯定文なので，some にすべき。また，「どんな」の意味の場合，通例，単数扱いなので，any of our students is となるはずなので不可。

③　anyone は不可。anyone of A は不可で，any one of the A なら可。

問2　9　④

　今ここにいる7人のうち，1人は中国出身，3人はアメリカ出身で残りはフランス出身です。

─590─

2013年度　本試験〈解説〉　5

---【ポイント】---

代名詞 the others

the othersは「その他残り全ての人[物]」の意味を表す。

[例1]　Three of my students are Americans, but **the others** are Spanish.
　　　　私の生徒のうち3人はアメリカ人だが，残りは全てスペイン人だ。

[例2]　In our class some speak English while **the others** don't.
　　　　我々のクラスでは英語を話す人もいるが，その他の人は話さない。

【他の選択肢】

① other はふつう other A「他のA」のように用いるので，不可。

② others は「他の複数の人[物]／他人」という意味を表すので，不可。

[例]　Some of these methods will work; **others** will not.
　　　これらの方法のいくつかは機能するだろうが，他のものはダメだろう。

③ the other は2つの人・物のうちの「もう一方」を表すので，不可。

[例]　I have two sisters: one is single and **the other** married.
　　　私には姉妹が2人いるが，一方は独身でもう一方は結婚している。

問3　[10]　①

　　兄は高校時代，きっととても人気があったに違いない。いまだにかつてのクラスメートからたくさんの年賀状をもらっている。

---【ポイント】---

must have＋過去分詞「～したにちがいない」

must＋動詞の原形は「（きっと）～にちがいない」の意味を表すが，過去の内容を表す場合には must have＋過去分詞「（きっと）～したにちがいない」で表す。過去の強い推量を表す。

[例1]　He rejected her invitation. He **must have been** out of his mind.
　　　　彼は彼女の招待をけった。頭がどうかしてたにちがいない。

[例2]　This glass is cracked. Someone **must have dropped** it.
　　　　このグラスにはヒビが入っている。誰かが落としたにちがいない。

【他の選択肢】

②　ought to は，③と同じく，ought to have＋過去分詞で「～したはずだ／～すべきだった」の意味を表す。must have＋過去分詞よりも過去の弱い推量を表し，文脈に合わないので不可。

[例]　They **ought to have arrived** in Paris by now.
　　　彼らはもうパリに着いているはずだ。

③　should は，should have＋過去分詞で「～したはずだ／～すべきだった」の意味を表す。must have＋過去分詞よりも過去の弱い推量を表し，文脈に合わないので不可。

[例]　She left home half an hour ago.　She **should have arrived** at the office

－591－

by now.

　　　彼女は30分前に家を出たから，もう会社に着いているはずだった。

④　would は，would have＋過去分詞で「～だったであろう」の意味を表す。過去のある条件下の推量を表し，文脈に合わないので不可。

［例］　Ben **would have died** if the doctor had not operated immediately.

　　　もし医者がすぐ手術しなかったら，ベンは死んでいたでしょう。

問4　11　③

　エリックの友人のミノルとサチコは，今夜7時にここにやってきます。それまでにはエリックは，宿題をやり終えているでしょう。

― 【ポイント】 ―――――――――――――――――――――――――

未来完了 will have＋過去分詞

　未来のある時点までの継続・経験・完了などは，未来完了 will have＋過去分詞を用いて表す。本問は「ミノルとサチコがそこに着くころまでには(by then)」という未来の一時点までの完了を示す。

［例1］　Jim **will have started** by the time we get there.

　　　　私たちがそこに着くころまでには，ジムは出発してしまっているだろう。

［例2］　He **will have finished** the job by the end of this week.

　　　　今週末までには，彼はその仕事を終えてしまっているだろう。

問5　12　①

　我が家の主治医は，息子が毎年人間ドックを受けるように提案した。

― 【ポイント】 ―――――――――――――――――――――――――

suggest（that）S＋動詞の原形「…することを提案する」

　suggest, demand, require など「提案・要求」を表す動詞の that-節中は，S＋動詞の原形か，S＋should＋動詞の原形の形を用いる。

［例］　I **suggest** (that) your son **spend** a week with us.

　　　お宅の息子さんが私たちの所で1週間お過ごしになることを提案します。

・complete medical checkup「人間ドック」

問6　13　①

　日本は4つの大きな島と多くの小さな島から成っている。

― 【ポイント】 ―――――――――――――――――――――――――

動詞 consist

　動詞 consist は，consist of A で，「Aから成り立つ／成り立っている」の意味を表す。

［例］　The Chemical Society **consists of** about 1,500 members.

　　　その化学協会は約1,500名の会員から成っている。

　また consist in A で，「Aにある／存する」の意味。

［例］　Happiness **consists in** contentment.
　　　　幸福は満足にある。

・island「島」

【他の選択肢】

②　contains「含む」，③forms「形成する」，④organizes「組織する」はいずれも直後に of をとらないので，不可。

問7　14　①
　冬休みの間に君の祖父に会う機会はあった？

━【ポイント】━

前置詞 during

　前置詞 during は，during A で，「Aの間に」の意味を表す。Aは特定の期間で，the winter vacation, the summer vacation, my stay in London などが入る。

［例］　He visited various famous places **during** his stay in London.
　　　　彼はロンドン滞在中にさまざまな有名な場所を訪れた。

　④の while は接続詞で「〜の間」の意味を表し，上の例は，He visited various famous places **while** he was staying in London. と書き換えることができる。

問8　15　④
　私は東京へ行くのは楽しくない。あの人ごみには耐え難いのです。

━【ポイント】━

イディオム put up with

　put up with A で「Aに耐える／我慢する」の意味を表す。

［例］　How long will I have to **put up with** this situation?
　　　　私はいつまでこの状況に耐えなければならないのだろう？

【他の選択肢】

①　put away A / put A away で「Aを片付ける」

［例］　**Put** the scissors **away** when you have finished.
　　　　使い終わったらはさみはしまっておきなさい。

②　put on A で，「Aを着る」

［例］　He **put on** a nice sweater.
　　　　彼はすてきなセーターを着た。

③　put A up to は「Aをそそのかして〜させる」の意味。

［例］　Somebody must have **put** the boy **up to** the mischief.
　　　　誰かがその少年をそそのかしていたずらをさせたに違いない。

問9　16　①
　弟と私が子供だった頃，母はよく私に弟が迷い子にならないように，弟から目を離さないように私に頼んだ。

8

――【ポイント】――

イディオム keep an eye on

　keep an eye on A で，「Aを見張る／監視する／見守る」の意味。

［例］　Please **keep an eye on** my daughter; she is very naughty.

　　　うちの娘から目を離さないでください。とてもいたずらなので。

【他の選択肢】

②　keep away from A で「Aに近寄らない／Aを避ける」

［例］　The wise man **keeps away from** danger.

　　　賢人は危うきに近寄らない。

③　keep back from A＝keep away from A

④　keep in time with A は，「Aとテンポ[ペース]を合わせる」の意味。

［例］　I'm new to playing piano, have only been playing for a couple of months, I struggle to **keep in time with** my piano when playing.

　　　私はピアノは初めてで，2～3ヶ月しか弾いていないんだけど，弾いているとき，テンポを合わせるのに苦労をしています。

問10　17　②

　ふつうより高い月給の良い地位の申し出を受けたが，家族の近くにいたかったので，その申し出を断ることに決めた。

――【ポイント】――

イディオム turn down

　turn down A / turn A down は「（申し出／候補者／応募者などを）断る」の意味。

［例1］　Why did you **turn down** their offer?

　　　あなたはなぜ彼らの申し出を断ったのですか？

［例2］　I proposed to Kate but she **turned** me **down**.

　　　私はケイトに結婚を申し込んだが断られた。

・generous「（ふつうより／予想より）十分な／寛大な」

【他の選択肢】

①　turn around は，「（意見／態度を）変える」の意味。

［例］　They have **turned** 180 degrees **around**.

　　　彼らは態度を180度変えた。

③　turn out は，「…であることがわかる」の意味。

［例］　It **turned out** that the plan was impossible.

　　　結局その計画は不可能であることがわかった。

④　turn over は，「（ページを）めくる／ひっくり返す」の意味。

［例］　She **turned over** three pages.

　　　彼女は3ページめくった。

― 594 ―

B　対話文空所補充問題

問1　18　②

> ブラッド：すみません，タニ先生。課題を提出したいのです。昨日来たんですが，先生はみえませんでした。
> タニ先生：何時に来たの？
> ブラッド：午後の３時ぐらいです。
> タニ先生：それじゃあ，締め切りに間に合わなかったということだね。②論文の提出期限は正午までだと分かっていたよね。もう受け取れないな。

・hand in A「Aを提出する」
・assignment「課題／宿題」

【他の選択肢】

① 今日君には宿題はない。
③ 今日までにそれを提出することになっていたね。
④ 君の課題は重要ではなかった。

【解法のヒント】

　論文を受け取れないというタニ先生の根拠を問う問題。空所直前の「締め切りに間に合わなかったということだね」と，その前のブラッドの「午後の３時ぐらいです」から，締め切りが３時以前だと推測できる。したがって，②が正解となる。

問2　19　②

> デビッド：また運動を始めなければと思う。冬の間ずっと，あまり運動してなかったんだ。
> ルース：あなたは毎日，長距離の散歩に出かけるって言っていたと思ったけど。
> デビッド：そうしようとしてるさ。②でも，寒いときや雪のときは，怠けてしまうんだ。
> ルース：まあ，もう天気も良くなっていることだし，散歩しない言い訳なんてできないわよ！

・exercise「運動する」
・go for a long walk「長距離の散歩に出かける」
・get lazy「怠ける」
・now that SV「もう…なのだから」
・excuse「言い訳」

【他の選択肢】

① 実際は，僕は春には，普通散歩しないんだ。
③ 冬に運動すると，体が温まる。
④ 実は，僕は雪の中を散歩するのが本当に好きなんだ。

10

【解法のヒント】

　デビッドがルースに言い訳をしているのが空所の直後の「もう天気も良くなっていることだし，散歩しない言い訳なんてできないわよ」から分かる。言い訳で，冬の間のことというのは**②**しかない。したがって，**②**が正解となる。

問3　20　③

> 　トム：有名ブランドのバッグとか財布を買うなんてことはあるの？
> ヒロコ：いいえ，まったくないわ。
> 　トム：僕もさ。**③僕は，有名ブランドの品物は金額に合うだけの価値がないと思う。**
> ヒロコ：ええ，その通りだわ。安いバッグだってまったく同じように良いし，むしろ旅行のために貯金したいわ。

・brand-name「有名ブランドの／名の通った」
・just as good「同じように良い」
・worth A「Aだけの価値がある」
〔例〕　A bird in the hand is **worth** two in the bush.
　　　　手の中の一羽の鳥はやぶの中の二羽の価値がある。(明日の百より今日の五十)
・I'd rather＋原形「(どちらかといえば)むしろ～したい」
〔例〕　**I'd rather** go to a karaoke.
　　　　どちらかといえば，カラオケに行きたいなあ。

【他の選択肢】

①　有名ブランドの品物はそんなに高くない。
②　しかし有名ブランドの品物を持つことは大切だ。
④　僕は有名ブランドの品物は，とてもはやっていると思う。

【解法のヒント】

　トムとヒロコの有名ブランドについての会話。空所の直前で「僕もさ(有名ブランドを買うことはまったくない)」と言っており，空所の直後で，「ええ，その通りだわ。安いバッグだってまったく同じように良いし，むしろ旅行のために貯金したいわ」と言っていることから，トムが有名ブランドを買わない理由を言ったと分かる。したがって，**③**が正解。

C 語句整序問題

問1 [21] ② [22] ④

　　僕の友達は，バスケットボールがとても上手で，僕の３倍も頻繁に練習している。

──【正解】────────────────────────────

　　My friend, who can play basketball very well, practices <u>three times</u>
　　　　　　　　　　　　　　　　　　　　　　　　　　　　　　　⑤

　　<u>as often</u> <u>as</u> <u>I</u> <u>do</u>.
　　　②　　　①　④　③

──【ポイント】────────────────────────

倍数表現

　X times as 〜 as A で，「AのX倍〜だ」という倍数表現を表す。

[例]　The hole in the ozone layer over Antarctica is now **three times as**
　　　large as the United States.
　　　南極大陸上空のオゾンホールは，現在，合衆国の３倍の大きさだ。

問2 [23] ⑤ [24] ①

　　メアリー：あなたが仕事で成功した理由のいくつかは何ですか？

　　トシオ：主に，今の私があるのは，おじのおかげです。おじは，私が困っている
　　　　　　ときいつでも助けてくれる人でした。

──【正解】────────────────────────────

　　Mainly, I <u>owe</u> <u>what</u> <u>I</u> <u>am</u> <u>to</u> my uncle.
　　　　　　　③　　⑤　　②　①　④

──【ポイント】────────────────────────

１．動詞 owe

　動詞 owe は，owe A to B で「AをBに負う／AなのはBのおかげだ」の意味
となる。

[例]　She **owes** her success **to** you.
　　　彼女が成功したのはあなたのおかげです。

２．what S be

　関係代名詞 what は what S be の形で，慣用句を構成し，what S is [was] で，
「現在[過去]のS」などの意味となる。

[例１]　I am happy with **what I am**.
　　　　私は今のままで満足しています。

[例２]　He is not **what he was** ten years ago.

彼は10年前の彼ではない。

[例3] This town is now very different from **what it was** ten years ago.
この町は今では10年前とはとても違っています。

[例4] No one is very satisfied with **what he is** now.
誰一人として，現実の自分に十分満足することはない。

問3 | 25 | ④ | 26 | ⑤

ケビン：あなたの国では，法律で車の運転が許可されるのは何歳ですか？

ミエ：日本では，18歳になると，車の免許をとるのに十分な年齢です。

─【正解】─

In Japan, when people become eighteen, they are |old| enough |to| get a
               ① ④   ②   ⑤ ③

driver's license.

─【ポイント】─

形容詞[副詞]＋enough to-不定詞

形容詞［副詞］＋enough to-不定詞で，「…するほど十分に〜」の意味を表す。

[例1] The boy is **old enough to** do everything by himself.
その男の子は何でも自分でできる年だ。

[例2] "How's your father?" "He's fine. He's still **active enough to** play
tennis every Sunday."
「お父さんはお元気ですか」「元気です。今でも毎週日曜にはテニスをする
ほど元気です」

(1996年センター試験)

・legal driving age「法律で車の運転が認められている年齢」

第3問 文意把握読解問題

A 意味類推問題

問1 | 27 | ③

┈┈┈【全訳】┈┈┈

ジュディ：こんにちは，ルーク。ボブはどこ？　彼は私たちが浜辺を掃除するのを
手伝いたいのだと思っていたけど。

ルーク：彼に来てくれるように頼むのはやめることに決めたんだ。

ジュディ：本当？　どうして？

ルーク：彼は，僕たちがこうしたことをするときはいつでも，必ず自分が <u>call
the shots</u> する人間になるべきだと考えるんだ。誰かが違う考えを提案
すると，ボブはいつも無視するか，怒るのさ。

─ 598 ─

2013年度　本試験〈解説〉　13

【語句】
- help A＋動詞の原形「Aが〜するのを手伝う」
- clean up「きれいに掃除する／清掃する」
- call the shots「支配する／仕切る」（＝call the tune）

［例］　In this dormitory, Tom is the one that **calls the shots**.
　　　　この寮では，トムが仕切っている奴だ。

- ignore「無視する」
- get angry「怒る」

【解説】
　この状況で，<u>to call the shots</u> は　27　ことを意味する。

① 　質問をする
② 　トラブルを避ける
③ 　支配する
④ 　仲良くする

　ルークの最終文で，「誰かが違う考えを提案すると，ボブはいつも無視するか，怒るのさ」とあり，それは言い換えれば「支配する／采配を振るう／仕切る」ということであるので，正解は③。

問2　**28**　②

【全訳】
　高校時代，友だちと私は，ベル先生が高校の優秀な体育教師の <u>epitome</u> だと思っていた。彼は，背も高くないし，がっちりした体格でもなかったが，大変な体力と忍耐力をしばしば必要とするスポーツを教えることができた。さらに，彼には私たちに最善を尽くさせ，決してあきらめさせない才能があった。今でも，私は彼より優秀な体育教師に出会ったことはないと思っている。

【語句】
- epitome「典型／縮図／権化」

［例］　Tom is the **epitome** of diligence.
　　　　トムは勤勉さの典型だ。

- PE「体育」（＝physical education）
- strength「体力」
- endurance「忍耐力」
- furthermore「さらに」
- do *one's* best「最善を尽くす」
- give up「あきらめる」

【解説】
　この状況で，優秀な体育教師の <u>epitome</u> とは　28　である人である。

① 　運動選手タイプ

— 599 —

14

- athletic「運動選手の／運動選手らしい」
② 完璧な模範
③ 実践的なタイプ
④ 厳格なタイプ

　直後の第2文で epitome だと思う根拠を述べている。「彼は，背も高くないし，がっちりした体格でもなかったが，大変な体力と忍耐力をしばしば必要とするスポーツを教えることができた」とあることから，①の運動選手タイプでないことが分かる。さらに第3文〜4文で，「彼には私たちに最善を尽くさせ，決してあきらめさせない才能があった。今でも，私は彼より優秀な体育教師に出会ったことはないと思っている」とあることから，③，④ではなく②だと推測できる。したがって，正解は②。

B　意見要約問題

29　②

【全訳】

　　ボブ：いいですか。さあ，始めましょう。図書館駐車場横の空き地をどうするかを話し合うために，ここに10数名を越えるかなりたくさんの人たちにお集りいただきました。どなたか，ご提案から始めていただけませんか？ …では，ジャック？

ジャック：私は，木が少なくとも1本，多分2本…それに美しい緑の芝生のある小さな公園になる十分な空きがあると思います。多分ベンチも置けるでしょう。公園の片側に沿って，花を植えるスペースも残せます。その公園は，座って本を読むのに理想的な場所になるでしょう。

　　ボブ：まさにそれは，私も思い描いていたことです――つまり，②快適で平穏な雰囲気をかもし出す1種のミニ公園ですね。

【語句】

- get started「始める／スタートする」
- well over A「Aをはるかに［大幅に］上回る［越える］」
- dozen「かなりたくさんの／10あまりの／1ダース前後の」
- parking lot「駐車場」
- at least「少なくとも」
- lawn「芝生」
- ideal「理想的な」
- pretty much「まさに／ほとんど／大体」
［例］　That's **pretty much** it.
　　　　まさにそのとおりのことである。
- a kind of A「1種の」

— 600 —

・miniature「ミニの／ミニチュア／小規模の／小型の」

【解説】

① 地域のイベントに利用できる

② 快適で平穏な雰囲気をかもし出す

・atmosphere「雰囲気」

③ 新しい図書館の建物に似合う

④ 駐車に適した場所になると思われる

　ボブは，最終文で，「まさにそれは，私も思い描いていたことです」と，ジャックの提案する木や芝生，花であふれ，本を読める公園に賛同している。よって，②が正解。①，③，④については本文に述べられていないので，不正解。

[30] ①

【全訳】

ジャック：その通りです。

アン：でもジャック，あなたの提案を実行するのにどれほどのお金がかかるか知っていますか？ 人を雇って花や木や芝生の世話をして，葉の片付けもしてもらわなければならなくなるのですよ。

ボブ：じゃあ，アン，あなたは何を考えているのですか？

アン：ええっと，昨年，夫と私は，うちの芝生を砂漠調の石庭にすることにしたのです。そこで専門家を雇ってそれを造ってもらいました。見た目もすばらしいものですが，何より，あまり世話がかからないのです。

ボブ：では，アン，あなたが言っているのは①砂漠調の庭は，より経済的だから，より好ましいということですね。

【語句】

・propose「提案する」

・hire「雇う」

・take care of A「Aの世話をする」

・leaves＜leaf「葉」

・have A in mind「Aを考えている／考慮中である」

［例］　That's not what I **have in mind**.

　　　　私はそんなことは考えていません。

・desert-style「砂漠調の／砂漠風の」

・expert「専門家」

・more importantly「何より／さらに重要なことには／そんなことより」

【解説】

① 砂漠調の庭は，より経済的だから，より好ましい

・economical「経済的な」

② 芝生のある公園は，住民の仕事を生み出す助けになるだろう

16

・resident「住民」

③　私たちは，本格的に見える砂漠調の庭を造ることができる

・professional「本格的な／専門の／プロの」

④　私たちは，芝生と庭を維持できるだけのお金を持っている

　アンは，ジャックの提案する芝生のある公園の世話にお金がかかると批判したあとで，「うちの芝生を砂漠調の石庭にすることにしたのです。そこで専門家を雇ってそれを造ってもらいました。見た目もすばらしいものですが，何より，あまり世話がかからないのです」と述べている。よって，①が正解。

31　④

【全訳】

ジャック：アン，それをもっと詳しく説明してくれませんか？

　　アン：ええっと，わが家の庭を設計してくれた方をお招きしています。こちらは，キャロル・ジョーンズさんとおっしゃいます。彼女の方が私より上手に説明できます。

キャロル：こんにちは，皆さん。このサウスウェスト地方では雨があまり降らないことは，皆さんご存知ですね。砂漠風の石庭は，さまざまな大きさと色の砂と岩を使って，基本的に，砂漠で見かけるような光景を造り出します。あまり水分を必要としない，サボテンや他の砂漠植物などを使用します。

ジャック：うーん。砂漠というと，本当に暑くて不快で，くつろげないというイメージを持ってしまいますが。

キャロル：そんなふうになるとは限りません。さまざまな岩や植物を選べますから。たとえば，涼しい印象を造り出すために，緑の岩や川底の滑らかな小石を使うこともできます。砂漠の植物の中には，美しさだけでなく日陰を提供してくれるものもあるのです。

　　アン：ですから，キャロルと私は④石庭でさわやかな空間を造ることは可能であると思います。

【語句】

・in more detail「もっと詳しく」

・basically「基本的に」

・scene「光景」

・plant「植物」

・cactus「サボテン」

・an image of deserts being really hot and uncomfortable, not relaxing「砂漠というと，本当に暑くて不快で，くつろげないというイメージ」of は同格。of 以下は動名詞句で，deserts が動名詞の意味上の主語。

・that way「そんな風に」

—602—

・for instance「たとえば」

・pebble「小石」

・bottom「底」

・impression「印象」

・shade「日陰」

【解説】

① 石庭は，植物であふれる庭ほど快いはずはない

② 石庭は，町の雰囲気とよく合うだろう

　・go well with A「Aとよく合う／似合う」

③ 石庭に適切な材料を選ぶのは難しい

④ 石庭でさわやかな空間を造ることは可能である

　ジャックが，砂漠調石庭は暑苦しく不快ではないかと反論するのに対して，アンとキャロルは「適切な材料を選べば石庭は涼しげになる」と主張している。よって，④が正解。

【全訳】

ボブ：わかりました，ここまでで2つの選択肢が出てきました。石庭と，ジャックおすすめの小さな公園です。他に提案がないようであれば，多数決としましょう。

【語句】

・so far「ここまでで」

・recommend「推薦する」

・take a vote「多数決で決める／採決する／票決する」

C 文整序

【全訳】

　アメリカ合衆国は広大な国である。東海岸から西海岸まで，4つの異なる時間帯がある。その上，国の多くの地域はサマータイム(DST)にも従っている。DSTを採用する地域では，夏には時計が1時間進められる。したがって，現地時間は，どの時間帯に入るか，そしてDSTを採用しているかどうかによって，国の様々な地域で異なる。

　下の地図に示されているインディアナ州は，①長年にわたって何度も変更されてきた複雑な時間制度で知られている。数10年間の間，東部時間帯と中部時間帯が州内に存在してきた。州の多くの地或は，東部時間と中部時間の間を行ったり来たりしてきた。さらに，つい最近まで，DSTに関する方針が場所ごとに異なっていた。東部時間帯にある地域のほとんどは，DSTを採用せず，時間は1年を通じて同じままだった。一方，他の地域ではDSTが採用され，夏には時計が1時間進められた。しかし，2006年に州全域でDSTを守り始めた。

— 603 —

18

　インディアナ州の時間制度は❷インディアナ州の外にある会社と協力して仕事をする地元産業を阻害していると主張してきた者もいる。たとえば，インディアナ州のある会社は，かつて他の州の会社と電話会議を計画したことがあった。会議が始まったとき，州外の出席者の半分しか電話でつながっていなかった。これは，会議に出そこなった出席者たちが，どの時間帯にその会社があるのか知らなかったためであった。

　この問題を解決するのが難しいのは，特定の時間帯にいることがインディアナ州の住民にとって重大な結果をもたらすからである。地元の産業は，全国の財政的中心地であるニューヨーク市ウォール街がある東部時間帯にいることで利益になるかもしれない。一方，このことは，インディアナ州の西部地域の住民で，州境のすぐ向こうにあるシカゴのような中部時間帯の大都市に通勤する者には不便となるかもしれない。

　インディアナ州の時間をめぐる論争は，州全域でDSTを守り始めた2006年に一部解決された。❷しかし，州に2つの時間帯を持つことについては，いまだに意見の不一致がある。この議論は，州の異なる地域に住む人たちが異なる必要性を持っている限り続くかもしれない。

【語句】
- vast「広大な」
- time zone「時間帯」同一標準時を用いる時間帯のこと。
- in addition「その上／加えて」
- observe「守る／従う」
- daylight saving time「サマータイム／夏時間」（＝summer time）直訳は日光節約時間。省略してDST。
- adopt「採用する」
- thus「したがって」
- local time「現地時間／地方時間」

— 604 —

- vary「さまざまである／異なる／まちまちである」
- depending on A「Aにより／A次第で／Aによって」

［例］ There are different approaches, **depending on** the individual.
　　　個人によっていろいろな方法がある。

- decade「10年間」
- back and forth「行ったり来たり（して）／前後に／あちこちへ［に］」

［例］ The rock singer ran **back and forth** across the stage during the show.
　　　そのロック歌手はショーの間，ステージ上を行ったり来たりして走り回った。

- furthermore「さらに」
- concerning A「Aに関して」
- from one place to another「場所ごとに／場所によって」
- throughout the year「1年を通じて」
- entire「（余すところなく）全体の／（丸ごと）全部の」
- argue「主張する」
- schedule「計画する」
- phone conference「電話会議」
- out-of-state「州外の」
- participant「出席者」
- locate「ある／位置する」
- resolve「解決する」
- issue「問題」
- consequence「結果」
- resident「住民」
- benefit「利益を得る」
- financial「財政の」
- Wall Street「ウォール街」New York市株式取引所の所在地で，米国金融市場。
- meanwhile「一方」
- convenient「便利な」
- commute「通勤する」
- border「境界」
- controversy「論争」
- debate「議論」
- as long as SV ...「…である限りは／…であるならば」

［例］ You can stay in this room **as long as** you keep quiet.
　　　君はおとなしくしてさえいれば，この部屋にいてもよい。

— 605 —

20

【解説】

32 ①

① 長年にわたって何度も変更されてきた複雑な時間制度
② 新しい産業をその州に引き寄せてきた便利な時間制度
③ 労働者が自分で労働時間を選ぶのを許す柔軟な時間制度
④ 国のその他の地域に良い手本となる伝統的な時間制度

　この第2段落は，空所以下のところで，2つの時間帯が存在するなどのインディアナ州の複雑な時間制度について述べている。よって，①が正解。

33 ②

① 政府と企業間の意思疎通を妨げる
・discourage「妨げる／阻止する」
② インディアナ州の外にある会社と協力して仕事をする地元産業を阻害している
・harm「阻害する／害する」
③ 国の他の地域にある会社に理解され受け入れられている
④ 州の産業と他の地域にある産業の関係を強めている
・strengthen「強める／強化する」

　空所の直後の文で，インディアナ州のある会社の電話会議の例を挙げている。「会議が始まったとき，州外の出席者の半分しか電話でつながっていなかった。これは，会議に出そこなった出席者たちが，どの時間帯にその会社があるのか知らなかったためであった」，つまり，他の州の企業との共同作業に問題が起こるのである。よって，②が正解。

34 ②

① しかし，住民はインディアナ州が単一の全州的な時間帯を採用することに同意している。
② しかし，州に2つの時間帯を持つことについては，いまだに意見の不一致がある。
③ したがって，この新しい変化は州の問題を以前よりも深刻にした。
④ したがって，インディアナ州が2つの時間帯を持つべきかどうかは，もはや問題ではない。

　空所の直前の文で「インディアナ州の時間をめぐる論争は，州全域でDSTを守り始めた2006年に一部解決された」とあり，直後の文で「この議論は，州の異なる地域に住む人たちが異なる必要性を持っている限り続くかもしれない」とあるので，この問題がいまだに解決していないことを述べている②が正解。

第4問 図表・広告問題

A 図表

【全訳】

　世界保健機関（WHO）は，世界中の人的保健資源の有用性と分布に関する報告を発表した。*世界保健報告2006* は，国々の医療環境に影響する要因を分析している。集められたデータは，様々な状況を明らかにし，各国で提供される医療改善のための長期活動計画を WHO が提案するのに役立っている。

　国の医療状況の1因となる重要な要因のひとつは，その医療従事者の数である。報告では，こうした専門家の不足は憂慮すべきで，世界中で430万人にも及ぶと見積もっている。さらにその指摘によれば，その不足は極貧の国々，特にサハラ砂漠の南に位置し，高い罹病率に直面している国々で最も深刻である。表1が示すように，たとえばセネガルやガーナは，1万人当たりの医師と看護師の数がきわめて少ない。

　おそらく驚くべきことに，ロシアやキューバのような国が実際には，もっと裕福な国々よりも医療専門家の割合が高い。医療従事者の資格認定制度は，実際には国ごとに異なる。しかし，明らかに，これらの2カ国は十分な数の専門家の確保に重点を置いている。

　もう1つの重要な要因は，国の医療費で，表1に示されている国内総生産（GDP），つまりその国のすべての財貨とサービスの総額に対する比率で示されている。医師の割合が低いにもかかわらず，アメリカ合衆国，スウェーデン，フランスのような国は，GDP 比としても実額としても，ロシアやキューバより医療にずっと多くを費やしている。

　こうした要因と他の条件を考慮しつつ，WHO は世界的な医療従事者の不足に対する解決策を提案してきた。特に懸念される地域には，ソマリアやアフガニスタンのような戦争で疲弊した国々が含まれる。さまざまな国や機関が過去に財政援助を行ってきている。しかし，寄付金が必ずしも医療費増大につながるわけではないため，国々が継続可能な職業訓練制度を確立する手助けとなる10年計画を報告は勧めている。WHO の提案には，国際的な協力が不可欠である。つまり，危機に瀕する国々はさまざまな国際的パートナーの支援に頼ることができなければならない。日本，英国，そして他の国々は，医療知識を含む援助を行うことが望まれる。おそらく WHO の「医療を全世界で利用できる」という構想は現実になりうる。

表1

国による医療指数

国	1万人あたりの医師*	1万人あたりの看護師*	医療費(2003)	
			GDP 比	1人あたりの支出実額（米ドル）
セネガル	0.6	3.2	5.1	29
(A)ガーナ	1.5	9.2	4.5	16
アフガニスタン	1.9	2.2	6.5	11
日本	19.8	77.9	7.9	2662
(B)アメリカ合衆国	25.6	93.7	15.2	5711
スウェーデン	32.8	102.4	9.4	3149
フランス	33.7	72.4	10.1	2981
(C)ロシア	42.5	80.5	5.6	167
キューバ	59.1	74.4	7.3	211

＊2000−2005の各時期に集められた資料

（WHO（2006）*世界医療報告2006* を参考に作成）

【語句】

◆第1段落◆

- The World Health Organization「世界保健機関」（＝WHO）
- publish「発表する」
- availability「有用性」
- distribution「分布」
- human health resource「人的保健資源」
- analyze「分析する」
- factor「要因」
- affect「影響を与える」
- health care「医療」
- environment「環境」
- data collected「集められたデータ」collected は過去分詞の後置修飾。
- reveal「明らかにする」
- range「範囲」
- long-term action plan「長期活動計画」

◆第2段落◆

- key factor「重要な要因」

- contribute to A「Aの1因となる」

［例］ Gas emissions from many factories **contribute to** global warming.
多くの工場からのガスの排出が地球温暖化の1因となっている。

- health care worker「医療従事者」
- estimate「見積もる」
- shortage「不足」
- alarming「憂慮すべき／驚くべき」
- worldwide「世界中で／世界中に」
- further「さらに」
- point out「指摘する」
- severe「深刻な／厳しい」
- especially「特に」
- the Sahara Desert「サハラ砂漠」北アフリカにある世界最大の砂漠。
- be faced with A「Aに直面している」
- disease「病気」
- as Table 1 shows「表1が示すように」
- low numbers of A「少数のA」
- per A「Aにつき」

◆第3〜4段落◆
- surprisingly「驚くべきことに」
- proportion「割合」
- medical professional「医療専門家」
- qualify「資格を与える」
- do differ from country to country「実際には国ごとに異なる」do は強意の助動詞。
  from country to country「国ごとに」
- still「しかし／それでも」
- give priority to A「Aに重点を置く／Aを優先させる」

［例］ The government should **give priority to** employment policy.
政府は雇用政策に重点を置くべきである。

- ensure「確保する」
- sufficient「十分な」（＝enough）
- spending「支出／費用」
- percentage「比率」
- gross domestic product「国内総生産」（＝GDP）
- goods and service「財貨とサービス」
- despite A「Aにもかかわらず」
- actual amount「実額」

24

◆第5段落◆
・in mind「考慮して」
・solution to A「Aへの解決策」
・global shortage「世界的な不足」
・particular concern「特別な懸念」
・war-torn「戦争で疲弊した」
・financial aid「財政援助」
・past「過去」
・sustainable「継続可能な」
・international cooperation「国際的な協力」
・vital「不可欠な／きわめて重要な」
・at risk「危機に瀕して」
・rely on A「Aに頼る」
・be expected to-不定詞「～することが望まれる」
・including A「Aを含む」
・universal access「全世界で利用できること」
・reality「現実」

【解説】

問1　35　②

　　表1の(A)(B)(C)の3国を表す組み合わせは次のどれか？　35
①　(A)ガーナ　　　　　(B)ソマリア　　　　　(C)ロシア
②　(A)ガーナ　　　　　(B)アメリカ合衆国　　(C)ロシア
③　(A)ロシア　　　　　(B)ソマリア　　　　　(C)アメリカ合衆国
④　(A)ロシア　　　　　(B)アメリカ合衆国　　(C)ガーナ

　　第2段落最終文に「ガーナは，1万人当たりの医師と看護師の数がきわめて少ない」とあるから，(A)はガーナだと分かる。また第4段落の最終文で「アメリカ合衆国，スウェーデン，フランスのような国は，GDP比としても実額としても，ロシアやキューバより医療にずっと多くを費やしている」とあるから，(B)はアメリカ合衆国となる。よって，正解は②となる。ちなみに，第3段落第1文に「ロシアやキューバのような国が実際には，もっと裕福な国々よりも医療専門職の割合が高い」とあることから(C)がロシアであると分かる。

問2　36　③

　　報告によれば，国の医療状況に最も影響を与える2つの側面とはどれか？　36
①　継続可能な職業訓練制度と医療費。
②　継続可能な職業訓練制度と寄付金。
③　医療従事者の数と医療費。
④　医療従事者の数と寄付金。

　　第2段落第1文と第4段落第1文で，「医療従事者の数」と「医療費」を重大な

－610－

要因として述べている。よって，**③**が正解。

問3 37 **④**

以下の文のうち正しく**ない**ものはどれか？ 37

① 医療従事者の世界的な不足は，約430万人と報告されている。

② 医師と看護師の割合は，日本よりスウェーデンの方が高い。

③ WHO の報告には，医療制度の不十分な国々を援助する活動計画が含まれている。

④ WHO の報告は，貧しい国々へのもっと多くの医師と看護師の派遣を提案している。

　①は第2段落の第2文と一致する。②は表1と一致する。③は第5段落の第4文の内容と一致する。④に関する記述は文中にはないので，正解は④となる。

B　書類・広告問題

【全訳】

ファンタスティック・フォトスタジオ
家族写真専門

皆様は，私たちの現代的なスタイルだけでなく優雅で伝統的な写真がお気に召すことでしょう。

私たちのサービス

- 私たちのスタイリストが髪とお化粧をお手伝いします。すばらしいお姿になります！
- 写真の様式は，フルカラー，白黒，セピアの中からお選びになれます。
- 撮影にかかる時間は，ほんの1時間です。
- お写真は，3営業日以内にお渡しのご用意ができます。保証付きです！

ご予約のお電話は本日，555-456-0721まで

基本的写真タイプ（フレーム：各20ドル）

単一画像シート			複数画像シート
40ドル	20ドル	5ドル	50ドル
Lサイズ	Mサイズ	名刺サイズ	どんな組合せでも2枚から5枚まで

特別サービス

200ドルのファンタスティックパックプランに含まれるものは

- Lサイズ1枚，Mサイズ2枚，名刺サイズ8枚の単一画像シート
- あなたが選んだ複数画像シート2枚
- Lサイズ単一画像シート用フレーム1つ

ファンタスティック　クラブ会員

わずか40ドルでクラブに入会すると，ファンタスティックパックプランを含む私たちの製品とサービスが2年間，すべて20％の割引きとなります。

記念日スペシャル

ファンタスティック・スタジオの20周年記念のお祝いを手伝ってください！　12月31日までに一緒に写真撮影してくだされば，無料ギフトを進呈いたします。

【語句】

- fantastic「空想的な／幻想的な／夢のような」
- specialize in A「Aを専門とする」
- family portrait「家族写真」
- elegant「優雅な」
- contemporary「現代の」
- sepia「セピア色／暗褐色」
- photo session「撮影作業／撮影会」
- pickup「持ち帰ること／荷物の受け取り／集配」
- business day「平日／営業日」
- wallet-size「名刺サイズ／財布サイズ」
- club membership「クラブ会員」
- discount「割引き」
- celebrate「祝う」
- anniversary「〜周年／記念日」

【解説】

問1　38　④

　　スタジオのサービスについて，正しいのはどれか？　38

①　客は撮影1時間前に来館しなければならない。

②　フレームは3種類の色がそろっている。

- come in A「(商品などが容器・大きさ・色などで)入手できる／そろっている」

［例］　This skirt **comes in** all sizes.

　　　　このスカートはすべてのサイズがそろっています。

③　写真は3営業日以内に配達される。

④　スタッフの誰かが客をすてきに見えるように手伝うことができる。

　　店のサービスの1番目の項目に「私たちのスタイリストが髪とお化粧をお手伝いします。すばらしいお姿になります」とあるので，④が正解。

問2　39　③

　　クラブ会員でない人が，同じ写真を別々に買うのではなく，ファンタスティックパックプランを利用するといくら節約できるか？　39

①　20ドル。

②　30ドル。

③　40ドル。

④　50ドル。

　　「200ドルのファンタスティックパックプランに含まれるものはLサイズ1枚，Mサイズ2枚，名刺サイズ8枚の単一画像シート，複数画像シート2枚，Lサイズ単一画像シート用フレーム1つ」とある。クラブ会員でない人が，同じ写真を別々

に買うと，広告の中ほどにある基本料金が適用される。つまり，200ドルのファンタスティックパックプランに含まれるものを基本料金で買うと，40＋20×2＋5×8＋50×2＋20＝240ドルとなる。40ドル余分にかかる。よって，正解は**❸**。

問3　40　**①**

次の文のうち正しいものはどれか？　40

①　5枚もの写真を複数画像シートに含めることができる。

②　クラブ会員は毎年40ドルの会費を支払う必要がある。

③　お客は12月31日まで20周年記念割引を受け取ることができる。

④　無料ギフトを受け取るにはファンタスティッククラブ会員でなければならない。

「基本的写真タイプ」の項目を見ると，複数画像シートの欄に「どんな組合せでも２枚から５枚まで」とあるので，**①**が正解。**②**は毎年でなく，２年間，**③**は割引でなく，無料ギフト，**④**は会員でなくてもかまわないので，それぞれ不可。

第5問　ヴィジュアル問題

【全訳】

『トモとアキ』(2005) 日本

サトコ　大阪から　日本
評価：　★★★★☆
私は，コダマ・ユキオが書いた有名な本を原作とする受賞映画『トモとアキ』のDVDをやっと見ました。私はこの本が大好きで，何度も読みました。コダマが描いた日本の田舎の生活の詳細な描写は驚くべきもので，ストーリーはおかしくて感動的です。トモとアキは，若い，都会の夫婦で，田舎の村に引っ越してくるのですが，２人は不慣れな新生活に悪戦苦闘します。私は映画を見るのをずっと避けてきました。映画が本ほど良いことはあり得ないと思っていたからです。いくつかの点では，私は間違ってなかったのですが，それでも大いに楽しんで映画を見ました。

映画の中の小さな村はリアルなものでしたが，私はコダマの文章を読んでいるときのようにはその村にいるような気がしませんでした。原作の内気で平凡な登場人物トモを演じている男優は，その役にしてはあまりに自信に満ちてハンサムに見えます。他方，アキを演じる女優はとても信頼できて，喜びや欲求不満や悲しみといった感情を完璧に表現しています。アキは本当に引っ越しを後悔しているのです。映画の前半を通して，彼女は，しばしばハイヒールをはき，完璧に化粧をして村を歩き回ることで，彼女の都市生活スタイルの少なくとも１部を維持しようとします。映画の力強い結末で，彼女は双子を産み，そのおかげで彼女は過去と完全に決別して村の生活に本当に満足することになるのです。おもしろいのは，当時まだ15歳だ

ったダイチ・ジュンが出演していて，隣りの村出身の少年として脇役を演じていることです。私はこの俳優の大ファンで，彼は後の作品で有名になりましたが，もうすでにこの端役で演技の才能を示しています。

私は原作をとてもよく知っていましたが，映画を見ることで原作に対する評価がさらに高まりました。原作が好きな人は誰でもこの映画もやはり，楽しむことができます。そしてもし映画が気に入ったら，ぜひ本も読んで下さい！

ジョー　バッファローから　ニューヨーク　アメリカ
評価：　★★★★★
私は日本人の友達に連れられて，昨日，アジア映画祭に『トモとアキ』を見に行きました。私はいつもは外国語の映画を見に行きません，というのも，字幕を読むのと同時に場面に注意を払うのが難しいからです。しかし，この映画はとても魅力的で楽しかったので，私はすぐに自分が対話を読んでいることを忘れました。物語は，都会の忙しい生活から逃れようとする夫とともに田舎に引っ越す若い女性を描いています。映画の一番いいところは，日本の田舎の興味深く独特な生活をその映画がいかに表現しているかです。カメラワークと音楽もその体験を引き立て，映画の生き生きした雰囲気にうまく合っています。私はまる２時間の間，魅了されて楽しみました。

冒頭の，巨大なカエルが女性主人公のアキの前に跳びだして，彼女の悲鳴がまわりの山々にこだまする場面に，私はたちまち引き込まれました。実は，私は彼女がファッションストアの店員から農業の成功者に変身していく際の女優の演技にとても感銘を受けました。その女優は，特に昆虫や大雨や大量の泥と格闘しながら菜園を運営しようと努力している場面では，才能豊かなコメディアンでもありました。

普段は好奇な目で若い夫婦を見つめている村の多くの年寄りの中に，本当に面白くてユニークな登場人物が何人かいます。私が気に入ったのは，村の伝説の人物で，結局は夫婦の良き友となる年老いた女性でした。映画の終わり近くの記憶に残る場面で，その年老いた女性はアキに野生のキノコの調理法を教えながら，村に伝わる不思議な民話を語るのです。

全体的に，私はこの映画が本当に気に入りました。物語は楽しくて，演技も素晴らしかったのですが，何よりも，この映画では日本文化の違った側面を本当に見ることができます。この映画は本当にお勧めです！

【語句】

＜Satoko from Osaka＞

- finally「やっと／とうとう」
- award-winning「受賞した」
- detailed「詳細な」
- description「描写」
- countryside「田舎」
- amazing「驚くべき」
- touching「感動的な」
- urban「都会の」
- rural「田舎の」(⇔urban)
- struggle with A「Aに悪戦苦闘する／取り組む／苦しむ」
- avoid「避ける」
- realistic「リアルな／現実的な」
- feel like SV...「…のような気がする」

［例］ I don't know why, but I **feel like** I've been here before.
　　　　なぜだか分からないが，以前ここに来たことがあるような気がする。

- shy「内気な」
- character「登場人物」
- confident「自信のある」
- on the other hand「他方」
- believable「信頼できる」
- emotion「感情」
- frustration「欲求不満」
- regret「後悔する」
- makeup「化粧」
- conclusion「結末／結論」
- give birth to A「Aを産む」
- twin「双子」
- let go of A「Aを手放す／あきらめる」

［例］ We should **let go of** the past and move on.
　　　　我々は過去と決別し先に進むべきだ。

- completely「完全に」
- content with A「Aに満足して」
- appearance「出演」
- supporting role「脇役」
- neighboring「隣の」
- talent「才能」

- extremely「とても／極めて」
- be familiar with A「Aをよく知っている／精通している／なじみのある」

[例] She **is familiar with** the customs of the country.
　　　彼女はその田舎の慣習をよく知っている。

- go read＝go to read

＜**Joe from Buffalo**＞

- find it＋形容詞＋to-不定詞「〜するのが…だと思う」

[例] I **find it hard** to bring oneself to get rid of the old thing.
　　　私は古い物をなかなか処分する気になれない。

- subtitle「字幕」
- pay attention to A「Aに注意を払う」

[例] You should **pay attention to** what the teacher is saying.
　　　先生の言っていることに注意を払うべきだ。

- delightful「楽しい」
- dialogue「対話」
- escape「逃れる」
- unique「独特な」
- soundtrack「(映画)音楽／サウンドトラック」
- add to A「Aを増やす／引き立てる」
- fit「適する」
- lively「生き生きした」
- entire「まるまる／完全な」
- grab「(人の心を)つかむ／つかみ取る」
- huge frog「巨大なカエル」
- female character「女性の登場人物」
- screaming voice「叫び声」
- echo「こだまする」
- curiously「好奇心で」
- legend「伝説の人物」
- eventually「結局は／やがては」
- mushroom「キノコ」
- folk story「民話」

【設問別解説】

問1 　41 　　③

　映画を見た後，サトコはその映画が　41　と思った。

① コダマ・ユキオの人生を正確に表していた
② その村にいるという感情を与えてくれた

— 617 —

③　本をさらにいっそう好きにさせた
④　本のファンは見るのを避けるべきだ
　　サトコの感想の第1段落第2文で「私はこの本が大好きで，何度も読みました」
と第5文「私は映画を見るのをずっと避けてきました。映画が本ほど良いことはあ
り得ないと思っていたからです」とあり，最初は映画を見ることにやや冷ややかだ
ったが，見た後の第3段落の感想で，「私は原作をとてもよく知っていましたが，
映画を見ることで原作に対する評価がさらに高まりました」とあることから，③が
正解。

問2　44　④

　　映画を見る前，ジョーは映画が，44　だろうと予想していた。
①　貴重な文化体験
②　原作の本とは違う
③　有名だからすばらしい
④　彼には話について行くのが難しい
　　ジョーの感想の第1段落第2文に「私はいつもは外国語の映画を見に行きませ
ん，というのも，字幕を読むのと同時に場面に注意を払うのが難しいからです」と
あるので，④が正解。

問3　43　②

　　サトコとジョーは2人とも　43　をほめている。
①　主演男優の演技
②　主演女優の演技
③　カメラワークの質
④　原作の本の質
　　サトコの話の第2段落第3文に「他方，アキを演じる女優はとても信頼できて，
喜びや欲求不満や悲しみといった感情を完璧に表現しています」とあり，ジョーの
第2段落第2文では「実は，私は彼女がファッションストアの店員から農業の成功
者に変身していく際の女優の演技にとても感銘を受けました」と述べている。共通
しているのは主演女優の演技なので，②が正解。

問4　44　①

　　感想によると，話のテーマは　44　として最もよく説明できる。
①　新生活への登場人物の順応
②　昔の村の生活の歴史的に正確な描写
③　現代社会において変化する女性の役割
④　文化的伝統を共有することの大切さ
　　サトコの感想第2段落第5〜6文「映画の前半を通して，彼女は，しばしばハイ
ヒールをはき完璧に化粧をして村を歩き回ることで，彼女の都市生活スタイルの少
なくとも1部を維持しようとします。映画の力強い結末で，彼女は双子を産み，そ
のおかげで彼女は過去と完全に決別して村の生活に本当に満足することになるので

— 618 —

す」と，ジョーの感想の第2段落第1～2文「冒頭の，巨大なカエルが女性主人公のアキの前に跳びだして，彼女の悲鳴がまわりの山々にこだまする場面に，私はたちまち引き込まれました。実は，私は彼女がファッションストアの店員から農業の成功者に変身していく際の女優の演技にとても感銘を受けました」から，主人公アキの変化が話題になっているので，①が正解。

問5　45　④

次のうちのどれが，映画に出てくる場面の順番を表しているか？　45

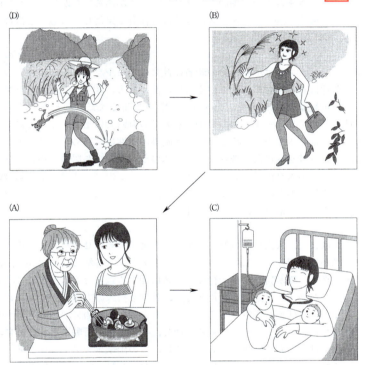

ジョーの第2段落第1文から，カエルに出会うのが「冒頭の場面」とあるので，(D)が最初。2番目はサトコの第2段落第5文にある派手な格好で田舎道を闊歩している(B)。3番目はジョーの第3段落第3文から「終わり近くの場面」とある村の年寄りの女性からキノコ料理を教えてもらう(A)。最後が，サトコの第2段落第6文「映画の力強い結末で，彼女は双子を産み，そのおかげで彼女は過去と完全に決別して村の生活に本当に満足することになるのです」から，映画の最終シーンだと分かる。したがって，④が正解。

第6問 長文読解問題

【全訳】

(1) ダンスは最も古い形式の芸術の1つであり，あらゆる文化で見られ，さまざまな目的で行われる。現代社会では，ダンスは娯楽の一種として広く認識されている。多くの人々が楽しんでダンスをし，大好きなアーティストが舞台やスクリーンでダンスを演じるのを見ることを楽しんでいる。それはまたスポーツの一種にもなりうる。さまざまな種類のダンスコンテストがある。しかし，これらのはっきりとした機能に加えて，ダンスには他にも社会で果たしうるもっと複雑な役割がある。

(2) 時として，ダンスは地域社会の若者に社会のルールを教えるのに役立つ。メヌエットと呼ばれる種類のダンスがその良い例である。メヌエットはフランスに始まり，18世紀までにはヨーロッパの上流階級の間で人気になった。イギリスでは，社交界にデビューする娘，つまり初めての舞踏会に出席することによって大人の社会の仲間入りをしようとする上流階級の女性は，初めてのメヌエットのために厳しい訓練を受けた。彼女たちは，ふつう，その立ち居振る舞いを批判的に観察する大勢の人々の前でメヌエットを踊った。このダンスは，上流階級の成員らしい振る舞い方を彼女たちに教えた。実際，ある作家は，メヌエットをこれまでに考え出された最高の作法学校と呼んだ。

(3) ダンスはまた，大人に地域社会のルールを確実に守らせるために利用されてきた。1例が1900年代半ばに実施された，中央アフリカ各地に住む民族集団，ムブティ・ピグミー族が狩りの後で行うダンスに関する調査である。狩りでうまくいかないことがあったとしよう。たとえば，動物を狩人の方へ追いやるために地面をたたくという任務を遂行することを怠った人がいたために，動物を捕らえる機会を逃したというような場合である。後で，その誤った行動を示すために，そしておそらくは当事者に恥をかかせるために，その出来事をダンサーが演じたのである。これが，今後の狩りを台無しにしかねない行動を阻止したであろうことは想像に難くない。

(4) 文化のなかには，ダンスが力を誇示する方法になりうるような文化もある。たとえば，1900年代中頃の別の報告があるが，それには，ニューギニアのマリング族が軍事力を示し，起こりうる戦いに備えて同士を募るためにダンスを行う様子が説明されている。これらのダンスの後でよく戦いが起こったが，これらのダンスは敵集団同士の間で平和的解決を結ぶのに役立つことがあったとも言われる。ダンスによって，集団の規模と強さが，敵になる可能性がある者にとって明らかになり，そしてこれが戦闘回避に役立ったのである。

2013年度　本試験〈解説〉　35

(5)　ダンスを通して，集団はその伝統を明示することができ，したがって，集団の威信を高めることができる。この１例が，かつてはヨーロッパの植民地であったカリブ海の島国，トリニダード・トバゴで行われる世界的に有名なトリニダードカーニバルである。この行事の起源は，ヨーロッパの入植者がカーニバルを行い，凝った衣装でダンスをしていた1700年代後半にさかのぼることができる。アフリカ出身の人々は，多くが奴隷としてこの島にやって来たのだが，ほとんどこのカーニバルからは排除されていた。奴隷制が1838年に廃止された後，彼らは本格的に参加し始め，カーニバルの性格を一変させた。彼らはそのダンスで奴隷時代のシーンを演じ，彼ら自身の伝統を披露した。彼らの演技は，彼らが過去の不公平を示し，自分たちの慣習を認めてもらう手段であった。

(6)　伝統を維持し，集団の力と文化の豊かさを見せつけるという，ここで論じられているダンスの役割には，１つの共通する効果がある。集団のメンバーを団結させるのである。ダンスは芸術表現であるだけでなく，集団が共通のアイデンティティを強める方法でもある。はっきりとはわからないかもしれないが，この効果は私たちにもあてはまるかもしれない。たとえば，私たちが参加する地元のに特有のダンスがあるかもしれない。私たちはなぜそのような活動に参加し，これらのダンスはどのようにして始まったのだろうか？　生活の中のダンスの役割について考えることは，私たち自身の社会の歴史や価値観について，興味深い発見をもたらすことがある。

【語句】
◆第１段落◆
・perform「行う／演じる」
・a variety of A「様々なA」
・purpose「目的」
・recognize「認識する」
・entertainment「娯楽」
・favorite「大好きな」
・in addition to A「Aに加えて」
[例]　I have to study French **in addition to** economics.
　　　私は，経済学に加えてフランス語も勉強しなければならない。
・obvious「明らかな／はっきりとした」
・function「機能／役割」
・complex「複雑な」
・role「役割」
・society「社会」

－ 621 －

36

◆第 2 段落◆
- serve「役立つ」
- help A＋動詞の原形「Aが〜するのに役立つ」
- community「社会／共同体」
- minuet「メヌエット」17世紀フランスで始まった 3 拍子のゆるやかで優雅なダンス
- originate「始まる」
- elite「上流の人々／エリート／選良」
- debutante「初めて社交界に出る娘」
- upper-class「上流階級（の）」
- strictly「厳しく」
- critically「批判的に」
- school of manners「作法学校」

◆第 3 段落◆
- make sure that SV...「きっと〜となるようにする／〜ということを確実にする」
- hunt「狩り」
- Mbuti Pygmy「ムブティ・ピグミー族」
- ethnic group「民族集団」
- suppose ...「…としよう」
- go wrong「うまくいかない」
- neglect「怠たる」
- drive「追いやる」
- embarrass「恥をかかせる」
- discourage「阻止する」
- ruin「台無しにする」

◆第 4 段落◆
- display「誇示する」
- military strength「軍事力」
- recruit「募集する／採用する」
- ally「協力者／同盟国」
- possible battle「起こりうる戦い」
- contribute to A「Aに役立つ」
  [例] Her experience **contributed to** overcoming difficulties.
   困難を克服するのに彼女の経験が役立った。
- enemy「敵」
- opponent「敵／相手」

— 622 —

2013年度　本試験〈解説〉　37

◆第5段落◆
- exhibit「明示する／誇示する」
- tradition「伝統」
- thus「したがって」
- prestige「威信」
- Trinidad and Tobago「トリニダード・トバゴ」カリブ海の南にある共和国。
- Caribbean island「カリブ海の島」
- colony「植民地」
- trace「さかのぼる」
- exclude「排除する」
- injustice「不公平」
- earn recognition「認める」

◆第6段落◆
- the roles of dance discussed here「ここで論じられているダンスの役割」
  discussed hereは過去分詞の後置修飾。
- demonstrate「見せつける／明示する／実証する」
- not just A but B「AだけでなくBもまた」
- apparent「明白な」
- apply to A「Aにあてはまる」
- take part in A「Aに参加する」
- lead to A「Aをもたらす／Aにつながる」
- values「価値観」

【設問別解説】

A

問1　46　④

　第2段落において，社交界デビューの娘の話題は　46　の例をあげるために紹介されている。

① 若者がメヌエットを習得するのにどれくらいの時間がかかったか
② ヨーロッパの上流階級が通ったような学校
③ 女性がメヌエットを踊る際に果たした役割
④ **ふさわしい振る舞い方を学ぶ若者**

　第2段落第1文に，「ダンスは地域社会の若者に社会のルールを教えるのに役立つ」とあるので，④が正解。

問2　47　①

　第3段落によれば，ムブテイ・ピグミー族は　47　。

① **ダンスを通して不注意な狩人を懲らしめた**
- discipline「懲らしめる／懲罰に付する」

― 623 ―

② ダンスを通して慣習や伝統を伝えた

・hand down「伝える」

③ 1日の狩りの後，怠惰な者に踊らせた

④ 文化的に望ましい行動をダンスで演じた

　第3段落の第4～6文で，ムブティ・ピグミー族では，狩りの後で，不注意のため間違えてしまった行動を指摘するダンスが行われ，「後で，その誤った行動を示すために，そしておそらくは当事者に恥をかかせるために，その出来事をダンサーが演じたのである」と述べられている。したがって，①が正解。

問3　48　③

　第4段落は，ダンスがマリング族の間で　48　をする気をなくさせたということをほのめかしている。

① 徴兵

② 和平工作

③ 身体的闘争

④ 力の誇示

　第4段落の最終文に「ダンスによって，集団の規模と強さが，敵になる可能性がある者にとって明らかになり，そしてこれが戦闘回避に役立ったのである」とあるので，③が正解。

問4　49　①

　第5段落は　49　について言及している。

① トリニダードカーニバルがどのように変質したか

② カリブ海地域が最初に植民地化されたのはいつか

③ アフリカのダンスの伝統はどこで始まったのか

④ なぜヨーロッパ人がトリニダードカーニバルを始めたのか

　第5段落の第5～7文で，奴隷制廃止後トリニダードカーニバルの性格が一変し，「彼らはそのダンスで奴隷時代のシーンを演じ，彼ら自身の伝統を披露した。彼らの演技は，彼らが過去の不公平を示し，自分たちの慣習を認めてもらう手段であった」と述べられているので，①が正解。

問5　50　①

　本文の主題は　50　ということである。

① ダンスは我々を結びつけ，また我々が社会を理解するのに役立ちうる

② ダンスは上流階級の人々を教育するのに著しい役割を果たす

③ ダンスの主要な目的は娯楽と運動である

④ ダンスの歴史を理解することが大切だ

　この文の結論となる第6段落の第1文に「伝統を維持し，集団の力と文化の豊かさを見せつけるという，ここで論じられているダンスの役割には，1つの共通する効果がある。集団のメンバーを団結させるのである」とあり，最終文に「生活の中のダンスの役割について考えることは，私たち自身の社会の歴史や価値観につい

て，興味深い発見をもたらすことがある」とあるので，①が正解。

B

| 51 | ① | 52 | ⑤ | 53 | ④ | 54 | ② | 55 | ③ |

段落	内容
(1)	今日のダンスの典型的な役割
(2)	51 ①
(3)	52 ⑤
(4)	53 ④
(5)	54 ②
(6)	55 ③

① 適切な文化的行動を伝えるためのダンス
② 集団の社会的地位をダンスがいかに改善するか
③ ダンスの共通の役割とその重要性
④ ダンスを通じての集団の力の実演
・demonstration「実演／実証」
⑤ 望ましくない行動を指摘するためのダンスの利用

　第2段落では，第1文で「時として，ダンスは地域社会の若者に社会のルールを教えるのに役立つ」とあり，第6文で「このダンスは，上流階級の成員らしい振る舞い方を彼女たちに教えた」とあるので，51 は①が正解。第3段落では，第6文に「後で，その誤った行動を示すために，そしておそらくは当事者に恥をかかせるために，その出来事をダンサーが演じたのである」と述べられているので，52 は⑤が正解。第4段落では，第1文に「文化のなかには，ダンスが力を誇示する方法になりうるような文化もある」と述べられているので，53 は④が正解。第5段落後半の文で，「彼らはそのダンスで奴隷時代のシーンを演じ，彼ら自身の伝統を披露した。彼らの演技は，彼らが過去の不公平を示し，自分たちの慣習を認めてもらう手段であった」と述べ，ダンスが社会的地位の改善に関わっているので，54 は②が正解。第6段落は本文の結論で，最終文で「生活の中のダンスの役割について考えることは，私たち自身の社会の歴史や価値観について，興味深い発見をもたらすことがある」と述べられているので，55 は③が正解。

MEMO

英　語

（2012年 1 月実施）

受験者数　519,867

平　均　点　124.15

2012
本試験

英　語

解答・採点基準　　(200点満点)

問題番号(配点)	設問	解答番号	正解	配点	自己採点
第1問 (14)	A	問1　1	④	2	
		問2　2	④	2	
		問3　3	③	2	
		問4　4	④	2	
	B	問1　5	①	2	
		問2　6	④	2	
		問3　7	④	2	
第1問　自己採点小計					
第2問 (41)	A	問1　8	③	2	
		問2　9	①	2	
		問3　10	①	2	
		問4　11	②	2	
		問5　12	④	2	
		問6　13	①	2	
		問7　14	②	2	
		問8　15	①	2	
		問9　16	①	2	
		問10　17	④	2	
	B	問1　18	③	3	
		問2　19	②	3	
		問3　20	②	3	
	C	問1　21	②	4 *	
		22	⑤		
		問2　23	⑤	4 *	
		24	③		
		問3　25	⑤	4 *	
		26	③		
第2問　自己採点小計					

問題番号(配点)	設問	解答番号	正解	配点	自己採点
第3問 (46)	A	問1　27	④	5	
		問2　28	①	5	
	B	29	④	6	
		30	④	6	
		31	③	6	
	C	32	④	6	
		33	③	6	
		34	①	6	
第3問　自己採点小計					
第4問 (33)	A	問1　35	③	6	
		問2　36	④	6	
		問3　37	②	6	
	B	問1　38	②	5	
		問2　39	②	5	
		問3　40	③	5	
第4問　自己採点小計					
第5問 (30)		問1　41	①	6	
		問2　42	②	6	
		問3　43	④	6	
		問4　44	④	6	
		問5　45	②	6	
第5問　自己採点小計					
第6問 (36)	A	問1　46	③	6	
		問2　47	②	6	
		問3　48	①	6	
		問4　49	①	6	
		問5　50	④	6	
	B	51	②	6 *	
		52	①		
		53	③		
		54	④		
第6問　自己採点小計					
自己採点合計					

(注)　＊は，全部正解の場合のみ点を与える。

第 1 問　発音・アクセント問題

A　発音

問 1　　1　　④

① amuse /əmjúːz/「楽しませる」/júː/
② cute /kjúːt/「可愛い」/júː/
③ future /fjúːtʃər/「未来」/júː/
④ **rude** /rúːd/「無礼な」/úː/

したがって，④ が正解。

問 2　　2　　④

① feather /féðər/「羽」/é/
② federal /fédərəl/「連邦の」/é/
③ gender /dʒéndər/「(社会的な)性別／ジェンダー」/é/
④ **gene** /dʒíːn/「遺伝子」/íː/

したがって，④ が正解。

問 3　　3　　③

① enough /ɪnʌ́f/「十分に」/f/
② laughter /lǽftər/「笑い」/f/
③ **mighty** /máɪti/「力強い」/∅/
④ rough /rʌ́f/「ざらざらした」/f/

したがって，③ が正解。

問 4　　4　　④

① accuse /əkjúːz/「告発する」/k/
② circumstance /sə́ːrkəmstæns/「状況」/k/
③ decay /dɪkéɪ/「衰退」/k/
④ **facility** /fəsíləti/「施設」/ s /

したがって，④ が正解。

B　アクセント

問 1　　5　　①

modern /mɑ́(ː)dərn/「近代の」第 1 音節

① **athlete** /ǽθliːt/「運動選手」第 1 音節
② career /kəríər/「職業／経歴」第 2 音節
③ fatigue /fətíːg/「疲れ」第 2 音節
④ sincere /sɪnsíər/「真摯な」第 2 音節

したがって，① が正解。

— 629 —

4

問2　6　④

religion /rɪlídʒən/「宗教」第2音節

① calculate /kælkjəlèɪt/「計算する」第1音節
② entertain /èntərtéɪn/「楽しませる」第3音節
③ ignorant /ígnərənt/「無知の」第1音節
④ **musician** /mju(:)zíʃən/「音楽家」第2音節

したがって，④が正解。

問3　7　④

identity /aɪdéntəti/「身元／正体」第2音節

① automobile /ɔ́:təmoʊbì:l/「自動車」第1音節
② disagreement /dìsəgrí:mənt/「不一致」第3音節
③ electronics /ɪlèktrá(:)nɪks/「電子工学」第3音節
④ **geography** /dʒiá(:)grəfi/「地理学」第2音節

したがって，④が正解。

第2問　文法・語法空所補充問題・対話文空所補充問題・語句整序問題

A　文法・語法

問1　8　③

会社の中には社内公用語として英語使用という新しい方針を採用している。

――【ポイント】――

動詞 adopt

adopt は「採用する／導入する」という意味を表す他動詞。

［例］ The company **adopted** a new wage plan.
その会社は新しい賃金プランを採用した。

・policy「方針」
・in-house「社内の／組織内の」

【他の選択肢】

① absorbed は，absorb「吸収する」の意味。
② accompanied は，accompany「同行する」の意味。
④ appointed は，appoint「任命する」の意味。

問2　9　①

誰がかけてきたかによって，携帯電話の鳴り方を変える方法を教えてくれませんか？

――【ポイント】――

イディオム depending on A

depending on A は「Aによって／次第で／応じて／にもよるが」という意味を

— 630 —

表す。

[例1]　There are different approaches **depending on** the individual.
　　　　人によって異なった方法がある。

[例2]　He served as adviser, sympathetic listener or consultant, **depending on** the circumstances.
　　　　彼は状況に応じて，アドバイザー，思いやりのある聞き手，コンサルタントとして仕えた。

・Could you＋動詞の原形...?「〜してくれませんか？」

【他の選択肢】

②　in spite of A で「Aにもかかわらず」という意味を表す。

[例]　**In spite of** the bad weather, they went out for a drive.
　　　悪天候にもかかわらず，彼らはドライブに出かけた。

③　on behalf of A で「Aに代わって／Aのために／Aの利益になるように」という意味を表す。

[例1]　I want to say thank you **on behalf of** my husband.
　　　　夫に代わってお礼を申し上げたい。

[例2]　He works **on behalf of** the country.
　　　　国のために彼は働く。

④　rely on A で「Aを当てにする／信頼する」の意味だが，relying on での本問のようなイデオム的な用法はない。

[例]　I **rely on** you for emotional support.
　　　あなたの精神的サポートを当てにしています。

問3　10　①

　ベルさんは交通渋滞につかまっています。彼女が着く頃までには，重要な会議は終わってしまっていることでしょう。

───【ポイント】───────────────────

時・条件の副詞節内での時制

　時・条件の副詞節内では未来時制は現在時制で述べる。

　時の接続詞(when, after, before, until, as soon as, by the time など)，条件の接続詞(if, unless, as long as など)の副詞節内では，未来の内容は現在時制で表す。本問では空所の前の by the time に注目する。

[例1]　**When** you **wake** up, the sun will be shining.
　　　　君が目を覚ます頃には，太陽が輝いているだろう。

[例2]　I'll have written the letter **by the time you get home**.
　　　　あなたが帰ってくる頃までには手紙を書き上げてしまいます。

[例3]　**If** it **rains** tomorrow, I'll stay at home.
　　　　もし明日雨ならば，私は家にいます。

6

・be stuck in a traffic jam「交通渋滞につかまっている」

問4 ☐11 ②

　私たちは，電子レンジ，トースター，ヒーターを全てつけたら，ブレーカーが切れた。

【ポイント】

1．副詞 on

　on は「(電気・ラジオなどが)ついて／通じて／(ガス・水道などが)出て／(機械・ブレーキなどが)作動して」の意味を表す。(⇔ off)

〔例1〕　The radio is **on**.
　　　　　ラジオがついている。

〔例2〕　It's very cold in here. Is the heater **on**?
　　　　　ここはとても寒いですね。暖房はついていますか？

2．have A C

　have A C で，「AをCにする／してしまった／させる／してもらう／される」の意味。Aは名詞・代名詞，Cは動詞の原形・〜ing・過去分詞・形容詞・副詞・前置詞句が入る。

〔例1〕　I'll have to **have** a repairman **fix** the air-conditioner.
　　　　　エアコンを修理屋さんに修理してもらわなければならない。

〔例2〕　He **had** the water **running** in the bathtub.
　　　　　彼は浴槽に水を出したままにしていた。

〔例3〕　I **had** my car **repaired** yesterday.
　　　　　昨日車を修理してもらった。

〔例4〕　They **had** the curtains **open**.
　　　　　彼らはカーテンを開けたままにしておいた。

〔例5〕　While I was working, I **had** the radio **on**.
　　　　　私は仕事をしている間，ラジオをつけたままにしていた。

　本問ではAが the microwave, the toaster and the heater all，C が副詞の on，また and 以下ではAが the circuit breaker で，Cが過去分詞の switched off になっている。

・microwave「電子レンジ」
・at the same time「同時に」
・circuit breaker「ブレーカー／電流遮断器」
・switch off「スイッチを切る」

問5 ☐12 ④

　ブラウンさんは崖をのぞき込み，自分が垂直な断崖のふちに立っているのに気付いた。

— 632 —

【ポイント】

形容詞 vertical

vertical は，「垂直の／縦の／鉛直の」という意味の形容詞。

[例] The boy built tower-like, **vertical** structures with toy blocks.

　　　男の子は積み木でタワーのような垂直の構造物を作った。

- look over「見渡す」
- cliff「崖」
- edge「(崖の)ふち／端」
- drop「急斜面／断崖」
- ① circular は，「円の／丸い」の意味の形容詞。
- ② cubic は，「立方体の／立体の／三次元の」の意味の形容詞。
- ③ horizontal は，「水平の／横の」の意味の形容詞。

問6 │13│ ①

　　あなたは，先生の推薦状を持っていれば，この海外プログラムに応募できます。

【ポイント】

接続詞 on the condition that SV…

on condition that SV… は，「…という条件で／…を前提として／もし…ならば」

[例] He can go out **on the condition that** he comes home by five.

　　　彼は5時までに帰宅するのなら出かけてもよい。

- apply for A「Aに応募する／志願する」
- overseas「海外の／外国の」
- a letter of recommendation「推薦状」

【他の選択肢】

- ② limitation は，「制限」という意味を表す。
- ③ requirement は，「要求」という意味を表す。
- ④ treatment は，「治療」という意味を表す。
- ②，③，④とも本問のような接続詞の用法はない。

問7 │14│ ②

　　「ダイキの姉妹は双子だそうです。会ったことありますか？」

　　「いいえ，まだ，どちらにも会ったことがありません」

【ポイント】

not … either of A

not … either of A は，「(2つのうち)どちらも…でない」の意味を表す。

[例] I have **not** finished **either of** the reports.

　　　(2つの)報告書のどちらもまだ終えていません。

- twin「双子」

— 633 —

8

・not ... yet「まだ…ない」

【他の選択肢】

　①の each は each of them の them が twin（双子）を表しているので用いられない。2つのものには，both, either, neither を用いる。❸every は every of の代名詞用法がない。❹の neither は，neither が，not ... either なので，I have met neither of them なら可。

問8　15　①

　自分の個人的感情が，その重要な決定をする邪魔になることを許すべきではない。

──【ポイント】────────────────

let A＋動詞の原形

　let A＋動詞の原形の形で，「A（人）に～（望みどおり）させてやる／～することを許す」という容認・許可の意味を表す。

［例1］　If I had known how miserable he felt, I would never have **let** him **go** there alone.

　　　　彼がどんなに惨めな思いをしていたか知っていたら，彼が一人でそこへ行くのを許さなかっただろう。

［例2］　My mother, tired of reminding me to practice, **let** me **quit** the piano.

　　　　母は練習しなさいと私に言うのがいやになって，とうとうピアノをやめさせてくれた。

─────────────────────────

・personal emotion「個人的感情」

・stand in the way of A「Aの邪魔になる」

問9　16　①

　「どちらの女の子がシオリですか？」

　「ちょっと前，私が喋っていた女の子です」

──【ポイント】────────────────

接触節，または目的格の関係代名詞の省略

　名詞の直後に SV を置いて，その名詞を説明する。これを接触節と呼ぶ。また，目的格の関係代名詞 whom/which/that が省略され，先行詞＋SV...の形をとったと考えてもよい。本問では，The one が先行詞で，後ろに I had a chat with が続き，The one の説明をしている。The one の後ろの that が省略されたと考えてもよい。［例1］では，The book の後ろに接触節 I bought yesterday が置かれている。また，関係代名詞節 which[that] I bought yesterday の which[that] が省略されていると考えてもよい。

［例1］　The book **I bought yesterday** is interesting.

　　　　昨日買った本は面白い。

─────────────────────────

── 634 ──

　　　　　　　　　　　　　　2012年度　本試験〈解説〉　9

［例2］　It's the kind of thing **you hear about every day**.
　　　　それは毎日，耳にする話だ。
［例3］　In my case, the rich cultural experience **my host family provided** was
　　　　the best part of my stay.
　　　　　私の場合は，ホストファミリーが提供してくれた豊かな文化体験が，滞在
　　　　の一番良かったことでした。

・have a chat with A「Aと喋る」
・a moment ago「ちょっと前」

問10　17　④
　　旅行代理店に入った後，彼はもっと効果的に自分の仕事を果たすために，英語が
上達するよう懸命に勉強した。

── 【ポイント】 ──────────────────────

イディオム carry out
　carry out は「（計画・約束・義務・命令などを）果たす／遂行する／実行する」
（＝execute/perform/do）
［例］　Though it is very good, we cannot afford to **carry out** your plan right
　　　now.
　　　　あなたの計画は非常にいいですが，私たちは今それを実行するお金がありま
　　　せん。

──────────────────────────────────

・duties「仕事／職務／任務／職責」
・effectively「効果的に」

【他の選択肢】

①　carry away は，「運び去る」という意味を表すので，不可。
［例］　The gardeners **carried away** fallen trees.
　　　　園丁たちが倒れた木を運び去った。
②　carry back は，「思い出させる」という意味を表すので，不可。
［例］　The small madeleine **carried** me **back** to my childhood.
　　　　小さなマドレーヌケーキを見ると幼い頃が思い出された。
③　carry off は，「勝ち取る／やってのける」という意味を表すので，不可。
［例1］　He was very nervous about giving a lecture, but he **carried** it **off**
　　　　very well.
　　　　彼は講演することでとても緊張していたが，うまくやってのけた。
［例2］　He **carried off** all the prizes.
　　　　彼は賞をすべてかっさらった。

── 635 ──

10

B　対話文

問1　　18　　③

> ホテル従業員：（*電話に出て*）こんばんは。ご用をお伺いします。
> 　　　　　客：もしもし。シャワーに問題があるのですが。水が全然出ないのです。
> ホテル従業員：ご不便をおかけして申し訳ありません。修理する者を行かせます。③1時間ほどお待ちいただけますか？
> 　　　　　客：いや，実は，今すぐシャワーをあびる必要があるんだ。別の部屋に移ることはできますか？

- May I help you?「ご用をお伺いします／いらっしゃいませ」
- My apologies.「申し訳なく存じます／済みませんでした」
- apology「わびること／謝罪／陳謝」
- inconvenience「不便」
- repair「修理する」
- take a shower「シャワーを浴びる」

［例］　I want to **take a shower** after jogging.
　　　　ジョギングの後でシャワーを浴びたい。

【他の選択肢】

① 　にわか雨にあうのですか？
　　・be caught in a shower「にわか雨に遭う／夕立に降られる」
② 　問題の点を説明してもらえますでしょうか？
④ 　部屋を変更なさりたいのですか？

【解法のヒント】

　　ホテルの客が苦情の電話をかけ「シャワーに問題があるのですが。水が全然出ないのです」と言った後で，ホテル従業員が何と言ったかを問う問題。ホテル従業員の最初の発話で「ご不便をおかけして申し訳ありません。修理する者を行かせます」に続く言葉だが，空所の直後で客に「いや，実は，今すぐシャワーをあびる必要があるんだ」と言われているので，ホテル従業員はすぐには行けない趣旨のことを言ったと推測できる。したがって，③が正解となる。

問2　　19　　②

> 　マリア：キャシーは遅刻ね。あなた，彼女にこの家への道順を教えなかったの？
> ジェームズ：いや，君が教えることになっていただろう。
> 　マリア：まあ，すっかり忘れていたわ。
> ジェームズ：じゃあ，②彼女は道に迷って辺りをうろついているのかもしれない。

— 636 —

2012年度　本試験〈解説〉　11

- be supposed to-不定詞「～するはずだった(のに～しなかった)」過去形で用いることが多い。

［例］ You **were supposed to** pick up Nick.

　　　君がニックを迎えに行くことになっていた(のに行かなかった)。

- wander around「ウロウロ歩き回る」

【他の選択肢】

① 彼女が時間通り現れるのも当然だね

③ 彼女は気づくと物思いにふけっていたに違いない

④ 君は難なく彼女の家を見つけられるだろう

会話から，キャシーはふたりの家への道順を知らないことが察知できるので，② が適当。

問3　20　②

> アンナ：日曜日のパーティーには来ることができる？
> スティーブン：わからないな，月曜日に提出しなければならない生物学のレポートがあるから。
> アンナ：そう。じゃあ，来られないのね。
> スティーブン：②今すぐ返事が必要？
> アンナ：土曜日の夜まで待てるわ。

- biology「生物学」
- hand in A「Aを提出する」
- I guess ...「…だと思う」

【他の選択肢】

① 月曜日まで待てるかな？

③ パーティーはいつまで続くの？

④ 何時に行かなきゃならないの？

【解法のヒント】

アンナに日曜日のパーティーの出欠を尋ねられたあとで，スティーブンがどう答えたかを問う問題。空所の直前で「そう。じゃあ，来られないのね」とアンナに迫られ，空所のあとでアンナが「土曜日の夜まで待てるわ」と言っていることから，スティーブンがはっきりと答えられない，煮え切らない様子が分かる。したがって，②が正解。①はパーティーが日曜日なので，不可。

— 637 —

12

C　語句整序

問1　21　②　22　⑤

「先週買ったコンピュータソフトをインストールしましたか？」

「えぇ，使いやすいと思います」

【正解】

"Yes. And I'm ｜finding｜ it easy ｜to｜ use."
③　②　④　①　⑤

【ポイント】

find O C

find O C は，「OをCと思う／気付く」という意味を表す。Oには名詞・代名詞，Cには形容詞がくる。また，OとCの間には「OがCである」という主述の関係が成立する。本問では，O に it(=that computer software)，C に easy to use「使いやすい」が置かれ，「それが使いやすい」という主述関係になる。

[例]　She **found the movie very exciting**.

彼女はその映画がとても面白いと思った。

問2　23　⑤　24　③

その芸人は，両腕を宙高く上げたまま，楽しげに歌っていた。

【正解】

The entertainer was happily singing ｜with｜ her arms ｜raised｜ up in the air.
④　⑤　②　①　③

【ポイント】

付帯状況の with

付帯状況の with は，with A＋C の形で「AがCの状態をともなって」の意味となる。Aには名詞／代名詞，Cには～ing／過去分詞／形容詞／副詞／前置詞句を用いる。本問では，A に her arms，C に過去分詞句の raised up in the air がきている。

[例1]　The results of these observations will tend to show that the earth really is stationary **with** everything else **moving** around it.

こうした観察の結果からすると，他のすべてのものが地球の周りを回っているので，地球が本当に静止しているということになりかねないであろう。(C＝～ing)

[例2]　**With** his eyes **closed**, he began to speak.

目を閉じまま，彼は話しはじめた。(C＝過去分詞)

[例3]　Don't chew food **with** your mouth **open**.

口を開けたまま食べ物を噛んではいけない。(C＝形容詞)

[例4]　He stood there **with** his hat **on**.

彼は帽子をかぶったままそこに立っていた。(C＝副詞)

— 638 —

　　　　　　　　　　　　　　　　　　　　2012年度　本試験〈解説〉　13

［例5］　He stood **with** his back **against the wall**.

　　　　　彼は壁にもたれかかって立っていた。（C＝前置詞句）

問3　 25 　⑤　 26 　③

　　　彼はインフルエンザにかかったせいで，1週間家にいなければならなかった。

━━【正解】━━━━━━━━━━━━━━━━━━━━━━━━━━━━━━

Because he came down with the flu, he was forced to stay at home for
　　　　　　　　　　　　　　　　　　②　⑤　①　④　③

a week.

━━【ポイント】━━━━━━━━━━━━━━━━━━━━━━━━━━━━

be forced to-不定詞

　be forced to-不定詞は，「～せざるをえない／しなければならない／強制させら
れる」の意味。force A to-不定詞が受動態になった形。

［例1］　Because the door was locked, the police **were forced to** break into
　　　　　the apartment through the bedroom window.

　　　　　　ドアに鍵が掛かっていたので，警察は寝室の窓から部屋に侵入せざるをえ
　　　　　なかった。

［例2］　She **is forced to** choose between family or career.

　　　　　彼女は家族か仕事のどちらかを選ばなくてはならない。

第3問　文意把握読解問題

A　意味類推

問1　 27 　④

┄┄┄【全訳】┄┄┄┄┄┄┄┄┄┄┄┄┄┄┄┄┄┄┄┄┄┄┄┄┄┄┄┄┄┄

　松本先生は，英語の授業はジョークから始めるべきだと思っている英語の先生
だ。彼は常に，面白いジョークを作り出そうと懸命に努力している。学生の中に
は，彼のジョークは時間の無駄だと文句を言っているのもいる。同僚たちも，彼に
ジョークを書くのにそんなに時間をかけないように忠告をしてくれていた。しか
し，松本先生はとても an obstinate person で，彼らの言うことを聞こうとせず授
業のためにジョークを作りあげるのに多くの時間を使い続けている。

┄┄┄┄┄┄┄┄┄┄┄┄┄┄┄┄┄┄┄┄┄┄┄┄┄┄┄┄┄┄┄┄┄┄┄┄┄┄

【語句】

　・joke「ジョーク／冗談」

　・complain about A「Aについて文句を言う」

　［例］　She is always **complaining about** the food.

　　　　　彼女はいつも食物のことで文句ばかり言っている。

　・a waste of time「時間の無駄」

　　　　　　　　　　　　　　　　－639－

14

- colleague「同僚」
- obstinate「頑固な／強情な」
- make up「作り出す／考え出す／でっち上げる」

［例］ He **made up** a convincing excuse.
　　　彼はもっともらしい口実をでっちあげた。

【解説】

　この状況で，<u>an obstinate person</u> は 27 を意味する。

① 考えが柔軟な人
② 学生に寛大な人
③ 批判を拒否できない人
④ 考えを変えようとしない人

　松本先生がジョークを作ることに関して，前文に「学生の中には，彼のジョークは時間の無駄だと文句を言っているのもいる。同僚たちも，彼にジョークを書くのにそんなに時間をかけないように忠告をしてくれていた」とあり，また直後に「彼らの言うことを聞こうとせず授業のためにジョークを作りあげるのに多くの時間を使い続けている」とある。よって，正解は④。

問2 28 ①

【全訳】

ポール：エリーナの事故のことを聞いた？　先月雨の日に，すべって膝（ひざ）をついたとき，けがをしたんだって。

ジョン：知ってるよ。1ヶ月の間，通院しなければならなかったんだってね。

ポール：そうさ。医者の話だと，もう大丈夫だって。ダンスの受講をもう再開したと聞いているよ。

ジョン：ああ，よかった。じゃあ，彼女は <u>right as rain</u> ね。

【語句】

- accident「事故」
- be hurt「ケガをする」

［例］ She **was** seriously **hurt** in a traffic accident.
　　　彼女は交通事故で重傷を負った。

- slip「すべる」
- fall on *one's* knees「膝をつく／膝まずく」
- see a doctor regularly「通院する」
- (as) right as rain「すっかり健康になって／健康そのもので／完全に立ち直って」

［例］ I didn't feel well yesterday, but I feel **right as rain** today.
　　　昨日は気分が悪かったけど，今日は完ぺきに調子がいい。

2012年度　本試験〈解説〉　15

【解説】

この状況で，right as rain は 28 という意味である。

① 全快したんだ

② 全く役に立つんだ

③ 本当に注意深い

④ とても依存している

ポールがエリーナのケガの経過について，ジョンに話している。最後に，「医者の話だと，もう大丈夫だって。ダンスの受講をもう再開したと聞いているよ」と言っている。したがって，ジョンは，エレーナがすっかり回復して元気になったという趣旨のことを述べたと推測できる。正解は①。

B　意見要約問題

29 ④

【全訳】

ケンジ：僕は，テレビの見過ぎは幼い子供には有害だと思う。テレビのせいで言葉の発達が遅れることもあるということを読んだことがある。幼い子供が言葉を発達させるには，向かい合っての意思疎通をはかることが不可欠だと思う。テレビをベビーシッター代わりに利用する親がいることは知っている。多分とても忙しいのだろうけれど，ただテレビを見させておくのではなく，子供のために時間を作ろうとすべきなんだ。ああ，ヒロシがやって来た。やあ，ヒロシ。

ヒロシ：遅れてごめん。

ミキ：こんにちは，ヒロシ。今始まったばかりよ。テレビの幼い子供への影響について話しているの。ケンジは④テレビを多く見る幼い子供は，しかるべき早い時期に話すようにならないかもしれないと思っているのですね。

【語句】

・harmful「有害な」

・delay「遅れさせる」

・development「発達」

・face-to-face「向かい合っての／対面の」

・essential「不可欠な」

・babysitter「子守／ベビーシッター」

・let A＋動詞の原形「Aに～させておく」第2問A問8参照。

・here comes A「Aがやって来た／ほらここに」注意を喚起するときに使う。

［例］　"I really want to ask Randy a question."

"**Here comes** Randy now."

「ランディーにぜひ聞きたいことがあるんです」

— 641 —

16

「ああ，ちょうどランディーが来ました」

・the effect of A on B「AのBへの影響」

【解説】
① 親は，忙しくない限り幼い子供にテレビ番組について話すべきだ
・unless SV ...「…でない限り」
② 幼い子供が言葉を発達させることができるから，テレビを見ることはよいことだ
③ 親の貴重な時間を奪うから，テレビを見ることは親には有害だ
・rob A of B「AからBを奪う」
④ テレビを多く見る幼い子供は，しかるべき早い時期に話すようにならないかもしれない
・learn to-不定詞「～するようになる」
・as ... as S should「しかるべき…に」

　ケンジは，第1～3文で「テレビの見過ぎは幼い子供には有害だと思う。テレビによって言葉の発達を遅らすこともあるということを読んだことがある。幼い子供が言葉を発達させるには，向かい合っての意思疎通をはかることが不可欠だと思う」と述べ，テレビの見すぎが子供の言葉の発達を遅らせることを心配している。よって，正解は④。①，②，③については本文に述べられていないので，不正解。

| 30 | ④ |

【全訳】
タカコ：ケンジ，あなたの言いたいことは分かる。でも，親がどれほど忙しいか考えたことがあるの？　家事も子供の世話もしなければならないのよ！　時には幼い子供にテレビを見させておくことが好都合なこともあるわ。私は，視聴時間が限定されて，番組の内容がチェックされている限りはいいと思う。それに，教育的なテレビ番組もあるわ。たとえば，幼い子供向けの英語番組を見ることで，子供は英語の音声に慣れることもできるわ。
ケンジ：分かった。君の言いたいことは，④テレビ番組を見ることは，番組が注意深く監視されていれば，子供の教育によいこともあるということですね。

【語句】
・point「要点／意見」
・take care of A「Aの世話をする」
・kid「子供」
・convenient「好都合な」
・as long as SV...「…である限り／…であるならば」
・viewing time「視聴時間」
・limit「限定する」
・content「内容」

― 642 ―

2012年度　本試験〈解説〉　17

- check「チェックする」
- besides「その上に／さらに」
- get used to A「Aに慣れる」

【解説】
①　忙しい親は，テレビ番組を見ることによって，英語の音声を子供に教えることができる
②　幼い子供と一緒に教育番組を見ることを親に奨励すべきだ
- encourage A to-不定詞「Aに〜することを奨励する」
③　幼いうちに英語を学ぶ最善の方法は，英語のテレビ番組を見ることだ
④　テレビ番組を見ることは，番組が注意深く監視されていれば，子供の教育によいこともある
- monitor「監視する」

　　タカコは，第5〜7文で「私は，視聴時間が限定されて，番組の内容がチェックされている限りはいいと思う。それに，教育的なテレビ番組もあるわ。たとえば，幼い子供向けの英語番組を見ることで，子供は英語の音声に慣れることもできるわ」と，テレビの視聴時間制限と番組内容の限定という条件付きで，テレビの教育的効果を主張している。よって，④が正解。

31　③

【全訳】
ヒロシ：君たちは，とても幼い子供に対する影響について話し合っているんだと思う。でも，僕は，もうちょっと年上の，4歳，5歳とか6歳といった子供のことを考えていたんだ。僕はその年頃には，よくアクション・ヒーローものを見ていた。そういった話だと，ヒーローは最後には結局悪者をやっつけるんだ。テレビのヒーローものは現実とはかけ離れているけれど，その種の番組は，やってよいこととそうでないことの違いを示してくれる。実生活では，こうしたことを学ぶ機会があるとは限らない。テレビ番組を見ることは，善悪の別を知る1つの方法にはなりうるよ。
ミキ：分かったわ，あなたは③<u>テレビ番組が貴重な教訓を教えることがあるので，テレビを見ることに賛成</u>しているようね。
タカコ：あら，もう行かないと。授業が始まるわ。このことは，また後で話しましょう。
ケンジ：そう，それがいい。
ヒロシ：賛成。じゃあ，授業の後で。

【語句】
- a little bit「もうちょっと／少し」
- eventually「最後には／結局」
- defeat「打ち負かす」

— 643 —

18

- bad character「悪いやつ／悪者」
- in the end「最後には／結局」
- be far from A「Aとはほど遠い／Aでは決してない」
- reality「現実」
- demonstrate「示す」
- things you should and should not do「やってよいこととそうでないこと」you should and should not do は things を修飾する接触節。you should and should not do は，you should (do) and (you) should not do のこと。
- real-life「実生活」
- opportunity「機会」
- learn right from wrong「善悪の別を知る」
- be about to-不定詞「まさに〜しようとする」

【解説】
① 番組が現実とは異なるから，テレビを見ることに反対している
- against A「Aに反対して」
② 善悪は経験によって学ぶことができるから，テレビを見ることに反対している
③ テレビ番組が貴重な教訓を教えることがあるので，テレビを見ることに賛成している
- for A「Aに賛成して」
④ 番組が現実と同じだから，テレビを見ることに賛成している

　ヒロシは，第5〜7文で「テレビのヒーローものは現実とはかけ離れているけれど，その種の番組は，やってよいこととそうでないことの違いを示してくれる。実生活では，こうしたことを学ぶ機会があるとは限らない。テレビ番組を見ることは，善悪の別を知る1つの方法にはなりうるよ」と述べ，テレビ番組が現実離れしていても善悪を子供に教える可能性を主張している。よって，③が正解。

C　文整序

【全訳】

　家でテレビや映画を見ながら，「ミックス・ナッツ」を食べるのは好きですか？日本では，食料品店で売られているミックス・ナッツに，アーモンドとピーナッツの両方が入っているので，両者は同種の食べ物だと思うかもしれない。実際，④それらは互いにいくつかの興味深い性質を共有している。たとえば，両方ともミネラル源，ビタミン源として栄養価が高い。しかし同時に，両方にアレルギー反応を起こす者もいる。最近の研究によれば，ピーナッツ・アレルギーやアーモンド・アレルギーに苦しむ子どもが多い。

　しかし，こうした類似点にもかかわらず，アーモンドとピーナッツはまったく異なっている。第1に，両者は共に木の実と呼ばれているが，植物学では分類が異な

る。アーモンドは核果と考えられている。この種の植物は実を結び，その内部には種を持った堅い殻がある。核果の他の例は桃とプラムであるが，アーモンドの場合，私たちが食べる部分は種である。これに対して，ピーナッツはマメ科植物，つまり豆の一種に分類される。ピーナッツは土の中で育つが，アーモンドは木で育つ。さらに，ピーナッツのそれぞれの殻には1つから3つのピーナッツが種として含まれているが，アーモンドの実には種が1つしかない。

　第2に，アーモンドとピーナッツは❸原産地の点で異なる。アーモンドは中東原産である。徐々に，地中海の海岸に沿って北アフリカと南ヨーロッパに伝わり，後に世界各地に広がった。しかし，ピーナッツは，最初に南アメリカで栽培され，その後世界各地にもたらされたのである。

　結論として，ミックス・ナッツとして知られているものは，実のところ❶まったく異なった性質の食べ物から成る。アーモンドとピーナッツは，顕著な類似点があるけれども，非常に異なる植物なのである。

【語句】
◆第1段落◆
- almond「アーモンド／ハタンキョウ」ナッツとして食用。希望や豊饒を象徴する。花言葉は「愚，無分別」。
- grocery store「食料品店／食料雑貨品店」
- assume「思い込む／想定する」
- similar「同種の／似ている」
- indeed「実際」
- for instance「たとえば」
- nutritious「栄養価が高い／栄養(分)のある／栄養の」
- source「源」
- vitamin「ビタミン」
- at the same time「同時に」
- allergic「アレルギーの」
- reaction「反応」
- according to A「Aによれば」
- research「調査」
- suffer from A「Aに苦しむ／患う／悩まされる」
  [例] Angie **suffers from** bad headaches.
  　　　アンジーはひどい頭痛に苦しんでいる。
- allergy「アレルギー」

◆第2段落◆
- despite A「Aにもかかわらず」（＝in spite of A）

［例］ **Despite** the bad weather, the game continued.
　　　悪天候にもかかわらず，その試合は続行された。

・classify「分類する／類別する／区別する」
・drupe「核果／石果」桃，梅，ハタンキョウなどのように，外果皮は薄く，中果皮が多肉で，水気が多く，内果皮が硬化して核をなす果実。石果とも言う。
・This kind of plant bears fruit, inside of which is a hard shell with seed.
　「この種の植物は実を結び，その内部には種を持った堅い殻がある」
　bear fruit「実を結ぶ／なす」
　inside of which is …「その内部には…」前置詞＋関係代名詞で，先行詞は fruit.
　shell「(果物・ピーナッツなどの)殻／(豆の)皮／貝殻」
　seed「種」
・peach「桃」
・the part we eat「私たちが食べる部分」we eat は the part を修飾する接触節。
・in contrast「これに対して／それとは対照的に／それにひきかえ」

［例］ We harvested 50 tomatoes last year. **In contrast**, we harvested only
　　　30 this year. This may be due to the weather.
　　　　去年はトマト50個収穫できたのよ。それにひきかえ今年は30個だけ。多分気候のせいね。

・legume「マメ科植物」
・bean「豆」
・underground「地中で」
・..., while 〜「…だが一方〜」(＝whereas)対照を表す接続詞。

［例］ I've read fifty pages, **while** he's read only twenty.
　　　私は50ページ読んだ。ところが彼は20ページしか読んでいない。

・moreover「さらに」

◆第3〜4段落◆
・second「第2に」
・spread「広がる」
・gradually「徐々に／次第に」
・shore「海岸」
・the Mediterranean「地中海」
・introduce「導入する／紹介する」
・in conclusion「結論として／要するに」
・actually「実のところ」
・differ「異なる」
・notable「顕著な／注目すべき／著しい」
・similarity「類似点」

— 646 —

【解説】

32 ④

① それらの間にいくつかの類似点を見つけるのは難しいかもしれない
② それらの間の相違点を知っている消費者は多い
③ ミックス・ナッツのパッケージはどれも種々様々である
④ **それらは互いにいくつかの興味深い性質を共有している**

　空所の前後で，「食料品店で売られているミックス・ナッツに，アーモンドとピーナッツの両方が入っているので，両者は同種の食べ物だと思うかもしれない」，「たとえば，両方ともミネラル源，ビタミン源として栄養価が高い」とアーモンドとピーナッツの類似点を話題にしており，特に空所の後ろで，「たとえば」と空所が類似点を指摘する文が入ると分かる。よって，④が正解。

33 ③

① 今日では様々な国で生産されている
② 両方とも穀物として栽培されている点で似ている
③ **原産地の点で異なる**
④ アフリカの同じ地域が原産地である

　アーモンドとピーナッツの異なる点を前段落で述べてきており，この段落ではその第2の点である。空所の後でいくつか地名が出ており，アーモンドとピーナッツの原産地の違いを指摘している。したがって，③が正解。

34 ①

① **まったく異なった性質の食べ物から成る**
　　　・consist of A「Aから成る」
［例］　The committee **consists of** five members.
　　　　委員会は5人のメンバーから成る。
　　　・distinct「まったく異なった」
② いくつかの似た性質の食べ物を含んでいる
　　　・contain「含む」
③ 人間の健康に有害となるかもしれない異なる食べ物を含んでいる
④ 本当のナッツと定義される植物の良い例を示している

　空所を含む冒頭の文で，「結論として」とあるので，アーモンドとピーナッツの相違点の結論を述べていると思われる。また，空所の直後の文に「アーモンドとピーナッツは，顕著な類似点があるけれども，非常に異なる植物なのである」とあるので，相違点を強調する①が正解となる。ちなみに③は「人間の健康に有害となるかもしれない」が本文にはないので，不正解。

— 647 —

第4問　図表・広告問題
A　図表

【全訳】

　家屋の建築に使われる木材は、安定していなければならない。つまり、大ききがあまり変化してはならない。しかし、伐採したばかりの木からできた木材は、時が経つにつれ、かなり収縮するものである。この収縮は、木材中の湿気(水分)が大気中に逃げることで起こる。木材を乾燥させる処理は「シーズニング」として知られている。木材を乾燥させる方法は実際2通りある。1つは自然乾燥の処理を生じるようにするものである。もう1つはキルンという特殊な窯に木材を入れるものである。キルン乾燥は自然な方法よりずっと速い。

　シーズニング処理では、木材の含水率が周囲の空気の湿度とほぼ等しくなるまで、水分は木材から取り除かれる。この収縮による大きさの変化は一律ではないが、それはこの変化が、木の種類、切り出され方、周囲の状態によって決まるためである。

　また、シーズニングの後でさえ、周囲の空気の湿度変化によって大きさに微小な変化が常にあることに注意することが大切である。たとえば、昨年、私は戸棚の扉を作るのに幅230ミリのイースタン・ホワイト・パイン材を1枚使用した。それは木目を横切って(図1)、幅が変化し、冬には元の状態から2ミリ縮み、夏には元の状態から3ミリ膨らんだのである。

　木材の含水率は、屋内に保管されている場合でさえ季節に応じて変化する。木材は、膨張や収縮を招く含水率の急激な変化を防ぐために、ペンキを塗られることが多い。しかし、どんなペンキでも湿気の通過を完全に阻止することはできない。ペンキは単に湿気が木材の内部、あるいは外部へ移動する速度を抑える働きをするだけである。グラフ(図2)に示すように、室内のペンキを塗らない木材の含水率は、季節に応じて4%から約14%の範囲で変化することがあるのに対し、同じ室内に置かれペンキを塗られたキルン乾燥済みの木材の含水率は、8%前後の範囲で変化するだけである。自然乾燥で13%前後の含水率になり、その後ペンキを塗られた木材は、徐々に乾燥し続け、ペンキを塗られたキルン乾燥の木材とほぼ同じ含水率になる。

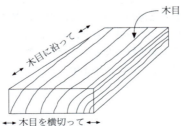

図1　戸棚の扉を作るのに用いたイースタン・ホワイト・パイン材

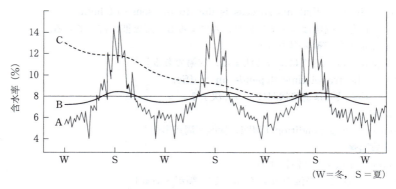

図2　木材内部の含水率の季節変化
（場所：北アメリカ）
木材の理解：ある職人の木材技術へのガイド
R.B.Hoadley（2000）を参考に作成

【語句】
◆第1段落◆
- construction「建築」
- stable「安定した」
- that is「つまり／すなわち」
- cut down「伐採する／切り倒す」
- shrink「収縮する」
- considerably「かなり」
- shrinkage「収縮」＜shrink
- moisture「湿気／水分」
- atmosphere「大気」
- drying process「乾燥させる処理」
- season「（木材を使用後縮まぬよう）乾かす」この意味のほかに「季節」「味付けする」にも注意。
- oven「窯」
- kiln「キルン／窯」陶器・れんがなどを焼く窯，炉のこと。

◆第2段落◆
- remove「取り除く」
- moisture content「含水率／湿度」
- approximately「ほぼ／約」
- equal「同じ／等しい」
- humidity「湿度」
- due to A「Aによって／せいで／原因で」

24

［例］　He says that his success is **due to** his sense of humor.
　　　　自分の成功はユーモアのセンスによるものだと彼は言っている。
・uniform「一律の／均一の」
・depend on A「Aによって決まる／次第である」
［例］　The travel time **depends on** traffic.
　　　　移動時間は道路状況によって決まる。
・kind「種類」
・surrounding condition「周囲の状態／周辺事態」

◆第3段落◆
・note「注意する／注目する」
・wide「（長さの単位を表す名詞の後で）幅が〜ある」
［例］　This door is two feet **wide**.
　　　　このドアは幅2フィートだ。
・cabinet door「戸棚の扉」
・width「幅」＜wide
・across「横切って」
・grain「木目」
・figure「図」
・by A「Aだけ／Aの差で」
［例］　He promised to cut spending **by** $120 billion and to halve the federal
　　　deficit by 2008.
　　　　彼は支出を1200億ドル削減し，2008年までに連邦政府の赤字を半減させると
　　　　約束した。
・original「元の状態／原型」
・expand「膨らむ／拡張する」

◆第4段落◆
・according to A「Aに応じて」
・indoors「屋内に」（⇔ outdoors）
・prevent「防ぐ」
・expansion「膨張」＜expand
・block「阻止する」
・passage「通過／通行」
・act「働きをする／作用する」
・slow down「速度を抑える／ペースを落とす」
・transfer「移動／移転／転送」
・as illustrated in A「Aに示されているように」
・unpainted「ペンキを塗らない」
・vary「変化する／異なる」
・gradually「徐々に」

【解説】

問1 　35 　③

　冬と夏で，戸棚の扉に使われた木材の木目を横切っている幅の差はどれくらいあるか？ 　35

① 　2ミリ
② 　3ミリ
③ 　5ミリ
④ 　8ミリ

　第3段落第3文に，「それは木目を横切って（図1）幅が変化し，冬には元の状態から2ミリ縮み，夏には元の状態から3ミリ膨らんだのである」とあるので，2ミリ＋3ミリ＝5ミリで，正解は③。

問2 　36 　④

　グラフ（図2）の中のどのラインがペンキで塗られた木材を表しているか？ 　36

① 　AとB
② 　AとC
③ 　AとBとC
④ 　BとC

　最終段落の第5文以降とグラフより，Aは「ペンキを塗らない木材」，Bは「キルン乾燥後ペンキを塗られた木材」，Cは「自然乾燥後ペンキを塗られた木材」の含水率をそれぞれ表すことが分かる。よって，④が正解。

問3 　37 　②

　次の文のどれが正しいか？ 　37

① 　キルン乾燥の木材は，後に空気の湿度によって大きさを変えることはない。
② 　窯で乾燥された木材と自然に乾燥された木材は，どちらも周囲の空気に影響を受ける。
③ 　ペンキを塗られた木材の含水率は，変化しない。
④ 　木材は，ペンキを塗ることで，「シーズニング」を行うことができる。

　第1段落第5文以降で，「木材を乾燥させる処理は『シーズニング』として知られている。木材を乾燥させる方法は実際2通りある。1つは自然乾燥の処理を生じるようにするものである。もう1つはキルンという特殊な窯に木材を入れるものである。キルン乾燥は自然な方法よりずっと速い」とあり，第3段落の第1文に「また，シーズニングの後でさえ，周囲の空気の湿度変化によって大きさに微小な変化が常にあることに注意することが大切である」とある。したがって，②が正解となる。

26

B 書類・広告

【全訳】

アクトンシティスタジアム　http://www.actoncitystadium.us

アクトンシティスタジアムが自信をもっておとどけする
伝説的なセブンファンキーレンジャーズ
8月18日

世界的に有名なポップグループ *セブンファンキーレンジャーズ* がアクトンシティスタジアムで **8月18日土曜日** に公演を行います。*セブンファンキーレンジャーズ* は，ナンバーワン・ヒット *Don't Cry No more* と *Too Busy Living Life To The Full* で有名ですが，今年は1度限りの公演となりますので，この機会をお見逃しないように。同時出演は *ヒップホップヒーローズ*。開場は午後6時。

チケット販売

事前購入をぜひお勧めします。

予約のない席のチケットは，当日入口にて，入手可能です。

チケットの種類	料金(前売りのみ)	販売状況
VIP 席	A席　300ドル B席　200ドル	完売 販売中
普通席	A席　80ドル B席　60ドル	販売中 販売中
舞台前(立ち見のみ)	50ドル	完売

＊当日販売のチケットは上記広告表示料金の20ドル増しになります。

＊若者(10〜18歳，年齢を証明するものが必要)は上記料金から50%割引きされます(事前購入のみ)。

＊16歳未満の方は舞台前へはご入場いただけません。

＊10歳未満のお子様はご入場いただけません。

＊チケットは最大5枚まで1度に購入していただけます。

＊高齢者(65歳以上)は前売り料金の10%が割引きされます。

＊VIP 席は飲食物と楽屋見学ツアーが含まれます。

　　　　　　　　購入はココをクリック

　　　主要クレジットカードはすべてお受けします。

【語句】
- proudly「自信をもって」
- present「提供する」
- advanced purchase「事前購入／前売り」
- sold out「完売／売り切れ」
- available「販売中／入手可」
- add A to B「AをBに加える」
- advertized price「広告料金」
- maximum「最大(限)／最高額／最高値」
- back stage tour「楽屋見学ツアー／舞台裏見学ツアー」

【解説】
問1　38　②

次の文のどれが正しいか？　38
① アクトンシティスタジアムは，**セブンファンキーレンジャーズ**の春のコンサートを主催する。
② **セブンファンキーレンジャーズ**は販売最高を記録した2つの曲で有名である。
③ **セブンファンキーレンジャーズ**は今年，数回の公演を行う。
④ 伝説的な**ヒップホップヒーローズ**が主たる呼び物である。

広告文の前半に「**セブンファンキーレンジャーズ**は，ナンバーワン・ヒット *Don't Cry No More* と *Too Busy Living Life To The Full* で有名です」とあるので，②が正解。

問2　39　②

以下のどれが8月18日に買うと80ドルになるのか？　39
① 普通席Aクラス1枚
② 普通席Bクラス1枚
③ VIP席Bクラス1枚
④ 舞台前チケット1枚

料金表の下の注意事項の最初に「当日販売のチケットは上記広告表示料金の20ドル増しになります」とあることに気がつけば，80－20＝60ドルに当てはまるチケットの前売り料金を探せばよい。したがって，正解は②。

問3　40　③

41歳の父親，40歳の母親，14歳の息子2名，13歳の娘1名からなる家族が，子供の年齢証明を示せば，40　だろう。
① 全員が舞台前に入場することが許される
② 1度に購入できるチケットの最大枚数を超える
③ 前以て購入する場合，3枚のチケットが50％割引となる
④ 同時に5枚のチケットを購入する場合，10％割引となる

料金表の下の注意事項の2つ目に「若者(10〜18歳，年齢を証明するものが必要)は上記料金から50％割引きされます(事前購入のみ)」とあり，3人の子供が当ては

まるので，**③**が正解。なお，**①**は，注意事項3番目の「16歳未満の方は舞台前へは
ご入場いただけません」から不正解。**②**は，注意事項5番目の「チケットは最大5
枚まで1度に購入していただけます」から不正解。**④**は，注意事項6番目の「高齢
者(65歳以上)は前売り料金の10%が割り引きされます」から不正解。

第5問 ヴィジュアル問題

【全訳】

コージの話

僕の名前はタケダ・コージで，今日は，バンクーバーのノースパシフィック大学で
の英語プログラムの昨年の海外留学体験について話そうと思います。まず初めに，
僕は平日に毎日行われた英語の集中授業がとても気に入りました。僕の英語はとて
も上達しました。先生たちはみな気さくで熱心であり，時々僕らのプロジェクトを
手伝うために遅くまで残ってくれることもありました。僕は顧問のリー先生に本当
に感謝しています。彼女は僕の問題にいつも迅速に対処してくれました。

また，僕は市内の探訪を楽しみました。バンクーバーにはおいしいエスニックレス
トランがたくさんあり，海の近くに素晴らしい公園があって，面白いイベントが毎
週末開催されていました。僕はプログラムが提供するカナダ先住民美術館への訪問
やいくつかの美しい島への船旅を含む多くの週末旅行に参加しました。

それに加えて，僕は NPU（ノースパシフィック大学）での学生生活を全面的に楽
しみ，学生が主催する多くの学園行事に参加しました。僕のもっとも貴重な思い出
は，国際博覧会向けの日本文化を紹介するための大きな展示を準備したことです。
しかしながら，問題が1つ，つまりコンピュータアクセスという問題がありまし
た。ライティングセンターのコンピュータ室はいつも混雑していて，特に学生が学
期中間論文や学期末論文を書いているときは混雑していて，長く待つのにはいらい
らしました。

僕は1つ残念に思うことがあります，それはホストファミリーについてです。ホー
ムステイ先の両親と10歳の息子はよい人たちでしたが，いつも大変忙しかったので
す。両親ともに夜遅くまで働き，男の子は地元のホッケーチームに所属していまし
た。そのため，僕は1人で食事をしなければならないことも多く，彼らと交流する
時間があまりありませんでした。僕は，この後スピーチをするユカのホストファミ
リーでのバーベキューパーティーに行ったとき，彼女をうらやましく思いました。
今僕は，早い段階でこの問題についてプログラム責任者に相談すべきだったと思い
ます。

最後に僕が言いたいのは，このプログラムが皆さんの英語の上達と，異文化につい

ての知識を広げることに大変役立つだろうということです。

ユカの話

私の名前はイマイ・ユカです。私はコージと同じノースパシフィック大学でのプログラムに参加しました。もっとも，私の体験は彼の体験とは少し違ったものでした。まず，先生方はみんな素晴らしかったのですが，私は用意された講座にはそれほど満足しませんでした。英語の授業が多すぎて，カナダの歴史や文化を扱う講座は２つしかありませんでした。つまり，英語を勉強するだけでなく，カナダについて，もっと学べればよかったということです。そうすれば得るものも２倍になったことでしょう。

また，私は NPU での学園生活について入り混じった感情を抱きました。広々とした芝生や立派な施設はとても気に入りましたが，学園行事は，私にはあまり面白く思えませんでした。コージが国際博覧会で楽しい時を過ごしたことは知っていますが，私はその代わりにホストファミリーと一緒にコンサートに行きたかったのです。でも，私はすばらしいライティングセンターが勉強を支援してくれたことに感銘を受けました。時には混んでいることもありましたが，待つだけの価値はありました。私は，ほぼ毎週末そこに通って，すぐれた論文の書き方を学びました。

それから，言うのを忘れるところでしたが，市内を回るのは大変楽しいことでした。特に，縁日やいくつかの本当に素晴らしいエスニックレストランに行くのは楽しかったです。逆に，私はあまり旅行をしませんでした，なぜなら，ホストファミリーと一緒にすることがたくさんあったからです。

実は，私の滞在をすごくわくわくさせ，忘れられないものにしたのはホストファミリーでした。ホストファーザーは農業技術者で，彼はいくつかの異なる国々の事業に取り組んでいました。彼と話をするだけでも刺激的でした。そして，私が宿題や友達や学校の活動で問題を抱えたときには，彼もホストマザーも，いつも私を助けてくれました。ホストマザーは地元の交響楽団のバイオリン奏者でした。そのため私たちは毎月無料でコンサートに行くことができました。彼女はクラシック音楽に対して私の目を開けてくれ，私は日本に戻ったらピアノのレッスンを始めると彼女に約束しました。彼らはまた友人も多く，彼らが開いたすべてのバーベキューパーティーで私はとても多くの人たちと会いました。

私の場合は，ホストファミリーが提供してくれた豊かな文化体験とホストファミリーそのものが，滞在の一番良かったことでした。

30

【語句】

＜Koji's speech＞

- speech「話／発言」
- study-abroad experience「海外留学体験」
- Vancouver「バンクーバー」カナダ南西部，ブリティッシュ・コロンビア州の港・都市。
- first of all「まず第一に」
- intensive「集中的な」
- weekday「平日」
- improve「上達する」
- a lot「とても／大いに」
- friendly「気さくな／親しみやすい」
- enthusiastic「熱心な」
- help A with B「AのBを手伝う」
  ［例］ Can you **help** me **with** my homework?
        私の宿題を手伝ってくれますか？
- be grateful to A (for 〜)「（〜してもらって）A（人）に感謝している」
  ［例］ I **am** so **grateful to** you for telephoning me.
        電話してくれてありがとう。
- advisor「顧問／相談役」
- respond to A「Aに対処する／対応する」
- promptly「迅速に／すぐに／素早く」
- explore「探訪する／探検する」
- ethnic restaurant「エスニックレストラン／民族料理の専門店」
- including A「Aを含む」
- native Canadian「カナダ先住民（の）」
- on top of that「その上に／それに加えて」（= in addition to that）
- totally「全面的に」
- attend「参加する／出席する」
- student-organized「学生主催の」
- event on campus「学園行事」
- precious「貴重な」
- prepare「準備する」
- exhibit「展示」
- introduce「紹介する」
- International Fair「国際博覧会／国際商品見本市」
- crowded「混雑して」
- midterm「中間の」

— 656 —

- final「期末の」
- frustrating「イライラして／欲求不満の」
- regret「残念なこと／後悔」
- belong to A「Aに所属する／Aの一員である」

［例］ I **belong to** an athletic club near the office.
　　　私は職場のオフィス近くのスポーツクラブの会員だ。

- interact with A「Aと交流する」
- feel envious of A「Aをうらやましく思う」
- consult「相談する」
- coordinator「(企画推進などの)責任者／コーディネーター」
- stage「段階」
- finally「最後に」
- knowledge「知識」

<**Yuka's speech**>

- slightly「少し」
- be satisfied with A「Aに満足している」

［例］ I'm **satisfied with** what you have done.
　　　君のしたことに満足しています。

- the course offered「用意された講座」offered は過去分詞の後置修飾。
- cover「扱う」
- I mean「つまり」
- A as well as B「B同様Aも」
- benefit「利益／利点」
- double「2倍」
- campus life「学園生活」
- spacious「広々とした」
- lawn「芝生」
- facility「施設」
- instead「代わりに」
- be impressed by A「Aに感銘を受ける」

［例］ He **was** very **impressed by** her earnestness.
　　　彼は彼女の熱心さにとても感銘を受けた。

- academic support「勉学の支援」
- be worth A「Aだけの価値がある」

［例］ The new method is well **worth** consideration.
　　　その新しい方法は熟考に値する。

- especially「特に」
- street fair「街頭市／縁日」

- on the other hand「逆に／これに反して／反対に」2つの異なる状況・可能性を対比させる表現で，どちらも真実で相互に矛盾しない場合に用いる。

［例］ My car is very old. Yours, **on the other hand**, is brand new.

　　　私の車は非常に古いです．これに反してあなたのは新品です。

- go on「(事が)起こる／(行事などが)行なわれる」
- what made my stay most exciting and unforgettable was my host family.

「私の滞在をもっとも刺激的で忘れられないものにしたのはホストファミリーでした」what は関係代名詞。

what makes A C is ...「AをCにするのは…」

unforgettable「忘れられない」

- agricultural engineer「農業技術者」
- work on A「Aに取り組む」
- stimulating「刺激的な」
- philharmonic「交響楽団」
- for free「無料で」

［例］ The chef offered us dessert **for free**.

　　　シェフは私たちにデザートを無料でごちそうしてくれた。

- promise「約束する」
- in my case 「私の場合は／私に関しては」
- the rich cultural experience my host family provided「ホストファミリーが提供してくれた豊かな文化体験」my host family provided は the rich cultural experience を修飾する接触節。

【設問別解説】

問1　41　①

　　コージとユカは2人とも　41　を楽しんだ。

① 　市内探訪

② 　授業プロジェクト

③ 　英語講座

④ 　国際博覧会

　　コージの話の第2段落第1文「また，僕は市内の探訪を楽しみました」と，ユカの話の第3段落第1文「それから，言うのを忘れるところでしたが，市内を回るのは大変楽しいことでした」から，コージもユカも2人が市内探訪を楽しんだことが分かる。したがって，①が正解。②，③，④はコージが楽しんだ内容なので，不正解。

問2　42　②

　　コージは何について不満を述べたか？　42

- complain about A「Aについて不満を述べる」

① 　彼の顧問は，助けが必要なときに近くにいないことが多かった。

②　ホストファミリーはコージと一緒に過ごす暇がほとんどなかった。

③　コンピュータ室には，役に立つ職員がいなかった。

④　語学の授業はそんなに面白くなかった。

　コージの話の第4段落第1～4文「僕は1つ残念に思うことがあります，それはホストファミリーについてです。ホームステイ先の両親と10歳の息子はよい人たちでしたが，いつも大変忙しかったのです。両親ともに夜遅くまで働き，男の子は地元のホッケーチームに所属していました。そのため，僕は1人で食事をしなければならないことも多く，彼らと交流する時間があまりありませんでした」で，コージはホストファミリーの皆が忙しくて自分と一緒に過ごす時間が少なかったという不満を述べている。したがって，②が正解。

問3　43　④

　ユカが批判したのは何か？　43

・criticism「批判」

①　彼女は国際博覧会に出席することができなかった。

②　彼女は週末の美しい島への旅行に参加できなかった。

③　ライティングセンターがいつも混んでいた。

④　カナダ文化に関する授業があまり多くなかった。

　ユカの話の第1段落第4～5文「英語の授業が多すぎて，カナダの歴史や文化を扱う講座は2つしかありませんでした。つまり，英語を勉強するだけでなく，カナダについてももっと学べればよかったということです」から，ユカはカナダの文化に関する授業があまり多くなかったことを批判している。したがって，④が正解。

問4　44　④

　次の文のうちどれが正しいか？　44

①　コージは学校施設に良い印象を持っている。

②　コージは自分の英語がもっと上達してもよかったと思っている。

③　ユカは宿題の量について否定的な印象を持っている。

　・negative「否定的な」

④　ユカはホームステイ先の両親に対して好意的な感情を持っている。

　・positive「好意的な／肯定的な」

　ユカの話の第4段落第1文「実は，私の滞在をすごくわくわくさせ，忘れられないものにしたのはホストファミリーでした」と第5段落第1文「私の場合は，ホストファミリーが提供してくれた豊かな文化体験とホストファミリーそのものが，滞在の一番良かったことでした」から，④が正解。コージは第3段落第4文で「ライティングセンターのコンピュータ室はいつも混雑していて，特に学生が学期中間論文や学期末論文を書いているときは混雑していて，長く待つのにはいらいらしました」と学校の施設であるライティングセンターについて不満を述べているので，①は不正解。コージの話の第1段落第3文で「僕の英語はとても上達しました」と述べているので，②も不正解。ユカの話に③のような「宿題の量について」はないの

で，不正解。

問5 45 ②

次の絵の組み合わせのうち，ユカの話の中で，ユカが述べた2つの体験を最もよく表しているものはどれか？ 45

＜絵の組み合せ＞
① オーケストラのコンサートと船旅
② バーベキューパーティーとホストファーザーの手伝い
③ カナダ先住民美術館と1人の食事
④ オーケストラのコンサートと1人の食事

　ユカの話の第4段落第3文「彼(＝ホストファーザー)と話をするだけでも刺激的でした。そして，私が宿題や友達や学校の活動で問題を抱えたときには，彼もホストマザーも，いつも私を助けてくれました」と第4段落第6～7文「彼らはまた友人も多く，彼らが開いたすべてのバーベキューパーティーで私はとても多くの人たちと会いました」から，②が正解。①の船による島への旅行と③，④の1人の食事および③のカナダ先住民美術館は，コージの話の中に出てきたものであるので，不正解。

第6問　長文読解問題

【全訳】
(1)　ある高校生が，月曜日に理科のテストを受けるのだが，週末のほとんどをテレビゲームをして過ごし，日曜日の夜遅くになってやっと勉強を始める。する必要のあることをこのように避けたり遅らせたりすることは，「先延ばし」と呼ばれている。見積もりによると，最大で95パーセントの人たちが少なくとも時々は先延ばしをし，そのうちの約20パーセントがあまりにたくさん先延ばしをしすぎる。従来，先延ばしをする人は怠け者と考えられてきたが，研究はこれが真実

ではないと述べている。先延ばしの根本原因について知ることは，なぜたいていの人たちがある程度，先延ばしを行うのかを私たちが理解するのに役立ち，また私たち自身の先延ばしを減らすのにも役立つことにもなる。先延ばしの背後にあるすべての理由について研究者たちの意見が一致しているわけではないが，その理由を明らかにしうるいくつかの要因については一般的に見解の一致をみている。

(2)　第1の要因は，人々がその仕事をどのくらい楽しく，あるいは不愉快に思うかということである。研究によれば，人々は不愉快だと思う仕事を延期する。多くの高校生は，部屋の掃除や宿題を遅らせるだろう。しかし，多くは友達のメールに返信するようなことは遅らせないだろう。ある仕事が好きかどうかは個人によるということを覚えておくことが重要である。たとえば，自転車が大好きな人はパンクしたタイヤの修理を遅らせないかもしれないが，そうでない人は修理を延期するだろう。

(3)　人々が目の前の仕事をどう感じるかだけでなく，作業を行う自分の能力に関してどの程度自信を持っているかもまた，先延ばしに関係している。たとえば，成功をあまり期待していない人たちの方が，特定の仕事を始めることを延期する可能性が高い。逆に，うまくできると信じている人たちは，きつい作業を避けるのではなく，引き受ける可能性が高い。しかし，自信を持ちすぎるとまた先延ばしにつながることがあると主張するカウンセラーもいることは，注目されるべきである。つまり，特定の作業をどれほど簡単にできるかを過大評価しすぎて，始めるのが遅すぎる人もいるのである。

(4)　また別の要因は，自制心を働かすことができるかどうかである。自制心が少ない人は，簡単に自分の仕事から離れてしまうことがある。プレゼンテーションに取り組もうとしていた夜に，カラオケで歌う誘いにのってしまうということが，1つの例であろう。自制心，つまり誘惑に抵抗し計画をやり通す能力は，私たちの多くがその扱いに苦労するものである。興味深いことに，年齢が自制心と関連していると言われている。研究によれば，人は年をとればとるほど，仕事をするのをぎりぎりまで引き伸ばす可能性が低くなる。

(5)　最後に，先延ばしと，人が努力に対する報酬を受けるまでにどのくらい待たなければならないかということの間にも関連性がある。たとえば，学校で一生懸命勉強しても，高校生は即座に報酬をもらえないかもしれない。つまり，彼らが学ぶことは現在に役立つようには思えない。しかし，勉強は，夢を追求するのに必要な知識や技能のような将来の報酬を，彼らに与えうる。時には，報酬があまりにも遠く離れていると，努力することの利益を見出すのが難しい。多くの人たち

36

が，若い時に，老後に備えて貯金を始めないのはこれで説明がつく。

(6) 先延ばしの根本原因は何だろうか？　ここで述べられている行いは，たいていの人たちによくあることのように思われるので，時々先延ばしにするだけというのであれば，習慣を完全に変える必要はない。これに対して，自分の先延ばしが問題であると感じるなら，それを減らす第一歩は，その裏にある理由を突き止めることである。自己啓発の本やウェブサイトには先延ばしを克服するための多くの対処法が載っているが，問題の根本原因を理解することによってのみ，自分にふさわしい手段を選ぶことができるのである。

【語句】

◆第1〜2段落◆

・procrastination「先延ばし／ぐずぐず延ばすこと／優柔不断」

［例］　**Procrastination** is the thief of time.

　　　先延ばしは時間の盗人。→思い立ったが吉日。《ことわざ》

・estimate「推定する／見積もる」

・up to A「最高［最大］Aまで／Aに至るまで」

［例］　Choose **up to** 2 free gifts depending on your order size.

　　　ご注文の数量により無料プレゼントを最大2個まで選ぶことができます。

・procrastinate「先延ばしする／ぐずぐずする／遅らせる」

・root「根本(原因)／根源」通例 the roots で用いる。

・to some extent「ある程度」

［例］　I feel responsible for the accident **to some extent**.

　　　私は，その事故に対してある程度，責任を感じている。

・general agreement「一般的な見解の一致／一般合意」

・factor「要因」

・explain「明らかにする／説明する」

・pleasant「楽しい／愉快な」

・unpleasant「不愉快な」

・task「仕事／作業」

・research「研究／調査」

・put off「延期する」（＝postpone）

［例］　Never **put off** till tomorrow what you can do today.

　　　今日できることは明日まで延ばすな。《ことわざ》

・tasks they find unpleasant「不愉快だと思う仕事」they find unpleasant は tasks を修飾する接触節。

・delay 〜ing「〜することを延期する／延ばす」

［例］ Why have you **delayed seeing** the dentist?
　　　歯医者に行くのをどうして遅らせているのですか？

・clean「掃除する」
・respond to A「Aに答える／返答［応答］する」answer よりも堅い語。
［例］ He had to **respond to** that letter.
　　　彼はその手紙に返事を書かなければならなかった。
・Whether or not SV ...「…であるかどうか」
・depend on A「Aによる／左右される」
・individual「個人」
・fix「修理する」
・punctured tire 「パンクしたタイヤ」

◆第3〜4段落◆
・in addition to A「Aだけでなく／Aにくわえて」
・at hand「目の前の」
・the amount of confidence they have 「彼らが持っている自信の量→どの程度
　自信を持っているか」 they have は confidence を修飾する接触節。they
　have の前に目的格の関係代名詞 that / which を補ってもよい。
　amount「量」
　confidence「自信」
・ability to-不定詞「〜する能力」
・be related to A「Aに関係している／かかわり合いを持つ」
［例］ The color of blood **is related to** the compounds that transport oxygen.
　　　血液の色は酸素を運ぶ化合物に関係している。
・for instance「たとえば」
・those who ...「…の人たち」
・expectation「期待」
・be more likely to-不定詞「〜する可能性がより高い」
・postpone「延期する」（= put off ）
・particular「特定の」
・conversely「逆に（言えば）／反対に」
［例］ Sam likes summer, **conversely**, Lin likes winter.
　　　サムは夏が好きだが，逆に，リンは冬が好きだ。
・perform「行う」
・take on A「（仕事・責任などを）引き受ける」
［例］ Do you really think you should **take on** two big projects at the same
　　time?
　　　あなたは本当に，同時に2つの大きなプロジェクトを引き受けるべきだと思
　　いますか？

- challenging「きつい／骨の折れる／やりがいのある」
- rather than …「…よりもむしろ」
- avoid「避ける」
- note「注目する／注意する」
- though「しかし」ここは接続詞でなく，副詞として使われている。
- counselor「カウンセラー」
- argue「主張する」
- lead to A「Aにつながる／Aをもたらす」

［例］ His constant overwork **led to** a nervous breakdown.
　　　　彼はずっと働きすぎだったのでついに神経衰弱になった。

- overestimate「過大評価する」
- exercise「働かす／発揮する／行使する」
- self-control「自制心」
- be drawn away from A「Aから離れる」
- accept「受け入れる」
- work on A「Aに取り組む」
- presentation「プレゼンテーション／発表」
- resist「抵抗する」
- temptation「誘惑」
- stick to A「Aをやり通す／Aに固執する」
- something many of us struggle with「私たちの多くがその扱いに苦労するもの」many of us struggle with は something を修飾する接触節。
  struggle with A「Aに苦労する／取り組む／苦しむ」

［例］ Harold is **struggling with** a decision that will affect his entire future.
　　　　ハロルドは，自分の将来に影響する決定のことで苦労している。

- interestingly「興味深いことに」
- be associated with A「Aに関連している」
- the older people become, the less likely they are to delay doing their work until the last minute.「人は年をとればとるほど，仕事をするのをぎりぎりまで引き伸ばす可能性が低くなる」the ＋比較級＋ S'V'…, the ＋比較級＋SV〜の形で「…すればするほど，ますます〜」という意味を表す。本文では，people become old, they are likely to delay doing their work until the last minute が，それぞれ people become older, they are less likely to delay doing their work until the last minute になり，older と less likely にそれぞれ the がついて文頭に出ている。

［例］ **The more** friends Tim had, **the more** social he became.
　　　　たくさんの友人を持てば持つほど，ティムはますます社交的になった。
  less＜little の比較級

be likely to-不定詞「〜する可能性が高い」

until the last minute「ぎりぎりまで／最後の瞬間まで」

◆第5〜6段落◆

・lastly「最後に」本文では The first factor→ Another factor→ Lastly と列挙されている。

・link「関連性／つながり」

・reward「〔奉仕・功労などに対する〕報酬／報奨／報い／ほうび」

・effort「努力」

・immediate「即座の／すぐの」

・the present「現在」

・however「ところが」副詞で，文頭・文中・文末に置かれる。

・provide A with B「AにBを与える／提供する」

〔例〕 We **provide** our customers **with** everything.
　　　私どもはお客さまのためいっさいのご用立てをいたします。

・in the future「将来の(に)」

・the knowledge or skills necessary to pursue their dreams「夢を追求するのに必要な知識や技能」necessary to pursue their dreams が前の the knowledge or skills を修飾している。

　　knowledge「知識」

　　skill「技能」

　　necessary「必要な」

　　pursue「追求する」

・benefit「利益」

・make an effort「努力する」

・explain「説明する」

・save money「貯金する／金を貯蓄する」

〔例〕 How much money have you **saved money** for a rainy day?
　　　あなたはいざという時のためにいくら貯金していますか？

・roots「根本原因／根源／根」

・behavior described here「ここで述べられている行い」過去分詞 described here が直前の behavior を修飾している。

・common「よくある／普通の」

・completely「完全に」

・habit「習慣／癖」

・once in awhile「たまには，時々」

〔例〕 Come visit us **once in a while**.
　　　たまには遊びにきてください。

・on the other hand「これに対して／これに反して／他方では」

— 665 —

- the first step to A「Aへの第一歩」
- reduce「減らす」
- identify「突き止める」
- self-help book「自己啓発の本／自己修養本」
- numerous「数多くの」
- overcome「克服する」
- it is only by understanding the roots of the problem that you can choose the appropriate method for yourself「問題の根本原因を理解することによってのみ，自分にふさわしい手段を選ぶことができるのである／自分にふさわしい手段を選ぶことができるのは，問題の根本原因を理解することによってのみである」
  It is 〜 that ... の強調構文で，文の主語，目的語，副詞句などを，It is 〜 that ... の〜の位置に入れて強調する。本文では副詞句の only by understanding the roots of the problem が強調された強調構文である。

[例1] England won the World Cup in 1966.(もとの英文)
　　　　イングランドは1966年にワールドカップで勝った。
　　　　It was England **that** won the World Cup in 1966.(主語の強調)
　　　　It was the World Cup **that** England won in 1966.(目的語の強調)
　　　　It was in 1966 **that** England won the World Cup.(副詞句の強調)
また，強調構文が，副詞節を強調することがある。

[例2] **It was** because she was ill **that** we visited our aunt.
　　　　私たちが叔母を訪れたのは，彼女が病気だったからだ。

- appropriate「ふさわしい／適当な」
- method「手段／方法」
- for *oneself*「自分にとって／自分のために」

【設問別解説】

A
問1 46 ③
　第2段落によると，46 。
① 人は不愉快な仕事を忘れない
② 自転車が大好きな人はタイヤを早く修理することができるようになる
③ 人はいろいろな仕事を楽しいと思うだろう
④ 人はeメールを書くために仕事を先延ばしにするものだ
　第2段落第5文に，「ある仕事が好きかどうかは個人によるということを覚えておくことが重要である」とあるので，③が正解。

問2 47 ②
　第3段落は，47 を暗示している。
① 自分の能力に自信があまり持てない人は，仕事を早めに始めるだろう

2012年度　本試験〈解説〉　41

② 　自分の能力に妥当な自信を持っている人は，先延ばしをすることが少ない
　　　・reasonable「妥当な／適度な／適当な／ほどほどの」
③ 　人々の仕事をする自信は，先延ばしとは関連がない
④ 　カウンセラーのなかには，相談者の自信を過大評価するのもいる
　　　・client「依頼人／相談する人」
　　第3段落第3文「うまくできると信じている人たちは，きつい作業を避けるのではなく，引き受ける可能性が高い」より，②が正解。

問3 　48 　①
　　第4段落によると，　48 　。
① 　年を取った人ほどより大きな自制心を示す傾向がある
　　　・tend to-不定詞「～する傾向がある」
② 　人はたいて，苦労なく自制心を発揮する
　　　・struggle「努力／苦労」
③ 　自制心とは，誘いを熱心に受け入れることである
④ 　若者ほど誘惑に進んで抵抗する
　　　・be willing to-不定詞「進んで～する」
　　第4段落最終文に「研究によれば，人は年をとればとるほど，仕事をするのをぎりぎりまで引き伸ばす可能性が低くなる」と述べられているため，①が正解。

問4 　49 　①
　　第5段落は，多くの人々が老後に備えて貯蓄を始めるのを遅らせるのは　49 　という理由からだと論じている。
① 　老後は時間的にあまりに遠くのことのように思える
② 　老後までの時間は異なっている
③ 　心配することは他にもある
④ 　利益がほとんどないだろう
　　第5段落第4～5文「時には，報酬があまりにも遠く離れていると，努力することの利益を見出すのが難しい。多くの人たちが，若い時に，老後に備えて貯金を始めないのはこれで説明がつく」より，①が正解。

問5 　50 　④
　　筆者の主な主張は　50 　ということである。
① 　先延ばしの4つの説明について多くの人が同意している
② 　先延ばしをする人は，もはや怠惰であるとみなされていない
　　　・no longer「もはや～でない」
　　　・be thought as A「Aとみなされる」
③ 　先延ばしは我々の社会で問題になっている
　　　・problematic「問題のある／解決の難しい」
④ 　原因を理解することで先延ばしをうまく処理できる
　　筆者の主な主張というのは，第6段落にある。最終文「自己啓発の本やウェブサ

— 667 —

42

イトには先延ばしを克服するための多くの対処法が載っているが，問題の根本原因を理解することによってのみ，自分にふさわしい手段を選ぶことができるのである」より，④が正解。

B

51 ② 52 ① 53 ③ 54 ④

段落	内容
(1)	51 ②
(2)	52 ①
(3)	自分の能力に対する自信
(4)	仕事をやり通す能力
(5)	53 ③
(6)	54 ④

① 仕事の魅力
② 先延ばしという現象
　・phenomenon「現象」
③ 将来の利得に気付く時期
　・timing「時期／タイミング」
④ 先延ばしの対処法
　・deal with A「Aに対処する」

　第1段落では，テーマの「先延ばし」を紹介しているので，「先延ばしという現象」の②が正解。第2段落では，先延ばしの第1の要因である，仕事の愉快さ・不愉快さ，好みについて述べられているので，①が正解。第5段落は，先延ばしの最後の要因についてである。「人が努力に対する報酬を受けるまでにどのくらい待たなければならないかということ」，「報酬があまりにも遠く離れていると，努力することの利益を見出すのが難しい」という報酬・利益と時期との関係について述べられているので，③が正解。第6段落では，最後の部分で，「自己啓発の本やウェブサイトには先延ばしを克服するための多くの対処法が載っているが，問題の根本原因を理解することによってのみ，自分にふさわしい手段を選ぶことができるのである」と述べられているので，④が正解。

— 668 —

MEMO

MEMO

MEMO

河合出版ホームページ
http://www.kawai-publishing.jp/
E-mail
kp@kawaijuku.jp

表紙デザイン　河野宗平

2022大学入学共通テスト 過去問レビュー **英　語**

定　価　**本体980円＋税**

発　行　2021年5月20日

編　者　河合出版編集部

発行者　両角恭洋

発行所　**株式会社　河合出版**

[東　京] 東京都渋谷区代々木1－21－10
〒151-0053　　tel (03)5354-8241
　　　　　　　　fax(03)5354-8781

[名古屋] 名古屋市東区葵3－24－2
〒461-0004　　tel (052)930-6310
　　　　　　　　fax(052)936-6335

印刷所　株式会社 加藤文明社

製本所　望月製本所

© 河合出版編集部
2021 Printed in Japan
・乱丁本，落丁本はお取り替えいたします。
・編集上のご質問，お問い合わせは，
　編集部までお願いいたします。
（禁無断転載）
ISBN 978-4-7772-2437-1

河合塾
SERIES

2022 大学入学
共通テスト
過去問レビュー
英 語
●問題編●

河合出版

▶問題編◀

リスニング

2021年度　　第1日程　　3

リーディング

2021年度　　第1日程　　25

2020年度　　本試験　　59　　追試験　87

2019年度　　本試験　　117　　追試験　145

2018年度　　本試験　　173　　追試験　201

2017年度　　本試験　　227　　追試験　255

2016年度　　本試験　　285

2015年度　　本試験　　313

2014年度　　本試験　　341

2013年度　　本試験　　369

2012年度　　本試験　　399

英　語
（リスニング）

（2021年1月実施）

（解答時間）
30分　100点

2021　リスニング　第1日程

☆音声問題を用い30分間で解答を行うが，解答開始前に受験者に配付したICプレーヤーの作動確認，音量調節を受験者本人により行うため，試験時間は60分です。

☆付録のCDおよびダウンロードするMP3ファイルは大学入試センターから公表された音声を河合出版が独自に編集したものです。

$$\left(\text{解答番号}\boxed{1} \sim \boxed{37}\right)$$

第1問 (配点 25) **音声は2回流れます。**

第1問はAとBの二つの部分に分かれています。

A 　第1問Aは問1から問4までの4問です。英語を聞き，それぞれの内容と最もよく合っているものを，四つの選択肢(①~④)のうちから一つずつ選びなさい。

問1 　$\boxed{1}$

① The speaker does not want any juice.

② The speaker is asking for some juice.

③ The speaker is serving some juice.

④ The speaker will not drink any juice.

問2 　$\boxed{2}$

① The speaker wants to find the beach.

② The speaker wants to know about the beach.

③ The speaker wants to see a map of the beach.

④ The speaker wants to visit the beach.

$\boxed{4}$

2021年度　リスニング　第1日程　3

問 3　　3

① Yuji is living in Chiba.

② Yuji is studying in Chiba.

③ Yuji will begin his job next week.

④ Yuji will graduate next week.

問 4　　4

① David gave the speaker ice cream today.

② David got ice cream from the speaker today.

③ David will get ice cream from the speaker today.

④ David will give the speaker ice cream today.

これで第1問Aは終わりです。

B 第1問Bは問5から問7までの3問です。英語を聞き，それぞれの内容と最もよく合っている絵を，四つの選択肢(①〜④)のうちから一つずつ選びなさい。

問 5 5

①

②

③

④

問6　6

①

②

③

④

問 7 7

①

②

③

④

これで第1問Bは終わりです。

第2問 (配点 16) <u>音声は2回流れます。</u>

第2問は問8から問11までの4問です。それぞれの問いについて、対話の場面が日本語で書かれています。対話とそれについての問いを聞き、その答えとして最も適切なものを、四つの選択肢（①～④）のうちから一つずつ選びなさい。

問 8　Maria の水筒について話をしています。　8

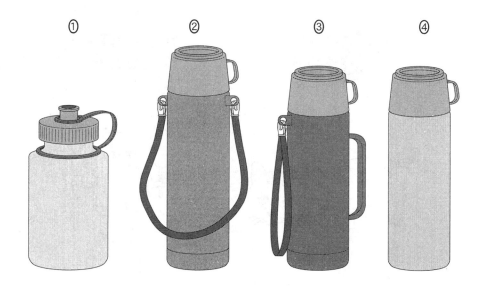

問 9　コンテストでどのロボットに投票するべきか，話をしています。　9

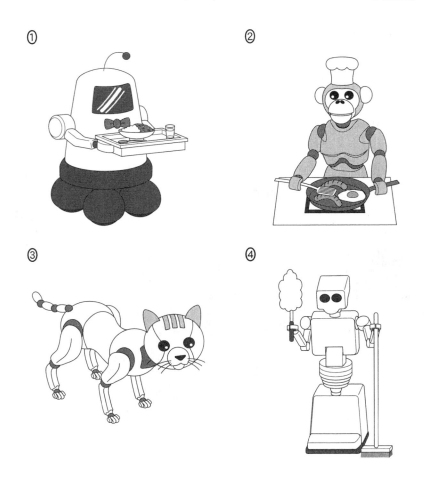

問10 父親が，夏の地域清掃に出かける娘と話をしています。 10

①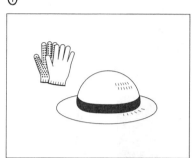

②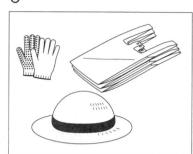

③

④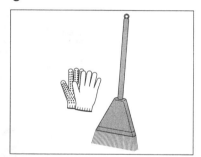

問11 車いすを使用している男性が駅員に質問をしています。

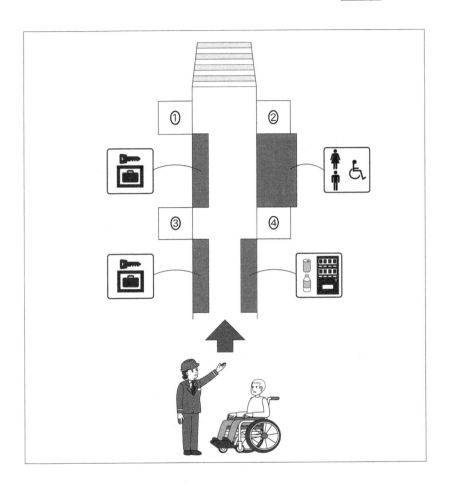

これで第2問は終わりです。

2021年度　リスニング　第1日程　11

第3問 (配点 18) 音声は1回流れます。

　　第3問は問12から問17までの6問です。それぞれの問いについて，対話の場面が日本語で書かれています。対話を聞き，問いの答えとして最も適切なものを，四つの選択肢(①〜④)のうちから一つずつ選びなさい。(問いの英文は書かれています。)

問12　同窓会で先生が卒業生と話をしています。

What does the teacher have to do on April 14th?　12

① Attend a meeting
② Have a rehearsal
③ Meet with students
④ See the musical

問13　台所で夫婦が食料品を片付けています。

What will be put away first?　13

① Bags
② Boxes
③ Cans
④ Containers

問14　職場で女性が男性に中止になった会議について尋ねています。

Which is true according to the conversation?　14

① The man didn't make a mistake with the email.
② The man sent the woman an email.
③ The woman didn't get an email from the man.
④ The woman received the wrong email.

13

12

問15　イギリスにいる弟が，東京に住んでいる姉と電話で話をしています。

What does the woman think about her brother's plan?　15

① He doesn't have to decide the time of his visit.

② He should come earlier for the cherry blossoms.

③ The cherry trees will be blooming when he comes.

④ The weather won't be so cold when he comes.

問16　友人同士が野球の試合のチケットについて話をしています。

Why is the man in a bad mood?　16

① He couldn't get a ticket.

② He got a ticket too early.

③ The woman didn't get a ticket for him.

④ The woman got a ticket before he did.

問17　友人同士が通りを歩きながら話をしています。

What did the woman do?　17

① She forgot the prime minister's name.

② She mistook a man for someone else.

③ She told the man the actor's name.

④ She watched an old movie recently.

これで第３問は終わりです。

第 4 問 (配点 12) 音声は1回流れます。

第4問はAとBの二つの部分に分かれています。

A 第4問Aは問18から問25の8問です。話を聞き，それぞれの問いの答えとして最も適切なものを，選択肢から選びなさい。問題文と図表を読む時間が与えられた後，音声が流れます。

問18～21 あなたは，授業で配られたワークシートのグラフを完成させようとしています。先生の説明を聞き，四つの空欄 18 ～ 21 に入れるのに最も適切なものを，四つの選択肢（①～④）のうちから一つずつ選びなさい。

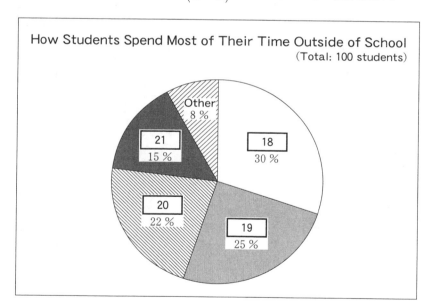

① Going out with friends
② Playing online games
③ Studying
④ Working part-time

14

問22～25 あなたは，留学先のホストファミリーが経営している DVD ショップで手伝いをしていて，DVD の値下げについての説明を聞いています。話を聞き，下の表の四つの空欄 | 22 | ～ | 25 | に入れるのに最も適切なものを，五つの選択肢(①～⑤)のうちから一つずつ選びなさい。選択肢は 2 回以上使ってもかまいません。

Titles	Release date	Discount
Gilbert's Year to Remember	1985	
★ Two Dogs and a Boy	1997	22
Don't Forget Me in the Meantime	2003	23
★ A Monkey in My Garden	2007	24
A Journey to Another World	2016	
A Moment Frozen in a Memory	2019	25

① 10 %

② 20 %

③ 30 %

④ 40 %

⑤ no discount

これで第 4 問 A は終わりです。

16

B 第4問Bは問26の1問です。話を聞き，示された条件に最も合うものを，四つの選択肢（①～④）のうちから一つ選びなさい。下の表を参考にしてメモを取ってもかまいません。**状況と条件を読む時間が与えられた後，音声が流れます。**

状況

　あなたは，旅行先のニューヨークで見るミュージカルを一つ決めるために，四人の友人のアドバイスを聞いています。

あなたが考えている条件

　A．楽しく笑えるコメディーであること

　B．人気があること

　C．平日に公演があること

	Musical titles	Condition A	Condition B	Condition C
①	It's Really Funny You Should Say That!			
②	My Darling, Don't Make Me Laugh			
③	Sam and Keith's Laugh Out Loud Adventure			
④	You Put the 'Fun' in Funny			

問26　" 　26　 " is the musical you are most likely to choose.

① It's Really Funny You Should Say That!

② My Darling, Don't Make Me Laugh

③ Sam and Keith's Laugh Out Loud Adventure

④ You Put the 'Fun' in Funny

これで第4問Bは終わりです。

16

第5問 (配点 15) 音声は1回流れます。

第5問は問27から問33の7問です。

最初に講義を聞き，問27から問32に答えなさい。次に続きを聞き，問33に答えなさい。状況・ワークシート，問い及び図表を読む時間が与えられた後，音声が流れます。

状況

あなたはアメリカの大学で，幸福観についての講義を，ワークシートにメモを取りながら聞いています。

ワークシート

○ **World Happiness Report**

・Purpose: To promote 〔 27 〕 happiness and well-being

・Scandinavian countries: Consistently happiest in the world (since 2012)

Why? ⇒ **"Hygge"** lifestyle in Denmark

spread around the world in 2016

○ **Interpretations of Hygge**

	Popular Image of Hygge	Real Hygge in Denmark
What	28	29
Where	30	31
How	special	ordinary

18

— 18 —

問27 ワークシートの空欄 27 に入れるのに最も適切なものを，四つの選択肢
(①〜④)のうちから一つ選びなさい。

① a sustainable development goal beyond

② a sustainable economy supporting

③ a sustainable natural environment for

④ a sustainable society challenging

問28〜31 ワークシートの空欄 28 〜 31 に入れるのに最も適切なもの
を，六つの選択肢(①〜⑥)のうちから一つずつ選びなさい。選択肢は2回以上
使ってもかまいません。

① goods　　　　　② relationships　　　③ tasks

④ everywhere　　⑤ indoors　　　　　⑥ outdoors

問32 講義の内容と一致するものはどれか。最も適切なものを，四つの選択肢
(①〜④)のうちから一つ選びなさい。 32

① Danish people are against high taxes to maintain a standard of living.

② Danish people spend less money on basic needs than on socializing.

③ Danish people's income is large enough to encourage a life of luxury.

④ Danish people's welfare system allows them to live meaningful lives.

第5問はさらに続きます。

問33 講義の続きを聞き，**下の図から読み取れる情報と講義全体の内容から**どのようなことが言えるか，最も適切なものを，四つの選択肢(①〜④)のうちから一つ選びなさい。33

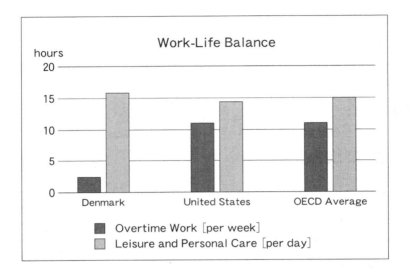

① People in Denmark do less overtime work while maintaining their productivity.
② People in Denmark enjoy working more, even though their income is guaranteed.
③ People in OECD countries are more productive because they work more overtime.
④ People in the US have an expensive lifestyle but the most time for leisure.

これで第5問は終わりです。

2021年度　リスニング　第1日程　19

第6問 （配点 14） 音声は1回流れます。

第6問はAとBの二つの部分に分かれています。

A 　第6問Aは問34・問35の2問です。二人の対話を聞き，それぞれの問いの答えとして最も適切なものを，四つの選択肢（①～④）のうちから一つずつ選びなさい。（問いの英文は書かれています。）状況と問いを読む時間が与えられた後，音声が流れます。

状況

Jane が Sho とフランス留学について話をしています。

問34　**What is Jane's main point?**　34

① A native French-speaking host family offers the best experience.

② Having a non-native dormitory roommate is more educational.

③ Living with a native speaker shouldn't be a priority.

④ The dormitory offers the best language experience.

問35　**What choice does Sho need to make?**　35

① Whether to choose a language program or a culture program

② Whether to choose the study abroad program or not

③ Whether to stay with a host family or at the dormitory

④ Whether to stay with a native French-speaking family or not

これで第6問Aは終わりです。

21

20

B 　第6問Bは**問36・問37**の2問です。会話を聞き，それぞれの問いの答えとして最も適切なものを，選択肢のうちから一つずつ選びなさい。下の表を参考にしてメモを取ってもかまいません。**状況と問いを読む時間が与えられた後，音声が流れます。**

状況
四人の学生(Yasuko, Kate, Luke, Michael)が，店でもらうレシートについて意見交換をしています。

Yasuko	
Kate	
Luke	
Michael	

問36　会話が終わった時点で，レシートの電子化に**賛成した人**は四人のうち何人でしたか。四つの選択肢(①〜④)のうちから一つ選びなさい。　| 36 |

① 　1人
② 　2人
③ 　3人
④ 　4人

| 22 |

問37　会話を踏まえて，Luke の意見を最もよく表している図表を，四つの選択肢（①〜④）のうちから一つ選びなさい。　37

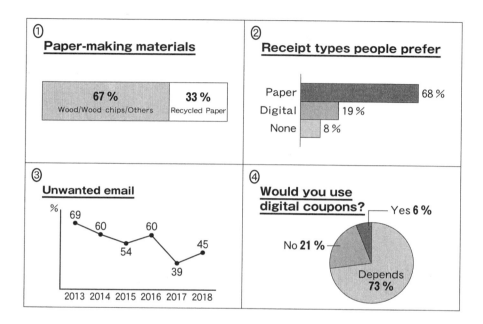

これで第6問Bは終わりです。

MEMO

英　　語
（リーディング）

（2021年1月実施）

80分　100点

2021 第1日程

2

各大問の英文や図表を読み，解答番号 | 1 | ～ | 47 | にあてはまるものとして
最も適当な選択肢を選びなさい。

第 1 問 (配点 10)

A Your dormitory roommate Julie has sent a text message to your mobile
phone with a request.

Help!!!
Last night I saved my history homework on a USB memory
stick. I was going to print it in the university library this
afternoon, but I forgot to bring the USB with me. I need to
give a copy to my teacher by 4 p.m. today. Can you bring my
USB to the library? I think it's on top of my history book on
my desk. I don't need the book, just the USB.♡

Sorry Julie, I couldn't find it. The history book was there, but
there was no USB memory stick. I looked for it everywhere,
even under your desk. Are you sure you don't have it with
you? I'll bring your laptop computer with me, just in case.

You were right! I did have it. It was at the bottom of my bag.
What a relief!
Thanks anyway. ☺

— 26 —

問 1　What was Julie's request?　1

① To bring her USB memory stick

② To hand in her history homework

③ To lend her a USB memory stick

④ To print out her history homework

問 2　How will you reply to Julie's second text message?　2

① Don't worry. You'll find it.

② I'm really glad to hear that.

③ Look in your bag again.

④ You must be disappointed.

4

B Your favorite musician will have a concert tour in Japan, and you are thinking of joining the fan club. You visit the official fan club website.

TYLER QUICK FAN CLUB

Being a member of the **TYLER QUICK** (**TQ**) fan club is so much fun! You can keep up with the latest news, and take part in many exciting fan club member events. All new members will receive our New Member's Pack. It contains a membership card, a free signed poster, and a copy of **TQ**'s third album ***Speeding Up***. The New Member's Pack will be delivered to your home, and will arrive a week or so after you join the fan club.

TQ is loved all around the world. You can join from any country, and you can use the membership card for one year. The **TQ** fan club has three types of membership: Pacer, Speeder, and Zoomer.

Please choose from the membership options below.

What you get (♫)	Membership Options		
	Pacer ($20)	Speeder ($40)	Zoomer ($60)
Regular emails and online magazine password	♫	♫	♫
Early information on concert tour dates	♫	♫	♫
TQ's weekly video messages	♫	♫	♫
Monthly picture postcards		♫	♫
TQ fan club calendar		♫	♫
Invitations to special signing events			♫
20% off concert tickets			♫

— 28 —

◇Join before May 10 and receive a $10 discount on your membership fee!

◇There is a $4 delivery fee for every New Member's Pack.

◇At the end of your 1st year, you can either renew or upgrade at a 50% discount.

Whether you are a Pacer, a Speeder, or a Zoomer, you will love being a member of the **TQ** fan club. For more information, or to join, click *here*.

問 1 A New Member's Pack 3 .

① includes TQ's first album
② is delivered on May 10
③ requires a $10 delivery fee
④ takes about seven days to arrive

問 2 What will you get if you become a new Pacer member? 4

① Discount concert tickets and a calendar
② Regular emails and signing event invitations
③ Tour information and postcards every month
④ Video messages and access to online magazines

問 3 After being a fan club member for one year, you can 5 .

① become a Zoomer for a $50 fee
② get a New Member's Pack for $4
③ renew your membership at half price
④ upgrade your membership for free

6

第2問 (配点 20)

A As the student in charge of a UK school festival band competition, you are examining all of the scores and the comments from three judges to understand and explain the rankings.

Judges' final average scores				
Band names　　　　　　　Qualities	Performance (5.0)	Singing (5.0)	Song originality (5.0)	Total (15.0)
Green Forest	3.9	4.6	5.0	13.5
Silent Hill	4.9	4.4	4.2	13.5
Mountain Pear	3.9	4.9	4.7	13.5
Thousand Ants	(did not perform)			

Judges' individual comments	
Mr Hobbs	Silent Hill are great performers and they really seemed connected with the audience. / Mountain Pear's singing was great. / I loved Green Forest's original song. / It was amazing!
Ms Leigh	Silent Hill gave a great performance. It was incredible how the audience responded to their music. / I really think that Silent Hill will become popular! / Mountain Pear have great voices, but they were not exciting on stage. / Green Forest performed a fantastic new song, but I think they need to practice more. /
Ms Wells	Green Forest have a new song. / I loved it! I think it could be a big hit!

— 30 —

Judges' shared evaluation (summarised by Mr Hobbs)
Each band's total score is the same, but each band is very different. Ms Leigh and I agreed that performance is the most important quality for a band. Ms Wells also agreed. Therefore, first place is easily determined. To decide between second and third places, Ms Wells suggested that song originality should be more important than good singing. Ms Leigh and I agreed on this opinion.

問 1　Based on the judges' final average scores, which band sang the best?

6

① Green Forest
② Mountain Pear
③ Silent Hill
④ Thousand Ants

問 2　Which judge gave both positive and critical comments? 7

① Mr Hobbs
② Ms Leigh
③ Ms Wells
④ None of them

8

問 3 One **fact** from the judges' individual comments is that ⬚8⬚ .

① all the judges praised Green Forest's song

② Green Forest need to practice more

③ Mountain Pear can sing very well

④ Silent Hill have a promising future

問 4 One **opinion** from the judges' comments and shared evaluation is that ⬚9⬚ .

① each evaluated band received the same total score

② Ms Wells' suggestion about originality was agreed on

③ Silent Hill really connected with the audience

④ the judges' comments determined the rankings

問 5 Which of the following is the final ranking based on the judges' shared evaluation? ⬚10⬚

	1st	2nd	3rd
①	Green Forest	Mountain Pear	Silent Hill
②	Green Forest	Silent Hill	Mountain Pear
③	Mountain Pear	Green Forest	Silent Hill
④	Mountain Pear	Silent Hill	Green Forest
⑤	Silent Hill	Green Forest	Mountain Pear
⑥	Silent Hill	Mountain Pear	Green Forest

— 32 —

B You've heard about a change in school policy at the school in the UK where you are now studying as an exchange student. You are reading the discussions about the policy in an online forum.

New School Policy ＜Posted on 21 September 2020＞

To: P. E. Berger

From: K. Roberts

Dear Dr Berger,

On behalf of all students, welcome to St Mark's School. We heard that you are the first Head Teacher with a business background, so we hope your experience will help our school.

I would like to express one concern about the change you are proposing to the after-school activity schedule. I realise that saving energy is important and from now it will be getting darker earlier. Is this why you have made the schedule an hour and a half shorter? Students at St Mark's School take both their studies and their after-school activities very seriously. A number of students have told me that they want to stay at school until 6.00 pm as they have always done. Therefore, I would like to ask you to think again about this sudden change in policy.

Regards,

Ken Roberts

Head Student

Re: New School Policy < Posted on 22 September 2020 >

To: K. Roberts

From: P. E. Berger

Dear Ken,

Many thanks for your kind post. You've expressed some important concerns, especially about the energy costs and student opinions on school activities.

The new policy has nothing to do with saving energy. The decision was made based on a 2019 police report. The report showed that our city has become less safe due to a 5% increase in serious crimes. I would like to protect our students, so I would like them to return home before it gets dark.

Yours,

Dr P. E. Berger

Head Teacher

2021年度　リーディング　第1日程　11

問 1　Ken thinks the new policy ☐11☐ .

① can make students study more

② may improve school safety

③ should be introduced immediately

④ will reduce after-school activity time

問 2　One **fact** stated in Ken's forum post is that ☐12☐ .

① more discussion is needed about the policy

② the Head Teacher's experience is improving the school

③ the school should think about students' activities

④ there are students who do not welcome the new policy

問 3　Who thinks the aim of the policy is to save energy? ☐13☐

① Dr Berger

② Ken

③ The city

④ The police

— 35 —

12

問 4 Dr Berger is basing his new policy on the **fact** that 14 .

① going home early is important

② safety in the city has decreased

③ the school has to save electricity

④ the students need protection

問 5 What would you research to help Ken oppose the new policy? 15

① The crime rate and its relation to the local area

② The energy budget and electricity costs of the school

③ The length of school activity time versus the budget

④ The study hours for students who do after-school activities

第3問 (配点 15)

A You are planning to stay at a hotel in the UK. You found useful information in the Q&A section of a travel advice website.

I'm considering staying at the Hollytree Hotel in Castleton in March 2021. Would you recommend this hotel, and is it easy to get there from Buxton Airport?

(Liz)

Answer

Yes, I strongly recommend the Hollytree. I've stayed there twice. It's inexpensive, and the service is brilliant! There's also a wonderful free breakfast. (Click *here* for access information.)

Let me tell you my own experience of getting there.

On my first visit, I used the underground, which is cheap and convenient. Trains run every five minutes. From the airport, I took the Red Line to Mossfield. Transferring to the Orange Line for Victoria should normally take about seven minutes, but the directions weren't clear and I needed an extra five minutes. From Victoria, it was a ten-minute bus ride to the hotel.

The second time, I took the express bus to Victoria so I didn't have to worry about transferring. At Victoria, I found a notice saying there would be roadworks until summer 2021. Now it takes three times as long as usual to get to the hotel by city bus, although buses run every ten minutes. It's possible to walk, but I took the bus as the weather was bad.

Enjoy your stay!

(Alex)

Access to the Hollytree Hotel

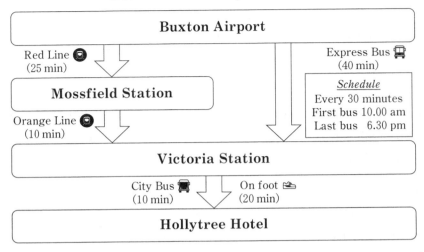

問 1　From Alex's answer, you learn that Alex [16] .

① appreciates the convenient location of the hotel
② got lost in Victoria Station on his first visit to Castleton
③ thinks that the hotel is good value for money
④ used the same route from the airport both times

問 2　You are departing on public transport from the airport at 2.00 pm on 15 March 2021. What is the fastest way to get to the hotel? [17]

① By express bus and city bus
② By express bus and on foot
③ By underground and city bus
④ By underground and on foot

B Your classmate showed you the following message in your school's newsletter, written by an exchange student from the UK.

Volunteers Wanted!

Hello, everyone. I'm Sarah King, an exchange student from London. I'd like to share something important with you today.

You may have heard of the Sakura International Centre. It provides valuable opportunities for Japanese and foreign residents to get to know each other. Popular events such as cooking classes and karaoke contests are held every month. However, there is a serious problem. The building is getting old, and requires expensive repairs. To help raise funds to maintain the centre, many volunteers are needed.

I learnt about the problem a few months ago. While shopping in town, I saw some people taking part in a fund-raising campaign. I spoke to the leader of the campaign, Katy, who explained the situation. She thanked me when I donated some money. She told me that they had asked the town mayor for financial assistance, but their request had been rejected. They had no choice but to start fund-raising.

Last month, I attended a lecture on art at the centre. Again, I saw people trying to raise money, and I decided to help. They were happy when I joined them in asking passers-by for donations. We tried hard, but there were too few of us to collect much money. With a tearful face, Katy told me that they wouldn't be able to use the building much longer. I felt the need to do something more. Then, the idea came to me that other students might be willing to help. Katy was delighted to hear this.

Now, I'm asking you to join me in the fund-raising campaign to help the Sakura International Centre. Please email me today! As an exchange student, my time in Japan is limited, but I want to make the most of it. By working together, we can really make a difference.

Class 3 A
Sarah King (sarahk@sakura-h.ed.jp)

16

問 1　Put the following events (①~④) into the order in which they happened.

$$\boxed{\text{18}} \rightarrow \boxed{\text{19}} \rightarrow \boxed{\text{20}} \rightarrow \boxed{\text{21}}$$

① Sarah attended a centre event.

② Sarah donated money to the centre.

③ Sarah made a suggestion to Katy.

④ The campaigners asked the mayor for help.

問 2　From Sarah's message, you learn that the Sakura International Centre $\boxed{\text{22}}$.

① gives financial aid to international residents

② offers opportunities to develop friendships

③ publishes newsletters for the community

④ sends exchange students to the UK

問 3　You have decided to help with the campaign after reading Sarah's message. What should you do first? $\boxed{\text{23}}$

① Advertise the events at the centre.

② Contact Sarah for further information.

③ Organise volunteer activities at school.

④ Start a new fund-raising campaign.

— 40 —

第4問 (配点 16)

Your English teacher, Emma, has asked you and your classmate, Natsuki, to help her plan the day's schedule for hosting students from your sister school. You're reading the email exchanges between Natsuki and Emma so that you can draft the schedule.

Hi Emma,

We have some ideas and questions about the schedule for the day out with our 12 guests next month. As you told us, the students from both schools are supposed to give presentations in our assembly hall from 10:00 a.m. So, I've been looking at the attached timetable. Will they arrive at Azuma Station at 9:39 a.m. and then take a taxi to the school?

We have also been discussing the afternoon activities. How about seeing something related to science? We have two ideas, but if you need a third, please let me know.

Have you heard about the special exhibition that is on at Westside Aquarium next month? It's about a new food supplement made from sea plankton. We think it would be a good choice. Since it's popular, the best time to visit will be when it is least busy. I'm attaching the graph I found on the aquarium's homepage.

Eastside Botanical Garden, together with our local university, has been developing an interesting way of producing electricity from plants. Luckily, the professor in charge will give a short talk about it on that day in the early afternoon! Why don't we go?

Everyone will want to get some souvenirs, won't they? I think West Mall, next to Hibari Station, would be best, but we don't want to carry them around with us all day.

Finally, every visitor to Azuma should see the town's symbol, the statue in Azuma Memorial Park next to our school, but we can't work out a good schedule. Also, could you tell us what the plan is for lunch?

Yours,
Natsuki

Hi Natsuki,

Thank you for your email! You've been working hard. In answer to your question, they'll arrive at the station at 9:20 a.m. and then catch the school bus.

The two main afternoon locations, the aquarium and botanical garden, are good ideas because both schools place emphasis on science education, and the purpose of this program is to improve the scientific knowledge of the students. However, it would be wise to have a third suggestion just in case.

Let's get souvenirs at the end of the day. We can take the bus to the mall arriving there at 5:00 p.m. This will allow almost an hour for shopping and our guests can still be back at the hotel by 6:30 p.m. for dinner, as the hotel is only a few minutes' walk from Kaede Station.

About lunch, the school cafeteria will provide boxed lunches. We can eat under the statue you mentioned. If it rains, let's eat inside.

Thank you so much for your suggestions. Could you two make a draft for the schedule?

Best,
Emma

Attached timetable:

Train Timetable
Kaede — Hibari — Azuma

Stations	Train No.			
	108	109	110	111
Kaede	8:28	8:43	9:02	9:16
Hibari	8:50	9:05	9:24	9:38
Azuma	9:05	9:20	9:39	9:53

Stations	Train No.			
	238	239	240	241
Azuma	17:25	17:45	18:00	18:15
Hibari	17:40	18:00	18:15	18:30
Kaede	18:02	18:22	18:37	18:52

Attached graph:

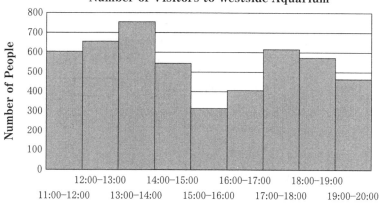

問 1　The guests from the sister school will arrive on the number ⬚24⬚ train and catch the number ⬚25⬚ train back to their hotel.

① 109　　② 110　　③ 111
④ 238　　⑤ 239　　⑥ 240

問 2　Which best completes the draft schedule?　⬚26⬚

A：The aquarium　　　　B：The botanical garden
C：The mall　　　　　　D：The school

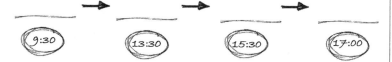

① D→A→B→C

② D→B→A→C

③ D→B→C→A

④ D→C→A→B

問 3 Unless it rains, the guests will eat lunch in the ⬚27⬚ .

① botanical garden

② park next to the school

③ park next to the station

④ school garden

問 4 The guests will **not** get around ⬚28⬚ on that day.

① by bus

② by taxi

③ by train

④ on foot

問 5 As a third option, which would be the most suitable for your program?
⬚29⬚

① Hibari Amusement Park

② Hibari Art Museum

③ Hibari Castle

④ Hibari Space Center

第5問 (配点 15)

Using an international news report, you are going to take part in an English oral presentation contest. Read the following news story from France in preparation for your talk.

Five years ago, Mrs. Sabine Rouas lost her horse. She had spent 20 years with the horse before he died of old age. At that time, she felt that she could never own another horse. Out of loneliness, she spent hours watching cows on a nearby milk farm. Then, one day, she asked the farmer if she could help look after them.

The farmer agreed, and Sabine started work. She quickly developed a friendship with one of the cows. As the cow was pregnant, she spent more time with it than with the others. After the cow's baby was born, the baby started following Sabine around. Unfortunately, the farmer wasn't interested in keeping a bull—a male cow—on a milk farm. The farmer planned to sell the baby bull, which he called Three-oh-nine (309) to a meat market. Sabine decided she wasn't going to let that happen, so she asked the farmer if she could buy him and his mother. The farmer agreed, and she bought them. Sabine then started taking 309 for walks to town. About nine months later, when at last she had permission to move the animals, they moved to Sabine's farm.

Soon after, Sabine was offered a pony. At first, she wasn't sure if she wanted to have him, but the memory of her horse was no longer painful, so she accepted the pony and named him Leon. She then decided to return to her old hobby and started training him for show jumping. Three-oh-nine, who she had renamed Aston, spent most of his time with Leon, and the two became really close friends. However, Sabine had not expected Aston to pay close attention to her training routine with Leon, nor had she expected Aston to pick up some tricks. The young bull quickly mastered walking, galloping, stopping, going backwards, and turning around on command. He responded to Sabine's voice just like a horse. And despite weighing 1,300 kg, it took him just 18 months to learn how to leap over one-meter-high horse jumps with Sabine on his back. Aston might never have learned those things without having watched Leon. Moreover, Aston understood distance and could adjust his steps before a jump. He also noticed his faults and corrected them without any help from Sabine. That's something only the very best Olympic-standard horses can do.

Now Sabine and Aston go to weekend fairs and horse shows around Europe to show off his skills. Sabine says, "We get a good reaction. Mostly, people are really surprised, and at first, they can be a bit scared because he's big—much bigger than a horse. Most people don't like to get too close to bulls with horns. But once they see his real nature, and see him performing, they often say, 'Oh he's really quite beautiful.'"

"Look!" And Sabine shows a photo of Aston on her smartphone. She then continues, "When Aston was very young, I used to take him out for walks on a lead, like a dog, so that he would get used to humans. Maybe that's why he doesn't mind people. Because he is so calm, children, in particular, really like watching him and getting a chance to be close to him."

Over the last few years, news of the massive show-jumping bull has spread rapidly; now, Aston is a major attraction with a growing number of online followers. Aston and Sabine sometimes need to travel 200 or 300 kilometers away from home, which means they have to stay overnight. Aston has to sleep in a horse box, which isn't really big enough for him.

"He doesn't like it. I have to sleep with him in the box," says Sabine. "But you know, when he wakes up and changes position, he is very careful not to crush me. He really is very gentle. He sometimes gets lonely, and he doesn't like being away from Leon for too long, but other than that, he's very happy."

Your Presentation Slides

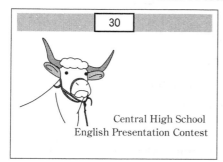

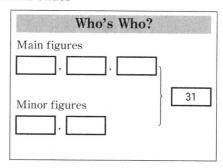

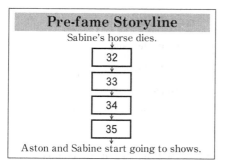

24

問 1 Which is the best title for your presentation? 30

① Animal-lover Saves the Life of a Pony

② Aston's Summer Show-jumping Tour

③ Meet Aston, the Bull who Behaves Like a Horse

④ The Relationship Between a Farmer and a Cow

問 2 Which is the best combination for the **Who's Who?** slide? 31

	Main figures	Minor figures
①	309, Aston, the farmer	Sabine, the pony
②	Aston, Aston's mother, Sabine	309, the farmer
③	Aston, Leon, the farmer	Aston's mother, Sabine
④	Aston, Sabine, the pony	Aston's mother, the farmer

問 3 Choose the four events in the order they happened to complete the **Pre-fame Storyline** slide. 32 ~ 35

① Aston learns to jump.

② Sabine and Aston travel hundreds of kilometers together.

③ Sabine buys 309 and his mother.

④ Sabine goes to work on her neighbor's farm.

⑤ Sabine takes 309 for walks.

— 48 —

問 4 Choose the two best items for the **Aston's Abilities** slide. (The order does not matter.) 36 ・ 37

① correct his mistakes by himself
② jump side-by-side with the pony
③ jump with a rider on his back
④ pick up tricks faster than a horse
⑤ pose for photographs

問 5 Complete the **Aston Now** slide with the most appropriate item. 38

① has an increasing number of fans
② has made Sabine very wealthy
③ is so famous that he no longer frightens people
④ spends most nights of the year in a horse trailer

26

第 6 問 (配点 24)

A You are working on a class project about safety in sports and found the following article. You are reading it and making a poster to present your findings to your classmates.

Making Ice Hockey Safer

Ice hockey is a team sport enjoyed by a wide variety of people around the world. The object of the sport is to move a hard rubber disk called a "puck" into the other team's net with a hockey stick. Two teams with six players on each team engage in this fast-paced sport on a hard and slippery ice rink. Players may reach a speed of 30 kilometers per hour sending the puck into the air. At this pace, both the players and the puck can be a cause of serious danger.

The speed of the sport and the slippery surface of the ice rink make it easy for players to fall down or bump into each other resulting in a variety of injuries. In an attempt to protect players, equipment such as helmets, gloves, and pads for the shoulders, elbows, and legs, has been introduced over the years. Despite these efforts, ice hockey has a high rate of concussions.

A concussion is an injury to the brain that affects the way it functions; it is caused by either direct or indirect impact to the head, face, neck, or elsewhere and can sometimes cause temporary loss of consciousness. In less serious cases, for a short time, players may be unable to walk straight or see clearly, or they may experience ringing in the ears. Some believe they just have a slight headache and do not realize they have injured their brains.

In addition to not realizing the seriousness of the injury, players tend to worry about what their coach will think. In the past, coaches preferred tough players who played in spite of the pain. In other words, while it would seem

— 50 —

logical for an injured player to stop playing after getting hurt, many did not. Recently, however, it has been found that concussions can have serious effects that last a lifetime. People with a history of concussion may have trouble concentrating or sleeping. Moreover, they may suffer from psychological problems such as depression and mood changes. In some cases, players may develop smell and taste disorders.

The National Hockey League (NHL), consisting of teams in Canada and the United States, has been making stricter rules and guidelines to deal with concussions. For example, in 2001, the NHL introduced the wearing of visors—pieces of clear plastic attached to the helmet that protect the face. At first, it was optional and many players chose not to wear them. Since 2013, however, it has been required. In addition, in 2004, the NHL began to give more severe penalties, such as suspensions and fines, to players who hit another player in the head deliberately.

The NHL also introduced a concussion spotters system in 2015. In this system, NHL officials with access to live streaming and video replay watch for visible indications of concussion during each game. At first, two concussion spotters, who had no medical training, monitored the game in the arena. The following year, one to four concussion spotters with medical training were added. They monitored each game from the League's head office in New York. If a spotter thinks that a player has suffered a concussion, the player is removed from the game and is taken to a "quiet room" for an examination by a medical doctor. The player is not allowed to return to the game until the doctor gives permission.

The NHL has made much progress in making ice hockey a safer sport. As more is learned about the causes and effects of concussions, the NHL will surely take further measures to ensure player safety. Better safety might lead to an increase in the number of ice hockey players and fans.

Making Ice Hockey Safer

What is ice hockey?

- Players score by putting a "puck" in the other team's net
- Six players on each team
- Sport played on ice at a high speed

Main Problem: A High Rate of Concussions

Definition of a concussion

An injury to the brain that affects the way it functions

Effects

Short-term	Long-term
· Loss of consciousness	· Problems with concentration
· Difficulty walking straight	· ☐ 40 ☐
· ☐ 39 ☐	· Psychological problems
· Ringing in the ears	· Smell and taste disorders

Solutions

National Hockey League (NHL)

- Requires helmets with visors
- Gives severe penalties to dangerous players
- Has introduced concussion spotters to ☐ 41 ☐

Summary

Ice hockey players have a high risk of suffering from concussions.
Therefore, the NHL has ☐ 42 ☐ .

問 1 Choose the best option for 39 on your poster.

① Aggressive behavior

② Difficulty thinking

③ Personality changes

④ Unclear vision

問 2 Choose the best option for 40 on your poster.

① Loss of eyesight

② Memory problems

③ Sleep disorders

④ Unsteady walking

問 3 Choose the best option for 41 on your poster.

① allow players to return to the game

② examine players who have a concussion

③ fine players who cause concussions

④ identify players showing signs of a concussion

問 4 Choose the best option for 42 on your poster.

① been expecting the players to become tougher

② been implementing new rules and guidelines

③ given medical training to coaches

④ made wearing of visors optional

30

B You are studying nutrition in health class. You are going to read the following passage from a textbook to learn more about various sweeteners.

Cake, candy, soft drinks—most of us love sweet things. In fact, young people say "Sweet!" to mean something is "good" in English. When we think of sweetness, we imagine ordinary white sugar from sugar cane or sugar beet plants. Scientific discoveries, however, have changed the world of sweeteners. We can now extract sugars from many other plants. The most obvious example is corn. Corn is abundant, inexpensive, and easy to process. High fructose corn syrup (HFCS) is about 1.2 times sweeter than regular sugar, but quite high in calories. Taking science one step further, over the past 70 years scientists have developed a wide variety of artificial sweeteners.

A recent US National Health and Nutrition Examination Survey concluded that 14.6% of the average American's energy intake is from "added sugar," which refers to sugar that is not derived from whole foods. A banana, for example, is a whole food, while a cookie contains added sugar. More than half of added sugar calories are from sweetened drinks and desserts. Lots of added sugar can have negative effects on our bodies, including excessive weight gain and other health problems. For this reason, many choose low-calorie substitutes for drinks, snacks, and desserts.

Natural alternatives to white sugar include brown sugar, honey, and maple syrup, but they also tend to be high in calories. Consequently, alternative "low-calorie sweeteners" (LCSs), mostly artificial chemical combinations, have become popular. The most common LCSs today are aspartame, Ace-K, stevia, and sucralose. Not all LCSs are artificial—stevia comes from plant leaves.

Alternative sweeteners can be hard to use in cooking because some cannot be heated and most are far sweeter than white sugar. Aspartame and Ace-K are 200 times sweeter than sugar. Stevia is 300 times sweeter, and sucralose

— 54 —

has twice the sweetness of stevia. Some new sweeteners are even more intense. A Japanese company recently developed "Advantame," which is 20,000 times sweeter than sugar. Only a tiny amount of this substance is required to sweeten something.

When choosing sweeteners, it is important to consider health issues. Making desserts with lots of white sugar, for example, results in high-calorie dishes that could lead to weight gain. There are those who prefer LCSs for this very reason. Apart from calories, however, some research links consuming artificial LCSs with various other health concerns. Some LCSs contain strong chemicals suspected of causing cancer, while others have been shown to affect memory and brain development, so they can be dangerous, especially for young children, pregnant women, and the elderly. There are a few relatively natural alternative sweeteners, like xylitol and sorbitol, which are low in calories. Unfortunately, these move through the body extremely slowly, so consuming large amounts can cause stomach trouble.

When people want something sweet, even with all the information, it is difficult for them to decide whether to stick to common higher calorie sweeteners like sugar or to use LCSs. Many varieties of gum and candy today contain one or more artificial sweeteners; nonetheless, some people who would not put artificial sweeteners in hot drinks may still buy such items. Individuals need to weigh the options and then choose the sweeteners that best suit their needs and circumstances.

32

問 1 You learn that modern science has changed the world of sweeteners by
43 .

① discovering new, sweeter white sugar types

② measuring the energy intake of Americans

③ providing a variety of new options

④ using many newly-developed plants from the environment

問 2 You are summarizing the information you have just studied. How should
the table be finished? 44

Sweetness	Sweetener
high	Advantame
	(A)
	(B)
	(C)
low	(D)

① (A) Stevia   (B) Sucralose
  (C) Ace-K, Aspartame   (D) HFCS

② (A) Stevia   (B) Sucralose
  (C) HFCS   (D) Ace-K, Aspartame

③ (A) Sucralose   (B) Stevia
  (C) Ace-K, Aspartame   (D) HFCS

④ (A) Sucralose   (B) Stevia
  (C) HFCS   (D) Ace-K, Aspartame

— 56 —

問 3 According to the article you read, which of the following are true? (Choose two options. The order does not matter.) [45] · [46]

① Alternative sweeteners have been proven to cause weight gain.

② Americans get 14.6% of their energy from alternative sweeteners.

③ It is possible to get alternative sweeteners from plants.

④ Most artificial sweeteners are easy to cook with.

⑤ Sweeteners like xylitol and sorbitol are not digested quickly.

問 4 To describe the author's position, which of the following is most appropriate? [47]

① The author argues against the use of artificial sweeteners in drinks and desserts.

② The author believes artificial sweeteners have successfully replaced traditional ones.

③ The author states that it is important to invent much sweeter products for future use.

④ The author suggests people focus on choosing sweeteners that make sense for them.

MEMO

英　語

（2020年1月実施）

80分　200点

2020 本試験

$\left(\text{解答番号}\boxed{1} \sim \boxed{54}\right)$

第1問 次の問い（**A・B**）に答えよ。（配点　14）

A 次の問い（**問1～3**）において，下線部の発音がほかの三つと**異なるもの**を，それぞれ下の**①～④**のうちから一つずつ選べ。

問1 $\boxed{1}$

① scarce ② scenery ③ scratch ④ scream

問2 $\boxed{2}$

① arise ② desire ③ loose ④ resemble

問3 $\boxed{3}$

① accuse ② cube ③ cucumber ④ cultivate

— 60 —

B 次の問い（**問 1 ～ 4**）において，第一アクセント（第一強勢）の位置がほかの三つ
と**異なる**ものを，それぞれ下の**①**～**④**のうちから一つずつ選べ。

問 1 ☐ 4 ☐

① allergy   ② objective   ③ physical   ④ strategy

問 2 ☐ 5 ☐

① alcohol   ② behavior   ③ consider   ④ magnetic

問 3 ☐ 6 ☐

① canal   ② instance   ③ island   ④ workshop

問 4 ☐ 7 ☐

① administer   ② beneficial   ③ competitor   ④ democracy

4

第 2 問 次の問い（**A ~ C**）に答えよ。（配点 47）

A 次の問い（**問 1 ~ 10**）の $\boxed{\ 8\ }$ ~ $\boxed{\ 17\ }$ に入れるのに最も適当なものを，そ
れぞれ下の①~④のうちから一つずつ選べ。ただし，$\boxed{\ 15\ }$ ~ $\boxed{\ 17\ }$ につい
ては，（ **A** ）と（ **B** ）に入れるのに最も適当な組合せを選べ。

問 1 Due to the rain, our performance in the game was $\boxed{\ 8\ }$ from perfect.

 ① apart   ② different   ③ far   ④ free

問 2 Emergency doors can be found at $\boxed{\ 9\ }$ ends of this hallway.

 ① both   ② each   ③ either   ④ neither

問 3 My plans for studying abroad depend on $\boxed{\ 10\ }$ I can get a scholarship.

 ① that   ② what   ③ whether   ④ which

問 4 Noriko can speak Swahili and $\boxed{\ 11\ }$ can Marco.

 ① also   ② as   ③ so   ④ that

問 5 To say you will go jogging every day is one thing, but to do it is $\boxed{\ 12\ }$.

 ① another   ② one another   ③ the other   ④ the others

— 62 —

問 6　Our boss is a hard worker, but can be difficult to get 13 .

① along with　② around to　③ away with　④ down to

問 7　When Ayano came to my house, 14 happened that nobody was at home.

① it　② something　③ there　④ what

問 8　We'll be able to get home on time as （ A ） as the roads are （ B ）. 15

① A : far　B : blocked　② A : far　B : clear
③ A : long　B : blocked　④ A : long　B : clear

問 9　I know you said you weren't going to the sports festival, but it is an important event, so please （ A ） it a （ B ） thought. 16

① A : give　B : first　② A : give　B : second
③ A : take　B : first　④ A : take　B : second

問10　I didn't recognize （ A ） of the guests （ B ） the two sitting in the back row. 17

① A : any　B : except for　② A : any　B : rather than
③ A : either　B : except for　④ A : either　B : rather than

6

B 次の問い(**問1～3**)において，それぞれ下の①～⑥の語句を並べかえて空所を補い，最も適当な文を完成させよ。解答は │ 18 │ ～ │ 23 │ に入れるものの番号のみを答えよ。

問 1 Tony: Those decorations in the hall look great, don't they? I'm glad we finished on time.

Mei: Yes, thank you so much. Without your help, the preparations _____ │ 18 │ _____ _____ │ 19 │ _____ all the guests arrive this afternoon.

① been   ② by   ③ completed

④ have   ⑤ the time   ⑥ would not

問 2 Ichiro: Mr. Smith has two daughters in school now, right?

Natasha: Actually, he has three, the _____ │ 20 │ _____ _____ │ 21 │ _____ London. I don't think you've met her yet.

① in   ② is studying   ③ music

④ of   ⑤ whom   ⑥ youngest

問 3 Peter: It might rain this weekend, so I wonder if we should still have the class barbecue in the park.

Hikaru: Yeah, we have to decide now whether to hold it _____ │ 22 │ _____ _____ │ 23 │ _____ until some day next week. We should have thought about the chance of rain.

① as   ② it   ③ off

④ or   ⑤ planned   ⑥ put

— 64 —

C 次の問い(**問1〜3**)の会話が最も適当なやりとりとなるように 24 〜 26 を埋めるには、(A)と(B)をどのように組み合わせればよいか、それぞれ下の①〜⑧のうちから一つずつ選べ。

問1 Chisato: I heard a new amusement park will be built in our neighborhood.

Luke: Really? That will be great for the kids in our area.

Chisato: Yes, but nobody is happy about the increased traffic near their houses.

Luke: But 24 young people. It will definitely have a positive economic effect on our city.

(A) according to the experts,	(A) it will create less noise	(A) for
(B) thanks to the neighbors,	(B) it will create more jobs	(B) in

→ ... →

① (A) → (A) → (A)　　② (A) → (A) → (B)　　③ (A) → (B) → (A)

④ (A) → (B) → (B)　　⑤ (B) → (A) → (A)　　⑥ (B) → (A) → (B)

⑦ (B) → (B) → (A)　　⑧ (B) → (B) → (B)

— 65 —

8

問 2　Yu:　I heard Emma is planning to quit her full-time job.

Lee:　Yeah, she's going to start her own company.

Yu:　Wow! Her husband must be angry because they need money for their new house.

Lee:　Very much so. But ┃ 25 ┃ to Emma's plan. They always support each other in the end.

(A)　although		(A)　he is quite upset,		(A)　he doesn't object
(B)　because	→	(B)　he isn't so upset,	→	(B)　he objects

① (A) → (A) → (A)　　　② (A) → (A) → (B)　　　③ (A) → (B) → (A)

④ (A) → (B) → (B)　　　⑤ (B) → (A) → (A)　　　⑥ (B) → (A) → (B)

⑦ (B) → (B) → (A)　　　⑧ (B) → (B) → (B)

問 3　Kenjiro:　Why are there fire trucks in front of the school?

Ms. Sakamoto:　It's because there is a fire drill scheduled for this morning.

Kenjiro:　Again? We just had one last semester. I already know what to do.

Ms. Sakamoto:　Even if you think you do, the drill is ┃ 26 ┃ help each other in case of a disaster. We should take it seriously.

(A)　essential		(A)　even so		(A)　we can
(B)　meaningless	→	(B)　so that	→	(B)　we cannot

① (A) → (A) → (A)　　　② (A) → (A) → (B)　　　③ (A) → (B) → (A)

④ (A) → (B) → (B)　　　⑤ (B) → (A) → (A)　　　⑥ (B) → (A) → (B)

⑦ (B) → (B) → (A)　　　⑧ (B) → (B) → (B)

第3問 次の問い(**A・B**)に答えよ。(配点 33)

A 次の問い(**問1〜3**)のパラグラフ(段落)には,まとまりをよくするために**取り除いた方がよい文**が一つある。取り除く文として最も適当なものを,それぞれ下線部①〜④のうちから一つずつ選べ。

問1 ☐27☐

In the early history of the NBA, the biggest professional basketball league in North America, the games were often low scoring and, as a result, not always exciting. ①A prime example was a game between the Lakers and the Pistons in 1950. The result of the game was a 19–18 win for the Pistons. These games frustrated fans of the day, and this became a major motivation to introduce a new rule to increase scoring: a 24-second limit for each shot. ②The pressure of the time limit caused players to miss their shots more often. ③After much discussion, the rule was first used in an official game on October 30, 1954. ④Ever since, individual teams have often scored over 100 points in a game. This simple change made the game more exciting and saved the league.

問 2　　28

You might have been told, "Sit up straight or you'll get a backache." But is it true? People have long assumed that posture has played some role in back pain. Surprisingly, the evidence from research linking posture and backache may be weak. ① Our back is naturally curved—from the side it is S-shaped. ② Individuals have their own unique bone sizes that determine their body shapes. ③ It has been thought that good posture meant straightening out some of the curves. ④ According to a study examining doctors' opinions, it was found that there was no single agreed-upon standard of proper posture. One researcher even says that often changing your posture, especially when sitting, is more important for preventing back pain. The main source of back pain may be stress and lack of sleep, not the way someone is sitting.

問 3　　29

One of the most important features in the development of civilization was the preservation of food. Preserving pork legs as ham is one such example. Today, many countries in the world produce ham, but when and where did it begin? ① Many credit the Chinese with being the first people to record salting raw pork, while others have cited the Gauls, ancient people who lived in western parts of Europe. ② Another common seasoning is pepper, which works just as well in the preservation of food. ③ It seems almost certain that it was a well-established practice by the Roman period. ④ A famous politician in ancient Rome wrote extensively about the "salting of hams" as early as 160 B.C. Regardless of the origin, preserved foods like ham helped human culture to evolve and are deeply rooted in history.

B 次の会話は，慈善活動の企画に関して大学生たちが行ったやりとりの一部である。 30 ～ 32 に入れるのに最も適当なものを，それぞれ下の①～④のうちから一つずつ選べ。

Akira:　Hey, guys. Thanks for dropping in. I've asked you all to meet here today to come up with ideas about how to raise money for our annual charity event. We'll have about a month this summer to earn as much as we can. Any thoughts?

Teresa:　How about doing odd jobs around the neighborhood?

Akira:　What's that? I've never heard of it.

Jenna:　Oh, I guess it's not common here in Japan. It can be anything, you know, doing stuff around the house like cutting the grass, washing the windows, or cleaning out the garage. When I was a high school student back in the US, I made 300 dollars one summer by doing yard work around the neighborhood. And sometimes people will ask you to run around town for them to pick up the dry cleaning or do the grocery shopping. It's a pretty typical way for young people to earn some extra money.

Akira:　So, Jenna, you're saying that 30 ?

① cleaning up the yard is quite valuable work

② dividing housework among the family is best

③ doing random jobs is a way to make money

④ gardening will surely be profitable in the US

Jenna:　Yeah. I think that it could work in Japan, too.

— 69 —

Rudy: Here, many students do part-time jobs for local businesses. They might work at a restaurant or convenience store. / Odd jobs are different. You're more like a kind of helper. It's a casual style of working. You get paid directly by the people you help, not a company. And you can decide which jobs you want to do.

Maya: But isn't it dangerous? Usually, people are unwilling to enter a house of someone they don't know. And what happens if you don't get paid? How can you get the money you earned?

Rudy: Not all jobs are inside the house. You can choose the kind of work that you're comfortable with. In my experience, I never got cheated. Basically, we work for people in our own community, so we sort of know them. Often, they are older people who have lived in the neighborhood a long time. And I always got paid in cash, so I was excited to have money to spend.

Teresa: There are a lot of seniors in our community. I'm sure they'd be happy to have someone do the heavy lifting, or even just to see a friendly face around. I really doubt that they would take advantage of us. In general, don't you think most people are honest and kind?

Akira: It sounds like we shouldn't be too worried because ⬚ 31 ⬚.

① elderly people would feel uneasy about our work
② it's embarrassing to ask our neighbors for work
③ there's little risk in working within our community
④ we can be safe if we work for a company in town

Dan: Is it OK to get paid for volunteer work? Shouldn't we work for elderly people out of the goodness of our hearts? I think helping people is its own reward.

Kana: If we explain our purpose clearly from the beginning, to raise money for the charity, I think people will be glad to help us. And it's not like we're charging 5,000 yen per hour. Why don't we suggest 500 yen per hour? It's a lot more reasonable than asking some company to do the job.

Maya: Don't you have to pay any taxes? What happens if the government finds out?

Jenna: I don't think we're breaking any laws. That's the way it works in the US, anyway. Just to be on the safe side, though, let's ask someone at the city tax office.

Akira: OK, thanks for all of your great ideas. I think we made a lot of progress. According to the suggestions made today, it looks like our next step is to 32 . Right?

① consider being totally honest with each other
② look for part-time jobs that have high wages
③ provide useful services for free to neighbors
④ think of a plan that works for our local area

Jenna: Sounds good.

14

第 4 問　次の問い（**A・B**）に答えよ。（配点　40）

A　次の文章はある説明文の一部である。この文章を読み，下の問い（**問 1 ～ 4**）の
　　　 33 ～ 36 に入れるのに最も適当なものを，それぞれ下の①～④のうち
　　　から一つずつ選べ。

　　Sports coaches and players are interested in how training programs can be designed to enhance performance. The order of practice potentially facilitates learning outcomes without increasing the amount of practice. A study was conducted to examine how different training schedules influence throwing performance.

　　In this study, elementary school students threw a tennis ball at a target laid on the floor. They threw the ball from three throwing locations at distances of 3, 4, and 5 meters from the target. The target consisted of the center (20 cm wide) and nine larger outer rings. They served as zones to indicate the accuracy of the throws. If the ball landed in the center of the target, 100 points were given. If the ball landed in one of the outer zones, 90, 80, 70, 60, 50, 40, 30, 20, or 10 points were recorded accordingly. If the ball landed outside of the target, no points were given. If the ball landed on a line separating two zones, the higher score was awarded.

　　The students were assigned to one of three practice groups: Blocked, Random, or Combined. All students were instructed to use an overarm throwing motion to try to hit the center of the target with the ball. On the first day of this study, they each completed a total of 81 practice throws. Students in the Blocked group threw 27 times from one of the three throwing locations, followed by 27 throws from the next location, and ended practice with 27 throws from the final location. In the Random group, each student threw the ball 81 times in the order of throwing locations that the researchers had specified. No more than two consecutive throws were allowed from the same location for this group. In the Combined group, the students started with a blocked schedule and gradually shifted to a random schedule. On the next day, all students completed a performance test of 12 throws.

— 72 —

Results showed that during the practice of 81 throws, the Blocked group performed worse than the other two groups. Performance test scores were also analyzed. The Combined group showed the best performance among the three groups, followed by the Random group and then by the Blocked group. It is still uncertain if similar results can be obtained for adults in training programs for other throwing actions, such as those seen in bowling, baseball, and basketball. This will be addressed in the following section.

(Esmaeel Saemi 他 (2012) *Practicing Along the Contextual Interference Continuum: A Comparison of Three Practice Schedules in an Elementary Physical Education Setting* の一部を参考に作成)

問 1　What is the total score achieved by the five throws in this figure? 33

① 200
② 210
③ 220
④ 230

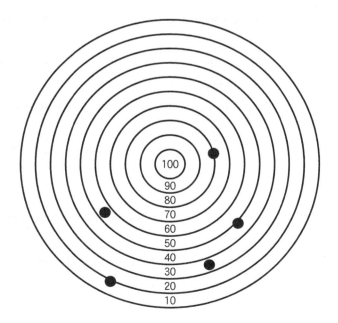

16

問 2   Which of the following statements is true about the experiment?   34

① Eighty-one throws were made from the same initial throwing location in the Blocked group.

② The distance from the target remained unchanged during the entire experiment for the Combined group.

③ The set of throws from the same location involved various ways of throwing for the Combined group.

④ Throwing three or more times in a row from the same location was against the rules for the Random group.

問 3   Which of the following statements is true about the results?   35

① The Blocked group had the best score both during practice and on the performance test.

② The Blocked group showed the worst score among the three groups on the performance test.

③ The Combined group showed lower accuracy than the Random group on the performance test.

④ The Random group had the lowest accuracy both during practice and on the performance test.

問 4   What will most likely be discussed next in this report?   36

① Mental imagery training of underhand throws

② Observation of younger students' movements

③ Overarm throws with eyes closed

④ Various kinds of throwing motions

B　次のページにあるフリーマーケットの出店申請の説明を読み，次の問い(問
1～4)の　37　～　40　に入れるのに最も適当なものを，それぞれ下の
①～④のうちから一つずつ選べ。

問 1　Fran will sell her handmade jewelry on both days. She needs only a small
　　　space. How much will it cost?　37

　　① $14　　　　　　② $16　　　　　　③ $18　　　　　　④ $20

問 2　Pat wants to sell some big household items, including a refrigerator, so
　　　she needs an outdoor space. What offer can she take advantage of?
　　　38

　　① Free assistance in setting up her tent
　　② Full cash refund due to cancelation
　　③ Selection of the location of her space
　　④ Use of a large truck free of charge

問 3　Mark makes herbal soaps and candles. He has chosen an indoor space.
　　　Which of the following will he be allowed to do?　39

　　① Choose a space close to the sink to get water easily
　　② Have a bowl of water for customers to try his soaps
　　③ Keep his pet hamsters in a cage at his booth
　　④ Let his customers light some sample candles

問 4　Which of the following is true about this flea market?　40

　　① People are discouraged from selling items they created.
　　② People can throw away anything in the same trash can.
　　③ The organizers choose applicants who apply for both days.
　　④ The organizers provide information about schedule updates.

— 75 —

Greenly Fall Flea Market

We are now accepting applications for the Fall Flea Market at Greenly Sports Center! Please bring your used and/or handmade goods. We have only a limited number of spaces and accept applications in order of arrival, so email your application soon. We are a pet-friendly market, but if you are planning to bring your pet, you must apply for an outdoor space. For outdoor spaces, the organizers will help set up tents for no extra charge. Trucks are available for additional fees if you need to transport your goods.

	Saturday, October 3rd (13:00 − 17:00)	Sunday, October 4th (10:00 − 15:00)
Indoor space (2 × 2 meters)	$8	$10
Outdoor space (4 × 4 meters)	$9	$11

➤ Water is available for indoor spaces.

➤ If you apply for both Saturday and Sunday, you'll get a $2 discount each day.

Keep in Mind

1. Location of the spaces is decided by the organizers. No requests or changes are possible.

2. Any changes in opening and closing times are announced two days in advance.

3. If you cancel your application, 80% of all fees will be refunded.

4. Garbage must be separated and put into the appropriate garbage cans at the end of each day.

5. Fires and open flames are prohibited.

第5問 次の文章を読み，下の問い（問1〜5）の ⬚41⬚ 〜 ⬚45⬚ に入れるのに最も適当なものを，それぞれ下の①〜④のうちから一つずつ選べ。（配点 30）

A couple of weeks ago, I was hiking with my dog on a mountain when something unexpected happened and I lost sight of him. I looked and looked but couldn't find him. He had been with me for so long that it was like I was missing part of my soul.

Ever since that day, I had a strange feeling. It was beyond sadness—a feeling that I didn't quite understand, as if something were pulling me to go back to the mountain. So every chance I got, I grabbed my backpack to see if the mountain could offer me some sense of relief.

One sunny morning, I stood at the foot of the mountain. Something felt different this day. "Please forgive me," I said out loud. "I'll find you!" I took a deep breath and began my journey with this mysterious pull growing stronger. After making my way along paths I thought I knew well, I realized I was somehow in an unfamiliar place. I panicked a little, lost my footing, and slipped. From out of nowhere, an elderly man came running towards me and helped me up.

Looking at his gentle, smiling face, I felt a sense of ease. The old man said he was looking for a way to the top of the mountain, so we decided to climb together.

Soon the path began to feel familiar again. We talked about many things, including my dog. I told him that he was a German shepherd. When he was younger, he served briefly as a police dog but had to stop due to an injury. The man let out a laugh saying he had been a police officer for a short time, but he quit. He didn't say why. Later, he spent a long time as a bodyguard. He also had German roots. We laughed at these similarities.

Before we knew it, we reached a large open area and took a break. I told the man what had happened to my dog. "He had a tiny bell on his collar to

— 77 —

scare away bears./We came to this very spot/and saw a bear. /It was looking back at us./I should have held my dog because,/sensing danger,/he chased after the bear./ I couldn't find him after that./ I should have been more careful."/

As I was telling the story/the man's expression changed./ "It wasn't your fault./ Your dog just wanted to keep you safe," he said. /"I'm sure Tomo would want to tell you this./Also, thank you for not giving up."/

Tomo is my dog's name./Did I tell him this?/The old man's comment rang in the air. /

Before I could ask anything,/the man proposed we hurry to get to the top of the mountain./ I was planning to do this with my dog a few weeks ago./ After two more hours of hiking,/we reached the peak./ I set down my backpack and we sat taking in the magnificent view./The old man looked at me and said, "Mountains offer truly magical experiences."/

I looked around for a place to rest./I guess/I was pretty tired/because I fell asleep right away./ When I woke up,/I noticed that the old man had disappeared./I waited,/but he never returned/

Suddenly,/in the sunlight/something caught my eye./I walked over/and saw a small metal tag beside my backpack./It was the same silver name tag/ that my parents originally gave to my dog. /Tomo it said./

It was then/that I heard a familiar noise behind me./It was the ringing of a tiny bell./I turned around./ What I saw caused so many emotions to rush over me./

After a while on the mountaintop,/I attached the name tag to my old friend/and carefully made my way home/with the mountain's gift beside me./ My soul felt very much complete. /

問 1 The author kept returning to the mountain because ☐41☐ .

① she felt an urge she couldn't explain

② she planned to meet the elderly man

③ she thought she could practice magic

④ she wanted to find out about the bear

問 2 Which of the following happened first on the author's most recent trip? ☐42☐

① She arrived at a large open area.

② She climbed to the mountaintop.

③ She saw a bear running away.

④ She was assisted by an old man.

問 3 What similarity between the author's dog and the old man was talked about? ☐43☐

① They experienced workplace injuries.

② They recently lost close family friends.

③ They were acquaintances of the author.

④ They worked to help protect the public.

問 4 Which of the following is closest to the meaning of the underlined phrase rang in the air as used in the text? ☐44☐

① brought happiness

② left an impression

③ made a loud noise

④ seemed offensive

22

問 5 How did the author's feelings change over the course of the last hiking experience? 　45

① She was depressed and then became sadder.

② She was determined and then became comforted.

③ She was hopeful but then became homesick.

④ She was miserable but then became entertained.

2020年度　本試験　23

第6問　次の文章を読み，下の問い（**A・B**）に答えよ。なお，文章の左にある⑴〜
⑹はパラグラフ（段落）の番号を表している。（配点　36）

⑴　　　Vending machines are so common in Japan that you can find one almost anywhere you go. Some of these machines sell train or meal tickets, and others sell snacks or drinks. They are especially useful for people who want to get something quickly and conveniently.

⑵　　　While vending machines are found throughout the country today, they were not originally developed in Japan. It is generally believed that the first one was constructed by a Greek mathematics teacher about 2,200 years ago. This machine sold special water used in prayers at temples. People who wanted to purchase the water put in a coin, which hit a metal lever attached to a string. Then, the weight of the coin let a specific amount of water pour out until the coin fell off. This ensured that people received an equal portion of the special water.

⑶　　　About 1,000 years ago, a vending machine that sold pencils was developed in China. Later, in the 1700s, coin-operated tobacco boxes appeared in English bars. When people wanted the product sold by one of these boxes, they inserted a coin and turned a lever. The product then dropped down for the customer to pick up. However, it was not until the 1880s that vending machines spread around the world. In 1883, an English inventor created one that sold postcards and paper. This became popular, and soon vending machines selling paper, stamps, and other goods appeared in many countries. In 1904, vending machines came into service in Japan. In 1926, technology had advanced and machines could be set to sell products with different prices. After that, a wider variety of products were sold. When this happened, the vending machine industry expanded rapidly.

— 81 —

(4)　The greatest problem faced by the global vending machine industry in its expansion was not the use of coins; it was paper money. This was a challenge as it proved easy for dishonest individuals to make money that could fool machines. This forced the vending machine industry to establish better detection methods and was one reason countries took steps to develop money that was difficult to counterfeit. Now, vending machines have become technologically advanced not only to prevent problems with cash but also to accept credit cards and more recent forms of electronic payment.

(5)　It is in Japan that vending machines have become most popular. Currently, Japan has more than 4.2 million vending machines, with about 55% of them selling beverages such as tea, coffee, and juice. One of the main reasons Japan has become the vending machine capital of the world is its overall level of safety. Unlike many places, where vending machines must be monitored to prevent theft, they can be placed virtually anywhere in Japan. This extraordinary degree of public safety is considered amazing by visitors, as well as the range of products available. Tourists often take pictures of machines that sell unexpected products like bananas, fresh eggs, and bags of rice. It is understandable that visitors see them as one aspect particular to Japanese culture.

(6)　Given the popularity and usefulness of vending machines, it is unlikely that they will disappear anytime in the near future. They provide a place where various goods can be sold without the need for a sales clerk. The next time you want to purchase a hot drink on a cold day, remember that, in Japan at least, there is probably a vending machine just around the next corner.

A 次の問い(問 1 ～ 5)の | 46 | ～ | 50 | に入れるのに最も適当なものを，それぞれ下の①～④のうちから一つずつ選べ。

問 1 According to paragraph (2), what was the first vending machine capable of doing? | 46 |

① Allowing people to acquire a fixed amount of liquid from it

② Offering books of ancient Greek mathematical principles

③ Permitting visitors to enter temples when they wanted to pray

④ Providing a regular income to the person who created it

問 2 According to paragraph (3), which of the following statements about vending machines is true? | 47 |

① An English inventor's vending machine sold goods at various prices.

② Sales by vending machines increased when high value coins appeared.

③ Vending machine technology was found in Asia many centuries ago.

④ Vending machines were common in the world by the 18th century.

問 3 Which of the following is closest to the meaning of the underlined word counterfeit in paragraph (4)? | 48 |

① accept illegal exchanges

② create unauthorized imitations

③ restrict unapproved technology

④ withdraw unnecessary support

— 83 —

問 4 According to paragraph (5), what is true about vending machines in Japan?
49

① Foreign tourists hesitate to make purchases from them.

② Over three quarters of them sell a variety of drinks.

③ The highly safe products sold in them attract customers.

④ The variety of items makes them unique in the world.

問 5 What would be the best title for this passage? 50

① The Cultural Benefits of Vending Machines in Japanese Society

② The Development of Vending Machines From Historical Perspectives

③ The Economic Impact of Vending Machines by International Comparison

④ The Globalization of Vending Machines Through Modern Technology

B 次の表は，本文のパラグラフ（段落）の構成と内容をまとめたものである。51 ～ 54 に入れるのに最も適当なものを，下の①～④のうちから一つずつ選び，表を完成させよ。ただし，同じものを繰り返し選んではいけない。

Paragraph	Content
(1)	Introduction
(2)	51
(3)	52
(4)	53
(5)	54
(6)	Conclusion

① A certain factor that has allowed vending machines to exist widely in one country

② Creation of one vending machine and a description of how the device was used

③ Difficulties in building vending machines after introducing a different form of money

④ Types of vending machine goods sold at different locations in the past

MEMO

英　語

（2020年 1 月実施）

80分　200点

追試験
2020

$$\left(\text{解答番号}\ \boxed{1}\ \sim\ \boxed{54}\ \right)$$

第 1 問 次の問い（**A・B**）に答えよ。（配点 14）

A 次の問い（**問 1 ～ 3**）において，下線部の発音がほかの三つと**異なるもの**を，それぞれ下の①～④のうちから一つずつ選べ。

問 1 　 1

① cl<u>ear</u>　　　② disapp<u>ear</u>　　③ h<u>ear</u>d　　　④ n<u>ear</u>ly

問 2 　 2

① cha<u>m</u>ber　　② de<u>b</u>t　　　③ sub<u>t</u>le　　　④ tom<u>b</u>

問 3 　 3

① brow<u>se</u>　　② collap<u>se</u>　　③ fal<u>se</u>　　　④ ten<u>se</u>

2020年度　追試験　31

B 次の問い(**問 1 〜 4**)において，第一アクセント(第一強勢)の位置がほかの三つ
と**異なる**ものを，それぞれ下の①〜④のうちから一つずつ選べ。

問 1　　4

　　① accident　　② generous　　③ justify　　④ substantial

問 2　　5

　　① career　　② degree　　③ evolve　　④ measure

問 3　　6

　　① disappoint　　② interrupt　　③ prejudice　　④ underneath

問 4　　7

　　① academic　　② apologize　　③ particular　　④ significance

— 89 —

第2問 次の問い（**A ～ C**）に答えよ。（配点 47）

A 次の問い（**問1～10**）の　8　～　17　に入れるのに最も適当なものを，それぞれ下の①～④のうちから一つずつ選べ。ただし，　15　～　17　については，（　A　）と（　B　）に入れるのに最も適当な組合せを選べ。

問1 Some parents are opposed 　8　 children watch TV at dinner time.

① let   ② letting   ③ to let   ④ to letting

問2 　9　 hard it may seem to be, we have to do the job.

① How   ② However   ③ What   ④ Whatever

問3 I met Shigeo at the supermarket by 　10　.

① chance   ② happening   ③ occasion   ④ possibility

問4 This plan needs the support of at least 　11　 of the members present at this meeting.

① three second   ② three seconds   ③ two third   ④ two thirds

問5 Peace Memorial Park 　12　 in the center of the city.

① is locating   ② is lying   ③ lies   ④ locates

問 6 Does getting together on Friday [13] you?

① fit   ② match   ③ meet   ④ suit

問 7 It was in her garden [14] she found the buried treasure.

① how   ② that   ③ what   ④ which

問 8 (A) did you go to Tokyo (B) during the Golden Week holiday? [15]

① A : What   B : for   ② A : What   B : from
③ A : Why   B : for   ④ A : Why   B : from

問 9 The beginning of today's board meeting was the (A) moment I wanted to make (B) of to announce our new project. [16]

① A : most   B : advantage   ② A : most   B : use
③ A : very   B : advantage   ④ A : very   B : use

問10 We tried to (A) Satoru (B) buying such an expensive sports car. [17]

① A : talk   B : off   ② A : talk   B : out of
③ A : tell   B : off   ④ A : tell   B : out of

34

B 次の問い(問1~3)において，それぞれ下の①~⑥の語句を並べかえて空所を補い，最も適当な文を完成させよ。解答は 18 ~ 23 に入れるものの番号のみを答えよ。

問1 Hiroshi: Bruce looks exhausted. He's been working long hours this whole month preparing for our presentation at the trade conference next week.

Janet: I don't want him to get sick beforehand, so we might _____ 18 _____ _____ 19 _____ off tomorrow. We can practice the presentation while he's gone.

① as   ② him   ③ let
④ take   ⑤ the day   ⑥ well

問2 Misae: Did you hear that the president cut the budget for our new project?

Clint: Maybe we should _____ 20 _____ _____ 21 _____ on a cheaper one.

① and   ② away   ③ decide
④ do   ⑤ the current plan   ⑥ with

問3 Steve: Did you try any new sports while you were in Canada?

Hideki: I sure did. Ice skating was easy to pick up, but curling was _____ 22 _____ _____ 23 _____ had thought.

① difficult   ② far   ③ I
④ more   ⑤ than   ⑥ to do

— 92 —

2020年度　追試験　35

C　次の問い（**問 1 ～ 3**）の会話が最も適当なやりとりとなるように　24　～
26　を埋めるには，(A)と(B)をどのように組み合わせればよいか，それぞれ下
の①～⑧のうちから一つずつ選べ。

問 1　Miwa:　I've decided to take dance lessons once a week to improve my
　　　　　　　 health.

　　　　　Rick:　That's a good idea.　I wish I had more time to exercise.

　　　　Miwa:　Didn't you work out all the time?

　　　　　Rick:　Well, I　24　.　I'm too busy with my kids.

(A)　couldn't	(A)　exercise every day,	(A)　but now I can
(B)　used to	(B)　work overtime,	(B)　but now I can't

①　(A) → (A) → (A)　　　②　(A) → (A) → (B)　　　③　(A) → (B) → (A)

④　(A) → (B) → (B)　　　⑤　(B) → (A) → (A)　　　⑥　(B) → (A) → (B)

⑦　(B) → (B) → (A)　　　⑧　(B) → (B) → (B)

問 2 Clark: The party last weekend was great! You must have been really busy with all the preparations.
　　　Chiaki: Thanks! We had to make a long shopping list so we could remember what to get.
　　　Clark: It sounds like you had a lot to buy.
　　　Chiaki: Yes, and after all that, we ┃ 25 ┃ for the kids. Luckily, Lois brought other things to drink.

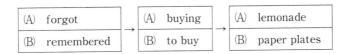

① (A) → (A) → (A)　　② (A) → (A) → (B)　　③ (A) → (B) → (A)
④ (A) → (B) → (B)　　⑤ (B) → (A) → (A)　　⑥ (B) → (A) → (B)
⑦ (B) → (B) → (A)　　⑧ (B) → (B) → (B)

問 3　Detective: I heard you caught the guy who stole the diamonds from the jewelry store.

Police officer: Yeah, we recognized his face on that night's video from the security camera.

Detective: Did he confess?

Police officer: Well, at first he claimed he was in a bar all night. But after seeing himself on the video, he ┃ 26 ┃. And he even cooperated with the investigation by telling us where he had hidden the stolen diamonds.

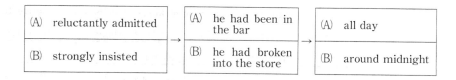

① (A) → (A) → (A)　　② (A) → (A) → (B)　　③ (A) → (B) → (A)
④ (A) → (B) → (B)　　⑤ (B) → (A) → (A)　　⑥ (B) → (A) → (B)
⑦ (B) → (B) → (A)　　⑧ (B) → (B) → (B)

38

第 3 問 次の問い（**A・B**）に答えよ。（配点 33）

A 次の問い（**問 1 ～ 3**）のパラグラフ（段落）には，まとまりをよくするために**取り除いた方がよい文**が一つある。取り除く文として最も適当なものを，それぞれ下線部①～④のうちから一つずつ選べ。

問 1 ☐27☐

You might know that dogs have difficulty in distinguishing colors, but which ones? The results of a study suggested that dogs can recognize yellow and blue, plus tones that combine them. ①Cells in the eyes determine what colors we can see. Human beings have three kinds of cells: one sensitive to red, another to green, and the third to blue. ②Dogs, though, only have two kinds: yellow and blue. ③Dogs have poor eyesight and can't see objects at a distance. It was found that dogs could still see objects other than yellow and blue, such as bright red berries among green leaves. ④When the color contrast was weaker, dogs no longer noticed the red objects on a green background. If you play with your dog in a field of green grass with a red ball, be sure to use a bright one.

— 96 —

問 2 │ 28 │

Researchers tracked the daily activities of college students. ①Based on their activities on non-class days, they were sorted into three categories: morning, day, and night people. Then, the researchers compared the students' class schedules with their academic outcomes. ②They found that students whose 24-hour rhythms did not correspond with their class schedules received lower grades. ③Some students criticize colleges for starting their morning classes too early. ④Students categorized as night people could not perform well at any time during the daytime. Students categorized as morning or day people taking later classes also suffered from the mismatch. The research indicates that if students can structure schedules resembling their non-class days, they tend to achieve academic success. Since daily cycles vary among individuals, there is no perfect schedule for everyone.

問 3 │ 29 │

Babies think logically before they are fully able to speak, according to a study which calls into question whether we need language in order to reason. Infants aged between 12 and 19 months were selected for an experiment. ①Infants have started to develop language knowledge and skills but cannot control them in a complex way at this stage. In the experiment, they were shown a combination of two pictures, some with no logical connections, to check their non-verbal reactions. ②When presented with an illogical combination of pictures, the infants showed signs of confusion. ③This implies that infants develop their logical thinking skills without advanced language knowledge. ④This also suggests that our logic improves as our language ability develops. The results revealed early stages of the human ability to reason logically.

40

B　次の会話は，公園で落とし物を見つけた大学生たちのやりとりの一部である。
$\boxed{30}$ ～ $\boxed{32}$ に入れるのに最も適当なものを，それぞれ下の**①**～**④**のうち
から一つずつ選べ。

Nao:　What beautiful weather!　A sunny day with clear blue skies
definitely brightens the mood.

Kevin:　Hey! What's that in the dirt? It looks like a woman's wallet.

Nao:　No, I think it's a smartphone in a leather case.

Josephine:　Just leave it on the ground.　You have no idea where it's been or
who's touched it.　Besides, since it rained yesterday, it must be really
muddy.　It looks like the case is still a little wet.　So, it must have
been there overnight.　If water got into the case, the phone is
probably broken anyway.

Nao:　So, Josephine, do you mean that $\boxed{30}$?

①　one of us should take charge

②　someone is looking for it now

③　the dirt should be wiped off

④　we'd better just ignore it then

Josephine:　Yes.　Don't you think so?

Chinami:　I see what you mean, but I think it's our responsibility now.　We
should do something.　Wouldn't you want someone to return your
smartphone? I know I would really appreciate that.　Can you imagine
yourself without your phone?

Tim:　It looks really dirty, but Chinami has a good point.　When I was in
the Boy Scouts, we were taught to do something good for others
every day.　Not only does it help society, but you can also feel a
sense of pride and satisfaction.　Trying to return this smartphone
definitely qualifies.

— 98 —

Kevin: I agree. And anyway, it might still work. Even if water got inside, it could still be turned on after it dries out. If you can't turn it on, there might still be hope. It may cost some money to fix it, but it wouldn't be a total loss.

Nao: In that case, ⬚31⬚ .

① it must be taken to the shop in order to be recycled
② some Boy Scouts will take care of it as it's their duty
③ the owner has already given up all hope of finding it
④ we should try to be of some help to the poor owner

Chinami: I think it's the best way to deal with this situation.

Nao: OK, I'll have a look at it. Should I open the cover?

Kevin: Isn't that a violation of privacy? I think we need to take it to the police station as it is. Doing that should be enough. If someone found my phone, that's what I hope they would do. I keep all kinds of personal stuff in my case like my driver's license. You don't want people looking at your private information.

Chinami: Wait a minute. I think we can handle this ourselves. I know if I lost my phone, I'd want it returned as soon as possible. Of course, taking it to the police is a safe option. If we take it there, though, it might create a lot of trouble for the owner. She would have to fill out a lot of forms and answer questions from the police. Why don't we just open it now and see what we find? It may be easier that way.

Josephine: We're only a few minutes from campus. I bet it belongs to another student from our school, or maybe a professor. If we find something connected to our school, it will be easy to return it to the owner through the university lost and found. Let's look in the case without touching any of the buttons on the phone. If we turn it on, we could be responsible for breaking it.

Nao: OK, let's see what's inside. There are a few cards but no names to tell us the owner is a person at the university. There aren't any photo stickers, either. I guess it looks like 32 . Agreed?

① it should be put back where we originally found it

② the only choice we have is to turn it on and wait

③ this matter needs to be taken care of by the police

④ we should take it to the university lost and found

Chinami: OK.

Josephine: I think we can now all agree that's the best idea.

2020年度　追試験　43

第4問　次の問い（**A・B**）に答えよ。（配点　40）

A　次の文章はある説明文の一部である。この文章と表を読み，下の問い（**問1**～4）の　33　～　36　に入れるのに最も適当なものを，それぞれ下の①～④のうちから一つずつ選べ。

　　Public transportation is vital for independent travel for blind and low-vision people. These passengers reported that they preferred using buses, but that finding bus stops was often a major challenge. Having more information about the location of bus stops might help them use bus transportation systems more easily. Landmarks, such as bus stop benches and signs, may be helpful to recognize bus stop locations, but they are not usually indicated on bus route maps. Researchers are now working to make it easier for blind and low-vision people to identify landmarks.

　　These days, landmarks can be viewed from anywhere around the globe. This is thanks to 360-degree photos available on an online map application, called street views (SVs). Using SVs to check landmarks could prove to be more efficient and cost-effective for researchers than visiting and checking every bus stop in the world. This approach could be one step toward development of technology such as applications that provide audio guides about landmarks and directions to bus stops.

　　A study was conducted to examine whether SVs are reliable sources for gathering information. The number of landmarks found in SVs was compared with the number of landmarks in pictures taken at the same sites, called physical views (PVs), to see to what degree they matched. The PVs consisted of 7–10 photographs taken by the researchers from a variety of angles at each of 179 bus stops in cities in the US. Key landmarks were classified into six categories: (a) bus stop signs, (b) bus stop shelters, (c) benches, (d) trash and recycling cans, (e) mailboxes and newspaper boxes, and (f) traffic signs and other poles. Three people counted the numbers of landmarks in both the SV and PV data sets. When the numbers were different among the three, they were arranged from smallest to largest and the middle number was used.

— 101 —

Table 1 summarizes the numbers of landmarks found in both PVs and SVs. For example, there were 133 benches found in PVs, while 121 were found in SVs. Overall, the total counts of landmarks were higher in PVs than in SVs.

Table 1

Numbers and Consistency Rates for PVs and SVs

Type of Landmark	PV	SV	Consistency Rate
Bus Stop Signs	167	152	0.61
Bus Stop Shelters	102	98	0.88
Benches	133	121	0.88
Trash and Recycling Cans	100	95	0.72
Mailboxes and Newspaper Boxes	69	56	0.78
Traffic Signs and Other Poles	162	153	0.81

Another analysis was conducted by calculating and examining the consistency of observations between the PV and SV data sets. The results are shown as the consistency rates in Table 1 with larger numbers showing higher consistency. The researchers regarded any value over 0.60 as consistent. Bus stop shelters and benches showed the highest consistency at 0.88.

In conclusion, using SVs is useful for recognizing landmarks. In the next study, in order to further evaluate this method, a different group of people was recruited online. They counted landmarks in the same SV data set after a short training session, and then the accuracy was tested.

(Kotaro Hara 他(2015) *Improving Public Transit Accessibility for Blind Riders by Crowdsourcing Bus Stop Landmark Locations With Google Street View: An Extended Analysis* の一部を参考に作成)

問 1 According to the passage, what is the advantage of SVs? 33

① They can automatically confirm landmarks in 360-degree photos.

② They can be used to detect landmarks from distant locations.

③ They can be valuable when taking 360-degree photos.

④ They can help people to make new landmarks on site.

問 2 If one person found 82 mailboxes in the SV data set, another found 89, and a third found 84, what would be the number of the count for mailboxes? 34

① 82

② 84

③ 85

④ 89

問 3 Which of the following is true based on the information in this report? 35

① Ninety-five trash and recycling cans were found at the real sites.

② PV pictures were ineffective for locating landmarks at bus stops.

③ SV and PV ratings for bus stop signs were considered to be consistent.

④ The number of landmarks was much larger in SVs than in PVs.

46

問 4　In the next study, it was investigated how well 36 .

① another group of people identified landmarks using pictures from online map applications

② another group of people took pictures of bus stop locations with their cameras

③ the researchers found landmarks in the online pictures taken at bus stops

④ the researchers visited sites and added information about landmarks to online maps

B 次のページの制服販売に関する案内を読み，次の問い（**問** 1 〜 4 ）の $\boxed{37}$ 〜 $\boxed{40}$ に入れるのに最も適当なものを，それぞれ下の①〜④のうちから一つずつ選べ。

問 1 According to the Bulldog News, which of the following is true? $\boxed{37}$

① Previous uniforms are available for sale in the four stores.

② Students can combine clothing items from the uniform list.

③ Teachers will wear school shirts in order to reduce costs.

④ The uniforms were replaced because the school colors changed.

問 2 Mary wants to shop for her uniform with her parents, but they are only free on Sundays. She thinks either new or previous uniforms are fine, but her parents are not willing to pay shipping fees. Which store will she choose? $\boxed{38}$

① Bulldog Outlet ② Central High Union

③ Jack's Uniforms ④ Uniforms Online

問 3 Tony wants to buy one long-sleeved shirt with a logo, one short-sleeved shirt, and one P.E. set from Jack's Uniforms. How much will he pay? $\boxed{39}$

① $110 ② $115 ③ $120 ④ $125

問 4 Which of the following statements about the uniform shops is true? $\boxed{40}$

① Newly designed uniform items can be repaired free of charge.

② The in-school shop offers discounts for students with student cards.

③ The outlet store is open in the morning for shopping before classes.

④ Uniform items can be returned up to two weeks from purchase.

— 105 —

Central High School Bulldog News!

CENTRAL HIGH SCHOOL

We are happy to announce our new uniforms. While the previous design is still available, we now have a new design. The colors are the same as before, so you will be able to choose any items from the uniform list to wear in any season. Uniform items are sold at the four shops listed below. Plus, in order to show school spirit, teachers will also wear school shirts once a week!

Shop Information

Shop	Business Hours	Available Designs	Notes
Central High Union (in-school shop)	7:30 – 16:30 Monday – Friday	New	5% discount with student card
Jack's Uniforms	11:00 – 20:00 Tuesday – Sunday	New	$10 off when you buy three items or more
Uniforms Online	24 hours a day 7 days a week	New & Previous	$7 shipping fee
Bulldog Outlet	13:00 – 21:00 Monday – Saturday	Previous	Only at Bulldog Outlet! Free uniform repair upon presentation of your receipt

All shops allow returns within eight days of purchase.

Uniform Price List

	Short-sleeved shirt	Long-sleeved shirt	Long pants	Skirt	P.E. set (shorts and T-shirt)
Price*	$30	$40	$45	$40	$50

*Add the Bulldog logo to any item for $5.

第5問 次のメールのやりとりを読み，下の問い(問1〜5)の　41　〜　45

に入れるのに最も適当なものを，それぞれ下の①〜④のうちから一つずつ選べ。

(配点　30)

To: Karin Takeda

Subject: THANK YOU!!!!

Hi, Karin. We got home yesterday. Wait. Maybe it was the day before.
I'm still not used to the time difference.

We enjoyed ourselves from the very first day, when we took that bus tour
around the city. My parents had such a wonderful time. Now, my dad
wants to go back to Japan next summer. I think he'll travel outside of Tokyo
next time, so tell your parents they don't have to worry about feeding him!
Thanks again.

Lana

To: Lana Brown

Subject: Re: THANK YOU!!!!

My family really enjoyed meeting everyone. When I first met you, your
family took good care of me during my homestay at your house, so I wanted
to return the favor. By the way, I think your father left behind the prize he
won.

Karin

50

To: Karin Takeda

Subject: Re: Re: THANK YOU!!!!

So, are you talking about the T-shirt my dad won at that festival on our last day? It says Tokyo in Chinese characters, right? I thought he wore that on the airplane, but I'll ask him.

Lana

To: Karin Takeda

Subject: QUESTION

Me, again. I checked. My dad said he had the Tokyo T-shirt. You mean the stuffed toy bear he won at Tokyo Wonderland? He told me to tell you that he gave it to your little sister.

Oh, my dad also wants to know the name of that food we ate at Wonderland. It was like a pancake.

Today, my parents were talking with their friends about Japan. They thought it was interesting how people often dress identically to one another. Not just students in uniforms, but business people dress so much alike. Even at Wonderland groups of young people wore the same character's clothes, like a kind of uniform.

Lana

To: Lana Brown

Subject: Re: QUESTION

Okonomiyaki. I wasn't sure if your father liked it. Your parents had so much energy. I couldn't believe they still wanted to go to that festival the next morning after Wonderland. I guess your father wouldn't have won that Tokyo T-shirt if we had stayed home and rested.

Yeah, I understand what you mean about group identity, but I also find the individuality you see in America interesting. When I lived with you and studied at your high school, I could see it was important for everybody to show their uniqueness. You can find something similar in Japan, too. Even cities and towns all try to have some food or tradition that makes them different. Hiroshima has its own *okonomiyaki.* Your father might want to go there next year.

Karin

To: Karin Takeda

Subject: NEXT YEAR?

Ha! My dad is trying to remember how to say *okonomiyaki* now, but he can't. Hey, if I go to Japan again next year with my dad, will you be able to travel with us? It would be our third adventure together!

By the way, my mom was concerned that we were too much trouble for your parents. She said she felt <u>disconcerted</u> that your mother and father were always busy preparing meals, driving us around, and looking after us. Maybe she feels this way because when you stayed at our house, we weren't like that.

Lana

To: Lana Brown

Subject: Re: NEXT YEAR?

I guess it's common here to show guests that you're busy caring for them. In America, hosts are more relaxed and allow guests to be independent and help themselves to anything they want.

To be honest, when I was staying with your family, this took a while to get used to. I had just met you and your family, so I didn't feel comfortable making myself at home. After a while, though, I got used to it and it helped me feel like part of the family.

Attached is a good *okonomiyaki* recipe. Please show it to your father.

Look out, world! "The Adventures of Lana and Karin Part III" is being planned.

Karin

問 1　How did Lana and Karin originally get to know each other?　41

① From Karin's family trip to America

② From Karin's time studying in America

③ From Lana's family trip to Japan

④ From Lana's time studying in Japan

問 2 Which of the following did Lana's father probably do last in Japan? 42

① He went on a bus tour of the city.

② He went to Tokyo Wonderland.

③ He won a stuffed toy bear prize.

④ He won a T-shirt at a festival.

問 3 Karin said the idea of individuality 43 .

① can also be found in Japanese society

② can be seen in schools around the world

③ is limited to American teenage culture

④ is something that business people avoid

問 4 Which of the following is closest to the meaning of the underlined word disconcerted as used in the text? 44

① frightened

② pleased

③ satisfied

④ worried

問 5 What did Karin say about being a guest in an American home? 45

① It was difficult because they usually looked busy.

② She loved almost everything from the first day.

③ The family wanted her to do whatever they said.

④ The freedom felt strange but she grew to like it.

54

第6問 次の文章を読み，下の問い（**A・B**）に答えよ。なお，文章の左にある(1)〜
(6)はパラグラフ（段落）の番号を表している。（配点　36）

(1)　　　Milk is considered an important food around the world. Some
advertisements even call it "the perfect food." This has some truth as milk
contains protein to build muscles, calcium for strengthening bones, and
vitamins that are essential for good health. The importance of milk in our
diets has a long history. In fact, since people started to breed farm animals,
they have consumed animal milk.

(2)　　　The oldest evidence of milk consumption was found at sites more than
10,000 years old. Surprisingly, it was not cow's milk but sheep's milk.
People raised sheep for their meat, wool, and milk long before they began to
raise cows. They turned this milk into the first types of cheese. Sheep's
milk has over 50% more fat than cow's milk along with about twice the
amount of protein. As fat content plays an important part in making cheese,
sheep's milk is often used to produce a number of cheeses. Goats, another
animal raised before cows, also provide milk. Goat's milk has a similar level
of fat to cow's milk, but less sugar. More recent examples of animal milk
include deer's milk and horse's milk. Deer's milk has higher levels of protein
and fat than cow's milk. Horse's milk has less protein than cow's milk, but
six times as much vitamin C.

(3)　　　At the present time, most milk sold in stores comes from cows. The
worldwide dairy industry depends on cows, which consistently produce far
more milk than other animals. The milk is sold to be drunk or turned into
dairy products such as cheese, butter, yogurt, or ice cream. Regardless of
how it is used, nowadays, most raw milk is heated to get rid of harmful
bacteria. Modern methods of treating milk and careful inspection of milk
products have helped to ensure that the milk we consume today is safe. It
has become one of the most highly regulated foods in many countries.

— 112 —

(4)   Not all people, however, can digest milk. Although infants are able to take in milk easily, this ability declines in a certain percentage of adults. Some of them can still eat products made from milk, like cheese or ice cream, while others are unable to digest milk products in any form. They know that having a bowl of delicious ice cream is only going to cause them torment. For these people, milk is certainly not the perfect food.

(5)   Recently, different kinds of milk made from plants have appeared in supermarkets. These are especially popular with people who cannot digest animal milk as well as with people seeking better health. A variety of plants are used, and each plant milk differs in its original state. The most popular type of plant milk is made from soybeans. Soy milk is similar in the amount of protein to cow's milk but lacks calcium. Rice milk has a lower sugar content and less protein than cow's milk. Coconut milk, which is common in Southeast Asia, has about half the calories of cow's milk and less protein. In short, each of these plant milks offers different amounts of nutrition to consumers.

(6)   Currently, making the decision to drink milk requires that we examine our options and choose the ones that are best for us. Each offers different benefits, allowing us to select the levels of protein or fat we want in order to satisfy our nutritional needs. No matter what these requirements are, milk in all its forms will continue to find a place in people's diets.

A 次の問い（問 1 ～ 5 ）の 46 ～ 50 に入れるのに最も適当なものを，それぞれ下の①～④のうちから一つずつ選べ。

問 1 According to paragraph (2), which of the following is true? 46

① People started to use animal milk as food about ten centuries ago.

② Raising sheep began more recently than raising cows and goats.

③ The fat amount in cow's milk makes it healthier than goat's milk.

④ The level of fat in sheep's milk is suitable for producing cheese.

問 2 According to paragraph (3), the ability of cows to supply milk 47 .

① delays the manufacturing of cheaper products for consumers

② guarantees the quality of the food items made from milk

③ prevents people from consuming harmful milk products

④ secures a steady source of milk for global consumption

問 3 Which of the following is closest to the meaning of the underlined word torment in paragraph (4)? 48

① enthusiasm   ② satisfaction

③ suffering   ④ unwillingness

問 4 According to paragraph (5), compared to cow's milk, 49 .

① coconut milk has slightly more protein

② plant milks offer much greater food value

③ rice milk is nearly the same in sugar level

④ soy milk is about equal in protein level

—114—

問 5 What would be the best title for this passage? 50

① Benefits of Plant Milk Over Animal Milk

② Characteristics of Various Milk Types

③ Origins of the Worldwide Milk Supply

④ Standards of Nutritious Milk for Infants

B 次の表は，本文のパラグラフ(段落)の構成と内容をまとめたものである。
51 ～ 54 に入れるのに最も適当なものを，下の①～④のうちから一つ
ずつ選び，表を完成させよ。ただし，同じものを繰り返し選んではいけない。

Paragraph	Content
(1)	Introduction
(2)	51
(3)	52
(4)	53
(5)	54
(6)	Conclusion

① Describing the dairy industry and how the milk produced is used

② Discussing the differences between the earliest types of milk

③ Explaining that animal milk might not be a good choice for everyone

④ Indicating the qualities of various substitutes for animal milk

MEMO

英　語

（2019年1月実施）

80分　200点

2019
本試験

$\left(\text{解答番号}\boxed{\ 1\ }\sim\boxed{\ 54\ }\right)$

第1問 次の問い（**A・B**）に答えよ。（配点 14）

A 次の問い（**問1～3**）において，下線部の発音がほかの三つと**異なるもの**を，それぞれ下の①～④のうちから一つずつ選べ。

問1 ⬜1

① co<u>ugh</u>　　② fri<u>ghten</u>　　③ lau<u>ghter</u>　　④ tou<u>gh</u>

問2 ⬜2

① bl<u>oo</u>d　　② ch<u>oo</u>se　　③ m<u>oo</u>d　　④ pr<u>oo</u>f

問3 ⬜3

① st<u>o</u>ne　　② st<u>o</u>ry　　③ t<u>o</u>tal　　④ v<u>o</u>te

— 118 —

B 次の問い(**問1～4**)において，第一アクセント(第一強勢)の位置がほかの三つと**異なる**ものを，それぞれ下の①～④のうちから一つずつ選べ。

問 1 ☐ 4

 ① agree   ② control   ③ equal   ④ refer

問 2 ☐ 5

 ① approval   ② calendar   ③ remember   ④ successful

問 3 ☐ 6

 ① character   ② delicious   ③ opposite   ④ tragedy

問 4 ☐ 7

 ① architecture   ② biology   ③ spectacular   ④ surprisingly

4

第 2 問　次の問い(A〜C)に答えよ。(配点　47)

A　次の問い(問 1 〜10)の　| 8 |　〜　| 17 |　に入れるのに最も適当なものを，そ
れぞれ下の①〜④のうちから一つずつ選べ。ただし，| 15 |　〜　| 17 |　につい
ては，(A)と(B)に入れるのに最も適当な組合せを選べ。

問 1　Casey was getting worried because the bus going to the airport was
clearly　| 8 |　schedule.

① after　　　② behind　　　③ late　　　④ slow

問 2　If you are in a hurry, you should call Double Quick Taxi because they
usually come in　| 9 |　time.

① any　　　② few　　　③ no　　　④ some

問 3　After　| 10 |　dropping the expensive glass vase, James decided not to
touch any other objects in the store.

① almost　　　② at most　　　③ most　　　④ mostly

問 4　We should make the changes to the document quickly as we are　| 11 |
out of time.

① going　　　② running　　　③ spending　　　④ wasting

問 5　It was impossible to　| 12 |　everyone's demands about the new project.

① carry　　　② complete　　　③ hold　　　④ meet

— 120 —

2019年度　本試験　5

問 6　Write a list of everything you need for the camping trip. ┃ 13 ┃ , you might forget to buy some things.

① As a result　② In addition　③ Otherwise　④ Therefore

問 7　Text messaging has become a common ┃ 14 ┃ of communication between individuals.

① mean　② meaning　③ means　④ meant

問 8　I was (A) when I watched the completely (B) ending of the movie. ┃ 15 ┃

① A : shocked　　B : surprised　② A : shocked　　B : surprising
③ A : shocking　　B : surprised　④ A : shocking　　B : surprising

問 9　(A) is no (B) the increase in traffic on this highway during holidays. ┃ 16 ┃

① A : It　　　B : avoid　② A : It　　　B : avoiding
③ A : There　B : avoid　④ A : There　B : avoiding

問10　The police officer asked the witness (A) the situation as (B) as possible. ┃ 17 ┃

① A : describing　　B : accurate
② A : describing　　B : accurately
③ A : to describe　　B : accurate
④ A : to describe　　B : accurately

— 121 —

B 次の問い（問1～3）において，それぞれ下の①～⑥の語句を並べかえて空所を補い，最も適当な文を完成させよ。解答は 18 ～ 23 に入れるものの番号のみを答えよ。

問1 Yukio: Did you hear that a new entrance ID system will be introduced next month?

Lucas: Really? Do we need it? I _____ 18 _____ _____ _____ 19 _____ to replace the current system.

① cost　　　　② how　　　　③ it

④ much　　　　⑤ will　　　　⑥ wonder

問2 David: What's the plan for your trip to England?

Saki: I'll spend the first few days in London and then be in Cambridge _____ 20 _____ _____ 21 _____ .

① for　　　　② my　　　　③ of

④ rest　　　　⑤ stay　　　　⑥ the

問3 Junko: The party we went to last night was very noisy. My throat is still sore from speaking loudly the whole time.

Ronald: Yeah. It can sometimes _____ 22 _____ _____ _____ 23 _____ in such a crowded place.

① be　　　　② difficult　　　　③ heard

④ make　　　　⑤ to　　　　⑥ yourself

C 次の問い（**問1～3**）の会話が最も適当なやりとりとなるように ┌24┐ ～ ┌26┐ を埋めるには，(A)と(B)をどのように組み合わせればよいか，それぞれ下の①～⑧のうちから一つずつ選べ。

問1 Museum guide: The number of visitors has dropped this month.

Museum guard: It's probably because of the construction on the second floor.

Museum guide: Yes, the "Treasures of Egypt" exhibit there always attracted so many people.

Museum guard: So, ┌24┐ the most popular area is closed.

(A) I can't help	(A) that there are fewer people	(A) during
(B) it can't be helped	(B) that there are more people	(B) while

→ → →

① (A) → (A) → (A)　　　② (A) → (A) → (B)　　　③ (A) → (B) → (A)

④ (A) → (B) → (B)　　　⑤ (B) → (A) → (A)　　　⑥ (B) → (A) → (B)

⑦ (B) → (B) → (A)　　　⑧ (B) → (B) → (B)

8

問 2 Masa: I heard that last night's baseball game was the longest this season. You were there, weren't you?

Alice: That's right. It was so exciting watching it live at the stadium.

Masa: It must have been late when it finished. How did you get home?

Alice: Yes, it was really late. ☐ 25 ☐ It was crowded, but riding with hundreds of other fans was fun.

(A) I was barely able to	(A) catch	(A) a taxi.
(B) I was seldom able to	(B) miss	(B) the last train.

→ →

① (A) → (A) → (A)　　② (A) → (A) → (B)　　③ (A) → (B) → (A)

④ (A) → (B) → (B)　　⑤ (B) → (A) → (A)　　⑥ (B) → (A) → (B)

⑦ (B) → (B) → (A)　　⑧ (B) → (B) → (B)

問 3 Tetsuya: I haven't seen John today.

Brent: I heard that he's sick and will be absent from work for a few days.

Tetsuya: That's too bad. Isn't he in charge of the meeting later today?

Brent: Yes. ☐ 26 ☐ Without him, we can't talk about those issues.

(A) I'm afraid	(A) the meeting will have to be held	(A) until next week.
(B) I'm afraid of	(B) the meeting will have to be put off	(B) until this evening.

→ →

① (A) → (A) → (A)　　② (A) → (A) → (B)　　③ (A) → (B) → (A)

④ (A) → (B) → (B)　　⑤ (B) → (A) → (A)　　⑥ (B) → (A) → (B)

⑦ (B) → (B) → (A)　　⑧ (B) → (B) → (B)

2019年度　本試験　9

第3問　次の問い（A・B）に答えよ。（配点　33）

A　次の問い（問1～3）のパラグラフ（段落）には，まとまりをよくするために**取り除いた方がよい文**が一つある。取り除く文として最も適当なものを，それぞれ下線部①～④のうちから一つずつ選べ。

問1　　27

　　When flying across the United States, you may see giant arrows made of concrete on the ground. Although nowadays these arrows are basically places of curiosity, in the past, pilots absolutely needed them when flying from one side of the country to the other. ①The arrows were seen as being so successful that some people even suggested floating arrows on the Atlantic Ocean. ②Pilots used the arrows as guides on the flights between New York and San Francisco. ③Every 16 kilometers, pilots would pass a 21-meter-long arrow that was painted bright yellow. ④A rotating light in the middle and one light at each end made the arrow visible at night. Since the 1940s, other navigation methods have been introduced and the arrows are generally not used today. Pilots flying through mountainous areas in Montana, however, do still rely on some of them.

— 125 —

問 2　　28

Living in the city and living in the country require different skills. This is true for humans, of course, but also for birds. In one study, scientists took 53 birds from urban and rural areas of Barbados, one of the Caribbean islands, conducted a variety of tests, released them back into their natural surroundings and reported their findings. ①The birds from urban areas were better at problem-solving tasks than the ones from rural environments. ②The researchers prepared several experiments to check the differences between the groups of birds. ③The urban birds had more capacity to resist disease than the rural ones. ④The researchers had expected that in comparison to the rural birds, the urban birds would be smarter but weaker. Being both smart and strong was thought to be unlikely. However, it seems that urban birds have it all.

問 3　　29

Formal dinners in England during the Tudor era (1485–1603) were called feasts. They were magnificent, and everything was done carefully in order to show one's wealth and place in society. ①Whatever happened at the feasts reflected social class, even the order in which people walked into the room. ②There was a top table and the highest ranking guest would sit on the right of the king or the queen. ③Gold and silver dishes were also laid out to emphasize how rich the family was. ④The way feasts were held during the Tudor era has been richly presented in various films. The guests were not allowed to start eating before the ruler and had to stop eating once he or she had finished. When you could and couldn't eat followed strict and complicated rules, like all aspects of the feast.

B 次の会話は，退職する恩師への贈り物について相談している生徒たちのやりとりの一部である。 30 ～ 32 に入れるのに最も適当なものを，それぞれ下の①～④のうちから一つずつ選べ。

Sean: Thanks for coming in on a Saturday, everyone. It wasn't easy to find a time for us all to sit down and talk. As you know, Ms. Guillot is retiring this year. It is our responsibility to arrange a gift for her on behalf of all current and former students. We don't have much time before her party, so I'd really like to reach a final decision today. Did you come up with any ideas?

Alex: Not exactly, but I've heard that many teachers get bored after retirement. I don't think we should get her something like a painting, because it would just sit on the wall. If we buy her something that she can make the most of on a daily basis, then she will feel the appreciation all her students have for her more often.

Sean: Thanks, Alex. So, you think giving her something 30 would be appropriate, right?

① she can use quite regularly
② to make her house look nice
③ to share at the retirement party
④ we students made ourselves

Alex: Yes. I think that would be best.

Thomas: I don't think Ms. Guillot will be bored in her retirement. We all know that she is very active. She often participates in sporting events and loves spending time outside. I heard that on Saturdays and Sundays, she runs in the mornings and plays tennis in the evenings. She hardly ever stays indoors and never misses her daily walk even if it is raining.

— 127 —

Anne: And, she loves doing work in her garden, too. I've seen some pictures of her house. She has a beautiful garden and a massive deck. She has a great variety of flowers and vegetables. She often spends time relaxing on her deck just enjoying the view of her garden.

Sean: Thomas and Anne, it seems that you both think we should consider Ms. Guillot's ☐ 31 ☐ when we buy her present.

① art works
② garden
③ leisure time
④ weekends

Anne: That's right. But it's a little hard to come up with an actual item, isn't it?

Mimi: Why don't we get her something she can use for entertaining people? Ms. Guillot loves cooking and I heard she has small parties at her house every couple of weeks. Hmm. . . , I don't think we need to get her anything to use in the kitchen, as she seems to have plenty of that kind of stuff already. And usually, people who like cooking have their own preferences when it comes to things like that.

Sally: I agree. She's told us about her parties. She often mentions that whenever she has them, everyone has to go inside to eat if they want to sit down. Perhaps something that she can use when entertaining her guests would be most appropriate.

Anne: I think that's a great point. Once she has retired, I'm sure she'll be having more of those parties. Who knows? Maybe she'll even invite us!

Sean: That would be nice, wouldn't it, Anne? Well, thank you for all your ideas. Considering what we have discussed, I think a present such as [32] will be best as it seems to match what everyone has said about Ms. Guillot.

① a large bunch of flowers
② a statue for her garden
③ some outdoor furniture
④ some sets for cooking

14

第4問 次の問い（**A・B**）に答えよ。（配点 40）

A 次の文章はある説明文の一部である。この文章と表を読み，下の問い（**問1～4**）の 33 ～ 36 に入れるのに最も適当なものを，それぞれ下の①～④のうちから一つずつ選べ。

Art may reflect the ways people lived. Researchers have discussed how art portrays clothing and social settings. One study was conducted to determine if this idea could be extended to paintings featuring family meals. The results of this study might help illustrate why certain kinds of foods were painted.

The researchers examined 140 paintings of family meals painted from the years 1500 to 2000. These came from five countries: the United States, France, Germany, Italy, and the Netherlands. The researchers examined each painting for the presence of 91 foods, with absence coded as 0 and presence coded as 1. For example, when one or more onions appeared in a painting, the researchers coded it as 1. Then they calculated the percentage of the paintings from these countries that included each food.

Table 1 shows the percentage of paintings with selected foods. The researchers discussed several findings. First, some paintings from these countries included foods the researchers had expected. Shellfish were most common in the Netherlands' (Dutch) paintings, which was anticipated as nearly half of its border touches the sea. Second, some paintings did not include foods the researchers had expected. Shellfish and fish each appeared in less than 12% of the paintings from the United States, France, and Italy although large portions of these countries border oceans or seas. Chicken, a common food, seldom appeared in the paintings. Third, some paintings included foods the researchers had not expected. For example, among German paintings, 20% of them included shellfish although only 6% of the country touches the sea. Also, lemons were most common in paintings from the Netherlands even though they do not grow there naturally.

— 130 —

Table 1

The Frequency of Selected Foods Shown in Paintings by Percentage

Item	USA	France	Germany	Italy	The Netherlands
Apples	41.67	35.29	25.00	36.00	8.11
Bread	29.17	29.41	40.00	40.00	62.16
Cheese	12.50	5.88	5.00	24.00	13.51
Chicken	0.00	0.00	0.00	4.00	2.70
Fish	0.00	11.76	10.00	4.00	13.51
Lemons	29.17	20.59	30.00	16.00	51.35
Onions	0.00	0.00	5.00	20.00	0.00
Shellfish	4.17	11.11	20.00	4.00	56.76

Comparing these results with previous research, the researchers concluded that food art does not necessarily portray actual life. The researchers offered some explanations for this. One explanation is that artists painted some foods to express their interest in the larger world. Another is that painters wanted to show their technique by painting more challenging foods. For example, the complexity of a lemon's surface and interior might explain its popularity especially among Dutch artists. As other interpretations are possible, it is necessary to examine the paintings from different perspectives. These are the period in which the paintings were completed and the cultural associations of foods. Both issues will be taken up in the following sections.

(Brian Wansink 他(2016) *Food Art Does Not Reflect Reality: A Quantitative Content Analysis of Meals in Popular Paintings* の一部を参考に作成)

16

問 1 For the category "Apples" in this research, a painting with two whole apples and one apple cut in half would be labeled as ☐ 33 ☐.

① 0
② 1
③ 2
④ 3

問 2 According to Table 1, the paintings from ☐ 34 ☐.

① France included apples at a lower percentage than the German ones
② France included cheese at a higher percentage than the Dutch ones
③ Italy included bread at a lower percentage than the American ones
④ Italy included onions at a higher percentage than the German ones

問 3 According to the passage and Table 1, ☐ 35 ☐.

① chicken frequently appeared in the American paintings because people there often ate chicken
② fish appeared in less than one tenth of the Italian paintings though much of Italy lies next to seas
③ lemons appeared in more than half of the Dutch paintings as they are native to the Netherlands
④ shellfish appeared in half of the paintings from each of the five countries because they touch seas

— 132 —

問 4 According to the passage, foods in these paintings can [36].

① demonstrate the painters' knowledge of history
② display the painters' desire to stay in their countries
③ indicate the painters' artistic skills and abilities
④ reflect the painters' love of their local foods

18

B 次のページの，ある地域の城に関する案内を読み，次の問い（**問1～4**）の
　　 37 ～ 40 に入れるのに最も適当なものを，それぞれ下の①～④のうち
から一つずつ選べ。

問1 What is a common characteristic of all four castles? 37

① Amount of damage
② Displays of pictures and weapons
③ Histories of more than 500 years
④ Purposes of construction

問2 Three guitar club members from Grandlefolk University want to give a
concert one afternoon in April. Which castle are they most likely to choose?
38

① Crestvale Castle
② Holmsted Castle
③ King's Castle
④ Rosebush Castle

問3 Teachers at one school want to take their students to Grandlefolk one
Saturday in May. The purpose is to expand the students' knowledge of the
area's history by visiting castles and listening to explanations from the castle
staff. Which two castles are the teachers most likely to select? 39

① Crestvale Castle and Holmsted Castle
② Crestvale Castle and King's Castle
③ Rosebush Castle and Holmsted Castle
④ Rosebush Castle and King's Castle

問4 A mother, father, and their two children, ages 4 and 8, will visit one of the
castles in Grandlefolk for one day in September and want to see fine arts.
How much will it cost? 40

①　€14　　　　②　€17　　　　③　€20　　　　④　€25

— 134 —

Castles in Grandlefolk

Crestvale Castle

This ruined 13th-century castle, built to defend the northern border of Grandlefolk, is currently being studied by researchers. During the open season, except on Sundays, guides explain what the research is revealing about local history.

Holmsted Castle

Holmsted Castle, built in the 12th century to protect the southern border area, fell into ruin in the 16th century. At the entrance, signboards explain its history. This castle's open spaces are suitable for performances.

King's Castle

Dating back to the 11th century, King's Castle is one of the grandest in the country. Its large collection of paintings and furniture provide a look at the area's past. Guides are available every day.

Rosebush Castle

Though called a castle, this perfectly preserved 15th-century building was constructed purely as a family home. From Mondays to Fridays, guides tell the story of the family's history and explain their collection of modern sculptures. Some of its rooms are available for public events.

	Opening Times		Daily Admission	
	Months	**Hours**	**Adults**	**Children (5-16 years old)***
Crestvale Castle	April - October	10:00 - 16:00	€3	€1
Holmsted Castle	April - September	10:00 - 17:00	€5	€2
King's Castle	April - November	10:00 - 18:00	€7	€3
Rosebush Castle	April - July	9:00 - 12:00	€10	€5

*Children under 5 years old are admitted free of charge.

第5問 次の文章を読み，下の問い（問1～5）の 41 ～ 45 に入れるのに最も適当なものを，それぞれ下の①～④のうちから一つずつ選べ。（配点 30）

"Christine, come and help me in the garden. I want to plant all of the seeds today." My father was calling to me. "I'm busy," I said. My father loves his garden, but at that time I didn't understand why working in the dirt excited him so much.

By the end of April, his plants had come up in neat rows, and he put wooden stakes marked with the name of the vegetable on each row. Unfortunately, in early May, my father was seriously injured in an accident. He was in the hospital for about two months and during that time he often asked me about his garden. Even after he came home, he had to stay in bed for a while. My mother had several business trips so she couldn't take care of the garden. I didn't want my father to worry, so without being asked, I said that I would take care of his garden until he recovered. I assumed that the little plants would continue to grow as long as they had water, and luckily it rained fairly often so I didn't think much about the garden.

One Saturday morning in July, my father said to me, "Christine, I think that the vegetables should be about ready to be picked. Let's have a salad today!" I took a bowl and went out to the garden. I looked at the leaf lettuce and was upset to see that many of the leaves had been half eaten. There were hundreds of bugs all over them! I tried to get them off, but there were just too many. I looked at the carrots next, but they didn't look healthy. I pulled up a carrot, but it was tiny and looked like something had taken small bites from it.

I panicked for a moment, but then thought of a good idea. I got my wallet, quietly went out the door, and rode my bicycle to the nearest store to buy some vegetables. I went back home and cut them up to make a salad for my father.

When I gave it to him, he said, "Oh, Christine, what a beautiful salad! I

— 136 —

can't believe the carrots are this big already. The lettuce is so crisp and delicious. You must be taking very good care of my garden." My father looked happy, but I felt a little bit guilty.

I went back to the kitchen and was cleaning up when my mother came home from her most recent business trip. She saw the bag from the supermarket. I was embarrassed when she looked at me. So, I confessed, "Dad wanted a salad, but the garden was a disaster. I didn't want to disappoint him so I went to the store." She laughed but promised to make time to help me in the garden, and we worked hard for the next few weeks. We made a mixture of water with chopped-up fresh hot peppers and then sprayed it on the vegetables. I thought this was a great idea because the spray is not harmful to humans or animals, or even the bugs. They simply don't like the spicy water. The bug-free vegetables grew quickly, and finally I was able to pick some.

I carefully made a salad and took it to my father. He looked at it with a hint of a smile. "Christine, the carrots are smaller in this salad, but they taste better." I realized that he had known all along about my shopping trip. I smiled back at him.

Now, I better understand how putting a lot of effort into caring for something can help you appreciate the results more, however small they may be. Perhaps this was one of the reasons for my father's love of gardening.

In a few days he'll be back in the garden. I'll be right beside him helping him in any way I can.

22

問 1　Christine originally said she would do the gardening because she ☐41☐.

① knew it was important to her father

② wanted to improve her gardening skills

③ was asked by her father to do it

④ was interested in growing vegetables

問 2　Which of the following was a problem in the garden? ☐42☐

① Animals often dug in the garden.

② Insects ate the lettuce and carrots.

③ The plants were given too much water.

④ The vegetables were marked incorrectly.

問 3　Christine could secretly make the salad from store-bought vegetables because ☐43☐.

① her father couldn't see the garden's progress

② her father was in the hospital at that time

③ her mother helped her to buy the vegetables

④ her mother helped her to make a spray

問 4　Which of the following is closest to the meaning of the underlined word bug-free? ☐44☐

① All bugs have been killed.

② Bugs can do what they like.

③ No bugs can be found.

④ The bugs don't cost any money.

— 138 —

問 5　What did Christine learn through her experience of gardening?　45

① Always prepare for a rainy day.

② Don't be disappointed by bugs.

③ Hard work can be rewarding.

④ Working alone produces results.

24

第6問 次の文章を読み，下の問い（**A・B**）に答えよ。なお，文章の左にある(1)〜
(6)はパラグラフ（段落）の番号を表している。（配点　36）

(1)　　From quiet paths by a stream in a forest to busy roads running through
a city, people have created various forms of routes in different places.
These now exist all around us, and their use is imperative for societies.
These routes have enabled people to move, transport things, and send
information from one place to another quickly and safely. / Throughout
history, they have been important in our daily lives.

(2)　　Early routes were often formed naturally on land. / They gradually
developed over long periods of time while people traveled them on foot or
horseback. / A significant turning point in their history arrived when the first
wheeled carts appeared in ancient times. / Once this happened, people
recognized the importance of well-maintained routes. / Therefore, towns,
cities, and entire countries improved them in order to prosper. / As a result,
life became more convenient, communities grew, economies evolved, and
cultures expanded. / The importance of land routes increased further,
especially after the appearance of automobiles.

(3)　　People have established routes on water, too. / Rivers and canals have
served as effective routes for people to move around and carry things. For
instance, in the old Japanese city of Edo, water routes were used for the
transportation of agricultural products, seafood, and wood, which supported
the city's life and economy. / People have also opened routes across the sea.
The seaways, which developed based on winds, waves, water depths, and
coastline geography, were critical for the navigation of ships, particularly in
the days when they moved mainly by wind power. Using these sea routes,
people could travel great distances and go to places they had not previously
been able to reach. / A number of important sea routes emerged, leading to
the exchange of natural resources, products, and ideas. / This, in turn, helped
cities and towns thrive.

— 140 —

(4)　People have gone on to open routes in the sky as well. Since the invention of the airplane, these routes have made it possible for people to travel long distances easily. They found the best routes by considering conditions such as winds and air currents. Eventually, people became able to travel safely and comfortably high in the sky, and going vast distances only took a small amount of time. In fact, people used to need more than one month to travel to Europe from Japan by ship, whereas today they can travel between them in a single day by airplane. Owing to the establishment of these sky routes, a great number of people now travel around the world for sightseeing, visiting friends, and doing business.

(5)　Today, we have a new type of route, the Internet, which specializes in the electronic exchange of information. By using this worldwide route, people can easily obtain information that once was available mainly from books and face-to-face communication. They can also instantly send messages to large numbers of people all at once. According to one study, more than 3.5 billion people, which is about half of the global population, have access to this electronic route today. As technology advances, more and more people will take advantage of this route to gather information and communicate.

(6)　As long as there have been people, there have been routes to connect them. These have contributed not only to the movement of people, things, and information, but also to the development of our communities, economies, and cultures. Routes have played significant roles in the development and prosperity of humankind. Currently unknown routes will surely take us even further in the future.

A 次の問い（問1～5）の 46 ～ 50 に入れるのに最も適当なものを，そ
れぞれ下の①～④のうちから一つずつ選べ。

問1 Which of the following is closest to the meaning of the underlined word
underline{imperative} in paragraph (1)? 46

① accidental
② essential
③ industrial
④ traditional

問2 According to paragraph (2), which of the following statements is true?
47

① Early routes were created by people who traveled by wheeled carts.
② People's first routes on land followed the growth of towns and cities.
③ The development of land routes led to progress in many areas of society.
④ The improvement of routes resulted in the invention of the automobile.

問3 Why is the example of Edo introduced in paragraph (3)? 48

① To describe the difficulty of creating routes on the water
② To emphasize the fact that it was an important city
③ To explain the use of water routes to move along the coastlines
④ To illustrate the important roles of water routes for cities

問4 What does paragraph (5) tell us about routes? 49

① Routes can be thought of as existing invisibly in the world.
② Routes that move information can be regarded as dangerous.
③ The fundamental functions of routes are declining.
④ The importance of different kinds of routes is the same.

— 142 —

問 5 What is the main point of this article? 　50

① Humankind first created various types of convenient routes on land.

② Improvements in transportation have come at great cost.

③ Technology has interfered with opening up routes around the world.

④ The advancement of humanity was aided by the development of routes.

B　次の表は，本文のパラグラフ（段落）の構成と内容をまとめたものである。
　51 ～ 54 に入れるのに最も適当なものを，下の①～④のうちから一つ
ずつ選び，表を完成させよ。ただし，同じものを繰り返し選んではいけない。

Paragraph	Content
(1)	Introduction
(2)	51
(3)	52
(4)	53
(5)	54
(6)	Conclusion

① Creation of roads used by people, animals, and vehicles

② Developing ways for people to fly from place to place

③ Establishment of global paths for information transfer

④ Opening of lanes for ships to travel and transport things

MEMO

英　語

（2019年 1 月実施）

80分　200点

追試験
2019

$\left(解答番号\boxed{1}\sim\boxed{54}\right)$

第1問 次の問い（**A・B**）に答えよ。（配点　14）

A 次の問い（**問1～3**）において，下線部の発音がほかの三つと**異なるもの**を，それぞれ下の**①～④**のうちから一つずつ選べ。

問1　　$\boxed{1}$

　　① enga<u>g</u>ement　② <u>g</u>enerate　③ hun<u>g</u>er　④ ran<u>g</u>e

問2　　$\boxed{2}$

　　① ch<u>ea</u>t　　② m<u>e</u>dium　③ sw<u>ea</u>t　④ th<u>e</u>me

問3　　$\boxed{3}$

　　① <u>a</u>dd　　② l<u>a</u>bel　③ p<u>a</u>ssenger　④ tr<u>a</u>ffic

B 次の問い(**問 1 ～ 4**)において，第一アクセント(第一強勢)の位置がほかの三つ
と**異なる**ものを，それぞれ下の①～④のうちから一つずつ選べ。

問 1 [4]

① breakfast   ② favor   ③ modern   ④ survive

問 2 [5]

① celebrate   ② dramatic   ③ examine   ④ financial

問 3 [6]

① entertain   ② guarantee   ③ imagine   ④ undergo

問 4 [7]

① community   ② consequently   ③ participate   ④ ridiculous

32

第2問 次の問い(A~C)に答えよ。(配点 47)

A 次の問い(問1~10)の 8 ~ 17 に入れるのに最も適当なものを、それぞれ下の①~④のうちから一つずつ選べ。ただし、 15 ~ 17 については、(A)と(B)に入れるのに最も適当な組合せを選べ。

問 1 I'll look 8 the train schedule before going to the station, just in case.

① ahead　　　② back　　　③ down　　　④ up

問 2 When I tried to play an online game, the computer 9 not work at all.

① might　　　② ought　　　③ should　　　④ would

問 3 You'll have more job opportunities in the city, but your living 10 will be higher.

① expenses　　② fares　　　③ fees　　　④ rates

問 4 11 how to deal with the situation, they sat in silence waiting for someone to start speaking.

① Confused about　　　　② Considered by
③ No knowing　　　　　　④ No telling

問 5 Vancouver was the largest 12 the four Canadian cities we visited.

① for　　　② in　　　③ of　　　④ than

—148—

問 6　Their smiles disappeared after getting directions, 　13　 they still had a long way to walk.

① for　　　　　② once　　　　　③ until　　　　　④ whether

問 7　I think the new teacher is a bit too strict. 　14　 do you think of her?

① How　　　　② What　　　　③ Which　　　　④ Who

問 8　His continuous support （　A　） the international trade project （　B　） a failure. 　15　

① 　A : kept　　B : from being　　② 　A : kept　　　B : to be
③ 　A : made　　B : from being　　④ 　A : made　　　B : to be

問 9　It will take less time to get to the airport （　A　） the construction of the monorail （　B　） finished. 　16　

① 　A : when　　　B : is　　　② 　A : when　　　B : will be
③ 　A : which　　　B : is　　　④ 　A : which　　　B : will be

問10　It can be difficult to （　A　） real leather shoes （　B　） artificial leather ones by their appearance. 　17　

① 　A : say　　B : from　　　② 　A : say　　　B : to
③ 　A : tell　　B : from　　　④ 　A : tell　　　B : to

— 149 —

34

B 次の問い(**問 1 ～ 3**)において，それぞれ下の①～⑥の語句を並べかえて空所を補い，最も適当な文を完成させよ。解答は □18□ ～ □23□ に入れるものの番号のみを答えよ。

問 1　Carlos:　Why did it take you so long to get here?

Tomohiro:　The traffic was terrible.　There ＿＿＿＿ □18□ ＿＿＿＿

＿＿＿＿ □19□ ＿＿＿＿ the highway.

① an accident　　　② been　　　　③ have

④ on　　　　　　　⑤ seems　　　　⑥ to

問 2　Journalist:　I'm wondering how your research team reached such innovative conclusions.

Scientist:　Recent improvements in computer technology ＿＿＿＿

□20□ ＿＿＿＿ ＿＿＿＿ □21□ ＿＿＿＿ greater detail.

① analyze　　　　② have allowed　　③ in

④ the data　　　　⑤ to　　　　　　　⑥ us

問 3　Customer:　Excuse me, I'm Ted Brown.　I have a reservation for the main party room from 5 o'clock.　I think I'm a little early.

Receptionist:　Welcome, Mr. Brown.　Well, ＿＿＿＿ □22□ ＿＿＿＿

＿＿＿＿ □23□ ＿＿＿＿ you now.　It won't be long.

① being　　　　　② for　　　　　　③ is

④ set　　　　　　⑤ the room　　　　⑥ up

— 150 —

C 次の問い(問1～3)の会話が最も適当なやりとりとなるように 24 ～ 26 を埋めるには，(A)と(B)をどのように組み合わせればよいか，それぞれ下の①～⑧のうちから一つずつ選べ。

問1　Mark: Our psychology class today was definitely the most difficult so far.
　　　Jennifer: Yeah, I agree. But last week I found a website that explains the content of our textbook.
　　　Mark: Really? Tell me more. I'm worried I won't be able to do well on the test.
　　　Jennifer: I'll send you the address. I think it covers all the important points from our textbook. 24 It's really useful. Don't worry. We'll be fine!

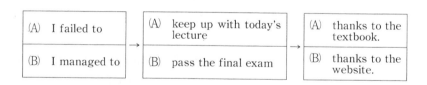

① (A)→(A)→(A)　　② (A)→(A)→(B)　　③ (A)→(B)→(A)
④ (A)→(B)→(B)　　⑤ (B)→(A)→(A)　　⑥ (B)→(A)→(B)
⑦ (B)→(B)→(A)　　⑧ (B)→(B)→(B)

36

問 2   Satomi: I went to that new restaurant last week. The food was great, the staff were friendly, and the atmosphere was wonderful. You should go.

George: Actually, I went there yesterday. I thought the food was good, too. Unfortunately, there were some noisy children running around near our table.

Satomi: Really? That would be annoying.

George: | 25 | when their parents finally did.

(A) I was about to	→	(A) tell the children	→	(A) to be noisy
(B) It was about to		(B) tell the staff		(B) to be quiet

① (A) → (A) → (A)   ② (A) → (A) → (B)   ③ (A) → (B) → (A)

④ (A) → (B) → (B)   ⑤ (B) → (A) → (A)   ⑥ (B) → (A) → (B)

⑦ (B) → (B) → (A)   ⑧ (B) → (B) → (B)

問 3   Gwen: Hi, Keiko. This is Gwen. The entrance security system isn't reading my ID card, so I can't get into the office.

Keiko: Are you using the new card given to us at last week's meeting?

Gwen: I wasn't there because I was away on business.

Keiko: Oh, that's right. | 26 | I'll be right there.

(A) I should have emailed you	→	(A) that you can get in	→	(A) without the new card.
(B) I would have emailed you		(B) that you can't get in		(B) without the old card.

① (A) → (A) → (A)   ② (A) → (A) → (B)   ③ (A) → (B) → (A)

④ (A) → (B) → (B)   ⑤ (B) → (A) → (A)   ⑥ (B) → (A) → (B)

⑦ (B) → (B) → (A)   ⑧ (B) → (B) → (B)

第3問 次の問い（A・B）に答えよ。（配点　33）

A　次の問い（**問1～3**）のパラグラフ（段落）には，まとまりをよくするために**取り除いた方がよい文**が一つある。取り除く文として最も適当なものを，それぞれ下線部①～④のうちから一つずつ選べ。

問1　　27

Silence is more than the lack of sound; it is a vital part of communication. It can show any number of emotions and feelings, including insecurity, familiarity, and superiority. Just like the spoken word, it fulfills the basic functions of language. ①Where it does so most is in the relationships between people. Sometimes, silence is associated with the negative actions of communication and implies anxiety. ②However, it also speaks of friendship, love, and security for people. Good friends can be together and be silent. Another important thing that silence communicates is power. ③It has been used throughout history as a globally accepted sign of one's good will. Those who are in authority can control speech and silence. ④Some people must remain silent before authority to show their obedience.

問 2 　28

Why don't we pay a little more attention to our breathing? Breathing slowly and deeply helps us take in more oxygen. ①According to one study, doing slow breathing exercises, even for a short time, increases oxygen consumption by 37%. Some researchers suggest that slow breathing activates parts of the brain that reduce anxiety. ②Slow breathing could also be a simple solution when people have trouble sleeping. ③With slow, controlled breathing before going to bed, people wake up fewer times during the night. ④When doing slow breathing exercises, we should sit in positions that are comfortable. Several further studies have shown that a nose-breathing technique from yoga can have a lasting effect on reducing one's blood pressure. We should realize the potential benefits in our unconscious behavior.

問 3 　29

The size of your vocabulary is a measure of what psychologists call your verbal intelligence. A psychologist in Canada found links between one's verbal intelligence and the habit of deliberating past problems: The more words you know, the more likely you will be a worrier. ①Human beings express their feelings and emotions to each other through the medium of language. ②People with high verbal intelligence are better able to remember the details of previous experiences and think them through repeatedly. ③A high number of words in your vocabulary bank means you won't forget about or ignore possible troubles. ④We tend to believe that as the number of words we know increases, our lives will become better. Verbal intelligence, however, seems to be both a blessing and a curse at the same time.

B　次の会話は，日本に来た留学生の生活に関する学生たちのやりとりの一部である。　30　～　32　に入れるのに最も適当なものを，それぞれ下の①～④のうちから一つずつ選べ。

Hiroki:　So, Andy, you've been in Japan for about three months now. How's everything going?

Andy:　Oh, it's been great. The food is so good! I'm a bit worried that I might put on some weight before I go home.

Hiroki:　Is there anything you don't eat?

Andy:　No, everything has been great. And before you ask, yes, I do like *natto*. So many people are surprised when I say I eat *natto*.

Betty:　Really? I tried it a couple of times when I first came here, but I wasn't such a big fan. I like almost everything, but I thought it smelled a little strange and was sticky. Can you guys explain its appeal?

Hiroki:　Well, if you mix some other food with it, the smell is bearable, and it really enhances the flavor. I often add *shiso*—you know, the green leaf you often eat with *sushi* and *sashimi*. Some people add sugar, but I don't like that very much. It's too sweet for me. You could try putting in a little black pepper. I've heard it tastes pretty good.

Betty:　So Hiroki, you think I should　30　.

①　add sugar to *natto* to make it sweeter

②　combine various other flavors with *natto*

③　enjoy eating *natto* with *sushi* and *sashimi*

④　try mixing *natto* up as fast as possible

Hiroki:　Absolutely.

— 155 —

Minae: You can also use it in dishes you would normally eat in the US. I sometimes make *natto* toast. You spread a little mayonnaise on a piece of bread, put the *natto* on top, then add heaps of cheese. You toast it until the cheese melts. I know it sounds a bit strange, but it tastes delicious!

Louis: I've had that before. It's awesome! You know we often cook omelets in France, right? In Japan, I make *natto* omelets all the time. Just like *natto* toast, they're really easy to make. Fry a mixture of a couple of eggs, a bit of milk, salt, and black pepper with a bit of butter. Put *natto* and a handful of cheese inside. You could put a bit of tomato sauce on top, too, if you like.

Betty: So Minae and Louis, you suggest I $\boxed{31}$.

① avoid imported food products when having *natto*

② cook dishes that make the *natto* flavor stronger

③ eat *natto* for breakfast with eggs in the morning

④ try adding *natto* to Western-style dishes

Minae: Yes. You can find even more ideas on the Internet, too.

Jurg: I'm not a huge fan of the taste of *natto*, either. So you're not the only one, Betty. There are plenty of Japanese people who dislike *natto*, too. It's a bit sticky, but I read in a science magazine that sticky foods like *natto* are extremely good for your body. What Minae and Louis were describing sounds really delicious, but it kind of defeats the purpose of eating healthy food if you add all that cheese. I don't even have it on rice. Just mix in the sauce you get in your *natto* pack, put it in your mouth, and eat it. You'll see some great results in your next health check, I promise you.

Andy: I hope you're right. I'm worried about that!

Betty: Well, you all have convinced me that I should 32 .

① add *natto* to my diet to improve my health

② avoid heating *natto* to appreciate its taste

③ choose vegetables over *natto* like you do

④ consider giving *natto* a try one more time

Hiroki: I hope you do.

第4問 次の問い（**A・B**）に答えよ。（配点　40）

A 次の文章はある説明文の一部である。この文章と表を読み，下の問い（**問**1～4）の　33　～　36　に入れるのに最も適当なものを，それぞれ下の①～④のうちから一つずつ選べ。

When we sing or listen to music, our actions are often accompanied by movement. However, until recently, few researchers had looked closely at this relationship. To explore this, a group of researchers at a Belgian university focused on one type of movement, walking, and examined whether people could match their walking tempo with the tempo of music.

In the study, the researchers asked 20 participants to match their walking tempo to sound fragments presented in two sets. Each set consisted of 34 musical fragments with a length of 1 minute each and 6 metronome fragments with a length of 30 seconds each. The tempo of the fragments ranged from 50 BPM (beats per minute) to 190 BPM. The participants used a portable music player to listen to the fragments through headphones. The researchers recorded the walking tempo (the number of steps taken per minute) with a small recorder attached to one of the shoes worn by each participant. The participants were instructed to start walking at the tempo they perceived as each fragment began and to continue walking at that tempo. There was a short pause after each fragment. During each pause, they had to stop and wait for the next fragment.

As Table 1 shows, in most cases, the participants walked at the same tempo as the fragment (Equal). In other cases, the participants walked at twice the tempo (Double), at half the tempo (Half), or at a quarter of the tempo (Quarter). All of these four were considered to have matched the tempo. The researchers found that there were more cases where the participants' walking tempo matched the tempo of the metronome fragments

— 158 —

than the musical fragments. Furthermore, they looked at cases where the walking tempo did not match the tempo of the musical fragments. They found that between 106 BPM and 130 BPM, there were fewer of these cases than at faster or slower BPMs.

Table 1

Percentage of Matched and Unmatched Walking Tempo

	Matched				Unmatched
	Equal	Double	Half	Quarter	
Musical fragments	69.80	3.60	11.20	0.30	15.10
Metronome fragments	88.80	0.80	3.80	—	6.70

Based on the results, the researchers suggested that people most easily match their walking tempo with the tempo of music when it is about 120 BPM. In the next section, research that examined whether the type of music affected the walking tempo will be discussed.

(Frederik Styns 他(2007) *Walking on Music* の一部を参考に作成。データは原文のまま。)

44

問 1　The study required the participants to ☐ 33 ☐ .

① listen to the fragments through public loudspeakers

② pause the recorder briefly after each fragment

③ replay each set of fragments before beginning to walk

④ stay still for a short period between each fragment

問 2　According to Table 1, the participants ☐ 34 ☐ .

① failed to match the tempo of the music in about 15% of cases

② failed to walk at the tempo for metronome fragments more than musical ones

③ walked at a quarter of the music tempo in about 30% of cases

④ walked at double the tempo more than at half the tempo for metronome fragments

問 3　The researchers found that there were more cases where the participants walked ☐ 35 ☐ .

① at double the tempo than at half the tempo for musical and metronome fragments

② at the tempo equal to the BPM for musical fragments than for metronome ones

③ with the tempo of music between 106 BPM and 130 BPM than at the other BPMs

④ with the tempo when instructed to do so than when they were not

— 160 —

問 4　What topic is most likely to follow the last paragraph?　| 36 |

① A discussion of the type of metronome BPM used in this study

② A report investigating the effect of music preference on walking tempo

③ A study examining walking tempo to different kinds of music

④ An analysis of the effect of walking tempo on the selection of music

46

B 次のページのイルカウォッチングに関する広告を読み，次の問い（問1 ~ 4）の 37 ~ 40 に入れるのに最も適当なものを，それぞれ下の①~④のうちから一つずつ選べ。

問1 According to the advertisement, what do passengers get for free? 37

① Drinks
② Meals
③ Postcards
④ Sweets

問2 Which of the following statements is true about tours? 38

① Afternoon tours cost more than morning tours.
② Sunday tours last longer than other tours.
③ Tours are available three times a day.
④ Weekdays and weekends share the same schedule.

問3 A mother and a father in their 30s and their two children (4 and 6 years old) are going on a weekend tour with two relatives, who are over 60 years old. How much will their tour cost? 39

① $175　　② $195　　③ $205　　④ $220

問4 Before coming on the tour, passengers should 40 .

① check their calendars for dolphin tendencies
② confirm the schedule by calling Grand Ship Events
③ read the email about the cancelation policy
④ understand that they may miss seeing dolphins

— 162 —

Grand Ship Dolphin Watching Tours

Grand Ship Events provides wonderful boat tours for watching dolphins. All tours are accompanied by our dolphin experts. Boats depart twice a day and you can enjoy 360-degree views from our comfortable decks.

On Board

Our boats are comfortable and safe, with life jackets for all passengers. At the snack bar on each boat, you can buy hot dogs, sandwiches, and candy. Tea, coffee, and water are available free of charge. Be ready to take some amazing dolphin photos. You can also buy beautiful dolphin postcards at the bar.

Tour Fees

Day	Age		
	5 - 12*	13 - 59	60 and over
Monday - Friday	$20	$40	$35
Saturday - Sunday	$25	$45	$40

*Children 4 years old and under are free of charge. All children 12 years old and under must be accompanied by an adult.

➢ Boats depart at 9:00 a.m. and 2:00 p.m. each day. Passengers must board 30 minutes before departure.

➢ Each tour lasts about three hours.

➢ Reservations must be made online at least three days in advance.

Before You Depart

Dolphins don't have calendars. You may see dolphins, or you may see none at all. Tours might be canceled due to poor weather. Our website provides departure updates from 24 hours in advance. Please see the cancelation policy on our website. For those who are likely to become sick on the boat, please take seasickness medicine before departure.

第5問 次のブログ記事を読み，下の問い（**問1～5**）の $\boxed{41}$ ～ $\boxed{45}$ に入れるのに最も適当なものを，それぞれ下の①～④のうちから一つずつ選べ。（配点 30）

News from the Town of Sunnyside | By Naomi Kendall

★★

Dance to Your Heart's Content | January 19, 2019

★★

Last night we held Sunnyside's 5th annual "Dance to Your Heart's Content" event!

We had called for performers from the first grade of elementary school and above, and five dance teams registered, with one barely meeting the age requirement. As one of the organizers, I wasn't sure whether this year's event would be successful or not. There had been some problems with advertising and costumes. One of our members had designed a fantastic poster showing pictures of dancers from the past four years. However, we didn't pass out the copies to the neighboring towns until a few days before the event. We didn't know how many people would attend. The costumes were another problem because all of the teams were required to make their own. The flamenco team's dresses were complicated to make, and we weren't sure the robot-dancing team could make their costumes by themselves. Even though it was supposed to be fun, I really wasn't looking forward to the event.

With all these worries, the event began. The hip-hop team made its running entrance with lots of fast jumps. I was afraid that they would run into each other. The leader was the high school art teacher, Mr. Nakamura, and his original music is one reason the hip-hop team has gained popularity in the

— 164 —

community during the past two years. The only way to hear his music is at his live performances. His fans have often asked him when they will be able to listen to his music at home, so in response, Mr. Nakamura said he will have a special gift for the audience at his next performance.

After this thrilling exhibition, the Hawaiian hula dance team gave us a chance to cool down. In pale blue and green dresses paired with pink flower necklaces, the hula team sometimes looked like a wave as they moved from side to side. At other times, they moved as if they were floating on a light breeze. Just watching them dance made me feel like I was on vacation.

The three-person classical ballet team was next with their love story in dance form. Both the bakery employee Peggy and the garden shop owner Olivia performed elegant leaps and spins designed to win the love of Sunnyside's librarian, Tim. The performance ended with a question as Tim looked at the two women, wondering which one he should choose. They have kept the answer a secret but promised to reveal everything next week by posting it on their blogs.

The sister-and-brother robot-dancing team had finally become old enough to participate. They were so excited that they couldn't keep still while they were waiting for their turn. When I saw the shiny silver masks and bodies that the brother and sister made from various boxes, I wondered if there was any aluminum foil left in their parents' kitchen. I was impressed because their precise movements almost made me forget that they were human. They told me that they will show anyone their dance moves next Friday . . . after they do their homework.

50

Last but not least, the bright and colorful flamenco team set the stage on fire. I'm sure the audience enjoyed watching the exciting dance that displayed their handmade flamenco dresses. Even though a couple of the dancers dropped their hats, the audience clapped enthusiastically.

Later, we went straight to the after-party. I felt relieved that, despite a few small problems, the event had gone according to plan. At the party, I had a chance to talk to some people from the audience, and I could feel my smile getting bigger and bigger as I listened to them. I can't wait until next year's event!

I'm looking forward to your comments about this event and my post!

問 1　Which of the following will most likely be Mr. Nakamura's gift?　41

   ① A class on music composition
   ② A collection of his music
   ③ A handmade costume
   ④ An invitation to his next concert

問 2　Which of the following is closest to the meaning of the underlined phrase cool down?　42

   ① become calm
   ② lose motivation
   ③ manage temperature
   ④ turn cold

問 3 The audience can find out about the ending of the ballet love story by 43 .

① asking any team member at their workplace

② checking a team member's personal website

③ looking at the voting results found online

④ reading a poster about it in the library

問 4 The robot-dancing team members were 44 .

① first-time performers in the event

② giving dancing lessons at the party

③ two brothers from a junior high school

④ wearing costumes made by their parents

問 5 As one of the event organizers, how did the author feel about the outcome? 45

① Disappointed with the preparation

② Interested in how she can improve it

③ Satisfied with how things turned out

④ Uncertain of the future of the event

第6問 次の文章を読み，下の問い（**A・B**）に答えよ。なお，文章の左にある(1)～
(6)はパラグラフ（段落）の番号を表している。（配点　36）

(1)　　Jill, a university student, is studying to be a medical doctor and she
knows she has to work hard. However, she also had a dream to be a fiction
writer. She wanted to take some writing courses, but after considering the
amount of homework she would have, she decided not to because she would
be too busy. Now she can concentrate on her medical studies, though she
may have some <u>remorse</u> about this decision.

(2)　　Making choices is a part of life. Sometimes, like Jill, we must choose
one thing instead of another. Her decision involved considering the benefits
she might have received but had to give up in order to pursue her other plan.
What is not chosen is the cost of making a decision. In Jill's case, the cost
of her decision was, in part, the things that she could have learned if she
had participated in writing classes. It may seem unnatural for us to think
about what we cannot gain rather than the benefits we can get. However,
this way of thinking shows that a decision to do one thing involves the costs
of not doing something else.

(3)　　This concept is frequently used in making business decisions. Suppose
that a Japanese manufacturer, Company X, has successfully produced a new
type of robot and recorded significant profits. Now the company is thinking
of expanding its business in one of two ways. One option is to build new
factories and branch offices overseas to increase its share of the
international market (Choice A). The other option is to try to strengthen
domestic sales by putting more money into advertising (Choice B).
Although the company might choose either option, what is lost will be
different. In the case of Choice A, the cost might be decreased sales in
Japan. For Choice B, it might be missing the chance to make advances into
the international market.

― 168 ―

(4)   This concept can be interpreted as a trade-off that requires choosing one option over another. A trade-off happens whenever two options are possible but only one can be selected. For example, City Y, which has benefited by promoting its famous historical spots and beautiful night view to attract tourists, is considering adopting another approach by investing more in industry. However, only one choice can be made due to a limited budget. If the city carries out its new plan, a trade-off will occur. The economy might be improved through the growth of industry, but the number of tourists might decrease.

(5)   Life is full of situations like this. For example, Takeshi has to decide where to have lunch: at a restaurant near his university to enjoy reading or listening to music in a comfortable environment, or at the school cafeteria to save time and money. What losses would be involved? One would be the loss of time and money if he chooses the restaurant. The other would be the loss of an enjoyable, relaxing lunch time if he chooses the school cafeteria. Takeshi has to decide what he will sacrifice.

(6)   We often have to make choices in our daily lives. The decision can be big or small: which career we should pursue or how we should spend our free time. Whatever choice we make, we will lose something. We can make better decisions by considering both what is gained and what is lost.

A 次の問い（問1～5）の 46 ～ 50 に入れるのに最も適当なものを，そ
れぞれ下の①～④のうちから一つずつ選べ。

問1 Which of the following is closest to the meaning of the underlined word
remorse in paragraph (1)? 46

① confidence
② confusion
③ pride
④ regret

問2 In paragraphs (1) and (2), Jill 47 .

① concluded that she would benefit from both options at the same time
② considered the effects of taking writing classes on her academic life
③ decided to pursue her other plan as she liked writing more than medicine
④ felt that there would be no advantages from taking writing classes

問3 According to paragraph (3), which of the following is true? 48

① If Company X increases advertising, the expense is not an issue.
② If Company X opens a new factory abroad, the expense is higher.
③ What Company X loses differs depending on the decision it makes.
④ What Company X loses is a fundamental principle of its business.

問4 According to paragraph (4), what is the likely outcome if City Y attempts
the new investment direction? 49

① Development of its historic district
② Establishment of new companies
③ Increased numbers of visitors
④ Reduced demands on its budget

問 5 In paragraph ⑸, what benefits would Takeshi get if he goes to the restaurant? ☐50☐

① A closer location and a peaceful atmosphere

② A closer location and additional cash

③ A pleasant time and a peaceful atmosphere

④ A pleasant time and additional cash

B 次の表は，本文のパラグラフ（段落）の構成と内容をまとめたものである。
☐51☐ ～ ☐54☐ に入れるのに最も適当なものを，下の①〜④のうちから一つ
ずつ選び，表を完成させよ。ただし，同じものを繰り返し選んではいけない。

Paragraph	Content
⑴	Introduction
⑵	☐51☐
⑶	☐52☐
⑷	☐53☐
⑸	☐54☐
⑹	Conclusion

① Connecting the role of choice to daily lives

② Explaining choices and decisions in a corporate setting

③ Looking at choices as life-changing decisions

④ Relating government decision-making to the cost of a choice

MEMO

英　語

（2018年 1 月実施）

80分　200点

2

$\left(\text{解答番号}\boxed{\;1\;} \sim \boxed{\;54\;}\right)$

第1問 次の問い（**A・B**）に答えよ。（配点 14）

A 次の問い（**問1～3**）において，下線部の発音がほかの三つと**異なるもの**を，それぞれ下の**①～④**のうちから一つずつ選べ。

問1 $\boxed{\;1\;}$

  ① comm<u>i</u>t   **②** conv<u>i</u>nce   **③** ins<u>i</u>st   **④** prec<u>i</u>se

問2 $\boxed{\;2\;}$

  ① help<u>ed</u>   **②** laugh<u>ed</u>   **③** pour<u>ed</u>   **④** search<u>ed</u>

問3 $\boxed{\;3\;}$

  ① b<u>ir</u>d   **②** h<u>ar</u>d   **③** j<u>our</u>ney   **④** w<u>or</u>k

— 174 —

B 次の問い（**問 1 ～ 4**）において，第一アクセント（第一強勢）の位置がほかの三つ
と**異なるもの**を，それぞれ下の①～④のうちから一つずつ選べ。

問 1　　4

① advance　　② danger　　③ engine　　④ limit

問 2　　5

① deposit　　② foundation　　③ opinion　　④ register

問 3　　6

① agency　　② frequently　　③ introduce　　④ officer

問 4　　7

① championship　　　　② delivery
③ relatively　　　　④ supermarket

— 175 —

4

第2問 次の問い(**A～C**)に答えよ。(配点 47)

A 次の問い(**問** 1～10)の 8 ～ 17 に入れるのに最も適当なものを，それぞれ下の①～④のうちから一つずつ選べ。ただし， 15 ～ 17 については，(A)と(B)に入れるのに最も適当な組合せを選べ。

問 1 Jeff didn't accept the job offer because of the 8 salary.

① cheap　　② inexpensive　③ low　　④ weak

問 2 Brenda went 9 to get something to drink.

① at downstairs　　　　② downstairs
③ the downstairs　　　 ④ to downstairs

問 3 After I injured my elbow, I had to quit 10 for my school's badminton team.

① playing　　　　　② to be playing
③ to have played　 ④ to play

問 4 It's 11 my understanding why he decided to buy such an old car.

① against　　② behind　　③ beneath　　④ beyond

問 5 Nicole 12 novels for about seven years when she won the national novel contest.

① had been writing　　　② has been writing
③ has written　　　　　 ④ is writing

— 176 —

問 6　Our boss was sick at home, so we did 　13　 we thought was needed to finish the project.

① how　　　　② that　　　　③ what　　　　④ which

問 7　　14　 I didn't notice it, but there was a huge spider in the bathroom.

① At first　　② Beginning　　③ Besides　　④ Firstly

問 8　Rafael （　A　） a pair of swallows （　B　） a nest in the tree in front of the house. 　15

① A : looked　　B : making　　② A : looked　　B : to make
③ A : saw　　　B : making　　④ A : saw　　　B : to make

問 9　It （　A　） be long （　B　） the plum blossoms come out. They may even bloom this coming weekend. 　16

① A : should　　　B : before　　② A : should　　　B : enough
③ A : shouldn't　B : before　　④ A : shouldn't　B : enough

問10　Melissa said she （　A　） rather go snowboarding next weekend （　B　） go ice-skating. 　17

① A : could　　B : than　　② A : could　　B : to
③ A : would　　B : than　　④ A : would　　B : to

6

B 次の問い（**問1～3**）において，それぞれ下の①～⑥の語句を並べかえて空所を
補い，最も適当な文を完成させよ。解答は 18 ～ 23 に入れるものの番
号のみを答えよ。

問1 Student: What are we going to do with the Australian students after
they arrive?

Teacher: The first night, we'll have a barbecue by the river so that
you all _____ 18 _____ _____ 19 _____
quickly.

① can   ② each   ③ get

④ know   ⑤ other   ⑥ to

問2 Bridget: How was your basketball season last year?

Toshi: I _____ 20 _____ _____ 21 _____

① highest   ② on   ③ scorer

④ the second   ⑤ the team   ⑥ was

問3 Evan: I want to buy my first computer, but I don't know which one I
should get.

Sam: Don't worry. Electronic stores always have experts available to
give advice _____ 22 _____ _____ 23 _____
using computers.

① aren't   ② familiar   ③ those

④ to   ⑤ who·   ⑥ with

— 178 —

2018年度　本試験　7

C　次の問い(**問1～3**)の会話が最も適切なやりとりとなるように　$\boxed{24}$　～
$\boxed{26}$　を埋めるには，(A)と(B)をどのように組み合わせればよいか，それぞれ下
の①～⑧のうちから一つずつ選べ。

問1　Shelly:　I can't wait till next Tuesday.

　　　　Lisa:　What's happening next Tuesday?

　　　　Shelly:　Don't you remember?　There's going to be a jazz concert after
　　　　　　　　school.

　　　　Lisa:　Really?　I thought it　$\boxed{24}$

(A)　was going to be	(A)　on Thursday,	(A)　because I'm wrong.
(B)　was planning to be	(B)　on Tuesday,	(B)　but maybe I'm wrong.

→ … → の形

①　(A) → (A) → (A)　　②　(A) → (A) → (B)　　③　(A) → (B) → (A)

④　(A) → (B) → (B)　　⑤　(B) → (A) → (A)　　⑥　(B) → (A) → (B)

⑦　(B) → (B) → (A)　　⑧　(B) → (B) → (B)

— 179 —

問 2 Tomohiro: Hi, Casey. I'm glad you made it in time. Our flight's scheduled to depart soon.

Casey: Thank you for telling me not to take the bus. I never thought the traffic would be so heavy at this time of day.

Tomohiro: I always check traffic and railroad conditions when I have a plane to catch.

Casey: You're so helpful. ☐ 25 ☐

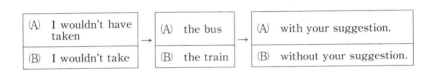

① (A) → (A) → (A)   ② (A) → (A) → (B)   ③ (A) → (B) → (A)
④ (A) → (B) → (B)   ⑤ (B) → (A) → (A)   ⑥ (B) → (A) → (B)
⑦ (B) → (B) → (A)   ⑧ (B) → (B) → (B)

問 3 Hoang: The typhoon over the weekend was pretty strong, wasn't it?

Nao: Yeah, and my club's soccer match in Fukuoka Park was canceled.

Hoang: We can never predict what the weather will bring.

Nao: I agree. Did the typhoon also go through Shizuoka?

Hoang: Yes, it did. ☐ 26 ☐ I hope we get another chance to do it.

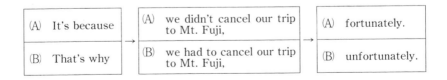

① (A) → (A) → (A)   ② (A) → (A) → (B)   ③ (A) → (B) → (A)
④ (A) → (B) → (B)   ⑤ (B) → (A) → (A)   ⑥ (B) → (A) → (B)
⑦ (B) → (B) → (A)   ⑧ (B) → (B) → (B)

第3問 次の問い（**A・B**）に答えよ。（配点 33）

A 次の問い（**問1～3**）のパラグラフ（段落）には，まとまりをよくするために**取り除いた方がよい文**が一つある。取り除く文として最も適当なものを，それぞれ下線部①～④のうちから一つずつ選べ。

問1 ⬚27⬚

When you encounter unfamiliar things in a new environment, you may experience culture shock even in your own country. When Tsubasa started college life away from his family, everything seemed exciting and new to him, but then he began to feel unexpected anxiety about his surroundings. ①He realized people sometimes misunderstood him because of his regional accent and expressions. ②He knew that his parents missed him very much because he was their only child. ③He also noticed many of his classmates had learned various things in high school that he had never even heard of. Everyone seemed smarter, more mature, and even more fashionable than he was. ④He was afraid he was already too far behind in everything. However, it turned out that most of the other students had more or less the same feelings of anxiety he had. Now, he enjoys studying at college without such feelings.

— 181 —

問 2　28

　　Is the tomato a vegetable or a fruit? There was a U.S. court case on this issue in the 1890s. At the time, people had to pay taxes for importing vegetables, but not for importing fruits. Biologically, fruits develop from a part in the base of a flower and contain seeds. ①According to this scientific definition, tomatoes, as well as cucumbers, pumpkins, and green peppers, are fruits. ②Contrary to what science says, most people consider the tomato a vegetable and use it as a vegetable. ③For example, in some countries the tomato has been given names such as "golden apple" and "love apple." ④Tomatoes are eaten cooked or raw as many vegetables are and not traditionally served for dessert like fruits. The court concluded that the tomato was a vegetable based on the simple fact that most people considered it a vegetable.

問 3　29

　　In response to the problem of the world's growing demand for animal protein, a conference was held to discuss the various benefits of using insects as an alternative source of food to pigs, chickens, and cows. ①It isn't well known, but insects are an extremely healthy food as they are full of protein, vitamins, and minerals. ②Insects have been around for millions of years, living with the dinosaurs and then very early human beings. ③Raising insects can be environmentally friendly as they neither take up much space, eat much food, nor release much greenhouse gas. ④Most are able to survive with little water, making them an ideal alternative food for locations with severe water shortages. The evidence shows that there are many benefits of using insects as food. It just may take time to change people's minds about eating them.

—182—

B 次の会話は，ある大学で映像制作の課題について学生たちが話し合いをしている場面の一部である。 30 ～ 32 に入れるのに最も適当なものを，それぞれ下の①～④のうちから一つずつ選べ。

Jennifer: Let's get started. We are supposed to create a film for a group project in our film-making class. As the group leader, I think the sooner we start, the better our movie will be. Does anyone have any ideas for our movie?

Michael: I do. I think many people watch movies to feel happier, so why don't we make something that can make people feel good? Last year, one group of students in this class made a documentary about our university basketball team. They filmed interviews with players and their training many times over a period of three months. For the audience, watching the documentary was a way of experiencing the hard work of the players, the friendships among the teammates from different backgrounds, the trust between the players and their coach, and finally the joy of their victory in the national tournament. Their amazing story of triumph appealed to a wide audience and everyone involved in the film received lots of praise. I would like to create a similar movie documenting people working hard and achieving their goals.

Jennifer: So, are you saying that 30 ?

① audiences enjoy watching stories of people achieving success
② audiences want to watch interviews of hardworking athletes
③ documentary films can make audiences happy very easily
④ it is important for us to spend a long time making our movie

Michael: Yes, that's right.

Kim: Filming star players or people who are successful sounds interesting, but it may be difficult for ordinary people to identify themselves with the people in these extraordinary stories. I think people feel more satisfied when they watch movies that they can connect with. That's the reason people like love stories. People like to imagine: "How would I get her attention?"; "How would I ask him out on a date?"; or "Where would we go on our first date?"

Mary: I agree. People want to watch something on the screen that they can imagine themselves doing because it's familiar to them. And we can add a little suspense or excitement by asking the audience a "what if" question in an everyday setting. For example, what if we found a treasure map somewhere on campus? This could be the beginning of a nice, fun story, and it could make an exciting movie.

Jennifer: Kim and Mary, both of you think we should make a movie that 　31　.

① asks the audience many extraordinary questions
② focuses on successful people doing amazing things
③ has situations that the average person can relate to
④ uses the campus setting to create fun and suspense

Mary: Exactly.

Takeshi: But as a creative work, it should reflect the creator's unique vision, namely, an original way of looking at the world. A great movie usually reflects its director's creative vision in the story or in the way it is told. Remember, the audience wants to watch something novel, too. So, I think we need to think about what our original perspective could be.

Alisa: Right. If we show something ordinary in an ordinary way, people might not be interested. For example, we are just college students. Some of us are dependent on our parents for support, whereas others are living by themselves for the first time. Some of us come from small towns, and others from big cities. Some of us may feel uneasy about our careers. All of these things sound very ordinary and not really special. So, is it possible to show our world in a unique way that will appeal to the audience?

John: I think so. These things are not special separately, but the combination of all those things together can make our work unique. I think that's what people would like to see: a movie that they can associate with but that is told from a unique perspective.

Jennifer: Well, we have some different ideas about our film, but it sounds like everyone is saying that ☐ 32 ☐ is important when making our film.

① documenting people's real lives
② making the content highly original
③ showing our different backgrounds
④ thinking of audiences' preferences

Jennifer: OK. Let's discuss this in more depth.

14

第4問 次の問い（**A・B**）に答えよ。（配点 40）

A 次の文章はある説明文の一部である。この文章とグラフを読み，下の問い（問1～4）の 33 ～ 36 に入れるのに最も適当なものを，それぞれ下の①～④のうちから一つずつ選べ。

Color is an important feature considered by consumers when shopping for various products. Marketing companies need to identify the colors that can create an intention to purchase and a desired atmosphere in retail stores. However, it is not easy to anticipate which colors will be popular for individual items, because consumers have different preferences depending on product types. Through the research reported here, we can deepen our understanding of the influence of color on consumers.

In this study, researchers surveyed German consumers to obtain information on whether the participants thought color was important when shopping, how much they were influenced by color when buying various products, and what emotions and associations were related to various colors. First, the researchers examined the data and found that color was indeed important for the participants when shopping, with 68% of them mentioning color as a determining factor when choosing the product they intended to purchase.

Next, the researchers investigated whether the degree of importance consumers put on color varied depending on the products purchased. Figure 1 shows six everyday products and the percentages of the participants who placed high importance on color when purchasing those products. The top two products were both those worn by the participants, and the three lowest were all electronic devices. A total of 36.4% of the participants placed importance on color for cellphones. This was the highest among the electronic products, but only slightly more than half of that for bags, which appeared one rank above.

— 186 —

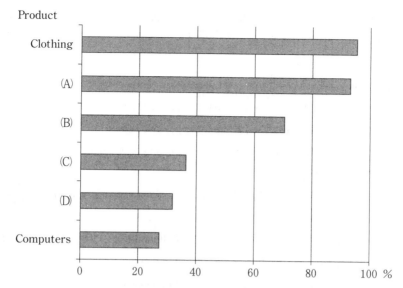

Figure 1. The percentages of the participants who placed high importance on color when purchasing six everyday products.

Third, the researchers looked at the participants' perceptions of and associations with colors. The results showed that red had various meanings: love, danger, anger, and power. Green produced a relationship with nature, good luck, and health. Furthermore, the color white was associated with balance, health, and calm. Results showed each color had several different meanings.

The findings summarized in the above passage explained how colors influenced German consumers. However, this influence may vary from country to country. In this globalized world, it has become easier to market products internationally, partly due to the increased use of the Internet. Therefore, it is necessary to consider the importance consumers in other parts of the world place on color in their choices of products. The next part of this passage will examine this topic.

(Okan Akcay (2013) *Product Color Choice and Meanings of Color: A Case of Germany* の一部を参考に作成)

16

問 1 The passage mentions that it is difficult to understand which colors consumers like better because ⬚33⬚ .

① color preferences differ from generation to generation

② consumers' favorite colors vary for different products

③ product marketers choose the most popular colors

④ various products are purchased by consumers when shopping

問 2 In Figure 1, which of the following do (A), (B), (C), and (D) refer to?   ⬚34⬚

① (A) Bags   (B) Footwear (C) Cellphones   (D) Music players

② (A) Bags   (B) Footwear (C) Music players (D) Cellphones

③ (A) Footwear (B) Bags   (C) Cellphones   (D) Music players

④ (A) Footwear (B) Bags   (C) Music players (D) Cellphones

問 3 Which of the following statements is correct according to the passage? ⬚35⬚

① German businesses consider green to represent passion to consumers.

② German consumers perceive one color as containing multiple images.

③ German people appear to prefer green clothing to red clothing.

④ German producers choose one color for products after observing their sales.

— 188 —

問 4 What topic is most likely to follow the last paragraph? 36

① The effects of globalization on color choices in international business

② The importance of marketing electronic devices in other countries

③ The influence of the Internet on product choices in international business

④ The significance of color for the consumers in other countries

18

B 次のページの料理教室に関する広告を読み，次の問い（問 1 ～ 4 ）の 37 ～
40 に入れるのに最も適当なものを，それぞれ下の①～④のうちから一つず
つ選べ。

問 1 What inspired Ralph Bearison to start Papa Bear Cooking School? 37

① He knew his family and friends were jealous of his cooking skills.
② He knew that fathers were not interested enough in cooking.
③ He wanted to give fathers opportunities to become professional cooks.
④ He wanted to teach fathers to cook quick, delicious, and healthy meals.

問 2 Tony is going to participate in the French Course and use the discount
coupon provided. He will also buy an apron-and-towel set from the school.
How much will he pay in total? 38

① $270 ② $275 ③ $285 ④ $300

問 3 Ed hopes to expand the variety of food he can cook for his family. He has
no free time on weekends or mornings. Which cooking course would he
most likely take? 39

① Chinese
② Italian
③ Japanese
④ Sunday Family Breakfast

問 4 The advertisement suggests that 40 .

① 12-year-old children can participate in the Sunday course at no cost
② Cooking Courses for Fathers will last longer than three months
③ Papa Bear Cooking School requires students to bring ingredients to
classes
④ students at Papa Bear Cooking School can eat the food they cook

— 190 —

Papa Bear Cooking School: Cooking Courses for Fathers

Papa Bear Cooking School was established in 1992 by Ralph Bearison. He recognized that many fathers liked to cook but often didn't have enough time to prepare meals. He hoped to share his interest in cooking meals in a short time that would taste good and be good for their families. At Papa Bear Cooking School, you can learn to create a variety of meals under the guidance of professional cooks, making you the envy of your family and friends. The following cooking courses start in the first week of May.

Cooking Course	Day	Time	Course Fee
Italian	Tuesday	10:00 – 12:00	$150
French	Wednesday	9:00 – 12:00	$250
Japanese	Thursday	15:00 – 18:00	$250
Chinese	Saturday	17:00 – 19:00	$200
Sunday Family Breakfast*	Sunday	8:00 – 10:00	$150

*Children aged 10 to 15 are welcome to join their fathers in the Sunday Family Breakfast Course for $100 per child.

➢ All courses are 10 weeks long.
➢ Fees include all ingredients.
➢ Cooking knives, silverware, such as forks and spoons, and plates will be provided by the school.

What to Bring

➢ An apron and towels (You can rent an apron-and-towel set for $6 per week or purchase a new set at our store for $50.)
➢ An empty stomach!

Check out our Papa Bear Cooking School website for details of our facilities and other cooking courses.

10% Off
Course Fee
Papa Bear
Cooking School

20

第5問 次の日誌の抜粋を読み，下の問い（問1～5）の 41 ～ 45 に入れるのに最も適当なものを，それぞれ下の①～④のうちから一つずつ選べ。
（配点 30）

Selections From the Exploration Journal for Planet X

DAY 1

Our mission of scientific discovery continues, and there is something exciting to report. We may have finally found a planet capable of supporting life. The nearby planets were either too hot or too dry to support life, but this planet seems to be different. Its surface is mostly a blue liquid, though it is spotted with some green and brown parts, and some kind of white substance seems to be moving around the planet.

DAY 4

Now we are orbiting the planet. It seems that our assumption was correct! There are a few mechanical devices circling around it and their designs are rather complex. They were certainly made by some kind of intelligent beings. Are these machines part of a monitoring system? Have they signaled our approach? There doesn't seem to be any threat, so we have decided to ignore them and get closer to the planet. I hope that their inventors are friendly.

DAY 8

Unlike our planet, which is totally covered with the precious liquid that sustains us, the green and brown parts of this planet are too dry to support life. The blue part is mostly H_2O in a liquid state. Although it is liquid, it is not quite the same as the liquid on our home planet. Still, we might be able to find life here. At least, according to our equipment, there seems to be something alive down there. We are ready to start direct observation and will soon dive in. I'm so excited that I won't be able to sleep tonight!

— 192 —

DAY 9

We succeeded in entering this unexplored liquid safely. The scenery around us was very similar to that of our planet, with soft plants gently waving back and forth. We also noticed a variety of thin swimming creatures. How exciting! We have found life on this planet! However, we cannot see any creatures capable of producing an advanced civilization. Without arms, these swimming creatures wouldn't be able to build complex machines even if they were smart. Are the leaders of this planet hiding from us? Do they have reservations about meeting us? Is that why they use those flying objects to check out space? Hopefully, we will be able to find some answers.

DAY 12

We found a big object lying on the bottom. Its long body looked somewhat like our spaceship. It sat silently looking very old and damaged. Apparently, it isn't being used anymore. Maybe it is a part of the remains of this planet's ancient civilization.

DAY 19

Since we started our dive, we have seen many more unusual creatures. We were especially surprised to find one that looked very similar to us. The upper part of its body was round and soft. Underneath that were two large eyes and several long arms. It escaped quickly, leaving a cloud of black substance. We don't know if it is the most intelligent life on this planet, but our expectations for new discoveries continue to grow.

22

DAY 39

This part of our investigation will soon come to an end. We have found more remains and abandoned objects like the one we found earlier, but there have been no signs of the creatures who made them. Perhaps the leaders of this planet have died out. Anyway, we found life on this planet, which is a very big discovery. We must leave this planet for now, but we will certainly come back someday to continue our research. We will return home with amazing reports.

DAY 40

We silently floated up to the surface and then into the air. Just as we were leaving the planet, we saw a lot of strange creatures on the dry areas. What a shock! We, creatures living in liquid, had never imagined creatures like them! Floating safely in our ship's liquid, we realized that our common sense had led us to the wrong conclusion.

問 1　What was the purpose of the explorers' journey?　41

① To assist intelligent creatures on the planet

② To invade a planet and expand their colonies

③ To search for life outside their home planet

④ To test the performance of their new spaceship

— 194 —

問 2 When the explorers were observing the planet from space, they imagined that the intelligent creatures on it would 　42　.

① be aggressive toward others

② have advanced technology

③ have no interest in space

④ no longer live there

問 3 The word reservations as used in DAY 9 is closest in meaning to 　43　.

① appointments

② concerns

③ expectations

④ protections

問 4 Which of the following best describes the author of the journal? 　44　

① A being whose shape resembles an octopus

② A human scientist exploring other planets

③ A space creature which looks like a human

④ An intelligent flat animal with no arms

問 5 The explorers incorrectly assumed that all intelligent creatures would 　45　.

① be less creative than their species

② have advanced to the land

③ live in some kind of liquid

④ understand their language

第6問 次の文章を読み，下の問い（**A・B**）に答えよ。なお，文章の左にある(1)〜(6)はパラグラフ（段落）の番号を表している。（配点　36）

(1)　　History teaches us that technology and associated discoveries have changed how we understand the world. Many technological devices provide additional range and power to our natural capacities, such as our five senses. Among these devices, many enable us to see things that we cannot see with the naked eye. This change from invisible to visible has led to tremendous growth in our comprehension of the world and has strongly influenced our ways of thinking.

(2)　　In the 17th century, a scientist noticed that by holding two lenses together in a certain way he could make an object appear larger. He used this technique to construct the first simple telescope. Using these archaic telescopes, early scientists were able to describe the surface of the Moon in detail and to see that Jupiter had at least four such satellites. Since that time, people have developed various devices that expand our range of sight, thus revealing facts about the universe that lies beyond the Earth. The telescope continues to offer us new views concerning things beyond our immediate reach.

(3)　　Later, the microscope was developed using principles similar to the telescope. The microscope allows us to study objects we normally cannot see because they are too small. Looking through a microscope opened up an entirely new world to scientists. Before the invention of the microscope, they couldn't see the structures of human tissues or cells in plants and animals. When they saw these things, they became aware that some things that they had thought were whole and could not be divided, actually consisted of smaller components. These were only visible with the assistance of microscopes. Today, electron microscopes allow us to investigate even smaller items, such as molecules. These advances have altered our concepts regarding the composition of things in the world.

— 196 —

(4)　　The invention of the camera also made the invisible world visible. In the world, everything is changing. Some things change faster than we can see. The camera is a tool that gives us the power to freeze change at different points in time. Series of pictures have revealed how birds move in flight and athletes run. The camera can also help us see changes that are so gradual that we usually don't notice them. For example, by comparing photos of the same scene taken months or years apart, we can gain insights into how societies change. There are many other ways besides these in which the camera has changed our perceptions of the world.

(5)　　In the late 19th century, machines that used the newly discovered X-rays revolutionized the way in which we looked at things. Rather than seeing only the surface of an object, we gained the ability to look into it or through it, bringing the inner elements of many things into our range of view. This capability proved practical in the workplace, useful in laboratories and museums, and instructive in universities. One of the most important applications was in medicine. Doctors often had difficulty diagnosing illnesses or finding problems inside the body. X-rays allowed them to look into their patients, identify where there were problems, and cure them. This use of X-rays brought new understandings and methods for diagnosis and treatment.

(6)　　Different technological devices have made it possible to observe things that we could not see with the naked eye. This has significantly altered our understandings of the world around us. Each technological advance changes us in unpredictable ways, and each discovery increases our knowledge about the world. Just as the devices mentioned above have done, new devices will continue to impact our lives and change our ways of thinking in the future.

26

A 次の問い（**問**1～5）の 46 ～ 50 に入れるのに最も適当なものを，そ
れぞれ下の①～④のうちから一つずつ選べ。

問 1 Which of the following is closest to the meaning of archaic as used in
paragraph (2)? 46

① advanced
② contemporary
③ ordinary
④ primitive

問 2 According to paragraph (3), what did people learn by using microscopes?
47

① Cells were too small to be seen with microscopes.
② Materials were made up of smaller things.
③ Molecules were the smallest components.
④ Sets of lenses decreased the size of items.

問 3 According to paragraph (4), what do cameras enable us to do? 48

① To capture moments in time accurately
② To compare rapid social changes
③ To make invisible things move faster
④ To predict what will happen

— 198 —

問 4　According to paragraph (5), how are X-rays used?　49

① To find the locations of problems in the body
② To improve visibility of objects' surfaces
③ To learn when paintings were created
④ To test the quality of chemical compounds

問 5　What is the main idea of this passage?　50

① Applications of two lenses can improve people's sight.
② Development of technology affects our ways of thinking.
③ People need to be aware of the dangers of technology.
④ Technology plays a vital role in changing our five senses.

B　次の表は，本文のパラグラフ（段落）の構成と内容をまとめたものである。
　　51　～　54　に入れるのに最も適当なものを，下の①～④のうちから一つ
ずつ選び，表を完成させよ。　ただし，同じものを繰り返し選んではいけない。

Paragraph	Content
(1)	Introduction
(2)	51
(3)	52
(4)	53
(5)	54
(6)	Conclusion

① Examining the interiors of things
② Exploring the universe of small things
③ Looking at instants during a series of changes
④ The use of lenses to look out into space

MEMO

英　語

（2018年 1 月実施）

80分　200点

追試験
2018

30

$\left(\begin{array}{cc}解答番号 & \boxed{1} \sim \boxed{54}\end{array}\right)$

第1問 次の問い(**A・B**)に答えよ。(配点 14)

A 次の問い(**問1～3**)において，下線部の発音がほかの三つと**異なるもの**を，それぞれ下の**①**～**④**のうちから一つずつ選べ。

問1　**1**

　① ch<u>ai</u>n　　② obt<u>ai</u>n　　③ p<u>ai</u>d　　④ s<u>ai</u>d

問2　**2**

　① m<u>o</u>nkey　　② t<u>o</u>pic　　③ t<u>o</u>uch　　④ y<u>ou</u>ng

問3　**3**

　① <u>h</u>ole　　② <u>h</u>onest　　③ <u>h</u>onor　　④ <u>h</u>our

— 202 —

B 次の問い（**問 1 ～ 4**）において，第一アクセント（第一強勢）の位置がほかの三つ
と**異なる**ものを，それぞれ下の①～④のうちから一つずつ選べ。

問 1 　4

① anxious 　② blanket 　③ custom 　④ distinct

問 2 　5

① assistant 　② confidence 　③ injury 　④ minister

問 3 　6

① disappear 　② exhibit 　③ represent 　④ understand

問 4 　7

① economics 　② emergency
③ photographer 　④ responsible

第 2 問 次の問い(**A** ～ **C**)に答えよ。(配点 47)

A 次の問い(問 1 ～10)の 8 ～ 17 に入れるのに最も適当なものを,そ
れぞれ下の①～④のうちから一つずつ選べ。ただし, 15 ～ 17 につい
ては,(A)と(B)に入れるのに最も適当な組合せを選べ。

問 1 In order to get good seats for the musical that afternoon, we had to
8 for tickets two hours before the box office opened.

① hold over ② line up ③ show off ④ step in

問 2 Meg and Saki 9 an argument over where their tennis team should
stay during their training camp next summer.

① brought ② gave ③ had ④ put

問 3 Do you know how 10 Terry will come back home?

① close ② near ③ recent ④ soon

問 4 Jane 11 the idea of allowing students to use cellphones in school.

① complained ② disagreed ③ objected ④ opposed

問 5 Without any other proposal 12 submitted in time, the committee
approved our plan immediately.

① be ② for being ③ having been ④ was

－204－

2018年度　追試験　33

問 6　If we arrive at the baseball game early, we'll have a chance　13　getting a free T-shirt.

① of　　　　　② on　　　　　③ to　　　　　④ with

問 7　The deadline to apply for the summer camp was　14　because there were not enough applicants.

① extended　② furthered　③ spread　④ widened

問 8　The snowstorm （　A　） the transportation services （　B　） for two hours this morning.　15

① 　A : caused　　B : be delayed　② 　A : caused　　B : to be delayed
③ 　A : stopped　　B : be delayed　④ 　A : stopped　　B : to be delayed

問 9　（　A　） of the European history （　B　） I read helped me understand why there are so many countries in Europe.　16

① 　A : Each　　B : book　② 　A : Each　　B : books
③ 　A : Every　　B : book　④ 　A : Every　　B : books

問10　（　A　） people become very ill （　B　） how important their health is.　17

① 　A : Not until　　B : they will realize
② 　A : Not until　　B : will they realize
③ 　A : Until　　B : they will realize
④ 　A : Until　　B : will they realize

— 205 —

B 次の問い(**問 1 ～ 3**)において，それぞれ下の①～⑥の語句を並べかえて空所を補い，最も適当な文を完成させよ。解答は 18 ～ 23 に入れるものの番号のみを答えよ。

問 1 Mark: I heard that you ran into Akiko while you were in Rome.

Lindy: Yes, I couldn't believe it! She _____ 18 _____ _____ 19 _____ see. I didn't even know she was there.

① expected   ② I   ③ person

④ the last   ⑤ to   ⑥ was

問 2 James: What kind of person do you want for this position?

Rosa: We'd like to _____ 20 _____ _____ _____ 21 _____ to take on the required responsibilities.

① a   ② bilingual   ③ enough

④ experienced   ⑤ hire   ⑥ person

問 3 Joseph: Do you _____ 22 _____ _____ _____ 23 _____ ?

Michael: Well, it's difficult to explain. I think you'll have to try one to find out.

① a   ② know   ③ like

④ papaya   ⑤ tastes   ⑥ what

C 次の問い(問1〜3)の会話が最も適切なやりとりとなるように 24 〜 26 を埋めるには，(A)と(B)をどのように組み合わせればよいか，それぞれ下の①〜⑧のうちから一つずつ選べ。

問1 Masaya: The school festival is just around the corner, and we haven't yet decided what we will do.

　　Annie: Why don't we do what the seniors did last year?

　　Masaya: The principal said she'd like us to try something different this year.

　　Annie: Oh. Then I guess 24 and then ask our classmates which they think is the best.

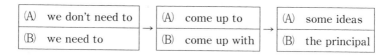

① (A)→(A)→(A)　　② (A)→(A)→(B)　　③ (A)→(B)→(A)
④ (A)→(B)→(B)　　⑤ (B)→(A)→(A)　　⑥ (B)→(A)→(B)
⑦ (B)→(B)→(A)　　⑧ (B)→(B)→(B)

問 2　Chris: Do you know how you're getting to the baseball stadium?

　　　Dan: I'm going by car with John. This is going to be a great game. I don't want to miss a minute of it.

　　　Chris: Neither do I. When are you planning to get there?

　　　Dan: [25]　Do you want to come with us?

(A) We'd have thought of arriving	(A) at least an hour	(A) before the game ends.
(B) We're thinking of arriving	(B) for about an hour	(B) before the game starts.

① (A) → (A) → (A)　　② (A) → (A) → (B)　　③ (A) → (B) → (A)
④ (A) → (B) → (B)　　⑤ (B) → (A) → (A)　　⑥ (B) → (A) → (B)
⑦ (B) → (B) → (A)　　⑧ (B) → (B) → (B)

問 3　Kei: Where's Tom? It's twenty past three already!

　　　Andy: What's up? Are you going somewhere with him?

　　　Kei: No. We have to work on our physics project.

　　　Andy: I just came from the gym and saw him playing badminton there.

　　　Kei: Really? [26]

(A) He was supposed to	(A) meet me here in the gym	(A) at 3:00.
(B) It is supposed to	(B) meet me here in the library	(B) at 4:00.

① (A) → (A) → (A)　　② (A) → (A) → (B)　　③ (A) → (B) → (A)
④ (A) → (B) → (B)　　⑤ (B) → (A) → (A)　　⑥ (B) → (A) → (B)
⑦ (B) → (B) → (A)　　⑧ (B) → (B) → (B)

第3問 次の問い(**A・B**)に答えよ。(配点 33)

A 次の問い(**問1 ～ 3**)のパラグラフ(段落)には,まとまりをよくするために**取り除いた方がよい文**が一つある。取り除く文として最も適当なものを,それぞれ下線部①～④のうちから一つずつ選べ。

問1 27

Tea can be divided into several types based on how much the picked tea leaves react to oxygen. The longer the leaf goes through this reaction process, the stronger its taste and smell become. ①For producing lighter tea, like green tea, the tea leaves are usually roasted or steamed to prevent the reaction. ②For oolong tea, the tea leaves are shaken in baskets to tear them and speed up the process. ③Assam, Darjeeling, and other types of black tea require plenty of time for the tea leaves to have a thorough reaction. ④Flavored tea is produced when leaves go through a process of being exposed to sweet-smelling flowers, like jasmine. By following these long-established methods to control the length of the leaf's reaction, tea producers are able to offer the great variety of this wonderful drink that we can enjoy every day.

問2 28

The sun offers the most available and pollution-free power in the world. However, problems with high costs are still preventing solar power from becoming a more commonly used energy source. ①It is expensive to employ experienced and knowledgeable people to install solar panels. ②Giant rural solar farms require costly lines to transfer the electricity to the cities where it is needed. ③The performance of solar panels needs to improve as a lot of the sunlight on the panels is still wasted. ④When the sun isn't shining, there's a need for large, high-priced energy storage systems to provide a constant electricity source. With advances in technology, these issues are becoming less of a financial burden, so the day may come when solar energy will be society's main power source.

問 3 29

Making something on your own may take you a lot of time and hard work, but it can give you a great feeling of achievement. Spending every weekend and holiday for a couple of years, Todd built his own house without hiring professional builders. ①With his colleagues' cooperation, he often took several days off from work to take a rest. ②He bought land in a rural area and cleared it. Then, he put up a tent so that he could sleep there at night while working on the house. ③His friends sometimes helped him pour cement, carry wood, and install electric cables and water pipes. ④He built the house little by little, often staying alone in the tent. Now, he has finished a nice two-story house with a basement, and he is very proud of his accomplishment.

B 次の会話は，ある大学の図書館の利用率改善について教員と学生たちが話し合いをしている場面の一部である。 30 ～ 32 に入れるのに最も適当なものを，それぞれ下の①～④のうちから一つずつ選べ。

Ms. Luis: Thank you for coming today. What we would like to do today is to get your opinions on practical ways for us to promote the students' use of our library. We've asked a student representative from each department to be here. So who would like to begin? Amy?

Amy: I've just read on the library website that the library has added more group study rooms this year. Nursing students often like to study in groups, so these rooms will create a greater interest in coming here. But I'm afraid almost no students know about them. Moreover, Nursing students have very busy class schedules in addition to on-site hospital practice. We want to use the library when we can, but it always closes too early for us and isn't even open on weekends. Perhaps longer and more flexible library hours would get more Nursing students to come here.

Ms. Luis: Thank you, Amy. So, you're saying 30 .

① Nursing students are too busy to work for hospitals
② Nursing students are using the group study rooms
③ the library hours are too short for Nursing students
④ the library is changing Nursing students' study habits

Ms. Luis: And they don't know about changes to the library even though this information is on our website.

Amy: That's right.

Kazuki: Well, the students in my department said they would make more use of the library if there were more resources related to food

— 211 —

science. It seems the library has very few books and online resources on the subject. Also, it has magazines and academic journals, but they are old and out of date. There are new findings in food science all the time, so we always need to look at the latest materials.

Clare: My Social Science classmates say the same thing. For instance, when I do research for social science classes, I can't find many books related to the topics, and I have to buy several books myself. It would be good if the library had more books and subscribed to more resources like online journals.

Ms. Luis: Thank you, Kazuki and Clare. You both brought up the idea of
31 .

① buying more social science books
② getting students to read online journals
③ increasing library resources for students
④ removing old books and magazines

Ms. Luis: Actually, students can make requests to us to buy books and can borrow books from other university libraries through our library.

Kazuki: Really? I didn't know that. I think the library should let people know more about what it can provide.

Clare: I don't think people in my department know that, either.

Ms. Luis: I see. I'm interested to hear what the Design students have to say. Ross, what kind of responses did you get?

Ross: Well, I knew that the library had a corner to highlight books for each department, but other Design students said they didn't know about it. I visited the corner and think that it's a fairly dull and boring space. Creating an area that is warm and bright with lots of visual stimulation might get Design students more interested in the library.

James: What about making better use of that corner by exhibiting students' projects with related books? Engineering students create small robots and devices for their projects. Students would come to see their friends' creations, and the library could advertise its resources. Right now, we don't even know about that corner, so the library must find a better way of letting us know about it.

Max: I think so, too. If Architecture students knew what the library had, we could take advantage of it. We would also like a place where we could exhibit our projects.

Ms. Luis: OK. Thank you, everyone. One point you've all touched upon is that the library should 　32　 .

① have hours of service to meet students' needs

② inform students better about what it offers

③ provide rooms to help students with projects

④ replace its old and out-of-date resources

第4問 次の問い(**A・B**)に答えよ。(配点　40)

A 次の文章はある説明文の一部である。この文章と表を読み，下の問い(**問1〜**
4)の　33　〜　36　に入れるのに最も適当なものを，それぞれ下の①〜④
のうちから一つずつ選べ。

Study-abroad programs have become increasingly popular among American
students. Since the 1980s, many American universities have expanded their
study-abroad programs, aiming to increase the number of students who take
part in them. The number of American students studying overseas increased
slowly at first. Then, in the first decade of the 21st century, it rose by nearly
80%. Europe was the most popular destination, followed by Latin America and
Asia. A study was carried out to identify the factors which influenced
students' decisions to study abroad.

The study involved 231 university students who had studied abroad. They
responded to an online survey, which consisted of questions related to the
organization of the programs (Program-related Factors) and about students'
anticipated experiences while overseas (Experience-related Factors).

Table 1 shows the top five Program-related Factors affecting the decisions
to study abroad, and the percentages of the participants who placed
importance on those factors. The impact that studying abroad would have on
the participants' career prospects topped the list. Next, the participants
showed concern over whether the study-abroad programs would affect the time
when they graduated. This was followed by consideration of how long they
would spend abroad. As for the other factors, slightly greater importance was
placed on the costs of the programs than on the academic assistance they
would receive while abroad.

— 214 —

Table 1

Top Five Program-related Factors

Factor	Percentage of participants choosing important
Impact on career prospects	91%
(A)	84%
(B)	80%
(C)	74%
(D)	71%

The researchers also examined Experience-related Factors. As Table 2 shows, and as has been seen in other earlier studies, the three leading factors were related to culture, independence, and travel opportunities. Learning how to communicate with people from other cultures and visiting historical sites were also regarded as major factors. The authors of this study had expected that opportunities to learn foreign languages would strongly influence the students' decisions to study abroad. However, less than 40% of the participants mentioned this as a factor.

Table 2

Top Five Experience-related Factors

Factor	Percentage of participants choosing important
Learning about other cultures	96%
Learning to be independent	94%
Opportunities to travel	92%
Improving communication skills	88%
Access to historical sites	78%

44

There are increasing demands in the business world for employees who have studied overseas. Therefore, the findings of this study are useful for universities seeking to improve their students' employment prospects. Likewise, there would be benefits in investigating how the experience of studying abroad influenced what the participants did after returning home. The next part of this passage will focus on this issue.

(Hormoz Movassaghi 他 (2014) *Study Abroad Decisions: Determinants & Perceived Consequences* の一部を参考に作成)

問 1 Based on the information in the passage, which of the following is true about American universities' study-abroad programs? | 33 |

① A reduction in the number of students studying abroad was seen after the year 2000.

② Latin America was the top destination for students studying abroad in 1980.

③ More students studied abroad after universities offered additional overseas opportunities.

④ The rate of increase in the number of students studying abroad was stable throughout the study.

2018年度　追試験　45

問 2　In Table 1, which of the following do (A), (B), (C), and (D) refer to?　[34]

① (A) Length of program (B) Possibility of graduating on time
   (C) Program expenses (D) Study guidance
② (A) Length of program (B) Possibility of graduating on time
   (C) Study guidance (D) Program expenses
③ (A) Possibility of graduating on time (B) Length of program
   (C) Program expenses (D) Study guidance
④ (A) Possibility of graduating on time (B) Length of program
   (C) Study guidance (D) Program expenses

問 3　According to the passage and Table 2, [35].

① learning foreign languages was more influential to students than learning about how to be more independent
② more students showed interest in going to historically important places than in learning foreign languages
③ previous studies found that learning foreign languages was more important than learning about other cultures
④ the authors were surprised that learning foreign languages ranked higher than cultural factors for the students

問 4　What topic is most likely to follow the last paragraph?　[36]

① Examples of how universities encourage students to study abroad
② Lists of companies that want employees who have studied abroad
③ Outcomes of having spent time as a student in a foreign country
④ Reviews of similar studies conducted at other universities

— 217 —

B 次のページの乗馬クラブに関する広告を読み、次の問い(**問1〜4**)の
[37] 〜 [40] に入れるのに最も適当なものを、それぞれ下の①〜④のうち
から一つずつ選べ。

問1 According to the advertisement, MacLeansdale National Park [37] .

① has a riding school shaped like a heart
② has magnificent scenery in every season
③ has restrictions against riding bicycles
④ has rules requiring visitors to ride horses

問2 People participating in horseback rides at MacLeansdale Riding Center can
go on rides [38] .

① 365 days a year
② for different ability levels
③ that continue the entire day
④ without instructors

問3 Five university students are going to participate in horseback rides. Four
of them have no riding experience and want to participate in the same ride
together. The fifth is a very experienced rider and wants to explore
mountains on an individual ride. How much will the five students pay in
total? [39]

① $200
② $380
③ $440
④ $460

問4 What can participants do regardless of their choice of rides? [40]

① They can borrow riding hats for free.
② They can enjoy riding in the mountains.
③ They can ride outside the national park.
④ They can wear either shorts or long pants.

Horseback Riding in MacLeansdale National Park

MacLeansdale National Park is an ideal place to spend your day enjoying some of the finest views in the country throughout the year. Horseback riding, along with hiking, biking, and skiing, is one excellent way to appreciate the beauty the park has to offer. MacLeansdale Riding Center (MRC), situated in the heart of the park, welcomes people of various riding skills to experience MacLeansdale National Park in a fun way.

Horseback Rides
Farmland Ride (Beginner)
On this ride, we will follow flat farmland paths around MRC, reaching a beautiful field with wild flowers.
Woodland Ride (Intermediate and above)
On this ride, we will go through quiet woodlands near MRC, passing by Lake MacLeansdale.
Mountain Ride (Advanced only)
On this ride, we will enjoy outstanding views of valleys as we ride up the mountains within MacLeansdale National Park.

*All rides are led by one of our qualified instructors.
*Rides are not available in winter.
*Rides up to two hours are available.
*Visit our website for more information regarding riding skills.

Times and Prices (per person)

Course	Length	Individual ride	Group ride (2-4 people)
Farmland Ride	70 minutes	$80	$60
Woodland Ride	90 minutes	$110	$90
Mountain Ride	120 minutes	$140	$120

➢ Wear long-sleeved shirts and long pants. Shorts are not acceptable.
➢ Wear thick socks.
➢ Riding hats and boots are available at no extra charge.

第5問 次の物語を読み，下の問い（問1～5）の | 41 | ～ | 45 | に入れるのに

最も適当なものを，それぞれ下の①～④のうちから一つずつ選べ。（配点　30）

I am not the type of person who is easily surprised. I have seen a lot of things in my lifetime and always try to accept new things. I have to admit, however, that when I boarded my first international flight to Japan, I was not expecting to be seated next to a dog. It was with the passenger next to me, a quiet, well-dressed man in his early 70s. The small dog looked at me, and the man smiled as I sat down.

The man introduced himself and told me that the dog, whose name was Yuki, was his Emotional Support Animal (ESA). I have heard that animals can help people cope with fear and anxiety and that it's possible to travel with a pet as long as the owner gets special permission. The man explained to me that after his wife died, he had found it more and more stressful to go out alone, especially to busy and crowded places like airports. This was the first time I had actually been seated next to someone who was using this rather new system.

I was curious why the man, who was not Japanese, had given his dog a Japanese name. He told me that long ago, he and his wife had enjoyed a winter trip to Hokkaido. The purpose of that trip was to visit some Japanese friends they had known in college. During that trip, the snow had made a strong impression on him. He had clear and fond memories of how beautiful it looked on the mountain peaks, so it was easy for him to remember the word *yuki*, which means snow. A few years after his wife's death, he adopted a little white dog. When he first saw the dog, it reminded him of the pure white snow of Hokkaido. This was the dog, now sleeping next to me. On this trip the man planned to visit those same friends and see the wonderful mountains where he had skied so long ago. But this time he would take his "Snow" with him.

The flight started normally and was very smooth. Later, the plane started shaking, and the pilot announced that we had to return to our seats and fasten our seat belts. The young girl sitting in the window seat next to the man looked worried. The shaking of the plane was almost more than she could bear. She was traveling alone and fighting to hold back her tears. Then, the man said, "Would you like my dog, Yuki, to sit with you until this rough shaking stops? She's very friendly." The girl nodded, and without another word, the man put Yuki on the girl's lap. The effect was like magic. As the girl sat with the dog, her fear vanished. Soon she was talking to Yuki, "It's all right. I'll take care of you!" With her little friend comfortable in her arms, the girl found that she could be brave.

Soon after that, everything went back to normal. Some of the passengers went to sleep, some chatted, and some just sat waiting for the end of the long flight. Almost nothing had changed. But there was one small difference. Just by being herself, Yuki had added two more people to the growing list of ESA fans and believers. She had made the young girl's trip less difficult, and my own trip more interesting. Thank you, Yuki. Keep up the good work!

問 1　The author describes himself as someone who ⬜ 41 ⬜.

　① believes he has an open mind
　② feels uncomfortable in public
　③ hates being around animals
　④ often flies to Japan on business

50

問 2　The man gave the dog a Japanese name because 　42　 .

① he saw that kind of dog on his first trip to Japan

② it brought back memories of Japan's winter scenery

③ it was his first Japanese teacher's favorite word

④ that was the name his Japanese friends had chosen

問 3　The word bear as used in the fourth paragraph is closest in meaning to 　43　 .

① carry

② display

③ endure

④ produce

問 4　What did the young girl do when the man put Yuki on her lap? 　44　

① She did a magic trick.

② She settled down.

③ She started crying.

④ She stopped chatting.

問 5　What does this story imply about the relationship between people and animals? 　45　

① Humans and animals can build positive relations.

② Saving injured animals gives you satisfaction.

③ The death of a pet can be a shocking experience.

④ The presence of animals can cause trouble.

— 222 —

第6問 次の文章を読み，下の問い（**A・B**）に答えよ。なお，文章の左にある(1)～(6)はパラグラフ（段落）の番号を表している。（配点　36）

(1)　　Many people visit places associated with creative works that they know, such as novels, paintings, or poems.　Such visitors use what they have learned or imagined in order to help them understand the sites more deeply. They can also apply what they previously learned from their visits to their interpretations of those creative works.　This process of interpretation, and the results that follow, can give people pleasure through the creative use of their imagination, their improved understandings of the works, and their satisfaction in becoming absorbed in the works or the atmosphere of the places.　This makes their visits more valuable.

(2)　　For people who enjoy historical novels, it can be rewarding to visit one of the sites that they have read about.　This is true even if the place appears to be only an open space.　The knowledge they have of the area enables them to bring the scene back to life.　They can picture how the people lived there, or imagine how historical events took place at that location.　When visitors use their minds to transform such <u>desolate</u> scenes into rich and full visions, they are engaging in a pleasurable and creative process.　At the same time, they gain better understandings of what they have read.

(3)　　Many people visit places because of the descriptions of their natural beauty in books or poetry.　Some places in Japan are popular because of the famous poets who stood there, gazed upon the scenes from the spots on which we can still stand today, and recorded their feelings in poetry.　The Lake District in England is famous for a similar reason: Poets praised its natural beauty.　Reading the poems, people can imagine those scenes. Visiting such locations helps them understand the feelings of the poets more closely, which deepens their understandings of the poems.

(4)　　Some people enjoy visiting places where their favorite characters in

— 223 —

books lived and had adventures. For example, in London, there is a residence labeled as the home of the fictional detective, Sherlock Holmes. At the time the stories about him were written, there was no such residence. But, due to his popularity, the city later assigned the address from the books to a building that matched the description in the stories. By placing themselves directly where the stories took place, visitors are influenced by those surroundings, and that alters their interpretations of what they have read. They can throw themselves more deeply into the stories and get more enjoyment from them.

(5)   Visits to the homes or studios where famous authors or artists lived can provide insights into their works, even if those places aren't obvious in their creations. For example, visiting the childhood home of a well-known writer can reveal where the inspiration for stories or characters came from. Stepping into an artist's studio can offer visitors opportunities to experience the same environment and look at the same things as the artist did. This can make people feel closer to the works of art and appreciate them more deeply.

(6)   Visits to actual places related to creative works provide visitors with new insights which aid their comprehension of the places and of the works themselves. Sometimes, people can apply their interpretations of the works during their visits and enrich their understandings of the places. At other times, by viewing the sites, people can come to different and deeper understandings of the artistic works. These experiences are of great value to the visitors. The interactions between actual places and the images from creative works increase people's appreciation of both.

A 次の問い（**問 1 ～ 5**）の 46 ～ 50 に入れるのに最も適当なものを，それぞれ下の①～④のうちから一つずつ選べ。

問 1 Which of the following is closest to the meaning of <u>desolate</u> as used in paragraph (2)? 46

① dirty

② empty

③ harmful

④ severe

問 2 According to paragraph (3), how were the English and Japanese poets alike? 47

① They criticized the nature that surrounded them.

② They intended to preserve the value of nature.

③ They showed appreciation for nature in their works.

④ They wanted to make natural areas more famous.

問 3 According to paragraph (4), which of the following is true about the residence of Sherlock Holmes in London? 48

① It was created because of his fame.

② It was transferred to another location.

③ Its surroundings were altered by his fans.

④ Many of his stories were written there.

問 4　According to paragraph (5), which of the following is true?　49

① A great number of artists produced their popular works in their birthplaces.
② Creative works are often displayed in the places where they were produced.
③ People can find links between where the artists lived and what they produced.
④ Visitors can enjoy meeting artists or writers in the places where they work.

問 5　What is the main idea of this passage?　50

① Appreciating creative works is as rewarding as going to a place.
② Dismissing one's impressions about places helps interpretation.
③ Reproducing the art that was created helps one understand the artist.
④ Visiting places connected with creative works provides benefits.

B　次の表は，本文のパラグラフ(段落)の構成と内容をまとめたものである。
51 ～ 54 に入れるのに最も適当なものを，下の①～④のうちから一つ
ずつ選び，表を完成させよ。ただし，同じものを繰り返し選んではいけない。

Paragraph	Content
(1)	Introduction
(2)	51
(3)	52
(4)	53
(5)	54
(6)	Conclusion

① The value of learning about an artist's background
② The value of projecting a vision of the past onto the present
③ The value of sharing an author's view of a landscape
④ The value of stepping into a scene from a creative work

— 226 —

英　語

（2017年1月実施）

80分　200点

$\left(\text{解答番号}\ \boxed{1}\ \sim\ \boxed{55}\ \right)$

第1問　次の問い(**A・B**)に答えよ。(配点　14)

A　次の問い(**問1～3**)において，下線部の発音がほかの三つと**異なるもの**を，それぞれ下の①～④のうちから一つずつ選べ。

問1　　$\boxed{1}$

 ① app<u>ear</u> ② f<u>ear</u> ③ g<u>ear</u> ④ sw<u>ear</u>

問2　　$\boxed{2}$

 ① atta<u>ch</u> ② <u>ch</u>annel ③ <u>ch</u>orus ④ mer<u>ch</u>ant

問3　　$\boxed{3}$

 ① a<u>ss</u>ert ② a<u>ss</u>ociation ③ impre<u>ss</u> ④ po<u>ss</u>ess

B 次の問い(**問 1 ～ 4**)において，第一アクセント(第一強勢)の位置がほかの三つ
と**異なるもの**を，それぞれ下の①～④のうちから一つずつ選べ。

問 1 　 4

　　① marine 　　　② rapid 　　　③ severe 　　　④ unique

問 2 　 5

　　① enormous 　　② evidence 　　③ satellite 　　④ typical

問 3 　 6

　　① assembly 　　② correspond 　　③ distinguish 　　④ expensive

問 4 　 7

　　① definitely 　　　　　　② democratic
　　③ independence 　　　　④ resolution

4

第2問　次の問い（**A ~ C**）に答えよ。（配点　44）

A 次の問い（**問** 1 ~ 10）の　8　~　17　に入れるのに最も適当なものを，そ
れぞれ下の①~④のうちから一つずつ選べ。ただし，　15　~　17　につい
ては，（　A　）と（　B　）に入れるのに最も適当な組合せを選べ。

問 1　Today, in science class, I learned that salt water doesn't freeze　8
　　　　0℃.

① at　　　　　　② in　　　　　　③ on　　　　　　④ with

問 2　Many experts think that we need to create more job opportunities for
　　　　9　.

① a young　　② the young　　③ young　　④ younger

問 3　The leaves in my neighborhood have recently　10　yellow.

① come　　　② developed　　③ led　　　　④ turned

問 4　I think eating at home is often　11　more economical than eating at a
　　　　restaurant.

① far　　　　② high　　　　③ too　　　　④ very

問 5　12　as the leading actor in the film, Ramesh soon became a star.

① Choosing　　　　　　　　　　② Having been chosen
③ Having chosen　　　　　　　　④ To choose

— 230 —

問 6 Please give me [13] information you get as soon as possible.

① as if   ② even if   ③ whatever   ④ whenever

問 7 The typhoon suddenly became weaker, [14] was good news for the village.

① it   ② that   ③ what   ④ which

問 8 He (A) his umbrella (B) in the door by accident when he boarded the rush hour train. [15]

① A : got   B : caught   ② A : got   B : to catch
③ A : made   B : caught   ④ A : made   B : to catch

問 9 (A) in this class is as kind (B) Abbie. She always helps people who are in trouble. [16]

① A : Anybody   B : as   ② A : Anybody   B : than
③ A : Nobody   B : as   ④ A : Nobody   B : than

問10 Angelina (A) me whether I (B) enjoyed the festival last Saturday. [17]

① A : asked   B : had   ② A : asked   B : have
③ A : said to B : had   ④ A : said to B : have

— 231 —

6

B 次の問い(問1～3)において，それぞれ下の①～⑥の語句を並べかえて空所を補い，最も適当な文を完成させよ。解答は　18　～　23　に入れるものの番号のみを答えよ。

問 1　Keita:　You have so many things in your room.

Cindy:　I know.　Actually, ＿＿＿＿　18　＿＿＿＿ ＿＿＿＿　19　＿＿＿＿ it neat and clean.

① difficult　　　　② find　　　　③ I

④ it　　　　　　　⑤ keep　　　　⑥ to

問 2　Ted:　Professor Jones suggested that I rewrite this essay.

Jack:　Oh, well, ＿＿＿＿　20　＿＿＿＿ ＿＿＿＿　21　＿＿＿＿, but I'm sure you'll get a higher grade on it.

① a few　　　　② cost　　　　③ hours

④ it　　　　　　⑤ may　　　　⑥ you

問 3　Rita:　Daniel and I have to go home now.

Father:　Oh, ＿＿＿＿　22　＿＿＿＿ ＿＿＿＿　23　＿＿＿＿ usual?　I thought you were going to stay for dinner.

① are　　　　　② earlier　　　　③ how come

④ leaving　　　⑤ than　　　　　⑥ you

C 次の問い(問1～3)の会話の　24　～　26　において，二人目の発言が最も適当な応答となるように文を作るには，それぞれ(A)と(B)をどのように選んで組み合わせればよいか，下の①～⑧のうちから一つずつ選べ。

問1　Worker: I can't do all of these jobs at the same time. Which do you think I should do first?

　　　Co-worker: Well, the monthly report is very important and　24　.

(A) you have to realize	(A) to turn it in	(A) by five o'clock.
(B) you have to remember	(B) turning it in	(B) till five o'clock.

① (A)→(A)→(A)　　② (A)→(A)→(B)　　③ (A)→(B)→(A)
④ (A)→(B)→(B)　　⑤ (B)→(A)→(A)　　⑥ (B)→(A)→(B)
⑦ (B)→(B)→(A)　　⑧ (B)→(B)→(B)

問2　Taylor: You're watching cricket again? I don't know why you watch cricket matches all the time.

　　　Adele: I love cricket, and this is a great match.　25　for you, too.

(A) If you knew the rules,	(A) it would be	(A) really interested
(B) If you know the rules,	(B) it would have been	(B) really interesting

① (A)→(A)→(A)　　② (A)→(A)→(B)　　③ (A)→(B)→(A)
④ (A)→(B)→(B)　　⑤ (B)→(A)→(A)　　⑥ (B)→(A)→(B)
⑦ (B)→(B)→(A)　　⑧ (B)→(B)→(B)

8

問 3　Fritz:　Some students said they heard a rumor about Naoki.

Sophia:　I heard it, too, but it's false.　I wonder　| 26 |

(A)　how can we	(A)　persuade it	(A)　from spreading.
(B)　how we can	(B)　prevent it	(B)　to spread.

→ between first and second box, → between second and third box

① (A) → (A) → (A)　　② (A) → (A) → (B)　　③ (A) → (B) → (A)

④ (A) → (B) → (B)　　⑤ (B) → (A) → (A)　　⑥ (B) → (A) → (B)

⑦ (B) → (B) → (A)　　⑧ (B) → (B) → (B)

第 3 問 次の問い（**A ～ C**）に答えよ。（配点 41）

A 次の問い（**問 1・問 2**）の会話の $\boxed{27}$・$\boxed{28}$ に入れるのに最も適当なものを，それぞれ下の①～④のうちから一つずつ選べ。

問 1 Student: Do you have time later today to check the draft of my speech?

Teacher: No, I'm afraid I don't have time today. I have several appointments this afternoon.

Student: I see. Well .... $\boxed{27}$

Teacher: Yes. And please send it to me by email so I can read it before you come.

① Are you sure you can skip the appointments?

② Could I come to your office after school tomorrow?

③ Shall I make an appointment with you for today?

④ Would you kindly give me the draft to look at?

問 2 Ken: How about going to Memorial Park this weekend?

Ethan: How far is it from here?

Ken: Well, it takes about two hours by express train.

Ethan: Oh, that's a bit far. How much is it to get there?

Ken: About 6,000 yen. But I've heard it's really beautiful.

Ethan: I know, but $\boxed{28}$. Let's find somewhere else to go.

① I don't feel like going out

② it helps us to get there

③ that's much too expensive

④ we can't miss this chance

B 次の問い（問1 ～ 3）のパラグラフ（段落）には，まとまりをよくするために**取り除いた方がよい文**が一つある。取り除く文として最も適当なものを，それぞれ下線部①～④のうちから一つずつ選べ。

問1 | 29 |

Wearing proper shoes can reduce problems with your feet. Here are some important points to think about in order to choose the right shoes. ①Make sure the insole, the inner bottom part of the shoe, is made of material which absorbs the impact on your foot when walking. ②The upper part of the shoe should be made of breathable material such as leather or cloth. ③Some brand-name leather shoes are famous because of their fashionable designs. ④When you try on shoes, pay attention not only to their length but also to their depth and width. Wearing the right shoes lets you enjoy walking with fewer problems.

問2 | 30 |

In Japan, there are several ways of transporting goods. Each method has its own advantages and disadvantages. ①Transportation by air, though it can be expensive, is suitable for carrying goods which require speedy delivery. ②Buses can carry many passengers, and they are convenient for daily life. ③Ships, on the other hand, can carry large quantities at low cost, but it takes much time for them to reach their destinations. Trains can stop only at stations, but their arrival times can easily be estimated. ④Although trucks cannot carry much compared with trains, they are useful for carrying things from door to door. Such merits and demerits of each method of transportation should be taken into consideration, so the best way can be chosen, depending on the needs.

問 3 ┃ 31 ┃

If you forget something you once learned, go back to the place where you originally learned it. Experimental studies support this idea. For instance, two groups of divers went into the sea. ① After listening to a list of words underwater, they came back on land and wrote down as many words as they could remember. ② A day later, one group sat on land, while the other went back into the sea. ③ Researchers carefully chose the list of words, and the divers selected the diving site. ④ Each group was asked to recall and write the words they had learned the day before. It turned out that the divers in the sea recalled words better than the divers on land. Thus, a person's ability to remember seems to be better if learning and recalling are done in the same environment.

C 次の会話は，「市の発展」をテーマとして，ある町で行われた住民による話し合いでのやりとりの一部である。 32 ～ 34 に入れるのに最も適当なものを，それぞれ下の①～④のうちから一つずつ選べ。

Alice: The mayor has asked me to lead this meeting to discuss ways to develop our town. Tom, how about beginning with you?

Tom: Sure. If a new factory is built here, more people will move to our town. This would help local shops and restaurants because there would be more customers. Also, some of our residents working in the next town could find jobs here. Many people have complained about their long drive back and forth to work. Working closer to home would improve their family life by giving them more time to spend together.

Alice: Tom, are you saying that 32 ?

① many of our residents prefer traveling to another town to work

② new businesses should do much more to increase their sales

③ people in our town would benefit from a new workplace here

④ working in the next town may make people's lives better

Tom: Yes, that's correct.

Carol: Well, I think it would be better to build a shopping mall. It would be good for both customers and shop owners. When the new housing complex is completed in the northeastern part of town, people living there would be pleased with a nearby mall to shop at. Lots of my fellow merchants have been wishing they could move to a new place. Such a mall would be a benefit to shop owners because more people would visit their shops.

— 238 —

Rick: I agree. A mall would also be useful for people in other parts of town because they could do all of their shopping at one place. It would save everyone time, and families would enjoy their lives more. And the highway exit is in the same area. So, not only would people in our town shop at a mall built there but people from other towns would also have easy access to it. That would increase our local businesses' profits.

Carol: Right. It would make family life here much better as well as bring more customers to our town.

Alice: So, you both feel that a mall would help [33].

① bring money into our town to fix the highway

② develop downtown and the northeastern areas

③ give rise to a lot of controversies and arguments

④ improve our town's economy and convenience

Leslie: I don't think building a mall or opening a business is the only way to help our economy grow. We should find ways of using the beauty of nature, which our town is already famous for. It makes our town a nice place for families to live in.

Ellen: I think so, too. We should try to develop without changing the things that families living here and visitors enjoy. Using the beautiful scenery of our town in more creative ways would encourage people to come and live here. That would bring more money into our town.

Leslie: I completely agree. In the long run, our town will be hurt if its natural surroundings are not preserved.

14

Alice: So, Leslie and Ellen are talking about the importance of maintaining the natural features of our town. Well, from our discussion so far, it seems everyone thinks, when developing our town, we should [34]. Let's see if there are any other points we need to take into account.

① build a large shopping center
② consider residents' family lives
③ increase the number of employees
④ think of the natural environment

2017年度　本試験　15

第４問　次の問い（**A・B**）に答えよ。（配点　35）

A　次の文章はある説明文の一部である。この文章と図を読み，下の問い（**問１～４**）の　35　～　38　に入れるのに最も適当なものを，それぞれ下の①～④のうちから一つずつ選べ。

Physical activity in your childhood, such as playing sports and exercising, can greatly benefit your health when you are older. Therefore, it is important to promote physical activity in childhood for one's good health. The schoolyard is one place where children and adolescents can be encouraged to take part in physical activity. Thus, knowing how schoolyards are used by students may give us some helpful ideas to promote their physical activity.

A study was conducted at four schools in Denmark in order to investigate how much different types of schoolyard areas were used and whether students were active or passive in those areas. In the study, schoolyard areas were classified and defined by their primary characteristics. *Grass* represented playing fields and natural green lawn areas, often used for soccer, but without any marked lines or goals. *Multi-court* referred to fenced areas on various surfaces, like artificial grass and rubber, designed for tennis and other such ball games. *Natural* represented areas with, for example, bushes, trees, and natural stones. *Playground* represented areas with play equipment, such as swings and slides on safe surfaces like sand. *Solid Surface* described the areas with the hardest surfaces, like concrete. These areas were identified by flat open spaces, often having numerous markings painted for games and benches set in different places.

Using GPS devices and other instruments, the researchers measured the lengths of time the students spent in the different schoolyard areas as well as the degrees of their physical activity. Figure 1 displays the average amounts of time spent per day in each area for All students and those averages divided

— 241 —

into Children (aged 12 and under) and Adolescents (aged 13 and over). Solid Surface was clearly the area in which All students spent most of their time, followed by Multi-court then Grass. Natural and Playground showed similar averages for All students, with the average for All students in Playground being just over two minutes.

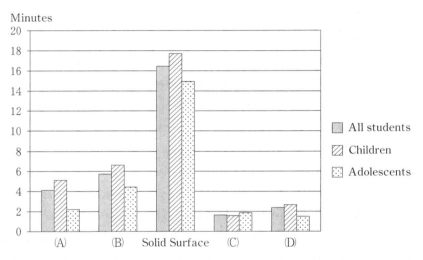

Figure 1. Average times spent in each area by All students, Children, and Adolescents.

Furthermore, the study revealed differences between the average amounts of time spent in schoolyards by Children and Adolescents. In comparison with Adolescents, Children spent more time in all schoolyard areas except for Natural areas. The greater amount of time spent by Children might be explained by the fact that, according to the regulations at all four schools, Children could not leave the schoolyard during lunch time, but Adolescents could when they wanted to.

When looking at the degree of physical activity, researchers discovered differences among the schoolyard areas. Students were most active in Grass

2017年度　本試験　17

and Playground areas. On the other hand, students were quite passive in Solid Surface areas, with Adolescents spending only 7% of their time there being physically active.

The findings of this study show the importance of investigating the potential of various environments and features in schoolyards. To promote students' health, it is also beneficial to observe how varieties of games Children and Adolescents play affect the length of time spent taking part in physical activity. Let us now take a look at these relationships.

(Henriette Bondo Andersen 他(2015) *Objectively Measured Differences in Physical Activity in Five Types of Schoolyard Area* を参考に作成)

問 1　According to the passage, what is the difference between Multi-court and Solid Surface?　35

① Unlike Multi-court, Solid Surface contains artificial grass for younger students to play on.

② Unlike Multi-court, Solid Surface does not contain boundaries marked for students' games.

③ Unlike Solid Surface, Multi-court has a relatively soft surface made of various materials.

④ Unlike Solid Surface, Multi-court is not surrounded by anything, which makes it easy to access.

— 243 —

18

問 2 In Figure 1, which of the following do (A), (B), (C), and (D) refer to? 36

① (A) Grass (B) Multi-court (C) Natural (D) Playground

② (A) Grass (B) Multi-court (C) Playground (D) Natural

③ (A) Multi-court (B) Grass (C) Natural (D) Playground

④ (A) Multi-court (B) Grass (C) Playground (D) Natural

問 3 The main purpose of this passage is to 37 .

① discuss the benefits of being physically active at school in childhood

② give advice to increase the number of physically active adolescents

③ introduce schools that encourage students to play on grassed areas

④ show that types of schoolyards affect students' behavior there

問 4 What topic is most likely to follow the last paragraph? 38

① The benefits of studying various school environments for different activities

② The connections between types of games and lengths of time being active

③ The influence of the schoolyard environment on Adolescents' physical activity

④ The way schoolyard surfaces affect the time spent doing physical activity

— 244 —

B 次のページのビデオ制作コンテストに関するウェブサイトを読み，次の問い
（問1～3）の 39 ～ 41 に入れるのに最も適当なものを，それぞれ下の
①～④のうちから一つずつ選べ。

問 1 The purpose of the IAYP Video Clip Competition is to provide 39 .

① a place to meet new friends of the same age
② an airplane ticket to Australia to create a video clip
③ instructions to create a video clip on a computer
④ opportunities for young people to exhibit their works

問 2 Members of a high school baseball team will submit a four-minute video
clip about their bonds with players from a sister school abroad. Under which
category should the video clip be entered? 40

① Category A
② Category B
③ Category C
④ Category D

問 3 Which of the following meets the submission requirements for this
competition? 41

① A nine-minute mystery drama featuring a young Japanese detective
② A six-minute video clip showing students practicing for a rugby game
③ A three-minute video clip that won third prize at a local film festival
④ A three-minute video clip uploaded to this website on October 30, 2017

Video Clip Competition: Call for Entries

The International Association of Young Producers (IAYP) is proud to open its annual Video Clip Competition again this year. This is a great way to share your creations with a wide audience. Anyone aged 25 and under can participate. The IAYP invites submissions in the following four categories:

	Theme	Maximum length
Category A	A topic related to a team sport	3 minutes
Category B	An idea connected to friendship	5 minutes
Category C	A social problem based on a true story	5 minutes
Category D	A mystery with a dramatic ending	7 minutes

The deadline is 11:59 pm, October 31, 2017 (Japan Standard Time). The three best clips in each category will be selected by a committee of famous video creators and posted on this website in December. One overall grand champion will be awarded a ticket to the next IAYP Conference in Sydney, Australia. So, don't miss this chance! Get out your video camera and start filming!

Follow these steps:
- Shoot a video and edit it on a computer to an appropriate length for the category you choose.
- Click here to enter your details and upload your video clip.

Rules and conditions:
- Each person or group can choose only one category.
- Only clips sent before the deadline will be accepted.
- Clips must be original and submitted to a competition for the first time.

第5問 次の物語を読み，下の問い（問1～5）の 42 ～ 46 に入れるのに最も適当なものを，それぞれ下の①～④のうちから一つずつ選べ。（配点 30）

Ahhhhhhhhhhh!

With a big yawn I woke up. What a fresh morning! I felt very sharp, much sharper than usual. I was able to hear the singing of birds more clearly than ever before. I noticed the smell of coffee coming up from downstairs. I stretched out my arms in front of myself and raised my back; it felt so good. I sat up straight, licked my hand, and started to clean my face with it.... Huh?... Something was strange. Why was I licking my hand with my tongue? Why was my body covered with fur? I tried to say something, but the sound that came out of my mouth was... "Meow."

It was certainly my bedroom that I was in. It was certainly my bed that I was sitting on. Everything was as usual except that... I seemed to have changed into a different creature. I was so surprised that I couldn't move. I couldn't do anything. I wondered — would I have to spend the rest of my life as an animal? I began to feel afraid... But after a few moments those feelings passed. So, with a wave of my tail, I started to explore my surroundings. A cat's mind is said to be changeable like that.

As I went down the stairs, the smell of coffee grew stronger and I could tell what was for breakfast. Maybe the senses of a cat are sharper than those of a human. When I got to the dining room, what I saw almost stopped my heart. It was *me*! The human *I* was sitting at the dining table! I couldn't take my eyes off *myself*.

The human *I* was absorbed in a smartphone, maybe writing responses to friends' messages or playing an online game. Bending *my* head down toward the phone, *I* was sitting with rounded shoulders and a curved back. *I* looked very uncomfortable.

I sometimes took a little bite of toast, but it appeared that *I* was not

— 247 —

noticing any taste in my mouth. Actually, the taste of toast in my memory was vague. I couldn't remember what else had been served for breakfast recently, either. The human I was just mindlessly putting in my mouth anything that was on the plate while handling the phone. I was so focused on the text messages or games that I took little interest in what was happening around me. In fact my face had no expression on it at all.

"Yuji, you never study these days. Are you ready for your final exams? You're making me a little bit worried," said Mom.

"Mmm," said I. A sign of frustration briefly appeared on my face, but it disappeared in an instant. My face was again as expressionless as it had been before.

"I don't like this guy," I thought. But this guy was me. I couldn't deny it. For the first time, I realized how I really looked to other people.

Then, as I started to leave the table, our eyes met. "Wow! Mom, look! There's a cat in the dining room!"

I didn't know why, but I was running. I felt I had to escape. Running up the stairs, I found the window in my room was open. I jumped! I had a strange feeling. The world suddenly seemed to have shifted. I felt my body falling down and . . . .

Bump!

I was awake, lying on the floor of my room. I slowly sat up and looked around. Everything looked like it usually did. I looked at my hands. I was relieved to see they were no longer covered with fur. I stood up and, with a yawn, extended my arms above my head to stretch my back. Without thinking, as was my usual habit in the morning, I started to walk to my desk where my smartphone had completed charging and . . . I stopped.

After pausing for a moment, I turned around and went downstairs for breakfast.

問 1 When Yuji realized that he had turned into a cat, he first felt 42 .

① astonished

② embarrassed

③ excited

④ satisfied

問 2 When Yuji's mother spoke to him, he was annoyed because 43 .

① he wanted to please her

② her words disturbed him

③ his mouth was full of food

④ she interrupted his studies

問 3 The cat thought, "I don't like this guy," because Yuji 44 .

① could not recall the taste of food he had eaten at breakfast

② tried to hide his efforts to study for the final exams

③ was making fun of his mother's concern for his future

④ was not showing respect for people or things around him

問 4 At the end of the story, Yuji did not pick up his smartphone because he
45 .

① decided it was time to improve his attitude

② realized that it was not yet fully charged

③ wanted to stick to his old priorities

④ was afraid of being scolded by his mother

問 5 What is the theme of this story? 46

① Cats have much better senses than humans.

② Observing yourself can lead to self-change.

③ People using smartphones look strange.

④ Unbelievable things can happen in dreams.

第6問 次の文章を読み，下の問い(**A・B**)に答えよ。なお，文章の左にある(1)～(6)はパラグラフ(段落)の番号を表している。(配点　36)

(1)　　For most people, their friendships are a valuable and important part of who they are. Psychologists have pointed out that well-established friendships lead us to a better understanding of ourselves. They have also noted that we might face conflicts not only with acquaintances but even with our good friends, which could result in ends to some of our friendships. Fortunately, even when such conflicts occur, it is possible to find ways to maintain or save the friendships.

(2)　　One way to help save a friendship in trouble is to keep in touch. When we think a friend has done something that hurt our feelings, our first response may be to cut off contact. However, it may be better to swallow our pride and avoid doing that. For example, Mary watched her friend Susan's children every week until Susan finished night school and graduated. But after that, Mary did not hear from Susan for several months. So, she felt that Susan had been just using her. She decided not to talk to her any more. In the end, however, Mary forced herself to ignore her own feelings and told Susan about her disappointment. Susan immediately apologized and told her that she had been just trying to catch up with things after completing her studies. Susan would never have known there was a problem if Mary had not mentioned it. Not cutting off contact, even when we may be angry, is very important for maintaining good relationships.

(3)　　Another way to help a friendship is to see things from our friend's point of view. For example, Mark was very upset at his good friend, Kate, because she had not visited him in the hospital. Later, he learned from Kate's friend that she had been afraid of hospitals ever since she had been hospitalized as a little girl for a serious illness. Mark then understood why Kate hadn't come and, instead of being angry, he felt sympathy for her.

— 251 —

(4) An important part of dealing with friendships is to recognize and accept that they can change as our needs and lifestyles evolve. For example, we may have a good friend in high school, but once we graduate, move to a different city for work or study, or get married, we may see that friend less frequently and our feelings may change. In other words, sometimes a close friendship may alter in nature. We should keep in mind that we may still be friends but not in the same way as before.

(5) How do people keep friendships for a long time? In one study, researchers interviewed many people who had been friends for a long time in order to find out the secret. They found that those people kept small misunderstandings from growing into large disputes which might cause their friendships to end. By taking their friends' viewpoints and not being afraid to express their honest feelings, those who were interviewed were able to keep something minor from growing into a major argument.

(6) We all know that friendships are precious, but we also understand that friendships are not always stable. The challenge in maintaining friendships is keeping the connections strong during the ups and downs that happen in all relationships. When things are going well, we enjoy our friendships. If things go bad, we should remember the points above. Sometimes we can get the relationship back on track, but at other times we should accept and appreciate that relationships can change. However, regardless of the states of our friendships, they will continue to be an important part of our lives.

A 次の問い（問 1 ～ 5 ）の 47 ～ 51 に入れるのに最も適当なものを，そ
れぞれ下の①～④のうちから一つずつ選べ。

問 1 According to paragraph (1), what do psychologists say about friendships?
47

① They are frequently compared to one's possessions.
② They are impossible to fix when they become unstable.
③ They can lead us to have conflicts with our acquaintances.
④ They help us know about ourselves but can have problems.

問 2 Which of the following is closest to the meaning of swallow our pride in
paragraph (2)? 48

① Give our thanks to someone
② Hold back our feelings
③ Realize that problems happen
④ Stop seeing someone

問 3 According to paragraph (5), research found it is important to 49 .

① hesitate to express one's true feelings
② ignore misunderstandings and disputes
③ put up with problems whenever one can
④ solve problems while they are small

問 4 According to paragraph (6), what is difficult about maintaining friendships?
50

① Finding new and interesting friends
② Knowing when to change relationships
③ Seeing if friends have problems
④ Staying close during bad times

— 253 —

問 5　What would be the best title for this passage?　51

① Advice for Friendships That Will Last

② Defending Yourself and Your Friends

③ Strength as the Key to Friendships

④ The Changing Nature of Friendships

B　次の表は，本文のパラグラフ（段落）ごとの内容をまとめたものである。
52 ～ 55 に入れるのに最も適当なものを，下の①～④のうちから一つ
ずつ選び，表を完成させよ。ただし，同じものを繰り返し選んではいけない。

Paragraph	Content
(1)	The realization that friendships are important
(2)	52
(3)	53
(4)	54
(5)	55
(6)	What is important to keep in mind

① A report about the results of a study on long-term friendships

② The importance of looking at a situation from our friend's perspective

③ The significance of understanding that friendships undergo transformations

④ The value of staying in contact and interacting with your friends

英　語

（2017年 1 月実施）

80分　200点

追試験
2017

30

$$\left(\text{解答番号}\quad\boxed{1}\sim\boxed{55}\right)$$

第1問 次の問い（**A・B**）に答えよ。（配点　14）

A 次の問い（**問1～3**）において，下線部の発音がほかの三つと**異なるもの**を，それぞれ下の①～④のうちから一つずつ選べ。

問1　　1

   ① borr<u>ow</u>　　② cr<u>ow</u>d　　③ gr<u>ow</u>th　　④ narr<u>ow</u>

問2　　2

   ① au<u>th</u>or　　② bo<u>th</u>er　　③ clo<u>th</u>ing　　④ ga<u>th</u>er

問3　　3

   ① ball<u>oo</u>n　　② f<u>oo</u>lish　　③ st<u>oo</u>d　　④ t<u>oo</u>thache

— 256 —

2017年度　追試験　31

B　次の問い(**問 1 ～ 4**)において，第一アクセント(第一強勢)の位置がほかの三つ
と**異なるもの**を，それぞれ下の①～④のうちから一つずつ選べ。

問 1　| 4 |

①　native　　②　neighbor　　③　obey　　④　sacred

問 2　| 5 |

①　appearance　　②　document　　③　genetic　　④　impressive

問 3　| 6 |

①　indicate　　②　industry　　③　interfere　　④　Internet

問 4　| 7 |

①　ceremony　　②　certificate　　③　humanity　　④　necessity

— 257 —

第 2 問 次の問い（**A ～ C**）に答えよ。（配点 44）

A 次の問い（**問 1 ～ 10**）の 8 ～ 17 に入れるのに最も適当なものを，そ
れぞれ下の①～④のうちから一つずつ選べ。ただし， 15 ～ 17 につい
ては，（ A ）と（ B ）に入れるのに最も適当な組合せを選べ。

問 1 I could 8 believe my eyes. I never expected to see him there.

① certainly ② extremely ③ hardly ④ rarely

問 2 To recover his strength, the patient was made 9 his arms above his
head many times every day.

① raise ② rise ③ to raise ④ to rise

問 3 My daughter always does well in school. That's why I'm not in the
10 anxious about her future.

① least ② less ③ more ④ most

問 4 You shouldn't leave your house with 11 even if the weather is nice.

① open the windows ② opening the windows
③ the windows open ④ the windows opening

問 5 We were 12 our energy by the thin air and the steep paths in the
high mountains.

① robbed from ② robbed of ③ stolen from ④ stolen of

— 258 —

問 6　He was a member of the committee 　13　 duty was to choose the winner of the competition.

① 　that　　　② 　what　　　③ 　which　　　④ 　whose

問 7　Hiro broke his lunch box again, so I have to go shopping to get 　14　.

① 　any　　　② 　it　　　③ 　one　　　④ 　the other

問 8　(　A　) I discovered today during craft class was (　B　) I really enjoy making jewelry. 　15　

① 　A：That　　B：that　　　② 　A：That　　B：what
③ 　A：What　　B：that　　　④ 　A：What　　B：what

問 9　(　A　) of the castles in Japan are crowded with (　B　) young people because of the recent history boom. 　16　

① 　A：Many　　B：quite a few　　② 　A：Many　　B：very few
③ 　A：Much　　B：quite a few　　④ 　A：Much　　B：very few

問10　I would (　A　) the movie last night much more if I (　B　) the novel before I saw it. 　17　

① 　A：enjoy　　　　　B：had read
② 　A：enjoy　　　　　B：read
③ 　A：have enjoyed　　B：had read
④ 　A：have enjoyed　　B：read

— 259 —

B 次の問い(**問1～3**)において，それぞれ下の①～⑥の語句を並べかえて空所を補い，最も適当な文を完成させよ。解答は　18　～　23　に入れるものの番号のみを答えよ。

問1　Daisy: Where's your portable game player?

Atsuko: My mom ＿＿＿＿　18　＿＿＿＿ ＿＿＿＿ ＿＿＿＿　19　

＿＿＿＿ night because I was playing with it too much.

① away ② from ③ it
④ last ⑤ me ⑥ took

問2　Son: I'm worried that I'm going to get a bad grade in history.

Father: Well, be sure to hand in all of your assignments. Other than

that, ＿＿＿＿　20　＿＿＿＿ ＿＿＿＿　21　＿＿＿＿ .

① can ② do ③ else
④ nothing ⑤ there's ⑥ you

問3　Student: Ms. Hammond, what's the main cause of global warming?

Ms. Hammond: We don't know exactly, but the greenhouse effect

＿＿＿＿　22　＿＿＿＿ ＿＿＿＿ ＿＿＿＿　23　＿＿＿＿ it.

① associated ② be ③ is
④ thought ⑤ to ⑥ with

C 次の問い(問1〜3)の会話の 24 〜 26 において，二人目の発言が最も適当な応答となるように文を作るには，それぞれ(A)と(B)をどのように選んで組み合わせればよいか，下の①〜⑧のうちから一つずつ選べ。

問1 David: I don't feel like going out today.

Yuki: Come on! 24 outside. How about taking a walk along the river?

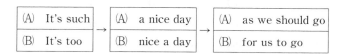

① (A)→(A)→(A)　　② (A)→(A)→(B)　　③ (A)→(B)→(A)
④ (A)→(B)→(B)　　⑤ (B)→(A)→(A)　　⑥ (B)→(A)→(B)
⑦ (B)→(B)→(A)　　⑧ (B)→(B)→(B)

問2 Travel agent: OK, so you've decided to tour Europe rather than the US?

Customer: Yes, but 25 in Europe. Do you have any recommendations?

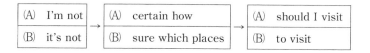

① (A)→(A)→(A)　　② (A)→(A)→(B)　　③ (A)→(B)→(A)
④ (A)→(B)→(B)　　⑤ (B)→(A)→(A)　　⑥ (B)→(A)→(B)
⑦ (B)→(B)→(A)　　⑧ (B)→(B)→(B)

36

問 3　　Marco:　I have an appointment with my lawyer tomorrow to discuss the contract.　Could you give me some advice?

　　　Colleague:　First of all, you 　26　 to do for you.

(A)　have to make	(A)　it clear to him	(A)　what you let him
(B)　should get	(B)　that clear to him	(B)　what you want him

$\rightarrow$ (between first and second box), $\rightarrow$ (between second and third box)

① (A) → (A) → (A)　　② (A) → (A) → (B)　　③ (A) → (B) → (A)

④ (A) → (B) → (B)　　⑤ (B) → (A) → (A)　　⑥ (B) → (A) → (B)

⑦ (B) → (B) → (A)　　⑧ (B) → (B) → (B)

第3問 次の問い（A～C）に答えよ。（配点 41）

A 次の問い（問1・問2）の会話の | 27 | ・ | 28 | に入れるのに最も適当なものを，それぞれ下の①～④のうちから一つずつ選べ。

問1 Mike: The mall is really crowded, but I always like shopping here. And the T-shirt I bought was a really good deal.

Cathy: Yeah. It looked great on you. Well, I guess it's time to go home. I wonder if it is still raining.

Mike: Oh, look! It's pouring. We'll get all wet, even with an umbrella. I don't want to catch a cold.

Cathy: OK. | 27 |

① Hopefully, you'll recover soon.

② Let's wait here until it stops.

③ We'll buy an umbrella later.

④ You don't like shopping anyway.

問2 Jo: Did you go grocery shopping yesterday?

Terry: No, I didn't. You forgot to leave me a shopping list when you left for work.

Jo: Really? I thought I put it on the table.

Terry: | 28 | We should clean up the table sometime. Otherwise, we'll never be able to find what we need.

① How could I find it among all these papers?

② What time did you leave for work yesterday?

③ Which grocery store did we stop by?

④ Why did you go shopping without it?

B 次の問い（問1～3）のパラグラフ（段落）には，まとまりをよくするために**取り除いた方がよい文**が一つある。取り除く文として最も適当なものを，それぞれ下線部①～④のうちから一つずつ選べ。

問1　29

There has been a lot of research on the effects of caffeine on your body and health. Caffeine is contained in many drinks and sweets such as coffee, tea, and chocolate. ①One of the well-known effects of caffeine is keeping you awake. Some people drink a lot of coffee before exams and try to study until late at night. ②There are some other effects on you that caffeine might cause. It can, for example, sometimes increase your heart rate or blood pressure. ③It is used to add a bitter taste to some drinks, as well. ④Some countries warn that too much caffeine may cause health troubles. So, you may want to consider the amount of caffeine you take in each day.

問2　30

A major change in French cuisine, one of the most famous styles of cooking, began in the 16th century. ①When Catherine de Médicis of Italy moved to France in the middle of the 16th century, she brought her professional cooks with her. ②Everywhere in France, there were many varieties of delicious cheeses and wines prepared for local people. ③They changed French cuisine in many ways, yet this new French cuisine was still limited to the noble class. ④As a result of the French Revolution in the late 1700s, the cooks employed by the noble class lost their jobs and therefore opened restaurants for ordinary citizens. This is one of the theories about the birth of today's French cuisine.

問 3 　31

Some people do not like to throw things away and may feel a sense of comfort by keeping them well ordered and ready for use. When Kenta's grandmother asked him to help clean her house before New Year's Day, he found a lot of old stuff of no value to anyone else. ①She had kept all of the wrapping paper she had received, which was neatly folded, along with various nice ribbons. ②There were pill containers stuffed with spare buttons as well as small pieces of thread and string wrapped around strips of paper. ③There were some rare collector's items that she was going to sell to make money for charity. ④All these things were well organized and made ready for use whenever she might need them. However, she realized no one would use them, not even herself. So, Kenta and his grandmother decided to throw them all away.

C 次の会話は，「農場での体験実習」をテーマとして，あるアメリカの大学で行われた授業でのやりとりの一部である。 32 ～ 34 に入れるのに最も適当なものを，それぞれ下の①～④のうちから一つずつ選べ。

Prof. Becker: This is our first class since you all finished your eight-week-long farm work experiences throughout Washington State. I'd like you to share some stories of your experiences. Who'd like to go first? Go ahead, Melanie.

Melanie: I was interested in traditional farming, and I thought many of the methods might be very useful in modern commercial farming, too. So I chose a farm that adopted ways of farming once used in the region. The workers there don't use any artificial chemicals. They plant various crops together in a field, rather than planting only one. I didn't really know planting multiple crops would help prevent plant diseases, decrease the number of harmful insects, and maintain the quality of the soil. At the same time, I was surprised that workers on this small farm were using very modern technology. For example, they used computers to decide when to supply water to their fields. In short, these farmers were 32 .

① integrating older and newer farming techniques
② spraying artificial chemicals according to the schedule
③ updating and developing advanced computer software
④ using insects to protect crops from harmful diseases

Prof. Becker: Thank you, Melanie. That's interesting. Who'd like to speak next? Eric?

— 266 —

Eric: Yes. I was working on a small farm, too. I spent most of my time keeping the plants healthy by monitoring the soil. This farm used the latest methods for analyzing it. Using the data obtained, the workers maintained the quality of the soil and planned for the next crops. They were making use of new developments in biology and chemistry in their farming. I was very impressed. I hadn't thought I could apply my knowledge of chemistry to farming. I'll definitely consider farming as a future job.

Ann: I was also on a small farm. I come from a big city, and I hadn't even planted flowers in a garden before. So I'd never thought about becoming a farmer. But I'm interested in food safety and wanted to try working in agriculture. I learned that modern techniques maintained the condition of the plants very effectively without affecting the safety of the vegetables. Through this experience, I realized that working on a farm is a very attractive option for me in the future.

Prof. Becker: It seems that you both ☐ 33 ☐. So, is there anyone who went to a large farm? Yes, David?

① are worried about the safety of the products
② made a lot of money working on small farms
③ see farming as a potential career choice now
④ used your knowledge of chemistry for farming

David: The farm I went to was a huge commercial wheat farm. Because it covered a large area, it wasn't easy for the workers to remember the places where they had supplied water and sprayed chemicals. They said they would often mistakenly work in the same place twice. Now, navigation systems enable them to avoid

42

excessive application of chemicals and water. This makes their farming much more efficient. Otherwise, they would waste too much time.

Ann: Wow! That's very different from what I experienced.

Prof. Becker: Thank you, David. You all have learned some different things. However, from your experiences, it seems that regardless of the size of their farms, farmers ⬚ 34 ⬚ on their farms. Does anyone have any further comments?

① adopt navigation systems
② maintain traditional methods
③ rent watering devices
④ use modern techniques

第 4 問 次の問い（**A**・**B**）に答えよ。（配点　35）

A　次の文章はある説明文の一部である。この文章と表および図を読み，下の問い（**問 1 ～ 4**）の　35　～　38　に入れるのに最も適当なものを，それぞれ下の①～④のうちから一つずつ選べ。

Much research has shown that lack of sleep causes problems for young people's health and behavior, including poor concentration and academic performance. Researchers have been interested in what young people do before bedtime, known as pre-sleep activities, and the different effects they have on the times at which young people go to sleep.

Through a survey conducted in New Zealand with more than 2,000 participants aged 5 to 18, researchers examined the effects various pre-sleep activities have on sleeping habits. The activities of participants before going to sleep were grouped into three categories: *Screen time*, such as using computers and watching television; *Non-screen time*, for instance, doing homework and reading; and *Self-care time*, for example, brushing teeth and changing clothes. Some activities did not belong to any category.

Table 1 shows 10 common activities in the 90 minutes before going to sleep and the percentages of the participants who engaged in each activity. The most frequently reported activity was *watching television*, which was followed by two activities belonging to Self-care time. Although the percentages of these two activities were rather close to that of watching television, there was a considerable drop in the next activity, *eating*. The activity *reading* appeared lower than the activity *showering*. Moreover, the number of the participants who chose reading was less than half of the number of those watching TV.

— 269 —

Table 1

Ten Common Pre-sleep Activities

Watching television	47. 8 %
Changing clothes	41. 8 %
(A)	41. 5 %
(B)	29. 8 %
Going to the toilet	26. 0 %
Washing hands or face	20. 9 %
(C)	19. 3 %
(D)	18. 9 %
Lying awake	18. 2 %
Drinking (water, milk, etc.)	14. 1 %

In order to investigate the different effects pre-sleep activities had on the times the participants went to sleep, the researchers divided the participants into two age groups: Children (5–12 years) and Teenagers (13–18 years). Within each group, the data were further divided and analyzed. First, they were divided according to the times at which participants went to sleep (*Very early*, *Early*, *Late*, or *Very late*). Then, the relationship between the times of going to sleep and the amount of time spent on different activities in each category was examined.

Figure 1 shows that Teenagers tended to spend more time on screen-based activities than did Children, whereas Children spent more time on self-care activities than did Teenagers. Both groups had a similar tendency in the relationship between Screen time and the lateness of going to sleep in that young people with longer Screen time were likely to go to bed later. Thus, it may be appropriate to aim at cutting the length of time spent doing screen-based activities. This would help encourage those aged 18 and under to go to bed earlier and sleep longer.

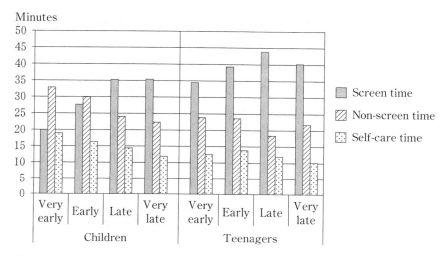

Figure 1. Comparison of the average times according to behavioral sets and lateness of going to sleep for Children and Teenagers.

　　Through this study, the researchers explored the specific times at which participants went to sleep. In order to see their sleeping habits more clearly, though, how long they actually spent sleeping must also be considered. There is a need, therefore, to look into this in relation to the activities discussed so far in the present study. We will focus on this in the following section.

(Louise S. Foley 他 (2013) *Presleep Activities and Time of Sleep Onset in Children* の本文およびデータの一部を利用し作成)

46

問 1　In Table 1, which of the following do (A), (B), (C), and (D) refer to?　35

① (A) Brushing teeth　　　　　(B) Eating

　 (C) Reading　　　　　　　　(D) Showering

② (A) Brushing teeth　　　　　(B) Eating

　 (C) Showering　　　　　　　(D) Reading

③ (A) Eating　　　　　　　　　(B) Brushing teeth

　 (C) Reading　　　　　　　　(D) Showering

④ (A) Eating　　　　　　　　　(B) Brushing teeth

　 (C) Showering　　　　　　　(D) Reading

問 2　According to the passage and Figure 1, which of the following statements is correct?　36

① Children are likely to spend less time doing screen-based activities than Teenagers.

② Children in the category Early tend to have longer Screen time than Teenagers.

③ Teenagers are likely to spend more time taking care of themselves than Children.

④ The more Non-screen time participants of both age groups have, the later they go to sleep.

― 272 ―

問 3　The main purpose of this passage is to 　37　 .

① 　describe links between activities before going to sleep and times of going to sleep

② 　explain why people's sleeping habits are disturbed by non-screen activities

③ 　prove that doing screen-based activities at night does harm to one's health

④ 　suggest that the increased number of self-care activities leads to sleeping later

問 4　Which of the following topics will the authors most likely focus on next?　38

① 　A response to critical views on the Screen time use among the younger participants

② 　Advice related to ways to encourage children and teenagers to go to bed earlier

③ 　An account of how pre-sleep activities relate to how many hours young people sleep

④ 　Discussions of a study that compared the screen time use of early and late sleepers

48

B 次のページのマカダミアナッツのオンラインショップに関するウェブサイトを読み，次の問い(**問** 1 ～ 3)の　39　～　41　に入れるのに最も適当なものを，それぞれ下の①～④のうちから一つずつ選べ。

問 1　Which of the following is true about Tarrigun Macadamia Farmland?　39

①　Many different types of nuts and vegetables are grown at the farmland.

②　Natural Raw Nuts are flavored with salt and pepper at the farmland.

③　Online sales of macadamia nuts started at the farmland 15 years ago.

④　Visitors have opportunities to take nuts directly off the trees if they wish.

問 2　A customer living in Australia wants to have some macadamia nuts delivered to her house. She cannot eat spicy food at all. Her total budget is 20 dollars. Which would she most likely order?　40

①　Two bags of Honey Roasted Nuts

②　Two packs of Curry Salted Nuts

③　Two packs of Natural Raw Nuts

④　Two tins of Natural Raw Nuts

問 3　Which of the following is true about online deliveries?　41

①　Natural Raw Nuts are delivered one day after online orders.

②　Orders of large amounts of nuts receive a small discount.

③　Questions by email about international deliveries are accepted.

④　Telephone service about deliveries is available 24 hours a day.

—274—

Tarrigun Macadamia Farmland

Fresh, healthy, and delicious Australian macadamia nuts

Our macadamia nuts are organically grown on our family farm in the Tarrigun Hills. Packed with fiber, vitamins, minerals, and healthy oils, our macadamia nuts make the perfect healthy snack. At our farm we bring you delicious macadamia nuts in different flavors. You can also visit our farmland and pick macadamia nuts yourself.

To celebrate the 15th anniversary of our opening, we are pleased to announce we are now taking orders online. You can order the following varieties:

    Natural Raw – Macadamia nuts straight off the tree, neither roasted nor seasoned

    Curry Salted – Macadamia nuts lightly seasoned with hot curry powder and sea salt

    Honey Roasted – Macadamia nuts roasted in locally farmed honey

Online Delivery Order Form:

Prices current from January 1, 2017　(Tax included)

	Weight	Natural Raw Nuts		Curry Salted Nuts		Honey Roasted Nuts	
Pack	100 g	$4.00	0	$5.00	0	$6.00	0
Bag	150 g	$6.00	0	$7.50	0	$9.00	0
Tin	200 g	$8.00	0	$10.00	0	$12.00	0

                          Click　| here |　to enter your details.

Delivery takes 2–5 working days with a shipping/handling charge of $10.00.

International shipping: For specific shipping charges and expected shipping times, email us or phone during business hours (9:00–17:00 Australian Eastern Standard Time).

Email: tarrigunfarmland@tarrigun.com.au　Tel: 212-555-0121

50

第5問 次の物語を読み，下の問い（問1～5）の ⬜42⬜ ～ ⬜46⬜ に入れるのに最も適当なものを，それぞれ下の①～④のうちから一つずつ選べ。（配点　30）

"You can take only ONE toy and ONE book in the car with you!" My orders were met with tears and protests from my children. As it was five in the morning, they were still sleepy. But there was no choice; tears or no tears, we had to get the car loaded and start our trip before the morning traffic got too bad.

I thought back to my childhood and remembered family trips: the long car rides and the endless fights with my brother over anything and everything. It felt like we were trapped forever. We quickly claimed personal space in the back seat of the car and defended it with a border of bags and cushions from that minute on. At first, we tried to read, but the motion of the car made us feel sick. Then we tried to sleep but could not find a comfortable position. We would finally agree to play games in the car like "I Spy With My Little Eye." That made us look at the wonderful world speeding past us. Sometimes we would read the license plates on other cars to see who could spot the one which had come from the farthest away. I remember even seeing one from as far away as Alaska. Although we would never admit it, in those moments we actually enjoyed each other's company.

Dad would try to join in our conversations by telling the kind of bad jokes that are almost too awful to repeat. "Why did the little boy throw the clock out the window? He wanted to see time fly." "What letter in the alphabet can you drink? T." "Why is number six afraid of number seven? Because seven ate nine! Do you get it? Ate — eight. Ha ha ha!" He would laugh, thinking he was the world's greatest comedian. "Ewwww, sick!" "Mom! Make him stop," we complained together. But he wouldn't quit until he was able to make us all burst out laughing. Sometimes I laughed so hard that tears streamed down my face.

— 276 —

Once in a while, we would leave the highway to visit tourist spots like "The Magical Forest," a park filled with statues of spirits and fairies that would fill our imaginations with fantasy stories. There were other rest stops, too, near towns with names we could not pronounce. In those places, Mom would set out delicious picnics for us while we ran around and played. But our favorite rest stops were places where we could see natural wonders, like waterfalls, mountains, and canyons. We would take some time to hike around those areas, take photos, or just enjoy the sweet country air.

Later in the afternoon, when we arrived at our camping site, the tent would have to go up. That was Dad's job. There always seemed to be a pole or something missing, but he would patiently find a good solution. The prospect of sleeping in a tent under the stars made my brother and me so excited that we could barely stand still. Dad took advantage of our energy by sending us out to collect sticks to start a fire for the barbecue and to get water for washing. Sometimes we met children from other families in the camping area. Together, we would pretend that we were explorers of a strange new world while we gathered our firewood and carried the water. During these first explorations of the camping area, we felt so brave and important.

Years later, it is the stories created from the memories of these trips that we all share and laugh about. Somehow, my brother and I feel closer when we remember how much we fought but loved each other during these trips. And I have a deeper sense of admiration for my parents, who chose to spend their very limited vacation time giving us happy experiences in new places. Although our family never had much money, our car trips had a value I only now understand. In a few years, I hope that my kids will understand, too.

"OK, everyone — get into the car!"

52

問 1   By playing games in the car, the author [42].

   ① missed the beautiful scenery

   ② passed some time happily

   ③ saw license plates in Alaska

   ④ suffered motion sickness

問 2   What did the author's father do while driving? [43]

   ① He drove very fast to enjoy himself.

   ② He made his children tell silly jokes.

   ③ He talked about having a picnic.

   ④ He tried hard to entertain his family.

問 3   The family especially loved rest stops where they [44].

   ① ate lunch in the car

   ② enjoyed the beauty of nature

   ③ pronounced town names

   ④ told funny stories

問 4   The children felt brave and important in the camping area when they [45].

   ① found the missing tent parts

   ② had a chance to see the night sky

   ③ were taken care of by their parents

   ④ were trusted to do tasks on their own

問 5　What was the result of the family trips? 46

① The author became reluctant to go on family expeditions.

② The author's children understood the meaning of family trips.

③ The children could no longer respect their parents.

④ The family members were able to strengthen their bonds.

第 6 問 次の文章を読み，下の問い（**A・B**）に答えよ。なお，文章の左にある(1)〜
(6)はパラグラフ（段落）の番号を表している。（配点　36）

(1)　　　Many businesses make regular contributions to charity. Recently,
though, some large companies have started what are called "social
businesses." They engage in activities such as providing clean water or
reusable energy facilities for the community, or providing food and housing
for the poor, without expecting to earn a lot of money. In some ways, the
actions of social businesses are similar to, but not exactly the same as, what
charities have been doing. In order to understand social businesses more
deeply, it is useful to take a look at the history of charity.

(2)　　　Helping the poor has long been considered an obligation by major
religions. They teach that helping less fortunate people is important. For
example, in Europe during the Middle Ages, it was the Church that helped
the poor by providing food and money for those in need. To care for the
sick, old, or weak, the Church also established and operated hospitals.
These ways of helping people were considered important charitable activities
of the Church.

(3)　　　In the 16th century, local governments also started providing different
forms of charity, using taxes collected from the local people. It was at this
time that places began to be built to provide poor people with housing and
food. These were called poorhouses. Soup kitchens — places where food
was offered to the hungry free of charge or at a very low price — also began
to appear at this time.

(4)　　　By the 18th century, it had become common to do charitable work, and
many charitable institutions had been set up. Yet, one criticism had become
widespread. It was the idea that charity prevented people from supporting
themselves and encouraged dependency. This criticism led to a change in
the way assistance was provided. Poorhouses gave way to workhouses,

— 280 —

where the residents could still receive food and housing but were required to do long hours of hard work. These places were designed to be very unpleasant to live in. This was done to discourage people from asking for help. They thus became places that were feared and hated by the poor. In the 19th century, the conditions in these charities became so bad that some novelists began describing the harsh realities of workhouses in popular novels, which raised public awareness.

(5)   This brings us to modern ideas about helping people. Many types of assistance for the poor are now provided by the central government under the name of social welfare, including systems such as unemployment insurance or social security. Social security provides funds to the poor, to the disadvantaged, and to old people who have retired.

(6)   This historical overview shows us how charitable activities have evolved along with society. These changes have included changes in who provides the assistance and what types of assistance are given. Business has also evolved and changed over time. Now, social businesses, with their heightened sense of social responsibility, are performing charitable activities such as providing poor people in local communities with food, housing, and services. They even employ people living in those areas and pay them decent wages. It goes without saying that, as a business, they must make some profit. However, that is not their sole purpose. They must also meet their social responsibilities.

A 次の問い（問 1 ～ 5 ）の | 47 | ～ | 51 | に入れるのに最も適当なものを，それぞれ下の①～④のうちから一つずつ選べ。

問 1 In paragraph (2), what is mentioned as something the Church did? | 47 |

① Creating universities to train workers

② Getting businesses to help the poor

③ Holding religious services for the unfortunate

④ Offering medical treatment for the ill

問 2 According to paragraph (3), what did poorhouses do? | 48 |

① They collected taxes from people to help develop towns.

② They fed people in need and gave them a place to live.

③ They helped train people in occupations and find them jobs.

④ They provided an alternative to the Church and its beliefs.

問 3 According to paragraph (4), which opinion became common during the 18th century? | 49 |

① Books hid the reality of society's attitudes towards the poor.

② Giving help to the poor would cause them not to work.

③ There would be fewer poor people due to new social programs.

④ Workhouses should urge poor people to seek assistance.

問 4 According to paragraph (6), what is one characteristic of social businesses? | 50 |

① They are causes of economic inequality.

② They get financing from central governments.

③ They hire local people in their companies.

④ They mainly deal with big businesses.

問 5　What would be the best title for this passage?　51

① Challenges for Churches

② Helping People Through the Ages

③ Personal Approaches to Charity

④ Religious Beliefs and Helping People

B　次の表は，本文のパラグラフ（段落）ごとの内容をまとめたものである。
52 ～ 55 に入れるのに最も適当なものを，下の①～④のうちから一つ
ずつ選び，表を完成させよ。ただし，同じものを繰り返し選んではいけない。

Paragraph	Content
(1)	Social businesses as a new way of helping people
(2)	52
(3)	53
(4)	54
(5)	55
(6)	Social businesses helping communities

① Current systems to provide public assistance

② Faith-based help for the poor

③ Negative feelings towards charity

④ Public institutions' moves to aid the poor

MEMO

英　語

（2016年1月実施）

80分　200点

2016
本試験

$\left(\text{解答番号}\boxed{1} \sim \boxed{55}\right)$

第1問 次の問い(**A・B**)に答えよ。(配点 14)

A 次の問い(**問1～3**)において,下線部の発音がほかの三つと**異なるもの**を,それぞれ下の**①**～**④**のうちから一つずつ選べ。

問1 $\boxed{1}$

① ille**g**al　　② lo**g**ical　　③ ti**g**er　　④ va**g**ue

問2 $\boxed{2}$

① b**ou**nded　　② f**ou**nded　　③ surr**ou**nded　　④ w**ou**nded

問3 $\boxed{3}$

① chu**r**ch　　② c**u**rious　　③ cu**r**tain　　④ occu**r**

— 286 —

B 次の問い(**問1 ～ 4**)において，第一アクセント(第一強勢)の位置がほかの三つ
と**異なるもの**を，それぞれ下の①～④のうちから一つずつ選べ。

問 1　 4

①　civil　　　　②　purchase　　　③　unite　　　④　valid

問 2　 5

①　abandon　　②　decision　　　③　politics　　④　potential

問 3　 6

①　charity　　　②　continent　　　③　demonstrate　④　opponent

問 4　 7

①　agriculture　②　discovery　　　③　material　　④　philosophy

4

第2問　次の問い（**A～C**）に答えよ。（配点　44）

A　次の問い（**問1～10**）の　8　～　17　に入れるのに最も適当なものを，そ
れぞれ下の①～④のうちから一つずつ選べ。ただし，　15　～　17　につい
ては，（　**A**　）と（　**B**　）に入れるのに最も適当な組合せを選べ。

問1　The train　8　when I reached the platform, so I didn't have to wait in
the cold.

① had already arrived　　　② has already arrived

③ previously arrived　　　④ previously arrives

問2　9　Tokyo has a relatively small land area, it has a huge population.

① Although　　② But　　③ Despite　　④ However

問3　Children　10　by bilingual parents may naturally learn two languages.

① bringing up　　　② brought up

③ have brought up　　④ were brought up

問4　My sister was not a serious high school student, and　11　.

① either I was　　　② either was I

③ neither I was　　　④ neither was I

問5　Before the movie begins, please　12　your mobile phone is switched
off.

① keep　　② make sure　　③ never fail　　④ remind

— 288 —

2016年度　本試験　5

問 6　We have made good progress, so we are already 〔 13 〕 schedule.

① ahead of　② apart from　③ far from　④ out of

問 7　Thanks to their 〔 14 〕 comments after my presentation, I felt very relieved.

① friendly　② nicely　③ properly　④ warmly

問 8　(　A　) you've completed this required class, you (　B　) be able to graduate. 〔 15 〕

①　A：If　　　B：won't　　　②　A：Unless　　B：would
③　A：Until　　B：won't　　　④　A：While　　B：would

問 9　Wood (　A　) be used as the main fuel, but nowadays fossil fuels (　B　) widely. 〔 16 〕

①　A：used to　　　B：are used
②　A：used to　　　B：have been used
③　A：was used to　B：are used
④　A：was used to　B：have been used

問10　(　A　) so considerate (　B　) him to come and see his grandmother in the hospital every day. 〔 17 〕

①　A：He is　　B：for　　　②　A：He is　　B：of
③　A：It is　　B：for　　　④　A：It is　　B：of

6

B 次の問い（**問 1 ～ 3**）において，それぞれ下の①～⑥の語句を並べかえて空所を補い，最も適当な文を完成させよ。解答は　18　～　23　に入れるものの番号のみを答えよ。

問 1　Hotel clerk:　Good evening, Mr. and Mrs. Gomez.　How can I help you?

Mrs. Gomez:　Well, _____　18　_____ _____ _____　19

_____ us how to get to the theater.

① could　　　　　② if　　　　　③ tell

④ we're　　　　　⑤ wondering　　⑥ you

問 2　Student:　Excuse me.　I'd like to know what we will be discussing in next week's seminar.

Professor:　I haven't decided yet, so _____　20　_____ _____ _____

21　_____ email.

① by　　　　　② let　　　　　③ me

④ send　　　　⑤ the details　　⑥ you

問 3　Interviewer:　How did you change after becoming the head of such a large company?

President:　I _____　22　_____ _____ _____　23　_____

my time more effectively.

① came to　　　② manage　　　③ need

④ realize　　　　⑤ the　　　　　⑥ to

— 290 —

C 次の問い(問1～3)の会話の 24 ～ 26 において，二人目の発言が最も適当な応答となるように文を作るには，それぞれ(A)と(B)をどのように選んで組み合わせればよいか，下の①～⑧のうちから一つずつ選べ。

問1 Maika: How about having a campfire on the last night of summer camp?
　　 Naomi: It's been very dry recently, so 24 .

(A) I don't think	(A) our teachers will allow	(A) us lighting a fire.
(B) I suppose	(B) our teachers won't agree	(B) us to light a fire.

① (A)→(A)→(A)　　② (A)→(A)→(B)　　③ (A)→(B)→(A)
④ (A)→(B)→(B)　　⑤ (B)→(A)→(A)　　⑥ (B)→(A)→(B)
⑦ (B)→(B)→(A)　　⑧ (B)→(B)→(B)

問2 George: Sometimes I feel that I am not a very good musician.
　　 Robin: Come on! 25

(A) No one is	(A) more talented	(A) in all the other people.
(B) You are	(B) the most talented	(B) than you.

① (A)→(A)→(A)　　② (A)→(A)→(B)　　③ (A)→(B)→(A)
④ (A)→(B)→(B)　　⑤ (B)→(A)→(A)　　⑥ (B)→(A)→(B)
⑦ (B)→(B)→(A)　　⑧ (B)→(B)→(B)

8

問 3　Paul:　You know, Yoko, there's really nothing more I can teach our son on the piano.　He plays better than I do now.

Yoko:　Well, maybe we ┃ 26 ┃

(A)　should get	(A)　anyone else	(A)　teach him.
(B)　should take	(B)　someone else	(B)　to teach him.

→ between box 1 and 2, → between box 2 and 3

① (A) → (A) → (A)　　② (A) → (A) → (B)　　③ (A) → (B) → (A)

④ (A) → (B) → (B)　　⑤ (B) → (A) → (A)　　⑥ (B) → (A) → (B)

⑦ (B) → (B) → (A)　　⑧ (B) → (B) → (B)

第3問 次の問い（**A ～ C**）に答えよ。（配点　41）

A　次の問い（**問1・問2**）の会話の　27 　・　28 　に入れるのに最も適当なものを，それぞれ下の①～④のうちから一つずつ選べ。

問 1　Sue:　You know, Peter's birthday is coming soon.　Is everything going well for the surprise party?

　　　Polly:　Yes.　I've already bought and wrapped his present.　Here, look.

　　　Sue:　　27　　He might walk in at any moment.

　　　Polly:　OK.　I'll put it away until the party.

　①　He doesn't like the color of the wrapping.

　②　I don't have the slightest idea what to buy.

　③　Show him what you bought when he comes.

　④　You should hide it so that he won't see it.

問 2　Diego:　Did you do the English homework?　It was difficult, wasn't it?

　　　Fred:　Oh!　I totally forgot about it.

　　　Diego:　You can do it during lunch time.

　　　Fred:　There's little point in even trying.　　28

　　　Diego:　Don't give up.　You need to pass English, right?

　①　I'm sure I can make it.

　②　It'd be a waste of time.

　③　Let me see what you can do.

　④　You don't want to miss it.

B 次の問い（問1～3）のパラグラフ（段落）には，まとまりをよくするために**取り除いた方がよい文**が一つある。取り除く文として最も適当なものを，それぞれ下線部①～④のうちから一つずつ選べ。

問1 29

Students in Japan are now engaging more in practical activities and less in memorization of facts in class. Students are learning scientific principles through actual experience. ①They do well in science in comparison with other students around the world. ②They build electric motors using everyday goods, such as wire, magnets, and paper clips. ③They make ice cream by hand with salt and ice. ④Students say that they like the new studying style because it is practical as well as enjoyable and educational. It is hoped that this new method will encourage students to become more interested in science.

問2 30

Trial and error, an approach used in science, is often found in daily life. It can be observed when people do not feel well. They may already have a list of treatments they have used before. They can also consult a medical book or check the Internet for new treatments. They may decide to use any one of the treatments. ①If the treatment does not improve the condition, they try another one. ②They are concerned about how scientific the treatment is. This is an example of how this approach is adopted in everyday life. ③In solving problems, scientists come up with more than one idea and use one of the possible options. ④When an idea fails, they consider the alternatives. In this way, approaches used in science and daily life have some points in common.

— 294 —

問 3 | 31 |

Food can do more than fill our stomachs — it also satisfies feelings. If you try to satisfy those feelings with food when you are not hungry, this is known as emotional eating. There are some significant differences between emotional hunger and physical hunger. ①Emotional and physical hunger are both signals of emptiness which you try to eliminate with food. ②Emotional hunger comes on suddenly, while physical hunger occurs gradually. ③Emotional hunger feels like it needs to be dealt with instantly with the food you want; physical hunger can wait. ④Emotional eating can leave behind feelings of guilt although eating due to physical hunger does not. Emotional hunger cannot be fully satisfied with food. Although eating may feel good at that moment, the feeling that caused the hunger is still there.

C 次の会話は，「異文化理解」をテーマとして，ある大学で行われた授業でのやりとりの一部である。 32 ～ 34 に入れるのに最も適当なものを，それぞれ下の①～④のうちから一つずつ選べ。

Professor: Good morning. I'm sure everyone did the homework reading, so I want to begin today's class on intercultural communication. My first question is "Why do we need to study intercultural communication?" Would anyone like to answer?

Student 1: Yes, I'll try to answer that. People may think the way they do things or the way they view the world is "natural" and "correct." When they encounter someone doing things differently, they regard it as "strange" or "wrong." Having an awareness of intercultural communication can help us understand and deal with misunderstandings when they arise. I think it is especially important these days because people travel overseas for many reasons, such as work, study, or vacations. The opportunities to meet people from other countries have increased greatly. With this increased contact, there are more chances for trouble between people from different cultures.

Professor: Right. As you said, studying intercultural communication is useful because 32 .

① intercultural knowledge encourages people to study in a foreign country
② some ways of living are considered to be more correct than others
③ there were many more cases of intercultural communication in the past
④ we can cope with cultural misunderstandings more easily and smoothly

Professor: Let's move on to the concept of "culture." You should know that because culture is all around us all the time, it is difficult to define. Therefore, we tend to discuss culture in terms of characteristics. Can anyone give an example of a cultural characteristic?

— 296 —

Student 2: The characteristic I found interesting is that people belonging to a culture have the same values, beliefs, and behaviors. Values are things that are felt to be of worth, like the Japanese concept of "mottainai." Beliefs are things that people believe to be true, and these cover a wide variety of areas. For example, people in a culture might share beliefs about the kinds of foods that are unacceptable. Behavior is about people's actions, and people in the same culture can often be seen behaving similarly.

Professor: That's a good explanation. That means ⬚ 33 ⬚ .

① having the same beliefs as other cultural groups is important

② people from the same cultural group usually behave differently

③ people's attitudes to food determine which cultures they are from

④ shared behaviors may make you a member of a cultural group

Student 3: Can I ask a question?

Professor: Of course.

Student 3: What about people who always seem to be different from those around them? Sometimes I don't do things in the same way as my friends. So, if we need to have the same behavior for group membership, does that mean those who are not the same aren't members of their cultural group?

Professor: That's a good question. To answer it we need to think in terms of cultural norms rather than individual examples.

Student 3: What is a cultural norm?

Professor: Well, a cultural norm is a rule or standard of behavior shared by members of a cultural group.

14

Student 3:   Then what happens to the people who do not follow the cultural norms?

Professor: Well, they may belong to a smaller group, or a sub-cultural group, but that group is still considered to be part of the culture. This is true as long as their actions are within the acceptable limits of behavior for that particular culture.

Student 3:   So, am I right in thinking that | 34 | ?

① a culture contains groups that make up one larger group
② acting differently isn't allowed for group membership
③ it is important to be in the group that follows the cultural norms
④ the number of sub-cultural groups should be limited

Professor: Yes. I hope this has cleared things up for you. OK. I think we're ready to move on and think about another characteristic of culture.

第4問 次の問い(A・B)に答えよ。(配点 35)

A 次の文章はある説明文の一部である。この文章とグラフを読み，下の問い(問1～4)の 35 ～ 38 に入れるのに最も適当なものを，それぞれ下の ①～④のうちから一つずつ選べ。

　US consumers have benefited from an increased volume and variety of fresh-fruit imports, particularly since the 1990s. The fruit and vegetable section in today's grocery store often has dozens of different fresh fruits on display all year around, which come from all corners of the globe as additions to domestic fresh fruit.

　The rapid growth of fresh-fruit imports has affected many aspects of the US fresh-fruit market. For example, while oranges are the US's leading domestically grown fruit, the volume of US orange imports has grown steadily since the 1990s, with occasional sudden increases when the US crop experienced freezing weather (see Figure 1).

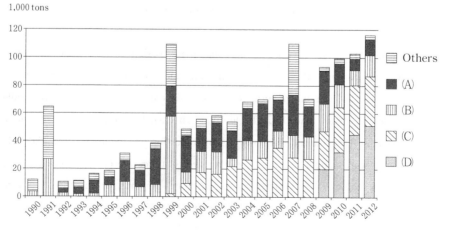

Figure 1. US fresh-orange imports by country.

The US domestic market receives orange imports from various countries and regions. Among the major suppliers, Mexico is a longtime source. However, due to the strong US demand for fresh oranges throughout the year, the Southern Hemisphere countries have also become major suppliers, especially during the summer months when domestic navel oranges are not available. Australia was the first such country, starting in the early 1990s after it obtained permission from the US government to export its navel oranges there. Australia was followed by South Africa in the late 1990s, and most recently by Chile as well.

In the US, two main types of oranges are produced domestically: "navel oranges" and "Valencia oranges." Navel oranges — virtually without seeds, with flesh that separates easily and is firm rather than watery — are the most popular oranges for eating fresh. The navel orange share of US production of fresh-market oranges was 76 percent during the years 2010-2012. In comparison, Valencia oranges — with thin skins, containing occasional seeds, and with juicy and sweet flesh — accounted for 24 percent during the same period. As the US's top supplier of fresh-market oranges, California produced 87 percent of fresh-market navel oranges and more than 81 percent of fresh-market Valencia oranges.

The main harvest period for domestic fresh-market oranges is from November through May, a time when California's navel oranges are in season. However, the amount of oranges produced and shipped domestically falls significantly from June through October. In earlier years, when fresh-orange imports still accounted for only a small portion of domestic use, Valencia oranges were a popular variety when navel oranges were out of season. As seen in Figure 2, however, navel orange imports from the Southern Hemisphere countries have come to dominate the US in the summer season.

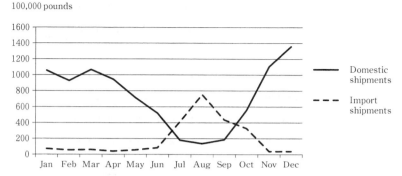

Figure 2. Seasonal relationship between imported and domestic oranges (2010-2012 average).

Because of seasonal production patterns, the majority of Mexico's oranges arrive in the US market from December through June, when US supplies are relatively high. In contrast, the season for imports from the Southern Hemisphere countries is mainly from July through October, when US supplies are relatively low. This trend is similar to that seen with many other fruits as well.

(Sophia Wu Huang (2013) *Imports Contribute to Year-Round Fresh Fruit Availability* を参考に作成)

問 1 In Figure 1, which of the following do (A), (B), (C), and (D) refer to?　35

① (A) Australia　　(B) Chile　　(C) Mexico　　(D) South Africa
② (A) Australia　　(B) Mexico　　(C) South Africa　　(D) Chile
③ (A) South Africa　　(B) Chile　　(C) Australia　　(D) Mexico
④ (A) South Africa　　(B) Mexico　　(C) Australia　　(D) Chile

18

問 2 According to the passage, which of the following correctly describes one difference between navel oranges and Valencia oranges? | 36 |

① Navel oranges contain fewer seeds than Valencia oranges do.

② Navel oranges contain more juice than Valencia oranges do.

③ Valencia oranges are more popular than navel oranges in the winter.

④ Valencia oranges are more suitable for eating fresh than navel oranges.

問 3 What is the main purpose of this passage? | 37 |

① To account for the seasonal changes in the US production of oranges

② To explain the differences between navel oranges and Valencia oranges

③ To illustrate the relation between US production and imports of oranges

④ To improve the quality of the navel oranges produced in the US

問 4 What topic is most likely to follow the last paragraph? | 38 |

① Export rates of other fruits from the US to the Southern Hemisphere

② Statistics showing the seasonal changes in imports of other fruits

③ The shipping methods of navel oranges from the Southern Hemisphere

④ The variety of fruits commonly grown in the US and Mexico

B 次のページの美術館に関するウェブサイトを読み，次の問い(**問 1 ～ 3**)の
39 ～ 41 に入れるのに最も適当なものを，それぞれ下の①～④のうち
から一つずつ選べ。

問 1 Kazuko, a 19-year-old shop assistant, wants to participate in a museum activity but is only free on weekday evenings. Which activity will she most likely choose? 39

① Comprehensive tour
② Drawing class
③ Photography workshop
④ Short tour

問 2 A retired couple and their 6-year-old grandchild wish to participate together in a weekday afternoon activity. Which activity will they most likely choose and how much will they pay in total? 40

① Comprehensive tour, $20
② Comprehensive tour, $40
③ Short tour, $20
④ Short tour, $28

問 3 Which of the following is true according to the website? 41

① Advance booking is not necessary for "Art Talks."
② Comprehensive tours are held every day.
③ The admission fee is not included in the fees of tours.
④ There are lectures given by amateur artists.

Octagon Museum of Art ○ M A

Octagon Museum of Art (OMA) offers exhibitions and programs featuring contemporary art such as paintings, sculptures, and photographs. Established in 1972 by the Octagon Foundation, it has a vast collection with many permanent exhibits, and also offers special exhibits, lectures by professional artists and critics, classes for school children, and tours guided by specialists.

Admission Fee: $5/person (Children 6 and under — **free**)

Program Fees:

Short tour (90 minutes)	Adult (18+)	$10	Twice daily 9 am & 2 pm
	Student (7 – 17)	$8	
	Child (6 and under)	free	
Comprehensive tour (3 hours)	Adult (18+)	$20	Tuesday & Saturday 10 am
	Student (7 – 17)	$15	
	Child (6 and under)	free	
Drawing class (90 minutes)	Adult (18+)	$15	Monday, 7 pm
	Student (7 – 17)	$8	Wednesday, 4 pm
	Child (6 and under)	free	Wednesday, 10 am
Photography workshop (2 hours)	Adult (18+)	$17	Sunday, 7 pm
	Student (7 – 17)	$12	Sunday, 10 am

Notes:

- The fees for tours, classes, and workshops include the admission fee.
- Sign up here at least a week in advance for tours, classes, and workshops.
- We also offer "Art Talks," where invited guest speakers talk to adult audiences in OMA Hall every other Saturday. No reservation or additional fee is required. For this month's schedule, click here .

第 5 問 次の物語を読み，下の問い（問 1 ～ 5 ）の 42 ～ 46 に入れるのに最も適当なものを，それぞれ下の①～④のうちから一つずつ選べ。（配点 30）

"No one thought I would amount to much," Uncle John said, as he stood in the kitchen, showing me how he put together an award-winning four-course dinner. I had just graduated from university, and this dinner was his gift to me. It felt great to have a well-known chef cooking for me. On top of this, I was excited because in a few days he was going to compete in *The Big-Time Cook Off*, a nationwide TV cooking contest.

When Uncle John was young, his family lived in the countryside. His mother taught at a local school, but when John was 10, she had to quit to take care of her elderly mother. Until then, his father had been kind and had had enough time to play with John and his two younger sisters. But as bills kept piling up, the family got into trouble. John's father finally had to take a job in a city far away, so he could only come home on the weekends.

Gradually, because of his busy work schedule, John's father began looking tired whenever he came home. To tell the truth, he had changed from being good-humored to being in a bad mood all the time. When he was home, he just wanted to rest. He often scolded John for small things. Wanting to be accepted by his father, John tried to do his best but never felt he was good enough. Eventually, he started avoiding his father. He began hanging out at the shopping mall with friends, sometimes skipping his classes. Little by little John's grades got worse. His parents and teachers were worried about his future.

One Sunday morning, while John's mom was out taking care of her own mother, his father was napping in the TV room. John's sisters were hungry, so John started to cook something for them. He was not sure how to cook, but he did not want to bother his father.

Suddenly, the kitchen door opened, and his father was standing there.

"Dad, I'm sorry if I woke you up. Chelsea and Jessica are hungry, and I was trying to cook them some eggs." His dad looked at him seriously for a moment. "Eggs? Eggs aren't good for lunch on a beautiful Sunday like today. Let's grill some steaks in the backyard." "Are you sure? You must be tired." "It's OK. I like cooking. It reminds me of my college days when I worked part-time as a cook. I'll show you how to prepare delicious steaks."

To John's surprise, his father became energetic when he started cooking. He took John aside and explained to him in detail that cooking was, in a way, like a science project. "You need to measure the ingredients precisely and know which items go together. If you master this, you can provide pleasure for a great many people." John felt close to his father for the first time in a long time. From then on, John spent more time at home. He started cooking for his family regularly, and then later for his friends at college. John always felt happy when he cooked, and this happiness spilled over into other areas of his life.

Uncle John worked his way through college with jobs in restaurants, and eventually he became a chef at a famous restaurant. He really liked the job and worked hard developing his own special techniques. He was finally able to open his own restaurant serving his unique style of food. He won several awards and cooked for the rich and famous.

This brings us back to the contest. Uncle John and I were excited about his being selected. Yet, he shared something really touching with me there in the kitchen. "You know, Mike," Uncle John said, "I'm thrilled to be able to go on TV as part of *The Big-Time Cook Off*. But what makes me the happiest is to stand here with you, one of the people I care about, and talk — just you and me. It's exactly like what my dad did for me one fine day in summer, so many years ago. And that made all the difference in my life."

問 1　At the beginning of the story, Uncle John was 　42　 .

① cooking for *The Big-Time Cook Off*

② making a special meal for Mike

③ training Mike for the contest

④ trying to improve his recipes

問 2　Uncle John's father began working in the city because 　43　 .

① he was tired of living in the countryside

② it was easier to spend time with his family

③ the family needed more money for living

④ Uncle John's mother had become sick

問 3　Why were Uncle John's parents and teachers worried about his future?
　44　

① He just wanted to rest at home.

② He lost interest in studying.

③ He stopped avoiding his father.

④ He was no longer good-humored.

問 4　What helped to change Uncle John's life the most? 　45　

① Eating an award-winning dinner with his friends

② Entering cooking contests such as *The Big-Time Cook Off*

③ Making a connection with his father through cooking

④ Spending time talking with Mike in the kitchen

24

問 5　What does Uncle John find most rewarding?　46

① Developing unique four-course dinners for famous people

② Having meaningful relationships with people close to him

③ Making people happy through cooking on TV shows

④ Serving many people delicious meals in his restaurant

第6問 次の文章を読み，下の問い（**A**・**B**）に答えよ。なお，文章の左にある(1)～(6)はパラグラフ（段落）の番号を表している。（配点 36）

(1)　　　Opera is an art form that celebrates the human voice at its highest level of expression. No other art form creates excitement and moves the heart in the way that opera does, especially when performed by a great singer. Such singers are trained to present some of the greatest and most challenging music that has ever been composed for the human voice.

(2)　　　Opera is an important part of the Western classical music tradition. It uses music, words, and actions to bring a dramatic story to life. Opera started in Italy at the end of the 16th century and later became popular throughout Europe. Over the years, it has responded to various musical and theatrical developments around the world and continues to do so. In recent decades, much wider audiences have been introduced to opera through modern recording technology. Some singers have become celebrities thanks to performing on radio, on television, and in the cinema.

(3)　　　However, in recent years, opera has been facing serious challenges. The causes of some of these are beyond its control. One current challenge to opera is economic. The current world economic slowdown has meant that less money is available for cultural institutions and artists. This shortage of money raises the broader question of how much should be paid to support opera singers and other artists. Society seems to accept the large salaries paid to business managers and the multi-million-dollar contracts given to sports athletes. But what about opera singers? Somehow, people have the idea that artists can be creative only if they suffer in poverty, but this is unrealistic: If artists, including opera singers, lack the support they need, valuable talent is wasted.

(4)　　　Not only the shortage of money, but also the way money is managed in the opera world has led to hardships. Principal singers are generally paid performance fees once they complete a show. They typically receive nothing

— 309 —

during the many weeks of rehearsal before a show starts. To prepare for a role, they must pay the costs of lessons and coaching sessions. If they become ill or cancel their performance, they lose their performance fee. The insecurity of this system puts the future of opera at risk.

(5)　　Another problem faced by opera is how to meet the demands of audiences who are influenced by popular entertainment. Pop singers are often judged as much on the basis of how they look as how they sound. Therefore, opera singers, performing to audiences influenced by this popular culture, are now expected to be "models who sing." These demands may be unrealistic and possibly harmful. Opera singers simply cannot make a sound big enough to fill a large theater or concert hall without a microphone if their body weight is too low. Emphasizing physical appearance over singing ability may cause audiences to miss out on the human voice at its best.

(6)　　There are no easy solutions to opera's problems and there are many different opinions about the value of opera. However, every year many young people register for music courses with hopes and dreams of developing their talents in this special art form. The fact that opera has survived many obstacles and continues to attract the rising generation demonstrates that it remains a respected art form full of value.

A　次の問い (問 1 ～ 5) の　47　～　51　に入れるのに最も適当なものを，それぞれ下の①～④のうちから一つずつ選べ。

問 1　Which of these statements is true according to paragraph (2)?　47

① Opera develops by adapting to new conditions.
② Opera fans thank celebrities for performing.
③ Opera singers avoid singing on TV and in films.
④ Opera singers' life stories are dramatic.

問 2　In paragraph (3), what is another way of asking the question "But what about opera singers?"　48

① How do opera singers prepare?

② How should we use opera singers?

③ What are opera singers worth?

④ What sums do opera singers pay?

問 3　According to paragraphs (3) and (4), which statement is true?　49

① Opera singers are financially unstable.

② Opera singers ask only the wealthy to attend.

③ Opera singers get paid before the show.

④ Opera singers perform better if they are poor.

問 4　Which statement best expresses the author's opinion in paragraph (5)?　50

① Audiences know best how opera should be performed.

② Microphones should be used to make opera more enjoyable.

③ Opera singers' voices should be valued more than their looks.

④ Popular culture has had a positive influence on opera.

問 5　What would be the best title for this passage?　51

① How to Make Money in Opera

② Opera as a Part of Popular Culture

③ The Difficulties Facing Opera

④ The Historical Context of Opera

28

B 次の表は，本文のパラグラフ(段落)ごとの内容をまとめたものである。
52 ～ 55 に入れるのに最も適当なものを，下の①～④のうちから一つ
ずつ選び，表を完成させよ。ただし，同じものを繰り返し選んではいけない。

Paragraph	Content
(1)	Introducing opera
(2)	52
(3)	53
(4)	54
(5)	55
(6)	Prospects for opera

① Effect of world finance on opera

② Impact of popular culture on opera

③ Opera from the past to the present

④ Problems in money management

— 312 —

英　語

（2015年 1 月実施）

80分　200点

2015 本試験

2

$$\left(\text{解答番号}\boxed{1} \sim \boxed{55}\right)$$

第1問 次の問い(**A・B**)に答えよ。(配点 14)

A 次の問い(**問1～3**)において，下線部の発音がほかの三つと**異なるもの**を，それぞれ下の①～④のうちから一つずつ選べ。

問1 　**1**

① <u>a</u>ncestor　② <u>a</u>ncient　③ h<u>a</u>ndle　④ h<u>a</u>ndsome

問2 　**2**

① fl<u>oo</u>d　② h<u>oo</u>k　③ sh<u>oo</u>k　④ w<u>oo</u>den

問3 　**3**

① confu<u>s</u>ion　② expan<u>s</u>ion　③ mi<u>ss</u>ion　④ profe<u>ss</u>ion

— 314 —

B 次の問い(**問1～4**)において，第一アクセント(第一強勢)の位置がほかの三つと**異なるもの**を，それぞれ下の**①**～**④**のうちから一つずつ選べ。

問 1 | 4 |

   ① admire   ② modest   ③ preserve   ④ success

問 2 | 5 |

   ① ambitious   ② component   ③ detective   ④ dinosaur

問 3 | 6 |

   ① consequence ② discipline   ③ residence   ④ sufficient

問 4 | 7 |

   ① accompany   ② appropriate   ③ complicated   ④ ingredient

4

第2問 次の問い (A～C) に答えよ。(配点 44)

A 次の問い (問1～10) の 8 ～ 17 に入れるのに最も適当なものを，そ
れぞれ下の①～④のうちから一つずつ選べ。ただし， 15 ～ 17 につい
ては，(A)と(B)に入れるのに最も適当な組合せを選べ。

問1 Did you make your grandfather angry again? You should 8 that.

① know better than
② know less than
③ make do with
④ make up with

問2 Scott went to the police station because he 9 .

① caused his computer stolen
② got stolen his computer
③ had his computer stolen
④ was stolen his computer

問3 Last winter was rather unusual 10 that very little snow fell in
northern Japan.

① about
② by
③ in
④ on

問4 My granddaughter has started a career as a singer, but I really 11
an actress as well in the future.

① hope she became
② hope she will become
③ wish she became
④ wish she will become

問5 I was fast asleep, so I didn't hear the car accident that 12 at 2 a.m.
this morning.

① happened
② happens
③ was happened
④ would happen

—316—

問 6　I always walk my dog along the beach, ⬚13⬚ the sea view.

① being enjoyed　　② enjoy

③ enjoying　　④ with enjoying

問 7　Mt. Fuji stands impressively ⬚14⬚ the blue sky.

① against　　② among　　③ behind　　④ by

問 8　Sorry.　We talked about it just now, but （　A　）did you say （　B　）?
⬚15⬚

① A : how　　B : the best solution
② A : how　　B : was the best solution
③ A : what　　B : the best solution
④ A : what　　B : the best solution was

問 9　The Internet has become （　A　）powerful a tool （　B　）people living
anywhere can access any educational resource. ⬚16⬚

① A : so　　B : but　　② A : so　　B : that
③ A : such　　B : but　　④ A : such　　B : that

問10　The manager said his team （　A　）win the soccer league and they
actually did （　B　）season. ⬚17⬚

① A : will　　B : next　　② A : will　　B : the next
③ A : would　　B : next　　④ A : would　　B : the next

―317―

6

B 次の問い（**問 1 ～ 3**）において，それぞれ下の**①**～**⑥**の語句を並べかえて空所を
補い，最も適当な文を完成させよ。解答は ☐18☐ ～ ☐23☐ に入れるものの番
号のみを答えよ。

問 1　Yuki:　Have we met before? You look very familiar to me.

Anne:　I don't think so.　If we had met, ＿＿＿ ☐18☐ ＿＿＿

＿＿＿ ☐19☐ ＿＿＿ sure!

①　for　　　　　　　　**②**　have　　　　　　　　**③**　I

④　recognized　　　　**⑤**　would　　　　　　　**⑥**　you

問 2　Customer:　Could I extend the rental period for the car?

Agent:　Yes, but ＿＿＿ ☐20☐ ＿＿＿ ☐21☐

＿＿＿ $50 for each additional day.

①　an extra fee　　　**②**　be　　　　　　　　　**③**　charged

④　of　　　　　　　　**⑤**　will　　　　　　　　**⑥**　you

問 3　Reiko:　Shall we cook tonight, or order some Chinese food?

Kyoko:　Let's order Chinese ＿＿＿ ☐22☐ ＿＿＿ ＿＿＿

☐23☐ ＿＿＿ .

①　because　　　　　　**②**　cooking　　　　　　**③**　feeling

④　I'm　　　　　　　　**⑤**　to start　　　　　　**⑥**　too tired

－318－

C 次の問い(問1〜3)の会話の 24 〜 26 において，二人目の発言が最も適当な応答となるように文を作るには，それぞれ(A)と(B)をどのように選んで組み合わせればよいか，下の①〜⑧のうちから一つずつ選べ。

問1　Customer: I bought this book here last week, but a few pages in the middle are missing.

　　　Shop manager: Do you have the receipt? Unless you can show it, 24

(A) I hesitate	(A) to have refused	(A) for a new copy.
(B) I'm afraid	(B) we can't exchange it	(B) your problem.

① (A)→(A)→(A)　② (A)→(A)→(B)　③ (A)→(B)→(A)
④ (A)→(B)→(B)　⑤ (B)→(A)→(A)　⑥ (B)→(A)→(B)
⑦ (B)→(B)→(A)　⑧ (B)→(B)→(B)

問2　Elena: I'm so relieved you're here. The plane is leaving in 40 minutes.

　　　Yuko: I know! 25

(A) Thanking	(A) John driving me here,	(A) I would be in time.
(B) Thanks to	(B) John drove me here,	(B) I'm in time.

① (A)→(A)→(A)　② (A)→(A)→(B)　③ (A)→(B)→(A)
④ (A)→(B)→(B)　⑤ (B)→(A)→(A)　⑥ (B)→(A)→(B)
⑦ (B)→(B)→(A)　⑧ (B)→(B)→(B)

8

問 3 Sophie: Look at those beautiful butterflies! Let's try to catch one to take
home.

Hideki: No way! | 26 | Just enjoy watching them!

(A) I wouldn't	$\rightarrow$	(A) dream of doing	$\rightarrow$	(A) such a thing!
(B) It wouldn't		(B) dream to do		(B) your best!

① (A) → (A) → (A)   ② (A) → (A) → (B)   ③ (A) → (B) → (A)

④ (A) → (B) → (B)   ⑤ (B) → (A) → (A)   ⑥ (B) → (A) → (B)

⑦ (B) → (B) → (A)   ⑧ (B) → (B) → (B)

第3問 次の問い(A〜C)に答えよ。(配点 41)

A 次の問い(**問1・問2**)の会話の　27　・　28　に入れるのに最も適当なものを,それぞれ下の①〜④のうちから一つずつ選べ。

問1 Hiro: What did you do this weekend?

David: I went to the shopping mall. They were having a big spring sale.

Hiro: Did you buy anything good?

David: Yeah, I bought a new jacket.

Hiro:　27　I have to go to the dry cleaner's. I need to pick up my own jacket.

① I can't remember.

② I remember that.

③ Remind yourself.

④ That reminds me.

問2 Amy: How was the tennis tournament? Did you win the championship?

Miki: No. I lost the final match because I was exhausted and too nervous.

Amy: I'm sorry to hear that.

Miki: It's OK.　28　Now I know it's important to rest and relax before a big match next time.

Amy: I'm sure you'll play better next year.

① I was very close to losing the final match.

② It turned out to be a good lesson for me.

③ It was the easiest game I've ever had.

④ I've totally given up playing tennis.

B 次の問い(問 1 ～ 3)のパラグラフ(段落)には，まとまりをよくするために**取り除いた方がよい文**が一つある。取り除く文として最も適当なものを，それぞれ下線部①～④のうちから一つずつ選べ。

問 1 | 29 |

Stamp collecting is an educational hobby that can be inexpensive and enjoyed whenever you want. ①It provides a nice and practical way of learning about history, geography, famous people, and customs of various countries worldwide. ②This hobby began soon after the world saw the first postage stamp issued in Great Britain in 1840. ③You can also get started without spending money by saving the stamps on envelopes you receive. ④In addition, you are able to work on your collection any time, rain or shine. If you are looking for a new hobby, stamp collecting might be right for you!

問 2 | 30 |

Until relatively recently, people in some parts of the world continued to use salt as a form of cash. There are several reasons why salt was used as money. Salt was given an economic value because there were so few places that produced it in large quantities. ①Another reason is that salt is fairly light and easy to carry for trading purposes. ②Additionally, salt can be measured, so we can easily calculate its value based on its weight. ③Furthermore, salt stays in good condition for a very long period of time, so it holds its value. ④Last but not least, salt has many other uses such as melting ice on roads in snowy regions. In short, salt has certain characteristics that make it suitable as a form of money.

問 3 | 31 |

In the past, most Japanese TV shows started and ended exactly on the hour. ①While TV shows vary from station to station, on the whole, early morning hours are dominated by news programs and evening hours by variety shows. ②Because of competition, some networks tried to gain an advantage over their rivals by starting their programs a little earlier. ③Many people start channel surfing near the end of a program, and the networks thought that if their show started a couple of minutes earlier, people would start watching it. ④Another strategy was to end a popular show a little after the hour so that people would stick to one channel and miss the beginning of shows on other channels. Now that many stations have adopted these strategies, the advantage for any one station is lost. Even so, they continue this practice because they are afraid of losing viewers.

C 次の会話は，「迷信」をテーマとして，日本のある大学において行われた公開講座でのやりとりの一部である。 32 ～ 34 に入れるのに最も適当なものを，それぞれ下の①～④のうちから一つずつ選べ。

Moderator: The title of today's discussion is "Superstitions — what they are, and why people believe in them." Our guest speakers are Joseph Grant, a university professor who lives here in Japan, and Lily Nelson, a visiting professor from Canada. Joseph, can you explain what a superstition is?

Joseph: Superstitions are beliefs for which there is no obvious rational basis. For example, there are various dates and numbers that people are superstitious about. In many places, "Friday the 13th" is thought to be unlucky, and here in Japan, *4* and *9* are also considered unlucky. In contrast, *7* is known as "Lucky 7." A superstitious person believes that actions such as choosing or avoiding certain numbers can influence future events even though there is no direct connection between them. Believing in superstitions is one of the ways humans can make sense of a set of unusual events which cause someone to feel lucky or unlucky. This seems to have been true throughout history, regardless of race or cultural background.

Moderator: So, it is your view that 32 .

① superstitions are rationally based on certain dates and numbers
② superstitions can be used to explain strange happenings around us
③ superstitious people believe race and culture are related to luck
④ superstitious people tend to have identical beliefs regarding history

— 324 —

Joseph: That's right. Superstitions tend to come from a combination of primitive belief systems and coincidence — things that happen by chance.

Moderator: Could you tell us more about that?

Joseph: A primitive belief system develops from the natural human tendency to look for patterns in the world around us. Noticing patterns allows us to learn things quickly. However, sometimes chance or coincidental events are mistaken for a pattern, like passing a series of tests using the same pencil every time. The pencil is unrelated to passing the tests, but becomes a "lucky" pencil because of the coincidental connection. So, we may come to believe that one event causes another without any natural process linking the two events. I experienced this myself when I was called "Ame-otoko" or "Rain-man" by Japanese friends. By coincidence, I was present on occasions when it was raining and so gained a "rainy reputation." Rationally speaking, we know that nobody can make rain fall from the sky, but our primitive belief system, combined with coincidence, creates a superstition around the "Rain-man."

Moderator: How interesting! So, you are saying that 　33　 .

① an "Ame-otoko" or "Rain-man" causes rain to fall from the sky
② coincidental events or chance patterns can create superstitions
③ looking for patterns is an unnatural action for humans
④ primitive belief systems create coincidental events

Moderator: How about you, Lily? Do you agree with Joseph?

Lily: Yes, I do, especially regarding the notion of coincidence or chance. In an attempt to better understand human behavior, an American psychologist conducted a famous experiment called

"Superstition in the Pigeon" on a group of hungry birds. The pigeons were in cages and a feeding machine automatically delivered small amounts of food at regular time intervals. The psychologist observed that the pigeons began to repeat the specific body movements that they had been making whenever the food was delivered. He believed that the pigeons were trying to influence the machine to deliver food by their repeated movements. He assumed that we humans also do the same and try to influence future events by performing non-logical actions. Superstitious humans, just like the "superstitious" pigeons, associate an action with an outcome even though there is no logical connection.

Moderator: So, that psychologist thought from the experiment that $\boxed{34}$.

① pigeons and humans both perform superstitious actions
② pigeons and humans both tend to influence machines
③ the pigeons knew when the food would be delivered
④ the pigeons' repeated actions influenced the food delivery

Lily: Yes, that's exactly right.

Moderator: Thank you, Joseph and Lily, for sharing your knowledge on superstitions and why people are superstitious. Let's take a quick break here before we move on with the discussion.

第４問　次の問い(**A**・**B**)に答えよ。(配点　35)

A　次の文章はある説明文の一部である。この文章とグラフを読み，下の問い(**問１～４**)の 35 ～ 38 に入れるのに最も適当なものを，それぞれ下の①～④のうちから一つずつ選べ。

　　Social Networking Services (SNS), online services that allow users to communicate with others, are used by a growing number of young people to keep in touch with friends and family. However, this rise in the use of SNS by young people has been accompanied by increasing anxiety among parents and teachers. They are concerned about whether young users are prepared for the risks that come with using SNS, including privacy issues and unwelcome contact.

　　A 2011 survey asked Australian parents, students, and teachers about their perceptions of the degree of risk when using SNS — specifically, whether they felt it to be "safe," "a little risky," "very risky," or "risky but what everyone does." Figure 1 shows that over a quarter of students chose "safe," in other words, that they felt SNS use was without risk. In addition, 19.6% of students reported that, though they knew the dangers, they still used SNS because that is "what everyone does." In contrast with the students' responses, their parents and teachers were more cautious about the risk associated with SNS use, with teachers slightly more likely to see high risk.

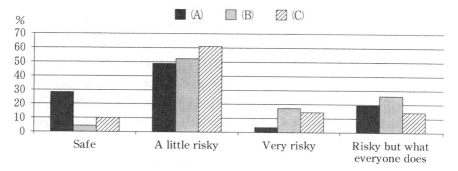

Figure 1. Perceptions of SNS risk by parents, students, and teachers.

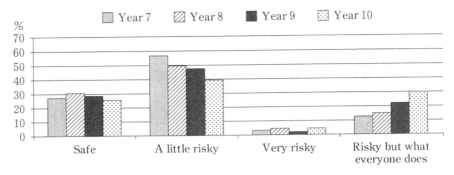

Figure 2. Perceptions of SNS risk by student year level.

Interestingly, not all students had the same perception of risk. Figure 2 shows a comparison between students by year — "Year 7" refers to first-year junior high school students and "Year 10" refers to first-year high school students. While the percentage of students who responded that SNS usage is "safe" was almost the same regardless of year, there was a drop by year in the percentage of students who chose "a little risky," and a rise in those who chose "risky but what everyone does."

Furthermore, the study asked students about information security. It found that students from years 7 to 10 were increasingly cautious about privacy, becoming more careful by year about who could see their personal information online. Because Year 7 students, in addition to being the least cautious about information security, also tended to see SNS use as either "safe" or only "a little risky," they were believed to be at the greatest risk.

The study then examined whether adults were discussing SNS risks with young people. However, the results here were not clear. While the study found that over 91% of parents and 68% of teachers said they discuss SNS issues with students, almost half of the students (46.1%) responded they do not talk with their parents, and almost three-quarters of the students (74.6%) responded that they do not talk with teachers. There are several possible explanations for this gap.

(Melissa de Zwart 他(2011) *Teenagers, Legal Risks & Social Networking Sites*を参考に作成)

問 1　In Figure 1, which of the following do (A), (B), and (C) refer to? 　35

① (A) Parents 　(B) Students 　(C) Teachers

② (A) Parents 　(B) Teachers 　(C) Students

③ (A) Students 　(B) Parents 　(C) Teachers

④ (A) Students 　(B) Teachers 　(C) Parents

問 2　Which of the following is mentioned as one of the reasons that Year 7 students are thought to have the highest risk? 　36

① They are the least careful about security when using SNS.

② They are the least likely to think SNS is "safe."

③ They are the most likely to think SNS is "very risky."

④ They are the most likely to use SNS to contact friends.

問 3　The main purpose of this passage is to 　37 　.

① describe the various dangers of using SNS

② discuss differences in awareness of SNS risk

③ explain why students are using SNS more

④ suggest solutions for the problems with SNS

問 4　What topic might follow the last paragraph? 　38

① Examples of the different risks students face in using SNS

② Reasons for the different responses from students and adults

③ Trends in how students and adults use the Internet

④ Ways to reduce the number of younger students using SNS

18

B 次のページのキャンプ場に関するウェブサイトを読み，次の問い（問 1 ～ 3 ）の
39 ～ 41 に入れるのに最も適当なものを，それぞれ下の①～④のうち
から一つずつ選べ。

問 1 A man who likes water activities is looking at the website. Which are the
campgrounds he is most likely to be interested in? 39

① Apricot and Maple Campgrounds

② Maple and Orange Campgrounds

③ Orange and Stonehill Campgrounds

④ Stonehill and Apricot Campgrounds

問 2 Two people are making plans to stay in Green National Park for nine
nights. They want to enjoy nature, but they need a power supply to use
their computers. How much will they have to pay per night for the site they
are likely to choose? 40

① $20

② $24

③ $32

④ $96

問 3 A family of four is planning a four-day camping trip with their dog. Their
budget for a camp site is under 100 dollars for three nights. Their main
interests for the trip are barbecuing and bicycle riding in the national park.
Which campground is this family most likely to choose? 41

① Apricot   ② Maple   ③ Orange   ④ Stonehill

— 330 —

Green National Park Campground Guide

The campgrounds in Green National Park are open from April 1 to November 30.

Apricot Campground

Walking trails from this campground lead you to the top of Green Mountain. Enjoy the fantastic view from the top. You can also enjoy cycling on the bike trails in the woods.

Maple Campground

Maple Campground has direct access to Green River. Have fun doing such activities as fishing, boating, and swimming. You can also enjoy a campfire by the river.

Orange Campground

This campground is on Orange Lake, and offers a comfortable outdoor experience. Water skiing is popular on the lake. Other activities include fishing, swimming, and bird-watching.

Stonehill Campground

A pine tree forest surrounds Stonehill Campground. The giant pine trees are impressive. You can see a lot of wild animals while riding a bicycle or hiking through the forest.

Campground Information

Campground	Site Type (available spaces)	Site Rate/night	Max. People	Max. Stay	Facilities	Restrictions
Apricot	Tents (15)	$20	4	15 nights	BG	—
Maple	Tents (20)	$24	5	12 nights	BG PG	—
Orange	Deluxe Cabins (5)	$96	7	7 nights	K E HS	No pets
Stonehill	Standard Cabins (10)	$32	6	14 nights	E HS	No fireworks

Site Rate=Rate per site (up to the maximum number of people); Max.=Maximum

K Kitchen, E Electricity, BG Barbecue Grill, HS Hot Shower, PG Playground

第5問 次の文章は，Anna の父親が担任の岡本先生に宛てて送ったメールと，岡本先生からの返信である。これらを読み，下の問い（**問1～5**）の 42 ～ 46 に入れるのに最も適当なものを，それぞれ下の **①**～**④** のうちから一つずつ選べ。（配点 30）

From: Jeff Whitmore < JeffW@××××××.com >
To: Kenji Okamoto < okamoto@××××××.com >
Date: January 10, 2015
Subject: Request for advice

Dear Mr. Okamoto,

　My name is Jeff Whitmore, and my daughter, Anna, is one of your students. As you know, we just moved back to Japan six months ago after living in Chicago for three years. Although she had attended schools in Japan before we went to Chicago, it's Anna's first year at a Japanese junior high school. My wife and I are a little worried about her, and we're hoping that it would be okay to ask you for advice.

　She's getting good grades and likes her classes and teachers. In particular, she has a penchant for numbers and loves her math class. She often talks about your fun English class, too. However, after almost half a year, it doesn't seem like she's made any friends. Last week, she said that she usually reads by herself during breaks between classes while other girls are hanging out and chatting. Anna also mentioned that she walks to school alone every day. This is very different from how she was in the US.

　I understand that it can take time to make friends at a new school, but I still have concerns that she may be a bit isolated. I think it would be better for her to develop a group of good friends as soon as possible. Even just one close friend would be a good first step. I've never contacted one of my daughter's homeroom teachers before and hope that I'm not bothering you. I just thought that you might know more about her life at school. If you have any ideas about how she can make more personal connections, I would be happy to hear them.

Sincerely,
Jeff Whitmore

From: Kenji Okamoto < okamoto@×××××.com >
To: Jeff Whitmore < JeffW@×××××.com >
Date: January 11, 2015
Subject: Re: Request for advice

Dear Mr. Whitmore,

It's always nice to hear from a parent of one of my students, and I'll be happy to help you if I can. I've talked with Anna one-on-one on several occasions and find her to be a delightful person who is confident and friendly. Actually, I'm surprised to hear about your concerns as she seems to get along well with other students in the class. Probably, she'll soon form close friendships, but I do have a few ideas for you to consider that may help her do this.

First, our school has many different clubs that offer good environments for developing friendships. I know that she enjoys music, so perhaps she would like to join the chorus. If she prefers sports, we have a volleyball club, a soccer club, and even a karate club. Also, I'm currently organizing a new English club. We will meet once a week to talk and to enjoy music and movies in English. If Anna joins or even takes a leadership role, she can connect with other students who have a shared interest — English. I know of one Japanese student from another class who has spent time in New Zealand and is planning to participate. They may find a lot in common.

Another approach is to create social situations where she can be the center of attention. Anna told me you often had barbecue parties in your garden in the US. If it's possible, you could have an American-style barbecue party and invite some of the students in her class. I'm sure it would be an exciting experience for them. Possibly, Anna would be more herself at home and they would get to know her better.

From my experience, I honestly think you have nothing to worry about and feel confident she will establish friendships sooner or later on her own. But, if you feel that any of my ideas will help, please let me know, and we can consider the next step.

Best regards,
Kenji Okamoto

問 1　What was Anna probably like at her school in Chicago?　42

① She liked to be alone in the classroom.

② She showed off her Japanese ability.

③ She spent a lot of time with friends.

④ She was jealous of the other students.

問 2　The phrase has a penchant for in the second paragraph of Mr. Whitmore's email is closest in meaning to　43　.

① is collecting

② is exchanging

③ is fond of

④ is unsure about

問 3　Which of the following statements is true according to the information in the email messages?　44

① Anna does not talk about her school life with her parents at home.

② Anna prefers her Japanese language class to her English class.

③ Mr. Whitmore is concerned about Anna's academic performance.

④ This is the first email message Mr. Whitmore has sent Mr. Okamoto.

問 4　Unlike Mr. Whitmore, Mr. Okamoto thinks that Anna　45　.

① is isolated from other students in her class

② spends a lot of time reading in school

③ will have trouble getting good grades

④ will make friends without any special help

問 5　Which of the following is NOT one of Mr. Okamoto's suggestions for Mr. Whitmore?　46

① Have Anna join a sports or music club.
② Invite Anna's classmates to an event.
③ Let Anna participate in the English club.
④ Take Anna on a trip to New Zealand.

24

第6問 次の文章を読み，下の問い（**A・B**）に答えよ。なお，文章の左にある(1)〜(6)は段落の番号を表している。（配点　36）

Catching Bees and Counting Fish: How "Citizen Science" Works

(1)　　It's a sunny afternoon here in Texas, and my wife Barbara is at the park again, counting and recording the number of eggs laid by monarch butterflies. After collecting her data, she'll share it with the professional scientist who recruited her. In another state, our friend Antonio listens for frogs by visiting 12 different sites, four times a year. He has been submitting his findings to scientists for almost 20 years now. And on the other side of the country, our niece Emily is catching native bees, putting tiny tags on them, and handing in weekly reports to the biology department at a local university. Nobody is paying Barbara, Antonio, or Emily for their efforts, but all three consider themselves lucky to be "citizen scientists."

(2)　　When volunteers participate as assistants in activities like these, they are engaging in citizen science, a valuable research technique that invites the public to assist in gathering information. Some of them are science teachers or students, but most are simply amateurs who enjoy spending time in nature. They also take pride in aiding scientists and indirectly helping to protect the environment. The movement they are involved in is not a new one. In fact, its roots go back over a hundred years. One of the earliest projects of this type is the Christmas Bird Count, started by the National Audubon Society in 1900. However, citizen science projects are <u>burgeoning</u> more than ever: over 60 of them were mentioned at a meeting of the Ecological Society of America not long ago.

(3)　　In formal studies, professional scientists and other experts need to maintain the highest possible standards. For research to be accepted as valid, it must not only be thorough, but also objective and accurate. Some might argue that citizen scientists cannot maintain the necessary attention

— 336 —

to detail, or that amateurs will misunderstand the context of the investigation and make mistakes when collecting and organizing information. In other words, can citizen science be considered truly reliable?

(4)　　Two recent studies show that it can. The first focused on volunteer knowledge and skills. In this study, a scientist asked volunteers to identify types of crabs along the Atlantic coast of the US. He found that almost all adult volunteers could perform the task and even third graders in elementary school had an 80% success rate. The second study compared professional and nonprofessional methods. Following a strict traditional procedure, a group of 12 scuba divers identified 106 species of fish in the Caribbean. Using a procedure designed by professionals to be more relaxed and enjoyable for volunteers, a second group of 12 divers spent the same amount of time in the same waters. Surprisingly, the second method was even more successful: this group identified a total of 137 species. Results like these suggest that research assisted by amateurs can be trusted when scientists organize it.

(5)　　The best citizen science projects are win-win situations. On the one hand, the scientific community gains access to far more data than they would otherwise have, while spending less money. On the other hand, citizen science is good for the general public: it gets people out into the natural world and involved in scientific processes. Additionally, when people take part in a well-designed study that includes training to use equipment, collect data, and share their findings, they have the satisfaction of learning about new ideas and technologies.

(6)　　I find it encouraging that the list of scientific studies using citizen scientists is quickly getting longer. Still, we're just beginning to realize the potential of citizen science. More scientists need to recognize how much volunteers can contribute to professional research. As I see it, it's time for us to expand the old, conservative view of "science *for* people" to include a more democratic one of "science *by* people."

A 次の問い(**問** 1 ～ 5)の 47 ～ 51 に入れるのに最も適当なものを，そ
れぞれ下の①～④のうちから一つずつ選べ。

問 1 The citizen scientists in Paragraph (1) 47 .

① compare their data with that of other volunteers

② earn some money for the information they gather

③ monitor the life cycles of insects in laboratories

④ report on their results or activities to professionals

問 2 The word <u>burgeoning</u> in Paragraph (2) is closest in meaning to 48 .

① causing arguments

② increasing rapidly

③ losing popularity

④ receiving awards

問 3 Why does the author emphasize an 80% success rate in Paragraph (4)?
49

① To contrast negatively with the adults' success rate

② To demonstrate the high quality of the overall results

③ To emphasize how many types of crabs there are

④ To reveal the elementary students' lack of skills

問 4 What personal view is expressed in Paragraph (6)? 50

① Eventually, scientific knowledge will come mainly from amateurs.

② Not enough scientists appreciate the advantages of citizen science.

③ The recent shift toward relying on volunteer data is disappointing.

④ Too many studies using citizen science are now being conducted.

— 338 —

問 5　What is the author's main message in this article?　51

　　① Citizen science benefits volunteers, professionals, and society.

　　② Scientific research should be left in the hands of specialists.

　　③ There is a long history of volunteers identifying fish species.

　　④ Traditional science has been replaced by citizen science.

B　次の表は，本文の段落構成と内容をまとめたものである。　52 ～ 55
　に入れるのに最も適当なものを，下の①〜④のうちから一つずつ選び，表を完成
　させよ。ただし，同じものを繰り返し選んではいけない。

Paragraph	Content
(1)	Introduction: Author's personal examples
(2)	52
(3)	53
(4)	54
(5)	55
(6)	Conclusion: Author's hope for the future

　　① Concerns: Volunteer skills and knowledge

　　② Evidence: Successful volunteer efforts

　　③ Explanation: Definition and history

　　④ Opinion: Merits for everyone involved

MEMO

英　語

（2014年 1 月実施）

80分　200点

2014
本試験

$$\left(\text{解答番号} \boxed{1} \sim \boxed{55} \right)$$

第 1 問 次の問い(**A・B**)に答えよ。(配点 14)

A 次の問い(**問 1 ～ 3**)において,下線部の発音がほかの三つと**異なるもの**を,それぞれ下の①～④のうちから一つずつ選べ。

問 1 　 　 　 1

① gl<u>o</u>ve 　　　 ② <u>o</u>nion 　　　 ③ <u>o</u>ven 　　　 ④ pr<u>o</u>ve

問 2 　 　 　 2

① ca<u>s</u>ual 　　　 ② cla<u>ss</u>ic 　　　 ③ ha<u>b</u>it 　　　 ④ la<u>b</u>el

問 3 　 　 　 3

① ea<u>se</u> 　　　 ② loo<u>se</u> 　　　 ③ pau<u>se</u> 　　　 ④ prai<u>se</u>

— 342 —

B 次の問い(**問 1 ～ 4**)において，第一アクセント(第一強勢)の位置がほかの三
と**異なるもの**を，それぞれ下の①～④のうちから一つずつ選べ。

問 1 ☐ 4

① novel   ② parade   ③ rescue   ④ vital

問 2 ☐ 5

① audience   ② funeral   ③ origin   ④ survival

問 3 ☐ 6

① atmosphere   ② domestic   ③ equipment   ④ reluctant

問 4 ☐ 7

① category   ② eliminate   ③ investigate   ④ priority

4

第2問 次の問い（**A ～ C**）に答えよ。（配点　44）

A 次の問い（**問1～10**）の　8　～　17　に入れるのに最も適当なものを，そ
れぞれ下の①～④のうちから一つずつ選べ。ただし，　15　～　17　につい
ては，（　A　）と（　B　）に入れるのに最も適当な組合せを選べ。

問1 When I looked out of the window last night, I saw a cat　8　into my
neighbor's yard.

　　① is sneaked　　② sneaking　　③ sneaks　　④ to sneak

問2 Ever since they first met at the sports festival, Pat and Pam　9
each other.

　　① are emailing　　　　　② emailed
　　③ have been emailing　　④ will email

問3 My mother asked me　10　we should go out for lunch or eat at home.

　　① that　　② what　　③ whether　　④ which

問4 My wife wanted to have our son　11　dinner for us, but I ordered a
pizza instead.

　　① cook　　② cooked　　③ cooks　　④ to cook

問5 I took it for　12　that we were free to use the school gym on
Saturdays.

　　① demanded　　② granted　　③ natural　　④ truthful

－344－

問 6　Could you ⬚13 me who is planning Dan's birthday party?

① 　say to　　　② 　talk to　　　③ 　teach　　　④ 　tell

問 7　We were shocked when the cashier added ⬚14 the bill and the total was 20,000 yen.

① 　at　　　② 　from　　　③ 　off　　　④ 　up

問 8　The （　A　） of treatment at the hospital is much lower for （　B　） who have health insurance. ⬚15

① 　A：cost　　B：them　　　② 　A：cost　　B：those
③ 　A：fare　　B：them　　　④ 　A：fare　　B：those

問 9　Even though I （　A　） spent two years in the US, I've never （　B　） to the Grand Canyon. Maybe I'll go next year. ⬚16

① 　A：ever　　B：been　　　② 　A：ever　　B：visited
③ 　A：once　　B：been　　　④ 　A：once　　B：visited

問10　My mother is trying very hard to （　A　） ends meet, （　B　） she never lets me buy anything unnecessary. ⬚17

① 　A：get　　　B：but　　　② 　A：get　　　B：so
③ 　A：make　　B：but　　　④ 　A：make　　B：so

— 345 —

6

B 次の問い（**問1～3**）の会話の | 18 | ～ | 20 | に入れるのに最も適当なもの
を，それぞれ下の①～④のうちから一つずつ選べ。

問1 Martha: What do you want to do this afternoon?

   Ed: Well, how about going to that new movie?

 Martha: Sure. It starts at three o'clock, doesn't it? I'll be ready.

   Ed: On the other hand, we haven't played tennis for a long time.

 Martha: Oh, come on! | 18 | Either is fine with me.

① Change your mind.

② Make up your mind.

③ Mind your manners.

④ Open your mind.

問2 Yukie: Jean, you look really tired. What's wrong?

  Jean: Well, I went out with Sally last night. We started talking about baseball and she wouldn't stop.

 Yukie: Were you the first to mention baseball?

  Jean: Well.... Yes, I was.

 Yukie: Oh, dear. | 19 | You know she never stops talking about her favorite team.

  Jean: Right. I know that now.

① You couldn't have listened to her.

② You mustn't make her so angry.

③ You shouldn't have done that.

④ You'd better not leave her alone.

— 346 —

問 3 Mother: Jack, I just finished washing your school uniform, and found your cellphone in the washing machine. It's broken!

Jack: Oh, no. I have to call Bob now.

Mother: That's not the point! I just bought it for you last week!

Jack: Oh, yeah. I'm so sorry. But Mom, how am I going to call him?

Mother: | 20 | We'll talk about your carelessness later.

① Buy him a new phone.

② I'll call you soon.

③ Just use my phone.

④ Tell him to wait for me.

8

C 次の問い(問1～3)において，それぞれ下の①～⑥の語を並べかえて空所を補い，最も適当な文を完成させよ。解答は 21 ～ 26 に入れるものの番号のみを答えよ。

問 1

Dan: How did your health check go?

Mike: Not bad, but the doctor _____ 21 _____ _____ 22

_____ .

① advised   ② exercise   ③ get

④ me   ⑤ regular   ⑥ to

問 2

Ken: Do you think your parents will let you study abroad?

Peg: I'm not sure, but I _____ 23 _____ _____ 24

_____ it.

① can   ② hope   ③ I

④ into   ⑤ talk   ⑥ them

問 3

Kazuki: Penny, I have to work late tonight, and I may not get back until 10 p.m.

Penny: It'll rain tonight. Don't _____ 25 _____ _____

25 _____ an umbrella.

① caught   ② get   ③ in

④ rain   ⑤ the   ⑥ without

—348—

第3問 次の問い（**A ～ C**）に答えよ。（配点 41）

A 次の問い（**問1・問2**）において，下線部の語句の意味を推測し，| 27 |・
| 28 | に入れるのに最も適当なものを，それぞれ下の①～④のうちから一つずつ選べ。

問1

Jane: How's Michelle doing? The last time I met her, she looked a little depressed and said she was worried about her schoolwork.

Mary: I saw her yesterday, and she seemed absolutely exuberant.

Jane: Really? I wonder what happened.

Mary: Well, she'd been worried about her math test, but she did really well after all. Also, she's found a part-time job that she enjoys a lot.

Jane: That's great. I'm happy to hear that.

In this situation, exuberant means to be very | 27 |.

① busy and stressed

② happy and energetic

③ hard-working and healthy

④ upset and nervous

10

問 2

Jacob: How are your summer plans going? I heard you're going to travel around South America with your friend.

Hiromi: Well, I'd made all the travel arrangements, was studying Spanish, and had even started packing my bag. But suddenly, my friend told me she couldn't go. So then I got cold feet and canceled the trip.

Jacob: Oh, too bad. It's a shame that you felt too anxious to travel alone.

In this situation, got cold feet means ⎡ 28 ⎤ .

① became sick

② became thrilled

③ lost control

④ lost courage

B　次の問い(**問1～3**)のパラグラフ(段落)には，まとまりをよくするために**取り除いた方がよい文**が一つある。取り除く文として最も適当なものを，それぞれ下線部①～④のうちから一つずつ選べ。

問1　　29

Children between the ages of three and five begin to ask many questions. ①The average weight of children around these ages is more than 12 kilograms. ②The way parents handle their children's questions is important. ③Some parents may be proud of their children's development and happily answer all their questions. ④This encourages children to use their imagination and become more creative.　On the other hand, if parents are not patient enough to answer questions, children might feel that they shouldn't be curious about things.　As a result, they may begin to feel nervous about trying new activities.

問2　　30

Which do you prefer, living in the country or in the city? ①According to a United Nations survey, half of the seven billion people on this planet are living in the countryside.　However, more and more people are moving into urban areas. ②It is estimated that about two thirds of the world's population will live in cities within the next 35 years. ③Living in a city apartment is convenient but sometimes lonely. ④Cities are likely to be too crowded and become very difficult places to live.　Having said that, due to recent population trends, we soon may not have a choice about where to live.

— 351 —

12

問 3　[31]

　　With a little bit of care, your goldfish can live much longer than you might expect. First, choose the largest possible tank you can afford and decorate it with objects such as small rocks and plants. ①However, be careful not to put sharp objects in the tank that could harm your fish. Second, feed them only as much as they can eat in a few minutes and immediately remove any leftover food. ②You can soon teach them to eat from your hand. ③The most important thing is to clean the tank and change the water at least once every two weeks. ④To make it easier for the fish to adjust to new water, partial water changes are much better than complete water changes. By doing all these things, you can be sure your fish will survive into their "golden years."

— 352 —

C 次の会話は，アメリカのある高校でカリキュラムを見直すにあたり，教師たちが外国語教育について議論している場面の一部である。 32 ～ 34 に入れるのに最も適当なものを，それぞれ下の①～④のうちから一つずつ選べ。

Ted: For the past 20 years our school has been offering French and Spanish. However, times have changed and perhaps we should reevaluate the needs of our students. I've heard some suggest that native English speakers don't need to study a foreign language because English has become a global language. I'd like to get your views on this.

Jennifer: Well, with the globalization of many businesses, knowing a foreign language has become increasingly useful in the workplace. In business situations, when you're negotiating with people from other countries, it's obviously a disadvantage if they know your language but you don't know theirs. Also, by studying a foreign language, students can learn about various customs and cultural values of people from different parts of the world. This can smooth business relationships.

Ted: So, Jennifer, I guess you're saying that 32 .

① English is the most common language in the business world

② it's a disadvantage to use a foreign language in business

③ knowing a foreign language can have a practical, career-related benefit

④ studying business skills contributes to foreign language learning

David: I agree with Jennifer, and I suggest that we offer Chinese classes. China is a fast-growing economy and in the future it will become the world's biggest. Also, I believe there are more native speakers of Chinese than of any other language. Perhaps along with French and Spanish, we should offer Chinese.

Maria: I understand what you're saying, but in order to be well-informed about China, one should be able to read Chinese, which would involve years of study to learn at least 3,000 to 4,000 characters. I think continuing to offer French and Spanish is still more practical. Because these languages are somehow related to English, there are many words that have the same origin, and this makes the language learning process less difficult.

Ted: So, Maria, your idea is that 33 .

① a native English speaker may find it easier to learn French and Spanish

② Chinese would be most useful because China is a fast-growing economy

③ it would be useful to learn Chinese because China has the greatest number of people

④ knowing French or Spanish could make it easier to learn other European languages

Leslie: Well, I'm not sure which foreign language would be most valuable to our students. However, studying a foreign language can help students become aware of their own language and culture. Most of us use our native language without thinking deeply, and we make many cultural assumptions. But most importantly, through learning a foreign language, we're better able to look at something from various perspectives.

Ted: Leslie, that's a very interesting point. You're saying the biggest advantage of foreign language study is that it can increase students' 34 .

① ability to consider things from different points of view
② desire to understand their own language and culture
③ knowledge of other language structures and cultures
④ opportunities to be successful in global business

Ted: I appreciate getting all your ideas. Perhaps we should prepare a questionnaire for our students and try to get a sense of their interests and future goals.

16

第4問 次の問い(**A・B**)に答えよ。(配点 35)

A 次の文章はある報告書の一部である。この文章とグラフを読み，下の問い(**問1〜4**)の ☐35☐ 〜 ☐38☐ に入れるのに最も適当なものを，それぞれ下の①〜④のうちから一つずつ選べ。

Magnet and Sticky: A Study on State-to-State Migration in the US

Some people live their whole lives near their places of birth, while others move elsewhere. A study conducted by the Pew Research Center looked into the state-to-state moving patterns of Americans. The study examined each state to determine how many of their adult citizens have moved there from other states. States with high percentages of these residents are called "magnet" states in the report. The study also investigated what percent of adults born in each state are still living there. States high in these numbers are called "sticky" states. The study found that some states were both magnet and sticky, while others were neither. There were also states that were only magnet or only sticky.

Figures 1 and 2 show how selected states rank on magnet and sticky scales, respectively. Florida is a good example of a state that ranks high on both. Seventy percent of its current adult population was born in another state; at the same time, 66% of adults born in Florida are still living there. On the other hand, West Virginia is neither magnet (only 27%) nor particularly sticky (49%). In other words, it has few newcomers, and relatively few West Virginians stay there. Michigan is a typical example of a state which is highly sticky, but very low magnet. In contrast, Alaska, which ranks near the top of the magnet scale, is the least sticky of all states.

Three other extreme examples also appear in Figures 1 and 2. The first is Nevada, where the high proportion of adult residents born out of state makes this state America's top magnet. New York is at the opposite end of the magnet scale, even though it is attractive to immigrants from other nations. The third extreme example is Texas, at the opposite end of the sticky scale

— 356 —

from Alaska. Although it is a fairly weak magnet, Texas is the nation's stickiest state.

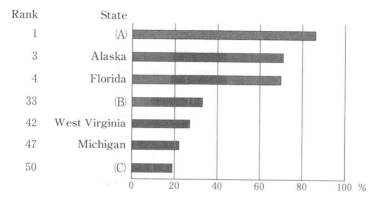

Figure 1. Magnet scale (selected states).

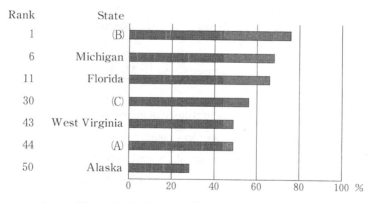

Figure 2. Sticky scale (selected states).

　　The study went on to explore the reasons why "movers" leave their home states and "stayers" remain. As for movers, there is no single factor that influences their decisions to move to other states. The most common reason they gave for moving is to seek job or business opportunities. Others report moving for personal reasons: family ties, the desire to live in a good community for their children, or retirement.

(Pew Research Center (2008) *American Mobility* を参考に作成)

18

問 1　If a state is magnet, ⬚35⬚ .

① few adults born there have stayed

② few adults living there were born elsewhere

③ many adults born there have stayed

④ many adults living there were born elsewhere

問 2　Which three states are represented in Figures 1 and 2 as (A), (B), and (C)?
⬚36⬚

① (A) Nevada　　(B) New York　(C) Texas

② (A) Nevada　　(B) Texas　　　(C) New York

③ (A) New York　(B) Nevada　　(C) Texas

④ (A) New York　(B) Texas　　　(C) Nevada

問 3　The main purpose of this passage is to ⬚37⬚ .

① describe various patterns in American migration

② explain why some states are less popular than others

③ list states with a high ratio of adults who were born there

④ report how the Pew Research Center collected data

問 4　What topic might follow the last paragraph?　⬚38⬚

① Reasons why some Americans stay in their home states.

② States that attract immigrants from other countries.

③ Types of occupations movers look for in other states.

④ Ways to raise children in a magnet state community.

— 358 —

B 次のページのマラソン大会の申込みに関するウェブサイトを読み，次の問い（問 1 ～ 3 ）の 39 ～ 41 に入れるのに最も適当なものを，それぞれ下の ①～④のうちから一つずつ選べ。

問 1　Which of the following statements is NOT true about applying?　39

① You must apply during the month of August.

② You must be at least 16 years old when you apply.

③ You must enter your application via the Internet.

④ You must submit no more than one application.

問 2　A 70-year-old woman living in Lakeville who competed in the 26th marathon will have to pay　40　to participate.

① $10

② $15

③ $25

④ $30

問 3　According to the website, which of the following is true?　41

① You can pay the application and entry fees in cash.

② You have to make all inquiries by phone.

③ You must check online to see if you are accepted.

④ You will have eight hours to finish the race.

— 359 —

APPLICATION
- Period: August 1 - August 31, 2014 (NO late applications will be accepted.)
- Anyone 16 or older on the day of the race may apply for entry.
- Online applications only.
- One application per person. Multiple applications will be automatically rejected.
- Reporting any false personal information will result in elimination.

SELECTION
- Unfortunately, due to the size of Lakeville Sports Field, not all applications can be accepted. The 15,000 runners will be determined by lottery.
- Applicants will receive their acceptance or rejection letter in mid-October.

PAYMENT
- Online credit card payments only.
- The application fee cannot be returned. NO exceptions.
- The entry fee will be charged only to those selected by lottery.

Category	Application fee*	Entry fee**
Minor (16 or 17)	$15	$25
Adult (18 to 64)	$15	$50
Senior (65 or over)	$15	$15

*No application fee if you live in Lakeville!
**$5 discount if you entered either of the last two Lakeville Marathons!

RACE DAY
- Check-in: Opens at 7:00. All participants must present a photo ID (for example, driver's license or passport) and their acceptance letter on the day of the race.
- Race schedule: Starts at 8:00/Finishes at 16:00 (Runners who fail to finish by the designated time must stop running.)

For inquiries, contact: marathondesk@lkve.com

CLICK HERE TO APPLY

第5問 スペイン人画家の Salvador には，日本生まれの Chitose という孫がい
る。Chitose はかつて，Salvador に絵のレッスンを受けていた。次の文章は，
Salvador の日記と，Chitose が彼に宛てた手紙である。文章を読み，下の問い
（問1〜5）の $\boxed{42}$ 〜 $\boxed{46}$ に入れるのに最も適当なものを，それぞれ下の
①〜④のうちから一つずつ選べ。(配点　30)

Salvador's Diary
March 30, 2012

Our last lesson was a disaster. Chitose and I had a huge fight. She arrived at
the studio smiling and said, "Look Grandpa, I painted this portrait of you."
The man in the portrait had a lot of hair, stood straight, looked young, and
smiled. She might be talented enough to attend an art college in France, but
she has a big weakness as an artist. When she paints a person, too often she
paints an idealized image rather than the real person. I had been explaining
this point to her for several months, but she just wouldn't listen. I got a little
angry and said to her, "This is not me, and you are not a real artist." She got
angry too and said she didn't care because she didn't need me as a teacher
anymore. I then showed her the portrait I had painted as her farewell gift and
said, "This is the real you!" She took one look at it, said, "No, it isn't!" and left.

I gave the portrait of Chitose to her parents thinking they would appreciate it.
I had done the portrait a couple of months before Chitose started changing her
style, and I think it shows the high school student I taught for two years.
When I painted it, she still had her natural curly hair, not her straight perm.
She was not wearing all the accessories she has now, including the ring-shaped
earrings she loves. She also never wore makeup then. This was a Chitose with
a fantastic future who knew she was still an amateur artist. I understand that
she is getting older and wants to act and look more like an adult. However,
she seems to think that being an adult means that you stop listening to others.
She will never become a great artist if she stops learning.

— 361 —

A Letter to Salvador

March 25, 2013

Dear Grandpa Sal,

I know this is late but I wanted to say that I am sorry for what happened the last time we met. In our last lesson, I didn't listen to you because I thought that you still saw me as a kid. I looked at how you painted me in the portrait and this confirmed my belief. I was so hurt that I just left without taking your gift.

You don't know this, but Mom secretly put the portrait into one of my suitcases when I left home for France. When I found it, I was still upset so I hid it in my closet. I didn't think about the portrait for a while, but I rediscovered it by chance a couple of months ago. Looking at it, I saw a Chitose who was willing to listen in order to improve her art. I realized that the Chitose I'd become was different. She wanted to prove to everyone that she was an adult and had stopped listening to others. Until then, I'd been really struggling in my art classes, but after I realized my weakness, I started learning again and my art got much better. You will always be my teacher, Grandpa.

I remember the portrait I showed you in our last lesson. You didn't like it and told me to paint you as I saw you. What you taught me that day makes sense to me now. I should paint things as they actually are and then their true beauty will shine.

I've painted a portrait of us and am sending you a photo of it. It actually won first prize in my city's young artists competition. As you can see, I've painted myself like you did, as Chitose the high school student with a lot of potential. I've also painted you as I really see you. Your wrinkles are proof of your wisdom. The cane shows your will to overcome your physical challenges. Your bent back shows that you have poured all your strength into what you love the most: your art and me. Thank you, Grandpa.

Love,
Chitose

問 1　Salvador wanted Chitose to ☐42☐.

① appreciate things for how they are

② dress more like an artist

③ find another art teacher

④ paint young-looking people

問 2　In the last lesson, Chitose didn't accept the portrait because she believed her ☐43☐.

① family would appreciate it more than she would

② family would not like her style

③ grandfather did not respect her as an adult

④ grandfather was not a very good artist

問 3　Which of the following is true? ☐44☐

① Chitose gave the portrait made by Salvador to her parents.

② Chitose painted the new portrait before writing the letter.

③ It took Salvador two years to make Chitose's portrait.

④ Salvador painted the portrait after Chitose changed her appearance.

問 4　What is the most likely reason for the improvement in Chitose's art? ☐45☐

① She learned a lot from entering the competition.

② She started to be open to other people's ideas again.

③ She stopped wearing makeup and earrings.

④ She tried to influence other adults' opinions.

問 5 Which of the following pictures best matches the description of the portrait in the photo Chitose sent to her grandfather? 46

第6問 次の文章を読み，下の問い（**A・B**）に答えよ。なお，文章の左にある(1)〜(6)は段落の番号を表している。（配点 36）

Listening Convenience and Sound Quality: Is There Another Priority?

(1)　　In 1877, Thomas Edison invented the phonograph, a new device that could record and play back sound. For the first time, people could enjoy the musical performance of a full orchestra in the convenience of their own homes. A few years later, Bell Laboratories developed a new phonograph that offered better sound quality; voices and instruments sounded clearer and more true-to-life. These early products represent two major focuses in the development of audio technology — making listening easier and improving the sound quality of the music we hear. The advances over the years have been significant in both areas, but it is important not to let the music itself get lost in all the technology.

(2)　　Although the phonograph made listening to music much more convenient, it was just the beginning. The introduction of the car radio in the 1920s meant that music could be enjoyed on the road as well. Interest in portable audio really started to take off in the 1980s with the development of personal music players that allowed listeners to enjoy music through headphones while walking outside. These days, we are able to carry around hundreds of albums on small digital players and listen to them with tiny earphones.

(3)　　Another factor affecting our enjoyment of music is its sound quality. In the 1950s, the term "high fidelity," or "hi-fi" for short, was commonly used by companies to advertise recordings and audio equipment providing the highest possible quality of sound reproduction. Fidelity, meaning truthfulness, refers to recording and reproducing music that is as close as possible to the original performance. Ideally, if we listen to a recorded symphony with our eyes closed, we feel as if we were in a concert hall.

Technological advances since the 1950s have resulted in modern recording techniques and playback equipment that allow listeners to come very close to the goals of high fidelity.

(4)   Walking into an electronics store today, consumers are faced with an amazing variety of audio technology. Someone looking for a portable system can choose from hundreds of different earphones, headphones, and digital players that come in a range of colors, shapes, and sizes. For audiophiles — music fans who see high fidelity as a priority — a different section of the store features a range of large speakers and heavy components, such as CD players and amplifiers, that often come at high prices. Faced with all this technology and so many choices, music fans often spend a great deal of time researching and making decisions about the right equipment for their listening needs.

(5)   Even after the equipment is bought, the advances in audio technology sometimes continue to take consumers' attention away from the music itself. The convenience of portable systems lets people listen to music while doing something else, like jogging in the park or commuting to work. In these settings, music may be partly lost in background noise, making it hard for the listener to concentrate on it. In another case, audiophiles may spend a considerable amount of time and energy testing and adjusting their combination of components to achieve the highest standard of fidelity.

(6)   With so much technology available, actually listening to music can sometimes feel like a secondary issue. We are lucky to be able to take our favorite recordings with us on the train to work, but if we listen to music while our attention is focused elsewhere, we miss much of its power. Likewise, although it is good to have access to high-quality equipment, if we worry too much about achieving perfect fidelity, technology itself comes between us and the music. Music is an amazing and powerful art form, and perhaps what is most important is to make time to sit and appreciate what

we hear. Thanks to the genius of Edison and other inventors, the beauty of music is now more accessible than ever. It's up to us to stop and truly listen.

A　次の問い(問 1 ～ 5)の ｜ 47 ｜ ～ ｜ 51 ｜ に入れるのに最も適当なものを，それぞれ下の①～④のうちから一つずつ選べ。

問 1　According to paragraph (1), Bell Laboratories' phonograph could ｜ 47 ｜ than Thomas Edison's.

① be built more quickly and cheaply
② be operated with less difficulty
③ play more musical instruments
④ reproduce sound more realistically

問 2　In paragraph (3), the author suggests that today's best audio equipment ｜ 48 ｜.

① almost recreates the sound quality of a live concert
② is used to play live music in the best concert halls
③ makes recordings sound better than original performances
④ reproduces great performances from the 1950s

問 3　According to paragraph (4), audiophiles are people who ｜ 49 ｜.

① care deeply about the quality of music reproduction
② perform in symphonies in good concert halls
③ prefer live concerts to recorded performances
④ work at shops that sell the best audio equipment

問 4 Based on paragraph (5), which of the following is true? 50

① Background noise often helps people concentrate on music.

② Portable audio systems tend to create background noise.

③ Setting up a hi-fi system can take a great amount of effort.

④ The busier people are, the more they appreciate music.

問 5 The author's main point in paragraph (6) is that 51 .

① audiophiles tend to enjoy listening to music on portable devices

② convenience is an important factor in buying audio equipment

③ music is the primary consideration, regardless of technology

④ portable equipment will likely replace high-fidelity equipment

B 次の表は，本文の段落と内容をまとめたものである。 52 ～ 55 に入
れるのに最も適当なものを，下の①～④のうちから一つずつ選び，表を完成させ
よ。ただし，同じものを繰り返し選んではいけない。

Paragraph	Content
(1)	Two goals of audio technology
(2)	52
(3)	The idea of high fidelity
(4)	53
(5)	54
(6)	55

① Advances in music listening convenience

② Concerns about the focus of music listeners

③ The value of giving music your full attention

④ The wide selection of audio products for sale

英　語

（2013年１月実施）

80分　200点

$\left(\text{解答番号}\boxed{1}\sim\boxed{55}\right)$

第1問 次の問い(**A・B**)に答えよ。(配点 14)

A 次の問い(**問1〜3**)において,下線部の発音がほかの三つと**異なるもの**を,それぞれ下の①〜④のうちから一つずつ選べ。

問 1 $\boxed{1}$
① g<u>e</u>nerate ② g<u>e</u>nius ③ m<u>e</u>dium ④ m<u>e</u>ter

問 2 $\boxed{2}$
① ba<u>s</u>ic ② in<u>s</u>urance ③ <u>s</u>erious ④ <u>s</u>ymbol

問 3 $\boxed{3}$
① cas<u>t</u>le ② sub<u>t</u>le ③ ti<u>t</u>le ④ tur<u>t</u>le

B 次の問い(**問 1 ～ 4**)において，第一アクセント(第一強勢)の位置がほかの三つ
と**異なるもの**を，それぞれ下の①～④のうちから一つずつ選べ。

問 1 　[4]
① degree 　　② insect 　　③ percent 　　④ success

問 2 　[5]
① energy 　　② essential 　　③ photograph 　　④ relative

問 3 　[6]
① continue 　　② dynamic 　　③ encourage 　　④ hamburger

問 4 　[7]
① accurately 　　② architecture 　　③ historical 　　④ operator

－371－

4

第2問　次の問い（**A**～**C**）に答えよ。（配点　41）

A 次の問い（問1～10）の 8 ～ 17 に入れるのに最も適当なものを，それぞれ下の①～④のうちから一つずつ選べ。

問1　I understand 8 of our students are working part-time in the evening to pay their school expenses.

① almost ② any ③ anyone ④ most

問2　Of the seven people here now, one is from China, three are from the US, and 9 from France.

① other ② others ③ the other ④ the others

問3　My brother 10 have been very popular when he was a high school student. He still gets lots of New Year's cards from his former classmates.

① must ② ought to ③ should ④ would

問4　Eric's friends, Minoru and Sachiko, will be here at seven this evening. He 11 doing his homework by then.

① has been finished ② has finished
③ will have finished ④ would finish

─ 372 ─

問 5 Our family doctor suggested that our son [12] a complete medical checkup every year.

① get   ② getting   ③ is getting   ④ to get

問 6 Japan [13] of four large islands and many small islands.

① consists   ② contains   ③ forms   ④ organizes

問 7 Did you have a chance to meet your grandfather [14] the winter vacation?

① during   ② inside   ③ on   ④ while

問 8 I don't enjoy going to Tokyo. It's hard for me to put [15] all the crowds.

① away   ② on   ③ up to   ④ up with

問 9 When my younger brother and I were children, my mother often asked me to keep [16] him so he wouldn't get lost.

① an eye on   ② away from
③ back from   ④ in time with

問10 I was offered a good position with a generous salary, but I decided to turn it [17] because I wanted to stay near my family.

① around   ② down   ③ out   ④ over

6

B 次の問い(問1〜3)の会話の 18 〜 20 に入れるのに最も適当なもの
を，それぞれ下の①〜④のうちから一つずつ選べ。

問 1   Brad: Excuse me, Mr. Tani. I'd like to hand in my assignment.
                     I came yesterday, but you weren't here.

    Mr. Tani: What time did you come?

        Brad: About three in the afternoon.

    Mr. Tani: So you still missed the deadline, didn't you?

               18   I can't accept it now.

①   You don't have any homework today.

②   You knew the paper was due by noon.

③   You were supposed to hand it in by today.

④   Your assignment wasn't important.

問 2   David: I think I need to start exercising again. I didn't do much all
                    winter.

     Ruth: I thought you said you go for a long walk every day.

   David: I try to.   19

     Ruth: Well, now that the weather is better, you have no excuse not to
                  walk!

①   Actually, I don't usually walk in the spring.

②   But when it's cold and snowy, I get lazy.

③   Exercising in the winter keeps me warm.

④   In fact, I really like walking in the snow.

— 374 —

問 3　Tom:　Do you ever buy brand-name bags or wallets?

Hiroko:　No, never.

Tom:　I don't, either. | 20 |

Hiroko:　Yeah, you're right.　I think inexpensive bags are just as good, and I'd rather save money so I can travel.

① Brand-name goods aren't that expensive.

② However, it's important to have brand-name things.

③ I don't think brand-name goods are worth the money.

④ I think brand-name things are very fashionable.

8

C 次の問い（**問1～3**）において，それぞれ下の語句を並べかえて空所を補い，最も適当な文を完成させよ。解答は **21** ～ **26** に入れるものの番号のみを答えよ。

問1 My friend, who can play basketball very well, practices _____ **21** _____ **22** _____ .

① as   ② as often   ③ do

④ I   ⑤ three times

問2 Mary: What are some of the reasons for your successful career?

Toshio: Mainly, I _____ **23** _____ **24** _____ my uncle. He was the one who would always help me when I was in trouble.

① am   ② I   ③ owe

④ to   ⑤ what

問3 Kevin: What's the legal driving age in your country?

Mie: In Japan, when people become eighteen, they _____ **25** _____ **26** _____ a driver's license.

① are   ② enough   ③ get

④ old   ⑤ to

第3問 次の問い（A〜C）に答えよ。（配点 46）

A 次の問い（**問1・問2**）の英文を読み，下線部の語句の意味をそれぞれの文章から推測し， 27 ・ 28 に入れるのに最も適当なものを，それぞれ下の①〜④のうちから一つずつ選べ。

問1

Judy: Hi, Luke. Where's Bob? I thought he wanted to help us clean up the beach.

Luke: I decided not to ask him to come.

Judy: Really? Why not?

Luke: He always thinks he should be the one to call the shots whenever we do anything like this. If someone suggests a different idea, Bob always ignores it or gets angry.

In this situation, to call the shots means to 27 .

① ask questions

② avoid trouble

③ have control

④ make friends

10

問 2

In my high school years, my friend and I felt that Mr. Bell was the epitome of a good high school PE teacher. He was not tall or well-built, but he was able to teach sports which often required a lot of strength and endurance. Furthermore, he had the ability to make us do our best and never give up. Even today I believe I have never met a better PE teacher.

In this situation, the epitome of a good PE teacher is one who is the [28] .

① athletic kind
② perfect example
③ practical sort
④ strict type

B 次の英文は，アメリカのある町で住民が集まって，図書館駐車場横の空き地の利用法について議論している場面の一部である。 29 ～ 31 に入れるのに最も適当なものを，それぞれ下の①～④のうちから一つずつ選べ。

Bob:　OK. Let's get started. I see we have well over a dozen people here to discuss what to do with the area next to the library parking lot. Would anyone like to start with some suggestions? . . . Yes, Jack?

Jack:　I think there's enough space for a small park with at least one tree, maybe two . . . and a lawn of beautiful green grass. Maybe we can put a bench there as well. Along one side, we could leave some space for flowers. The park could be an ideal place to sit and read a book.

Bob:　That's pretty much what I imagined, too — a kind of miniature park that 29 .

①　can be used for community events
②　creates a comfortable and peaceful atmosphere
③　suits the architecture of the new library
④　would be a good place to park a car

Jack:　That's right.

Anne:　But Jack, do you know how much money it would cost to do what you propose? We would need to hire somebody to take care of the flowers, trees, and lawn and also clean up the leaves.

Bob:　So, Anne, what do you have in mind?

Anne:　Well, last year my husband and I decided to change our lawn into a desert-style rock garden, so we hired an expert to make one for us. It looks great, but more importantly, doesn't need much care.

Bob:　So what you're saying, Anne, is 30 .

① a desert-style garden is better because it is more economical

② a park with a lawn would help create jobs for residents

③ we can create a desert-style garden which looks professional

④ we have enough money to maintain a lawn and a garden

Jack: Anne, can you explain it in more detail?

Anne: Well, I've invited the person who designed our yard. This is Carol Jones. She can explain this better than I can.

Carol: Hello, everyone. We all know that we don't get much rain here in the Southwest. A desert-style rock garden basically creates a scene we might see in deserts by using sand and rocks of various sizes and colors. It uses plants that don't require much water, such as cactuses and other desert plants.

Jack: Hmmm. I have an image of deserts being really hot and uncomfortable, not relaxing.

Carol: It doesn't have to be that way. We could choose a variety of rocks and plants. For instance, we could use rocks that are green and smooth pebbles from river bottoms to create a cooler impression. Some desert plants offer shade as well as beauty.

Anne: So, Carol and I think that | 31 | .

① a rock garden cannot be as comfortable as a garden full of plants

② a rock garden would go well with the atmosphere of the town

③ it is difficult to choose the right materials for a rock garden

④ it is possible to create a refreshing space with a rock garden

Bob: OK, so we have two choices so far: a rock garden, or the small park that Jack recommended. If there are no more suggestions, shall we take a vote?

C 次の文章の | 32 | ～ | 34 | に入れるのに最も適当なものを，それぞれ下の①～④のうちから一つずつ選べ。

The United States is a vast country. From the East Coast to the West Coast, there are four different time zones. In addition, many parts of the country observe daylight saving time (DST) as well. In areas that adopt DST, the clock is moved one hour forward for the summer. Thus, the local time varies across different areas of the country, depending on which time zone the area is in and whether DST is adopted.

The state of Indiana, shown in the map below, is known for its | 32 |. For decades, both the Eastern Time Zone and Central Time Zone have existed within the state. Many areas in the state have switched back and forth between Eastern Time and Central Time. Furthermore, until very recently, policy concerning DST differed from one place to another. Most areas in the Eastern Time Zone did not adopt DST, and the time stayed the same throughout the year; while in other areas, where DST was adopted, the clock was moved forward by one hour for the summer. In 2006, however, the entire state started to observe DST.

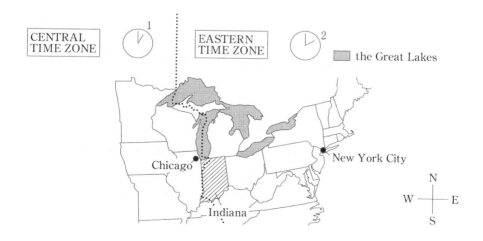

Some have argued that the time system in Indiana 　33　. For example, a company in Indiana once scheduled a phone conference with companies in other states. When the meeting started, only half of the out-of-state participants were on the line. This was because the participants who missed the conference did not know in which time zone the company was located.

It is not easy to resolve this issue because being in a particular time zone has important consequences for Indiana residents. Local businesses may benefit from being in the Eastern Time Zone where the financial center of the entire country, Wall Street in New York City, is located. Meanwhile, this may not be convenient for residents in the western parts of Indiana who commute to major cities in the Central Time Zone, like Chicago, just across the state border.

The controversy over time in Indiana was partly resolved in 2006, when the entire state started to observe DST. 　34　 This debate may continue as long as people living in different parts of the state have different needs.

　32　

① complex time system that has been changed many times over the years
② convenient time system that has attracted new businesses to the state
③ flexible time system that allows workers to choose their own working hours
④ traditional time system that is a good model for the rest of the country

　33　

① discourages communication between government and businesses
② harms local businesses working with companies outside of Indiana
③ is understood and accepted by companies in other areas of the country
④ strengthens relationships among businesses in the state and those elsewhere

—382—

34

① However, residents agree that Indiana should adopt a single statewide time zone.

② However, there is still disagreement about having two different time zones in the state.

③ Thus, this new change made the problem in the state more serious than before.

④ Thus, whether or not Indiana should have two time zones is no longer an issue.

16

第4問 次の問い(**A・B**)に答えよ。(配点 33)

A 次の文章と表を読み,下の問い(**問1〜3**)に対する答えとして | 35 | 〜
| 37 | に入れるのに最も適当なものを,それぞれ下の①〜④のうちから一つず
つ選べ。

The World Health Organization (WHO) has published a report on the availability and distribution of human health resources around the world. *The World Health Report 2006* analyzes factors affecting countries' health care environments. The data collected reveal a range of situations and have helped WHO propose a long-term action plan for improving health care offered in every country.

One of the key factors contributing to a country's health care conditions is its numbers of health care workers. The report estimates the shortage of these professionals at an alarming 4.3 million worldwide. It further points out that the shortage is most severe in the poorest nations, especially those located south of the Sahara Desert which are faced with high rates of disease. As Table 1 shows, Senegal and Ghana, for example, have very low numbers of doctors and nurses per 10,000 people.

Surprisingly, perhaps, countries such as Russia and Cuba actually have higher proportions of medical professionals than some richer countries. The systems for qualifying health care workers do differ from country to country. Still, these two countries clearly give priority to ensuring that there are sufficient numbers of professionals.

Another important factor is a country's health care spending, shown in Table 1 as a percentage of its gross domestic product (GDP), or the total value of all its goods and services. Despite their lower proportions of doctors, countries such as the USA, Sweden, and France spend much more on health care, both as a percentage of GDP and as an actual amount, than Russia and

— 384 —

Cuba.

With these factors and other conditions in mind, WHO has proposed solutions to the global shortage of health care workers. Areas of particular concern include war-torn countries such as Somalia and Afghanistan. Countries and organizations have provided financial aid in the past. Because money donated has not always led to more spending in health care, however, the report recommends a 10-year plan to help countries build sustainable training systems. International cooperation is vital to WHO's proposal; countries at risk must be able to rely on the support of various global partners. Japan, the UK, and other countries are expected to give assistance including medical knowledge. Perhaps WHO's vision of "universal access to health care" can become a reality.

Table 1

Health Care Indicators by Country

Country	Doctors per 10,000 people*	Nurses per 10,000 people*	Health care spending (2003)	
			% of GDP	Actual amount spent per person (US $)
Senegal	0.6	3.2	5.1	29
(A)	1.5	9.2	4.5	16
Afghanistan	1.9	2.2	6.5	11
Japan	19.8	77.9	7.9	2662
(B)	25.6	93.7	15.2	5711
Sweden	32.8	102.4	9.4	3149
France	33.7	72.4	10.1	2981
(C)	42.5	80.5	5.6	167
Cuba	59.1	74.4	7.3	211

*Data collected at different times between 2000–2005.
(WHO (2006) *The World Health Report 2006* を参考に作成)

18

問 1 Which of the following combinations represents the three countries (A), (B), and (C) in Table 1 ? ☐ 35 ☐

① (A) Ghana (B) Somalia (C) Russia

② (A) Ghana (B) the USA (C) Russia

③ (A) Russia (B) Somalia (C) the USA

④ (A) Russia (B) the USA (C) Ghana

問 2 According to the report, which two aspects influence a country's health care situation most? ☐ 36 ☐

① Sustainable training systems and health care spending.

② Sustainable training systems and money donated.

③ The numbers of health care workers and health care spending.

④ The numbers of health care workers and money donated.

問 3 Which of the following statements is NOT true? ☐ 37 ☐

① The lack of health care workers worldwide is reported to be around 4. 3 million.

② The proportion of doctors and nurses is higher in Sweden than in Japan.

③ WHO's report includes an action plan to help countries with poor health care systems.

④ WHO's report proposes sending more doctors and nurses to poorer countries.

— 386 —

2013年度　本試験　19

B 次のページの写真スタジオの広告を読み，次の問い（**問 1 ～ 3**）の $\boxed{38}$ ～ $\boxed{40}$ に入れるのに最も適当なものを，それぞれ下の①～④のうちから一つずつ選べ。

問 1　Which is true about the studio's services?　$\boxed{38}$

① Customers must arrive an hour before the session.

② Frames come in three different colors.

③ Photographs will be delivered within three business days.

④ Someone on the staff can help customers look great.

問 2　How much can non-club members save when they use the Fantastic Package Plan instead of buying the same products individually?　$\boxed{39}$

① $20.

② $30.

③ $40.

④ $50.

問 3　Which of the following statements is true?　$\boxed{40}$

① As many as five pictures can be included in a Multi-image sheet.

② Club members need to pay a $40 membership fee every year.

③ Customers can receive a 20th anniversary discount until December 31.

④ You must have a Fantastic Club membership to receive a free gift.

— 387 —

Fantastic Photo Studio

Specializing in Family Portraits

You'll love our elegant traditional photos as well as our more contemporary styles.

 Our Services

- Our stylist can help with hair and make-up. You'll look fantastic!
- You can choose the style of your photos: full color, black & white, or sepia.
- Your photo session will take just an hour.
- Your photos will be ready for pickup within 3 business days, guaranteed!

Call us today at 555-456-0721 to schedule an appointment.

 Basic Portrait Types (Frames: $20 each)

Single-image sheet			Multi-image sheet
$40	$20	$5	$50
Large	Medium	Wallet-size	Any combination of 2 to 5 photos

 Special Offers

$200 Fantastic Package Plan includes:

- 1 Large, 2 Medium, and 8 Wallet-size Single-image sheets
- 2 Multi-image sheets of your choice
- 1 frame for Large Single-image sheet

Fantastic Club Membership

Join the club for just $40, and receive a 20% discount on all our products and services, including the Fantastic Package Plan, for 2 years.

Anniversary Special

Help us celebrate Fantastic Photo Studio's 20th anniversary! Receive a free gift when you have a photo session with us before December 31.

第5問

次の文章は，映画紹介サイトに投稿されたある日本映画についての感想である。文章を読み，下の問い（**問1〜5**）の　41　〜　45　に入れるのに最も適当なものを，それぞれ下の①〜④のうちから一つずつ選べ。（配点　30）

"Tomo and Aki" (2005) Japan

Satoko from Osaka, Japan

Rating: ★★★★☆

I finally watched the DVD of "Tomo and Aki," the award-winning film based on the famous book by Yukio Kodama. I love this book and have read it many times. Kodama's detailed descriptions of life in Japan's countryside are amazing, and the story is both funny and touching. Tomo and Aki, a young urban couple, move to a rural village but struggle with their strange new life. I avoided the movie for a long time because I thought it could never be as good as the book. While I was right in some ways, the movie was still very enjoyable to watch.

While the small village in the movie is realistic, I never quite felt like I was there as I did when reading Kodama's words. The actor playing Tomo, a shy and ordinary character in the book, looks too confident and handsome for the role. On the other hand, the actress who plays Aki is very believable, perfectly showing emotions such as joy, frustration, and sorrow. Aki really regrets their move. Throughout the first half of the movie, she tries to maintain at least one small part of her city lifestyle by often wearing high heels and perfect makeup around the village. In the powerful conclusion of the movie, she gives birth to twins, which helps her to let go of the past completely and become truly content with her life in the village. One interesting point is the appearance of Jun Daichi, only 15 years old then, playing a supporting role as a boy from a neighboring village. I am a big fan of this actor, who became famous for his later work but already shows his talent for acting in this small part.

Although I was extremely familiar with the book, watching the movie increased my appreciation of the original story. Anyone who loves the book can still enjoy this movie, and if you love the movie, go read the book too!

Joe from Buffalo, NY, USA
Rating: ★★★★★

My Japanese friend took me to the Asian Film Festival yesterday to see "Tomo and Aki." I usually avoid foreign language movies as I find it difficult to read the subtitles and pay attention to the scenes at the same time. However, this movie was so fascinating and delightful that I soon forgot I was reading the dialogue. The story describes a young woman who moves to the countryside with her husband when he tries to escape his busy life in the city. The best part of the movie is how it shows the interesting and unique life in Japan's countryside. The camera work and soundtrack also add to the experience and fit nicely with the lively atmosphere of the film. I was fascinated and entertained throughout the entire two hours.

The opening scene immediately grabbed my attention with a huge frog jumping in front of Aki, the main female character, and her screaming voice echoing into the surrounding mountains. Actually, I was very impressed with the actress's performance as she transforms herself from a fashion store salesclerk into a successful farmer. The actress is also a talented comedian, particularly in the scenes where she is trying to manage a vegetable garden while battling insects, rainstorms, and lots of mud.

Among the many older village people, who are usually staring curiously at the young couple, there are some truly amusing and unique characters. My favorite was an old woman, a legend in the village, who eventually becomes a good friend of the couple. In a memorable scene towards the end of the movie, the old woman teaches Aki how to cook wild mushrooms while telling strange traditional folk stories from the village.

Overall, I really liked this movie. The story is entertaining and the acting is great, but best of all, you can really see a different side of Japanese culture in the movie. I highly recommend this film!

問 1　After watching the movie, Satoko thought that it ⬜41⬜ .

① accurately showed the life of Yukio Kodama

② gave her a feeling of being in the village

③ made her like the book even more

④ should be avoided by the fans of the book

問 2　Before watching the movie, Joe expected that it would be ⬜42⬜ .

① a valuable cultural experience

② different from the original book

③ great because it was famous

④ hard for him to follow the story

問 3　Both Satoko and Joe praise ⬜43⬜ .

① the performance of the main actor

② the performance of the main actress

③ the quality of the camera work

④ the quality of the original book

24

問 4　According to the reviews, the theme of the story can be best described as
44 .

① a character's adaptation to a new life
② a historically accurate description of old village life
③ the changing roles of women in modern society
④ the importance of sharing cultural traditions

問 5 Which of the following shows the order of the scenes as they appear in the movie? ☐45

① (B) → (C) → (D) → (A)
② (B) → (D) → (C) → (A)
③ (D) → (A) → (B) → (C)
④ (D) → (B) → (A) → (C)

(A)

(B)

(C)

(D)

第 6 問 次の文章を読み，下の問い(**A**・**B**)に答えよ。なお，文章の左にある(1)〜(6)は段落の番号を表している。(配点　36)

(1)　　Dance is one of the oldest forms of art, and it is seen in every culture and performed for a variety of purposes. In modern society, dance is widely recognized as a form of entertainment: many people enjoy dancing for fun or watching their favorite artists dance on stage or screen. It can also be a form of sport: there are dance competitions of various types. In addition to these obvious functions, however, there are other more complex roles dance can play in a society.

(2)　　Sometimes dance serves to help teach social rules to young members of a community. A kind of dance called the minuet is a good example. The minuet originated in France and by the 18th century had become popular among the European elite. In Britain, debutantes, or upper-class women about to make their entrance into adult society by attending their first dance, were strictly trained for their first minuet. They usually danced it before a crowd of people who would critically observe their movements and behavior. This dance taught them how to behave like a member of high society. One writer, in fact, called the minuet one of the best schools of manners ever invented.

(3)　　Dance has also been used to make sure that adults follow the rules of their community. An example comes from research conducted in the mid-1900s on dances performed after hunts by the Mbuti Pygmies, an ethnic group living in parts of Central Africa. Suppose something had gone wrong in the hunt. For example, an opportunity to catch an animal was missed because someone neglected to perform their role of hitting the ground to drive the animal towards the hunters. Later, a dancer would act out the event to show the wrong action and perhaps embarrass that person. It is easy to imagine that this would discourage behavior that could ruin a future hunt.

(4)　　　In some cultures, dance can be a way of displaying power. For instance, there is another report from the mid-1900s describing how the Maring people of New Guinea would hold dances to show their military strength and recruit allies for possible battles. Although battles often occurred after these dances, it is also said that these dances could contribute to peaceful solutions among enemy groups. Through the dances, a group's size and strength would become obvious to potential opponents, and this could help avoid a fight.

(5)　　　Through dance, groups can also exhibit their traditions and, thus, increase their prestige. An example of this is the world-famous Trinidad Carnival in Trinidad and Tobago, a Caribbean island country that was once a European colony. The roots of this event can be traced to the late 1700s, when the European colonists held a carnival, dancing in elaborate costumes. People of African origin, many of whom came to the island as slaves, were mostly excluded. After slavery ended in 1838, they started to participate fully and changed the character of the carnival. In their dances, they acted out scenes from the slavery period and displayed their own traditions. Their performances were a way for them to show past injustices and to earn recognition for their customs.

(6)　　　The roles of dance discussed here, maintaining traditions and demonstrating group strength or cultural richness, have one shared effect: they unite members of a group. Dance is not just an artistic expression but a way for groups to strengthen their shared identity. Though it may not be apparent, this effect may also apply to us. For example, there might be dances unique to our local regions that we participate in. Why do we take part in such activities and how did these dances originate? Considering the role of dance in our lives can lead to interesting discoveries about the history or values of our own society.

A 次の問い(問1〜5)の 46 〜 50 に入れるのに最も適当なものを，そ
れぞれ下の①〜④のうちから一つずつ選べ。

問 1 In paragraph (2), the topic of debutantes is introduced to provide an
example of 46 .

① how long it took young people to learn the minuet
② the kind of schools that the European elite attended
③ the role women played when dancing the minuet
④ young people learning how to act properly

問 2 According to paragraph (3), the Mbuti Pygmies 47 .

① disciplined careless hunters through dance
② handed down customs and traditions through dance
③ made lazy members dance after a day's hunt
④ performed culturally desirable behavior by dance

問 3 Paragraph (4) suggests that dance could discourage 48 among the
Maring people.

① military recruiting
② peace-making
③ physical conflict
④ power display

問 4 Paragraph (5) mentions 49 .

① how the Trinidad Carnival was transformed
② when the Caribbean area was first colonized
③ where the African dance tradition started
④ why the Europeans started the Trinidad Carnival

— 396 —

問 5 The main idea of this passage is that 　50　 .

① dance can bring us together and also help us understand society

② dance plays a significant role in educating upper-class people

③ the primary purpose of dance is entertainment and exercise

④ understanding the history of dance is important

B 次の表は，本文の段落と内容をまとめたものである。　51　～　55　に入れるのに最も適当なものを，下の①～⑤のうちから一つずつ選び，表を完成させよ。ただし，同じものを繰り返し選んではいけない。

Paragraph	Content
(1)	Typical roles of dance today
(2)	51
(3)	52
(4)	53
(5)	54
(6)	55

① Dance for passing down appropriate cultural behavior

② How dance improves a group's status

③ The common function of dance and its significance

④ The demonstration of group force through dance

⑤ Using dance to point out unfavorable actions

MEMO

英　語

（2012年1月実施）

80分　200点

$\left(\text{解答番号}\boxed{1}\sim\boxed{54}\right)$

第1問 次の問い（**A・B**）に答えよ。（配点 14）

A 次の問い（**問1～4**）において，下線部の発音が，ほかの三つと**異なるもの**を，それぞれ下の①～④のうちから一つずつ選べ。

問1 $\boxed{1}$
① am<u>u</u>se ② c<u>u</u>te ③ f<u>u</u>ture ④ r<u>u</u>de

問2 $\boxed{2}$
① f<u>ea</u>ther ② f<u>e</u>deral ③ g<u>e</u>nder ④ g<u>e</u>ne

問3 $\boxed{3}$
① enou<u>gh</u> ② lau<u>gh</u>ter ③ mi<u>gh</u>ty ④ rou<u>gh</u>

問4 $\boxed{4}$
① ac<u>c</u>use ② cir<u>c</u>umstance ③ de<u>c</u>ay ④ fa<u>c</u>ility

― 400 ―

B 次の問い（**問** 1 ～ 3 ）において，与えられた語と第一アクセント（第一強勢）の位置が同じ語を，それぞれ下の①～④のうちから一つずつ選べ。

問 1　modern　| 5 |
　　① athlete　　② career　　③ fatigue　　④ sincere

問 2　religion　| 6 |
　　① calculate　　② entertain　　③ ignorant　　④ musician

問 3　identity　| 7 |
　　① automobile　　② disagreement　　③ electronics　　④ geography

4

第2問 次の問い（A～C）に答えよ。（配点 41）

A 次の問い（**問 1 ～ 10**）の ⬚8⬚ ～ ⬚17⬚ に入れるのに最も適当なものを，それぞれ下の①～④のうちから一つずつ選べ。

問 1 Some companies have ⬚8⬚ a new policy of using English as the official in-house language.

  ① absorbed   ② accompanied   ③ adopted   ④ appointed

問 2 Could you show me how to make my mobile phone ring differently, ⬚9⬚ who's calling me?

  ① depending on   ② in spite of
  ③ on behalf of   ④ relying on

問 3 Ms. Bell is stuck in a traffic jam. The important meeting will have finished by the time she ⬚10⬚ .

  ① arrives   ② may arrive
  ③ will arrive   ④ will have arrived

問 4 We had the microwave, the toaster and the heater all ⬚11⬚ at the same time, and the circuit breaker switched off.

  ① in   ② on   ③ up   ④ with

— 402 —

問 5 Mr. Brown looked over the cliff and found he was standing at the edge of a ⬚12 drop.

① circular   ② cubic   ③ horizontal   ④ vertical

問 6 You can apply for this overseas program on the ⬚13 that you have a letter of recommendation from your teacher.

① condition   ② limitation   ③ requirement   ④ treatment

問 7 "I heard Daiki's sisters are twins. Have you met them?"
     "No, I haven't met ⬚14 of them yet."

① each   ② either   ③ every   ④ neither

問 8 You should not let your personal emotions ⬚15 in the way of making that important decision.

① stand   ② standing   ③ to be stood   ④ to stand

問 9 "Which girl is Shiori?"
     "The one ⬚16 had a chat with a moment ago."

① I   ② myself   ③ that   ④ who

問10 After he joined the travel agency, he worked hard to improve his English in order to carry ⬚17 his duties more effectively.

① away   ② back   ③ off   ④ out

B 次の問い(**問** 1 ～ 3)の会話の 18 ～ 20 に入れるのに最も適当なもの
を，それぞれ下の①～④のうちから一つずつ選べ。

問 1 Hotel clerk: (*Answers the telephone*) Good evening. May I help you?

Guest: Hello. There's a problem with my shower. No water's coming out.

Hotel clerk: My apologies for the inconvenience. I'll send someone to repair it. 18

Guest: No. Actually, I need to take a shower now. Can I move to another room?

① Are you caught in a shower?

② Could you explain the problem?

③ Could you wait for about an hour?

④ Would you like to change rooms?

問 2 Maria: Kathy's late. Didn't you tell her how to get to our house?

James: No, you were supposed to tell her.

Maria: Oh, I forgot all about it.

James: Then, 19 .

① it's no wonder she could be on time

② she might be lost and wandering around

③ she must have found herself lost in thought

④ you'll locate her house without any problem

— 404 —

問 3　Anna:　Will you be able to come to the party on Sunday?

Stephen:　I'm not sure because I have a biology report to hand in on Monday.

Anna:　I see. So, I guess you can't make it then.

Stephen:　 20

Anna:　I can wait till Saturday night.

① Can you wait till Monday?

② Do you need my answer now?

③ How long will the party last?

④ What time do we have to come?

8

C　次の問い(問1〜3)において，それぞれ下の語句を並べかえて空所を補い，文を完成させよ。解答は[21]〜[26]に入れるものの番号のみを答えよ。

問 1　"Did you install that computer software you bought last week?"

　　　　"Yes. And ＿＿＿[21]＿＿＿　＿＿＿[22] use."

　　① easy　　　② finding　　　③ I'm　　　④ it　　　⑤ to

問 2　The entertainer was happily ＿＿＿[23]＿＿＿　＿＿＿

　　　　[24] up in the air.

　　① arms　　　　　　② her　　　　　　③ raised

　　④ singing　　　　⑤ with

問 3　Because he came down with the flu, ＿＿＿[25]＿＿＿　＿＿＿

　　　　[26] for a week.

　　① forced　　　　② he　　　　　③ stay at home

　　④ to　　　　　　⑤ was

—406—

第3問 次の問い(A〜C)に答えよ。(配点 46)

A 次の問い(**問1・問2**)の英文を読み，下線部の語句の意味をそれぞれの文章から推測し，| 27 | ・| 28 | に入れるのに最も適当なものを，それぞれ下の①〜④のうちから一つずつ選べ。

問1

　　Mr. Matsumoto is an English teacher who believes English classes should start with a joke. He always tries hard to create funny jokes. Some of his students have complained about his jokes being a waste of time. His colleagues also have advised him not to spend so much time writing jokes. However, Mr. Matsumoto is such an obstinate person that he will not listen to them and continues to spend a lot of time making up jokes for his classes.

　　In this situation, an obstinate person means a person who is | 27 | .

① flexible about ideas
② generous to his students
③ unable to reject criticism
④ unwilling to change his mind

問2

Paul: Have you heard about Erina's accident? On a rainy day last month, she was hurt when she slipped and fell on her knees.

John: I know. She had to see a doctor regularly for a month.

Paul: Yeah. Her doctor said she's fine now. I've heard she has already started taking dance classes again.

John: Oh, good. She's right as rain then.

— 407 —

In this situation, <u>right as rain</u> means ⬚28⬚.

① fully recovered
② quite helpful
③ really careful
④ very dependent

B 次の英文は，昼休みに行われた英会話クラブの活動で，4人の高校生がテレビの子どもへの影響について議論している場面の一部である。⬚29⬚〜⬚31⬚に入れるのに最も適当なものを，それぞれ下の①〜④のうちから一つずつ選べ。

Kenji: I think watching television too much is harmful to young children. I've read that it can delay their speech development. I believe face-to-face communication is essential for young children to develop their speech. I know some parents use TV as a babysitter. Maybe they're very busy, but they should try to make time for their children rather than just let them watch television. Oh, here comes Hiroshi. Hi, Hiroshi.

Hiroshi: Sorry I'm late.

Miki: Hi, Hiroshi. We've just started. We're talking about the effects of television on young children. Kenji thinks ⬚29⬚.

① parents should talk to their young children about television programs unless they're busy
② watching television is good because it enables young children to develop their speech
③ watching television is harmful for parents because it robs them of precious time
④ young children who watch television a lot may not learn to talk as early as they should

Takako: I can understand your point, Kenji. But have you ever thought how busy parents are? They have to take care of the house and kids! Sometimes it is very convenient to let their young children watch TV. I think it's OK, as long as the viewing time is limited and the contents of the programs are checked. Besides, there are educational TV programs. For example, by watching English TV programs for young kids, children can get used to the sounds of English.

Kenji: OK, your point is ⎡ 30 ⎤.

① busy parents can teach their children the sounds of English by watching TV programs

② parents should be encouraged to watch educational TV programs with their young children

③ the best way to learn English while we are very young is to watch English TV programs

④ watching TV programs can be good for the education of children if it is carefully monitored

Hiroshi: You must be talking about the effect on very young children. But I was thinking about children who are a little bit older, like four, five, or six years old. When I was that age, I often watched action hero stories. In such stories, the hero eventually defeats the bad character in the end. Although TV hero stories are far from reality, that kind of program demonstrates the difference between things you should and should not do. In real-life situations, we don't always have opportunities to learn this. Watching TV programs can be one way to learn right from wrong.

Miki: OK, you seem to be ⎡ 31 ⎤.

― 409 ―

① against watching television because programs are different from reality

② against watching television because right or wrong can be learned through experience

③ for watching television because it can teach valuable lessons in life

④ for watching television because programs are the same as reality

Takako: Oh! We have to go. Class is about to start. Let's talk about this again later.

Kenji: OK, good idea.

Hiroshi: I agree. See you after class.

C 次の文章の 32 ～ 34 に入れるのに最も適当なものを，それぞれ下の
①～④のうちから一つずつ選べ。

Do you like eating "mixed nuts" while watching TV and movies at home? Since both almonds and peanuts can be found in the mixed nuts sold at grocery stores in Japan, you might assume that they are similar types of food. Indeed, 32 . For instance, they are both nutritious as sources of minerals and vitamins. At the same time, however, some people can have allergic reactions to them. According to recent research, many children suffer from peanut and almond allergies.

Despite these similarities, however, almonds and peanuts are quite different. First, although they are both called nuts, they are classified differently in plant science. The almond is considered a drupe. This kind of plant bears fruit, inside of which is a hard shell with a seed. Other examples of drupes are peaches and plums, but with almonds, the seed is the part we eat. In contrast, the peanut is classified as a legume, a type of bean. The peanut grows underground, while the almond grows on trees. Moreover, each peanut shell contains from one to three peanuts as seeds, while the almond fruit has only one seed.

Second, almonds and peanuts 33 . Almonds came from the Middle East. Gradually, they spread to northern Africa and southern Europe along the shores of the Mediterranean, and later to other parts of the world. Peanuts, however, were first grown in South America, and later they were introduced to other parts of the world.

In conclusion, the product that we know as mixed nuts actually 34 . Almonds and peanuts are plants which differ greatly, despite their notable similarities.

14

32

① it may be difficult to find some similarities between them

② many consumers know about differences between them

③ there is a wide variety in each package of mixed nuts

④ they share some interesting characteristics with each other

---

33

① are produced in different countries today

② are similar in that both are grown as crops

③ differ in terms of their place of origin

④ originated in the same part of Africa

34

① consists of foods with distinct characteristics

② contains foods having several similar qualities

③ includes different foods that may harm human health

④ offers good examples of plants defined as true nuts

第4問 次の問い(**A・B**)に答えよ。(配点 33)

A 次の文章と図およびグラフを読み，下の問い(**問1〜3**)に対する答えとして
35 〜 37 に入れるのに最も適当なものを，それぞれ下の①〜④のうち
から一つずつ選べ。

Wood used in the construction of homes must be stable. That is, it must not change size too much. But wood from a tree that has just been cut down will shrink considerably over time. This shrinkage is caused by moisture (water) within the wood escaping into the atmosphere. The drying process of wood is known as "seasoning." There are actually two ways to season wood. One way is to allow the natural drying process to occur. The other is to put it in a special oven called a kiln. Kiln drying is much faster than the natural method.

During the seasoning process, water is removed from the wood until the moisture content of the wood is approximately equal to the humidity of the air around it. These changes in size due to shrinkage are not uniform because changes depend on the kinds of trees, the way trees are cut, and the surrounding conditions.

It is also important to note that even after seasoning, there will always be some small changes in size due to changes in the humidity of the surrounding air. For example, last year, I used a 230 mm wide piece of eastern white pine wood to make a cabinet door. It changed in width across the grain (*Figure 1*), shrinking by 2 mm from the original in the winter and expanding by 3 mm from the original in the summer.

The moisture content of wood changes according to the seasons even when it is kept indoors. Wood is often painted to prevent sharp changes in moisture content, which cause expansion and shrinkage. However, no paint can completely block the passage of moisture. Paint only acts to slow down the transfer of moisture to or from the wood. As illustrated in the graph

— 413 —

(*Figure 2*), the moisture content of unpainted wood inside a house may change according to the seasons from 4% to about 14%, while the moisture content of a painted piece of kiln-dried wood in the same house will only vary around the 8% line. Wood that has been naturally dried to around 13% moisture content and then painted will continue to dry gradually until it reaches about the same percentage of moisture as painted kiln-dried wood.

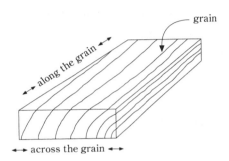

Figure 1 The eastern white pine wood used in the cabinet door

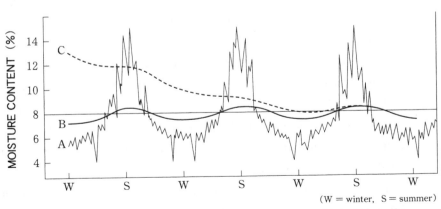

Figure 2 Seasonal changes in the moisture content of interior wood
(Location: Northern United States)
Understanding Wood: A Craftsman's Guide to Wood Technology
R.B. Hoadley (2000) を参考に作成

問 1 Between the winter and summer, what was the difference in width across
the grain of the wood used in the cabinet door? 35

① 2 mm

② 3 mm

③ 5 mm

④ 8 mm

問 2　Which of the lines in the graph (*Figure 2*) represent painted wood?

　　　| 36 |

　① A and B
　② A and C
　③ A, B, and C
　④ B and C

問 3　Which of the following statements is true?　| 37 |

　① Kiln-dried wood does not later change size due to the humidity in the air.
　② Oven-dried and naturally dried wood are both influenced by the surrounding air.
　③ The moisture content of painted wood does not change.
　④ Wood can be "seasoned" by painting it.

B 次のページのコンサートに関する広告を読み，次の問い(問 1 ～ 3)の
38 ～ 40 に入れるのに最も適当なものを，それぞれ下の①～④のうち
から一つずつ選べ。

問 1 Which of the following statements is true? 38

① Acton City Stadium will host *Seven Funky Rangers'* spring concert.
② *Seven Funky Rangers* are famous for their two top-selling songs.
③ *Seven Funky Rangers* will perform several times this year.
④ The legendary *Hip Hop Heroes* are the main attraction.

問 2 Which of the following costs $80 if bought on August 18th? 39

① One class A standard seat.
② One class B standard seat.
③ One class B VIP seat.
④ One stage front ticket.

問 3 A family consisting of a father aged 41, a mother aged 40, two boys aged
14, and a girl aged 13, providing proof of age for the children, would
40 .

① all be allowed to enter the stage front section
② exceed the maximum number of tickets that can be bought at one time
③ receive a 50% discount on three tickets when purchasing in advance
④ receive a 10% discount when purchasing five tickets at one time

— 417 —

Acton City Stadium   http://www.actoncitystadium.us

Acton City Stadium proudly presents

the legendary Seven Funky Rangers

Aug. 18th

The world-famous pop group **Seven Funky Rangers** will play at the Acton City Stadium, **Saturday, August 18th**. Famous for their number one hits *Don't Cry No More* and *Too Busy Living Life To The Full*, **Seven Funky Rangers** will only perform once this year, so don't miss this chance. Also appearing, **Hip Hop Heroes**. Doors open at 6:00 pm.

Ticketing

Advanced purchase strongly recommended.

Non-reserved tickets available on the day at the door.

Ticket type	Price (advanced sales only)	Status
VIP seating	A : $300	Sold out
	B : $200	Available
Standard seating	A : $80	Available
	B : $60	Available
Stage front (standing only)	$50	Sold out

*Add $20 to the advertised prices above for on-the-day ticket sales.

*Young people (ages 10–18, proof of age required) receive 50% off the above prices (advanced purchases only).

*No one under 16 allowed in the stage front section.

*No children under 10 allowed.

*A maximum of five tickets can be purchased at one time.

*Senior citizens (ages 65 and over) receive 10% off advanced sales prices.

*VIP seating includes food and drinks and a back stage tour.

Click to Buy

We accept all major credit cards.

第5問 次の文章は，留学プログラムの説明会の中で，バンクーバーの大学に3か月間留学した二人の学生が，それぞれの体験を語っているものである。文章を読み，下の問い（**問1〜5**）の 41 〜 45 に入れるのに最も適当なものを，それぞれ下の①〜④のうちから一つずつ選べ。（配点 30）

Koji's speech

My name is Takeda Koji, and today I will talk about my study-abroad experience in the English Language Program at North Pacific University in Vancouver last year. First of all, I really liked the intensive English classes every weekday. My English has improved a lot. All the teachers were friendly and enthusiastic, and they sometimes stayed late to help us with our projects. I'm truly grateful to Ms. Lee, my advisor, who always responded to my problems promptly.

Also, I enjoyed exploring the city. It has many good ethnic restaurants and a wonderful park near the ocean where interesting events were held every weekend. I took many weekend trips offered by the program including a visit to the Native Canadian Art Museum and boat trips to several beautiful islands.

On top of that, I totally enjoyed the student life at NPU and attended many student-organized events on campus. My most precious memory is of preparing a big exhibit to introduce Japanese culture for the International Fair. However, there was one problem, that is, computer access. The computer rooms in the Writing Center were always crowded, especially when students were writing midterm or final papers, and it was frustrating to wait so long.

I have one regret, and it's about my host family. Though my host parents and their 10-year-old son were nice people, they were so busy all the time. Both parents worked late, and the boy belonged to the local hockey team. So I often had to eat alone and didn't have much time to interact with them. I felt

—419—

envious of Yuka, who will speak after me, when I went to a barbecue at her host family's. Now I think I should have consulted the program coordinator about this problem at an early stage.

Finally, I'd like to say that this program is very good for improving your English and expanding your knowledge about different cultures.

Yuka's speech

My name is Imai Yuka. I was in the same program as Koji at North Pacific University, though my experience was slightly different from his. First, I wasn't so satisfied with the courses offered, though the teachers were all wonderful. There were too many language classes, but only two courses that covered the history and culture of Canada. I mean, I wish I had learned more about Canada as well as studied English. Then the benefits would have been double.

Also, I had mixed feelings about the campus life at NPU. I loved the spacious lawns and nice facilities, but the campus events didn't seem so interesting to me. I know Koji had a great time at the International Fair, but I wanted to go to a concert with my host family instead. However, I was impressed by the wonderful Writing Center with its academic support. Even though it was sometimes crowded, it was worth the wait. I went there almost every weekend and learned how to write a good paper.

And I almost forgot to say that it was such fun to go around the city, especially to street fairs and some really great ethnic restaurants. On the other hand, I didn't take so many trips because there were lots of things going on with my host family.

Actually, what made my stay most exciting and unforgettable was my host family. My host father is an agricultural engineer and he has worked on projects in several different countries. Just talking with him was stimulating, and he, as well as my host mother, always helped me whenever I had problems with homework, friends, and school activities. My host mother is a violinist with the local philharmonic, and so we were able to go to the concerts every month for free. She opened my eyes to classical music, and I promised her that I would start piano lessons when I came back to Japan. They also have lots of friends. I met so many people at all the barbecues they had.

In my case, the rich cultural experience my host family provided and the host family themselves were the best part of my stay.

問 1 Both Koji and Yuka enjoyed ☐ 41 ☐.

① city exploration
② class projects
③ English language courses
④ the International Fair

問 2 What did Koji complain about? ☐ 42 ☐

① His advisor was often out of reach when he needed help.
② His host family had little time to spend with him.
③ The computer rooms didn't have helpful staff.
④ The language classes were not so interesting.

問 3　What was Yuka's criticism?　43

① She couldn't attend the International Fair.

② She couldn't take weekend trips to beautiful islands.

③ The Writing Center was always crowded.

④ There were not many classes about Canadian culture.

問 4　Which of the following statements is true?　44

① Koji has a good impression of the school facilities.

② Koji thinks that his English should have improved more.

③ Yuka has a negative impression of the amount of homework.

④ Yuka has a positive feeling toward her host parents.

問 5 Which of the following pairs of pictures best represents two experiences Yuka described in her speech? 45

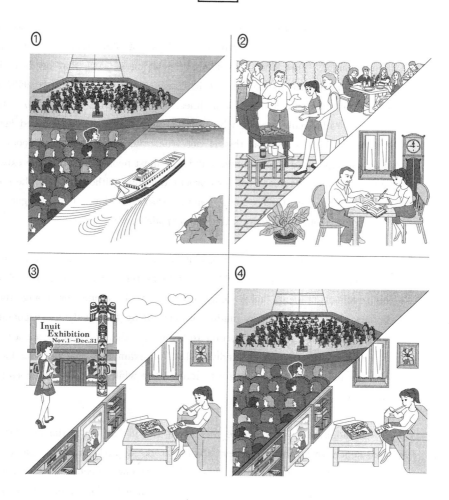

第 6 問 次の文章を読み，下の問い（**A・B**）に答えよ。なお，文章の左にある(1)〜(6)は段落の番号を表している。（配点　36）

(1)　　　A high school student has a science test on Monday but spends most of the weekend playing video games and does not start studying until late Sunday night. This kind of avoiding or delaying of work that needs to be done is called procrastination. It has been estimated that up to 95% of people procrastinate at least sometimes, and about 20% of them do it too much. Traditionally, people who procrastinate have been considered lazy, but research tells us that this is not true. Learning about the roots of procrastination can help us understand why most people do it to some extent and also help us decrease our own procrastination. Although researchers do not agree on all the reasons behind procrastination, there is general agreement about some factors that can explain it.

(2)　　　The first factor is how pleasant or unpleasant people find a task. Research shows that people will put off tasks they find unpleasant. Many high school students may delay cleaning their rooms or doing their homework. However, many might not delay doing such tasks as responding to a friend's email. It is important to remember that whether or not a task is pleasant depends on the individual. For example, someone who loves bicycles might not delay fixing a punctured tire while someone who does not may put it off.

(3)　　　In addition to how people feel about the job at hand, the amount of confidence they have in their ability to do a task is also related to procrastination. For instance, those who have low expectations of success are more likely to postpone starting a particular job. Conversely, those who believe that they can perform well are more likely to take on challenging tasks rather than avoid them. It should be noted, though, that some counselors argue that too much confidence can also lead to procrastination: some people overestimate how easily they can do a particular task and start too late.

(4)　　Another factor is whether or not people can exercise self-control. Those who have less self-control can easily be drawn away from their work. Accepting an invitation to sing karaoke on a night when you planned to start working on a presentation could be one example. Self-control, or the ability to resist temptation and stick to a plan, is something many of us struggle with. Interestingly, age is said to be associated with self-control. Research shows that the older people become, the less likely they are to delay doing their work until the last minute.

(5)　　Lastly, there is a link between procrastination and how long people must wait before they see the reward for an effort. For instance, studying hard in school might not give high school students any immediate rewards; what they learn might not seem useful to the present. However, studying can provide them with rewards in the future like the knowledge or skills necessary to pursue their dreams. Sometimes, it is hard to see the benefit of making an effort when the reward is too far away. This can explain why many people do not start saving money for their old age when they are young.

(6)　　What are the roots of your procrastination? Because the behaviors described here seem common to most people, you do not need to completely change your habits if you only procrastinate once in a while. On the other hand, if you feel that your procrastination is a problem, the first step to reducing it is identifying the reasons behind it. Self-help books and websites give numerous techniques for overcoming procrastination, but it is only by understanding the roots of the problem that you can choose the appropriate method for yourself.

A 次の問い (問1～5) の 46 ～ 50 に入れるのに最も適当なものを, そ
れぞれ下の①～④のうちから一つずつ選べ。

問1 According to paragraph (2), 46 .

① people do not forget unpleasant tasks

② people who love bicycles learn to fix tires fast

③ people will find different tasks pleasing

④ people will put off tasks to write emails

問2 Paragraph (3) implies that 47 .

① people with low confidence in their ability will start a job earlier

② people with reasonable confidence in their ability procrastinate less

③ people's confidence to do a task is not associated with procrastination

④ some counselors overestimate the confidence of their clients

問3 According to paragraph (4), 48 .

① older people tend to demonstrate more self-control

② people usually exercise self-control without struggle

③ self-control is the eagerness to accept invitations

④ younger people are willing to resist temptations

問4 Paragraph (5) argues that many people start saving for old age late
because 49 .

① old age seems too distant in time

② the length of time to old age varies

③ there are other things to worry about

④ there will be little benefit

— 426 —

問 5　The author's main argument is that 50 .

① many people agree about the four explanations of procrastination

② people who procrastinate are no longer thought of as lazy

③ procrastination has become problematic in our society

④ we can manage our procrastination by understanding its sources

B　次の表は，本文の段落と内容を表すものである。 51 ～ 54 に入れる
のに最も適当なものを，下の①～④のうちから一つずつ選び，表を完成させよ。
ただし，同じものを繰り返し選んではいけない。

Paragraph	Content
(1)	51
(2)	52
(3)	The belief in your abilities
(4)	The ability to keep to a task
(5)	53
(6)	54

① The appeal of a task

② The phenomenon of procrastination

③ The timing of realizing future gains

④ The way to deal with procrastination

MEMO

MEMO

MEMO

MEMO

2022大学入学共通テスト過去問レビュー
—— どこよりも詳しく丁寧な解説 ——

書　名			掲載年度										数学Ⅰ・Ⅱ, 地歴A				掲載回数
			21	20	19	18	17	16	15	14	13	12	21	20	19	18	
英　語		本試	●	●	●	●	●	●	●	●	●	●	リスニング				10年15回
		追試		●	●	●	●										
数学Ⅰ・A Ⅱ・B	Ⅰ・A	本試	●	●	●	●	●	●	●	●	●	●	●				10年30回
		追試		●	●	●	●	●	●	●	●	●	●				
	Ⅱ・B	本試	●	●	●	●	●	●	●	●	●	●	●				
		追試															
国　語		本試	●	●	●	●	●	●	●	●	●	●					10年14回
		追試															
物理基礎・物理	物理基礎	本試		●	●	●	●	●	●	●	●	●					10年25回
		追試		●	●	●	●										
	物理	本試					●	●	●	●	●	●					
		追試															
化学基礎・化学	化学基礎	本試		●	●	●	●	●	●	●	●	●					10年25回
		追試		●	●	●	●										
	化学	本試					●	●	●	●	●	●					
		追試															
生物基礎・生物	生物基礎	本試		●	●	●	●	●	●	●	●	●					10年25回
		追試		●	●	●	●										
	生物	本試					●	●	●	●	●	●					
		追試															
地学基礎・地学	地学基礎	本試		●	●	●	●	●	●	●	●	●					10年25回
		追試		●	●	●	●										
	地学	本試					●	●	●	●	●	●					
		追試															
日本史B		本試	●	●	●	●	●	●	●	●	●	●	●	●	●	●	10年14回
		追試															
世界史B		本試	●	●	●	●	●	●	●	●	●	●	●	●	●	●	10年14回
		追試															
地理B		本試	●	●	●	●	●	●	●	●	●	●	●	●	●	●	10年14回
		追試															
現代社会		本試	●	●	●	●	●	●	●								7年7回
		追試															
倫理, 政治・経済	倫理	本試	●	●	●	●	●	●	●								7年21回
		追試															
	政治・経済	本試	●	●	●	●	●	●	●								
		追試															
	倫理・政治・経済	本試	●	●	●	●	●	●	●								
		追試															

・2021年度本試は第1日程を収録。[英語（リーディング, リスニング）] [数学Ⅰ・A, Ⅱ・B] [国語] については第2日程の問題と解答も収録。

・[英語（リスニング）] は音声CDおよび無料音声ダウンロード付き。